Johann Friedrich Böhmer, Engelbert Mühlbacher, Johann Lechner

Die Regesten des Kaiserreichs unter den Karolingern, 751-918

Johann Friedrich Böhmer, Engelbert Mühlbacher, Johann Lechner

Die Regesten des Kaiserreichs unter den Karolingern, 751-918

ISBN/EAN: 9783743656918

Hergestellt in Europa, USA, Kanada, Australien, Japan

Cover: Foto ©ninafisch / pixelio.de

Weitere Bücher finden Sie auf **www.hansebooks.com**

JOHANN FRIEDRICH BÖHMER

REGESTA IMPERII I.

I.

J. F. BÖHMER, REGESTA IMPERII.

I.

DIE REGESTEN DES KAISERREICHS

UNTER DEN

KAROLINGERN.

751—918.

NACH

JOHANN FRIEDRICH BÖHMER

NEU BEARBEITET

VON

ENGELBERT MÜHLBACHER.

ZWEITE AUFLAGE.

ERSTER BAND.

III. ABTEILUNG

BESORGT VON

JOHANN LECHNER.

INNSBRUCK.

VERLAG DER WAGNER'SCHEN UNIVERSITÄTS-BUCHHANDLUNG

1908

DRUCK DER WAGNER'SCHEN UNIVERSITÄTS-BUCHDRUCKEREI.

THEODOR R. v. SICKEL

IN HERZLICHER DANKBARKEIT UND VEREHRUNG

GEWIDMET.

Inhalt.

Mitteilung der regestenleitung.

Nach dem unerwarteten hinscheiden Engelbert Mühlbachers am 13. juli 1903 gieng gemäss dem abkommen, welches Julius von Ficker mit den J. F. Böhmer'schen nachlass-administratoren und testaments-exekutoren getroffen hatte, die leitung der neubearbeitung von Böhmers Regesta imperii auf Oswald Redlich, und als dieser wegen überbürdung mit andern obliegenheiten sich zur zurücklegung der leitung veranlasst sah, nach dem ebenerwähnten abkommen auf den unterzeichneten über.

Für das dringendste, die vollendung der im drucke befindlichen zweiten auflage der Karolinger-regesten, hatte Redlich sofort gesorgt. Die zentraldirektion der Monumenta Germaniae historica, welche an unserm unternehmen wegen der weiterführung der ausgabe der karolingischen kaiserurkunden ein besonderes interesse hatte, erklärte sich spontan bereit, den mitarbeiter Mühlbachers an der diplomata-ausgabe, J. Lechner zu beauftragen, dass er dem abschluss des nun vorliegenden bandes seine hauptsächliche arbeitszeit widme. Damit war für diese aufgabe der geeignetste bearbeiter gewonnen. Lechner gibt in seinem vorwort über Mühlbachers und über seinen eigenen anteil an dieser auflage und über die phasen der bearbeitung und drucklegung selber aufschluss, mir erübrigt hier nur, der zentraldirektion der Monumenta Germaniae historica für die bewiesene weitgehende wissenschaftliche und materielle förderung der Regesta imperii den verbindlichsten dank aussprechen. Durch ihr entgegenkommen wurde es sehr wesentlich erleichtert, ein der wissenschaft so erspriessliches und zugleich dem andenken Mühlbachers so würdiges werk zu vollenden und es von neuem im sinne des verstorbenen dem grossen meister der urkundenlehre widmen zu können.

Auf wunsch der mit der vollstreckung des testaments J. F. Böhmers betrauten herren: Justizrat Dr. A. von Harnier und Dr. F. Schmidt-Pollex in Frankfurt a. M. ist im vorjahr die verwahrung und verwaltung des für die neubearbeitung der Regesta imperii bestimmten fondes unter voller aufrechterhaltung der bisherigen arbeitsorganisation in selbstloser weise von der kaiserlichen akademie der wissenschaften in Wien übernommen worden. Die beiden männer, namentlich herr von Harnier, welcher sich noch der persönlichen bekanntschaft Böhmers erfreute, haben sich um die geschichtswissenschaft wahrhaft verdient gemacht. Ihrer geschickten und gewissenhaften verwaltung ist die erhaltung, ihrem verständnisvollen historischen sinn die sehr beträchtliche vermehrung der ursprünglich für die fortführung der regesten bestimmten summe zu verdanken und, was nicht weniger hoch anzuschlagen ist, den wissenschaftlichen wünschen und plänen Fickers und seiner nachfolger in der regestenleitung haben sie seit vierzig jahren stets vollstes verständnis entgegengebracht und tunlichste förderung angedeihen lassen. Es ist mir ein herzensbedürfnis, diesem dank auch öffentlich ausdruck zu geben.

Wien, 17. nov. 1907.

Emil von Ottenthal.

Vorwort.

„Viel später, als ich einst dachte, ist dieses werk zum teilweisen abschluß gelangt", so begann Mühlbacher im jahre 1889 die vorbemerkungen zu seinem regestenbande; wenn die bescheidene, von mir bearbeitete dritte abteilung, womit Mühlbachers werk in zweiter auflage den der ersten auflage fehlenden abschluß findet, auch sonst recht wenig mit der großen leistung meines verewigten lehrers gemein hat, ein ähnliches bekenntnis muß auch ich meinem vorwort voranstellen.

Als Mühlbacher am 17. juli 1903 starb, erübrigte der druck der letzten 15 bogen (91—105) der noch von ihm bearbeiteten zweiten abteilung und die bearbeitung der dritten, welche außer der auf den heutigen stand zu bringenden historisch-diplomatischen einleitung der ersten auflage nun auch als neue, bereits von ihm geplante zugabe das verzeichnis der acta deperdita, die ich zu deutsch verlorene urkunden nenne, die übersicht der urkunden nach den empfängern, ein bücherregister, die vermehrten konkordanztabellen und die durch die fortdauernde intensive produktion auf diesem gebiete veranlaßten nachträge und berichtigungen zur zweiten auflage, deren erstes heft bereits 1899 erschienen ist, enthalten sollte. Mit dieser aufgabe betraute die oberleitung der kaiserregesten den unterzeichneten und die zentraldirektion der Monumenta Germaniae hist., deren mitarbeiter er damals war und bis zu seiner ernennung nach Innsbruck noch anderthalb jahre blieb, beauftragte ihn, seine arbeitskraft hauptsächlich der fertigstellung des regestenwerkes zu widmen.

Die erste abteilung begleitete Mühlbacher, Wien 1898 dez. 29, mit einem vorwort ein, das ich hier inserire, weil es vielfach auch für die zweite abteilung geltung beanspruchen darf. „Rascher, als erwartet werden konnte, war die erste auflage vergriffen. Die umfassende arbeit, welche eine zweite auflage erforderte, war keine verlockende. Aber ich glaubte dazu verpflichtet zu sein. In dem nun ziemlich langen zeitraum seit dem erscheinen der ersten lieferungen (1880 f.) wurde nicht nur eine bedeutende anzahl von quellen und wichtiger quellen der Karolingerzeit neu herausgegeben — nur in den Mon. Germ. SS. 13. 15, Capitularia, Formulae, Poetae lat., Epistolae, Necrologia, Lib. confrat., die schulausgaben der Annales Bertiniani, regni Franc. (Lauriss. et Einhardi), Fuldenses, Regino u. a., dazu die neuausgabe des Liber pontif. von Duchesne — auch die bearbeitung dieser epoche ist indes rüstig vorgeschritten: in den ‚Jahrbüchern der Deutschen Geschichte' wurde durch Simsons 2. band der Jahrb. des Fränk. Reiches unter Karl dem Grossen eine alte lücke ausgefüllt, der 1. band wurde neu bearbeitet, Dümmlers ‚Gesch. des Ostfränk. Reiches' erschien in 2. auflage wie andre in den regesten oft citirte werke (Jaffé Reg. pont., Waitz Deutsche Verfassungsgesch.); die masse der detailuntersuchungen und erörterungen über diese und jene punkte karolingischer geschichte, etwa die ‚römische frage', war schier unübersehbar geworden. Neue leistungen kamen hinzu, unter denen Brunners ‚Deutsche Rechtsgeschichte' hervorragt. Nicht mindere rührigkeit herrschte auf dem urkundlichen gebiet. Seither sind, abgesehen von den einzeldrucken, mehr als 20 urkundenbücher erschienen, welche eine grössere zahl von Karolinger urkunden enthalten, kritische untersuchungen haben sich namentlich mit den fälschungen — wie jenen aus Reichenau, St. Maximin in Trier, St. Stephan in Strassburg, Ebersheim, den machwerken Ceccarellis und Grandidiers — beschäftigt, ihren zusammenhang und ihre entstehungszeit klar gelegt. Von besonderem wert war es, dass seither für die herausgabe der Karolinger diplome in den Mon. Germ., deren leitung mir 1892 anvertraut wurde, das gesamte handschriftliche material, soweit der 1. band der regesten reicht, neu bearbeitet wurde; das in

Deutschland und der Schweiz habe ich selbst zur hand gehabt, jenes in Frankreich, Italien und andren ländern wurde von prof. Dopsch bearbeitet. das italienische zum teil von prof. Tangl revidirt; beiden herren ist diese neubearbeitung der regesten auch sonst zu lebhaftem dank verpflichtet. Dadurch, dass die regesten jetzt durchwegs auf die beste handschriftliche überlieferung sich stützen konnten, haben sie nicht nur überall gesicherte grundlage gewonnen, sie gelangten auch nicht selten zu neuen ergebnissen und dürfen nunmehr auf die erreichbare vollständigkeit anspruch erheben. In diesem sinne sind sie jetzt auch eine eigentliche vorarbeit für die bevorstehende edition der Karolinger diplome. Der druck begann schon vor mehr als zwei jahren, musste aber andrer obliegenheiten wegen längere zeit unterbrochen werden. So wurden jetzt schon nachträge unvermeidlich. Die zahl der neuen nummern ist nicht sehr bedeutend, sie beträgt nur 34; etwa ebenso viele wird der 2. halbband, dem nun auch die nötigen register und ein verzeichnis der acta deperdita beigegeben werden sollen, bringen. Da die Karolinger regesten vielfach citirt sind, habe ich nach dem muster der neuen ausgabe von Jaffés Reg. pont. die nummern der 1. auflage in klammern beigefügt.

Die zweite abteilung (bogen 61—105) konnte 1904 ausgegeben werden und jetzt nach drei jahren folgt der schluß. Wenn sich die vollendung der letzten abteilung trotz den vorarbeiten Mühlbachers länger als anfänglich anzunehmen war, verzögerte, so hat das seine inneren und äußeren gründe: Einerseits erwiesen sich große teile der vorarbeiten als veraltet, stammten sie doch der hauptsache nach aus den 70er jahren, andererseits wirkte meine übersiedlung nach Innsbruck mit dem für derartige arbeiten nicht ausreichenden bibliotheksbestand und die übernahme des neuen lehramtes hemmend auf den fortgang der arbeit. Es waren daher mehrfache studienreisen nach Wien und München nötig, um diesem übelstand einigermaßen zu begegnen.

Zur orientierung über den stand der vorarbeiten und die art der bearbeitung der dritten abteilung diene folgendes: Bei der „einleitung“ gebot es die pietät gegenüber dem dahingeschiedenen verfasser, nur an jenen punkten einzugreifen, wo es wahrscheinlich war, daß dieser selbst veränderungen vorgenommen hätte oder wo er solche in seinem handexemplar angedeutet hatte. So mußte die ‚geschichtliche übersicht‘, um nicht an geschlossenheit einzubüßen, mit ganz geringen abweichungen unverändert wieder abgedruckt werden, die kapitel ‚protokoll der urkunden und siegel‘, besonders das siegelverzeichnis und ‚kanzlei und kanzleipersonal‘ erfuhren vornehmlich auf grund des neuen materials im apparat der karolingischen diplomata-abteilung, der mir dankenswerter weise wenigstens zum größten teile bis zum sommer 1905 in Wien zur verfügung stand, weitergehende ergänzung und richtigstellung, bei den ‚quellen und bearbeitungen‘ wurden die neuen erscheinungen auf dem gebiete der quellenkunde, so gut es gieng, berücksichtigt. Um den druck nicht zu verunstalten, habe ich darauf verzichtet, diese änderungen und zutaten im texte durch klammern anzuzeigen. Zu der nach drucklegung dieses teiles von G. Wolfram aufgeworfenen frage nach der herkunft des monogramms in den urkunden Karls d. Gr. habe ich im Neuen Archiv 30, 702—707, stellung genommen.

Das verzeichnis der ‚verlorenen urkunden‘ erscheint hier zum erstenmale; es beschränkt sich auf urkunden jener herrscher, deren regesten das hauptwerk enthält. Mühlbachers vorarbeiten hiefür bestanden im wesentlichen in verweisen auf quellenbelege, namentlich auf andere Karolinger urkunden, die er gelegentlich der regestenarbeit angemerkt hatte. Da diese quellennachweise mehr als 20 jahre alt waren, mußten sie vielfach durch die neuen drucke und regestenwerke ersetzt werden. Etliche der von Mühlbacher seinerzeit als verloren bezeichneten urkunden hatten sich mit erhaltenen stücken identifizieren lassen, andere wenige waren wieder zum vorschein gekommen. Systematisch habe ich die urkunden Ottos I. nach dem regestenheft Ottenthals, der in genauester weise vorurkunden und deperdita anzeigt, jene der beiden anderen Ottonen und Heinrichs II. nach der diplomata-ausgabe in den Monumenta Germaniae und die urkunden Berengars I. nach Schiaparellis sorgsamer edition auf erwähnungen von verlusten durchgesehen, außerdem mehrere erzählende quellen, kloster- und bistumschronikon, die größere ausbeute erwarten ließen wie Flodoards Historia Remensis, das Necrologium Laureshamense u. a.

Zur vorbedingung für die annahme einer verlorenen urkunde machte ich deren ausdrückliche quellenmäßige erwähnung oder das vorhandensein unzweifelhafter überreste, wie es bei reskribierten stücken der fall ist; namentlich, wenn königliche schenkungen erwähnt waren, wurde ein vermerk über deren urkundliche verbriefung gefordert. Diese vorsicht war geboten, weil nach den ergebnissen der neuesten rechtsgeschichtlichen forschung königliche landübereignungen nicht, wie man früher annahm, ausschließlich durch eine königsurkunde erfolgten, sondern auch in volksrechtlichen formen vorgenommen werden konnten und wurden. So hoffte ich der gefahr, bei konstatierung von verlorenen urkunden des guten zu viel zu tun, auszuweichen.

Die fassung der regesten rührt von mir her, wenn der quellenbeleg eine Karolingerurkunde war und mir die von Mühlbacher in den regesten gegebene inhaltsangabe die beste schien, habe ich mich nicht selten eng an seinen wortlaut angeschlossen, um die gleichheit des inhalts auch im regest zum ausdruck zu bringen. Beim quellenbeleg genügte in der regel der hinweis auf den neuesten druck, wo Böhmerregesten in neuer bearbeitung und mit vollständiger angabe der drucke vorlagen, konnte auf diese verwiesen werden. Einzelne gelegentliche hinweise hatten seinerzeit A. Dopsch und E. v. Ottenthal Mühlbacher beigesteuert, andere verdanke ich herrn dr. Hirsch in Wien.

Als muster für die äußere anlage wählte ich das von Sickel in den Acta Karolinorum für die ersten Karolinger gegebene verzeichnis der acta deperdita: ihm folgte ich in der alphabetischen anordnung nach den empfängernamen und in der verwendung von anmerkungen in petitdruck; über die art, wie Mühlbacher selbst die anlage geplant hatte, gaben seine papiere keinen aufschluß. Bischöfliche kirchen sind nach dem sitze, klöster nach den heiligennamen eingereiht. Wenn gegenüber Sickels verzeichnis stücke fehlen, so sind sie, wo dies nicht ausdrücklich vermerkt ist, entweder inzwischen gefunden worden oder die annahme einer verlorenen urkunde scheint mir nicht genügend gesichert. Vollständigkeit konnte nicht angestrebt werden, denn dazu wäre die durchsicht namentlich auch der veröffentlichten privaturkunden und traditionsbücher weit über die Karolingerzeit hinaus erforderlich gewesen, ohne daß das voraussichtliche ergebnis die aufgewendete mühe gelohnt hätte. Daß eine gewisse reichhaltigkeit erzielt worden ist, zeigt wohl die anzahl. Der stoff wuchs unter den händen bis zur zahl 614 gegenüber 210 erhaltenen, die fälschungen miteingerechnet. Wo sich mir anhaltspunkte für die zeitliche festsetzung und kritik der verlorenen stücke boten, habe ich es vermerkt; intensives studium namentlich des diktats der belegstellen würde, soweit diese in späteren urkunden vorliegen, vielleicht manches deperditum zeitlich näher fixieren lassen; ein solches durchzuführen, muß weiterer forschung überlassen bleiben.

Für die übersicht der urkunden nach den empfängern hatte bereits Mühlbacher die buchstaben A—K zu bearbeiten begonnen; da nummern fehlten, war es notwendig, sämmtliche stücke von neuem durchzugehen. Als kontrollmittel leisteten mir das empfängerregister der karolingischen diplomata-abteilung der Monumenta Germaniae, das seinem zwecke gemäß allerdings die hausmaierurkunden und die diplome Konrads I ausschließt, und ein altes empfängerregister Mühlbachers, das die nummern noch nach Böhmer und Sickel zitiert, dienste. Mußte so das empfängerregister so gut wie neu angelegt werden, so waren mir die von Mühlbacher bearbeiteten proben wertvoll als vorbild, wie er sich die anlage dieses registers dachte. Er wollte sich nicht mit der angabe von namen und ort des empfängers und der urkundennummern begnügen, sondern bei wichtigeren gruppen auch kurze notizen über die überlieferung oder wenigstens literaturhinweise geben, besonders die chartulare verzeichnen, bei solchen außer der modernen auch die alte namensform in klammern beisetzen, namentlich wenn die beiden abweichen und den oder die schutzheiligen beifügen. Es ist das allerdings eine inkonsequente annahme des in den empfängerregistern der diplomata-ausgaben der M. G. üblichen schemas; wer streng auf volle gleichmässigkeit sieht, wird das eingeschlagene verfahren tadeln, manchem benützer mag vielleicht das gebotene auch in der beschränkung nicht unwillkommen sein.

Über Mühlbachers vorhaben hinausgehend habe ich jeder empfängergruppe auch die namen der pertinenzen, für die aus der karolingischen periode urkunden erhalten sind, angeschlossen, um so den benützer in die lage zu setzen, den gesammten urkundenbestand für einen empfänger und seine pertinenzen zusammenzustellen.

Klöster sind in der regel nach dem titelheiligen eingereiht und bei dem ortsnamen nur gewiesen; ist aber die ortsbezeichnung oder eine andere üblich, so habe ich im interesse der leichteren benützbarkeit die nummern bei dieser vermerkt. Bistümer und pfalzkapellen wird man beim stadtnamen suchen und finden. Die gruppen des registers entsprechen den gesperrten schlagworten der regesten. Die in einer stadt befindlichen gruppen unter dem stadtnamen zu vereinigen, wie in den registern der M. G. schien in diesem falle weniger angemessen; dem berechtigten wunsche nach einer übersicht der in einer ortschaft gelegenen kirchlichen institute ist durch verweise rechnung getragen. Zweiseitige urkunden (tauschbestätigungen, verträge) erscheinen unter dem namen derjenigen partei, aus deren archiv uns die urkunde erhalten ist, sind aber auch beim namen der gegenpartei gewiesen. Über einige äußerlichkeiten unterrichten die dem empfängerregister vorausgeschickten kurzen erläuterungen.

Die einrichtung des bücherregisters bedarf weiterer erklärung nicht; das nötige ist an dessen spitze bemerkt. Es enthält die titel der in den regesten stark gekürzten bücherzitate und ist nach Mühlbachers bücherzetteln gearbeitet, die in einzelheiten zu ergänzen waren: eine undankbare und mühselige arbeit.

Die konkordanztabellen sind um eine konkordanz mit der ersten auflage der regesten Mühlbachers und des ersten bandes der M. G. Diplomata Karolinorum vermehrt.

Stark angeschwollen sind die nachträge und berichtigungen zu Mühlbachers regesten, da seit dem erscheinen des ersten heftes (1899) jahre anhaltender behauung des karolingischen zeitalters in einzelfragen und in größeren darstellungen verflossen sind. Obwohl manche publikation zu kritischer stellungnahme einlud, habe ich mich doch meist mit kurzem literaturhinweis begnügt um die ausgabe des heftes nicht länger zu verzögern. Im punkte der vollständigkeit schmeichle ich mir nicht, von einer kleinen universitätsstadt aus allen einschlägigen neuerscheinungen des deutschen, französischen und italienischen büchermarktes haben überschauen zu können. Für die nachträge bis zum jahre 1902 hatte Mühlbacher bereits vermerke in sein handexemplar gemacht, einzelne beiträge haben die herren W. Erben, H. Hirsch und W. Sickel geliefert.

Für praktische winke in der druckgestaltung bin ich herrn prof. v. Ottenthal verbunden, für aufopfernde förderung meiner bücherwünsche den verehrlichen bibliotheksverwaltungen des k. k. instituts für österreichische geschichtsforschung, der k. k. universitäts- und der hofbibliothek in Wien, der k. k. universitätsbibliothek in Innsbruck und der kgl. hof- und staatsbibliothek in München.

Die bogen 2—15 sind bereits zu anfang des jahres 1904 gedruckt worden, die abschnitte mit den ‚verlorenen urkunden‘ und der ‚übersicht der urkunden nach den empfängern‘ im sommer und herbst 1906.

Innsbruck im november 1907.

J. Lechner.

Vorrede Johann Friedrich Böhmers.

LEX SALICA:

Gens Francorum inclyta, auctore Deo condita, fortis in armis, firma pacis foedere, profunda in consilio, corpore nobilis et incolumis, candore et forma egregia, audax velox et aspera, nuper ad catholicam fidem conversa, immunis ab heresi.

OTFRID:

Si sind so sama kuani, selb so thie Romani.
Ni tharf man thaz ouh redinon, thaz Kriachi in thes giuuidaron.

Ueber den Werth der Urkunden im Allgemeinen und über die Bearbeitung der Kaiserurkunden insbesondere, habe ich mich in der Vorrede zu meinen vor zwei Jahren erschienenen Kaiserregesten der Jahre 911 bis 1313 bereits umständlicher ausgesprochen. Da die Regesten der Karolinger*) und der neuburgundischen Könige, welche ich hiermit den Freunden der vaterländischen Geschichte übergebe, mit jenen Kaiserregesten nur ein Werk bilden, welches noch über das ganze Mittelalter erstreckt werden soll, so darf ich das dort Gesagte hier als bekannt voraussetzen.

Die äussere Einrichtung des Werkes ist ganz dieselbe geblieben. Eine erste Columne giebt jeder extrahirten Urkunde eine besondere Nummer. Hierauf folgen die verschiedenen Regierungsjahre, welche oben durch ihre Anfangsbuchstaben bezeichnet sind, und deren Zahl von Jahresepoche zu Jahresepoche fortgesetzt wird. Die vorletzte Columne enthält die Angabe des Jahres, der Indiction, des Monats und des Tags, und zwar nach dem jetzigen Kalender, während nach dem ältern der Jahresbeginn bekanntlich auf Weihnachten fiel, und die Indiction gewöhnlich schon im September gewechselt wurde. Zuletzt kommt die Angabe des Aufenthaltsortes des Regenten, gerade so, wie er in den Quellen bezeichnet ist. Die Auszüge der Urkunden beruhen auf deren eigener Durchlesung, und sind so genau, dass Verwechselungen nicht leicht möglich seyn werden. Die Titelabkürzungen der angeführten Werke sind dieselben, welche schon aus den früheren Kaiserregesten bekannt sind. Einige jetzt erst benutzte Bücher sind eigends angegeben. Wenn am Schlusse eines Extractes seine chronologischen Daten angefügt sind, so bedeutet dies jedesmal, dass die Chronologie zweifelhaft sey. Die im Texte der Urkunden vorkommenden Ortsnamen sind überall, wo es ohne besondere Mühe geschehen konnte, in die heutigen umgewandelt. Endlich ist das Werk mit gutem Vorbedacht in deutscher Sprache abgefasst, welche für alles ausreicht, das fremd gewordene näher bringt, somit den Uebergang zum Lesen der Urkunden vermittelt, und dem Werke im deutschen Vaterland einen ausgedehnteren Gebrauch verschafft.

Die innere Einrichtung ist darin von den früher herausgegebenen Kaiserregesten verschieden, dass hier die auf den Regenten bezüglichen Zeit- und Ortsangaben der Annalen ebenfalls eingereiht sind. Ich bin dabei immer dem jeweiligen Hauptschriftsteller gefolgt, welcher nach der beigefügten Quellentafel leicht aufgefunden werden kann, und habe nur dann ein Citat ausdrücklich beigefügt, wenn ich Einzelnes anderswoher entnahm. Diese Vereinigung der Urkunden mit den Annalen ist an gegenseitigen Ergänzungen und näheren Bestimmungen der Thatsachen so fruchtbar geworden, als irgend zu erwarten war.

*) Durch mein Versehen wurde auf den ersten Bogen Carl, Carolinger, Carlomann gedruckt, was ich nachher, der Gleichförmigkeit wegen, fortsetzen liess. Aber es ist nichts gewisser, als dass Karl der Grosse sich Karolus geschrieben, und dadurch das Gesetz für die Schreibung dieser Namen gegeben hat, welches auch noch jetzt befolgt werden sollte.

Möglichste Vollständigkeit und chronologische Richtigkeit wünschte ich auch diesmal zu erreichen, aber beide Anforderungen liessen sich nicht immer vereinigen. Die Urkunden Karls des Grossen habe ich zwar auf die doppelte Zahl der von Bouquet gekannten gebracht, die von Ludwig dem Frommen um die Hälfte vermehrt, und überhaupt glaube ich mehr karolingische Urkunden gesammelt zu haben, als man geneigt seyn konnte sich als noch vorhanden zu denken. Indessen habe ich gar manche Urkunde (in Allem wohl ein hundert) zur Hand gehabt, welche ich für diesmal noch an keine bestimmte Stelle einzureihen wusste, und mit den Aufenthaltsangaben der Annalisten ist es nicht selten eben so gegangen. Trotz dieser Ausscheidungen sehe ich noch gar vieles des wirklich aufgenommenen als blossen Vorschlag an, wie ich denn in der That das Einzelne nicht immer bis aufs Aeusserste untersucht habe. Wer die Grösse der Aufgabe, die Unvollständigkeit des Stoffes, die Unrichtigkeit der Urkundenabdrücke (auch bei den Benediktinern) kennt, der weiss, dass hier mit dem ersten Versuche zwar mancher Gewinn, aber nichts Vollendetes erstrebt werden konnte. Auch ist es gewiss minder fruchtbar für die Geschichte, und führt minder sicher zur Wahrheit, wenn man Vermuthungen über die Fehler der Abdrücke anstellt, als wenn man seine Thätigkeit einer erneuten Untersuchung der Originalien zuwendet, wodurch allein die Acten vervollständigt, die Vorfragen beseitigt, und richtige Schlussurtheile vorbereitet werden können. Dass nur überhaupt einmal der karolingische Urkundenschatz aus seiner Zerstreutheit sich vereinige und als ein zusammengehöriges Ganzes, wie er es ist, so auch sich darstelle: dieses war mein Hauptziel. Berichtigungen und Zusätze lassen sich nun leichter sammeln. Ich beabsichtige solche in eignen Ergänzungsheften nachzutragen und damit die Regesten der Merovingischen und Langobardischen Könige sammt einer Uebersichtstafel sämmtlicher Erzkanzler zu verbinden.

Meine Resultate für die chronologische Bestimmung der Regierungsepochen findet man in dem Inhaltsverzeichnisse zur bequemeren Uebersicht vereinigt. Manche sind freilich nur nach Wahrscheinlichkeit angenommen, und ein Theil derselben wird wohl niemals ganz genau festgestellt werden können; überzeugt bin ich aber, dass jede einzelne Regierung auch eine einzige bestimmte Anfangsepoche hat. In dieser Beziehung erkläre ich mich gegen die Ansicht aller meiner (mir bekannten) Vorgänger, und namentlich gegen die französischen Benedictiner. Es hätte doch einleuchten sollen, dass, wenn derselbe Regent zu derselben Zeit seine Regierungsjahre (ohne dies äusserlich merken zu lassen) nach zwei, drei oder gar vier verschiedenen Epochen gerechnet hätte, hierdurch alle Jahresrechnung nach Regierungsjahren aufgehoben worden wäre. Höchstens kann es zugegeben werden, dass manchmal der Wechsel des Regierungsjahres auf Neujahr vorgenommen und deswegen ein halbes Jahr zu viel oder zu wenig gerechnet wurde. Andere unverkennbare Abweichungen von einer früher befolgten richtigeren Epoche, z. B. bei Kaiser Lothar I seit 833, bei Ludwig dem Deutschen seit 873, wird man sich am wahrscheinlichsten als fortgesetze Irrthümer in den betreffenden Canzleien erklären dürfen, wie solche damals wohl vorkommen konnten. Hat sich doch die Reichscanzlei auch noch in späteren Zeiten und sogar in den leichter zu berechnenden Jahren nach Christi Geburt, ähnliche Fehler zu Schulden kommen lassen, und dadurch unter andern das Todesjahr Kaiser Otto des Grossen eine Zeitlang zweifelhaft gemacht. — Uebrigens werden auch hier genauere Abschriften der bekannten und Auffindung neuer Originalien, so wie sorgfältigere Beachtung der Nekrologien, noch bestimmtere Aufschlüsse gewähren. Einstweilen ist es selbst aus den jetzigen Urkundenabdrücken erkennbar, dass die Genauigkeit in der Chronologie mit der persönlichen Tüchtigkeit der Regenten meist gleichen Schritt hält. Und natürlich. Es kam auf die Canzler und sonstigen Pallastgenossen an, deren umfassendes Amt Hincmar beschreibt, und deren Kenntnisse Kopp nach der Richtigkeit ihrer tironianischen Noten zu prüfen vermochte. Waren dies wohlunterrichtete und gewissenhafte Männer, wie der tüchtige Regent sie sucht, so wurden auch die Urkunden gehörig ausgefertigt, und der umgekehrte Fall trat ein, wenn es Günstlinge und Parteihäupter waren, wie sie von untüchtigen Regenten nach Launen gewählt werden oder ihnen sich aufdrängen, Leute, denen ganz anderes am Herzen liegt als die Ordnung des Regiments.

Sehr geflissentlich habe ich die Regesten sämmtlicher Karolinger und der neuburgundischen Könige vereinigt, denn ich bin der Meinung, dass die Geschichte dieser Zeit (auch nach Ludwig dem

Frommen) als fränkische Gesammtgeschichte müsse behandelt werden, und dass eine Trennung in Particulargeschichten hier ebenso unrichtig wäre, als wenn man die römische Geschichte unter den Kaisern in eine Geschichte Italiens, Graeciens, Aegyptens, Hispaniens, Galliens u. s. w. zerfällen wollte. Wie in jener entfernteren Zeit die Idee eines einzigen römischen Staates alles umfasste, auch wenn das Reich unter verschiedenen Regenten getheilt war, so verband hier alles der Begriff des sieggekrönten Volks der Franken, geführt von seinen Merovingern und Carolingern. Gleichwie diese Könige nur Söhne desselben Hauses waren, so kannte man auch nur ein einziges fränkisches Volk, den Römern an Tapferkeit gleich, von Griechen nicht übertroffen, durch die Vorsehung zur Herrschaft berufen. Ein Volk, dessen Männer, durch Landesgränzen nicht gebannt, gleich ihrem Schwert, auch ihre Freiheit allenthalben mit sich trugen, nicht minder aber auch ihre Treue gegen den von ihnen aus dem herrschenden Hause gewählten und von Gott gekrönten König.

Wie wären auch Abtheilungen durchzuführen, wo die Gränzen durch jeden Todesfall unter den Regenten verändert wurden, indem die Söhne des Vaters Herrschaft theilten und der Oheim dem minderjährigen Neffen vorging? Wo innerhalb sechzig Jahren alles Land von Barcelonas Küste bis zum Ufer der Raab, und vom Wiglesthor an der Eider bis Benevent die Herrschaft eines Einzigen anerkennt, dann nur allein das spätere Deutschland in fünf Stücke (880: Baiern mit Slavien, Ostfranken mit Sachsen und Thüringen, Alemanien mit Churwalchen, Lotharingen, ein Theil von Friesland bei Gallien] getheilt ist, sodann ganz Mitteleuropa wieder vereinigt erscheint, vier Jahre nachher aber neuerdings getrennt wird, und zwar in andere Theile, als welche vordem bestanden? Wo jetzt ein König nur mit einem oder mit zweien seiner Volksstämme einen Reichstag hält, und dann wieder zwei oder mehrere Könige mit allen ihren Völkern zu einem gemeinschaftlichen Tage sich einigen? Hier kann kein Faden durchleiten als die Einheit im Herrschervolk der Franken und in dem dieses Volk regierenden Hause. Diese Idee, ob sie zwar mit der Zeit sich umwandelte, und namentlich in Deutschland die des römischen Kaiserthums an ihre Stelle trat, reicht doch noch über den karolingischen Mannsstamm hinaus, und jedenfalls hielt ich mich berechtigt, unsern Conrad I, den Verwandten Ludwig des Kindes, der in dessen Urkunden so oft und so einflussreich auftritt, den deutschen Karolingern noch anzufügen, wie er auch wirklich in alten Zeiten *ultimus Karolorum* genannt wird. Meiner Ansicht nach beginnt erst mit den Regenten aus dem sächsischen Hause eine neue Periode und die bestimmtere Aussonderung eines Deutschlands aus dem zerfallenden Frankenreiche*).

Den Auszügen aus den Urkunden und Annalen habe ich auch die Capitularien (d. h. die eigentlich politischen Actenstücke: die Wahl- und Krönungsacten, die Friedensschlüsse, die Theilungen des

*) Ich weiss recht gut, dass gerade heutzutage häufig beim Jahr 888 ein Hauptabschnitt gemacht wird, weil man Arnolf für den ersten blos deutschen König hält. [Aber bei Arnolfs Wahl hatte man sicher nicht die Absicht, ein damals selbst dem Gedanken nach noch gar nicht bestehendes Deutschland aus den fränkischen Reichen abzutrennen, vielmehr waren diese gerade unter Arnolf noch vereinigt, indem alle damaligen fränkischen Herrscher ihm Geschenke brachten und ihn als Oberherrn erkannten. Auch sein Sohn wurde nur als Carolinger auf den Thron gesetzt, und vieles würde sich anders gestaltet haben, wenn Ludwig IV bei vorausgesetzter persönlicher Tüchtigkeit länger gelebt hätte]. Aber meiner Meinung nach dürfte dieser Hauptabschnitt richtiger vor oder nach Conrad I gemacht werden, und ich habe im Texte gesagt, weshalb ich mich für den letzteren Zeitpunct entschieden habe. Bedürfte es bei diesem gar nicht unwichtigen Gegenstande, der auch sonst noch näher begründet werden kann, der Auctoritäten, so stehen mir unter den Alten Thietmar von Merseburg und unter den Neuern Bünau zur Seite. — Bei dieser Gelegenheit bemerke ich, dass des letzteren deutsche Kaiser- und Reichshistorie (Leipzig 1728. 4. I—4) bei Weitem das beste Werk über die fränkische Geschichte in der karolingischen Periode ist. Die seitdem hier und da verlernten Hauptgrundsätze geschichtlicher Forschung: Ausschluss der nicht gleichzeitigen Scriptoren und Mitbenützung der Urkunden, sind von Bünau schon beobachtet. Eigentlich möchte ich ihm eine neue Ueberarbeitung wünschen. — Was Bünau für die Länder diesseits der Alpen, ist Muratori durch seine Annalen für die jenseitigen, und beide Bücher wird man am brauchbarsten finden, wenn man sich neben den Quellen noch neuerer Hülfsmittel bei Benützung dieser Regesten bedienen will. — Für einen kürzeren Zeitabschnitt ist sehr schätzbar: Ludwig der Fromme; Geschichte der Auflösung des grossen Frankenreichs von Friedrich Funk (Frankfurt bei Schmerber 1832. 8). Kein anderer Theil der karolingischen Geschichte ist so fleissig, so scharfsinnig und in so klarer Sprache bearbeitet.

Reichs, die gegenseitigen Eidesformeln, die Botschaften an die Reichsversammlung, die geistlichen und weltlichen Gesetze u. s. w.) eingefügt und dabei noch den besonderen Wunsch gehegt, auf ihre Wichtigkeit für das deutsche Staatsrecht aufmerksam zu machen. Schilter in seinen *Institutiones juris publici Romano-Germanici* hat diese Wichtigkeit schon im Jahre 1697 richtig erkannt, aber in den späteren staatsrechtlichen Handbüchern, z. B. bei Pütter, finde ich die Capitularien eben so wenig erwähnt, als die bedeutungsvolle Wahl- und Krönungsformel, welche mit jenen von gleichem Alter ist, berücksichtiget. Das Hauptstaatsgrundgesetz Deutschlands wurde vielmehr in der goldnen Bulle oder in der Wahlcapitulation gesucht, da doch jene der Hauptsache nach nur eine reglementarische Verfügung über die Königswahl, diese aber grossentheils nur negativ ist*).

Nun würde es eine der höchsten Aufgaben für rechtsgeschichtliche Divination seyn, aus den späteren Erscheinungen die Grundverfassung des fränkischen Reichs zu erkennen, und die mannichfaltigen Entwicklungen auf ihre gemeinschaftliche Basis zurück zu führen. Wie viel liesse sich darüber forschen, denken und sagen! Doch wir sind glücklicher, da uns in den Capitularien diese Wurzeln eines tausendjährigen Rechtszustandes (den man gewöhnlich mit dem Namen der germanischen Freiheit bezeichnete) in dem ächtesten, amtlichsten, klarsten, ureigensten Ausdruck erhalten sind. Ich meine namentlich in jener merkwürdigsten Reichsverfassung von 823, durch deren Niederschrift Ludwig der Fromme einen Ersatz für die dahingegangene Persönlichkeit seines grossen Vaters zu geben gedachte[1]). Für eine nach diesem Gesichtspunct zu erneuernde Bekanntschaft mit den Capitularien kommt die wesentlich verbesserte und um vieles vermehrte Ausgabe eben recht, welche Pertz vorbereitet hat, und die in Bälde erscheinen wird.

[Wohl lässt es sich einsehen wie und warum diese Grundlagen allmählig und schon seit so langer Zeit vergessen werden konnten. Die Grundlagen lagen eben im Grunde und das darauf ruhende Gebäude war mit solcher Weisheit und in solcher Stärke errichtet, dass auch Bewohner darin Schutz und heitern Aufenthalt fanden, die längst nicht mehr wussten, worauf seine Säulen sich stützten. Nun aber ist es anders geworden. Die Zeit hat an dem Gebäude gerüttelt, durch Gewalt von Aussen und mehr noch durch Verrath und Thorheit von innen ist es baufällig geworden, die Fundamente sind entblösst, und die fremdgesinnten, welche sich mit so lautem Geschrei an den schwach gewordenen Stellen

---

*) [Hier bemerkt Böhmer: „Diese Stelle hatte ich früher anders entworfen. Siehe die vorstehenden Blätter 1–. Dort heisst es: „Ich möchte fast glauben, dass die eigentlichen Texte der Capitularien (mit Ausnahme der Krönungsformel) nach dem Ausgange der Carolinger sehr bald ganz verschollen sind, wie mir denn auch keine neuere Handschrift derselben als aus dem 10. Jahrh. bekannt ist. So kam es, dass man zuletzt das Hauptstaatsgrundgesetz Deutschlands in der goldenen Bulle oder der Wahlcapitulation suchte, da doch jene nur eine reglementarische Verfügung, diese aber in ihren meisten Sätzen nur negativ ist. Während so langer Vergessenheit blieb aber — was wichtiger ist — der Geist des alten Rechts im Leben und hatte unter dem Namen des Herkommens gesetzliche Kraft**).

**) Fischer Literatur des germanischen Rechts 125].

[1]) Die Hauptstelle ist: Sed quoniam complacuit diuinae prouidentiae nostram (Ludouuici Pii) mediocritatem ad hoc constituere, ut sanctae suae ecclesiae et regni huius curam gereremus, ad hoc certare et nos et filios ac socios nostros diebus vitae nostrae optamus, ut tria specialiter capitula, et a nobis et a vobis, deo opem ferente, in huius regni administratione specialiter conserventur. Id est, ut defensio et exaltatio vel honor sanctae dei Ecclesiae et seruorum illius congruus maneat, et Pax et Justitia in omni generalitate populi nostri conseruetur. In his quippe maxime studere et de his in omnibus placitis, quae vobiscum deo auxiliante habituri sumus, vos admonere optamus, sicut debitores sumus. An diese inhaltschweren Worte, auf die mich Pertz zuerst aufmerksam gemacht hat, und welche durch das ganze Mittelalter durchklingen, ohne deren Würdigung auch der rheinische Städtebund nicht verstanden werden kann, und die man zuletzt in Kaiser Franzens Krönungseid wieder findet, schliessen sich mit verwandter Wichtigkeit Karls des Grossen Reichstheilung von 806, der zu Meersen geschlossene heilige Bund von 851 und der Coblenzer Vertrag von 860. Insbesondere sind auch die für Gallien oder Westfrancien gegebenen Capitularien zu betrachten. Dort waren die Verhältnisse in Folge der Eroberung verwickelter, und es wurde daher mehr geschrieben als in den ostfränkischen Ländern. Auch muss man es den französischen Publicisten des 18. Jahrhunderts zuerkennen, dass sie die alten Denkmäler ihres Staatsrechts besser zu benutzen wussten, als (auch nach dem geistreichen Fischer) bis jetzt die deutschen, wenn es überhaupt noch deutsche Publicisten giebt.

herumtreiben, scheinen, während sie von neuen Grundlagen sprechen, in der That nur beschäftigt die alten, sei es nun aus Dummheit, aus Anmassung oder aus bösem Willen, vollends heraus zu wühlen.

Wenn es sich solchergestalt um die Existenz des Gebäudes handelt, da muss man nothwendig wieder auf die ersten Anfänge zurückkehren, und erst wenn man seine Zusammenfügung vom Grundsteine an bis zum Gipfel erkannt hat, wird man sagen können, was noch haltbar ist, was gestützt, was abgetragen werden muss, oder ob nicht mehr geholfen werden kann, und ob unser entwöhntes Geschlecht wieder unter den freien Himmel heraus zu gehen genöthigt ist.

Diese Rücksicht auf das Recht — das öffentliche und das private, denn dieser Unterschied war ursprünglich bei uns nicht vorhanden — können wir Deutsche aber weder dem Politiker noch dem Juristen überlassen, denn es ruht bei uns nicht auf geglaubter Klugheit oder willkührlicher Gesetzgebung, sondern es ist uns angeboren, und höchstens mag das römische Recht einer ausschliesslichen Juristenfacultät hingegeben bleiben, weil es als todte Satzung eingewandert ist. Dagegen das einheimische Recht der Deutschen als einer bis auf unsere Zeiten nicht unterjochten Nation gerade das Lebensprinzip unserer Geschichte ist, der Gegenstand, um welchen es beständig sich handelt, wie man denn geradezu sagen kann: die germanische Freiheit sei nichts anderes als das urkundliche Recht. Ist es nun wahr, dass die Geschichte das Selbstbewusstseyn der Völker und dass es nicht gut ist, wenn ein Volk sich selbst vergisst, so lasst uns mit Fleiss die fränkisch-deutsche Verfassung betrachten, in ihrem Ursprung die freiste, in ihrer Entwicklung die reichste, in ihren Grundlagen die allgemein gültigste. Sie, welche der Stamm ist, aus welchem durch tausend Jahre alle diese Blätter, Blüthen und Früchte, dieser Anbau des Bodens, diese bürgerliche Ordnung, diese Künste und Wissenschaften, alle diese Güter entsprossen sind, auf denen unser Wohlstand beruht. Lasst uns das reiche Erbe der Väter nicht vergeuden, sondern mit Dank besitzen und wenigstens erhalten, wenn wir es nicht mehren können. Lasst es uns nennen und sagen, ihr Freunde des Vaterlandes und seiner Geschichte, wie es erworben ward, worin es besteht, wie es erhalten werden kann; sei es nun zur Belehrung, oder — wenn diese zurück gestossen wird — zum Andenken. Wenn dann einst von all den Herrlichkeiten nur die Erinnerung geblieben, wenn Fremde anfangen werden zu bewundern, was die Eignen von sich stiessen, dann waren wir doch unentartete Söhne, welche noch zuletzt die Pfade der guten, nun in Gott ruhenden Väter gewandelt).

So viel über die *Regesta Karolorum*. Ich habe nun noch über den Fortgang des Kaiserregestenwerkes im Ganzen zu sprechen.

Da diejenigen Bücher, in welche sämmtliche Urkunden und Ausschreiben der Regenten nach der Zeitfolge eingetragen wurden, und deren Kaiser Friedrich I als *Registrum Imperii* ausdrücklich erwähnt, von dem Jahre 1400 her in Wien (als dort so genannte Reichsregistratur- und Gedenkbücher) noch erhalten sind, so schien es nothwendig, die Kaiserregesten von da an aus dieser vollständigen und authentischen Quelle zu entnehmen. Es war dieser Theil der Arbeit um so wichtiger, weil es kaum je die Absicht seyn wird, alle Kaiserurkunden so später Zeit vollständig abdrucken zu lassen, wie es in früheren Jahrhunderten allerdings geschehen muss. Sowohl wegen dem Aufbewahrungsorte dieser Quelle, als auch wegen der Landsmannschaft der späteren Kaiser, war es aber wünschenswerth, dass dieser Theil der Arbeit von einem österreichischen Gelehrten übernommen werde. Dieser Gelehrte hat sich in Herrn Chmel, regulirten Chorherrn und Bibliothekar des Stiftes St. Florian in Ober-Oesterreich, aufs glücklichste gefunden, und derselbe hat, begünstigt von dem k. k. Gouvernement und unterstützt von seinem Stifte (welches unter der Leitung seines hochwürdigen Probsten, des Herrn Michael Arneth, durch Wissenschaftlichkeit nicht minder als durch Frömmigkeit sich auszeichnet), einen grossen Theil seiner mühevollen Arbeit bereits vollendet, so dass der Anfang mit dem Druck bald wird gemacht werden können*). Es erübrigt dann nur noch eine Lücke zwischen 1313 und 1400, welche von Herrn Chmel oder mir leicht ausgefüllt werden kann.

Zunächst beschäftigt mich ein erstes Ergänzungsheft zu den vor zwei Jahren herausgegebenen Kaiserregesten, welches manche Fehler berichtigen, und ungefähr Tausend neue, zum grossen Theil ungedruckte Urkunden hinzufügen wird. Ich werde dort auch die angenehme Pflicht erfüllen, den hohen Regierungen und verehrten Gönnern, welche mir zu diesen reichen Nachträgen verholfen haben, öffentlich und namentlich meinen ehrerbietigen und tiefgefühlten Dank darzubringen. Möge mir und meinem Unternehmen dieselbe Huld und Theilnahme auf ferner erhalten, mögen auch ferner gedruckte und ungedruckte Urkunden, welche in meinen Kreis gehören, mir gütigst nachgewiesen und zugänglich gemacht werden!

Das Kaiserregestenwerk umfasst vom Jahr 752 bis 1519 = 767 Jahre. Die ersten 561 sind nun von mir gefertigt, es fehlt nur noch der kleinere Zeitraum von 206 Jahren, und bei diesem stehe ich nicht mehr allein. Die Aussicht, dass das Ganze bald vollendet werde, ist daher wohl begründet, und kann auch für die künftige Vollführung des *Registrum Imperii* beruhigend seyn.

Dieses soll bekanntlich die dritte Abtheilung der von Pertz herausgegebenen *Monumenta Germaniae historica medii aevi* bilden, und wird, nach dem gemachten Ueberschlage, bis zum Jahre 1313 aus acht Foliobänden bestehen, deren jeder tausend Urkunden in vollständigem Abdruck enthalten soll. Sicherlich ist diese Arbeit umfassend genug, um den Unternehmer daran zu mahnen, wie zweifelhaft es sey, ob er sie selbst werde vollführen können. Ist doch auch der edle Stifter der Gesellschaft für ältere deutsche Geschichtskunde, der zu all diesem den Anstoss gegeben, und dessen Auge noch wohlgefällig auf den ersten Bogen der Kaiserregesten geruht hat, seitdem — viel früher als die Seinigen es voraussehen konnten — zu den Vätern heimgegangen. Wie dem auch sey: der Vortheil ist jedenfalls gewonnen, dass das grössere Unternehmen einstweilen im Grundriss vorliegt. Durch genaue Abschrift vieler Originalien ist auch sonst bedeutend vorgearbeitet. Besonders von Pertz, welcher den ersten Band mit den Urkunden der Merovinger und Karolinger, so weit solche das spätere Deutschland betreffen, selbst bearbeiten will. Was insbesondere den zweiten, die Urkunden des sächsischen Kaiserhauses umfassenden Band anbelangt, welcher vielleicht noch vor dem ersten erscheinen wird, so habe ich gerade für diesen vorzügliche Materialen sammeln können, indem kein Archiv der Welt reicher an Ottonischen Urkunden ist, als das geheime Staatsarchiv in Berlin, dessen Benutzung für die Sammlung der Kaiserurkunden bis 1313 mir im Herbste 1832 von dem Königlich Preussischen Gouvernement aufs gewogenste gestattet war [1]).

---

*) Ausser dem, weshalb Benecke (Beiträge zur Kenntniss der altdeutschen Sprache S. 297) Herrn Chmel zu danken hatte, ist derselbe den Gelehrten durch seine Materialien zur Oesterreichischen Geschichte aus Archiven und Bibliotheken (Linz bei Fink. 1832. 4.), denen der beste Fortgang zu wünschen ist, bereits vortheilhaft bekannt. Die Gesellschaft für ältere deutsche Geschichtskunde hat von ihm, und zwar ganz unaufgefordert, auch noch andere sehr werthvolle Beiträge aus den Handschriften der Wiener Bibliothek erhalten, welche seinerzeit in den Monumentis Germaniae werden mitgetheilt werden. — Demselben Stifte gehört bekanntlich auch Herr Chorherr Kurz an, der sich durch seine zahlreichen Monographien über österreichische Geschichte so ausgezeichnetes Verdienst erworben hat. — Vgl. über St. Florian: Pertzens Briefe im Archiv III, 75, ferner Jäcks Wien 39, dann Dibdin Bibliographical Tour III, 233, endlich den vom jetzigen Herrn Probsten selbst abgefassten gehaltreichen Abriss der Geschichte des Stifts in Jäck's Gallerie der vorzüglichsten Klöster Deutschlands I[b], 1. Hier heisst es am Schlusse: So steht das Kloster St. Florian sammt den Clerikern von mehr als achtzig Mitgliedern, welche theils auf Studienanstalten als Zöglinge oder Lehrer, theils auf seinen 34 Pfarreien, die sowohl in den geistlichen Personen und Gebäuden als Schulen grossentheils von ihm selbst zu unterhalten sind, als Pfarrer oder Capläne, theils auf seinen Wirthschafts- und Verwaltungsstellen sich befinden — nach zwölf hundert Jahren, während welcher so viele schwere Gewitter über ihm hingezogen, keine Ruine, wie doch so viele andere, noch unversehrt, aufrecht und regsam unter dem Schutze der Vorsehung und Habsburg-Lothringens da, stets bedacht, dass es noch lange der Erhaltung werth gefunden werden möge.

[1]) In Berlin sah ich die handschriftlichen Anfänge zweier Werke, welche jetzt wohl bald erscheinen und den Geschichtsfreunden ohne Zweifel sehr willkommen seyn werden. Das erste sind des Hrn. geheimen Archivraths Höfer Regesta e scriniis archivi regii Berolinensis selecta. Dieses Werk wird einzig durch die ganz besondere Eigenthüm-

Ueberhaupt aber setze ich die beste Hoffnung für die Zukunft darauf, dass die Sache der Monumenta kein Werk des Eigennutzes, der Eitelkeit oder der Neugierde, sondern der Vaterlandsliebe ist, und dass das Unternehmen in den Herzen seiner Freunde eine festere Stütze hat, als äussere Mittel, die ihm allerdings abgehen, für sich allein gewähren würden. Darum hat es auch niemals an der Fürsprache hochgesinnter Beschützer gefehlt, wo diese nöthig war, um den Zutritt zu den Originalquellen zu erhalten. So wird es auch weiter gelingen.

Wenn es wahr ist, dass das Selbstbewusstseyn der Nationen in ihrer Geschichte ruht, und wenn Niemand seiner selbst vergessen, sondern vielmehr sich kennen soll, so werden Zeit und Kraft hier nicht vergeudet seyn, diene das aus den Urquellen hervortretende treue Bild dessen, was unser Vaterland gewesen ist, nun zur Belehrung oder — zum Andenken.

Frankfurt am Main, 4. Juni 1833 [1]).

---

lichkeit des im Berliner geheimen Staatsarchiv zu Gebote stehenden Stoffes, welcher sich über den ganzen Norden Europa's hinzieht und ebensowohl Beispiele niederländischer und französischer als polnischer und russischer Diplomatik, also romanischer und slavischer Völker, bei einem von Karl dem Grossen an höchst bedeutenden deutschen Kerne gewährt. Da der Herr Verfasser mit der genauesten Kenntniss der Paläographie die äusserste Sorgfalt verbindet, so wird sein Werk auch in Bezug auf treue Wiedergabe der Originale musterhaft seyn. — Das zweite Werk sind die Brandenburgischen Regesten, welche Herr Regierungsrath G. W. von Raumer (der Fortsetzer von Gerckens Codex diplomaticus Brandenburgensis und der Verfasser des anregenden Werkchens: Ueber die älteste Geschichte und Verfassung der Churmark Brandenburg. Zerbst 1830. 8) herausgegeben wird. Dergleichen ist sicherlich das beste Mittel, um die zerstreuten Leistungen der Vorfahren zusammen zu fassen, und um eine Grundlage zu gewinnen, auf welcher nun planmässiger fortgebaut werden kann. Aehnliche Arbeiten möchte ich für alle deutsche Provinzen erwünschen. Da es hier vornehmlich darauf ankommt, sich Uebersicht zu verschaffen, so ist es höchst wichtig, bei der Gliederung des Stoffes und der Einrichtung des Druckes das Zweckmässige nicht zu verfehlen. — Ein früheres schätzbares Werk der Art ist das mit Unterstützung der Königlich Preussischen Archivsbehörde nun vollendete: Verzeichniss Oberlausitzischer Urkunden (Görlitz bei Zobel 1799—1824. 4. 1—2.), dessen Bekanntschaft ich dem Herrn geheimen Oberregierungsrathe Tzschoppe verdanke, und welches in einen von der Oberlausitzischen Gesellschaft der Wissenschaften mit der achtbarsten Ausdauer und wahrer Vaterlandsliebe zusammengebrachten Urkundenvorrath einführt, dem noch oft so gute Benutzung zu Theil werden möge, als ihm in Tzschoppe und Stenzels Urkundensammlung zur Geschichte des Ursprungs der Städte in Schlesien und der Oberlausitz neuerlich gewonnen ist.

[1]) (1831 Nov. 6 die Sammlung der Extracte angefangen, 1832 Weihnachten Redaction begonnen, 1833 Feb. 13 erste, Juli 31 letzte Correctur mit Ausschluss der Quellentafel).

Vorbemerkungen.

„Viel später, als ich einst dachte, ist dieses werk zum teilweisen abschluss gebracht. Gegen ende des jahres 1874 betraute mich J. Ficker mit der bearbeitung der ersten abteilung der Regesta imperii von J. Fr. Böhmer; wie er selbst erwähnte (Regesta imp. V, 1 vorbemerk. LIII), veranlasste eine mit dem arbeitsbeginn der Diplomata in den Mon. Germ. zusammenhängende änderung des planes anfangs einige verzögerung. Nach etwa 3 jahren war jedoch das urkundliche material fast vollständig gesammelt, das zeitraubende durchgehen der druckwerke, in denen Karolinger urkunden sich fanden oder finden konnten, im wesentlichen beendet, der ganze urkundenstoff für die bearbeitung nach den gruppen der empfänger registrirt. Schon 1877 und dann zwei jahre später konnte ich vorarbeiten über „Die Datirung der Urkunden Lothars I“ und „Die Urkunden Karls III“ (Sitzungsber. der Wiener Akademie bd. 85, 92) veröffentlichen. 1880 wurde die 1. lieferung ausgegeben und erst jetzt nach fast 9 jahren kann die 5. folgen, welche den ersten band abschliesst. Und erst den ersten band. Mir selbst war und ist diese verschleppung der arbeit ausserordentlich peinlich; aber sie findet wohl genügende entschuldigung in der überlastung mit anderer arbeit, den obliegenheiten des akademischen berufs und der redaktion der „Mittheilungen des Instituts für österr. Geschichtsforschung“, die ich seit mehr als 9 jahren und noch immer zu führen habe. Diese verhältnisse werden auch noch auf die fertigstellung des zweiten bandes zurückwirken; es mag noch geraume zeit vergehen, bis die Regesten der Karolinger in dem umfang, wie Böhmer sie gab, auch in der neubearbeitung vorliegen werden“ [1]).

Die neubearbeitung musste eine vollständige sein, von Böhmers ursprünglicher arbeit ist nur die äussere anordnung geblieben. Auch Böhmers Regesten der Karolinger sind für ihre zeit eine höchst bedeutende leistung und nichts kennzeichnet diese bedeutung besser, als dass sie durch mehr als ein halbes jahrhundert, wenn auch nicht in allen teilen, das unentbehrliche hilfsmittel der geschichtsforschung über die epoche geblieben sind. Seit ihrem erscheinen hat sich aber das urkundliche material ausserordentlich gemehrt, überall wurden die archive ganz erschlossen, an vielen orten, namentlich in Italien und Frankreich, fanden sich noch unbekannte stücke, neue publikationen brachten neue urkunden oder die alten in besserem abdruck. Auch die anforderungen, welche jetzt an eine regestenarbeit gestellt werden, sind andere geworden. Böhmer war es vor allem darum zu thun das vorhandene material im interesse der in nahe aussicht genommenen herausgabe der kaiserurkunden zusammenzustellen, eine aufgabe, die noch im april 1831 „nicht für unumgänglich nöthig“ gehalten wurde, die er aber, wenn es ihm möglich sei, auszuführen übernahm (Promemoria bei Janssen, J. Fr. Böhmers Leben 1,411). Trotz der kurzen arbeitszeit war das ergebnis ein damals überraschendes, selbst Pertz war über diesen reichtum erstaunt (Archiv 6, 703). Und doch ist die anzahl der regestenstücke seither fast um das doppelte gestiegen. Nicht nur diese vervollständigung, auch die kritische sichtung des urkundenvorrats war der neubearbeitung als aufgabe zugewachsen. Für die zeit bis 840 haben Sickels Acta Carolorum diese arbeit vollauf getan, nachdem die Beiträge zur Diplomatik I, II (Wiener SB. 36, 69) schon die urkunden Ludwigs des Deutschen urbar gemacht hatten. Der mächtige aufschwung der diplomatik, der mit Sickels „Lehre von den Urkunden der ersten Karolinger“ beginnt, die vielen und weiten kritischen gesichtspunkte, die Fickers bahnbrechendes werk „Beiträge zur Urkundenlehre“ er-

[1]) Wörtlich aus Mühlbachers im Jahre 1889 geschriebenen Vorbemerkungen zur 1. Auflage. J. Lechner.

öffnet, forderten an sich eine völlig neue bearbeitung. Böhmer selbst hat in seinen späteren regestenwerken die in den erstlingsarbeiten auf diesem gebiet noch vielfach lose formulierung der regesten zu festerem gefüge gestaltet und bei der vertiefung in den stoff auch ihren inhalt erweitert; nach beiden richtungen musste daher auch das gereiftere muster massgebend sein. Es war gegenüber den zuerst erschienenen regesten von 911—1313 ein wesentlicher fortschritt, dass Böhmer, wie er auch in der vorrede betonte, bei den regesten der Karolinger „die auf den regenten bezüglichen zeit- und ortsangaben ebenfalls einreihte"; er folgte dabei immer dem „hauptschriftsteller, welcher nach der beigefügten quellentafel leicht aufgefunden werden kann". Auch dieser teil musste auf eine neue grundlage gestellt und mit den nachweisen versehen werden; seither lagen manche der quellen in besserer ausgabe vor, damals unbekannte annalen waren entdeckt worden, quellenkritische untersuchungen von meistern und scholaren tummelten sich in nunmehr schier unübersehbarer zahl. Die Karolingerzeit ist das viel durchpflügte feld eifriger geschichtsforschung geworden; auch deren positive ergebnisse, namentlich iene auf rechtshistorischem gebiet, waren ietzt zu verwerten. So hat sich der umfang sehr ausgedehnt; statt der 25 druckbogen, mit denen Böhmer ausreichte, sind zwei starke bände nötig geworden, um den ganzen stoff in dieser form zu bewältigen.

In der äusseren anordnung und reihenfolge schliesst sich die neubearbeitung ganz der ursprünglichen arbeit Böhmers an. Sie wird auch die gesammten Karolinger umfassen; die regesten der italienischen, burgundischen, westfränkischen und aquitanischen Karolinger wird der zweite band bringen[1]). Nur nach einer seite hin sind die grenzen weiter vorgerückt, es wurde auch die vorkönigliche zeit einbezogen. Diese einbeziehung der ältesten Karolinger (Arnulfinger) erschien als notwendige ergänzung der „urkunden sämmtlicher Karolinger", wie Böhmer seine regesten überschrieb; in den händen der Karolinger ruhte lange schon die macht, sie waren seit mehr als einem halben iahrhundert die regierer des reichs, bevor sie den tron der Merowinger bestiegen. Ebenso war könig Pippin von Italien und dessen sohn Bernhard, wenn auch keine urkunden von ihnen vorliegen, ein eigner platz einzuräumen.

Für die behandlung der urkundenregesten hat Sickel (Urkundenlehre 419—428) die wege gewiesen; sie sind in den wesentlichen gesichtspunkten hier eingehalten, die abweichungen vermögen wol sich selbst zu rechtfertigen. Aber abgesehen von der verschiedenen äusseren form bediente sich Sickel der lateinischen sprache die „möglichsten anschluss an die schlagworte der urkundenformel" bietet und den bezeichnenden technischen ausdruck aus ihrem eignen wortschatz zu nehmen, die namen in ihrer ursprünglichen form zu geben gestattet. Der gebrauch der deutschen sprache, berufen vielfach auch den urkundlichen inhalt klarzulegen, begegnet daher auch eigenartigen schwierigkeiten.

So viel auch über das regestenmachen bereits geschrieben wurde, mag es mir erlaubt sein, wenn nicht zur rechtfertigung, so doch zur erläuterung mein verfahren näher darzulegen.

„Urkundenregesten", bemerkt Böhmer in einem 1850 veröffentlichten aufsatz (aus Friedmanns Zeitschr. f. die Archive Deutschlands 2,131 wieder abgedr. bei Janssen, J. Fr. Böhmers Leben 3,461 vgl. 466), „sollen den wesentlichen Inhalt der Urkunde wiedergeben, aber doch auch nicht allzu weitläufig sein, weil dadurch einerseits die Übersicht erschwert wird, welche den eigenthümlichen Vorzug der Regesten bildet, und weil es andererseits zweckmässiger wäre, noch einen Schritt weiterzugehen und die Urkunden vollständig abzudrucken". Böhmer betont den unterschied zwischen den „überschriften" welche den urkundenabdrücken voranzustellen sind und die sich auf „das allerwesentlichste", die namen des urkundenausstellers und empfängers, den betreff oder gegenstand der urkunde, den ausstellort mit dem reduzierten datum zu beschränken haben, und den eigentlichen regesten, die vollständiger als iene sein sollen. „Es ist einleuchtend, dass ein solches Regest für Manches, was in den Urkunden enthalten ist, zugleich erläuternd sein kann z. B. durch Substituirung der neuern Namen für die alten. Wenn in den Urkunden viele Ortsnamen aufgezählt sind, wird es meist genügen, sich auf

[1]) Den zweiten Band zu bearbeiten, war Mühlbacher nicht mehr vergönnt; doch sind einige Vorarbeiten, speziell für die Regesten Karls d. Kahlen, vorhanden. J. L.

die Mittheilung der drei ersten zu beschränken, doch sollte kein Gauname, der vorkommt, unerwähnt gelassen werden". Man wird es Waitz (Über die Herausgabe und Bearbeitung von Regesten, Sybels Hist. Zeitschr. 40 [1878], 291) unbedenklich zugeben, dass „ein noch so ausführlicher Auszug die Urkunde nie vollständig ersetzen werde". Aber er soll sie eben möglichst ersetzen und er kann dies selbst für vielseitige zwecke der benützer.

Aufgabe des regests ist es den wesentlichen inhalt der urkunde in bündigster fassung zu geben. Dasselbe hat sich also auf das sachliche zu beschränken und alles formelhafte bei seite zu lassen. Damit wird an sich ein grosser teil der urkunde ausgeschieden. Das sachlich wichtige ist, abgesehen vom protokoll, in der regel nur in der narratio und dispositio des diploms erhalten; die arenga, die promulgations- und korroborationsformel und einzelne formeln des textes bieten, weil nur formeln, dem regest zumeist nichts. Doch hie und da ist in dieselben, sobald sie individualisirend dem einzelfall sich anpassen, die eine und andere beachtenswerte notiz eingesprengt wie eine erzader ins gestein.

Es ist bekannt, dass die arengen „zu fast bedeutungslosen phrasen herabsinken" (Sickel UL. 169), dass die verwendung und vermengung der alten muster immer mehr dem belieben des diktators anheimfällt. Nehmen arengen auch gelegentlich auf den einzelnen fall besonderen bezug, wie etwa in diplomen für mitglieder der dynastie (n° 1133, 1183, 1240, 1584 u. a.), so reichen doch auch diese offiziellen versicherungen der liebe nicht über den bereich etiquettegemässer phrase hinaus (vgl. Wiener SB. 92,419 n. 3). Dagegen ist es nicht belanglos, wenn Arnolf in einer arenga das krongut ein ihm ‚erbrechtlich angefallenes nennt', das reich als ‚ihm von Gott übergeben' (a deo nobis conlatum) bezeichnet (n° 1948) oder derselbe in seiner krankheit als motiv einer schenkung auch ‚corporis nostri salvatio' angibt (n° 1930), wie Ludwig IV in der arenga einer lothringischen urkunde die sicherung des beistandes der grossen für die geschäfte des reichs in den vielen schwankungen der verhältnisse betont (n° 2060) oder in iener einer schenkung an Hatto von Mainz die besondere berücksichtigung derienigen, qui pro nobis laborare non desinunt, quorum consultus et suffragia nequaquam carere possumus hervorhebt (n° 2051) oder wenn derselbe könig eine schenkung an St. Emmeram damit begründet, er wolle den kirchen durch fürsorge für sie den königlichen dienst ermöglichen (ob possibilitatem devoti servitii nostri, n° 2004). Gelegentlich wird, hier allerdings nur mit den angaben an gewöhnlicher stelle der urkunde sich deckend, auf geleistete besondere dienste (so in n° 1780) oder selbst auf eine aussergewöhnliche intervention (n° 1916) hingewiesen.

So interessant die korroborationsformel vielfach dem diplomatiker ist, für das regest gewinnt sie äusserst selten bedeutung. Es ist nur eine ausnahme, wenn hier in einer urkunde Ludwigs IV (n° 1995) erwähnt wird, der könig habe sie ‚im beisein seiner grossen' unterfertigt. Ein paar diplome Zwentibolds bemerken an diesem ort in besonderer weise die eigenhändige unterfertigung (n° 1958) oder die beifügung des handmals als alte sitte (n° 1963).

Während die promulgationsformel für das regest wertlos ist, tritt unter den sachlichen formeln des textes durch individualisirung eine öfter aus der bedeutungslosigkeit ihrer art hervor, die pertinenzformel. Sie findet sich nur in urkunden, welche liegendes gut betreffen; sie besagt, dass dieses mit dem zubehör verliehen oder bestätigt werde. Die formel ist fast stereotyp, aber meist wird neben diesen allgemeinen ausdrücken auch die besonderheit des einzelfalles berücksichtigt und insoweit kann sie auch für das regest beachtung gewinnen. Es wäre raumverschwendung dieselbe in vollem wortlaut ins regest aufzunehmen, wie etwa Görz Mittelrhein. Regesten 1,170 n° 507: „nebst allem Zubehör an Häusern und an andern Gebäuden, an bebauten und unbebauten Ländereien, Wäldern, Feldern, Wiesen, Weiden, Wassern, Wasserläufen, Wegen und Stegen"; gerade diese ausdrücke sind ständige phrase. Man wird schon berechtigt sein aus den pertinenzen einer kapelle oder kirche hof und hörige, zehnten und zinse oder zinsleute (n° 1802, 1946 u. a.) als besondere zubehör anzuführen, wenn dieselbe auch eine gewisse stabilität aufweist (Wiener SB. 92,425), oder die eines lehens: forste, förster und iäger, fischerei und fischer (n° 1772), iene eines andern: kirche, hörige, zehnten (n° 1787). Ebenso finden sich in die allgemeine formel eingestreut besondere pertinenzen von höfen oder krongütern, wie kirchen (nº 1838), gehöfte, ackerbauer, winzer, zehnten, zinse, weiden, bauholz (nº 1857) oder barschalken (nº 2009 vgl. nº 2015: cum ... mancipiis parschalchis sindmannis hengistfuotris). Bei gebirgsland werden auch berge und alpen genannt (nº 1782, 1828, 1997). Wie sich hier auf alpenwirtschaft schliessen lässt, so gibt die einfügung der ‚vineae' in die pertinenzformel einen ziemlich sicheren beweis, dass an den genannten orten auch weinbau getrieben wurde, und dies auch dort, wo längst keine rebe mehr gepflanzt wird, wie bei Sempt (nö. München, nº 1857), in Ranshofen am Inn (nº 1946), unfern Kremsmünster in Oberösterreich (nº 1786). Aussergewöhnlich ist es, wenn unter den pertinenzen auch waldnutzung (nº 1956) oder ein portus cum portatico (nº 2017) auftritt. Auf die variationen der formel, wie sie sich in verschiedenen ländern nach landesüblichem bedarf, etwa Italien gegenüber Deutschland (Wiener SB. 92,426), ausbildet, einzugehen ist unnötig, so lange die formel, wenn auch in ihrer art, nur formel bleibt.

Auch die pönformel darf an sich nicht den anspruch auf erwähnung im regest erheben. Ihre geschichte ist bekannt: sie wird erst unter kaiser Ludwig II in Italien eingebürgert, sie wird häufiger nur unter Karl III, in den diplomen der übrigen Karolinger findet sie sich blos vereinzelt; sie beschränkt sich fast ausschliesslich auf urkunden für Italien oder ist wenigstens von italienischem einfluss berührt. Das ausmass der angedrohten geldbusse ist ausserordentlichen schwankungen unterworfen und geradezu willkührlich, so dass es unmöglich wird bestimmte normen für die höhe der strafsummen wie für anwendung der formel selbst aufzustellen. Ich glaubte daher von der angabe dieser geldbussen im regest umso mehr absehen zu können, als ich diese daten anderweitig (Wiener SB. 92,431) zusammengestellt habe. Nur in dem einen fall, dass die pön ausdrücklich als immunitätsbusse sich bezeichnet, sei es als die altfränkische zu 600 solidi (nº 250, 612 u. ö., mit dem zusatz: causis regalibus sit obnoxius nº 1899) oder die seit Ludwig II auftretende italienische von 30 pfund silber (emunitas nostra nº 1186, 1215 u. a., immunitatis semel promulgata poena nº 1252, auch mulcta, bannus immunitatis nº 1258, 1201), gewinnt sie an interesse; gelegentlich fügt sich ein erläuternder zusatz an (emunitas quam ceteris ecclesiis concessam habemus nº 1222 u. ö.), zur immunitätsbusse tritt noch eine besondere geldbusse (nº 1252, 1273), iene wird verdoppelt (nº 1523, 1600) oder für den einzelfall geringer angesetzt (zu 20 pfund nº 1671), sie wird als sühne des immunitätsbruches (secundum legem infractae immunitatis nº 1198 vgl. 1191) oder auch als altes herkommen (nº 1607) betont, varianten, welche in ihrem zusammenhang für die geschichte der immunität nicht ohne belang sind und deshalb die aufnahme ins regest wol rechtfertigen. Einfache geldbussen wurden nur bei ihrem ersten auftreten unter Lothar I (nº 1035, 1062, 1109) und ihrem ganz vereinzelten vorkommen unter Arnolf (nº 1894, 1897) als kuriosität aufgenommen. Die poena spiritualis klebt förmlich an der phrase und ist sachlich wertlos, wenn sie auch im einzelfall wie in einigen urkunden für die kaiserin Angilberga, wo sie an die geldbusse sich anschmiegt (nº 1235, 1240, 1267), einer gewissen charakteristik nicht entbehrt; ich habe dieselbe nur aus einer urkunde Ludwigs III (nº 1574) im regest verwertet, da sie mir hier dafür bezeichnend zu sein schien, wie der zu tod kranke könig seine verleihung gegenüber dem unbefreundeten bruder und nachfolger sichern zu sollen glaubte.

Neben formelteilen ist es gelegentlich der in eine formel versprengte einzelne ausdruck, der beachtung verdienen kann, wie etwa ‚more solemni' in der formel, welche die gewährung der bitte berichtet (nº 1399, 1400 vgl. Ficker Beitr. z. UL. 1, 110), oder die bezeichnung ‚dilectus' für persönlichkeiten, die sich der huld des herrschers erfreuen (für den erzkanzler Liutward unter Karl III vgl. Wiener SB. 92,354 n. 5. häufiger seit Arnolf nº 1807, 1843, 1889 usw. vgl. 1315, 1511, 1528), während dieselbe bezeichnung gegenüber gemahlinnen oder verwandten ständig ist und dadurch zur phrase der etiquette wird.

Das eigentliche material für das regest liefern die narratio und die dispositio des diploms; die narratio berichtet über die veranlassung der verleihung, die stellung der bitte, die fürsprache oder eigne initiative des herrschers und ihren beweggrund, etwa für belohnung treuer dienste, die vorlage der rechtstitel, die klage und das ergebnis der untersuchung, die dispositio enthält die verleihung selbst, iene gehört wesentlich der beurkundung an, diese ist die handlung. Lässt sich diese in ihrer technischen formel meist auf den kürzesten ausdruck bringen, so ist in iener iedes sachliche detail beachtenswert, wer die bitte eingebracht, ob persönlich, schriftlich oder durch mittelspersonen, die namen der fürsprecher (intervenienten), in älterer zeit ambasciatoren geheissen (vgl. Sickel UL. 68), iener einflussreichen persönlichkeiten, die unter Ludwig dem Kind als die eigentlichen regierer des reichs sich darstellen, der inhalt des vortrages oder der klage, die einsichtnahme oder verlesung der vorgelegten urkunden, die eingeleitete kommissionelle oder gerichtliche untersuchung und ihr verfahren, die zustimmung von mitinteressenten, die motivierung der verleihung, die etwa erwähnte geschichtliche tatsache. Wie bei der letzteren der verweis auf anderweitige nachrichten erwünscht ist, so empfahl es sich bei den öfter unter den intervenienten in beträchtlicherer anzahl auftretenden bischöfen oder äbten den namen des bistums oder klosters in klammern beizufügen.

Besondere aufmerksamkeit gebührte der urkundlichen vorlage. Ihre bedeutung für die urkunde hat Ficker (Beitr. z. UL. 1,267 f. vgl. Sickel UL. 128, Wiener SB. 92,395) klargelegt; sie erstreckt sich nicht nur auf einzelne teile oder auch den grösseren teil der urkunde, sondern hie und da auch auf sachliche daten, die, aus der urkunde übernommen und für diese richtig, wiederholt werden, obwol die verhältnisse andre geworden sind, so in einer urkunde Karlmanns von Baiern, der keinen ehelichen und nur einen ausserehelichen sohn hatte, für Aquileia (nº 1541) die befreiung von gewissen leistungen, nisi forte quando noster aut alicuius filii nostri illuc fuerit adventus, eine bestimmung, die der vorurkunde Lothars I, der 3 söhne besass, entnommen ist (nº 1033) und eigentlich aus der Karls d. Gr. von 792 (nº 319) stammt; auf zwei ähnliche fälle habe ich anderweitig hingewiesen (Mittheil. des Instituts f. öst. GF. 9,488). Der einfluss der vorlage ist daher nicht nur vom diplomatiker, sondern auch oft von der geschichtlichen forschung zu beachten. Es schien mir eine meiner aufgaben zu sein die benützte vorlage nachzuweisen, auch wenn sie nicht ausdrücklich genannt ist (nº 2020) oder eine fremde urkunde als muster diente (nº 1730). Bei eingehender arbeit ist der regestenmacher gleich dem herausgeber von urkunden in der lage das urkundliche material sowol in seiner gesammtheit, wie in seiner einzelnen gruppirung zu überblicken, die bearbeitung nötigt ihn die urkunde in ihrer stellung zu ihrer gruppe wie zu den regeln des allgemeinen urkundenwesens ins auge zu fassen; durch die aufnahme des nachweises der vorlagen erspart er es dem benützer sie im bedarfsfall mit grösserer mühe und geringeren mitteln selbst zu suchen, und legt damit die kritischen behelfe zurecht. Die von Sickel auch in die ausgabe der Diplomata eingeführte methode, welche sich seither fast allgemein eingebürgert hat, die der vorurkunde oder vorlage entnommenen stellen durch petitdruck zu kennzeichnen, kommt dem regest nicht zu gute. Dieses kann höchstens einen dürftigen ersatz dadurch bieten, dass es, wenn und soweit vorurkunde und urkunde gleich lauten, auch in seiner formulirung den gleichen wortlaut gibt, sonst muss es sich damit behelfen, dass es die vorurkunde, welche als vorlage gedient hat, als solche kenntlich macht. Ich habe dies in der weise versucht, dass ich der nummer der betreffenden vorurkunde die bezeichnung ‚vorlage' beifügte. Wurde, abgesehen von den durch den einzelfall geforderten änderungen der namen, der ganze wortlaut der vorurkunde übernommen, so ist dieses abhängigkeitsverhältnis durch ⟵ oder durch den beisatz ‚wörtlich ausgeschriebene vorlage' gekennzeichnet; bei verwertung eines nur grösseren teils der vorurkunde ist diese einfach als ‚vorlage', wenn eines kleineren teils, als ‚teilweise vorlage' bezeichnet; bei diplomen, für die mehrere vorurkunden als vorlagen verarbeitet oder doch sachlich benützt wurden, ergab sich daher namhaftmachung der stelle, bis wohin der einfluss der vorlage sich erstreckt, wie etwa nº 752 ‚(bis hieher = nº 522)' oder nº 1904 (‚vorlage für den ersten teil bis deberetur'). Öfter aber ist die vorurkunde, welche als unmittelbare vorlage diente, verloren, es liegt nur noch eine mittelbare vorlage vor, nach der das verlorene mittelglied geschrieben war, ein verwandtschaftsverhältnis, das die entwicklung der formel oder die textirung in der regel mit sicherheit festzustellen gestattet; ich habe in solchem fall den ausdruck ‚mittelbare vorlage' (nº 1834, 2057 u. ö.) gewählt oder darauf hingewiesen, dass bei gleicher fassung mit einer andern urkunde das übereinstimmende ‚aus gemeinsamer vorlage' stammt (nº 1408). Selten wird auch eine privaturkunde für den wortlaut eines diploms als vorlage verwertet und es geschieht nur bei bestätigung privatrechtlicher geschäfte, von tausch, prekarie u. ä.; auch in einem solchen falle (ein beispiel in n° 1506) war die verwendung als vorlage zu erwähnen. Zeigt die entlehnte formel gegenüber der vorlage abweichungen oder erweiterungen von sachlichem interesse, wie etwa die einfügung der excubiae, der occasiones arbustaritiae oder der Sclavi in die immunitätsformeln von n° 716, 1894, 1834, so sind sie hervorgehoben. Selbständige stilisirung gegenüber der bestätigten vorurkunde ist am schluss des regests durch die bemerkung ‚neue fassung', eventuell mit dem citat eines näheren nachweises in der diplomatischen literatur (n° 524, 1675 usw.), angedeutet.

Ausser der als vorlage benützten vorurkunde sind auch sämmtliche entweder im einzelnen oder nur im allgemeinen (dann mit ‚vgl. n° . . .') erwähnten diplome nachgewiesen. Die nicht mehr erhaltenen sind als ‚deperdita' bezeichnet. Diese bezeichnung beschränkt sich auf die fälle, in denen ausdrücklich eine urkunde genannt ist, da ja königliche schenkungen und verleihungen erfolgen konnten, ohne dass sie beurkundet wurden (Mittheil. des Instituts f. öst. GF. 3,309, Erg. Bd. 6,11 und n° 1340, 1522, 1539). „Eine zusammenstellung dieser verlorenen königlichen urkunden und briefe wird der 2. band bringen. Derselbe nachweis ist auch auf die in den diplomen erwähnten privaturkunden ausgedehnt; wo dieser fehlt, vermochte ich ihn nicht zu erbringen; auch die verlorenen privaturkunden ausdrücklich als deperdita zu konstatiren, lag ausserhalb des zweckes der Regesta imperii"[1]).

Wie die vorurkunden sind auch die etwa erwähnten historischen daten behandelt; auch hier ist der nähere verweis oder der quellenbeleg in klammern beigeschlossen.

Iede urkundenart verfügt über ihre eigenen technischen formeln. Das regest hat ihren inhalt auf den kürzesten ausdruck zu bringen. Die begriffe, besonders bei staatsrechtlichen verleihungen (privilegien), sind zumeist so feste und geläufige geworden, dass deren nennung bereits die ihm eigne formel aufrollt, wie „königschutz, immunität, inquisition, freie wahl, zollfreiheit". Dem regest fällt es bei immunitäten nur zu etwaige besonderheiten der formel oder des einzelfalls kenntlich zu machen; so etwa den nur in immunitätsbestätigungen älterer zeit auftretenden hinweis auf die ‚unverletzte wahrung' der früher verliehenen immunität (n° 117 u. ö.), die bei der späteren verquickung von mundium und immunität in die immunitätsformel nur eingeflickte erwähnung des königschutzes, einschaltungen in die formel (consuetudinarii in n° 925), zusätze (sicut ceterae res ecclesiarum sub tuitione nostrae emunitatis consistunt n° 526) oder erweiterungen (n° 178, 145), während die varianten des jüngeren italienischen formulars (vgl. Wiener SB. 92, 446), weil wieder ständig geworden, für das regest entfallen. Der begriff und umfang des inquisitionsrechts ist von Brunner klar gestellt; besonders zu formuliren war nur die verdeutlichende variante des ‚gebannten eides' (coactum iuramentum in St. Galler urkunden n° 1750 u. ö.). Der häufigeren formel für verleihung der freien abtswahl an klöster ist die seltene für freie wahl des bischofs nachgebildet, iene sichert freie wahl aus der eignen genossenschaft, im notfall aus einer andern zu; gelegentlich aber treten zusätze auf, welche die tauglichkeit des zu wählenden für kirche und staat (n° 896, 2032) oder die forderung der treue desselben (n° 305, 319) betonen oder auch vorbehalte (salva principali potestate nostra n° 319, vgl. 1208; salva in omnibus N. sedis potestate n° 1065) aufstellen. Bei zollbefreiungen bedarf das regest der specialisirung, ob dieselben zu wasser und lande, für das ganze reich oder einzelne teile, bestimmte flüsse oder zollstätten, für eine bestimmte anzahl von schiffen oder wagen (namentlich salzfuhren n° 1364, 1949), mit beschränkung auf den eignen bedarf erlassen sind; von der öfter in italienischen urkunden gegebenen detaillirung der zölle und abgaben konnte das regest ausser in bemerkenswerten fällen (wie n° 1084) wol füglich absehen. Dagegen durfte es sich bei exemtionen von öffentlichen leistungen kaum mit dem allgemeinen ausdruck begnügen, hier tritt der einzelfall in seine rechte, um so mehr, als die einschaltung der originalen bezeichnung (n° 875, 1069, 1202, 1525) wenig raum beansprucht.

Die diplome privatrechtlicher natur betreffen zumeist liegendes gut. In überwiegender anzahl erhalten, bewegen sie sich in ziemlich festen formeln. Während bei schenkungen für das regest die abweichungen des italienischen und westfränkischen formulars (Wiener SB. 92, 463) belanglos sind,

---

[1]) Die von Mühlbacher für den 2. band in aussicht genommene zusammenstellung der deperdita von königsurkunden ist dieser 2. auflage beigegeben. J. Lechner.

kommt für dasselbe die art der schenkung, welche in der formel für übertragung der gewere ihren ausdruck findet, in betracht, ob es eine schenkung zu freiem eigen ist oder nur auf lebenszeit zur nutzniessung, die sich seit Arnolf nicht selten dahin erweitert, dass das geschenkte gut nach dem tod des nutzniessers an dritte personen (kirchen, klöster) heimfällt, ein akt kluger politik, die durch eine schenkung nicht nur den beschenkten, sondern durch die eröffnete anwartschaft sich auch noch andre verpflichtete. Die bezeichnung ‚zu freiem eigen‘ schliesst sich an die formel: ‚quatenus liberam habeat potestatem (libero potiatur arbitrio) donandi vendendi commutandi vel faciendi quicquid elegerit‘ (oder ähnlich) an. Dadurch unterscheidet sich dieselbe von iener der schenkungen an kirchen und klöster, welche das zum kirchengut gewordene schenkungsobiekt dem freien belieben entzieht und dem verfügungsrecht durch wahrung des interesses und nutzens der kirche oder genossenschaft grenzen zieht (vgl. Wiener SB. 92,460); diese formel ist aber wieder eine so ständige und selbstverständliche, dass das regest ihrer entraten kann und ausser der bestimmung der schenkung (für lebensunterhalt, kleidung, lichter, arme) nur noch specielle beschränkungen, wie etwa, dass das geschenkte gut nicht zu lehen gegeben werden dürfe, zu berücksichtigen hat. Eine eigenart bieten noch schenkungen Lothars I (seit 842) und II an private; sie knüpfen noch die bedingung daran, dass der beschenkte unverletzliche treue wahre (nº 1091 u. a.).

Besitzbestätigungen und die ihnen formelverwandten restitutionen bieten in den formeln, welche den besitz sichern (Wiener SB. 92,454), in der regel keine angabe von sachlichem belang; bei ienen ist ‚concedere‘ wenn es als gleichbedeutend mit ‚confirmare‘ auftritt, auch mit ‚bestätigen‘ zu übersetzen. Den besitzbestätigungen schliessen sich die meist mit andern verleihungen verbundenen apennes (vgl. Mittheil. des Instituts f. öst. GF. 1,244) an; so alt ihr name ist, ist er weiteren kreisen doch wenig geläufig und die urkunden selbst führen ihn nicht im text; das regest durfte es daher vorziehen, statt in kürzester fassung zu sagen: ‚verleiht . . einen apennis‘, die charakteristische formel (wie nº 1692: tamquam firmitates . . non fuissent unquam igne combusta) in wörtlicher übertragung zu geben. Bestätigungen bilateraler verträge, von tausch und prekarie, deren formular auf dem der privaturkunde beruht, dehnen das regest durch die fülle der nach zwei seiten zu berücksichtigenden sachlichen oder auch topographischen daten aus; bei bestätigung von tauschverträgen wird, wenn erwähnt, die vorlage der in 2 gleichlautenden exemplaren ausgefertigten tauschurkunden oder die auflassung der tauschobiekte, von prekarien die bekanntlich variirende technische bezeichnung dieser verträge (prestaria, in Baiern complacitatio, convenientia nº 1499, 1653 u. ö.) und die heimfallsbedingung des geliehenen guts, bei beiden die etwa vor dem abschluss erfolgte königliche genehmigung in das regest aufzunehmen sein. Selten sind die einen vom könig unmittelbar geschlossenen tausch beurkundenden diplome; auch ihr formular fällt mit dem der privaturkunde zusammen.

Die gerichtsurkunde fordert gleich den diplomen, welche kommissionelle verhandlungen, untersuchungen, berichte verarbeiten, ein längeres regest; der gang des beweisverfahrens, das beweismaterial, die rechtsformen, das urteil und die hervorragenden urteiler sollen aufnahme finden, der unterschied der älteren beurkundung in form eines diploms (nº 142, 191 u. ö.) und in iener des placitum oder der notitia (nº 1605, 1612 vgl. Wiener SB. 92,470) ist auch in der formulirung des regestes zu kennzeichnen. Mandate charakterisiren sich durch die ausdrücke ‚praecipimus, mandamus‘ als befehle oder sie notificiren zunächst die das mandat veranlassende verleihung; im ersten fall entspricht das regest durch den gebrauch von ‚befiehlt‘ (nº 924 u. ö.), im zweiten durch ‚tut kund‘ (nº 851). Die diplome über freilassung endlich ‚beurkunden‘ nur die früher durch ausschlagen des denars erfolgte freimachung; die in ständigen formeln sich bewegenden rechtlichen wirkungen derselben entfallen für das regest.

Vielfach ist das regest in der lage schon durch das erste wort die urkundenart zu bezeichnen, so durch ‚schenkt, tauscht, restituirt, befiehlt (tut kund), genehmigt (für genehmhaltung privatrechtlicher geschäfte), nimmt . . in seinen schutz, briefe durch ‚schreibt an . .‘; dagegen sind die unvermeidlichen ausdrücke ‚verleiht, bestätigt‘ und in gewissem sinn auch ‚beurkundet‘ (für rechtssprüche, freilassungen und einzelne andre früher vollzogene akte) ganz allgemeiner natur; die verleihung kann alle zu verleihenden rechte und vorrechte betreffen, die bestätigung solche frühere verleihungen oder auch den besitz und auf diesen bezügliche geschäfte.

Einzelne über das gewöhnliche formelwesen hinausgreifende fälle sind, wie der vertrag mit Venedig (n° 1067) oder Karls III verleihungen an italienische kirchen (n° 1630 f.), in ihren wesentlichen einzelbestimmungen vertreten.

Für die aufnahme von personen- und ortsnamen ins regest hat bereits Böhmer die regel aufgestellt. Die namen sämmtlicher personen, die in staat und kirche eine stellung einnahmen, finden sich im regest; bei bischöfen und äbten ist das bistum oder kloster, dem sie vorstanden, in klammern beigefügt, wenn es nicht ausdrücklich genannt ist. Die personen niederen standes, etwa höriger, sind als für die geschichte belanglos nicht namentlich aufgeführt, sondern nur ihre zahl; boten sie etwas bemerkenswertes, wie etwa in n° 1454, dass sie slavisch sind, so ist darauf hingewiesen.

Dasselbe princip gilt für die ortsnamen. Die namen der länder (provinzen), der gaue und der später für sie eintretenden grafschaften, kleinerer bezirke (centenae), der krongüter sind aufgenommen, von den letzteren, wenn sie, wie in n° 1796, in zu grosser anzahl auftreten, wenigstens die wichtigeren. Bei einer grösseren reihe von ortsnamen durfte sich das regest begnügen nur die ersten aufzuführen oder sie als ‚genannte orte' zu bezeichnen, dies besonders bei besitzbestätigungen, die eine bedeutende zahl von ortsnamen bringen; in den westfränkischen pancartae erreicht diese häufung ihren höhepunkt. Wie die bezeichnung des ortes (stadt, villa o. ä.) ist auch iede nähere topographische bestimmung über die lage des ortes, etwa nach den fluss, an dem er liegt, aufgenommen. Für grenzbeschreibungen genügt die allgemeine angabe ‚innerhalb angegebener grenzen', ausser wenn einzelne angaben, wie die erwähnung der königstrasse in n° 153 vgl. 274 oder der markung an den bäumen in n° 1347 allgemeines interesse bieten.

Soweit mir dies möglich war, sind in das regest die modernen ortsnamen eingesetzt. Die neuen urkundenbücher kommen meist, einige in vorzüglicher weise, ihrer verpflichtung nach, die in ihren urkunden genannten orte zu bestimmen, französische cartulaires schreiten sogar vor zur systematischen bearbeitung ihres topographischen materials. Kommen weder die herausgeber der urkunden noch die nach ihnen berufene landsässige und landeskundige ortsforschung dieser aufgabe nach, dann ist der ferner stehende arbeiter gar oft in misslicher lage; so trefflich topographische hilfswerke sind wie Spruner-Menkes Handatlas, der Atlas hist. von Longnon, Förstemanns Ortsnamen, allenfalls auch Böttgers Diöcesan- und Gaugrenzen, für Belgien die arbeit von Piot, für das überlang vernachlässigte Italien Amati Dizionario, so gründliches auch auf beschränktem gebiet die topographische specialliteratur [1]) — ich erwähne die fast unbekannt gebliebene treffliche ‚Matrikel des Landes ob der Enns' von Lamprecht oder das prächtige buch von Kaemmel über die ‚Anfänge deutschen Lebens in Österreich' — bieten mag, in nur zu vielen fällen stösst man auf klaffende lücken; und das selbst in deutschen landen wie etwa dem heimischen urkundengebiet der Monumenta Boica. Wo die behelfe nicht auslangten, habe ich selbst mit hilfe von specialkarten und ortslexika die orte zu bestimmen gesucht — eine recht unscheinbare, aber desto mühsamere arbeit, die für das regest sich eigentlich doch nur dann voll lohnt, wenn es sich um die bestimmung der orte für das itinerar handelt. Ich glaube in nicht wenigen fällen über das, was bisher vorgearbeitet war, hinausgelangt zu sein; nicht selten musste ich allerdings auch durch ein fragezeichen der unsicherheit der bestimmung ausdruck geben; leichter und sicherer gestaltete sich die arbeit bei ortsgruppen, von denen vorerst der eine odere andere name mit gewissheit festzustellen war. Das so gesammelte material findet in den regesten noch nicht ganze

---

[1]) Diese aufzählung liesse sich durch wichtige ältere und neuere werke vermehren, vor allem durch den umfassenden Dictionnaire topographique de la France mit bisher (1904) 23 bänden für 23 départements, durch Oesterley Hist.-geogr. Wörterbuch des M.-A., 2. A. 1882 für Frankreich und Deutschland, für einzelne territorien z. B. durch A. Kriegers Topographisches Wörterbuch des Großherzogtums Baden, durch v. Jans aufsatz Das Elsass zur Karolingerzeit in Zeitschrift f. Gesch. d. Oberrheins 7, 198 ff., durch das in der 10. lieferung (1901) bis M reichende Hist.-topogr. Wörterbuch des Elsass von Jos. Clauss u. a. J. L.

verwertung; hier waren meist nur die modernen namen einzusetzen, nähere angaben über die lage des ortes auf jene fälle zu beschränken, in denen es notwendig schien, sie sind dann in klammern beigeschlossen. Für alle orte wollte ich die näheren nachweise dem register vorbehalten; aber ein vollständiges namenregister, wie ich es ursprünglich plante, wird für regesten desto mehr ein ding der unmöglichkeit, je umfangreicher ein solches namenstrotzendes werk wird.

Waren die ortsbestimmungen in den urkundeneditionen selbst gegeben, so bedurfte es keines besonderen vermerkes. Wenn dieselben aber in andern topographischen oder geschichtlichen werken sich finden, ist dieser nachweis den betreffenden orten in klammern beigesetzt. Umfassendere topographische erläuterungen sind zu schluss des regests nach den drucken vermerkt.

Es mag störend sein, dass im selben regest alte lateinische und moderne namensformen zusammen auftreten, doch es ist dies nicht zu vermeiden, sobald die einen orte unbestimmbar oder verschollen und abgegangen, die andern bestimmbar sind. Beide namen, der alte in klammern, sind angeführt, wenn der alte name vom modernen ganz verschieden ist, wie dies bei einigen klöstern zutrifft (St Calais früher Anisola, St. Bertin fr. Sithiu, Reichenau fr. Sindleozesawa, Münster im Gregorienthal fr. Confluentes, Farfa fr. Acutianus, während Vivarium Peregrinorum in dem immer mitgenannten fluss Murbach seinen jetzigen namen mitführt). Die personen- und alten ortsnamen sind genau in der schreibung gegeben, welche die dem regest zu grunde liegende quelle, die handschriftliche oder der der druck, bietet. Die inkonsequenz der mittelalterlichen namensschreibung brachte auch das regest, wenn es den gleichen namen mehr als einmal zu nennen hatte, durch genauen anschluss an die vorlage zum ausdruck.

Die regesten waren bestrebt auch in einzelnen, namentlich den **technischen ausdrücken** dem wortlaut der urkunde sich möglichst enge anzuschliessen; daher auch verschiedene bezeichnungen derselben sache, wie ‚fiskalgut‘ (ex fisco nostro) n° 1469, ‚pfalzgut‘ (ad palatium, nur in urkunden für Italien) n° 167, ‚eigengut‘ (res proprietatis nostrae oder iuris nostri) n° 1424, ‚krongut‘ (ad partem dominicam n° 1640, ad nostrum dominium n° 1790) oder die übersetzungen ‚herren (fron)-hörigenmansus, vollhufe‘ u. a.; zu besserer kennzeichnung sind dieselben in fällen, die einem zweifel raum lassen, mit anführungszeichen versehen, wie der titel ‚schwester‘, den Karl III der kaiserin Angilberga gibt (n° 1602 u. ö.); darauf glaubte ich aber verzichten zu dürfen auch auf lokale unterschiede derselben bezeichnung, wie ‚iornales‘ (n° 1465), ‚iugera‘ und das alamannische ‚iuchi‘ durch verwendung unterscheidender ausdrücke (‚tagwerk‘, ‚joch‘ und ‚juchart‘) aufmerksam zu machen. Für ausdrücke, denen kein gleich bezeichnender deutscher zur seite steht (mansus, fiskus = krongut, villa, familiaris u. a.), namentlich für masse und werte, ist die lateinische form beibehalten, für andre, bei denen auch der originale ausdruck beachtenswert sein kann, dieser in klammern beigegeben: ‚graf (praefectus)‘ in n° 1937, ‚k. zinsleute (gilstriones)‘ in n° 1418 oder die erträgnisse von krongütern in n° 1645, die benennung der archive in n° 825 c. 3, 906; gelegentlich empfahl es sich den präciseren lateinischen ausdruck selbst einzusetzen (n° 1603 schenkung ‚sub vinculo immunitatis‘). Stellen, welche in der fachwissenschaftlichen literatur, bei Waitz, Grimm, Brunner u. a. bereits erläutert sind oder dort erläuterung finden, sind die betreffenden citate angeschlossen.

Gemäss den grundsätzen für die neubearbeitung der Böhmer'schen regesten sind **rekognition** und **datirung** behandelt. Die rekognition ist nach der besten überlieferung gegeben, von der datirung sind nur die von der regelrechten datirung, wie sie die überschrift jeder seite aufweist, abweichenden angaben aufgenommen, in zweifelhaften fällen die entscheidenden daten; auf das fehlen einzelner derselben ist hingewiesen. Die von Ficker mit solchem erfolg für das itinerar verwerteten äusseren merkmale der datirungszeile, nachtragungen, auslassungen u. a., sind, soweit mir material vorlag, beachtet.

Für die behandlung des **itinerars** selbst waren die bemerkungen Fickers Beitr. z. Ul. 2,454 f. massgebend. Urkunden, deren handlung und beurkundung verschiedenen zeitpunkten angehören, sind nach ihren chronologischen daten, nach denen man sie sucht, eingereiht, an der stelle, wohin handlung mit ort und tagesdatum gehören, ist ein verweis gegeben (z. b. n° 1717, 1797); hier gehörte der ort, weil dem wirklichen itinerar entsprechend, in die ortskolumne, dort war er gleich allen nicht ins itinerar sich fügenden ortsangaben ausserhalb der ortskolumne in klammern an die spitze des regests zu stellen. Lagen ein offenbarer fehler im tagesdatum (verschreiben des laufenden monatsnamens statt des nach den idus folgenden, n° 2034 mit weiteren belegen, nichteintragung der ziffer des tagesdatums, n° 1837, irrtum in den ziffern, n° 1843) oder abweichende gleichwertige angaben (n° 1727) vor oder konnte die tagesangabe nicht als authentisch (n° 1682) gelten, so ist das tagesdatum eingeklammert. In der üblichen weise bedeutet in der ortskolumne den gleichen ort; so sehr dadurch die übersichtlichkeit gewinnt — und sie gibt hier den ausschlag — so hat dies doch den nachtheil, dass, abgesehen von der schreibung auch in originalen, die verschiedenheit der gebrauchten namensformen, wie Ticinum — Papia, Reganesburg — Regina civ., nicht zur geltung kommt; um einigermassen einen ersatz zu bieten, habe ich dem princip gemäss in der ortskolumne durch — · — die gleichheit des ortes gekennzeichnet, aber die hier gebrauchte und von der in der ortskolumne voranstehenden abweichende namensform zugleich in klammern an die spitze des regests gesetzt (so n° 1615, 1842, 1843). An derselben stelle und in derselben weise sind die in einer urkunde vom selben ausstellort neu hinzukommenden zusätze (villa, palatium, civitas u. a.) oder nähere topographische daten, im wiederholungsfall durch (—) gegeben. Die bestimmungen der in der ortskolumne auftretenden orte des itinerars sind an den schluss des regests, von diesem selbst durch — getrennt, gestellt. Zur sicherung des itinerars sind dann, wenn vom selben tag mehrere teils im original, teils in kopie erhaltene urkunden datiren, die im original überlieferten vorangestellt, wie anderseits bei gleichwertiger überlieferung die wichtigeren den minder wichtigen.

Die mangelhaft datirten oder undatirten stücke sind, wenn das jahr gesichert war und für nähere bestimmung kein anhalt vorlag, an den schluss dieses iahres, wenn nur weitere grenzen gezogen werden konnten, an den schluss des festzustellenden zeitraums verwiesen; dieser ist in der kolumne für das tagesdatum angegeben. Die uneinreihbaren fälschungen sind bei Karl d. Gr. und Ludwig d. Fr., wo sie in grösserer menge sich sammeln, am schluss der regierung dieser herrscher zusammengestellt.

Von den in der kanzlei Ludwigs d. Fr. auf grundlage wirklicher diplome in ein musterbuch vereinigten formeln, die durch Zeumer ietzt den besseren namen formulae imperiales führen, sind iene, in denen die namen nicht ausgemerzt wurden, aufgenommen, ausnahmsweise auch eine sachlich interessante formel ohne namen (n° 815). Umgekehrt wurde auch angegeben, wenn noch erhaltene urkunden zu formeln verarbeitet wurden wie im Codex Udalrici, spuckt doch einmal eine derart entstandene formel (vgl. n° 2091) wieder als eine urkunde unter dem namen verschiedener herrscher. Acta deperdita sind nach 751 nur unter die regesten aufgenommen, wenn eine bestimmte einreihung gestattet und ihr inhalt näher angegeben war.

Wenn ich in der glücklichen lage war über die handschriftliche überlieferung der urkunden die daten in einer vollständigkeit zu geben, welche kaum noch bedeutendere nachträge erwarten lässt, so verdanke ich dies vor allem den Monumenta Germaniae. Auf grundlage eines von Ficker als rechtsnachfolger Böhmers noch mit G. H. Pertz abgeschlossenen und von Waitz anerkannten vertrages konnte ich den gesammten bei der diplomataabteilung in Wien erliegenden apparat der Mon. Germ. während der ganzen arbeitszeit in ausgedehntester weise benützen. Es ist bekannt, dass K. Pertz die Karolinger urkunden bis 840 bereits für den druck vorbereitet hatte; für die spätere zeit war das material aus Deutschland beinahe vollzählig, aus Italien ziemlich lückenhaft, aus Frankreich, das als Westfrancien nach 840 auch ausserhalb des bereiches der Mon. Germ. liegt, vereinzelter gesammelt. Die geplante ausgabe ist der deutschen wissenschaft erspart geblieben. Ich darf wol nicht fürchten, das mir in so liebenswürdiger art gewährte gastrecht zu verletzen, wenn ich bemerke, dass dieses material, meist zu einer zeit gesammelt, da man die diplomatik fast nur vom hörensagen kannte, für eine ausgabe, wie wir sie ietzt zu fordern berechtigt sind, nicht ausreichen würde, besonders soweit es sich um originale handelt, deren äussere merkmale, und selbst wichtige, nur gelegentlich und ungleichmässig beachtung fanden (vgl. Wiener SB. 94,411 u. 2,441). Aber für den regestenmacher war es von unschätzbarem wert. Einzelne irrtümer über handschriftliche überlieferung, wie die filiation der Utrechter und altersbestimmungen der Stabloer chartulare, habe ich auf guten glauben aus der vorarbeit von K. Pertz übernommen. In den neuen apparat der Mon. Germ. konnten bis ietzt nur vereinzelte Karolinger urkunden einbezogen werden. Eine ziemlich reiche sammlung abschriften von originalen der späteren Karolinger mit facsimiles besitzt das Institut für öst. Geschichtsforschung; sie wurden von mitgliedern des Instituts, die für die ferien reisestipendien erhalten, angefertigt und dienen zunächst unseren diplomatischen übungen. Die einen und andern abschriften erhielt ich durch die gefälligkeit befreundeter fachgenossen. Die unedirten stücke mit ausnahme der westfränkischen habe ich in den Mittheil. des Instituts f. öst. GF. publicirt. Viele notizen verdanke ich auch der güte des herrn hofrats v. Sickel, der für seine eigenen arbeiten wie die ‚Kaiserurkunden in Abbildungen' das material durchforschte wie kein andrer. So konnte ich mich hauptsächlich zum zweck der revision auf nächstliegende archive beschränken, iene in Wien, München, Karlsruhe, hier in zuvorkommendster weise gefördert durch herrn direktor v. Weech; das archiv in St. Gallen war, da der vorstand damals (sept. 1883) krank war, geschlossen. Dazu kam mir zu statten, dass für die diplomataabteilung der Mon. Germ. eine reihe von chartularen nach Wien gesandt wurde; ich konnte den Liber aureus von Prüm und von Echternach, den Codex Eberhardi aus Fulda, die chartulare von Worms, Honau, Kempten u. a. einsehen und benützen.

Die dem apparat der Mon. Germ. entnommenen daten habe ich mit M. G. bezeichnet und den namen des abschreibers als gewährsmann beigefügt. Die meisten abschriften oder kollationen des alten apparats stammen von G. H. Pertz (nur aus älterer zeit), Bethmann, Jaffé, K. Pertz, W. Arndt, Pabst. Der name des abschreibers ist auch bei den stücken, die ich der sammlung des Instituts oder besonderer mitteilung verdanke, angegeben[1]). Die bezeichnungen der handschriftlichen überlieferung: or. (original), k. (kopie), hs. (handschrift), transs. (transsumpt), ch. (chartular), CL (Codex latinus) bedürfen kaum der erklärung.

In der terminologie habe ich mich zumeist an Ficker (Beitr. z. UL.) angeschlossen und weiche damit von der in den diplomata der M. G. mehrfach ab. Ich gebrauche ‚original' (statt ‚originaldiplom'), ‚angebliches original' für iedes stück, das nicht original ist, sich aber mit den merkmalen der originalität ausstattet, es mag inhaltlich echt, also nur kopie, oder verunechtet oder ganz fälschung sein (st. ‚abschrift in diplomform' und ‚urkunde in diplomform' für unechte stücke). Bei den originalen sind die daten über die äusseren merkmale (über schreiber, siegel), welche die diplomatische literatur bietet, kurz verzeichnet; ebenso die auflösung der tironischen noten, die für das regest selbst nicht in betracht kamen, wenn sie nicht namen der ambasciatoren (fürsprecher), sondern nur allgemeine bemerkungen (wiederholung der rekognition, ‚magister [rex] fieri iussit' u. a.) enthalten. Wie bei den angeblichen originalen ist bei den kopien und chartularen das alter (etwa ‚s. XI in' = saeculi XI ineuntis) angegeben, bei transsumten das iahr der transsumirung. Um wiederholungen zu vermeiden, beschränkt sich die angabe des aufbewahrungsortes auf die einzelstücke (originale, angebl. or. und kopien); iene für die chartulare, die am häufigsten zu nennen gewesen wären, ist dem empfängerregister vorbehalten, das auch die chartulare der einzelnen gruppen und ihre literatur verzeichnen wird. Neben den originalen sind kopien oder chartulare nur angeführt, wenn einer der drucke aus denselben stammt; die handschriftlichen quellen sind dann nach ihrem alter geordnet und bei ieder urkunde selbständig für sich mit A, B, C.. bezeichnet. Die angabe des ortes genügte, wenn an demselben nur ein archiv sich befindet, das in frage kommen kann; in Deutschland und Frankreich liegen die urkunden, wenige ausgenommen, nur in den staats- (départemental-)archiven und es genügte zu sagen ‚Or. München' statt ‚Or. im reichsarchiv zu München'. Bei einfacher nennung des aufbewahrungsortes ist daher immer das staatliche archiv gemeint; finden sich einzelne stücke am selben ort ausserhalb desselben wie in Paris auf der Bibliothèque nationale, so ist für diese die genauere angabe beigefügt. Anders liegen die verhältnisse in Italien; hier bergen die staatsarchive nur den geringeren teil der urkunden, der grössere teil findet

[1]) Dasselbe prinzip ist auch in der 2. auflage gegenüber den abschriften der neuen karolingischen diplomataabteilung der M. G., deren leiter Mühlbacher war, eingehalten worden. J. L.

sich noch in den bischöflichen oder kapitelarchiven oder auch in bibliotheken und kommunalen sammlungen. Hier war die nähere bezeichnung des fundortes geboten, wenn nicht, wie in Mailand (die urkunden für S. Ambrogio auf der Ambrosiana, die andern im staatsarchiv in S. Fedele), die einzelbestände als bekannt vorausgesetzt werden konnten.

Die handschriftliche quelle oder der druck, der dem regest zu grunde liegt, wurde durch * gekennzeichnet. Iene gelangte nur zur verwertung, wenn keiner der drucke genügte. Damit ist durch * auf die verlässlichkeit des druckes und den besten druck verwiesen. Dieses zeichen hatte zu entfallen, wenn nur ein einziger druck, mag er noch so oft nachgedruckt sein, vorliegt.

Iedem druck ist die quellenangabe beigefügt, ausser es stammen die drucke einzig und allein aus der vorgenannten handschriftlichen quelle. Die sichtung der drucke in originale und nachdrucke, die feststellung der handschriftlichen vorlage, auf der sie beruhen, wie sie nach dem ersten versuch Brequignys Sickel in die regesten einführte, ist für die wissenschaftliche benützung von einem wert, der die mühsame arbeit wol lohnt. Denn häufig fehlt namentlich in älteren und vornehmlich in deutschen drucken die quellenangabe oder sie ist zu unbestimmt gehalten (ex archivo, ex veteri codice, e schedis) oder sie wird wol hie und da bei nachdrucken aus dem originaldruck mit übernommen. Wie in solchen fällen wird auch bei der frage der ableitung der nachdrucke, wenn sie ihre vorlage nicht nennen, die textvergleichung einzutreten haben, um art und wert des druckes zu bestimmen. Meist ist das ergebnis sicher, öfter bleibt es bei sammelwerken, die wie etwa Lünig alles erreichbare urkundenmaterial ohne angabe ihrer quelle abklatschen, zweifelhaft und man ist auf wahrscheinlichkeit angewiesen, gelegentlich lassen sich aber auch dort, wo man sie nicht suchte, originaldrucke konstatiren, wie die abdrücke der Murbacher urkunden bei Lünig. Die auf diesem weg gewonnenen quellenangaben der drucke sind in klammern beigesetzt, nötigenfalls auch irrige angaben der herausgeber selbst berichtigt oder auch wie bei nº 1211 die unbrauchbarkeit eines druckes für wissenschaftliche zwecke erwähnt.

Vollständigkeit der druckangaben wurde angestrebt, sie in allen fällen zu erreichen war kaum möglich. Der lebhafte verkehr und gegenseitige austausch mit der diplomataabteilung der M. G. ist auch diesem teil der arbeit von grossem vorteil gewesen. Ausser den bibliotheken von Wien und Innsbruck benützte ich die reiche staatsbibliothek in München und fand dort wie für einzelnen bedarf durch die universitätsbibliothek in Göttingen die freundlichste förderung. Eine grosse anzahl der früher kaum beachteten deduktionsschriften bot das Wiener staatsarchiv, andere erhielt ich aus privatbibliotheken. Die zahl der ohne ausbeute durchgesehenen älteren werke, in denen Karolinger urkunden vermutet werden konnten, ist mindestens ebenso gross als die iener, welche solche enthielten. Am empfindlichsten machten sich die lücken geltend, welche die Wiener bibliotheken in der neueren urkundlichen und topographischen literatur Frankreichs aufweisen; die menge der cartulaires ist so sehr gewachsen und wächst von iahr zu iahr, dass eine vollständige verwertung derselben für regesten wol nur noch in Paris zu erwarten ist. So dürfte das gebiet der cartulaires, wenn sich hier auch kaum noch neue Karolinger urkunden finden werden, nicht ohne übersehen geblieben zu sein und die schwierigkeiten werden sich bei der bearbeitung der westfränkischen Karolinger mehren. Mancherlei nachnachträge verdanke ich der liebenswürdigen gefälligkeit des herrn prof. W. Sickel aus der Strassburger bibliothek.

Die drucke sind chronologisch mit berücksichtigung ihrer verwandtschaft geordnet, die abgeleiteten drucke sind durch = an ihren originaldruck angereiht. Allen anforderungen der verdeutlichung der filiation ist damit allerdings nicht genüge geschehen, aber es wird sich ihnen, abgesehen davon, dass diese dinge oft recht nebensächlich sind, auch nicht genüge leisten lassen. Es kommt häufig vor, dass ein abgeleiteter druck nicht aus dem originaldruck, sondern nur aus einem der nachdrucke und auch nicht aus dem chronologisch ihm unmittelbar vorangehenden stammt; die methode der M. G. DD. die unterbrechung der ableitung durch nachsetzung eines , zu kennzeichnen, legt zwar dieses verhältnis klar, lässt aber doch im unklaren, welcher der vorangehenden drucke zu grunde liegt. Ausser den vollständigen urkundenabdrücken sind nur iene abdrücke als ‚extr.‘ (extrakte) aufgenommen, welche den grösseren teil der urkunde bieten; fragmente waren in der regel ausgeschlossen. Die abweichenden daten der datirung oder bemerkenswerte lücken (fehlen des protokolls u. a.) sind angegeben. Neben den facsimiles, die, wenn vorhanden, die sicherste vorlage für das regest bieten, wurden auch die schriftproben, reproduktionen kleinerer stücke einer urkunde, abbildungen von siegeln und, wenn nicht typisch, von monogrammen und siegelbeschreibungen als für kritische und diplomatische zwecke wertvolles material dem verzeichnis der drucke angeschlossen. Regesten wurden nur verzeichnet, wenn sie unmittelbar aus handschriftlicher vorlage schöpften, und aus demselben grunde auch erste erwähnungen in drucken. Übersetzungen, die nicht mehr in das mittelalter zurückgreifen oder nicht, wie bei Valladier (L'auguste basilique de l'abbaye r. de St. Arnoul de Metz. Paris 1615), aus handschriftlicher quelle fliessen, wurden nicht berücksichtigt. Beachtung scheinen mir aber auch urkundenerwähnungen in mittelalterlichen quellenschriften, bistums- und klostergeschichten, zu verdienen; sie sind die ältesten belege ihrer literarischen verwertung. Die regestennummern Böhmers bei ieder urkunde zu verzeichnen wurde unnötig, da die konkordanztabelle der Böhmer'schen nummern und iener der neubearbeitung ein rascheres auffinden ermöglicht. Ein verweis auf die einreihung bei Böhmer konnte sich auf die durch einen schlechten druck oder durch ein versehen veranlassten abweichungen beschränken. Citate von Böhmers Karolingerregesten führen die sigle B.

Die fälschungen sind nach den bemerkungen Fickers Beitr. z. Ul. 2,465 nach ihrer datirung zu ihrer angeblichen entstehungszeit eingereiht. Auf sie soll kursivdruck der schlagworte *Fälschung*, *Unecht*, *Verunechtet*, *Interpolirt* aufmerksam machen und damit zugleich den grad der verfälschung, ob ganz, ob nur zum teil oder an einzelnen stellen, kennzeichnen. War die fälschung anderweitig noch nicht oder nicht zur genüge nachgewiesen, so war es unerlässlich den nachweis in bündigster form anzuschliessen; dieser nachweis konnte erlassen werden, sobald es sich um plumpe fälschungen ohne echte vorlage handelt, da deren merkmale der unechtheit für ieden halbwegs kundigen auf den ersten blick ersichtlich sind. Die diplomatische literatur ist für weitere orientirung zur genüge verzeichnet oder es ist bei viel besprochenen stücken auf verzeichnisse ihrer literatur hingewiesen. Von grosser wichtigkeit ist es bei fälschungen, die eine echte vorlage benützten, die aus dieser übernommenen echten teile auszuscheiden und zu verwerten; nicht selten wird das itinerar dadurch mit neuen daten bereichert, wie etwa durch die sämmtlich auf echten vorlagen beruhenden Osnabrücker fälschungen, da ia die fälscher fast nie ein interesse hatten, die datirung, hie und da den ort ausgenommen, zu ändern. Interpolirte stellen sind im regest durch klammern vom andern echten inhalt getrennt. Auch die regesten der fälschungen sind so weitläufig gehalten wie die andrer urkunden; der inhalt allein gibt oft durch seine unmöglichkeit deutlichen nachweis der fälschung, teils ist er für die zeitbestimmung von belang oder auch für die wirkliche entstehungszeit von interesse.

Gilt es für das urkundenregest als regel, dass dasselbe nur einen einzigen satz bilde, so lässt sich für briefe nicht mit so engem raum ausreichen. Hier tritt die formel ganz zurück, fassung und inhalt sind individuell; um inhalt und zweck darzulegen, wird man sich bei allem streben nach kürze meist zu einem regest von grösserem umfang verstehen müssen; die briefe pflegen noch dazu länger, oft bedeutend länger zu sein als die urkunden. Die briefe sind undatirt, ihre einreihung begegnet vielfach schwierigkeiten und verlangt ihre begründung. Die regesten der briefe nehmen daher, wie iene Lothars II an die päpste, fast immer grösseren platz ein. Zu leichterer konstatirung ist den briefen wie den kapitularien das incipit angefügt, das bei urkunden umso leichter zu entbehren war, als diese immer mit einer formel, arenga oder promulgation, beginnen.

Die regesta imperii hatten den kapitularien besondere aufmerksamkeit zu widmen. Sie haben für die reichsgeschichte grössere bedeutung als die mehrzahl der urkunden. Als reichsgesetze fast alle gebiete des staatlichen, kirchlichen und privaten lebens berührend, als hausgesetze und staatsverträge von hervorragender wichtigkeit für die entwicklung des staatslebens forderten sie auch detaillirung ihres ebenso mannigfaltigen als umfassenden inhalts. Ich habe daher iedes kapitel, wenn tunlich nur mit einem schlagwort, verzeichnet und nur minder wichtige, wie vorschriften über kirchliche disciplin, unter einem zusammengefasst. Wie bei urkunden auf die vorlage, ist hier bei bestimmungen, die, meist ohne sich darauf zu berufen, wiederholungen, erweiterungen, abänderungen früher erlassener verfügungen sind, auf diese verwiesen. Die einschlägige wichtigere literatur ist an den betreffenden stellen angegeben. Die überschriften schliessen sich der originalen bezeichnung an oder suchen, wenn solche mangeln, die art (‚instruktion für die königsboten' u. a.) zu charakterisiren. Für meine arbeit war ich noch durchaus auf die Pertz'sche ausgabe im 1. band des Leges, deren gebrechen bekannt genug sind, und die berichtigenden schriften von Boretius angewiesen. Die besorgnis, dass durch die neue ausgabe der kapitularien von Boretius dieser teil der regesten in seiner brauchbarkeit arg gefährdet würde, hat sich, wie ich glaube, nicht erfüllt. Allerdings gab die neue edition zu vielen nachträgen anlass, da sie eben für iedes stück zu verzeichnen war; das neue, das sie ausser etwa besserem text noch bieten konnte, ist nicht viel und die wesentlichen berichtigungen, die sie ergab, sind nicht zahlreich; am wenigsten aber gewann die sicherheit der einreihung.

Die verwertung der erzählenden quellen hatte nicht nur die person des herrschers, sondern auch die reichsgeschichte im auge. Deshalb sind auch ereignisse, an denen der herrscher sich nicht persönlich beteiligte, die aber das reich angehen, aufgenommen und, wenn sie wie in den letzten iahren Karls d. Gr. in grösserer zahl auftreten, als ‚reichsangelegenheiten' zusammengestellt. Ich glaubte für diese zeit noch einen schritt weiter gehen und selbst aktenstücke, welche die späteren abteilungen der Regesta imperii den ‚reichssachen' zuweisen, im interesse der reichsgeschichte und zur klarlegung der verhältnisse hier einbeziehen zu sollen, so etwa die schreiben Nicolaus I im ehehandel Lothars II (nº 1315ᵃ u. a.) oder die zollordnung von Raffelstätten (nº 2015ᵃ). Der zusammenhang der ereignisse und daten ist durch den verweis auf die früheren gewahrt. Alle wichtigeren belegstellen sind im originaltext gegeben oder dieser ist beigefügt. Die häufiger zu citirenden quellen führen aus rücksichten der raumersparnis nur bei ihrem ersten auftreten die druckangabe, die hier folgende alphabetische zusammenstellung ermöglicht rasches auffinden. Die annalen haben eine iahresangabe nur, wenn die stelle einem andern iahr als dem, für das sie verwertet sind, angehört. Die abgeleiteten quellen sind durch = ihrer vorlage angeschlossen. Auf die beachtenswerte darstellende literatur, soweit sie neue gesichtspunkte, eingehende begründung, abweichende darlegung oder zusammenstellung von daten bot, ist verwiesen.

Die art des citirens suchte möglichste kürze mit möglichster deutlichkeit zu vereinen. Vielfach konnten kürzungen und siglen an allgemeineren gebrauch anknüpfen. Die bezeichnungen ‚Ann., Chr., Ep., G., H., V., (Annales, Chronicon, Epistola, Gesta, Historia, Vita) in quellencitaten sind weder ungeläufig noch schwer verständlich. Dasselbe siglensystem findet auch für büchertitel anwendung: die siglen M. G. für die Monumenta Germaniae, SS. für Scriptores, LL. für Leges, DD. für Diplomata sind ziemlich eingebürgert; in der anwendung von siglen für andere abteilungen der M. G., die Formulae, Capitularia, Poetae, Necrologia, Libri confraternitatum, um nur ohne die SS. Lang. und Merov. die für diese zeit noch in betracht kommenden zu nennen, schien mir nicht rätlich, da ein minder bewanderter benützer sonst gefahr läuft den wald vor lauter bäumen nicht zu sehen. Im anschluss an iene kürzung ergibt sich M. B. für Monumenta Boica, wie M als sigle für ‚Monumenta' auch anderweitig (M. Patriae, M. Paderborn.) verwendet wird. So auch U für urkunde (UB. = Urkundenbuch, UL. = Urkundenlehre), G. für ‚Geschichte' (GQ. = Geschichtsquellen, GF. = Geschichtsforschung, VG. = Verfassungsgeschichte), H. = Histoire, N. für ‚neu' (N. Arch. = Neues Archiv, N. Traité = Nouveau Traité). Die sigle C. d. für Codex diplomaticus (Codice diplomatico) ist nicht mehr selten. Ungewöhnlicher ist nur SB. für Sitzungsberichte (Wiener SB. = Sitzungsberichte der Wiener Akademie). Andre siglen wie Acta SS. (Sanctorum), Lünig RA. (Reichsarchiv), C. J. (Corpus Juris) finden im voranstehenden wort oder namen ihre erklärung. Kürzungen, bei denen die erste oder auch noch die zweite silbe gegeben ist (Anal. Ant. Bibl. Cart. Coll. Conc. Doc. Mem. Miscell. Or. Trad. Beitr. = Analecta, Antiquitates, Cartulaire, Collectio, Concilia, Documenta oder Documents, Mémoire, Miscellanea, Origines, Traditiones, Beiträge) sind in ihrer verbindung mit dem namen des verfassers oder dem folgenden erläuternden zusatz deutlich genug. Als regel gilt, dass der name des autors und der titel des buches zu nennen sind. Dies auch für urkundenbücher, da sie eben unter dem namen des herausgebers gekannt und genannt sind. Wenn der name nicht auf dem titelblatt steht, sondern an andrer stelle des buches, besonders nach der vorrede angegeben oder sonst allgemein bekannt ist, wurde derselbe in klammern vorgestellt wie: (Hagn) UB. von Kremsmünster, (Fürstenberg) M. Paderborn. Bei zwei oder mehreren herausgebern, etwa beim Mittelrheinischen UB., wird nur der titel des buches zu führen sein. Auch dieser gestattet erhebliche vereinfachung durch beschränkung auf den bestimmenden ausdruck; die so häufig wiederkehrenden allgemeinen ausdrücke ‚Geschichte von . . . (Histoire, Mémoire de . . Storia, Notizie stor. di . .), Sammlung (Recueil), Untersuchungen' usw. können entfallen; citate wie Quix Achen, Grandidier Strassbourg, Affò Parma, oder Rozière Formules, Duvivier Hainaut dürfen darauf rechnen verständlich zu sein. Dies auch, wenn nur das schlagwort des titels gegeben wird (Conring Censura, Heumann Commentarii u. ä.). Gerade durch Böhmers regesten haben sich die namen von herausgebern oder verfassern eingebürgert, die daher für das citat vollauf genügen, wie Bertholet, Calmet, Mieris, Ughelli, Wenck u. a., denen sich editoren deutscher urkundenbücher, so Lacomblet, Dümgé, oder andrer sammlungen (Harduin, Mansi, Migne usw.) anschliessen. Ist die beschränkung auf den namen hier allerdings vielfach dem ermessen anheimgegeben, so fällt sie selbstverständlich weg, sobald zwei oder mehrere werke vom selben autor oder ausgaben unter verschiedenem titel verwertet sind; man wird also Dronke C. d. und Dronke Trad. Fuld. oder Martene Thes. und Martene Coll., Conring, Censura und Conring Op. zu citiren haben. Gelegentlich sind es konventionelle titel, die sich eingebürgert haben, die auf genauigkeit keinen anspruch erheben dürfen, wie Bouquet, Or. Guelf. während der name Bouquet doch nur für die älteren bände zu recht besteht und die Origines Guelficae den namen des verfassers ‚a Chr. L. Scheidio' deutlich auf dem titelblatt tragen. Der umstand, dass diese werke unter diesem namen bekannter sind als unter dem systematisch richtigen, rechtfertigt die abweichung von der regel. Die volle auskunft wird in vielen fällen doch erst das bücherregister zu bieten haben.

Verschiedene ausgaben desselben werkes sind berücksichtigt, soweit ich sie berücksichtigen konnte. Die schwierigkeit dieselben gleichmässig oder gar gleichzeitig zu benützen, trat öfter hindernd in den weg. Die fälle, in denen ich mich mit einer, wie etwa bei Mabillon Annales und Analecta, oder mit der einen und andren ausgabe, wie bei (Fürstenberg) M. Paderborn., begnügte und begnügen musste, sind sehr in der minderzahl; in solchem falle muss ich auf das bücherregister verweisen. Die neueren ausgaben sind als 3. ed., wenn in vermehrter form, auch nach dem namen des herausgebers oder bearbeiters, wie die neuausgabe von Hund Metrop. Salisburg. als Hund-Gewold oder von (Vaissete) Hist. de Languedoc nach Du Mège und Dulaurier, wenn in sammelwerken, nach dem titel dieser angeführt. Beim Codex Lauresham. nötigte der gleiche titel zweier selbständiger ausgaben ohne die namen der herausgeber nach dem druckort eine ed. Mannheimensis und eine ed. Tegernseensis zu unterscheiden. Die verschiedenen ausgaben sind nicht nach der zeit ihres erscheinens eingeordnet, sondern unmittelbar, um die wiederholung des titels zu ersparen, an einander gereiht.

Die bände sind nur mit arabischen ziffern citirt; die weitläufigen römischen zahlzeichen wären namentlich für höhere zahlen in einem werk, das von solchen citaten wimmelt, raumverschwendung. Römische zahlzeichen sind für die bucheinteilung bei quellencitaten gebraucht (z. B. II,21 = liber II cap. 21), sonst zur bezeichnung der serien oder abteilungen (so bei Ankershofen Gesch. v. Kärnten), bei facsimilesammlungen der lieferungen. Besteht ein band aus verschiedenen selbständig paginirten teilen, so sind diese durch buchstabenexponenten citirt (z. B. Pez Thes. 1^{c},14 — tom. 1 pars 3 pag. 14). Der buchstabenexponent b bezeichnet den selbständig paginirten anhang des bandes (etwa Möser Osnabrück. Gesch. 1^{b},15); bildet das werk nur einen band, so ist für den eigens paginirten teil die gewöhnliche bezeichnung ‚app.' (appendix), ‚anh.' (anhang) beigefügt. Die nummern der urkunden sind nur dann angegeben, wenn, wie im C. d. von Erhard Reg. Westf., die urkunden jeder auf raschen blick orientirenden überschrift entbehren oder auf derselben seite mehrere unschwer zu verwechselnde urkunden stehen; unerlässlich war die angabe der nummer für die formeln. Eine sonderstellung musste der verschiedenheit der ausgaben wegen noch Baronius eingeräumt werden; seine Ann. eccl. sind nach iahr und n° citirt [1]).

Es war eine pflicht der pietät Böhmers vorrede zu seinen regesten der Karolinger der neubearbeitung voranzustellen. Nach weisung der leitung der regesten ist die ganze vorrede Böhmers vollinhaltlich abgedruckt, auch iene stellen, die nicht mehr auf die regesten der Karolinger bezug nehmen. In Böhmers handexemplar, das an G. H. Pertz verliehen war und erst aus dessen nachlass wieder antiquarisch erworben werden konnte, sind auf den vorsteckblättern und zum teil am rande mehrere stellen nachgetragen. Die umfangreichste derselben stellt die ursprüngliche fassung dar, die Böhmer aus andern rücksichten unterdrückte. Er schrieb darüber 1831 ian. 2 an Raumer: „Könnte ich Ihnen den Schluss meiner projektirten Vorrede zu den Reg. Karolorum vorlesen, so würden Sie sehen, wie Sie mir aus dem Herzen gesprochen haben. Ich unterdrückte diesen umständlicheren Schluss, theils um einem der Wissenschaft gehörenden Werke, welches allerlei Leuten dienen soll (von denen ich keinen durch Nebensachen zurückstossen möchte, wie z. B. Lancizolle zum Nachtheil der guten Sache thut), nicht zu viel politische Farbe zu geben, theils weil mir dergleichen für meine Beleuchtungen des deutschen Staatsrechts zu passen schien, die ich mit gewachsener Kraft fortsetzen möchte, wenn ich die Zeit dazu hätte" (Janssen J. Fr. Böhmers Leben 2,223). Diese aus dem handexemplar nachgetragenen stellen sind durch [ ] gekennzeichnet.

Nach dem plan der regesten haben sich den vorbemerkungen noch eine geschichtliche übersicht der behandelten zeit, die darlegung der kanzleiverhältnisse mit den listen des kanzleipersonals, ein verzeichnis der quellen und bearbeitungen anzuschliessen. Den geschichtlichen überblick meine ich kurz fassen zu dürfen; eine auch nur einigermassen eingehende darstellung, wie sie Böhmer in den regesten Friedrichs II gegeben hat, würde für eine 3 iahrhunderte umspannende periode mehr raum beanspruchen, als ihr hier zugestanden werden kann; ich darf mich wol um so eher mit einer skizze begnügen, als ich eine ausführlichere darstellung, welche auch die begründung meiner auffassung bietet, in der ‚Bibliothek deutscher Geschichte' (Stuttgart, Cotta 1886 f.) gebe. Die kanzleiverhältnisse sind mit den listen des kanzleipersonals in dem eben erschienenen ‚Handbuch der Urkundenlehre' von H. Bresslau, der schon die güte hatte mir in die betreffenden aushängebogen einsicht zu gewähren, behandelt. Seine arbeit schliesst sich hier ganz den vorarbeiten Sickels an. Ich kam in einigen punkten, namentlich betreffs der stellung der kanzler unter und seit Ludwig d. D., zu andern ergebnissen. Damit das protokoll der urkunden seine vollständige verwertung finde, gebe ich auch eine übersichtliche zusammenstellung seiner für kritik wichtigen formeln (invokation, titel usw.) und der siegel. Nach Wattenbachs ausgezeichnetem werk über Deutschlands Geschichtsquellen und Eberts Gesch. der Literatur des Mittelalters im Abendlande auf die erzählenden quellen näher einzugehen, hiesse eulen nach Athen tragen; auch hier beschränke ich mich auf eine skizze im anschluss an meine ‚einleitung' zur ‚Deutschen Geschichte unter den Karolingern' (Bibl. deutscher Gesch.), welche auch meine weiter gehende auffassung der ‚reichsannalen' begründet; die alphabetische liste der quellen mit dem citat der ausgabe soll nicht etwa ein vollständiges verzeichnis der quellen dieser zeit sein, sie hat nur den zweck ein rasches auffinden der in den regesten häufiger und deshalb ohne besonderes citat angeführten quellenbelege zu ermöglichen. Noch bescheidener durfte das verzeichnis der bearbeitungen dieser epoche sich gestalten. Was über dieselbe geschrieben ist, ist fast ebenso unübersehbar als zumeist wissenschaftlich entwertet. Welchen zweck sollte es haben, um nur ein beispiel herauszuheben und bei der deutschen produktion zu bleiben, all' die bücher und büchlein über Karl d. Gr. von Letzner (Historia Caroli M. 1602), Schaten (Karolus M. 1674) und Hegewisch (Versuch einer Gesch. K. Karls d. Gr. 1771; Gesch. der Regierung K. Karls d. Gr. 1791) an bis auf Berndt (Leben Karls d. Gr. 1882) und

[1]) Die in der 1. auflage hier folgenden bemerkungen über nachträge und berichtigungen entfielen, weil für die 2. auflage nicht mehr giltig. Über die nachträge und berichtigungen zu dieser auflage vgl. meine Vorbemerkungen. J. L.

Brosien (Karl d. Gr. 1885) vorzuführen, geschweige die darstellungen in allgemeineren und allgemeinen geschichten bis G. Kaufmann, Ranke, Felix Dahn und die zahllosen abhandlungen und aufsätze? Die literatur über Karl d. Gr. umfasst bei Ul. Chevalier (Répertoire des sources hist. du moyen âge 427—432) fast 5 eng gedruckte spalten, ohne mehr vollständig zu sein. Manche älteren arbeiten haben gewiss für ihre zeit unbestrittenes verdienst; sie sind aber jetzt doch weit überholt durch die ‚Jahrbücher der deutschen Geschichte', die trotz ihres unterschiedlichen wertes doch das quellenmaterial und die noch beachtenswerte literatur vollständig verwerten, so dass jeder, der sich mit dieser zeit beschäftigt, nach ihnen langen muss und der früheren darstellenden arbeiten entraten kann. Während Frankreich keine wissenschaftliche darstellung über die zeit der Karolinger oder grössere partien derselben besitzt, welche den jetzigen anforderungen entspricht, hat sich die tätigkeit, anknüpfend an die frühere epoche, mehr der inneren geschichte zugewandt und auf diesem gebiet bedeutenderes geschaffen. Aus der neueren literatur Italiens ist doch nur Malfatti Imperatori e papi ai tempi della signoria dei Franchi in Italia (Milano 1876, 2 bde.) zu erwähnen. Für den nächsten bedarf gibt die ‚Quellenkunde' von Dahlmann-Waitz aufschluss, ausführliche angaben bietet das genannte werk von Chevalier. Ich beschränke daher das verzeichnis auf die ‚Jahrbücher' und füge nur die verfassungsgeschichtlich wichtigsten werke an. Die beachtenswerten specialarbeiten sind an ihrer stelle in den regesten genannt. Auch die stammtafel erhebt nicht den anspruch auf vollständigkeit; ich will nur die personen geben, welche in der geschichte öfter genannt werden; kinder, die in zartem alter starben, oder weibliche mitglieder, die nicht weiter hervortreten, sind ausgelassen. Eine teilweise umfassendere stammtafel mit wenigen unwesentlichen versehen gibt Kohl im 2. bd. von Richters Annalen der deutschen Geschichte.

„Der zweite band wird die regesten der italienischen, burgundischen, westfränkischen und aquitanischen Karolinger, voraussichtlich als ‚reichssachen' die placita der königsboten, deren bearbeitung auch von andrer seite in aussicht genommen ist, die, soweit dies möglich, chronologisch geordnete liste der acta deperdita, deren zahl eine sehr bedeutende ist, das bücherverzeichnis und das register der urkundenempfänger mit ihren pertinenzen und den nötigen daten über urkundenüberlieferung der einzelnen gruppen bringen.

Meine arbeit wäre ohne die wirksame förderung, die sie von vielen seiten erfahren hat, kaum in dieser weise durchführbar gewesen. Vor allem kam ihr zu statten, dass sie fast ganz auf dem Institut für öst. Geschichtsforschung, in dem Sickel eine diplomatische schule, die einzige in Deutschland, geschaffen, in stetem anregenden verkehr mit ihm und der diplomataabteilung der M. G. ausgeführt werden konnte. Wie Sickel der arbeit sein ganzes material immer mit grösster zuvorkommenheit zur verfügung stellte, so unterstützte sie J. Ficker immer mit rat und tat und wies ihr in allen etwa auftretenden fragen die richtigen wege. Von den mitarbeitern der M. G. DD. bin ich namentlich meinem verstorbenen kollegen Foltz, dann den dr. E. v. Ottenthal und Uhlirz, dem gleichfalls schon verstorbenen dr. Fanta für seine beihilfe zur edition der ungedruckten diplome zu dank verpflichtet. Mitteilungen ungedruckter urkunden oder benötigter archivalischer daten verdanke ich der liebenswürdigen gefälligkeit des bibliothekars Julien Havet in Paris, des prof. Cesare Paoli in Florenz, Carlo Conte Cipolla in Turin, Bibliotecario civ. V. Joppi in Udine, den staatsarchivaren dr. G. Winter und Paukert in Wien, den italienischen reisen der herren dr. Rieger, v. Jaksch, Laschitzer, H. Zimmermann, Dernjač, Faber vom Institut, aus baierischen archiven dr. Redlich. Ergänzende und berichtigende mitteilungen hatten die herren Dümmler und prof. W. Sickel in Strassburg, einzelne notizen noch andre zu geben die güte. Ich gestatte mir allen meinen herzlichen dank dafür auszusprechen.

Die widmung soll nicht nur ein ausdruck meines persönlichen dankes sein, auch im auftrag der leitung der regesten zugeeignet ist sie zugleich der ausdruck des dankes, den die diplomatische wissenschaft und im besondern die geschichte der Karolingerzeit Th. v. Sickel schuldet" [1]).

[1]) Vgl. S. XX N. 1.

Geschichtliche übersicht.

Die schlacht von Tertri begründet 687 die grösse des karolingischen hauses. Das geschlecht war ein deutsches; nach ausweis der urkunden lagen dessen stammgüter in dem weiten gebiet am Rhein längs der Mosel bis Metz, von hier nördlich bis zur mittleren Maas, dem kernlande des ostteils des Frankenreichs, das seit dem 6. iahrhundert gegenüber dem westlichen bis an die Loire und die Bretagne reichenden Neuster (Neustrien) den namen Auster (Austrasien) führte. Mit dem iahre 613 traten die stammväter des geschlechtes, Arnulf, seit kurzem (611/2) bischof von Metz, und Pippin der Ältere, in die geschichte ein: an der Spitze der austrasischen opposition gegen eine erneuerung des von verbrechen übersättigten regiments Brunhildens riefen sie den neustrischen könig Chlotar II in ihr land. Damit war das ganze Frankenreich wieder vereinigt, verfiel aber bald nochmal der verderblichen teilung. Arnulf wurde mit Pippin als berater des iungen königs Dagobert von Auster bestellt (623), zog sich aber bald, dem bistum entsagend, in die einsamkeit zurück. Pippin fiel, als er den in ausschweifungen versunkenen könig zu besserem leben mahnte, in ungnade und wurde nach Orléans entfernt; Auster erhielt in Dagoberts sohn Sigibert wieder einen eignen könig, die regierung ward aber nicht Pippin, sondern dessen schwiegersohn Ansegisel und dem bischof Chunibert von Köln anvertraut. Erst nach Dagoberts tod (639) wurde Pippin wieder hausmaier; er starb schon im nächsten iahre.

Sein sohn Grimoald, tüchtig und deshalb bei allen beliebt wie sein vater, aber von mächtigem ehrgeiz beseelt, beanspruchte das hausmaieramt wie ein ererbtes gut. Erst nach beseitigung Ottos, des erziehers k. Sigiberts, gelang es ihm das ziel seines ehrgeizes zu erreichen. Durch etwa 14 iahre war er der regent in Auster. Den versuch, nach Sigiberts tod seinen eigenen sohn Childebert auf den tron zu setzen, büsste er mit seinem leben (656).

Durch mehr als zwei iahrzehnte verschwindet die familie der Karolinger aus der geschichte. Erbitterte kämpfe um das hausmaieramt durchtobten das reich. Die Austrasier wehrten sich gegen den neustrischen hausmaier Ebroin um ihre selbständigkeit, sie unterlagen. Nochmals nahmen sie, geführt von Martin und Pippin, dem enkel Arnulfs und des ältern Pippin, den kampf auf, sie wurden im Buchenwald bei Laon geschlagen (680). Nach Ebroins fall sah sich aber dessen nachfolger Waratto zu einem vergleich mit Pippin genötigt, Auster anerkannte den neustrischen könig. Gegen Warattos nachfolger und tochtermann Bertharius erhob sich hier nochmals eine mächtige opposition, wieder stellte sich Pippin an ihre spitze. Der glänzende sieg bei Tertri entschied über das weitere schicksal des Frankenreichs, Pippin begann zu regieren.

Er übernahm den neustrischen könig Theoderich III wie ein inventarstück. Er wurde hausmaier, die macht lag allein in seiner hand. Die merowingischen könige werden zu tronpuppen und sinken zur völligen bedeutungslosigkeit herab, das geschlecht der Karolinger wird zum einigungspunkt des reichs, die reichsteilungen unter die erbberechtigten Merowinger sind zu ende. Pippin beliess den könig in Neuster und gab ihm seinen sohn Grimoald zum hausmaier, er selbst schaltete und waltete unumschränkt in Auster. Die schwäche der reichsgewalt hatte die abhängigkeit der überrheinischen völker mehr und mehr gelockert, die Sachsen wie die Baiern hatten sich losgelöst, die Aquitanier die fränkische herrschaft abgeschüttelt; sie wieder unter die botmässigkeit des reichs zu bringen war die aufgabe, welche das tatkräftige geschlecht der Karolinger nach aussen übernahm. Pippin trat bereits an sie heran; er besiegte die Friesen (689) und eröffnete Friesland der christlichen mission, gegen die Alamannen führte er zweimal (709, 710) den fränkischen heerbann.

Als Pippin 714 starb, kam, was er seinem haus errungen, wieder in frage. Seine ehelichen söhne Drogo und Grimoald waren vor ihm durch einen frühen tod dahingerafft worden, ihn überlebte nur ein ausserehelicher sohn, ‚den er in seiner sprache Karl nannte‘. Es ist **Karl Martell**. Pippins Witwe Plectrud ergriff für ihre enkel, deren einen, Theudald, Pippin noch als knaben zum hausmaier von Neuster bestellt hatte, das regiment. Sie liess Karl gefangen setzen. Die Neustrier erhoben sich, in dem blutigen kampf im wald Cotia unterlag das aufgebot des karolingischen hauses (715). Sie bestellten Raganfred zum hausmaier und drangen, verbündet mit dem Friesenfürsten Ratbod, bis zur Maas vor. Nach k. Dagoberts tod setzten sie einen im kloster vergessenen merowingischen prinzen als Chilperich II auf den tron. Alles schien für das karolingische haus verloren. Da gelang es Karl aus seiner haft zu entkommen. Die Austrasier scharten sich um seine fahne. Unterlag er auch den Friesen, deren abzug von Köln Plectrud teuer erkaufen musste, so schlug er doch die rückkehrenden Neustrier bei Amblève (716). Im nächsten jahre ergriff er die offensive. Bei Vincy gewann er einen vollständigen sieg, Austrasien war von seinen drängern befreit, er war herr im lande und bestellte sich einen eignen könig namens Chlothar. Er führte den kampf fort. Bei Soissons schlug er den neustrischen hausmaier und dessen bundesgenossen Eudo von Aquitanien (719), Eudo lieferte den über die Loire geflüchteten k. Chilperich aus. Da sein könig Chlothar kurz zuvor das zeitliche gesegnet hatte, benutzte Karl den neustrischen Chilperich als könig. Nach dessen tod liess er den siebenjährigen Theoderich IV durch die Franken auf den tron erheben. Ob dieser, ob jener Merowinger als könig figurirte, war nebensächlich geworden. Keine einzige Quelle erwähnt Theoderich IV während seines stilllebens auf dem tron, nur eine zufällige notiz gibt kunde von seinem tod (737).

Die reichseinheit war hergestellt, Karl gebieter des Frankenreichs. Und er brachte auch die rechte und ansprüche auf die länder, die in den reichsverband gehört hatten, zur geltung. Mit Friesland bahnte sich nach Ratbods tod ein friedliches verhältnis an, die christliche Mission erhielt wieder zutritt, ihr stützpunkt, das bistum Utrecht, wurde mit fiskalland reich ausgestattet; bei dem aufflackern einer neuen heidnischen erhebung kam es zu harten zusammenstoss, in zwei feldzügen wurde der widerstand der Friesen gebrochen (733, 734). Die Sachsen wurden für den einfall, den sie gleichzeitig mit dem vorstoss der Neustrier und Ratbods gegen Köln unternommen, durch einen verwüstungszug bis an die Weser gezüchtigt (718); doch erst die mächtige heerfahrt von 738 vermochte das trotzige volk zur anerkennung der tributpflichtigkeit zu zwingen. Die im schoss der agilolfingischen familie ausgebrochenen streitigkeiten boten Karl den anlass die fränkische oberhoheit über Baiern wieder in kraft zu setzen (725); das land behielt eine gewisse selbständigkeit unter seinem einheimischen herzogsgeschlecht. Ein erhebungsversuch des Schwabenherzogs Lantfrit wurde niedergeschlagen (730), das land blieb im unmittelbaren reichsverband. Hatte Karl so die fast verschollene oberhoheit des Frankenreichs über die deutschen stämme jenseits des Rheins wieder hergestellt, so war es in Mitteldeutschland die christliche mission, welche berufen war die einigung mit demselben zu festigen. Hier entfaltete der Angelsachse Wynfreth-Bonifatius, 722 von Gregor II zum bischof geweiht, unter dem schutz des ‚Frankenfürsten‘ seine segensvolle tätigkeit und knüpfte die engen bande mit Rom, welche bald das Frankenreich in ihre kreise zogen.

Im süden hatten die Araber, durch den sieg von Xeres de la Frontera (711) im besitz Spaniens, die Pyrenäen überschritten. Narbonne erobert, Aquitanien hart bedrängt. Schon dehnten sich ihre streifzüge bis Burgund aus. Als herzog Eudo, mit einem der befehlshaber an der grenze verbündet, den verpflichtungen gegen das reich sich entzog, verwüstete Karl Aquitanien (731). Im Frühjahr 732 rückten die Araber in das land, schlugen Eudo, der jetzt zu Karl flüchtete, und zogen unter furchtbaren verheerungen nach norden. Bei Poitiers stellte sich ihnen Karl mit der fränkischen streitmacht entgegen. Es galt die weltherrschaft des Islam und der christlich-germanischen kultur. Die Araber wurden vollständig geschlagen, ihrem weiteren Vordringen in Europa war ein ziel gesteckt. Karl sicherte

Burgund, in einer reihe von kämpfen eroberte er die Provence und schlug ein sarazenisches entsatzheer vor Narbonne (737).

Der fränkische hausmaier war der mächtigste herrscher in Europa, der vorkämpfer der christenheit geworden. An ihn wandte sich auch papst Gregor III, bedrängt von dem Langobardenkönig Liutprand, der die auslieferung des nach Rom geflüchteten unbotmässigen herzogs von Spoleto forderte, um hilfe (739): er bot ihm dafür die oberhoheit über Rom und dessen dukat an, wie sie bis vor kurzem der griechische kaiser besessen. Karl lehnte im vollen einverständnis mit der stimmung im reich jede bewaffnete intervention gegen die befreundeten Langobarden ab; der aufständische herzog konnte ihm auch als bundesgenosse des papstes nur als rebell, die erhaltung des besitzstandes der römischen kirche, die sich durch die gunst der verhältnisse von der griechischen herrschaft losgelöst und einen tatsächlich selbständigen kleinstaat gebildet hatte, nicht als die angerufene ‚verteidigung der kirche' gelten.

Nach dem tod des merowingischen troninsassen Theoderich IV erachtete Karl es nicht mehr für nötig ihm einen nachfolger zu geben. So sehr fühlte er sich und war er der herr des reichs, dass er vor seinem hinscheiden das reich unter seine beiden ehelichen söhne verteilte; nach dem rat der grossen erhielt der ältere Karlmann Austrasien mit Schwaben und Thüringen, der jüngere Pippin Neustrien mit Burgund und der Provence; Baiern und Aquitannien, keine eigentlichen provinzen, sondern nur reichslande, sollten gemeinsamer besitz sein. Am 22. okt. 742 starb Karl Martell. Er hat die grösse seines hauses geschaffen und die macht des Frankenreichs von neuem begründet.

Wie souveräne fürsten traten Karlmann und Pippin d. J. die herrschaft an, wie souveräne fürsten herrschten sie. Sie erlassen reichsgesetze und hier nennt sich jeder ‚fürst und herzog der Franken'; führen sie in den urkunden auch den titel ‚hausmaier', sie urkunden doch, wie sonst nur der könig, nunmehr ohne zeugen.

Die einigkeit der beiden brüder bannte die gefahren, welche die teilung des reichs und in ihr die schwächung der macht im gefolge hatte. Zunächst erhob sich ihr stiefbruder Grifo, Karl Martells sohn aus Swanahild, die dieser aus Baiern mit sich gebracht hatte. Als ausserehelicher sohn war Grifo von der erbteilung ausgeschlossen worden; aufgestachelt von seiner mutter wollte er, wie es hiess, sich das reich erobern. In Laon eingeschlossen, musste er sich ergeben und wurde von Karlmann nach Neufchâteu in haft gegeben.

Die furcht vor dem mächtigen arm Karl Martells hatte die unterworfenen völker im zaum gehalten. Gleichzeitig empörten sich die Aquitanier, Alamannen, Baiern, Sachsen. Mit vereinten kräften wandten Karlmann und Pippin sich gegen die aufständischen; mit raschen schlägen wurden sie niedergeworfen, neue erhebungsversuche hart gezüchtigt. Herzog Odilo von Baiern, der sich gegen ihren willen mit ihrer auf anstiften Swanahilds entflohenen schwester Hiltrud vermält hatte, erhielt sein land nur gegen anerkennung der fränkischen oberhoheit zurück. In 4 jahren (743—746) war jeder widerstand gebrochen, die macht des reichs gefestet wie zu zeiten ihres vaters. Um einem aufstand den vorwand zu benehmen, dass die herrschaft der hausmaier ohne könig eine widerrechtliche sei, hatten sie 743 nochmal einen Merowinger, Childerich III, auf den tron gesetzt. Wir erfahren davon nur aus den urkunden, keine quelle erwähnt dessen erhebung. Der Merowinger war und blieb nur tronpuppe, die hausmaier selbst bezeichnen sich als die, denen ‚der herr die sorge der regierung anvertraute' (nº 51, 58).

Die dringendste angelegenheit war die kirchliche reform. Die grossen aufgaben, welche Karl Martell oblagen, hatten dazu geführt das reiche kirchengut für den staatszweck heranzuziehen, um die senioren mit ihren vasallen sich persönlich zu verpflichten, durch belehnung sich ein stets dienstbereites gefolge eigner vasallen zu bilden. Bedeutendes kirchengut war durch prekarie in weltliche hände gelangt und der kirche kaum dem namen nach das eigentumsrecht geblieben. Karl Martell hatte bistümer und abteien an seine anhänger verliehen, erledigte bistümer waren, um über ihre einkünfte zu verfügen, nicht wieder besetzt, mehrere pfründen in einer hand vereinigt, die klöster an laien verliehen worden. Der geistliche beruf war hinter den politischen zweck vollständig zurückgetreten, die inhaber der bischofstühle und klöster ihm entfremdet, der klerus verwildert. Karlmann berief nun Bonifatius und betraute ihn, den päpstlichen legaten, der in Baiern und Mitteldeutschland eine kirchliche organisation geschaffen, mit dem reformwerk. Eine synode, seit 80 iahren die erste in Frankreich, trat zusammen. Ihre beschlüsse, von Karlmann in einem kapitulare (n° 44) publicirt, verfügten die besetzung der vakanten stühle, die volle strenge der sittlichen reform des klerus, die rückgabe des entfremdeten kirchenguts. Auch in Neustrien leitete Bonifaz die kirchliche reform; aber die anders gearteten verhältnisse und die staatsklugheit Pippins stauten den übereifer. Auch hier werden für kirchliche organisation und disciplin fast dieselben vorschriften, wenn auch nicht in solcher schärfe, erlassen (n° 55), aber die rückgabe des kirchenguts auf den ‚bedarf' beschränkt und die belassung des übrigen gegen zins ausgesprochen. Selbst Karlmann sah sich bald genötigt auf der synode von Estinnes diese allein ausführbaren bestimmungen für sein reich anzunehmen und die erneuerung der prekarien zuzugestehen. Die kirche konnte nicht umhin ein notrecht des staates auf das kirchengut anzuerkennen und von diesem notrecht machte auch noch Pippin gebrauch; iene ‚saekularisation' des kirchenguts erstreckt sich über die zeit Karl Martells hinaus. Durch Bonifaz und das reformwerk waren die Karolinger nun auch in nähere beziehungen zu Rom getreten.

Karlmann entsagte der herrschaft (747). Er ‚empfahl seine söhne seinem bruder' und zog sich in die stille beschaulichkeit des klosters nach Montecassino zurück. Pippin gebot ietzt über das ganze Frankenreich. Er übte gegen seinen Stiefbruder Grifo grossmut und entliess ihn aus der haft. Aber Grifo entfloh zu den Sachsen und, als diese von Pippin wieder gebändigt waren, nach Baiern; er fand anhang und in dem herzog Lantfrid von Alamannien einen bundesgenossen. Ganz Süddeutschland stand wieder gegen das reich in waffen. Durch einen feldzug nach Baiern warf Pippin die erhebung nieder (749) und bestellte seinen neffen Tassilo zum herzog. Auch diese ereignisse waren wieder eine dringende mahnung die zwitterstellung des herzogs in Frankreich, der königliche gewalt hatte und nur hausmaier hiess, während auf dem königstron noch ein sprössling des verkommenen königsgeschlechtes figurirte, endgiltig zu regeln, die tatsächlichen verhältnisse zu rechtlichen zu gestalten.

So drängte alles zur erhebung des hausmaiers auf den tron. Sie zu einer rechtlichen zu gestalten, musste ein gewaltsamer staatsstreich vermieden werden. Aber für die beseitigung der alten, für die erhebung einer neuen dynastie fehlten rechtliche bestimmungen. Man suchte und fand einen ersatz in der billigung der höchsten kirchlichen autorität, welche der zustimmung des volkes die sanktion gab. Papst Zacharias erteilte diese billigung und im nov. 751 wurde Pippin zu Soissons ‚durch die wahl aller Franken, durch die weihe der bischöfe und die huldigung der grossen sammt seiner gemalin auf den tron erhoben'. Die salbung, eine bisher im Frankenreich ungewohnte zeremonie, vollzog Bonifaz, der apostolische legat. Der merowingische troninsasse und sein sohn wurden zu mönchen geschoren.

Pippin war dem papst nun persönlich verpflichtet. Er kam bald in die lage diese verpflichtung einzulösen.

Das Langobardenreich war unter k. Aistulf seinem ziel, der herrschaft über ganz Italien, immer näher gerückt, den Griechen war ihre letzte provinz, Ravenna mit dem exarchat, genommen, Benevent in bestimmtere abhängigkeit gebracht worden. Noch stand Rom mit seinem dukat, der ia nominell noch griechische provinz war, der einheit Italiens entgegen. Aistulf rückte 752 in den dukat ein und bedrohte Rom, er forderte die anerkennung der langobardischen oberhoheit. In papst Stephan II (III), einem Römer, erstand den Langobarden ein unbeugsamer gegner. Stephan erbat militärische hilfe von Byzanz und erwirkte einen frieden bei Aistulf. Doch dieser hielt sich bald nicht mehr daran gebunden und der griechische kaiser schickte statt eines heeres einen abgesandten mit einem schreiben. In dieser not konnte der papst nur noch rettung von dem fränkischen könig erwarten. Bei den Franken durfte eine bewaffnete intervention in Italien auf dieselbe abneigung zählen wie unter Karl Martell; noch war eroberungspolitik nicht staatszweck geworden und die Langobarden strebten auf kosten der griechischen herrschaft nur die konsolidirung ihres reichs an, wie das Frankenreich unter Karl Martell konsolidirt worden war. Durch persönliche einflussnahme hoffte der papst das widerstreben zu bannen.

Er lud sich selbst ins Frankenreich ein, er beschwor, als Pippin zögerte, ‚alle fürsten des fränkischen volkes', den könig zur wahrung der interessen des h. Petrus zu gewinnen. Er erreichte seinen zweck, von fränkischen boten geleitet erschien er diesseits der Alpen.

In der pfalz zu Ponthion fand die begegnung des papstes und königs statt. Pippin versprach eidlich den mahnungen zu gehorchen und ‚den exarchat von Ravenna, die orte und gerechtsame des römischen staats (der respublica Romanorum) auf jegliche weise zurückzugeben'. Dieses versprechen verbriefte er feierlich dem papst in Quierzy und sicherte ihm die rückgabe der ‚provinz Italien' d. i. des römischen dukats und des exarchats Ravenna, der von den Langobarden kürzlich eroberten überreste der griechischen herrschaft in Italien, zu. Aistulf lehnte die an ihn gestellten forderungen ab. Die reichsversammlung beschloss trotz des widerstrebens einiger fränkischer grossen mit den waffen für die ansprüche des papstes einzutreten. Aistulf versuchte ein letztes mittel, er setzte der persönlichen einwirkung des papstes die persönliche einwirkung des bruders entgegen. Karlmann erschien als sein vermittler. Das auftreten des ehemaligen hausmaiers in der mönchskutte musste einen gewaltigen eindruck machen. Er kam zu spät und kam dem papst wie Pippin gleich ungelegen. Er hatte doch nur für seine person der regierung entsagt, seine jetzt heranwachsenden söhne, die er dem bruder ‚empfohlen', waren die vollberechtigten erben seines reichsanteils. Im einvernehmen mit dem könig liess der papst den unbequemen unterhändler, der als mönch geistlicher iurisdiktion unterstand, in ein kloster einsperren. Karlmanns söhne wurden zu mönchen geschoren, sie teilten das schicksal der letzten Merowinger, deren erbrecht auf das reich in derselben weise beseitigt worden war.

Am 28. iuli wurde in der kirche von St. Denis Pippin mit seinen beiden söhnen vom papst nochmal zum könig und zum patricius gesalbt und selbst dessen gemalin zur königin geweiht; unter androhung der schärfsten kirchlichen strafen verpflichtete der papst die Franken ‚niemals aus der nachkommenschaft eines andern einen könig zu wählen' — eine feierliche nichtigkeitserklärung des erbrechts der söhne Karlmanns. Mit dem titel ‚patricius der Römer' übernahm aber Pippin als gegendienst ‚die verteidigung und befreiung der kirche', wie man die vertretung ihrer territorialen ansprüche nannte.

Pippin zog nach Italien. Aistulf, in Pavia eingeschlossen, musste sich zur abtretung Ravennas und der übrigen eroberungen an die römische kirche und zur anerkennung der fränkischen oberhoheit verstehen. Die abgetretenen gebiete wurden dem papst eingeantwortet. Aber Aistulf hielt die friedensbedingungen nicht; er gab keine handbreit landes zurück, er rückte selbst vor Rom und belagerte die stadt. Jetzt erst fanden die fortwährenden klagen des papstes am fränkischen hof gehör. Nochmal zog Pippin 756 nach Italien. Pavia wurde wieder eingeschlossen, unter noch härteren bedingungen erhielt Aistulf den frieden. Ravenna mit dem exarchat und Comacchio schenkt Pippin nun feierlich an die römische kirche und liess sie in den besitz einweisen.

Auch unter Aistulfs nachfolger Desiderius dauerten die misshelligkeiten zwischen den Langobarden und dem papst fort. Konflikte waren eben unvermeidlich, wie ein keil schob sich der neugeschaffene kirchenstaat zwischen den langobardischen besitz im norden und im süden, die herzogtümer Spoleto und Benevent, welche im anschluss an den papst eine unabhängige stellung anstrebten. Klage um klage erscholl wieder von Rom, aber im Frankenreich hatte man weder lust noch musse, sich für die unermüdlichen forderungen des papstes in einen neuen krieg gegen Italien zu stürzen.

Unter den Merowingern — ihr letztes kapitulare datirt von 614 — war auch die reichsgesetzgebung gänzlich in verfall geraten. Pippin nahm sie 755—757 in grösserem masstab wieder auf. Es galt die weiterführung der kirchlichen reform und organisation, die ausbildung eines eherechts durch festsetzung der verwandtschaftlichen ehehindernisse und der scheidungsnormen, besserung der dringendsten übelstände in der verwaltung und rechtspflege. Die eherechtlichen satzungen trugen gegenüber den weiter gehenden forderungen Roms noch vielfach der germanischen anschauung rechnung und dehnten das ehehindernis der verwandtschaft nur bis zum 4. grad aus, wenn sie auch die geistliche verwandtschaft einbezogen. Eine münzreform führte die silberwährung ein.

Nicht minder galt Pippins tätigkeit der wahrung der machtstellung des reichs. Die ‚in gewohnter weise rebellirenden' Sachsen (Westfalen) wurden in 2 feldzügen gebändigt. Der Baiernherzog Tassilo erhielt erst, als er auf der reichsversammlung in Compiègne 757 den vasalleneid geleistet, die selbständige regierung Baierns; er brach seine pflicht und verliess, 763 zur heerfahrt nach Aquitanien aufgeboten, während des feldzuges eigenmächtig das heer; die absicht ihn dafür zu züchtigen gelangte nicht mehr zur ausführung, die gänzliche unterwerfung Aquitaniens war Pippin die dringendere aufgabe, an deren durchführung er seine ganze kraft setzte. Auch Aquitanien hatte noch seinen herzog und suchte sich wieder der fränkischen oberhoheit zu entziehen. Uebergriffe gegen den besitz der fränkischen kirchen und ihre immunität und die aufnahme von flüchtlingen boten den anlass zum krieg. In 8 feldzügen (760—768) wurde Aquitanien nach hartnäckigem kampf unterworfen und jeder widerstand gebrochen; herzog Waifar wurde getödtet und das land dem reich förmlich einverleibt. Die erwerbung Aquitaniens ist Pippins grösste tat, das reich gebot nun unmittelbar bis an die Pyrenäen.

Krank kehrte Pippin zurück. Mit beirat der grossen ordnete er die nachfolge im reich und teilte es unter seine beiden söhne zu gleichen teilen. Am 24. sept. 768 starb er, erst 54 jahre alt.

An demselben tage, am 9. okt. 768, wurden Karl und Karlmann, jener zu Noyon, dieser zu Soissons, umgeben von den grossen ihrer reiche, feierlich auf den tron erhoben und gesalbt. Ein tiefgehender zwiespalt entzweite die brüder; die ursachen sind nicht ganz aufgeklärt, Karlmann werden ‚anfeindungen und neid' zur schuld gegeben. Die teilung war eine schwächung des reichs; seine grossen aufgaben forderten seine ganze kraft und sie konnten nur durch volle eintracht bewältigt werden. Um so grössere gefahren barg jener hader in sich. Bald trat er zu tage. Die Aquitanier griffen wieder zu den waffen, sie hofften ihre unabhängigkeit jetzt noch einmal erringen zu können. Karl zog gegen sie zu felde, sein bruder verweigerte ihm jede hilfe. Dem mut Karls gelang es die fränkische herrschaft wieder herzustellen (769). Die mutter suchte zwischen den brüdern zu vermitteln, sie brachte eine aussöhnung zu stande, aber bald verschärften sich wieder die gegensätze. An den überlieferungen der politik des karolingischen hauses festhaltend, wie Karl Martell sie gepflegt, die Pippin nur, gedrängt durch seine persönlichen verpflichtungen gegen den papst, durchbrochen hatte, suchte sie wieder freundschaftliche beziehungen zum Langobardenreich anzuknüpfen. Über Baiern ging sie nach Italien und warb für Karl um eine tochter des königs Desiderius. Trotz der eindringlichsten abmahnungen des papstes vermählte sich Karl mit der langobardischen prinzessin, um dieselbe zeit etwa, da auch herzog Tassilo eine andre tochter des Desiderius ehelichte. Durch diese enge verbindung mit den Langobarden fühlte sich Karlmann, dessen reich mit der Provence und Burgund an Italien grenzte, bedroht. Er trat in nähere beziehungen zum papst, sein gesandter unterstützte offen die langobardenfeindliche partei in Rom. Desiderius kam selbst nach der ewigen stadt, vernichtete seine gegner und machte sich den papst gefügsam. Schon drohte Karlmann mit einem heer nach Rom zu ziehen.

Nach einjähriger ehe verstiess Karl seine gemalin und vermälte sich mit Hildegard, einer enkelin des Alamannenherzogs Gotfrid. Damit waren alle auf eine familienverbindung zwischen dem fränkischen und langobardischen königshause gesetzten hoffnungen zerstäubt, damit auch der einfluss der mutter, der bisher Karl geleitet hatte, gebrochen. Es kam zwischen beiden zu einem peinlichen zwist. Aber auch das verhältnis zu Karlmann, das die mutter zu mildern bestrebt war, verschlimmerte sich, der unfriede, geschürt von einer partei an Karlmanns hof, drohte schon in offenen krieg auszubrechen. Da starb Karlmann (4. dez. 771).

Karlmann hinterliess kinder, darunter einen erst einjährigen sohn Pippin, als erben seines reichsteils. Wieder lagen die dinge wie 747 nach der abdankung des hausmaiers Karlmann, ein unmündiges kind war zur nachfolge berufen. Ohne zaudern griff Karl zu. Er nahm das reich seines bruders in besitz. Man hatte widerstand befürchtet, er erhob sich nicht. Zu Corbeni wurde Karl ‚mit zustimmung aller Franken' zum könig des reichs seines bruders erhoben und gesalbt. Karlmanns witwe Gerberga flüchtete mit ihren kindern nach Italien. Am hof des königs Desiderius fand die vor Karl flüchtige freundliche aufnahme.

Karl war durch diesen staatsstreich herr des ganzen Frankenreichs. Unverweilt ging er an die ausführung seiner grossen pläne. Schon im nächsten jahr zog er gegen die Sachsen, doch der erneute zwiespalt des papstes mit den Langobarden wies ihm zunächst eine andre kaum minder bedeutsame aufgabe zu.

In Rom war Hadrian zum papst gewählt worden (772 febr. 1), ein vertreter der früheren päpstlichen politik im anschluss an das Frankenreich. Desiderius versuchte sich mit ihm zu verständigen: er bot ihm ein bündnis gegen die Franken an und versprach dafür die rückgabe aller noch nicht zurückgestellten gerechtsame des h. Petrus. Um einen druck auszuüben, besetzte er einige städte des exarchats und sperrte die landwege nach Francien. Er forderte den papst auf zu ihm zu kommen und die söhne Karlmanns zu königen zu salben, um ‚eine spaltung im Frankenreich hervorzurufen'. In seinen schützlingen sah er die werkzeuge, die verstossung seiner tochter, die seinem hause dadurch angetane schmach an Karl zu rächen; das recht der enterbten auf das reich ihres vaters sollte in der salbung durch den papst dieselbe sanktion erhalten wie früher das tronrecht Pippins und seiner söhne. Als Hadrian dies ansinnen zurückwies, rückte Desiderius, die söhne Karlmanns mit sich führend, gegen Rom, um ihre salbung zu erzwingen. Der papst rief nun den schutz Karls an. Nicht die schirmpflicht der kirche allein, auch das eigne interesse forderte sein eingreifen; Desiderius war sein persönlicher feind geworden, die aufstellung von prätendenten konnte die ruhe des reichs gefährden. Der Langobardenkönig wies einen friedlichen ausgleich zurück, die waffen mussten entscheiden.

Die langobardische feldarmee wurde an den klausen zersprengt, Pavia wieder eingeschlossen (sept. 773). Ein zug nach Verona brachte Karlmanns witwe und söhne in Karls gewalt und damit sind sie verschollen; Adalgis, der sohn und mitregent des Desiderius, entkam und flüchtete nach Byzanz. Die belagerung Pavias zog sich in die länge. Schon dauerte sie 6 monate, als Karl die eintönigkeit des lagerlebens zu ostern 774 durch eine wallfahrt zum grabe der apostelfürsten unterbrach. Er wurde in Rom feierlich empfangen. Auf bitte des papstes bestätigte er die urkunde von Quierzy und liess ‚ein neues schenkungsversprechen' ausstellen, ‚durch das er dieselben landschaften und städte dem h. Petrus schenkte und dem papst einzuantworten versprach'. Noch fast 2 monate nach seiner rückkehr lag Karl vor Pavia. Not und krankheiten erzwangen endlich die übergabe der stadt. Desiderius wurde mit gemalin und tochter gefangen genommen und verschwand im dunkel einer klosterpforte.

Nach dem fall der hauptstadt war das schicksal des Langobardenreichs besiegelt, es wurde dem Frankenreich einverleibt und Karl nahm den titel eines ‚königs der Langobarden und patricius der Römer' an. Nur einen versuch machten die Langobarden die fränkische herrschaft abzuschütteln; Italien sollte insurgirt werden und Adalgis griechische hilfe bringen. Der aufstand kam nur in Friaul zum ausbruch, Karls rasches einschreiten warf ihn nieder, bevor er weitere ausdehnung gewann (776). Fortan regte sich kein widerstand mehr. Aber die verhältnisse Italiens, eigenartig gestaltet wie jene Aquitaniens, reiften in Karl den plan, Italien wie Aquitanien eine gewisse selbständigkeit zu belassen und den beiden ländern in prinzen des königlichen hauses eigne könige zu geben.

Zum osterfest 781 kam Karl wieder nach Rom. Hier liess er seinen vierjährigen sohn Pippin durch papst Hadrian, der patenstelle vertrat, taufen und zum könig von Italien, seinen jüngern zu Chasseneuil in Aquitanien gebornen sohn Ludwig zum könig von Aquitanien salben. Durch dieses zugeständnis an das nationale selbständigkeitsgefühl sollte in beiden ländern die neue dynastie feste wurzeln schlagen. Beide könige wuchsen in ihren reichen auf, mit dem volk durch alle bande ihres seins verknüpft, für ihr königtum auch durch die päpstliche salbung mit unantastbarem tronrecht ausgestattet. Hier wie dort ward eine vormundschaftliche regierung bestellt. Karl behielt die volle oberhoheit für sich, in Italien wie in Aquitanien übte er unumschränkt die oberste herrschaft: er beruft den heerbann, er selbst erlässt noch specialgesetze, auf seinen namen werden die münzen geschlagen, nach seinen jahren, denen des oberherrn, die urkunden an erster stelle datirt, die allgemeinen reichsgesetze haben ebensowol für Italien wie Aquitanien geltung. Nur für Italien wurden durch Karl selbst oder Pippin besondere kapitularien gegeben; den besonderen verhältnissen nicht minder als der sorge für strenge rechtspflege und geordnete verwaltung rechnung tragend führen sie hier aber auch die fränkischen institutionen ein, das lehenwesen mit der kommendation, den königsbann, die immunität, das prekariewesen, die zehnten, die grafen als beamte neben der grösseren einflussnahme der bischöfe und äbte.

Noch behauptete im süden das langobardische herzogtum in Benevent seine unabhängigkeit. Herzog Arichis war mit einer andern tochter des Desiderius vermält. Hier im süden lag auch reiches patrimonium der römischen kirche, auf das der papst seine ansprüche erhob. Erst 787, als Karl wieder in Rom war, ging er daran die letzten reste langobardischen gebietes der fränkischen herrschaft zu unterwerfen. Obwol Arichis sich bereit erklärte die forderungen des königs zu erfüllen, rückte Karl auf drängen des papstes und der fränkischen grossen bis Capua vor. Arichis flüchtete nach Salerno und bat nochmal um frieden. Er wurde ihm gegen anerkennung der fränkischen oberhoheit, einen jährlichen tribut und die abtretung der vom papst beanspruchten städte gewährt. Arichis schwor mit seinem volk den Franken treue. Die abgetretenen städte schenkte Karl der römischen kirche und fügte ein paar städte in Tuscien bei, wie er schon 781 die Sabina an dieselbe vergabt hatte; das herzogtum Spoleto, das sich auf eigne faust dem papst unterworfen hatte, wurde dagegen an das reich zurückgenommen.

Der gewinn Benevents war von zweifelhaftem wert. Nur die unmöglichkeit erfolgreichen widerstandes hatte Arichis zur unterwerfung gezwungen, in dem herzen seiner gemalin Adalberga lebte derselbe groll gegen den Frankenkönig, der ihren vater entthront hatte, wie in ihrer schwester, der herzogin von Baiern. Lieber wollte Arichis unter griechischer herrschaft stehen als unter fränkischer. Schon war ein vertrag mit Byzanz dem abschluss nahe, als Arichis starb. Seinen sohn Grimoald hatte Karl als geisel mit sich geführt. Er verweigerte dessen freilassung. Die gährung im lande schwoll, die fränkischen bevollmächtigten flüchteten, griechische gesandte erschienen zu neuen unterhandlungen. Da liess Karl Grimoald frei (788) und übertrug ihm gegen anerkennung der fränkischen oberhoheit das herzogtum; er ersparte damit dem mit grösseren aufgaben betrauten reich die grossen opfer, welche später das deutsche reich für den problematischen besitz des fern abgelegenen Unteritalien vergeblich gebracht hat. Fränkische truppen, denen Grimoald heerfolge leistete, schlugen das griechische heer, das der prätendent Adalgis gegen Benevent führte. Herzog Grimoald kam anfangs seinen verpflichtungen nach. Bald aber suchte er sich ihnen zu entziehen und vermählte sich mit einer griechischen prinzessin. Es kam zu vollständigem bruch. Pippin von Italien erhielt den auftrag den vertragsbrüchigen herzog zu züchtigen. Doch die heerfahrten von 791, 793, 801 gewannen keinen erfolg, erst 812 kam mit Grimoalds nachfolger ein friede zustande, der das abhängigkeitsverhältnis Benevents wieder herstellte.

Karls bedeutendstes werk ist die unterwerfung der Sachsen.

Der kampf gegen die Sachsen hatte nie geruht. So oft die Sachsen auch besiegt worden waren, immer erhoben sie sich wieder, es galt ihnen ihre höchsten güter, ihre freiheit und ihren glauben. Die christliche mission war nur bis zu ihren grenzen vorgedrungen. In vier stämme geteilt — die Westfalen bis zur wasserscheide zwischen Rhein und Weser, die Ostfalen (auch Austroliudi) im osten gegen Saale und Elbe, inmitten an der Weser die Engern, die Nordalbinger (Nordliudi) im norden der Elbe — und nur in lockerem stammesverband stehend, war nie die gesammtheit des volkes dem feind gegenübergetreten und von den Franken besiegt worden, sondern nur ein einzelner stamm oder teile desselben. Die Sachsen kannten keinen gemeinsamen herrscher, nur für den krieg wählte der stamm einen gemeinsamen heerführer, einen herzog. In dieser vereinzelung und zersplitterung der kräfte, in der starren abgeschlossenheit war das volk trotz seines heldenmutes dem mächtigen gegner und seinem einheitlichen staatswesen nicht gewachsen. Bisher waren die fränkischen heere vom westen aus bis zur Weser, vom süden nicht über die Ocker vorgedrungen. Die meist ohne feste scheide durch flachland ziehende grenze in west und süd liess den grenzkrieg mit seinen einfällen und beutezügen nie zur ruhe kommen; längst schon verlangten die Franken, dass diesem unleidlichen zustand ein ende gemacht werde. Als Karl ihn unternahm, war nicht nur die unterwerfung der Sachsen sondern auch ihre christianisirung sein ziel, dem er seine ganze tatkraft lieh; wie den Sachsen ihr glaube das bollwerk ihrer freiheit war, so war den Franken das christentum die sicherung ihrer herrschaft.

Auf der reichsversammlung in Worms wurde 772 der krieg gegen die Sachsen beschlossen. Der angriff richtete sich gegen die Engern. Die Eresburg wurde erobert, das sächsische heiligtum, die Irminsäule, zerstört. Karl drang bis zur Weser vor, die Engern unterwarfen sich.

Die „verteidigung der kirche" führte im nächsten iahr die streitkräfte des reichs über die alpen, die belagerung Pavias hielt sie in Italien fest. Da erhoben sich 774 die Sachsen, um für die vernichtung ihres heiligtums rache zu nehmen. Die Eresburg wurde wieder genommen, Fritzlar bestürmt, das offene land verheert; von den fränkischen scharen, die der könig nach seiner rückkehr gegen sie entsandte, zurückgeworfen, kehrten sie mit reicher beute heimwärts.

Ein kriegsrat in Quierzy (ianuar 775) fasste den beschluss „das treulose und eidbrüchige Sachenvolk mit krieg zu überziehen und nicht eher abzulassen, bis es besiegt dem christentum sich unterworfen haben oder gänzlich ausgerottet sein würde". Im sommer dringt der fränkische heerbann von westen vor. Sigiburg wird erobert, die zerstörte Eresburg wieder aufgebaut, am Brunisberg bei Höxter die streitmacht der Sachsen (Engern oder Westfalen), als sie den übergang über die Weser wehren will, zersprengt. Der könig rückt bis zur Ocker vor, die Ostfalen, die Engern verzweifeln am widerstand, sie schwören treue und stellen geiseln. Unterdes war das zur deckung der Weser zurückgelassene korps von den Westfalen überrumpelt worden. Der könig eilt herbei, er schlägt die feinde, auch die Westfalen unterwerfen sich.

Der erfolg des kühnen feldzuges schien ein vollständiger. Doch als der aufstand in Friaul Karl wieder nach Italien rief, griffen die Sachsen 776 abermals zu den waffen. Ihr angriff galt den verhassten fränkischen zwingburgen. Die Eresburg wurde nochmal zerstört, die besatzung der Sigiburg vermochte die angreifer zurückzuschlagen. Nach der heimkehr drang Karl wieder in Sachsen ein. Die verhaue und befestigungen wurden genommen. Schon standen die fränkischen heersäulen im quellengebiet der Lippe, wehrlos lag das land vor ihnen. Wieder suchten die Sachsen in der unterwerfung ihr heil. Karl gewährte den frieden, aber nur unter der bedingung der annahme des christentums. Die Eresburg ward ein zweitesmal aufgebaut, an der Lippe eine neue zwingburg, Karlstadt oder Karlsburg, errichtet.

Nun konnte man die eroberung Sachsens als vollendet erachten. Auf der grossen reichsversammlung in Paderborn erschienen 777 die Sachsen. Es wiederholte sich der feierliche akt der unterwerfung, sie verbürgten sich mit ihrer persönlichen freiheit und ihrem eigentum für die treue gegen den könig und die annahme des christentums. Eine grosse menge liess sich taufen und gleichzeitig tagte eine synode der bischöfe, um die massregeln zur christianisirung des landes zu beraten.

Im nächsten iahr zog Karl mit dem fränkischen heerbann über die Pyrenäen gegen die Sarazenen. Wieder „rebellirten" die Sachsen „auf anstiften Widukinds und seiner genossen". Wieder richtete sich ihr zorn gegen die fränkischen zwingburgen und die christlichen kirchen. Die Karlsburg wurde zerstört, alles mit feuer und schwert verheerend drangen sie bis Deutz vor, erst der Rhein gebot ihnen halt. Karl war bereits auf dem heimweg, als er kunde von diesem überfall erhielt. Er entsandte truppen, welche die heimwärts flüchtenden Sachsen noch an der Eder ereilten und zersprengten.

Die züchtigung der aufständischen wurde auf das nächste iahr verschoben. Bei Lippeham setzte 779 das fränkische heer über den Rhein. Die starken verhaue der Westfalen bei Bocholt wurden erstürmt, die Westfalen unterwarfen sich. Ohne widerstand zu finden, drang der könig bis zur Weser vor. Bei Medofulli erschienen auch die Engern und Ostfalen, um wieder treue zu geloben und geiseln zu stellen.

Karl erachtete den zeitpunkt für gekommen nun auch die inneren Verhältnisse zu regeln und das gewonnene land dem reich anzugliedern. Als er 780 wieder in Sachsen erschien, um an den Lippequellen die reichsversammlung abzuhalten, und weiter gegen osten bis zur Elbe zog, kamen auch die Ostsachsen, die bewohner des Bardengaues und viele Nordleute, um sich taufen zu lassen. Das land wurde in missionssprengel eingeteilt. Nach 2 iahren (782) fand wieder die reichsversammlung an den quellen der Lippe statt. Die verwaltung wurde nach fränkischem muster geregelt. Die wahrscheinlichst damals erlassene Capitulatio de partibus Saxoniae (n° 252) wahrt die stellung des königs als obersten herrn und richter des landes, sie führt die fränkischen institutionen, den königsbann, die grafen ein; mit der vollsten strenge geht sie gegen das heidentum vor; das festhalten an demselben und die verachtung des christentums werden mit dem tod bedroht.

Das neue gesetz musste tiefe verbitterung unter dem volk erzeugen, es brachte ihm zum bewusstsein, dass es um seine alte freiheit, um seinen glauben geschehen sei. Desto drückender mussten die neuen lasten sein, welche die neue religion auferlegte, die verpflichtung zur ausstattung der kirchen und die verhassten zehnten. Nicht minder der kriegsdienst ausser landes unter fränkischem kommando. Die allgemeine erregung brach in vollen aufstand aus, als die Sachsen nun den befehl erhielten gegen die Sorben zum fränkischen aufgebot ihr truppenkontingent zu stellen. An die spitze der empörung stellte sich Widukind. Die christlichen missionäre, deren man habhaft werden konnte, und ein graf wurden erschlagen, das fränkische aufgebot, das bereits auf dem marsch gegen die Sorben sich gegen die aufständischen wandte, am Süntelgebirge vernichtet. Auf die kunde von dieser niederlage eilte Karl mit schnell zusammengerafften truppen nach Sachsen. Ungefährdet erreicht er die Weser. Er fordert die auslieferung der urheber der neuen empörung. Alle bezeichnen Widukind als Rädelsführer. Widukind war wieder zu den Dänen entflohen. So werden die, welche sich an der rebellion beteiligt hatten, an den könig ausgeliefert. Er lässt 4500 Sachsen an einem tag zu Verden enthaupten.

Kaum hatte Karl das land verlassen, als ein neuer aufstand sich zu organisiren begann. Es galt einen kampf der rache. Die erhebung fand ihn gerüstet. Von dem begräbnis seiner gemalin Hildegard eilte er 783 nach Sachsen. Zum ersten mal stellten die Sachsen bei Detmold sich ihm in offener feldschlacht entgegen. Sie unterlagen. An der Hase erlitt das zweite heer, die Westfalen, eine noch grössere niederlage. Beide schlachten wurden innerhalb eines monats geschlagen. Im nächsten iahr (784) erhoben sich die Sachsen wieder, diesmal im bunde mit den Ostfriesen. Karl rückte in Sachsen ein, verheerte Westfalen und bezog bei Huculvi an der Weser ein lager. Überschwemmungen hinderten ein weiteres vordringen gegen norden. Verwüstend durchzog er das land der Ostfalen, während sein ältester sohn nochmals die Westfalen schlug. Dem verderblichen krieg sollte durch aufgebot der ganzen kraft, durch einen winterfeldzug ein ende gemacht werden; denn während des winters, wenn die fränkischen truppen das land geräumt hatten, hatte die empörung von neuem ihre kräfte gesammelt. Nach neuiahr 785 drang der könig an der Weser bis zum Einfluss der Werra vor. Nötigten die rauhe iahreszeit und überschwemmungen ihn auch in Eresburg standquartier zu nehmen, so bändigten die von hier aus unternommenen streifzüge doch den süden des landes. Im sommer überschritt das fränkische heer die Weser; das land verheerend und ieden widerstand brechend gelangte es in den Bardengau an der Elbe. Ganz Sachsen war wieder der fränkischen herrschaft und dem christentum unterworfen. Nun gab auch Widukind die sache seines volkes verloren, er stellte sich in Attigny und empfieng die taufe.

Das christentum trat in seine rechte. Die zerstörten kirchen erhoben sich wieder, neue entstanden, die missionäre nahmen ihre tätigkeit wieder auf. Selbst die geplante empörung der thüringischen grossen (787), die Karl mit blutiger strenge noch im keim erstickte, fand im nahen Sachsen keinen anhang. Die sachsen trugen, wenn auch mit erheucheltem gehorsam, die lasten des reichskriegsdienstes: 787 leisteten sie heerfolge gegen die Baiern, 789 gegen die Wilzen, 791 gegen die Avaren. Da erhoben sie sich im sommer 792 wieder in hellem aufstand. Hatten sie, nachdem 20 iahre früher der kampf gegen sie eröffnet worden war, zuerst in immer neuen erhebungen gegen die fränkische herrschaft und das christentum ihren alten glauben und ihre alte freiheit zu retten versucht (772—779. 782), hatte der bluttag von Verden sie zu einem verzweifelten rachekampf (782—785) aufgerufen, so eröffnet der aufstand von 792 den dritten abschnitt des grossen Sachsenkrieges; es ist jetzt der nordöstliche teil Sachsens, der noch am wenigsten gelitten hatte, und die jüngere generation, welche den kampf nochmals aufnehmen und nach zwölfjährigem ringen (792—804) ebenso unterliegen.

Es verlautet nichts von ausserordentlichen massregeln gegen den neuen aufruhr, der, in den gegenden zwischen Weser, Nordsee und Elbe und jenseits dieses stromes ausgebrochen, bald nach Westfalen herüberzüngelte und sogar in den Avaren bundesgenossen suchte. Karl blieb, mit den rüstungen zur fortführung des Avarenkrieges vollauf beschäftigt, in Baiern. Im nächsten jahr (793) überfielen die aufständischen im gau Riustri an der Wesermündung die truppen, welche dem gegen die Avaren bestimmten heer zugeführt werden sollten, zur selben zeit, als auch die Sarazenen ‚in der meinung, dass die Avaren tapfer gegen den könig kämpften‘, über die Pyrenäen im südwesten des reichs einbrachen. Erst im herbst 794 nahm Karl den kampf gegen die Sachsen wieder auf. Er selbst rückte mit einem heer von süden ein, sein ältester sohn von westen. Von zwei seiten bedroht unterwarfen sich die aufständischen. ‚In gewohnter weise‘ brachen sie aber wieder die geschworenen eide und weigerten sich gegen andere völker heerfolge zu leisten. 795 drang Karl bis zur Elbe vor und erwartete bei Leine die von ihm aufgebotenen Slaven; der Abodritenkönig Witzin, der als Vasall den Franken seine schaaren zuführte, wurde während der überfahrt über die Elbe von den Sachsen angegriffen und getödtet, eine tat, ‚die das gemüt des königs anstachelte die Sachsen um so rascher unschädlich zu machen und seinen hass gegen das treulose volk noch mehr entfachte‘. Er griff zu einem neuen gewaltmittel, zu massendeportationen, wie sie einst die Römer ausgeführt hatten, die ganze landstriche fast entvölkerten und jeden widerstand brachen. Jahr für jahr zog er nun, entschlossen den langwierigen krieg ganz zu beenden, nach Sachsen; waffengewalt und verheerung erzwangen die unterwerfung, geiseln und gefangene, hie und da ein drittel der bevölkerung und nicht nur männer, sondern auch weiber und kinder, wanderten in die fremde. Im nov. 797 zog er, das zweite mal in diesem jahr, wieder zu felde und nahm zu Heristelli an der Weser winterquartier. Um ostern des nächsten jahres langte hier die nachricht ein, dass die überelbischen Sachsen wieder in vollem aufstand seien und die zu ihnen gesandten königsboten erschlagen hätten. Erzürnt brach der könig auf und rückte bis Bardowick vor. Doch die aufständischen waren von den Abodriten mit hilfe fränkischer hilfstruppen bereits geschlagen worden. Sie baten um frieden. Er wurde gewährt, aber wieder wurden 1600 geiseln deportirt. Als der könig 799 wieder in Sachsen erschien, regte sich kein widerstand mehr. Damals kam der aus Rom vertriebene papst Leo III hilfesuchend zu Karl, die römischen angelegenheiten traten jetzt in den vordergrund. Dringend mahnte Alcuin lieber mit den ‚verruchten‘ Sachsen frieden zu machen, nicht durch härte, besonders bei eintreibung der zehnten, sie noch mehr zu erbittern. Diese mildere behandlung hatte Karl bereits auf dem gebiet des strafrechts durch das capitulare Saxonicum (nº 339) zugestanden; wenig später liess er auch das alte sächsische recht aufzeichnen. Flackerte zwar auch nochmal 802 die widersetzlichkeit empor, zog auch Karl selbst noch einmal 804 nach Sachsen, um aus den gegenden zwischen Weser- und Elbemündung und jenseits der Elbe die einwohnerschaft — nach einem verlässlichen bericht 10000 — wegzuführen, so waren dies doch nur nachzuckungen des grossen kampfes.

Mit der entvölkerung der Elbegegenden war der letzte widerstand vernichtet. In das entvölkerte land rückten vielfach fränkische ansiedler ein, noch jetzt bewahren nicht wenige ortsnamen die spuren ihrer niederlassungen. Ein nicht unbedeutender teil des grund und bodens fiel als konfiszirtes gut dem könig zu und diente hauptsächlich zur ausstattung der kirchen. Die deportirten Sachsen wurden weithin im reich verpflanzt; in Thüringen, Hessen, am Rhein, in Schwaben, in Baiern finden sich ortsnamen, die auf sächsische besiedlung deuten. Und das summarische verfahren ermangelte nicht rauher ungerechtigkeit gegen einzelne. Das christentum schlug feste wurzeln, eine kirchliche organisation wurde geschaffen, deren anfänge bei dem mangel beglaubigter nachrichten meist im dunkeln liegen; vor 803 ist kein bischof mit bestimmtem sitz nachweisbar. Ein neues geschlecht wuchs heran, nach einem menschenalter während der empörungen gegen Ludwig d. Fr. zählten die Sachsen zu den getreuesten des kaisers.

Auf dem reichstag in Paderborn erschienen 777 auch arabische grosse aus Spanien, um Karls hilfe anzusuchen. Fast gleichzeitig, da die Karolinger den tron der Frankenkönige bestiegen, hatte sich auch im Orient eine grosse umwälzung vollzogen, das kalifat ging von den Omajjaden auf die Abbasiden über (750). Dem letzten der Omajjaden, Abderrahman, gelang es in Spanien sich eine unabhängige herrschaft, das kalifat von Cordova, zu gründen (755). Aber es hatte langwieriger kämpfe bedurft, der gegner im eignen lande herr zu werden. An der spitze der opposition war der statthalter Jussuf gestanden und auch nach seinem fall setzte seine familie den widerstand fort. Jussufs sohn und schwiegersohn sowie der statthalter von Barcelona und Gerona Ibn al Arabi, der, schon seit längerer zeit in offenem aufruhr gegen den Omajjaden, von diesem hart bedrängt war, waren es, die in Paderborn die hilfe des Frankenkönigs anriefen und sich und ihre städte ihm übergaben.

Karl folgte der einladung. Es war ein eroberungskrieg, den er unternahm, bestimmt durch politische beweggründe, und erst eine spätere zeit hat ihm religiöse motive, die befreiung der unter dem joch der ungläubigen schmachtenden christen unterschoben. Im frühjahr 778 marschirte die fränkische kriegsmacht in zwei heeren über die Pyrenäen und vereinigte sich vor Saragossa, nachdem Karl sich genötigt gesehen hatte den widerstand der christlichen Basken, welche die fränkische herrschaft ebenso wenig wollten als die sarazenische, zu brechen und Pamplona zu erstürmen. Unterdes hatten sich aber die verhältnisse geändert, der versuch der aufständischen, Spanien zu insurgiren, war missglückt. Über erfolge vor Saragossa schweigen die fränkischen quellen, ihr schweigen beweist, dass keine erfolge errungen wurden. Das heer trat den rückzug an. In den schluchten der Pyrenäen wurde der nachtrab am 15. aug. von den Basken überfallen, niedergemacht, ausgeplündert; unter den getödteten war auch Hruodland (Roland), der graf der bretagnischen mark, den sage und dichtung mit ihrem strahlenkranz umwoben.

Den plan, die reichsgrenze bis an den Ebro vorzuschieben, gab Karl nicht auf, wenn er auch nicht selbst mehr gegen Spanien zu felde zog. Diese aufgabe überkam das königreich, das er in Aquitanien errichtete. In Rom liess er 781 seinen im lande selbst während des spanischen feldzugs geborenen sohn Ludwig zum könig von Aquitanien salben, zugleich ein zugeständnis an das ruhige land, um es mit stärkeren banden an die dynastie zu fesseln. Ludwig wurde in der wiege nach Aquitanien gebracht und hier nach landessitte erzogen; um nicht fränkischem wesen und seiner familie entfremdet zu werden, ward er oft an den väterlichen hof berufen. Die stellung des neuen königreichs, das durch fränkische beamte eine straffere organisation erhielt, war dieselbe wie jene Italiens, Karl blieb die volle oberhoheit gewahrt.

Erst langsam vermochte die fränkische herrschaft jenseits der Pyrenäen fuss zu fassen. Gerona unterwarf sich freiwillig den Franken (785) und dazu wurde ein nicht unbedeutender küstenstrich gewonnen.* Nochmals ergriffen aber die Sarazenen die offensive, 793 fielen sie in Septimanien ein und vernichteten die christliche streitmacht am Orbieu. Es war der letzte einfall. Umfassende sicherungsmassregeln wurden getroffen: ein gürtel von vesten und burgen wurde südlich der Pyrenäen angelegt und mit besatzungen versehen, verödete ortschaften befestigt und bevölkert und ein oberbefehlshaber dieses grenzstriches ernannt (795). Damit war die spanische mark geschaffen.

Der kleine krieg gegen die Sarazenen währte fort, hie und da unterbrochen durch grössere unternehmungen. So wurde Barcelona 801 genommen, zehn jahre später ergab sich Tortosa und der statthalter von Saragossa bot seine unterwerfung an, wie denn aufständische arabische grosse und selbst ein kronprätendent (797) die unterstützung der Franken suchten. Nominell erstreckte sich die fränkische herrschaft noch unter Karl bis an den Ebro, doch Tortosa, Saragossa und Huesca blieben schliesslich in den händen der Araber. Die grenze der spanischen mark zog von Barcelona ziemlich parallel der Pyrenäenlinie gegen westen und umfasste noch die städte Pamplona und Novara. Ein zweifelhafter gewinn war das hier eingeschlossene gebiet der widerspenstigen Basken, die immer von neuem gebändigt werden mussten. Mit dem Emir El Hhakem wurde 812 ein dreijähriger waffenstillstand geschlossen. Um so gefährlicher blieben die Sarazenen als kühne freibeuter zur see. Sich ihrer zu erwehren, unterwarfen sich Mallorca und Menorca der fränkischen hoheit (799). Innerhalb weniger iahre (806—813) wurde Corsica trotz eines sieges der italienischen flotte mehrmals von den seeräubern geplündert und Sardinien heimgesucht. Dem reich fehlte eine flotte, das Mittelmeer von den korsaren zu säubern und seine küsten zu schützen.

In den durch den langwierigen krieg und durch den einfall von 793 verödeten oder auch aus militärischen rücksichten wüst gelegten ländereien der spanischen mark und Septimaniens siedelten sich viele flüchtige Spanier an. Sie erhielten das land als zinsfreies eigen. Besondere konstitutionen (nº 470, 566, 608) sicherten ihnen weitgehende autonomie und schutz gegen die bedrückungen der beamten zu.

Der erwerb der spanischen mark brachte dem Frankenreich aber auch eine angelegenheit, welche auch den könig lebhaft beschäftigte, die adoptianische ketzerei. Obwol auf der synode von Frankfurt 794 verurteilt und seines bistums entsetzt hielt Felix von Urgel, mit erzbischof Elipandus von Toledo der bannerträger des adoptianismus, an diesem fest und rief dadurch den eifer Alcuins in die schranken. Das konzil von Achen verdammte nach heftiger disputation zwischen Alcuin und Felix im beisein des königs 809 nochmal die irrlehre und sie auszumerzen durchzogen missionsprediger die von der ‚pestbeule' angesteckten gegenden.

Wie der herrscher des den christen noch gebliebenen nordrandes der iberischen halbinsel, könig Alfons von Asturien und Galizien, in der anlehnung an das fränkische reich eine stütze suchte, so führte die befehdung der Omajjaden in Spanien zu freundschaftlichen beziehungen mit ihrem andern gegner, dem kalifen des ostens. Karl knüpfte sie an, 797 ordnete er gesandte an den kalifen Harun al Raschid ab. Einen andern erfolg neben dem austausch von gesandtschaften und geschenken hatte diese verbindung mit dem orient nicht, ausser dass der kalife Karl, dem auch unmittelbar vor seiner kaiserkrönung der patriarch von Ierusalem die schlüssel des h. grabes und der stadt und eine fahne überreichen liess, den wunsch gewährte, dass wie Einhard sich ausdrückt, die h. stätten dessen ‚oberhoheit' zugeschrieben wurden. Ein ausdruck, der viel und zugleich nichts besagt. Die oberhoheit konnte nur eine nominelle sein, ähnlich der schützerrolle unserer zeit, welche europäische mächte für die christen im orient übten, keine abtretung von souveränitätsrechten. Die geringe politische bedeutung iener beziehungen zum kalifat erhellt daraus, dass keine arabische quelle dieselben erwähnt.

Seit herzog Tassilo von Baiern sich vom fränkischen könig losgesagt hatte (763), schaltete und waltete er wie ein unabhängiger fürst in seinem lande; Baiern war tatsächlich vom reichsverband abgelöst. Die von der königinmutter Bertrada vermittelte annäherung zwischen Karl und Tassilo konnte nach der eroberung Italiens keinen bestand haben, denn sie beruhte auf einer engen verbindung des Frankenreichs mit Italien. Tassilo hatte eine andere tochter des Langobardenkönigs, Liutberga, heimgeführt. Nach der enttronung ihres vaters hegte Liutberga unversöhnlichen hass gegen Karl und Tassilo, im entscheidenden augenblick auch noch unfähig der entschiedenheit, stand ganz unter dem einfluss dieses hasses. Tassilo tat nichts den sturz des Langobardenreichs zu verhindern, ihm fehlte der mut zu offener auflehnung. Aber so oft nun die verhältnisse Italiens in frage kamen, musste auch das verhältnis zu Baiern berührt werden: Baiern war im besitz wichtiger alpenpässe, um so gefährlicher war es als feind, wenn es unruhigen bewegungen oder einem kampf gegen die fränkische herrschaft einen rückhalt geboten haben würde. Als Karl 781 seinen sohn Pippin zum könig von Italien bestellte, schickte er mit dem papst gesandte an Tassilo, um ihn an seine den Franken geleisteten treueide zu mahnen. Dieser erschien in Worms und liess durch auserlesene bürgen seine treue neuerdings beschwören. Das misstrauen und die spannung blieben bestehen. Die unterwerfung Benevents, das wie Baiern bisher die oberhoheit des reichs anzuerkennen sich geweigert hatte, mit dessen herzog Tassilo auch noch verschwägert war, liess ihn das gleiche schicksal fürchten. Baierische gesandte erschienen 787 in Rom und baten den papst um vermittlung eines friedens; als sie aber erklärten zum abschluss bindender verpflichtungen nicht bevollmächtigt zu sein, trat auch der papst gegen Tassilos zweideutigkeit auf und bedrohte ihn und seine mitschuldigen mit dem bann, wenn er seine eide nicht halten würde. Nach seiner rückkehr liess auch Karl den herzog auffordern dem befehl des papstes und seiner beschworenen pflicht nachzukommen und sich vor ihm zu stellen. Tassilo weigerte sich. Da zog Karl gegen Baiern. Drei heere standen an den grenzen des landes, das eigne volk, vorab die geistlichkeit, wandte sich von dem herzog ab, die drohung des papstes tat ihre wirkung. Nun unterwarf sich Tassilo. Am 3. okt. 787 erschien er in Karls lager auf dem Lechfeld; er erneuerte den treueid und stellte als bürgen 12 geiseln, als 13. seinen sohn Theodo; er erhielt das verwirkte herzogtum als lehen zurück, dem volk wurde der treueid für den könig abgenommen.

Tassilo vermochte die demütigende unterwerfung nicht zu verschmerzen. In ohnmächtigem grimm liess er sich zu hochverräterischen äusserungen hinreissen. Er suchte seinen anhang zu mehren, er knüpfte verbindungen mit den Avaren an und rief sie zum angriff gegen das reich auf. Karl kam den plänen des herzogs zuvor. Auf sein geheiss erschien Tassilo im sommer 788 auf der reichsversammlung zu Ingelheim. Er wurde entwaffnet und festgenommen. Die reichsversammlung verurteilte ihn wegen hochverrats und der einst (763) begangenen harisliz zu tode. Karl begnadigte ihn zur einsperrung in ein kloster. In St. Goar wurde Tassilo zum mönch geschoren und später nach Lorsch gebracht. Seine familie teilte sein schicksal; seine söhne, seine gemalin und töchter wurden in klöster gesteckt. Baiern wurde dem reich einverleibt.

Noch einmal wurde Tassilo aus dem kloster hervorgeholt. Man zwang ihn auf der reichsversammlung in Frankfurt 794 zu demütiger abbitte und abschwörung alles grolls, zu ‚freiwilligem' verzicht auf sein ehemaliges herzogtum, worauf Karl ‚ihn wieder in seine liebe aufnahm', eine szene, die doch wol nur dazu dienen sollte das öffentliche urteil über das gerichtsverfahren zu beruhigen. In Lorsch ist Tassilo auch gestorben.

Durch die besitznahme Baierns war das reich unmittelbarer nachbar der Avaren geworden. Ihr bündnis mit Tassilo, der einfall, den sie als dessen verbündete noch 788 an der Donau und in Friaul unternahmen, machte einen zusammenstoss unvermeidlich. Auch das reich musste bedacht sein in den östlichen ausläufern der Alpen die natürliche grenze der neu erworbenen provinz zu gewinnen. Grenzstreitigkeiten gaben den äusseren anlass zur eröffnung des krieges.

Im sommer 791 brach der könig mit einem gewaltigen heer von Regensburg auf. Im lager an der Ens, dem grenzfluss der beiden reiche, langte schon die kunde ein, dass Pippin, von Italien vordringend, die feinde geschlagen habe. Vor dem anrückenden heer und der flotte flohen die Avaren aus ihren verschanzungen am Kamp und an den westabhängen des Wiener waldes. Karl drang ohne widerstand bis zur Raab vor. Die Avaren stellten sich nicht im offenen felde. Ihr land wurde durch 52 tage verheert. Die sümpfe und wälder hemmten den weiteren vormarsch, der heranbrechende winter und eine grosse seuche unter den pferden nötigten zur räumung des unwirtlichen landes.

Der feldzug hatte keine entscheidung gebracht. Sie musste in dem tiefland zwischen Donau und Theiss, wo die ‚ringe' lagen, gesucht werden. Karl nahm seinen Aufenthalt in Regensburg. Hier sammelten sich auch im sommer 792 die aufgebotenen truppen. Doch der neue aufruhr in Sachsen, die mit unnachsichtlicher strenge bestrafte verschwörung seines ausserehelichen sohnes, Pippin des Buckeligen, gegen seinen tron und sein leben zwangen Karl die heerfahrt auf das nächste jahr zu verschieben. Die rüstungen wurden eifrig fortgesetzt, eine schiffbrücke erbaut, um die operationen in die tiefebene jenseits der Donau zu verlegen. So waren 793 alle vorbereitungen getroffen, die truppen bereits teilweise im anmarsch, als die Sachsen sich wieder erhoben und die Sarazenen über die Pyrenäen einbrachen, diese wie jene darauf rechnend, dass der könig durch die Avaren im osten festgehalten werde. Doch das schon in allen fugen morschende Avarenreich war zu schwach zu einem angriff, erfolgreicher gegenwehr kaum noch fähig.

Nach zweijährigem aufenthalt verliess Karl Baiern. Er selbst übernahm die wichtigere aufgabe, die niederwerfung der Sachsen, die fortführung des krieges gegen die Avaren überliess er andern.

Zu den äusseren bedrängnissen des Avarenreichs gesellten sich innere unruhen. Die häuptlinge standen gegen einander in waffen; während gesandte des tudun Karl im lager an der Elbe unterwerfung und annahme des christentums anboten, wurden die oberhäupter des volkes, der chakan und iugur, erschlagen. Das der anarchie verfallene reich lag wehrlos den schaaren offen, welche der markgraf Erich von Friaul 795 entsandte; verstärkt durch Slaven drangen sie über die Donau und plünderten den ‚ring'. Sie erbeuteten ungeheure schätze, die dem könig nach Aachen gesandt wurden. Den gnadenstoss gab dem Avarenreich im nächsten iahr (796) der feldzug könig Pippins von Italien. Die Avaren wagten keinen widerstand mehr. Die häuptlinge unterwarfen sich ihm und dem fränkischen reich, Pippin zerstörte den ‚ring' und fand noch kostbare beute. Noch während Pippin an der Donau lagerte, berief er die sein heer begleitenden bischöfe, um über die christianisirung des unterworfenen volkes zu beraten. Die bischofskonferenz befürwortete milde behandlung und mit begeisterung ergriff Alcuin den gedanken der bekehrung.

Doch das volk der Avaren, das nur in raub und beutezügen und in der herrschaft über seine geknechteten slavischen untertanen seine existenzberechtigung gefunden hatte, war bereits dem untergang geweiht. Der krieg hatte furchtbar unter ihm aufgeräumt, die vor den schaaren Pippins über die Theiss geflüchteten gerieten in die botmässigkeit der Bulgaren und verkamen. Der rest wurde bald in den sich rasch wiederholenden erhebungen (797, 799, 802, 803) und im kampf gegen ihre ehemaligen untertanen aufgerieben. Bedrängt von den Slaven erschien 805 der chapkan Theodor, bereits ein christ, in Aachen, um neue wohnsitze für die überbleibsel seines volkes zu erbitten; sie wurden ihm zwischen Sabaria und Carnuntum angewiesen. Nochmals mussten 811 fränkische truppen ‚die streitigkeiten zwischen Hunen und Slaven beenden'. Zum letzten mal wird der name der Avaren 822 genannt; unbeachtet verschwanden sie als zinsende grundholden in der mehrzahl der übrigen bevölkerung, den Slaven und den deutschen kolonisten.

Das reich hatte im südosten weite gebiete gewonnen. Wie das Römerreich vor der eroberung Daciens sah auch das fränkische im mittellauf der Donau seine grenze. Die fruchtbaren niederungen zwischen Donau und Theiss blieben verödet, noch Regino nennt sie die ‚Avarenwüste'. Von dem neu erworbenen gebiet fiel das land südlich der Drau, die auch die kirchliche grenze zwischen den bistümern Aquileia und Salzburg bildete, der markgrafschaft Friaul zu. Über die nördliche mark, das land ostwärts der Ens und Pannonien bis zur Drau, wurden eigne markgrafen (Avarici limitis custodes, Pannonici limitis praefecti) gesetzt. Diese mark hat es nie zu einem eignen namen gebracht; der landstrich ostwärts der Ens hiess einfach ‚oriens' oder auch mit einschluss Pannoniens ‚provincia Avarorum, terra Hunorum', selbst, wie sonst meist nur Karantanien, ‚Sclavinia'. Die christianisirung übertrug Karl an Salzburg, das 798 zum erzbistum erhoben wurde. Mit dem deutschen glaubensboten oder ihm voran zog der deutsche ansiedler. Die kolonisation fiel zumeist den baierischen kirchen zu, die vom könig mit ländoreien ausgestattet wurden, Salzburg in Karantanien, Passau, Regensburg, Freising u. a. südlich der Donau. Die deutsche besiedlung erstreckte sich hier, die dünne slavische bevölkerung rasch aufsaugend, bis an die Leitha und die westabhänge des Wiener waldes, längs der Drau und ihren nördlichen nebentälern sassen deutsche ansiedler unter überwiegend slavischer bevölkerung. Daran schloss sich dann im osten ein weites kolonisationsgebiet bis an den Plattensee. Nicht das reich trat für diese kolonisation ein, sie blieb aufgabe eines einzigen stammes oder vielmehr des interesses der dort begüterten kirchen. Auf ihrer grundlage sind die länder des Ostalpen deutsche lande geworden. Hätte das fränkische reich über die machtmittel verfügt wie einst das Römerreich und sich wenigstens die Donaulinie zu sichern vermocht, die furchtbare Ungarnnot wäre ihm erspart geblieben.

Der nachfolger Hadrians I, Leo III, erwarb sich in kurzem den hass der Römer. Ein aufstand brach 799 aus. Der papst wurde während einer procession angegriffen, misshandelt, gefangen. Er entkam aus der haft und eilte nach Sachsen, um die hilfe des fränkischen königs, des patricius, anzurufen. In Paderborn wurde er feierlich von Karl empfangen. Karl liess ihn durch königsboten wieder nach der ewigen stadt zurückführen und über die empörer gericht halten. Die wirren verhältnisse in Rom forderten aber das eingreifen einer mächtigen hand, Karl beschloss selbst dahin zu gehen.

Am 24. nov. des iahres 800 hielt er seinen einzug in Rom. Wenige tage darauf berief er eine versammlung der geistlichkeit, der fränkischen und römischen edlen, um die gegen den papst erhobenen beschuldigungen zu prüfen. Die versammlung einigte sich zu dem beschluss es dem papst anheimzustellen, ob er sich freiwillig durch einen eid reinigen wolle. Leo leistete ihn. Am weihnachtsfest wohnte Karl dem gottesdienst in der Peterskirche bei. Nach der messe verrichtete er ein gebet am grabe des h. Petrus. Als er sich erhob, setzte ihm der papst unter dem zuruf des römischen volkes eine krone auf das haupt und begrüsste ihn, nach altem brauch ihm huldigend als kaiser und augustus [1]).

Wie Einhard erzählt, äusserte Karl später selbst, er wäre trotz des hohen festes an jenem tag nicht in die kirche gegangen, wenn er das vorhaben des papstes hätte ahnen können. Nicht nur, dass diese äusserung getan wurde, auch diese selbst verdient vollen glauben. Auch noch nach der auffassung iener zeit konnte das römische imperium nur ein einziges sein und es bestand in Byzanz zu recht, wenn auch ein weib, Irene, sich hier auf den tron geschwungen hatte. Der fränkische könig, der mächtigste herrscher der christenheit, war zwar im besitz Roms und des grössten teils von Italien; aber ein zweites kaisertum aufzurichten musste dem historischen recht gegenüber als usurpation erscheinen. Für die übertragung des einen römischen imperiums, das nicht der papst mit den Römern zu vergeben hatte, musste erst eine neue rechtsform gefunden werden und sie war noch nicht gefunden, als der papst Karl unerwartet die kaiserkrone aufsetzte und damit eine rechtlich formlose tatsache schuf. Karl sah seinen plan, mit Byzanz eine verständigung anzubahnen, durchkreuzt. Daher auch sein streben sich von den kaisern am Bosporus die anerkennung seiner neuen würde zu erringen. Erst die macht der tatsachen vollzog dann die scheidung zwischen einem ‚östlichen und westlichen kaiserreich', die den begriffen einer früheren zeit noch als unzulässig erschienen war. Karl selbst noch und der nächsten zeit galt die kaiserwürde als eigentum des karolingischen hauses, als erbteil des ältesten sohnes, bis nach der zertrümmerung des reichs in teilreiche die schwäche der weltlichen gewalt und der hader von prätendenten die kaiserkrönung dem papst als seine befugnis anheimgab.

Die grossen kriege waren beendet und das erworbene gesichert, das reich hatte die höhe seiner macht erklommen. Aber mit dieser entfaltung nach aussen vermochte eine gedeihliche entwicklung der zustände im innern nicht gleichen schritt zu halten. Die fortwährenden kriege drückten und erdrückten fast das volk. Die macht der beamten wuchs und mit der macht die willkür. Rechtspflege und verwaltung verlangten festere normen. Hatte auch Karl in einzelnen fällen durch gesetze abhilfe zu schaffen gesucht, so konnte doch erst eine friedlichere zeit, die ihm gestattete seine ganze tätigkeit diesem zweck zu widmen, eine durchgreifende besserung bringen. Diese friedliche zeit war ietzt dem reich gegönnt und in der ‚erhöhung' seiner würde sah der kaiser auch eine aufforderung als schirmer des rechts, als schützer der bedrückten die misstände zu beseitigen, zu bessern, was in staat und kirche zu bessern war.

Nach seiner rückkehr nahm Karl 802 das reformwerk in angriff. Eine ältere einrichtung wieder belebend und weiter ausbildend schuf er in den königsboten (missi, missi dominici, regales) ein überwachendes organ der centralgewalt; um bestechlichkeit hintanzuhalten und den kirchen, den witwen, waisen und armen, den besonderen schützlingen des kaisers, und dem gesammten volk recht zu schaffen, sollten sie nicht mehr aus den ärmeren vasallen, sondern aus den geistlichen und weltlichen würdenträgern genommen werden. Besondere sorge weihte er der hebung des kirchlichen lebens, der reform der geistlichkeit und der klöster. Dauernderer wert war seiner tätigkeit für die sicherung des rechtslebens beschieden. Nach dem bericht Einhards dachte er daran, der vielen mängel der volksrechte sich bewusst, ‚das fehlende zu ergänzen, das abweichende einheitlich zu gestalten, das schlechte und ungenügende zu bessern', pläne, die er nur zum teil auszuführen in der lage war. Auch diese revision der volksrechte wurde noch 802 begonnen, ‚damit die richter nach dem geschriebenen gesetz urteilten'. Wahrscheinlich damals wurden die volksrechte der Thüringer, Sachsen und Friesen aufgezeichnet; zu andern volksrechten, ienen der salischen und ripuarischen Franken und Baiern, wurden abänderungen oder nachtragsbestimmungen gegeben.

[1]) Die kaiserkrönung Karls d. Gr steht neuerdings wieder in lebhafter wissenschaftlicher diskussion. J. L.

Diese gesetzgebende tätigkeit drückt der kaiserzeit Karls das gepräge auf. Die anzahl der 801—813 erlassenen gesetze und verordnungen ist eine sehr beträchtliche, grösser als die der vorzeit und selbst der folgezeit. Noch sind uns etwa 50 erhalten. Sie sind auf verschiedenen reichstagen, in Salz, Diedenhofen, Nimwegen, meist zu Achen, eines auch in Boulogne erlassen. Die rein kirchlichen kapitularien verringern sich, die weltlichen gesetze treten in den vordergrund. Vielfach sind es nur instruktionen für die königsboten, welche den meister der administration, dessen scharfem blick nichts entgeht, mehr ahnen lassen als zeigen. Sie betreffen alle zweige der verwaltung und rechtspflege. Rechtssicherheit, gerechte verteilung der lasten, schutz der untertanen vor der willkür der beamten ist ihr ziel. Namentlich beschäftigt sie das heerwesen; immer schwerer wurden dem freien die lasten, immer drückender die opfer an gut und blut, welche der häufige kriegsdienst und die von den auszugspflichtigen zu bestreitende ausrüstung, welche die weiten feldzüge nach Italien, über die Pyrenäen, gegen die Avaren, Sachsen und Slaven forderten, am drückendsten für die armen, die nicht in der lage waren sich von den beamten erleichterungen zu erkaufen. Umso grösser wurden diese lasten, als in diesen jahren auch noch öfter hungersnot ausbrach. Die zahl der freien minderte sich; um sich dem heerdienst zu entziehen, flüchteten manche in den dienst der kirche, andre verzichteten lieber auf ihre freiheit und ihr eigen, das sie an kirchen und grosse gaben, um der bedrängnis zu entgehen. Immer häufiger wurde die verwirkung der heerbannbusse für die, welche nicht heerfolge leisteten, und man musste sich gelegentlich dazu verstehen wenigstens teilweise nachlass zu gewähren oder sie auf die fahrhabe zu beschränken, damit die dienstpflichtigen noch auszugsfähig blieben. Das aufgebot musste unter einbeziehung der nichtgrundbesitzer geregelt und erleichtert, die heerfahrtkosten mussten auf die zurückbleibenden genossen repartirt werden. Scharfe bestimmungen gegen die habsucht und die quälereien der beamten, die das aufgebot auszuführen hatten, wurden notwendig. So kündigte sich schon überall die sociale umwälzung an, welche das unter ganz andern verhältnissen entstandene wehrsystem, das den kriegerischen aufgaben eines so grossen reichs nicht mehr genügen konnte, im gefolge haben musste, der niedergang des freien mittelstandes, das emporkommen der grossgrundbesitzer, einer kriegszünftigen aristokratie und lehensmannschaft.

Im vergleich mit dieser fülle an gesetzgebenden akten während Karls kaiserzeit fällt die armut an urkunden auf; den 50 kapitularien stehen nur 20 (echte) urkunden gegenüber, eine für so langen zeitraum sehr geringe zahl. Mag Karl auch die sorge für das allgemeine recht höher gehalten haben als die verbriefung der vorrechte und interessen einzelner, so weisen doch die massregeln, welche Ludwig d. Fr. nach seiner tronbesteigung ergriff, darauf hin, dass die verwaltung erschlafft, das gesetz oft unausgeführt geblieben, vielfach an die stelle des rechts die willkür und habsucht des beamtentums getreten war. In der durchführung der getroffenen massregeln scheint auch die tatkraft des alternden kaisers erlahmt zu sein.

Die äusseren verhältnisse treten während dieser zeit zurück. Die wichtigste angelegenheit war Karl die erlangung der anerkennung seiner kaiserwürde durch Byzanz. Man musste, nachdem kaiser Nicephorus das angebot eines friedens- und bundesvertrags (803) unbeantwortet gelassen hatte, sich dazu verstehen auf die idee der einheit des römischen kaisertums zu verzichten, sich damit begnügen, dass der beherrscher des Frankenreichs ein kaiser neben dem kaiser in Ostrom, gleichberechtigt mit diesem, nicht aber ‚der' römische kaiser geworden sei. Es bildet sich ietzt der gedanke der scheidung des kaisertums in das des ostens und westens aus.

Den preis der verständigung bot Venedig. Der kleine inselstaat, nur unter loser abhängigkeit von Byzanz stehend, hatte wie den Langobarden so den Franken gegenüber seine selbständigkeit gerettet. Erbitterte parteikämpfe bewogen die zur herrschaft gelangte partei eine stütze im anschluss an das Frankenreich zu suchen; sie erklärte 806 ihre unterwerfung, machte aber, als eine griechische flotte im adriatischen meer erschien, wieder mit den Griechen gemeinschaftliche sache. Diese treulosigkeit zu züchtigen griff k. Pippin von Italien Venedig an und zwang es zur unterwerfung (810). Der verlust Venedigs stimmte Byzanz zur nachgiebigkeit. Nicephorus knüpfte nun selbst verhandlungen an;

er fand bei Karl zuvorkommende geneigtheit; der präliminarfriede bestimmte die anerkennung der kaiserwürde Karls gegen rückgabe Venedigs. Die fränkische gesandtschaft fand in Byzanz einen neuen kaiser, Michael, auf dem tron. Seine bevollmächtigten begleiteten die rückkehrenden fränkischen gesandten. In der kirche zu Achen übergab ihnen Karl 812 die von ihm, den geistlichen und weltlichen grossen unterfertigte friedensurkunde, welche für die anerkennung seiner kaiserwürde auf Venedig und die dalmatinischen seestädte verzichtete, und die griechischen gesandten begrüssten ihn nun ‚nach ihrer sitte d. i. in griechischer sprache' als kaiser. Von Achen gingen sie nach Rom, um aus den händen des pupstes nochmal die vertragsurkunde entgegenzunehmen. So war ‚der ersehnte friede zwischen dem östlichen und westlichen kaisertum' — zum erstenmal tritt dieser ausdruck in einem officiellen aktenstück (n° 476) auf — geschlossen. Da unterdes kaiser Michael gestürzt wurde, verzögerte sich die auswechslung der ratificationen und sie erfolgte erst unter Ludwig d. Fr.

Die kriege gegen die Slaven hatten nur untergeordnete bedeutung. Ein zweimaliger heerzug gegen die Böhmen (805, 806) errang nur zweifelhaften erfolg. Ihre nördlichen nachbarn, die Sorben, wurden zur unterwerfung gezwungen, zur sicherung des überganges über Elbe und Saale wurden zwei burgen angelegt (806). Dasselbe schicksal ereilte die den Abodriten benachbarten stämme der Linonen und Wilzen (811, 812). Karl hat nie den versuch gemacht die slavischen völkerschaften jenseits der Elbe dem reich einzuverleiben. Es waren zu ungleichartige Elemente und er begnügte sich mit anerkennung der fränkischen oberhoheit.

Nur einmal zog noch der alte kaiser persönlich zu felde. Es geschah gegen die Dänen, als k. Godofrid nach einem angriff auf die den Franken getreuen Abodriten Friesland überfallen und gebrandschatzt hatte (810). Den ‚frechen' feind zu züchtigen, rückte Karl in eilmärschen an die Aller. Hier traf ihn die nachricht von der ermordung Godofrids. Ein angriffskrieg auf Dänemark lag ihm fern, er schloss mit Godofrids nachfolger frieden.

Die Karolinger hatten von den Merowingern das alte herkommen der reichsteilung unter die berechtigten erben übernommen. Es entbehrte einer staatsrechtlichen regelung. Auch dem 806 erlassenen hausgesetz (n° 416), gewöhnlich ‚divisio imperii' genannt, das Karl sogar durch den papst unterfertigen liess, lag es fern eine solche regelung zu schaffen, es sollte nur für den todesfall des kaisers feste bestimmungen treffen. Das teilungsprincip ist in demselben voll aufrecht erhalten; iedem der 3 ehelichen söhne Ludwig, Pippin, diesen beiden unter belassung ihrer bisherigen königreiche, und Karl wurde ein drittel des reichs als erbe zugewiesen. Die abgrenzung der teilreiche nahm keine rücksicht auf die territoriale gliederung, den zusammenhang durch nationalität und stamm, den gang der geschichtlichen entwicklung; massgebend war nur, dass iedes der teilreiche mit den beiden andern in unmittelbarer verbindung stehe. Die weitere aufteilung eines teilreichs, wenn einer der brüder stürbe, wurde unter vorbehalt des anfalls an einen sohn, ‚den das volk zum nachfolger wählen wolle', im einzelnen geordnet. Beruhte so die einheit des reichs wieder nur auf der einheit der dynastie, so suchten andre bestimmungen ieden anlass zur entzweiung unter den brüdern hintanzuhalten. Der schutz der kirche sollte ihre gemeinsame pflicht sein. Für die töchter, für die sicherheit der enkel gegen vergewaltigung wurde vorsorge getroffen.

Doch die erbordnung war in wenigen iahren hinfällig. 810 starb k. Pippin von Italien, im nächsten iahr wurde der älteste der brüder, Karl, dem die nachfolge in der kaiserwürde zugedacht war, hingerafft. Als nun auch dem alten kaiser die gebrechen des alters sich immer fühlbarer machten, ging er an die ordnung der erbfolge. Mit zustimmung der reichsversammlung wurde Ludwig am 11. sept. 813 unter eindringlicher mahnung an die regentenpflichten zum mitkaiser erhoben und gekrönt, Pippins ältester sohn Bernhard zum könig von Italien erhoben. Zu beginn des iahres 814 erkrankte der kaiser. Die krankheit verschlimmerte sich rasch. Am 28. ian. verschied er in Achen. Noch am selben tag wurde er in dem von ihm erbauten münster in einem sarge bestattet.

Laute klage um den dahingegangenen kaiser hallte durch das reich. Mit starkem arm hat er ordnung und recht im innern gewahrt, der schutz der armen und hilflosen hat ihm als heilige pflicht gegolten. Das hat ihm das volk nie vergessen, noch nach jahrhunderten lebte in dessen erinnerung Karl fort als der hort des rechts, mit seinem namen verbanden noch spätere zeiten alle älteren rechtseinrichtungen. Seine tatkraft hat das Frankenreich auf die höhe seiner macht gehoben; es wurde zum weltreich, das, nunmehr auf den doppelten umfang gewachsen, von der Elbe bis zum Ebro, von der Nordsee bis tief nach dem süden Italiens sich ausdehnte, das im südosten den mittellauf der Donau und Drau berührte. Und dieses reich umstrahlte jetzt der magische glanz der kaiserkrone. Was er geschaffen ist bestimmend geworden für die geschicke und die staatliche entwicklung Europas, vor allem Deutschlands, das in der vereinigung aller seiner stämme im reich die bedingung seines selbständigen seins fand. Keiner der herrscher des mittelalters hat auch dem geistigen leben eines volkes aus sich selbst heraus einen so mächtigen und nachhaltigen aufschwung gegeben als Karl. An seinem hof versammelte er, auch als gereifter mann noch jung genug zu lernen und sich zu bilden, die bedeutendsten gelehrten seiner zeit und dieser kreis wurde zur pflanzschule der wissenschaft, die, nicht nur auf theologischem gebiet sich tummelnd, die schätze der antiken bildung wieder ausgrub, zum mittelpunkt der auflebenden kunst, die in den herrlichen bauten zu Achen, wenn auch nach antikem muster, nicht aus eignem schaffend, ihren reinsten ausdruck fand. Selbst die schrift löste sich von der unbehilflichkeit der sich sondernden nationalschriften los und gewann, in der schule von Tours reformirt, ihren universellen charakter, mit recht führt sie den namen ‚karolingische minuskel'. Die früchte der geistigen bildung, deren keime Karl legte und pflegte, reiften für das folgende geschlecht. Sie kamen am meisten der kirche zu gute, die in Karl einen mächtigen schirmherrn, aber auch einen selbständigen urteiler in den fragen des glaubens und der disciplin fand. An dem wesen seines volkes hing er mit voller seele: er fühlte sich ganz als Franken und Deutschen. Seine gewinnende persönlichkeit hat Einhard (V. Kar. c. 18 f.) ebenso lebenswahr als lebensvoll geschildert; wenn die höfischen dichter sich in seiner verherrlichung überboten, der bedeutung dieses mannes gegenüber hörte die verherrlichung auf lobhudelei zu sein. Alcuin war berechtigt von ihm zu sagen: „Catholicus est in fide, rex in potestate, pontifex in praedicatione, iudex in aequitate, philosophus in liberalibus studiis, inclytus in moribus et in omni honestate praecipuus" (Adv. Elipandum I,16 Migne 101,251). Die nachwelt hat das andenken an Karl hochgehalten wie das keines andern kaisers. Schon seinen zeitgenossen war er ‚der grosse kaiser' und wenigen herrschern gebührt mit gleichem recht wie Karl der beiname ‚des grossen'.

Ludwig der Fromme war in Aquitanien, als er die kunde vom tode seines vaters erhielt. Er zog nach Achen, nicht ohne sorge in den kreisen, welche Karl nahe gestanden, widerstand zu finden. Doch der tronwechsel vollzog sich ohne störung. Alle beeilten sich ihm zu huldigen. In Achen wurde er von den verwandten und vielen tausenden feierlich empfangen und als kaiser begrüsst. Nur sein neffe k. Bernhard von Italien hielt sich fern. Als er aber den befehl erhielt vor dem kaiser zu erscheinen, kam auch er nach Achen und leistete die huldigung.

Mit dem eifer des anfängers ging Ludwig an die ausübung seiner regentenpflichten. Vor allem fühlte er sich zum sittlichen reformator berufen. Um und neben dem hof Karls, der selbst die innigkeit des familienlebens mit der befriedigung seiner sinnlichen bedürfnisse zu vereinen verstand, hatte sich ein ziemlich ungebundenes leben entwickelt (vgl. n° 565). Wie Ludwig bei seinem anzug den befehl vorausgesandt hatte, Achen von den unlauteren elementen zu reinigen, so verwies er seine schwestern in ihre klöster, massregeln, die nicht des politischen beigeschmacks entbehrten. Die verwaltung war vielfach erschlafft, die rechtspflege hatte unter der willkür der beamten gelitten. Ludwig befahl die privilegien vorzulegen und sandte königsboten aus, das unrecht zu beheben, den an gut und freiheit geschädigten recht zu schaffen. Die kanzlei wurde neu eingerichtet und entwickelte eine fruchtbare tätigkeit. Die regierung stellte neue männer in ihren dienst, die alten kräfte aus der umgebung Karls traten ab oder zogen sich zurück.

Die machtstellung des reichs musste durch das teilungsprincip immer von neuem gefährdet werden; in einander gleichberechtigte teilreiche zerrissen war das reich ausser stande die aufgaben nach aussen, die ihm jetzt oblagen, durchzuführen. Im kaisertum, seiner einheit und überragenden würde, lag eine aufforderung, dem herkommen der teilung gegenüber die reichseinheit in höherem mass als bisher zu wahren, dem inhaber der kaiserwürde grössere rechte einzuräumen, und dieser gedanke gewann immer weitere kreise. Eine lebensgefahr, welcher Ludwig glücklich entrann — der hölzerne gang zwischen der pfalz und der kirche in Achen stürzte, als er am gründonnerstag 817 vom gottesdienst zurückkehrte, ein — mahnte ihn die nachfolge zu regeln.

Auf der reichsversammlung in Achen (iuli 817) wurde, ‚damit nicht den söhnen zu lieb die einheit des reichs durch eine teilung zerrissen werde' (nº 650), durch einhellige wahl des volkes der erstgeborne sohn des kaisers, Lothar, zum kaiser gekrönt und mit allgemeiner zustimmung zum mitregenten erhoben; den iüngeren söhnen Pippin und Ludwig wurde der königstitel und ienem Aquitanien, diesem Baiern mit dem den Avaren abgenommenen gebiet verliehen, Italien Lothar zugewiesen. Dem älteren bruder sollte als kaiser die oberhoheit, die entscheidung in den wichtigen das reich betreffenden angelegenheiten, über krieg und frieden, die verhandlungen mit auswärtigen staaten gewahrt sein; über die verhältnisse an den grenzen war ihm ständiger bericht zu erstatten, während er verpflichtet wurde gegen einen feindlichen angriff hilfe zu leisten; ieder der iüngeren brüder sollte iährlich vor ihm erscheinen, um mit ihm das notwendige, den gemeinsamen nutzen und frieden zu beraten und ihm als oberherrn geschenke darzubringen; ihm wurde das recht zugesprochen die iüngeren brüder, wenn sie der unterdrückung der kirchen und armen oder grausamer gewalttätigkeit sich schuldig machten, vor sich zu laden und nötigenfalls nach dem urteil der reichsversammlung gegen sie vorzugehen; für den fall des todes des vaters wurde er zum vormund der minderiährigen brüder bestellt und ihre verheiratung an seine zustimmung gebunden. In den inneren angelegenheiten ihrer reiche war beiden königen selbständigkeit zugesichert, für ihren bedarf wurden ihnen die erträgnisse der regalien zugewiesen. Eine weitere teilung der teilreiche sollte ausgeschlossen sein; würde einer der brüder gesetzliche erben hinterlassen, so sollte einer derselben vom volk zum herrscher gewählt und durch den älteren bruder in das reich eingesetzt werden, sonst aber das teilreich an diesen heimfallen. Für den fall, dass Lothar ohne gesetzliche erben stürbe, sollte ‚wegen des allgemeinen wols, der ruhe der kirche und der einheit des reichs' einer der überlebenden brüder nach dem muster der ietzigen wahl vom volk zu seinem nachfolger gewählt werden.

In dem teilungsgesetz wird k. Bernhards von Italien nicht gedacht; wurde ihm das land auch nicht genommen, so stellte die zuweisung Italiens an Lothar, wie Karl es besessen und Ludwig es besass, sein anrecht in frage, die bestimmung über die nachfolge in den teilreichen schloss ihn aus. Bernhard, verleitet, wie es heisst, durch seine ratgeber, wollte mit den waffen sein anrecht wahren; er plante nichts geringeres als den kaiser zu entthronen. Ludwig kam der ausführung zuvor; als er kunde von der verschwörung erhielt, lässt er den fränkischen heerbann aufbieten und die pässe nach Italien besetzen, er selbst stellt sich an die spitze des heeres. Bernhard verzweifelt an seiner sache, der abfall lichtet die reihen seiner anhänger; in Chalon s. S. erscheint er vor dem kaiser und gesteht demütig seine schuld. Die reichsversammlung zu Achen verurteilt ihn zum tod, der kaiser begnadigt ihn zur blendung. Die grausame strafe wird am 15. apr. 818 an Bernhard und 3 seiner räte vollzogen; Bernhard setzt sich zur wehr und stirbt am dritten tag an den folgen der verstümmelung. Verbannung und güterkonfiskation trifft seine anhänger. Misstrauisch geworden zwingt der kaiser seine stiefbrüder Drogo, Hugo und Theoderich zum eintritt in den geistlichen stand.

Erst 822 wurde Lothar nach Italien gesandt, um die regierung des landes zu übernehmen. Im begriff nach dem befehl des vaters wieder zurückzukehren erhielt er eine einladung des papstes Paschal I nach Rom zu kommen. Am osterfest 823 wurde er in der Peterskirche vom papst zum kaiser gekrönt. Es war dies nur die kirchliche ‚bestätigung' seiner 6 iahre früher erfolgten erhebung zum mitkaiser, wie auch Ludwig selbst 816 von papst Stephan IV (V) mit einer krone, die dieser mitgebracht, angeblich iener Konstantins, zu Reims gekrönt worden war — die päpste strebten die kaiserwürde an die kirchliche weihe zu knüpfen. Als im nächsten iahr Eugen II in zwiespältiger wahl durch die adelspartei auf den päpstlichen stuhl erhoben worden war, erhielt Lothar wieder den auftrag nach Rom zu gehen, um mit dem neuen papst und dem römischen volk die durch parteikämpfe verworrenen verhältnisse zu ordnen und die kaiserlichen rechte festzustellen. Die konstitution Lothars (nº 1021) traf vorkehrungen für sicherung der rechtspflege, deren handhabung der überwachung eines kaiserlichen missus oblag, und der autorität des papstes, der gesetzmässigen durchführung der papstwahl. Eine besondere vereinbarung wahrte dem kaiser das bestätigungsrecht der papstwahl, die Römer schworen auch Ludwig und Lothar treue.

Nachdem durch das hausgesetz von 817 die zukunft des reichs gesichert schien, geriet auch die gesetzgebung wieder in fluss. Dem frommen sinn des kaisers entsprechend galt sie zunächst der kirchlichen reform, der durchführung der klösterlichen disciplin (nº 651), der einführung des gemeinsamen lebens für die kanoniker (nº 674 c. 3. 678). Auf dem reichstag von Achen wurde das reformwerk weiter geführt, die weltliche gesetzgebung ergänzt und verbessert, königsboten wurden ausgesandt den übelständen zu steuern, die gesetze zur geltung zu bringen (nº 673). Aber bald erlahmte der eifer. Noch wird in den beiden nächsten jahren das eine und andre unbedeutende kapitulare erlassen (nº 741, 742). Dann ruht die gesetzgebung für einige zeit. Erst 825 wird sie wieder aufgenommen (nº 798); überzeugt, dass schon vieles gebessert sei, glaubt der kaiser durch ‚mahnungen' an die geistlichen und weltlichen würdenträger und an das volk alles in die gleiche, verwaltung und rechtspflege in pflichtgemässen gang zu bringen; kaum sorgen noch für deren nächsten bedarf vereinzelte instruktionen an die königsboten (nº 799. 826. 827). Die gesetzgebung bedarf der vollen autorität ihres trägers, ihre durchführung fester tatkraft und ausdauer, williger organe. Das ansehen des kaisers konnte es nicht heben, dass er 822, nachdem schon im vorjahr Bernhards anhänger begnadigt worden waren, zu Attigny für die gewalttat gegen die stiefbrüder, welche der vater einst feierlich seiner obsorge empfohlen hatte, und für die grausamkeit an seinem neffen Bernhard busse tat. Wenn die bischöfe, ‚fortgerissen durch sein heilsames beispiel', damals auch eifrige pflichterfüllung gelobten, sie fühlten ihre gesteigerte macht und verlangten die restitution des einstmals für staatszwecke verwendeten kirchenguts, während die kirchliche disciplin verfiel. Der eigennutz drängte sich überall vor das staatsinteresse. Gesetze und verordnungen wurden nicht ausgeführt, die grafen und beamten beuteten das volk aus, recht und friede wurde ihrer habsucht geopfert, die lässige überwachung durch die königsboten konnte wenig oder nichts mehr bessern. Und wie sollte man auf pflichttreue rechnen, wenn der kaiser, der keine jagdsaison versäumte, sich veranlasst sah sich selbst der pflichtvernachlässigung öffentlich anzuklagen (nº 860) und zu versprechen, dass er einen tag in der woche wieder selbst zu gericht sitzen werde (nº 854), und wenn er wieder den auftrag gab sorge zu tragen, dass er nicht überlaufen werde (nº 867 c. 15)? Äussere unglücksfälle, misswachs, hungersnot, seuchen vergrösserten das elend des volkes, die feinde bedrängten die grenzen des reichs. Selbst bei hof fühlte man den boden wanken. Man berief 828 eine reichsversammlung nach Achen. Es wurde die abhaltung von synoden beschlossen, einiges verordnet und manches versprochen und zur abwendung des allgemeinen unglücks, der gerechten strafen gottes, ein dreitägiges fasten ausgeschrieben (nº 861 f.). Es blieb beim alten, selbst die eingreifenden reformvorschläge der Pariser synode, welche auch die staatlichen verhältnisse in ihren kreis zogen, fanden keine berücksichtigung, man begnügte sich alte vorschriften einzuschärfen und etwelche neue zu erlassen (nº 866 f.) — tatlos und ratlos suchte man sich mit kleinlichen mitteln fortzufristen.

Ein ebenso klägliches bild boten die äusseren verhältnisse. Von Karls tatkraft, seinem geist, seinem weiten blick hatte der sohn nichts geerbt. Den aufgaben des staates fehlte ein klares ziel, den unternehmungen ein fester plan, der nicht nur über die gegenwart hinweghalf, sondern auch die gestaltung der zukunft in rechnung zog, die ereignisse beherrschten und überraschten die kurzsichtige politik, nicht die politik lenkte die ereignisse: man war zufrieden, aber unfähig den überkommenen besitz zu wahren; rasch sank das reich von der höhe seiner macht, rasch zerbröckelten die grenzen seines machtkreises. Der kaiser selbst raffte sich nur zweimal (815, 824) zu einem militärischen spaziergang nach der Bretagne auf, welche der fränkischen übermacht nicht zu widerstehen vermochte, dann aber ebenso unbotmässig blieb wie früher. Sonst überliess er, wol mehr aus gemächlichkeit als im bewusstsein seines militärischen ungeschicks, die kriegführung andern und wol auch unfähigen günstlingen, die man dann etwa auch einmal, wie den markgrafen Balderich von Friaul und die grafen Hugo und Matfrid, der allgemeinen unzufriedenheit zum opfer brachte und ihrer würde entsetzte (828). Die tronstreitigkeiten in Dänemark boten dem reich gelegenheit, das nordische land in den kreis seines einflusses zu ziehen; könig Heriold, von den söhnen Godofrids vertrieben, leistete 814 die huldigung, aber nur mit halben mitteln trat man für ihn ein und liess ihn auch nach seiner rückkehr (819), selbst nachdem er in Ingelheim 826 die taufe genommen, ohne wirksame hilfe: man paktirte mit seinen gegnern, die fränkischen grenztruppen erlitten 828 eine niederlage und die letzten iahre Ludwigs sahen dänische freibeuter bereits die küsten der nordsee plündern. Zur zeit Karls d. G. waren die Abodriten die treuesten bundesgenossen der Franken gewesen; ietzt drängte man ihnen einen mitkönig Ceodrag auf, die Abodriten empörten sich und schlossen sich den Dänen an (817); bald sah man sich genötigt den schützling des verrats anzuklagen (821), statt ihn zu bestrafen, beschenkte man ihn (823) und er wiederholte dafür dasselbe spiel abermals (826). Der friede mit den Sarazenen wurde als nutzlos gekündigt (815, 820), in dem nun entbrennenden grenzkrieg wurde das land verwüstet, ein reichsheer vernichtet (824), ein aufstand in der spanischen mark (826—828) gewann erst durch die unterstützung der Sarazenen seine drohende gestalt. Die Südostslaven, welche die herrschaft der Bulgaren abgeschüttelt und an die grenzen des Frankenreiches gezogen waren, suchten den schutz des reichs nach (818); als nach beendigung des kampfes gegen Liudewit, den herzog von Unterpannonien, der durch drei iahre (819—821) die streitmacht des reichs in atem zu halten vermochte, die Bulgaren eine grenzregulirung forderten, liess man die gesandten hochmütig warten und wieder warten (824, 826), und als die Bulgaren Pannonien verheert hatten (827), iammerte man kleinlaut über die feindlichen einfälle, die bedrohung des reichs durch die ungläubigen (die Sarazenen und Bulgaren) und ordnete zur abwendung der selbst heraufbeschworenen gefahr das dreitägige fasten an, ohne dadurch freilich einen neuen beutezug der Bulgaren (829) zu verhindern.

Wenige monate nach dem tod seiner gemalin Irmingard vermälte sich Ludwig, von dem man fürchtete, dass er der welt entsagen wolle, nach einer brautschau 819 mit der Welfin Judith, einer schönen frau, die ihn an energie und geist weit überragte und ihn ganz an sich fesselte, deren einfluss ihn bald vollständig beherrschte. Nach mehr als vieriähriger ehe wurde dem alternden kaiser noch ein sohn geboren (823 iuni 13); er erhielt den namen Karl.

Es war ein unglück für das reich. Durch das hausgesetz von 817 war das reich bereits unter die söhne aus erster ehe aufgeteilt; noch zwei iahre vor Karls geburt hatte man zu Nimwegen und Diedenhofen die grossen auf dieses gesetz von neuem vereidigt. Dem nachgebornen sohn aus der zweiten ehe blieb vom reich nichts mehr übrig. Ihm einen anteil und einen vollen anteil zu erhaschen, musste die in feierlichster form für alle zukunft erlassene und von allen beschworene erbfolgeordnung umgestossen werden. Es konnte nur auf kosten der älteren brüder oder des einen und andern derselben geschehen. Dies zu erreichen war von ietzt an das unverrückbare ziel der kaiserin, der schwache kaiser wurde ihr willenloses werkzeug. Trachtete sie zuerst ihrem sohn ein erbe zu schaffen, ihn den stiefbrüdern gleich zu stellen, so flogen endlich ihre pläne höher, er sollte noch besser als mit dem anteil, der ihm bei gleicher teilung zugefallen wäre, ausgestattet werden. Sie war ebenso entschlossen und ausdauernd in der verfolgung ihres zieles als gewissenlos in der wahl der mittel. Ein frevles ränkespiel begann: der vater wurde mit den söhnen verfeindet, der bruder gegen den bruder ausgenützt, der schmutzigste eigennutz aufgerufen, recht und pflicht mit füssen getreten. So verfiel das reich heilloser zerrüttung und, was schlimmer, das öffentliche gewissen der demoralisation; Judiths politik fand in Lothar I und ihrem sohn gelehrige schüler. Mit dem teilungsgesetz von 817 musste auch die darin enthaltene tronfolgeordnung fallen, welche die gefahren der teilungen abwenden, die reichseinheit wahren sollte. Die wahrung der reichseinheit war die lebensfrage für den bestand des reichs und seiner macht.

Durch die pläne der kaiserin und ihre verwirklichung wurden die besten und einsichtigsten männer in die opposition gedrängt.

Zunächst suchte man Lothar zu gewinnen. Lothar hob seinen kleinen stiefbruder aus der taufe. Er wurde bewogen dem vater zu schwören, er werde dem stiefbruder den teil des reichs, den der vater bestimmen würde, überlassen und ihm schützer und verteidiger sein gegen alle. Dafür wurde Lothar die nominelle ehre zuteil, dass sein name neben dem seines vaters in die urkunden und regierungsakte aufgenommen wurde, ohne dass ihm aber ein wirklicher anteil an der regierung eingeräumt wurde. Schon 829 begann man die ausstattungspläne für Karl auszuführen, der kaiser verlieh ihm Alamannien mit Rätien und einem teil von Burgund. Diese verfügung traf vorerst Lothar, sie schmälerte erheblich den ihm bestimmten reichsanteil; aber auch die beiden andern brüder, Ludwig, der 825 die regierung Baierns angetreten hatte, und Pippin, der schon seit 814 in Aquitanien weilte, mussten sich bedroht fühlen. Lothar wollte, seine bisherige nachgiebigkeit bereuend, die verleihung rückgängig machen. Er wurde vom kaiser nach Italien ‚entlassen', sein name verschwindet aus den kaiserlichen urkunden. Gleichsam als schutzwehr wurde graf Bernard von Barcelona an den hof berufen und seiner obhut der kleine Karl anvertraut.

Diese massregeln reiften die empörung. Im reich allgemeine not und unzufriedenheit, überall tief eingreifende misstände, welche die regierung öffentlich anerkannt und gerügt, aber nicht gebessert hatte, der kaiser der autorität bar, die kaiserin, welcher man das schlimmste, die umstossung der erbfolgeordnung zu gunsten ihres sohnes, zumutete, verhasst, noch verhasster der günstling Bernard, ‚der zweite mann nach dem kaiser', den man offen des ehebruchs mit der kaiserin beschuldigte, der, anmassend und gewalttätig, den staat, statt ihn zu retten, an den rand des verderbens brachte. Bernard griff zu einem unglücklichen mittel, den ausbruch der gährung hintanzuhalten: er liess 830 für die fastenzeit den fränkischen heerbann zu einem feldzug gegen die Bretagne, wo ‚einige damals rebellirten', aufbieten — ein ‚unnötiger' feldzug und das allgemeine aufgebot für eine zeit, die immer heilig gehalten worden war. Obwol an podagra leidend sollte der kaiser mitziehen. Da brach die empörung los. Zu den häuptern der erhebung zählten ausser namen zweifelhaften klanges wie die grafen Hugo und Matfrid männer, hervorragend durch ihre eigne bedeutung wie durch ihre beziehungen zum hof, Wala, abt von Corbie, ein vetter des kaisers, der erzkaplan abt Hilduin von St. Denis, Ludwigs früherer kanzler Helisachar, erzbischof Agobard von Lyon, der gewandte verteidiger des aufstandes. Sie wollten, wie versichert wurde, den kaiser nur von dem ihn beherrschenden unheilvollen einfluss retten (‚populus pro principe contra principem'), die reichseinheit und die beschworene erbfolgeordnung aufrecht erhalten. Sie beriefen das nach der Bretagne marschirende heer und entboten des kaisers söhne Pippin und Lothar; die kaiserin wurde gezwungen den schleier zu nehmen und nach Poitiers gebracht; auch an den kaiser stellte man das ansinnen sich in ein kloster zurückzuziehen. Bernhard hatte sich rechtzeitig geflüchtet, zwei seiner brüder wurden zu mönchen geschoren. Als Lothar aus Italien anlangte, um sich an die spitze der empörung zu stellen, hatte sich die umwälzung vollzogen. Der reichstag in Compiègne sanktionirte das geschehene: der kaiser wurde vermocht ein schuldbekenntnis abzulegen und das verfahren gegen seine gemalin zu billigen; Bernards und Judiths ‚mitschuldige' traf der zorn der gegner: ein dritter bruder Bernards wurde geblendet, ein verwandter desselben verbannt, andre getreue des kaisers in haft gegeben. Lothar wurde wieder als mitregent eingesetzt. Hatte Ludwig um diesen preis sich auch den tron gerettet, so blieb ihm doch nichts als der name eines kaisers; mit dem kleinen Karl in freier haft erhielt er mönche zur gesellschaft, die ihn zum eintritt ins kloster überreden sollten. Die macht war auf Lothar übergegangen.

Bald vollzog sich aber ein umschwung zu gunsten des kaisers. Die verhältnisse verschlimmerten sich, an die stelle der einen partei war eine andre zur herrschaft gelangt, die nur den eignen vorteil anstrebte. Ein mönch Gunthald übernimmt die leitung der aktion und des kaisers. Er geht heimlich zu dessen söhnen Pippin und Ludwig, um sie durch die zusage der vergrösserung ihrer reiche zu gewinnen. Der kaiser besteht darauf, dass der nächste reichstag nicht nach Westfrancien, sondern nach Nimwegen einberufen werde, wo er auf zahlreiches erscheinen der ihm ergebenen Sachsen und Ostfranken rechnen konnte. In Nimwegen tritt er unter der geschickten führung, die seine sache bisher so gefördert hatte, mit gewohnter entschiedenheit auf: er weist Hilduin und Wala fort; Lothar gibt, kindlichem gefühl gehorchend, als seine durch die massregelung ihrer häupter erbitterte partei zum losschlagen drängte, durch fügsamkeit seine sache für verloren. Der kaiser nützt die gewonnenen vorteile, die führer der empörung werden verhaftet, die zurückberufung der kaiserin wird beschlossen. Auf der reichsversammlung in Achen (febr. 831), der Lothar, Pippin und Ludwig von Baiern anwohnen, ergeht das strafgericht über die empörer; sie werden als hochverräter zum tod verurteilt, aber zur verbannung und einsperrung, amtsentsetzung und güterkonfiskation begnadigt, Lothar wird auf Italien beschränkt und dahin verwiesen, die kaiserin reinigt sich durch einen eid von den gegen sie erhobenen beschuldigungen. Ihr einfluss ist ietzt mächtiger als ie, neben ihr strebt der mönch Gunthald ‚der zweite mann im reich‘ zu sein. Ein neue reichsteilung, von der Lothar ausgeschlossen ist, wird entworfen; die reiche Pippins, Ludwigs und Karls, Aquitanien, Baiern und Alamannien, sollen vergrössert werden und es ist zugleich vorgesehen Karls anteil noch besonders zu mehren (n° 882).

Bevor aber Lothar noch Deutschland verlassen hatte, wurde er an den hof zurückberufen. Man zog es ietzt wieder vor sich mit ihm zu verständigen, da er doch schon kaiser war. Die verurteilten teilnehmer an der empörung erhielten amnestie. Vergeblich harrten Pippin und Ludwig von Baiern auf die erfüllung der ihnen gemachten zusagen. Sie sahen sich zurückgesetzt und ernteten bald noch schlimmeren dank. Pippin wurde an den hof berufen und fand, da er nach längerem zögern in Achen erschien, ‚wegen seiner lockeren sitten‘ unfreundliche aufnahme; böses ahnend entfloh er. Das schicksal Pippins warnte Ludwig; er griff zu den waffen und besetzte Alamannien als faustpfand (832). Als aber der vater gegen ihn heranzog und der abfall seine reihen lichtete, unterwarf er sich zu Augsburg. Der kaiser wandte sich gegen Aquitanien. Pippin stellte sich in Jouac und wurde ‚zur besserung seiner schlechten sitten‘ nach Trier verwiesen, Aquitanien — und damit enthüllt sich der zweck des vorgehens gegen Pippin — wurde an Karl verliehen. Es gelang Pippin auf dem transport zu entkommen, die Aquitanier scharten sich um ihren enttronten fürsten. Die unbilden des wetters und feindliche überfälle nötigten den kaiser unter grossen verlusten einen kläglichen rückzug anzutreten.

Das vorgehen gegen Pippin zeigte die ganze rücksichtlosigkeit der selbstsüchtigen politik der kaiserin, zu deren vollstrecker sich der kaiser machte. Es verbündete die brüder von neuem gegen den vater, von neuem führte es ihnen überall anhänger zu, sagte man doch, dass der vater wie Pippin auch die beiden ältesten söhne verderben wolle. An die spitze der empörung (833) stellte sich wieder Lothar; mit ihm kam papst Gregor, gewillt zwischen dem vater und den söhnen zu vermitteln. Von Worms zog der kaiser gegen seine söhne. Auf dem Rotfeld bei Kolmar lagerten die heere einander kampfbereit gegenüber. Die unterhandlungen blieben erfolglos. Der entscheid schien nur mehr bei den waffen zu liegen. Da riss der abfall im kaiserlichen lager ein, scharenweise ging das volk zu den söhnen über. Der kaiser war verlassen. Er begab sich selbst in das lager der söhne. Er war ein gefangener. Lothar übernahm die regierung. Das reich wurde unter die drei brüder geteilt, dem volk der treueid abgenommen. Lothar und Ludwig brachten die unabhängigkeit ihrer reiche in ihren urkunden zum ausdruck, aus denen iede bezugnahme auf die oberhoheit des kaisers verschwindet. Die kaiserin wurde nach Tordona in Italien verbannt, den kaiser und Karl nahm Lothar in seine obhut; iener wurde im kloster St. Médard in Soissons in enge haft gegeben, dieser nach Prüm in gewahrsam gebracht.

Unter dem vorsitz Lothars trat am 1. okt. eine reichsversammlung in Compiègne zusammen. Die erste rolle spielten die bischöfe, voran Eblo von Reims. Unter hinweis auf die allgemeinen misstände, das ärgernis in der kirche, das verderben des volkes, den niedergang des reichs, das durch Ludwigs unfähigkeit und pflichtvergessenheit ganz herabgekommen und den feinden zum spott geworden sei, forderten sie vom kaiser öffentliche busse als sühne. Willenlos ergab sich der kaiser in sein geschick. In der dicht gefullten kirche des klosters St. Médard in Soissons bekannte er sich in der demütigendsten weise schuldig der ihm zur last gelegten verbrechen, er legte seine waffen ab und empfieng das gewand des büssers. Damit hatte er aufgehört herrscher zu sein, durch die kirchenbusse war er rechtlich unfähig geworden die waffen nochmal zu tragen und auf den tron zu gelangen. Lothar führte den vater mit sich nach Achen und hielt ihn in strenger haft.

Diese härte empörte das kindliche gefühl Ludwigs von Baiern. Dringend und dringender verlangte er persönlich und durch gesandte eine mildere behandlung. Als Lothar sie verweigerte, plante er die befreiung des vaters und setzte sich mit Pippin in verbindung. Immer weiter griff auch die bewegung zu gunsten des alten kaisers in Francien und Burgund um sich, das unglück versöhnte, was seine schwäche verschuldet hatte. Die mit Lothar zur herrschaft gelangte partei tat alles, die frühere zeit in besserem licht erscheinen zu lassen; ihrem eigennutz opferte sie das öffentliche interesse, die gegenseitige eifersucht artete in förmlichen zwist aus, recht und friede wankten, wirr und wirrer wurden die verhältnisse. Lothar selbst erbitterte seine jüngeren brüder, indem er, für sich das ganze reich beanspruchend, ihre stellung herabzudrücken suchte. Als ihm zu ohren kam, dass Pippin die Aquitanier, Ludwig die deutschen stämme unter die waffen gerufen habe, entwich er nach Westfrancien; seinen vater und seinen kleinen stiefbruder liess er in St. Denis verwahren. Schon stand Pippin mit einem heer an der Seine, schon waren die Burgunder bis zur Marne vorgerückt und forderten die auslieferung des alten kaisers; als nun auch Ludwig mit bedeutender macht heranzog, floh Lothar nach Burgund. Der kaiser war frei. Am 1. märz 834 wurde er von den bischöfen in den schoss der kirche aufgenommen und legte wieder die königlichen gewänder und waffen an. Er kehrte nach Achen zurück; hier begrüsste er auch bald seine aus der gefangenschaft glücklich befreite gemalin.

In den folgenden iahren, 834—840, stellt Ludwig fast nur mehr urkunden für Westfrancien aus: für deutsche empfänger sind nur wenige, für italienische keine erhalten: ein deutlicher beweis für die beschränkung seines machtgebietes.

Während der kaiser nichts besseres zu tun wusste als in den Ardennen und Vogesen zu iagen und zu fischen, schlugen Lothars parteigänger, die grafen Matfrid und Lantbert von Nantes, welche sich an der grenze der britannischen mark festgesetzt hatten, ein überlegenes kaiserliches heer; Lothar eilte aus Burgund den seinen zu hilfe, er erstürmte auf dem marsch Chalon s. S. Jetzt ermannte sich der kaiser und rückte mit seinem sohn Ludwig selbst ins feld. Bei einem versuch nach osten durchzubrechen überflügelt, nach dem eintreffen Pippins im kaiserlichen lager bei Blois den gegnern nicht mehr gewachsen, unterwarf sich Lothar mit den seinen; sie schworen treue und erhielten verzeihung. Der kaiser beliess Lothar Italien gegen die verpflichtung dort zu bleiben und sich nicht mehr in reichsangelegenheiten einzumengen (834). Mit Lothar zogen seine anhänger nach Italien, darunter viele, welche das reich zu seinen bedeutendsten männern gezählt hatte; die mehrzahl derselben erlag drei iahre später einer verheerenden seuche. Nach Lothars abzug wieder im vollbesitz der macht liess der kaiser 835 auf einem reichstag in Diedenhofen seine absetzung als ungerechte gewalttat erklären und zu Metz die feierliche rekonciliation und wiedereinsetzung in die herrschaft an sich vollziehen. Seinem grimm fiel noch erzbischof Ebbo von Reims zum opfer; der kaiser selbst trat vor der bischöflichen synode als ankläger gegen ihn auf; Ebbo wurde seiner würde entsetzt und in haft gegeben.

Pippin und Ludwig, die befreier des kaisers, waren nun bei hof öfter gesehene gäste, sie erschienen auf den wichtigen reichstagen. Aber die kaiserin glaubte für die weiteren pläne Lothars nicht entraten zu können. Der vater bot ihm versöhnung an, Lothar hielt sich grollend fern. Die forderung, die zur entschädigung seiner parteigänger verwendeten besitzungen fränkischer kirchen in Italien und die eingezogenen güter der befreier der kaiserin zurückzugeben, fand eine höfliche aber bestimmte ablehnung. Lothar schien entschlossen auch keine einmengung in die angelegenheiten Italiens zuzulassen. Die spannung stieg. Schon liess man verlauten, dass Lothar den beschworenen verpflichtungen nicht nachkomme, und der kaiser kündigte unter dem vorgeben einer wallfahrt nach Rom einen zug nach Italien an. Ein einfall der Normannen, welche seit wenigen iahren zum dritten mal (834, 835, 837) Friesland plünderten, den stapelplatz Duurstede brandschatzten und die besatzung der insel Walcheren vernichteten, bewog ihn die Romfahrt aufzugeben und nach Nimwegen zu ziehen, ohne die freibeuter noch erreichen zu können; es wurden verteidigungsmassregeln angeordnet, aber so tief war das ansehen des reichs schon gesunken, dass der Dänenkönig Horich es wagte für die bestrafung der seeräuber die abtretung Frieslands und des Abodritenlandes zu fordern.

Die spannung zwischen dem kaiser und Lothar hatte durch die geplante Romfahrt sich noch mehr verschärft, Lothar sperrte die alpenpässe durch befestigungen. Die kaiserin entschloss sich nun ihre ausstattungspläne für Karl auch ohne Lothars mitwirkung zur ausführung zu bringen. Auf ihr betreiben und mit zustimmung Ludwigs und Pippins wurde auf einem reichstag in Achen 837 an Karl das land von der sächsischen und ripuarischen grenze bis Burgund und nördlich der Seine bis Friesland verliehen und für ihn von den anwesenden grossen und vasallen iener gegenden sogleich huldigung und treueid eingefordert. Hatte Ludwig freiwillig oder unfreiwillig auch seine zustimmung gegeben, so sah er sich durch die reiche ausstattung des stiefbruders doch bedroht und verkürzt. Er suchte eine verständigung mit Lothar und traf mit ihm 838 im tal von Trient zusammen. Die kunde davon rief grosse aufregung hervor. Der kaiser befahl seinen getreuen gerüstet zu sein. Ludwig wurde zur verantwortung vorgeladen. Trotz seiner eidlichen versicherung, dass bei iener zusammenkunft nichts gegen die dem vater schuldige treue und ehre geplant worden sei, wurden ihm die länder, ‚welche er ienseits und diesseits des Rheins usurpirt hatte‘ Elsass, Thüringen, Ostfranken und Alamannien, entzogen; es waren iene gebiete, die Ludwig bei der reichsteilung nach der gefangennahme des kaisers 833 zugefallen und die ihm als lohn für seine verdienste um die befreiung des kaisers belassen worden waren. Zwischen vater und sohn kam es zu hartem wortzwist. Ludwig dachte sein anrecht mit den waffen zu behaupten. Als der kaiser gen Frankfurt zog um dort zu überwintern, erfuhr er, dass der Baiernkönig die stadt besetzt habe und ihm den Rheinübergang wehren wollte. Rasch sammelte er ein heer, es gelang ihm unterhalb Mainz über den strom zu setzen. Ludwig, geschwächt durch den abfall seiner scharen, floh nach Baiern. Er blieb hier unangefochten, auch als der kaiser bis an den bodensee vorrückte, denn schon beschäftigte diesen ein andres unternehmen.

Unterdes war Pippin von Aquitanien gestorben (838 dez. 13). Nach der verfeindung zwischen dem kaiser und Ludwig hatte man Pippin ganz für die pläne zu gunsten Karls zu gewinnen gewusst: mit seiner zustimmung war auf einem reichstag in Quierzy (838 sept.) Karl bei seiner wehrhaftmachung, die mit einer krönung verbunden wurde, auch noch das herzogtum Maine und die küstenlandschaft zwischen Loire und Seine zu sofortigem besitz übertragen worden. Pippin hinterliess zwei söhne, Pippin und Karl, beide noch knaben, als erben seines reichs. Diese sollten enterbt, Aquitanien sollte Karl verschafft werden — es war der dank für die verdienste Pippins um seinen vater, für die ergebenheit, die er namentlich in den letzten iahren bewiesen. Zur ausführung des schmählichen vorhabens bedurfte man einer ‚stütze‘; bereits drohte dem früh gealterten kaiser auch ein baldiges versiegen der kräfte. Die kaiserin suchte und fand diese stütze in Lothar, durch befriedigung seines eigennutzes hoffte sie ihrem sohn die neue beute zu sichern. Lothar ging ohne bedenken auf die anerbietungen ein. Er erschien in Worms (839 mai), eine aussöhnung zwischen ihm und dem vater wurde in szene gesetzt und das ganze reich mit ausschluss von Baiern, das allein Ludwig verbleiben sollte, zwischen Lothar und Karl geteilt: Lothar wählte sich die östliche hälfte, er schwor Karl die westliche zu belassen und ihn darin zu schützen.

Fand sich für den kaiser in Aquitanien auch eine partei, so stand doch die mehrheit des volkes treu zum recht der einheimischen dynastie und erhob den älteren prinzen als Pippin II zum könig. Der kaiser sah sich genötigt das land für das muttersöhnchen förmlich zu erobern und nie hat er gegen die das reich umdrängenden feinde so viel energie und kriegseifer entwickelt als gegen seinen sohn, den Baiernkönig, und gegen seine enkel. Aquitanien sah die schrecken des inneren krieges; das kaiserliche heer errang zwar einige erfolge, aber bald musste es, umschwärmt von den ‚empörern‘, von der sonnenhitze erschöpft, von krankheiten decimirt, in eiligem rückzug seine rettung suchen. Der kaiser ging zur überwinterung nach Poitiers, wo die kaiserin mit ihrem sohn zurückgeblieben war.

Hier traf ihn im februar 840 die nachricht, dass sein sohn Ludwig das land bis zum Rhein als den ihm rechtlich gebührenden anteil besetzt habe und bis Frankfurt vorgedrungen sei. Trotz seiner altersschwäche und des bedenklichen lungenleidens brach er unverweilt auf. In Achen sammelte er ein heer, rückte über den Rhein, verfolgte den zurückweichenden bis Thüringen; Ludwig konnte sich nur dadurch retten, dass er sich von den Slaven den durchzug durch ihr land erkaufte. Er sollte seine erhebung büssen. Für den 1. iuli berief der kaiser eine reichsversammlung nach Worms, um mit Lothar und seinen getreuen über das vorgehen gegen Ludwig zu beraten. Er erlebte diesen Tag nicht mehr. Seine krankheit verschlimmerte sich. Er wurde auf eine Rheininsel bei Ingelheim gebracht. Von seinem todtbett sandte er an Lothar die reichsinsignien und liess ihn nochmal an seine eide und verpflichtungen gegen Karl mahnen. Mit mühe wurde er endlich bewogen seinem sohn Ludwig verzeihung zu gewähren. Am 20. iuni starb er.

Ludwig d. Fr. hinterliess das reich in voller zerrüttung. Die erbfolgeordnung von 817 war in fetzen zerrissen, gegen alles recht das reich zwischen Lothar und Karl aufgeteilt, Ludwig auf Baiern beschränkt, Pippins söhne enterbt. Aus so böser saat musste böse frucht reifen.

Auf die kunde von des vaters tod brach Lothar nach Gallien auf. Er beanspruchte das ganze reich für sich als erbe. Boten gingen ihm überallhin voraus, um die ankunft in ‚sein' reich anzukündigen und die huldigung für ihn zu heischen. Die reste seiner alten partei sammelten sich um ihn, überall auf seinem wege fand er anerkennung. Der leichte erfolg schien das gelingen zu verbürgen. Aber er selbst war seinem vorhaben nicht gewachsen; durch diplomatische kniffe suchte er erfolge zu erreichen, welche nur rücksichtsloser tatkraft gegönnt sind, in entscheidenden augenblicken wich er vor der tat zurück; von der treulosen und ländergierigen politik der kaiserin hatte er die ungenügsamkeit und die missachtung der rechte andrer gelernt, aber nicht ihr geschick. Statt sich mit einem der brüder abzufinden, machte er sich beide zu gegnern und zwang Ludwig sich mit denen, die seine schlimmsten feinde gewesen, zu verbünden; diesem durch die gleiche not gefesteten bündnis unterlag er.

Bei Mainz trat ihm Ludwig mit einem heer gegenüber, entschlossen sein recht auf das land bis zum Rhein gegen den bruder ebenso, wie er es gegen den vater versucht hatte, mit den waffen zu wahren. In der hoffnung Karl leichter zu überwinden schloss Lothar mit Ludwig einen waffenstillstand bis 11. nov. Er wandte sich gegen Karl, der ihn vergeblich an die Wormser abmachungen und die dem vater geleisteten eide mahnen liess, auf dem zug dahin bemüht durch versprechungen und drohungen auch in Westfrancien die leute auf seine seite zu ziehen. Bei Orléans lagerte er mit überlegenen streitkräften Karl gegenüber. Da er harten widerstand fürchtete und ein grösseres anwachsen seiner partei erwartete, traf er mit ihm ein abkommen; er räumte ihm vorläufig Aquitanien mit Septimanien und der Provence ein und versprach diese länder unbehelligt zu lassen und Ludwig unterdes nicht anzugreifen; die endgiltige regelung sollte auf einer zusammenkunft in Attigny am 8. mai stattfinden. Zugleich entsandte er boten in die Karl zugewiesenen gebiete, um die huldigung zu hintertreiben, und nahm sie von Provençalen selbst entgegen. Indes hatte Ludwig die zeit trefflich benützt, sich die gegenden diesseits des Rheins gesichert und das linke ufer des stromes besetzt. Das misstrauen in Lothars zusagen war berechtigt. Im frühiahr 841 stand dieser mit einem heer am Rhein und gelangte bei Worms über den strom; von vielen der seinen verraten sah sich Ludwig zu flüchtigem rückzug nach Baiern genötigt. Überzeugt, dass Ludwig nunmehr unschädlich gemacht sei, liess Lothar nur den grafen Adalbert von Metz mit truppen zurück, um das volk in pflicht zu nehmen und die vereinigung Ludwigs mit Karl zu hindern, und zog nach dem westen. Er warf Karl bruch des vertrages vor, den er selbst ebenso wenig gehalten hatte, und erschien nicht zur verabredeten zeit in Attigny. Während Karl hier vergeblich auf ihn wartete, vollzog sich das bündnis mit Ludwig, der ihm seinen beistand anbot. Karl forderte ihn auf baldmöglichst zu ihm zu stossen. Ludwig brach unverweilt auf, schlug im Riess den grafen Adalbert, der sich seinem vormarsch entgegenstellte, und vereinigte sich unweit Châlons s. M. mit Karl. Nochmal wies Lothar ihre anträge eines friedlichen ausgleichs zurück; erst als Pippin von Aquitanien mit verstärkungen eingetroffen war, nahm er die angebotene schlacht an. Am 25. iuni wurde er bei Fontenoy von seinen brüdern vollständig geschlagen. Ein mitstreiter flucht dem unseligen tag, an dem der bruder gegen den bruder, der neffe gegen den oheim, der sohn gegen den vater, christen gegen christen kämpften, an dem die blüte der fränkischen streitmacht fiel, und die geschichtschreibung verzeichnet ihn als ein unglück, als einen bejammernswerten sieg.

So blutig auch das ‚gottesgericht‘ von Fontenoy gewesen war, die entscheidung brachte es nicht. Schon zwei monate später zog Lothar gegen Ludwig wieder zu felde; er hatte die gelichteten reihen seiner anhänger durch verteilung von krongut und versprechungen wieder gefüllt, in Sachsen die freien und liten, den ‚Stellingabund‘, gegen den zu Ludwig haltenden adel aufgewiegelt, die Normannen durch belehnung mit der insel Walcheren gewonnen. Karl rettete seinen verbündeten vor dem drohenden angriff durch einen zug in die gegend von Mastricht. Lothar kehrte nach Worms um und marschirte mit einem ansehnlichen heer von Sachsen, Ostfranken und Alamannen gegen Paris. Er stand im sept. bei St. Denis; die Seine war angeschwollen, das gegenüber liegende ufer vom feinde besetzt. Er unterhandelte und bot Karl das land westlich der Seine, wenn er das bündnis mit Ludwig aufgebe, wie er das seine mit Pippin. Karl lehnte das angebot wie die bedingung ab. Lothar zog die Seine aufwärts Pippin entgegen und vereinigte sich mit ihm bei Sens. Er zog dann weiter gegen westen; die truppen Karls, welche das Forêt de Perche besetzt hatten, entkamen, Nominoe, der fürst der Bretagne, wies seine anerbietungen zurück, die verwüstung und plünderung der gegend von Le Mans erzeugte allgemeine erbitterung. Er ging nach Tours zurück.

Dieser ziellose zug nach dem westen, ein strategischer missgriff, der die zeit vertrödelte, seine streitmacht aufrieb, hatte seinen brüdern freie hand gelassen; Ludwig hatte unterdes die Lothar ergebenen städte am linken Rheinufer bezwungen, Karl Laon genommen und bereits auf dem weg zu Ludwig Châlons s. M. erreicht. Auf die kunde davon eilte Lothar nach Achen zurück. Karl nötigte den erzbischof Otgar von Mainz, der ihm den weg ins Elsass verlegen sollte, zur flucht und vereinigte sich im febr. 842 zu Strassburg mit Ludwig. Hier beschworen sie feierlich ihr bündnis. Sie zogen mit ihren heeren rheinabwärts. Ihre gesandten fanden bei Lothar nicht einmal gehör. Sie beschlossen ihn anzugreifen. Bei Koblenz setzten sie über die Mosel, die zur verteidigung des flussüberganges aufgestellten kerntruppen Lothars flüchteten. Dieser weilte im nahen Sinzing. Er eilte nach Achen, raffte die kostbarkeiten des k. schatzes zusammen und floh mit den überbleibseln seiner anhänger unaufhaltsam nach Burgund. Es ging das gerücht, dass er an seiner sache verzweifelnd, nach Italien ziehe. In Achen erklärten ihn die bischöfe des reichs verlustig, Ludwig und Karl teilten das reich unter sich.

Der zug nach Achen hat den bruderkrieg entschieden. Lothar war von seinen hilfsquellen abgeschnitten, die neue niederlage hatte seine partei zersprengt. Ludwig und Karl nahmen ihre neuen untertanen in pflicht und folgten in langsamem marsch Lothar nach. Lothar versuchte es nun mit unterhandlungen und ermässigte seine ansprüche. Die beiden brüder fanden sich zum abschluss eines friedens bereit; auch ihre vasallen waren des verheerenden krieges mit seinem zweifelhaften gewinn und seinen sicheren verlusten überdrüssig geworden, die geistlichkeit drängte zum frieden. Bei einer zusammenkunft der drei brüder auf der insel Ansilla bei Mâcon kam am 16. iuni ein präliminarfriede zu stande; das reich mit ausnahme von Italien, Baiern und Aquitanien sollte auf grundlage genauer ‚beschreibung‘ in drei gleiche teile geteilt werden und Lothar die wahl seines anteils zustehen. Lothars umtriebe verzögerten immer wieder die vorarbeiten und verhandlungen. In Koblenz kam es zu keiner einigung, in Diedenhofen nur zu einer verlängerung des waffenstillstandes. Im aug. 843 erfolgte endlich zu Verdun der definitive friedensschluss und die reichsteilung. Lothar erhielt zu Italien das land zwischen Rhein und Schelde mit Ripuarien und Friesland, das gebiet von Arras und Cambray bis zum einfluss der Saône in die Rhone, westlich bis zur Aar, dann längs der Rhone mit den grafschaften zu beiden seiten des flusses, Ludwig zu Baiern das land bis zum Rhein mit Churwalchen, dem Thur- und Aargau, am linken Rheinufer die städte Speier, Worms und Mainz mit ihren sprengeln, Ostfranken, Sachsen, Thüringen, Karl den westlichen teil des reichs mit Aquitanien; ihr neffe Pippin war ausgeschlossen. Iene oberhoheit, welche in der erbfolgeordnung von 817 zur wahrung der reichseinheit Lothar als ältestem und kaiser über die jüngeren brüder zugesichert worden war, war längst eingesargt, die brüder standen sich als ganz gleichberechtigt gegenüber.

Das reich Lothars I war ein künstliches gebilde ohne innere einheit, ohne festen zusammenhang; von der Nordsee reichte es, lang gestreckt zwischen den beiden andern reichen eingekeilt, bis zum Mittelmeer, jenseits der Alpen bis Benevent; neben den deutschen stämmen der Friesen, ripuarischen Franken und Alamannen umfasste es, auch von der sprachgrenze zwischen deutscher und romanischer nationalität durchschnitten, im süden die romanischen Burgunder und Provençalen mit ihrer eigenart und Italien, dem schon seit mehr als einem halben jahrhundert eine selbständige stellung im reich eingeräumt war; aus so verschiedenartigen elementen bestehend, in seiner unförmlichen gestaltung kaum lebensfähig war es nach der erschöpfung durch den bruderkrieg desto weniger der abwehr äusserer feinde gewachsen.

Die gemeinsamkeit des reichs als familienbesitzes der dynastie überdauerte wie schon unter den Merowingern die teilung, die gemeinsamkeit der interessen der teilreiche fand auch, wenn die könige unter einander etwa einig waren, in ihren vereinbarungen zur wahrung des inneren friedens, zur abstellung der misstände, zum schutz gegen äussere feinde, wie sie auf den zusammenkünften in Meersen (847, 851) getroffen wurden, einen ausdruck. Aber die einigkeit der brüder war nur eine vorübergehende, die selbstsucht und ländergier lauerte hüben wie drüben. Lothar, durch die gestaltung seines reichs seinen brüdern gegenüber zu schwach, unfähig und unzuverlässig, schwankte zwischen dem anschluss an den östlichen und westlichen nachbar umher. Seit 846 mit Karl verfeindet, weil ein vasall desselben eine seiner töchter entführt hatte, klammerte er sich an Ludwig, mit Karl wieder ausgesöhnt (849) schloss er sich ganz an diesen an, zog ihm gegen die Normannen zu hilfe, traf mit ihm eine besondere vereinbarung zu Valenciennes (853) und verbündete sich im nächsten jahr förmlich gegen Ludwig, als derselbe in die aquitanischen angelegenheiten eingriff, ohne dadurch zu hindern, dass seine erkrankung den brüdern wieder gelegenheit bot sich zu einigen.

Mit kleinlicher hauspolitik beschäftigt tat Lothar wenig oder nichts für den schutz seines reichs. Während des bruderkrieges hatten sich 842, gerufen von zwei streitenden prätendenten, die Sarazenen in Benevent festgesetzt. 846 überfielen sie Rom, zerstörten, wenn sie die stadt auch nicht erobern konnten, die Peterskirche und plünderten die umgegend; die nachrückenden kaiserlichen truppen wurden bei Gaeta geschlagen. Lothar sandte seinem sohn Ludwig, der bereits 844 vom papst zum Langobardenkönig gekrönt worden war, fränkische, burgundische und provençalische truppen zu hilfe. Es war die einzige hilfe, welche Italien von den übrigen reichsteilen erhielt. Ludwigs heerfahrt gegen die Sarazenen (847) war zwar siegreich, aber ohne nachhaltigen erfolg; Benevent wurde zwischen den beiden prätendenten geteilt und die fränkische oberhoheit wieder zur anerkennung gebracht. Aber schon 848 besetzten die Sarazenen von neuem Benevent, 849 brandschatzten sie Luni und verheerten ohne widerstand die küste bis zur Provence, ein von ihnen versuchter beutezug gegen Rom wurde nur durch eine flotte der unteritalischen seestädte zurückgeschlagen. Diese ereignisse bewogen wol auch Lothar seinem sohn Ludwig die selbständige regierung Italiens unter seiner nominellen oberhoheit zu übertragen. In Rom empfing Ludwig 850 die kaiserkrone. Zwei jahre später zog er wieder gegen die Sarazenen, welche in Bari einen festen stützpunkt gefunden hatten; der versuch Bari zu erobern misslang, die Sarazenen in Benevent wurden niedergehauen, ihre führer enthauptet — ein erfolgloser schlag gegen den gefährlichen feind, der sich im süden der halbinsel bereits eingenistet hatte.

Mehr noch litt der norden des reichs Lothars durch die Normannen. Beinahe jahr für jahr suchten sie Friesland und die Rheinmündungen auf: 845 siegten sie bei einem einfall in Friesland in zwei schlachten, 846 verbrannten sie Duurstede, 847 wiederholten sie diesen beutezug und dehnten ihn auf die Betuwe aus, zu 849 vermerken die jahrbücher von Xanten, man werde es überdrüssig von der überhand nehmenden schädigung der christenheit durch die heiden noch zu erzählen, 850 verlieh Lothar, ausser stande die freibeuter zu vertreiben, an Rorich Duurstede mit mehreren grafschaften zu lehen, 851 plünderten die Normannen wieder in Friesland und am Rhein und äscherten Gent ein. Ein ebenso düsteres bild ist es, das eine burgundische synode 855 von den verwilderten inneren zuständen des reichs entwirft.

Schwer erkrankt entsagte Lothar dem tron und teilte sein reich unter seine söhne: Ludwig erhielt Italien, der jüngste sohn Karl die Provence mit einem teil von Burgund, Lothar das übrige. Er liess sich in Prüm zum mönch scheeren und starb hier am 29. sept. 855.

Die zerschlagung des Lothar im vertrag von Verdun zugefallenen reichs in drei neue teilreiche verurteilte, während Italien seine abseitige lage eine festere stellung bot, die beiden diesseits der Alpen liegenden zur bedeutungslosigkeit gegenüber dem ungeschmälerten besitz der oheime und wies sie auf fremden schutz an. Lothar II suchte ihn im anschluss an Ludwig d. D.; ‚mit dessen zustimmung und gunst' wurde er von seinen grossen in Frankfurt zum könig erhoben. Diese beziehungen aber erkalteten, als Lothar mit Karl d. K. 857 ein förmliches bündnis schloss. Noch unzuverlässiger als sein vater verbündete er sich im nächsten jahr, als Ludwigs angriff auf Westfrancien der volle erfolg gesichert schien, wieder mit diesem, um nach dem misslingen des unternehmens nochmals das bündnis mit Karl eidlich zu erneuern. In den frieden von Koblenz (860), um dessen vermittlung er sich bemüht hatte, wurde auch Lothar eingeschlossen.

Wurde dieses charakterlose schwanken immerhin noch durch politische gesichtspunkte bestimmt, so trat Lothars politik von nun an ganz und gar in den dienst seines widerlichen ehehandels.

Lothar hatte 857 seine gemalin Theutberga verstossen, aber schon nach jahresfrist auf drängen der grossen sich genötigt gesehen sie wieder bei sich aufzunehmen. Vollständig beherrscht vom hass gegen seine gattin und der liebe zu seiner konkubine Waldrada liess er 860 auf der reichsversammlung in Achen Theutberga den process machen; sie wurde gezwungen sich des ihr zur last gelegten verbrechens widernatürlicher unzucht mit ihrem bruder, dem durch seine ausschweifungen berüchtigten abt Hucbert von St. Maurice, öffentlich schuldig zu bekennen. Sie floh in das westreich und fand wie ihr bruder schutz bei Karl d. K., der, schlau die ihm aus diesen wirren erwachsenden vorteile berechnend, ihrer sache mit besonderem eifer sich annahm. Lothar wandte sich wieder zu Ludwig d. D. und erneuerte mit ihm das frühere bündnis. Seine leidenschaft für Waldrada riss ihn zu einem ihm verhängnisvollen schritt hin: auf einer zweiten synode in Achen liess er 862 seine ehe mit Theutberga als ungiltig erklären und vermälte sich mit Waldrada. Während Karl d. K. auf der von Ludwig d. D. vermittelten zusammenkunft in Savonnière eine schroffe ablehnende haltung bewahrte, trat papst Nicolaus I mit seiner unbeugsamen energie für die unlöslichkeit der ersten ehe ein. Es gelang Lothar zwar durch bestechung der päpstlichen legaten auf der synode in Metz (863) eine neue verurteilung Theutbergas und die anerkennung seiner ehe mit Waldrada zu erwirken, aber auf einem konzil in Rom kassirte der papst diese beschlüsse und setzte die erzbischöfe Theutgaud von Trier und Gunthar von Köln als helfershelfer ihres königs ab; rundschreiben verkündeten diese massregeln und in denselben hiess es von Lothar: ‚wenn der noch in wahrheit könig genannt werden kann, der seine sinnlichen gelüste nicht zügelt'. Der zug seines über dies rücksichtslose vorgehen erzürnten bruders, Ludwig von Italien, gegen Rom endete mit einer aussöhnung mit dem papst und Lothar versuchte in heuchlerischer unterwürfigkeit jede schuld von sich abzuwälzen, gewann aber seinen bruder bei einer zusammenkunft in Orbe wieder für seine sache. Als Ludwig d. D., von Nicolaus wegen seiner verbindung mit Lothar hart getadelt, sich mit Karl d. K. verständigte und beide auf dem tag in Tousey 865 das Koblenzer bündnis unter förmlicher ausschliessung Lothars erneuerten, erzwang die furcht vor der habgier der oheime volle nachgiebigkeit. Lothar fügte sich gehorsam der vom neuen päpstlichen legaten Arsenius unter androhung des banns gestellten forderung und nahm Theutberga wieder als gemalin und königin auf. Der legat vermittelte noch eine einigung mit dem westfränkischen könig; bald fand sich Lothar mit diesem durch ein wirksameres mittel ab, welches ihm freie bahn zu weiterem vorgehen gegen Theutberga liess, er trat ihm die reiche abtei St. Vaast ab. Obgleich Waldrada, weil sie sich in Rom nicht gestellt, sondern auf dem weg dahin durch seine boten aus Italien zurückgebracht worden war, bereits gebannt war, verhandelte er in Trier mit den bischöfen, um das verfahren gegen seine gemalin nochmal aufzunehmen. Theutberga, aufs äusserste getrieben, übersandte dem papst einen verzicht auf ihre würde als königin und ihre rechte als gattin. Um so schärfer ging Nicolaus in seinen schreiben gegen Lothar vor, Karl ein willkommener anlass sich mit seinem bruder über die zu erwartende beute aus dem reich Lothars ins einvernehmen zu setzen; in dem vertrag von Metz (867) wurde zwischen beiden gleiche teilung vereinbart, ‚wenn gott ihnen von den reichen ihrer neffen noch mehr schenken sollte'; schon gab es im lande eine partei, welche an Karl das ansinnen stellte, Lothar als einen ‚verachteten und von seinem volk verlassenen fürsten' zu vertreiben und sich sein reich anzueignen. Lothar beteuerte Nicolaus seine ergebenheit und schuldlosigkeit und warf sich dem ehrlicheren seiner gegner, Ludwig d. D., in die arme. Er fasste neue hoffnungen, als der nachfolger Nicolaus I, Hadrian II, milder und dem einfluss des kaisers zugänglicher, Waldrada vom bann löste (868) und den west- und ostfränkischen könig aufforderte die reiche ihrer neffen nicht zu beunruhigen. Persönlich dachte Lothar noch mehr von ihm zu erreichen. Er unterhandelte mit seinen oheimen, damit während seiner Romreise sein reich unbehelligt bleibe; Karl lehnte eine bestimmte zusage ab, Ludwig ‚soll' sie gegeben haben. Zu beginn 869 brach Lothar nach Italien auf. Er traf mit dem papst in Montecassino zusammen. Trotz der verwendung der kaiserin erreichte er nicht, was er anstrebte, die annullirung der ehe mit Theutberga, nur eine neue untersuchung der sache wurde in aussicht genommen. Voll hoffnung zog Lothar heimwärts, in Lucca wurde er am 8. aug. vom fieber dahingerafft.

Lothars reich war nach dem tod seines bruders Karl von Burgund (863) durch den anfall der nördlichen hälfte dieses teilreichs vergrössert worden, während die Provence mit einem teil des transiuranischen Burgunds in den besitz seines bruders Ludwig überging. In Friesland und in den gegenden der Rheinmündungen bis Xanten herauf waren die normannischen raubhorden oft gesehene gäste; dreimal (863, 864, 867) zog Lothar gegen sie zu felde, das zweite mal kaufte er sie mit einer bedeutenden summe ab. Sein ehehandel beschäftigte ihn zu ausschliesslich, als dass die abwehr der Normannen ihm mehr als nebensache sein konnte. Dem kernland seines reichs, des ‚regnum Hlotharii', ist nach ihm der name Lothringen geblieben.

L u d w i g II war der dritte nachfolger Karls d. Gr. im kaisertum, nur ein halbes jahrhundert nach ihm wurde er gekrönt. Wie tief war das kaisertum von seiner ursprünglichen idee des ‚imperium', der weltherrschaft, herabgesunken. Der kaiser war nur mehr herr von Italien. Aber noch wahrte er eifersüchtig die kaiserlichen rechte gegenüber dem papsttum: 855 eilte er auf die nachricht, dass eine partei auf losreissung Roms von der oberhoheit der Franken und übergabe an die Griechen sinne, nach der ewigen stadt und hielt gericht über die angeklagten, die iedoch schuldlos befunden wurden. Das recht der anerkennung der papstwahl blieb unangetastet; bei den wahlen von 855 und 867 wurde ihm nach alter gepflogenheit vorerst das wahldekret übersandt, bei der erhebung Nicolaus I (858) war er persönlich gegenwärtig. Die herzlichen beziehungen zu Nicolaus wurden bald getrübt, als der kaiser für seinen bruder Lothar in dessen ehehandel entschieden partei ergriff; die beschlüsse der römischen synode, der päpstliche erlass gegen Lothar, die absetzung der erzbischöfe von Trier und Köln ergrimmten ihn wie ‚eine ihm selbst angetane unbill', er zog sogleich nach Rom (864), sein gefolge hauste dort so arg, dass der papst ein versteck in der Peterskirche suchte; die erkrankung am fieber liess ihn aber reuig auf sein vorhaben, den papst zum widerruf zu zwingen verzichten. Dem einfluss des kaisers hatte Lothar auch die rücksichtsvollere behandlung seiner ehesache durch Hadrian II zu danken.

Auch in der fortführung der gesetzgebung flimmert noch ein nachschimmer der alten auffassung des kaisertums, wenn in Italien auch das formale rechtsbedürfnis noch ausgebildeter war als anderswo. In gleicher weise geben manche gerichtsurkunden zeugnis von dem redlichen und ernsten streben des kaisers selbst oder durch königsboten recht und ordnung zu schaffen und eine geschichtliche aufzeichnung rühmt von ihm, dass ‚zu seiner zeit grosser friede war, weil iedermann seines besitzes sich freuen konnte'. Als das kräftige einschreiten des kaisers gegen den grafen Hildebert wegen bedrückung der untertanen und aneignung von krongut auch Lambert, den sohn des herzogs Wido von Spoleto, zum aufstand trieb (860), rückte der kaiser selbst ins feld, warf rasch den widerstand nieder und nötigte den herzog Adelchis von Benevent, der den aufrührern zuflucht gewährt hatte, zur unterwerfung. Aber diese wirren hatten die einmischung der Sarazenen, bei denen Hildobert zuletzt in Bari schutz gefunden, zur folge. Der sultan von Bari drang gegen Benevent vor, machte den herzog tributpflichtig und verheerte das land bis zum Volturno. Schon begann man für den besitz der römischen kirche und Mittelitalien zu fürchten. Dringend baten die Langobarden Unteritaliens den kaiser ihnen hilfe und rettung zu bringen.

Ludwig zog 866 mit dem aufgebot aller streitkräfte seines reichs nach Unteritalien. Nachdem er den schwankenden besitz des landes von Salerno bis Benevent gesichert hatte, marschirte er im nächsten jahr gegen die Sarazenen. Ungeachtet einer schlappe gelang es ihm Bari einzuschliessen. Erst als nach dreijähriger einschliessung mit wechselnden erfolgen eine griechische flotte zu hilfe kam, konnte Bari erobert werden (871 febr. 2). Bereits plante der kaiser die Sarazenen aus Calabrien zu vertreiben und ihnen Sicilien zu entreissen, da brach in Benevent, geschürt durch die Griechen, welche die letzten reste ihrer herrschaft in Unteritalien durch die pläne des kaisers bedroht sahen, eine empörung aus; Ludwig wurde in der pfalz zu Benevent nachts überfallen (871 aug. 13) und nach mutiger gegenwehr gefangen genommen. Erst nach mehr als einem monat erhielt er die freiheit wieder gegen das eidliche versprechen das beneventanische gebiet nicht mehr zu betreten.

Nach Westfrancien und Deutschland war das gerücht gedrungen, dass Ludwig in Benevent getödtet worden sei, gesandte aus Italien hatten Karl d. K. sogar aufgefordert dahin zu kommen. Der westfränkische wie der ostfränkische könig streckten schon wetteifernd die hände nach der neuen beute aus, nachdem sie eben erst dem kaiser, dem allein berechtigten erben seines bruders, der in Unteritalien im kampf gegen die Sarazenen ausser stande war sein erbrecht mit den waffen geltend zu machen, das reich Lothars vorweg genommen hatten. Seine verwahrungen fruchteten ebenso wenig als die mahnschreiben des papstes, die oheime teilten die länder in dem vertrag von Meersen (870). Sie waren auch nicht gewillt sie herauszugeben, als die kaiserin Angilberga persönlich die unterhandlungen nochmal aufnahm (872) und die päpste Hadrian II und Johann VIII die herausgabe unter androhung des bannes forderten; nur Ludwig d. D. wahrte, um seiner familie die anwartschaft auf Italien zu sichern, den schein bereitwilligen entgegenkommens.

Nochmal zog der kaiser 872 nach Unteritalien. Er liess sich durch den papst von dem den Beneventanern geschworenen eid lossprechen. Wurden die Sarazenen auch aus den gegenden von Capua und Salerno zurückgedrängt, so gelang es doch nicht Benevent, das sich den Griechen unterwarf, wieder zu gewinnen. Der kaiser kehrte ende 873 nach Oberitalien zurück. Er hatte seine pläne gegen Benevent nicht aufgegeben. Er konnte sie nicht mehr ausführen. Am 12. aug. 875 starb er.

Ludwig II hinterliess keinen männlichen nachkommen. Mit seinem tod war Italien, der letzte teil des Lothar I im vertrag von Verdun zugefallenen reichs, herrenlos geworden. Ludwig II hatte die absicht sein land an die deutsche linie zu vererben, Ludwig d. D. hatte es verstanden mit ihm selbst nach der besitznahme der hälfte Lothringens freundliche beziehungen zu unterhalten; der nachfolge in Italien galten wol auch die verhandlungen in Verona 874, wo der kaiser, der papst und der deutsche könig sich trafen. Vor seinem hinscheiden soll der kaiser ausdrücklich den wunsch ausgesprochen haben, dass Karlmann, der älteste sohn Ludwigs d. D., ihm in der kaiserwürde nachfolge. Wäre Italien auch wie Lothringen gemeinsames erbe der beiden überlebenden oheime gewesen, so verband sich mit dem besitz Italiens auch die kaiserkrone und diese konnte nur einem zufallen, wie einer teilung Italiens von vorneherein sich fast unüberwindbare hindernisse entgegenstellt haben würden.

Das reich Ludwigs des Deutschen, Ostfrancien, wie es im gegensatz zu dem westreich genannt wurde, bildete ein in sich geschlossenes, einheitliches ganzes. Mit ausnahme des romanischen Churwalchen umfasste es nur deutsche stämme, wenn auch nicht alle. An der ostgrenze von der Niederelbe bis zur Drau sassen slavische völkerschaften in mehr oder minder loser abhängigkeit; hier galt es nicht nur die oberhoheit gegen die unbotmässigkeit immer wieder zu wahren, sondern oft auch das eigne gebiet gegen angriff zu schützen.

Schon 844 mussten die Abodriten gebändigt und auch später wieder (862, 867) heere aufgeboten werden, sie zum gehorsam zu bringen. Die gefährlichsten feinde im nordosten, die Dänen, suchten, als sie 845 gleichzeitig ihre beutezüge auf die drei karolingischen reiche ausdehnten, auch die Elbegegenden heim und plünderten Hamburg, doch es kam zu einer friedlichen verständigung und die sächsischen lande blieben fortan fast ganz unbehelligt. Ihre armut bot auch nicht reiche beute wie die grossen stapelplätze am Rhein, die blühenden gefilde an der Seine, die Sachsen waren wehrhafter, das ostfränkische staatswesen fester gefügt und widerstandsfähiger als die beiden westlichen reiche. Zum schutz des handels bahnten die Dänen später sogar freundliche beziehungen an, 873 wurde ein förmlicher friede geschlossen. An der mittleren Elbe wurden die Sorben 851 und 869 für beunruhigung der grenzen hart gezüchtigt, 874 ein erhebungsversuch der Sorben und der benachbarten Siusler, wie bereits früher (856) der Daleminzier, niedergeschlagen. Harte und langwierige kämpfe kostete die behauptung der oberhoheit über Böhmen und Mähren. Als 14 böhmische häuptlinge 845 in Regensburg die taufe empfiengen, mochte das fortschreiten der christianisirung und damit des deutschen einflusses gesichert scheinen; doch schon 846 wurde der könig auf dem rückmarsch aus Mähren in Böhmen angegriffen, 848 mussten die aufständischen Böhmen wieder unterworfen werden. im folgenden iahr erlitt das gegen einen neuen aufstand entsandte heer eine schmähliche niederlage; weitere heerfahrten (855, 856) brachten nur teilweisen erfolg. wieder waren truppen zum schutz der grenzen gegen räuberische einfälle aufzubieten (869, 871), bis die Böhmen 872 vom ostfränkischen heerbann an der Moldau vollständig geschlagen wurden. In Mähren war von Ludwig 846 Rastislaw zum herzog bestellt worden; nach wenigen iahren erhob sich Rastislaw und schlug 855 den könig selbst aus dem lande, 861 verbündete er sich mit dessen ältestem sohn Karlmann, als derselbe gegen den vater sich empörte; erzwang Ludwig 864 auch wieder unbedingte unterwerfung, so erhob er sich 869, während gleichzeitig die Böhmen und Sorben über die deutschen grenzen einbrachen, von neuem gegen das reich und sein land büsste es mit furchtbarer verwüstung. Rastislaw wurde durch seinen neffen Zwentibold, der selbst nach der herrschaft strebte, gestürzt; von diesem gefangen genommen und ausgeliefert wurde er für seine treulosigkeit in Regensburg zum tod verurteilt, iedoch zur blendung begnadigt (870). In seinem nachfolger Zwentibold erstand dem reich ein noch gefährlicherer feind. Als 871 die Mährer sich wieder empörten, wurde Zwentibold, des verrats verdächtig, gefangen gesetzt, aber bald, da er der schuld nicht überwiesen werden konnte, freigelassen. Jetzt stellte er sich ‚nach slavischer art treubrüchig' an die spitze des aufstandes und vernichtete ein baierisches heer, ein andres heer wurde im nächsten iahr in die flucht geiagt Nach diesen niederlagen war man am deutschen hof zu einem glimpflichen abkommen geneigt; Zwentibold wurde gegen die verpflichtung, dem könig treue zu schwören und einen tribut zu zahlen, als herr von Mähren anerkannt. Das streben nach unabhängigkeit hatte schon Rastislaw bewogen in den Slavenaposteln Cyrillus und Methodius eine von der deutschen christianisirung unabhängige mission zu schaffen; trotz des sträubens des baierischen episkopats wurde für den slavischen südosten eine selbständige kirchliche organisation eingeführt und blieb die slavische liturgie bestehen. Während die allerdings auf sich angewiesene deutsche kolonisation und kultur in den ländern der Ostalpen weiter vordrangen und das von Salzburg gepflegte missionswerk in dem slovenischen fürstentum am Plattensee in Unterpannonien, das Ludwig 847 dem bisher damit belehnten Priwina zu eigen gegeben, immer festere wurzeln schlug, schien sich auch gelegenheit zu bieten ausserhalb des reichs, in Bulgarien, deutschen einfluss zur geltung zu bringen. Der Bulgarenkönig Bogoris (Michael) erbat von dem deutschen könig 866 die zusendung eines bischofs und tüchtiger priester zur bekehrung seines volkes, wandte sich aber zugleich an papst Nicolaus. Ludwig übertrug die mission dem bischof Emerich von Passau; als dieser aber in Bulgarien anlangte, waren ihm bereits die römischen glaubensboten zuvorgekommen; der Passauer bischof musste unverrichteter dinge zurückkehren, auch Bulgarien erhielt eine vom baierischen kirchenverband unabhängige organisation.

So hat das ostfränkische reich unter Ludwig d. D. im osten seinen besitzstand unter schwierigen verhältnissen behauptet, wenn auch nicht weiter ausgedehnt; er wurde durch einrichtung von marken gesichert: die dänische mark wird zuerst 852, die sorbische 849 gleichzeitig mit der böhmischen mark erwähnt.

Der sicherung der inneren zustände wandte der könig nicht geringere sorge zu. Sachsen durchzog er einmal selbst, um in eigener person den übelständen und den übergriffen der beamten zu steuern und recht zu schaffen (852). Die kapitulariengesetzgebung, wie sie noch in Italien und Westfrancien in übung war, ist dem ostfränkischen reich fremd geblieben; die in den kapitularien niedergelegte fortbildung des rechts beginnt, ein bedeutsames zeichen der geänderten verhältnisse, nach und nach in synodalakten den schriftlichen ausdruck zu finden, weniger noch unter Ludwig d. D. als in späterer zeit, da das königtum in der geistlichen macht seine stütze suchte; meist tagten reichsversammlung und synode, beide vom könig berufen, neben einander. Die beschlüsse der synoden von Mainz (847, 848, 852), deren zweite der verurteilung der prädestinationslehre Gottschalks galt und von Worms (868) griffen noch wenig zu gunsten des königtums auf das früher den kapitularien eigne gebiet über, aber in den akten der synoden von Tribur (895) und Altheim (916) sind sie bereits ganz an deren stelle getreten.

Auch nach dem vertrag von Verdun stand Ludwig treu zu seinem bruder Karl, er vermittelte selbst, als misshelligkeiten ausbrachen, zwischen diesem und Lothar. Aber der fluch der ländergierigen politik der kaiserin Judith, welche den rohen eigennutz an die stelle des rechts gesetzt hatte, wirkte nach. Auch auf Ludwig blieb diese schule nicht ohne einfluss. Den ersten anlass bot Aquitanien. Karl vermochte nicht herr des landes zu werden, Pippin II leistete hartnäckigen widerstand; während der bürgerkrieg das land verheerte, häuften sich die plünderungszüge der Normannen. Als Karl den gefangenen Pippin zum mönch scheeren und den grafen Gauzbert von Maine enthaupten liess, flehten die Aquitanier den deutschen könig an sie von der tyrannei Karls zu befreien, da sie sonst bei den ungläubigen hilfe suchen müssten. Ludwig sandte 854 seinen gleichnamigen sohn mit einem heer nach Aquitanien. Das abenteuer missglückte; der deutsche prinz konnte in Aquitanien nicht festen fuss fassen, die menge strömte wieder Pippin zu, der kaum ohne vorwissen Karls aus seinem kloster entwichen war, Karl selbst, der sich mit Lothar und sogar den Bulgaren verbunden hatte, marschirte gegen die fremden truppen. Prinz Ludwig überzeugte sich, dass seine ankunft überflüssig gewesen sei, und eilte heimwärts. Die krankheit Lothars I, die aussicht von seiner hinterlassenschaft etwas zu erhaschen, gab Karl und Ludwig anlass sich wieder auszusöhnen.

Dieselben trostlosen zustände wie in Aquitanien herrschten auch in Westfrancien. Karl war der unbotmässigkeit der grossen gegenüber ohnmächtig, das land blieb nach wie vor der tummelplatz der raubzüge der Normannen. Schon 856 forderte eine gesandtschaft westfränkischer grosser Ludwig zum einschreiten gegen die missregierung ihres königs auf. Dringender wiederholten sie ihre bitte 858, auch sie drohten, dass sie, wenn Ludwig dem hartbedrängten volk nicht bald hilfe bringe, unfähig die tyrannei Karls länger zu ertragen, bei den heiden schutz suchen müssten. Nur zögernd und widerstrebend, heisst es, entschloss sich Ludwig dem gesuch zu willfahren. Er marschierte in Westfrancien ein. In Ponthion nahm er die huldigung der grossen entgegen, im gau von Orleans die huldigung der herren aus Aquitanien, Neustrien und der Bretagne. Bei Brienne sur Aube stand er schlachtbereit Karl gegenüber. Feig wie immer entfloh Karl nach Burgund. Ludwig wähnte seine eroberung gesichert; er entliess sein deutsches heer und vertraute sich den neuen ‚getreuen' an, deren interesse er durch reichliche vergabungen an das seine zu fesseln strebte; eine urkunde (n° 1436) datierte bereits vom ‚ersten jahr der regierung in Westfrancien', ein beweis, dass er gewillt war das land zu behalten. Aber die mehrzahl der westfränkischen bischöfe, voran Hincmar von Reims, nahmen eine kühl ablehnende stellung ein, die grossen fühlten unmutig das kräftigere regiment des neuen herrschers, wie immer bei gewaltsamen umwälzungen mehrte sich das elend des volkes. Verrat und abfall griffen um sich. Bald sah sich Ludwig von ihm umgarnt. Fast wäre es Karl gelungen ihn am 15. ian. 859

im gau von Laon zu überfallen; nur mit not entging er der gefangenschaft und eilte nach Deutschland zurück. Rascher als er es gewonnen, hatte er das eroberte reich wieder verloren. Erst nach langwierigen und unerquicklichen verhandlungen kam unter vermittlung Lothars II 860 in Koblenz ein friede zu stande, in dem die könige sich gegenseitig ihren bisherigen besitzstand garantirten.

Hatte Lothar II schon bei seiner tronerhebung sich an Ludwig d. D. angeschlossen, so fand er in ihm auch bei seinem ehehandel meist eine stütze, öfter einen beredten fürsprecher beim papst. Kaum aus reiner uneigennützigkeit; das misstrauen gegen Karl machte Lothar als bundesgenossen willkommen, der ganze ehehandel liess voraussehen, dass Lothar keinen legitimen sohn als erben hinterlassen werde. Gelegentlich, wenn auf anderer seite ein grösserer vorteil zu winken schien, verständigte sich Ludwig wie zu Tousey und Metz (865, 867), auch mit Karl. Beide hatten schon zu Lothars lebzeiten dessen reich als ihre beute betrachten gelernt. Karl hatte schon lange darauf gelauert, nach Lothars tod griff er sogleich zu. Er rückte, während sein bruder in Regensburg krank lag und dessen heere gegen die Slaven zu felde waren, in Lothringen ein und liess sich am 9. sept. 869 zu Metz als ‚rechtmässigen erben' krönen. Er berief die grossen der Provence und des oberen Burgund, nahm das Elsass in besitz und richtete sich in Aachen häuslich ein. Die ansprüche des allein berechtigten erben kaiser Ludwig II, die mahnungen und drohungen des papstes kümmerten ihn ebenso wenig als eine botschaft seines bruders, der unter berufung auf den teilungsvertrag von Metz seinen anteil verlangte. Als aber Ludwig genesen war und ihm bedeuten liess, er möge ungesäumt Aachen und das lothringische reich räumen, sonst werde er ihn mit den waffen daraus vertreiben, als viele der lothringischen grossen Ludwig in Frankfurt huldigten, begann Karl zu unterhandeln. Die vereinbarung von Aachen setzte gleiche teilung des reichs Lothars fest, im vertrag von Meersen (870 aug.) wurde diese teilung vollzogen: Ludwig erhielt die an sein reich grenzende osthälfte, mehr als zwei drittel von Friesland, das gebiet bis zur Maas, von da bis zur oberen Saône und zum Genfer see; die neue grenze zwischen dem ost- und westreich fiel nunmehr auch ungefähr mit der sprachgrenze zusammen. Der vollendeten tatsache gegenüber blieben die vom papst unterstützten proteste des kaisers wirkungslos.

Die auflehnung gegen seinen vater büsste Ludwig d. D. an seinen söhnen. Er unterwarf sich 862 und erhob sich wieder. Von den seinen, als der vater mit einem heer nach Karantanien kam, verlassen stellte er sich 863 unter bürgschaft der grossen für seine sicherheit vor dem vater, entfloh aber im nächsten jahr, während sein vater gegen Rastislav im felde stand, wieder aus seiner freien haft. Erst 865 erfolgte eine aussöhnung; Karlmann wurde der besitz der östlichen marken bestätigt und ihm die anwartschaft nach des vaters tod auf Baiern mit den zinspflichtigen slavischen völkerschaften, seinen jüngeren brüdern Ludwig auf Ostfranken, Sachsen und Thüringen, Karl auf Schwaben und Churwalchen eröffnet. Karlmann stand fortan treu zu seinem vater, aber sein beispiel fand bald nachahmung. Sein bruder Ludwig empörte sich 866, weil er sich durch Karlmann verkürzt glaubte; auch er trat mit Rastislaw in verbindung und warb anhänger in Sachsen und Thüringen. Durch raschen zug nach Frankfurt lähmte der vater die empörung, erzbischof Liutbert von Mainz vermittelte die versöhnung. Wieder war es neid und furcht, zu gunsten ihres ältesten bruders in ihrem erbteil übervorteilt zu werden, welche 871 Ludwig und Karl von neuem zur empörung trieben; sie pilgerten sogar nach Westfrancien, um die hilfe ihres oheims anzurufen. Das gerücht von der ermordung kaiser Ludwigs in Benevent, die damit eröffnete aussicht auf die neue erbschaft bestimmte die söhne sich unverweilt gegen empfangnahme einiger lehen mit dem vater auszusöhnen. Der neidische hader um das zu erwartende erbe wurde durch genaue bestimmungen über die künftige reichsteilung geschlichtet. Noch waren die beiden jüngeren söhne nicht befriedigt. Sie planten nichts geringeres als die entthronung des vaters. Von gewissensbissen gefoltert gestand Karl den ruchlosen plan. Der vater begnügte sich mit einer rüge, gewährte aber beiden eine gewisse anteilnahme an der regierung in untergeordneter kompetenz.

Für das italienische erbe war Ludwig d. D. bemüht gewesen mit dem kaiser und dessen einflussreicher gemalin freundschaftliche beziehungen zu unterhalten. Der kaiser hatte die nachfolge in

Italien der ostfränkischen linie zugedacht. Als er aber 875 starb, kam der westfränkische könig, wie wenige jahre früher bei der besitzergreifung Lothringens, seinem bruder zuvor. Mit dem papst längst im einverständnis eilte er sogleich nach Italien. Schon am 29. sept. urkundete er in Pavia ‚im ersten jahr der nachfolge Ludwigs'. Der deutsche könig entsandte seinen jüngsten sohn nach Italien, der unfähige prinz vermochte sich mit seinen zuchtlosen schaaren nicht im feld zu behaupten. Erst als Karlmann mit einem starken heer erschien, war den fortschritten Karls ein ziel gesetzt. Mit gewohnter feigheit die entscheidung durch das schwert fürchtend verstand es Karl seinen neffen zu überlisten; er verpflichtete sich eidlich Italien ohne verzug zu räumen und die verfügung über dieses reich seinem bruder anheim zu stellen, wenn Karlmann sich zurückziehe. Auf diese bedingungen wurde ein waffenstillstand bis mai geschlossen, Karlmann zog ab. Statt aber gleichfalls Italien zu verlassen, eilte Karl nach Rom und empfieng hier am weihnachtsfest aus den händen des papstes die kaiserkrone, im febr. 876 in Pavia die huldigung der italienischen grossen.

Unterdes war Ludwig d. D. in Westfrancien eingerückt und verheerend in Attigny vorgedrungen, überzeugt durch diesen angriff seinen hinterlistigen bruder zu unverzögerter rückkehr zu zwingen. Er täuschte sich. Karl blieb unbekümmert um die leiden seines reichs in Italien. ‚Von mitleid', wie es heisst, ‚bewogen und vielen bitten nachgebend' ging Ludwig im ian. 876 wieder über den Rhein zurück, entschlossen sein anrecht auf das italienische erbe ebenso entschieden zu wahren wie sechs jahre früher auf die hinterlassenschaft Lothars II. Im märz kam Karl endlich heimwärts. Im papst besass er einen eifrigen bundesgenossen. Den schiedspruch sich vorbehaltend hatte Johann VIII Ludwig vor seinem einmarsch aufgefordert das westreich nicht anzugreifen, ietzt erschienen zwei päpstliche legaten, um ‚die zwischen den königen ausgebrochenen irrungen zu prüfen und den entscheid zu fällen'. Ludwig lehnte es ab sie zu empfangen und liess durch seine gesandten von Karl den ihm kraft erbrechts und des zwischen ihnen beschworenen vertrags von Metz gebührenden teil des reichs des kaisers fordern. Als antwort erhielten die gesandten von einem der legaten päpstliche schreiben, welche in geradezu unwürdiger weise den ‚Baiernkönig' des friedensbruches, der treulosigkeit gegen seinen bruder beschuldigten und den deutschen bischöfen unter androhung der absetzung und des banns auftrugen einen weiteren angriff auf Karls reich hintanzuhalten. Ludwig begnügte sich gegen diese parteilichkeit protest zu erheben und rüstete. Mitten unter den vorbereitungen zum krieg starb er am 28. aug. 876 zu Frankfurt. Am selben tag giengen von Servais gesandte Karls ab, der auf die nachrichten von den rüstungen seines bruders sich sputete ‚um frieden zu bitten'; sie kehrten um, als sie unterwegs den tod des deutschen königs erfuhren.

Karl atmete erleichtert auf. Der tod des bruders befreite ihn nicht nur von einem gefürchteten gegner, er weckte auch seine nimmersatte ländergier. Die aussichten waren günstig: das ostfränkische reich zerfiel in drei teilreiche, von den söhnen Ludwigs war Karlmann im krieg gegen die Mährer, der iüngste weilte in Schwaben. Karl hoffte die hälfte des reichs Lothars II, welche er 870 seinem bruder abtreten musste, ietzt leicht erobern zu können; man wollte wissen, dass er auch Mainz, Worms und Speier nehmen und die grenze an den Rhein vorschieben wolle. Begleitet von den päpstlichen legaten brach er mit einem bedeutenden heer verwüstend im deutschen anteil Lothringens ein. Er zog überall anhänger werbend nach Aachen, von da nach Köln. Ihm gegenüber auf dem andern Rheinufer lagerten mit schnell zusammengerafften streitkräften Ludwig, der zweite sohn Ludwigs d. D. Der berufung auf die beschworenen verträge gab Karl die antwort, dass er mit dem bruder, nicht mit dem neffen die verträge abgeschlossen habe. Ludwig setzte über den Rhein und nahm bei Andernach stellung. Karl rückte ihm entgegen. Er knüpfte zum schein verhandlungen an, treulos wie immer dachte er während der damit gegebenen waffenruhe den gegner zu überfallen. Rechtzeitig wurde Ludwig durch den erzbischof Willibert von Köln gewarnt. Als das an zahl weit überlegene westfränkische heer nach einem anstrengenden nachtmarsch am 8. okt. herankam, fand es den gegner gerüstet. Der überfall war misslungen. Ludwig liess sogleich angreifen. Die festgeschlossenen reihen der Ostfranken zermalmten den feind. Karls heer löste sich in wilde flucht auf. Vor allem brachte der feige kaiser sich selbst in sicherheit. Die kräftige verfolgung vollendete die niederlage. Sehr viele und hohe gefangene und ungeheure beute fielen in die hände der sieger. Den zeitgenossen aber erschien die schlacht von Andernach als gerechtes strafgericht über den „neuen Sanherib".

Noch im nov. traf Ludwig mit seinen beiden brüdern im Riess zusammen. Sie teilten das väterliche reich mit ausschluss von Lothringen. Wie schon früher bestimmt war, fiel Karlmann Baiern mit den nebenlanden, Ludwig Ostfranken mit Sachsen und Thüringen, Karl Alamannien zu.

Kaum ein iahr nach der niederlage bei Andernach ereilte Karl d. K. auch in Italien sein geschick. Auf drängen des von den Sarazenen bedrohten papstes war er wieder dahin gekommen. Er weilte mit diesem eben in Pavia, als er durch die meldung aufgescheucht wurde, dass Karlmann mit einem starken heer über die Alpen gekommen sei und heranziehe. Er rettete sich nach Tordona und floh weit über den Mont Cenis. Auf der flucht starb er (877 okt. 6). Ohne widerstand hatte Karlmann Italien gewonnen. Er empfieng in Pavia die huldigung der grossen, auch der papst erklärte sich bereit ihn zum kaiser zu krönen. Zur regelung der teilung Lothringens kehrte er, wie er meinte, auf kurze zeit nach Baiern zurück. Aber er kam als schwer kranker mann heim und vermochte sich nicht mehr zu erholen. Für den besitz Italiens, das, wenn auch von Karlmann allein erworben, als gemeinsames familienerbe betrachtet wurde, verzichtete er auf seinen anteil an Lothringen, den nun die iüngeren brüder unter sich teilten.

Immer dringendere hilfegesuche des papstes, der die Sarazenen durch einen iahreszins von 25000 mancusi abkaufen musste, langten bei dem kranken Baiernkönig ein. Karlmann konnte keine hilfe bringen. Da suchte sich Johann VIII einen helfer in Westfrancien: in Troyes adoptirte er Boso, der eine tochter k. Ludwigs II, Irmingard, entführt und geehlicht hatte und dann auch schwager Karls d. K. geworden war, als sohn und erschien in dessen begleitung wieder in Italien. Doch der plan, Boso Italien zu verschaffen, scheiterte an dem widerstand der Karlmann treu gebliebenen italienischen bischöfe und grossen. Karlmanns krankheit verschlimmerte sich, ein schlaganfall raubte ihm die sprache. Endlich gelang es päpstlichen legaten ihn zur abtretung Italiens an seinen bruder Karl zu bewegen (879 aug.). Karl erschien zwar alsbald in Italien und wurde in Ravenna zum könig bestellt, aber er brachte dem enttäuschten papst keine hilfe. Um sich für den Karl zugefallenen gewinn schadlos zu halten, ergriff Ludwig von Baiern förmlich besitz (879 nov.), nachdem er schon wenige monate vorher die baierischen grossen für sich in pflicht genommen hatte; er wies dem depossidirten bruder hinreichenden unterhalt an und gestand dessen ausserehelichem sohn Arnolf Karantanien zu. Bald darauf (880 märz 22) wurde Karlmann durch den tod von seinem leiden erlöst.

Wie Karlmann von Baiern schon durch die lage seines reichs nach dem süden gewiesen war, so Ludwig III nach dem westen. Karl d. K. hatte mit dem sieger von Andernach keinen frieden geschlossen. Sein sohn und nachfolger Ludwig der Stammler suchte dem gefährdeten westreich ruhe zu schaffen. Bei einer zusammenkunft in Fouron schloss er mit dem ostfränkischen könig auf grundlage der im vertrag von Meersen vollzogenen teilung Lothringens und unter wahrung seiner ansprüche auf „seinen" anteil an Italien frieden und freundschaft (878 nov. 2). Fünf monate später starb er. Damit eröffneten sich dem ehrgeiz Ludwigs III aussichten auf neuen erwerb. Bevor noch einer der kaum dem knabenalter entwachsenen söhne Ludwigs d. St. auf den tron erhoben wurde, langten in Frankfurt boten des abts Gauzlin, der, einst kanzler Karls d. K., sich ietzt von nebenbuhlern zurückgedrängt sah und, seit er als gefangener nach der schlacht bei Andernach am ostfränkischen hof geweilt hatte, mit diesem befreundet war, und des grafen Konrad von Paris an, um Ludwig zur besitznahme des westreichs aufzufordern. Ohne zaudern folgte er dem ruf. Er rückte über die grenze seines lothringischen anteils nach Verdun, sein heer hauste ärger als die Normannen. Da liessen ihm die anhänger der jungen prinzen die andre bei der teilung von Meersen dem westreich zugefallene hälfte Lothringens anbieten, wenn er den prinzen den rest ihres väterlichen erbes belasse. Ludwig nahm das anerbieten an und zog ab. Seine geflüchteten parteigänger fanden in der über den nur halben gewinn unzufriedenen königin Liutgarda eine mächtige förderin. Zu beginn des iahres 880 nahm Ludwig, der eben erst Baiern in besitz genommen hatte, seinen eroberungsplan gegen Westfrancien wieder auf. Begleitet von seiner gemalin drang er von Achen bis über die Oise vor. Bei St. Quentin trat ihm die königstreue partei mit einem ansehnlichen heer entgegen. Seine parteigänger hatten allen anhang verloren, die westfränkischen prinzen waren unterdes zu königen gekrönt worden. Hincmar von Reims lehnte es ab mit ihm in verbindung zu treten. Ludwig liess sich zum frieden bereit finden. Gegen die förmliche abtretung von ganz Lothringen schloss er mit den westfränkischen königen ein freundschaftsbündnis (880 febr.). Lothringen war dem deutschen reich gewonnen, aber auf dem gewinn lastete der fluch treuloser gewalttat.

Ludwig wurde seines neuen erwerbes nicht froh. Auf dem rückweg stiess er bei Thuin an der Sambre auf ein beutebeladenes heer der Normannen; er zersprengte es, gebot aber, da sein ausserehelicher sohn Hugo schwer verwundet in die hände der feinde gefallen war, der verfolgung einhalt; die freibeuter entkamen nachts zu ihren schiffen, am morgen fand er die leiche des sohnes. Umso unglücklicher hatten die Sachsen bei Hamburg gegen die Normannen gekämpft, sie erlitten eine vollständige niederlage. Sie ermutigte die Slavenstämme an der ostgrenze, von denen die Linonen und Siusler schon 877 die deutsche herrschaft abzuschütteln versucht hatten, zu einer neuen empörung; die Daleminzier, Böhmen und Sorben drangen plündernd und sengend in Thüringen ein, wurden aber von Poppo, dem grafen der sorbischen mark, zurückgeworfen. Im westlichen Lothringen verheerten die raubschaaren Hugos, des sohnes Lothars II und der Waldrada, das land; als Ludwig ihn durch bedeutende lehen zu beschwichtigen versucht hatte, brach Hugo den treueid; es wurden deutsche truppen gegen ihn entsandt, welche ihn aus dem lande iagten, von da zogen sie den westfränkischen königen gegen Boso zu hilfe, der sich in der von Italien losgerissenen Provence ein königreich geschaffen hatte. Die grösste gefahr drohte aber von den Normannen. Sie hatten sich 880 zur überwinterung in der pfalz Nimwegen festgesetzt. Ludwig vermochte sie nicht aus der stark befestigten burg zu vertreiben und musste sich zu einem abkommen verstehen, das ihnen freien abzug gewährte; vor dem abzug steckten sie die herrliche pfalz in brand. Bei Saucourt von dem westfränkischen könig Ludwig geschlagen kehrten die Normannen im nächsten iahr in ihre alten quartiere bei Gent zurück und brachen durch neuen zuzug, namentlich reiterei verstärkt, gegen die Maas vor. In Elsloo errichteten sie ein stark verschanztes lager als stützpunkt ihrer beutezüge, die sie bis an den Rhein ausdehnten; raub, mord und brand bezeichneten ihre wege, schreck und furcht flogen vor ihnen her; Mastricht, Lüttich, der Haspengau und Ripuarien wurden verheert, Köln und Bonn eingeäschert, in Aachen die pfalz niedergebrannt. Jammernd flüchteten die, welche sich retten konnten, mit den zusammengerafften habseligkeiten, die geistlichen mit den reliquien und schätzen ihrer kirchen nach Mainz. Ludwig konnte nicht mehr gegen sie zu felde ziehen, er lag schwer krank in Frankfurt. Am 20. ian. 882 starb er. Während er, um seinem siechen bruder Baiern zu nehmen, 879 in Regensburg weilte, war sein einziger ehelicher sohn Ludwig, noch ein kind, aus dem fenster der pfalz in Frankfurt gestürzt und hatte sich das genick gebrochen. Das reich fiel an seinen iüngsten bruder Karl III.

Zu dem väterlichen erbe Alamannien hatte Karl III (der Dicke) durch den verzicht Karlmanns 879 bereits Italien gewonnen. Mochte der papst noch so sehr um hilfe gegen die Saracenen flehen und an die gemachten zusagen erinnern, er erreichte nichts, als dass Karl nach Rom kam, um die kaiserkrone sich aufsetzen zu lassen (881 febr.), dass er zu ende des iahres nochmals ienseits der alpen erschien, um nichts zu tun. Zur besitznahme des erbes seines bruders Ludwig zog er ab und nahm in Baiern die huldigung des landes, die der Ostfranken in Worms entgegen. Zwei drittel des reichs, wie es in Verdun geteilt worden war, die anteile Ludwigs d. D. und Lothars I, waren ietzt in seinem besitz, nur in der Provence hauste, von ihm ganz unbehelligt, Boso als eigner herr. Die Normannennot war im nordwesten Deutschlands immer höher gestiegen. Nach dem tod Ludwigs III hatten sie von Elsloo aus ihre raubzüge weiter und weiter an der Mosel ausgedehnt. Trier verbrannt und gegen Metz vordringend die geringen streitkräfte, welche sich ihnen entgegenzustellen wagten, vernichtet, die bewohner des westlichen Lothringen hatten sich sogar an den sieger von Saucourt um hilfe gewandt. Der reichstag von Worms (882 mai) beriet über die vertreibung der Normannen. Alle deutschen stämme wurden aufgeboten, sogar die Langobarden leisteten zuzug. Der kaiser stellte sich selbst an die spitze des heeres. Ein versuch der Baiern unter Arnolf und der Franken unter dem kriegskundigen grafen Heinrich, die feinde zu überfallen, wurde, wie es heisst, durch verrat vereitelt. Das heer schloss die Normannen in Elsloo ein. Zwölf tage währte die belagerung, ein furchtbares ungewitter warf einen teil der mauer der belagerten veste nieder. Die Normannen schienen verloren. Da schloss der kaiser, dem ‚das herz entfallen war', einen schmählichen frieden. Offen beschuldigte man den allmächtigen erzkanzler Liutward und andre räte der bestechung und des verrats. Die räuber wurden um mehr als 2000 pfund gold und silber, welche den geflüchteten kirchenschätzen entnommen wurden, abgekauft; der eine der Normannenkönige Gotfrid liess sich taufen und erhielt, vom kaiser aus der taufe gehoben, gegen das versprechen, während Karls lebzeiten nicht mehr in dessen reich zu plündern, die einst (850) dem Normannen Rorich von Lothar I eingeräumten grafschaften und lehen in Friesland. Tiefer ingrimm über die widerfahrene schmach, über den kaiser, der ‚nicht errötete tribut zu zahlen', schwellte alle herzen, ‚das heer bedauerte einen fürsten über sich zu haben, der die feinde begünstigte und ihm den sieg über die feinde entriss'. Die abgekauften Normannen schickten mit schätzen und gefangenen beladene schiffe in ihre heimat und warteten in sicherem versteck auf neuen beutezügen günstige zeit; bald darauf steckten sie die hafenstadt Deventer in brand und suchten die Schelde aufwärts fahrend das westreich heim.

Karl wanderte wieder nach Italien und überliess die deutschen lande sich selber. Immer schlimmer ward es hier um die inneren zustände bestellt. Das ansehen des kaisers war tief gesunken. Zwischen Poppo, dem grafen der Sorbenmark, und dem fränkischen grafen Egino entbrannte 882 eine erbitterte fehde, der kaiser griff nicht ein, und auch als im nächsten iahr ein neuer blutiger zusammenstoss erfolgte, blieb der landfriedensbruch ungestraft. In der Ostmark vertrieben die söhne der markgrafen Wilhelm und Engilschalk, die mark als erbe beanspruchend, den auch von Karl bestätigten markgrafen Arbo und usurpirten das land; Arbo, vom reich ohne hilfe gelassen, fand in Zwentibold von Mähren, der unterdes seine herrschaft über die Böhmen und die Sorben, im osten über die Gran bis in die Theissebene ausgedehnt hatte, einen bundesgenossen und dieser verheerte unter scheusslichen grausamkeiten die mark nördlich und südlich der Donau — der kaiser tat nichts. In Italien raffte er sich diesmal allerdings zum einschreiten empor, aber er verdarb mehr als er nützte. Herzog Wido von Spoleto und Camerino wurde des hochverrats angeklagt und gefangen gesetzt; er entrann aus dem gefängnis und verbündete sich mit den Saracenen, gegen die seine macht bisher noch einen schutzwall gebildet hatte; unter den gegen ihn entsandten truppen brach eine verheerende seuche aus, welche sie zum rückzug zwang und sich dann über ganz Italien ausbreitete; der kaiser entsetzte Wido und andre ihrer ämter und lehen und gab sie an niedrige leute. Dieser willkürakt schürte die erbitterung und unbotmässigkeit unter den italienischen grossen und der kaiser musste froh sein, dass Wido nach mehr als einem iahr sich durch einen eid von der gegen ihn erhobenen beschuldigung reinigte und er ihn und seine anhänger wieder in gnaden aufnehmen konnte.

Im winter 883 kam Karl nach Deutschland. Frische nachzüge der Normannen hatten im einverständnis mit Gotfrid die beutezüge rheinaufwärts wieder aufgenommen, ihre hauptmacht hatte sich in Duisburg festgesetzt, andre schaaren waren in Sachsen eingefallen. Von reichswegen wurden zwar einzelne streitkräfte aufgeboten, namentlich graf Heinrich und erzbischof Liutbert von Mainz brachten den räubern manche schlappe bei, erfolge von untergeordneter bedeutung, welche die Normannen nicht hinderten kurz darauf wieder den friesischen gau Norden anzufallen; hier waren es die Friesen selbst, welche die bedränger niederwarfen, hier wie anderwärts bot die selbsthilfe besseren schutz als das wehrlose reich. Der kaiser sah diesen kämpfen untätig zu und machte sich im herbst 884 wieder nach Italien auf. Er nahm den weg über die Ostmark. Die markgrafensöhne hatten sich unter den schutz Arnolfs von Kärnten gestellt und Zwentibold war mordend und brennend 883 in Pannonien eingefallen, er hatte 884 den verwüstungszug ‚in das reich Arnolfs' wiederholt, das land bis zur Raab war furchtbar verheert. Der kaiser glaubte seiner pflicht gegen das reich genug getan zu haben, als Zwentibold bei Tuln vor ihm erschien und ihm huldigte mit dem versprechen, das reich, so lange Karl lebe, nicht mehr anzugreifen. Was ein friede, den der kaiser für das reich abschloss, noch bedeutete, zeigt die tatsache, dass es, um den ostlanden auch den frieden zu geben, noch eines förmlichen friedensschlusses zwischen Zwentibold und Arnolf bedurfte, der erst nach jahresfrist unter vermittlung der baierischen grossen erfolgte.

Während Karl gemächlich in Pavia sass, traf im frühjahr 885 eine gesandtschaft westfränkischer grosser ein, um ihm die krone des westreichs anzubieten. Die westfränkischen könige Ludwig und Karlmann waren jung gestorben (jener 882, dieser 884 dez.), von der westfränkischen linie lebte nur mehr der fünfjährige Karl, der sich dann den beinamen ‚der Einfältige' erwarb, der nachgeborne sohn Ludwigs d. St. Das westreich war im innern zerrüttet, von den eben erst durch einen tribut von 12000 pfund silber abgekauften Normannen, deren hauptmacht ihr lager in Löwen aufgeschlagen hatte, ärger bedroht und bedrängt als je; erklärten sie doch, dass sie sich nur mit könig Karlmann abgefunden und dessen nachfolger die gleiche loskaufsumme zahlen müsse. Allein des furchtbaren feindes sich zu erwehren fehlte dem westreich die kraft, nur die vereinigung mit dem ostreich schien noch rettung zu verheissen. Der kaiser folgte der einladung, in Ponthion empfieng er die huldigung der westfränkischen grossen. Das ganze Karolingerreich war wieder vereinigt, aber in der hand des unfähigsten nachkömmlings des grossen kaisers.

Der nächsten feinde entledigte sich Karl durch verrat. Hugo, der sohn Lothars II, hatte dem Normannenkönig Gotfrid seine schwester vermält und sich mit ihm verbündet, er wollte mit hilfe der Normannen sich das reich seines vaters erobern. Gotfrid suchte einen vorwand zum bruch und verlangte, da in dem ihm zugewiesenen land kein wein gedeihe, zu seinen friesischen lehen noch Koblenz, Andernach, Sinzing und andre weinreiche krongüter. Auf rat des grafen Heinrich wurde Gotfrid zu einer friedlichen besprechung auf der Betuwe eingeladen und hier meuchlings niedergehauen, Hugo wurde an den hof nach Gondreville gelockt und dort geblendet. Für den schutz des westreichs geschah nichts, als dass ein westfränkisch-lothringisches heer gegen Löwen entsandt wurde; unter dem hohn der Normannen musste es wieder abziehen. Den kaiser beschäftigte eine ihm wichtigere sache, er plante seinem noch sehr jungen ausserehelichen sohn Bernhard die nachfolge im reich zu verschaffen. Es sollte mit hilfe des papstes ins werk gesetzt werden. Er berief Hadrian III nach Deutschland, doch dieser starb auf der reise. Um mit dem nachfolger Stephan V sich persönlich ins einvernehmen zu setzen, zog Karl, unbekümmert um die gesteigerte not von Paris, 886 wieder nach Italien. Auch hier war die bedrängnis des papstes durch die Sarazenen immer höher gestiegen und Stephan hatte sogar schon den griechischen kaiser um schiffe zum schutz der römischen häfen und küste gebeten. Die geplante zusammenkunft unterblieb, Karl gelangte nur bis Pavia. Die hiobsposten aus dem westreich bewogen ihn endlich sich zum entschluss des entsatzes von Paris aufzuraffen.

Die aus dem lager in Löwen aufgebrochenen Normannen hatten sich in den Seinegegenden festgesetzt und waren, als Paris, der schlüssel von Neustrien und Burgund, den vorbeizug in das binnenland verweigerte, an die belagerung der stadt geschritten (885 nov.). Vier stürme waren bereits abgeschlagen, ungebrochenen mutes hatten die tapferen verteidiger, befehligt von bischof Gauzlin und dem grafen Odo, ausgeharrt. Auf ihre dringenden hilfegesuche war um ostern 886 nur graf Heinrich mit einer geringen streitmacht erschienen, ohne andern erfolg, als dass er einige lebensmittel in die belagerte stadt zu bringen vermochte. Nach Gauzlins tod setzten die Normannen, die schon bereit gewesen waren sich abfinden zu lassen, die belagerung fort, in täglichen kämpfen leisteten die belagerten mannhaften widerstand; als nun auch mangel an lebensbedarf und seuchen einzureissen begannen, schlich sich Odo durch die feinde, er verlangte rettung für die aufs äusserste bedrohte stadt von den deutschen grossen. Dies rüttelte endlich den kaiser aus seiner trägheit auf. Er brach von Italien auf und hielt eine reichsversammlung in Metz. Nach vollen 3 monaten erst erschien er mit mit einem sehr bedeutenden heer vor Paris (886 okt.). Bei einem rekognoscirungsgefecht war graf

Heinrich gefallen, in ihm hatte das heer seinen erprobten führer verloren. Die Normannen zogen sich auf das linke Seineufer zurück, der kaiser liess die truppen gleichfalls über den fluss setzen und lagerte untätig dem feind gegenüber. Die nachricht, dass der Normannenkönig Sigfrid seinen landsleuten zu hilfe komme, entmutigte ihn vollends. Es wiederholte sich der schmähliche abkauf von Elsloo. Den Normannen wurden 700 pfund silber, fällig im märz des nächsten jahres, zugestanden, Burgund wurde ihnen als winterquartier eingeräumt. Umsonst waren die opfer gewesen, welche die heldenmütigen verteidiger von Paris gebracht. Der kaiser zog eilig ab und floh heimwärts, verfolgt von Sigfrid, hinter sich die brennenden kirchen, pfalzen und ortschaften. Die vor Paris abgekauften Normannen plünderten und verheerten Burgund. Zum fälligkeitstermin der abkaufsumme erschienen sie wieder vor Paris, räumten aber nach empfang des tributs das land nicht, sondern setzten sich an der Marne fest und dehnten von hier ihre beutezüge bis Troyes, Reims, Verdun aus.

Das ansehen des kaisers war vernichtet, tiefe gährung durchzog alle schichten des volkes, selbst die ihm allzeit getreuen Alamannen wurden schwierig. Ihrem druck nachgebend entsetzte Karl, der eben erst Ludwig, den sohn Bosos, adoptirt und damit den bestand des vom reich losgerissenen königreichs Provence förmlich anerkannt hatte, 887 seinen allmächtigen günstling, den erzkanzler Liutward, der, wegen seines hochmuts und seiner habsucht verhasst, der ketzerei und des ehebruchs mit der kaiserin beschuldigt wurde, seiner würden und lehen und wies ihn mit schimpf und schande vom hof. Darauf trennte sich die kaiserin, welche zum beweis ihrer unschuld zum gottesurteil sich bereit erklärte, von ihrem gemal. Liutward begab sich zu Arnolf nach Baiern, um ihn zum sturz des kaisers aufzustacheln. Das siechtum des an ‚kopfschmerz' leidenden kaisers machte merkliche fortschritte, seine regierungsunfähigkeit trat immer unleugbarer zu tage. Nach altgermanischer anschauung konnte gänzliche unfähigkeit die herrschaft verwirken und dem volk die befugnis zur bestellung eines neuen herrschers geben. Der abfall gewann unter den deutschen stämmen immer grösseren boden. Die empörung kam zum ausbruch; die verschworenen luden Arnolf zur übernahme der regierung ein. Der kaiser machte noch einen versuch den widerstand gegen Arnolf, der mit einem baierischen und slavischen heer heranzog, zu organisiren; doch alle, auch seine hofleute, verliessen ihn, er sah sich selbst dem mangel preisgegeben. Völlig mutlos und gebrochen ergab er sich in sein geschick: er entsagte dem tron und erbat sich nur einige güter in Alamannien zu seinem unterhalt (887 nov.). Er überlebte seine enttronung nicht lange, am 13. ian. 888 starb er.

Die not hatte das ganze karolingische reich nochmals für kurze zeit geeint, mit Karls enttronung zerfiel es wieder, es zerfiel für immer und zerbröckelte sich in noch mehr teilreiche. Arnolf war nur von den deutschen stämmen, den Franken, Sachsen, Thüringern, Baiern und Alamannen als ‚ihr herr erwählt' (ad seniorem elegerunt) und auf den tron erhoben worden, er war nur könig des deutschen reichs, das auch Lothringen einschloss. Die illegitimität der geburt nahm Arnolf das erbrecht auf das reich, sein tronrecht beruhte in der anerkennung der deutschen stämme und der huldigung, wie sie der vasall seinem freigewählten ‚senior' leistete. Er wurde auf den tron erhoben, weil er, wenn auch illegitim, doch noch ein sprosse des karolingischen herrscherhauses war, das mit Karl III in der legitimen und erbfähigen nachkommenschaft der deutschen linie erlosch. Das deutsche reich blieb ein in der erbberechtigten descendenz erbliches und kraft dieses erbrechtes folgte Arnolfs ehelicher sohn Ludwig IV nach, zum wahlreich wurde es erst, als nach dem aussterben der alten dynastie mit Konrad I und Heinrich I neue geschlechter auf den tron berufen wurden. Mit der erblichkeit fiel aber auch dann das unselige teilungsprincip, das wahlreich blieb ein unteilbares.

Die erhebung Arnolfs konnte, da sie nur durch die anerkennung der deutschen stämme, nicht kraft erbrechtes erfolgte, für die ausserdeutschen teile des karolingischen reichs nicht rechtsverbindlich sein. Durch die entronung Karls war das reich im alten sinne erledigt. Zu scharf hatten sich auch bereits zwischen den verschiedenen teilreichen die gegensätze ausgeprägt. Wie über herrenloses gut fielen die prätendenten über die länder her und, während Arnolf einige monate untätig in Baiern verlebte, ‚wuchsen viele königlein in Europa oder im reich seines oheims Karl empor'. Zahlreiche schenkungen an private (vgl. nº 1782) zeigen, wie Arnolf die dienste seiner anhänger zu belohnen und sich deren treue zu sichern suchte. Das westreich suchte herzog Wido von Spoleto, gestützt durch seine mächtige sippe, namentlich den erzbischof Fulco von Reims, an sich zu reissen; er wurde in Langres gekrönt, räumte aber dem von der mehrheit des landes auf den tron erhobenen grafen Odo, dem verteidiger von Paris, ohne kampf den platz, um sich Italien zu erobern; an die erhebung des letzten ehelichen sprossen der dynastie und des allein berechtigten erben, Karls des Einfältigen, dachte noch niemand, das land bedurfte zur abwehr der furchtbaren Normannennot eines mannes. In Italien machte sich markgraf Berengar von Friaul zum könig, in Hochburgund der Welfe Rudolf, der sogar Lothringen sich anzueignen suchte und in Toul sich krönen liess; erbe der Provence war Bosos sohn Ludwig, selbst Aquitanien erhielt in herzog Ramnolf seinen eigenen prätendenten. Gegenüber diesen emporkömmlingen, von denen nur Ludwig von der Provence und Berengar, jener der sohn einer tochter k. Ludwigs II von Italien, dieser ein sohn der tochter Ludwigs d. Fr. aus zweiter ehe, zur alten dynastie in verwandtschaftlichen beziehungen standen, hatte Arnolf als sohn eines Karolingers doch noch ein besseres anrecht, im deutschen reich besass er die grösste und eine unbestrittene macht, er war der eigentlich unmittelbare nachfolger Karls III. Beschränkte er in kluger mässigung sich auch auf sein deutsches reich, seine stellung war doch eine so überragende, dass ihm wenigstens eine formelle oberhoheit, der nachschimmer des alten reichs, zukommen musste.

Zunächst über das von aussen bedrängte und von inneren parteiungen durchwühlte Westfrancien. Zwar lehnte Arnolf die einladung der früheren parteigänger Widos ab ‚das ihm gebührende reich in besitz zu nehmen', aber auch Odo folgte der berufung nach Worms, um Arnolfs oberhoheit anzuerkennen, und liess sich nochmal mit einer von diesem gespendeten krone krönen (888). Als Odos gegner, an ihrer spitze wieder Fulco von Reims, 893 den letzten abkömmling der westfränkischen linie, Karl d. E., zum könig ausriefen, nahm Arnolf anfangs für Odo partei, liess sich aber durch Fulco umstimmen und übertrug dem flüchtigen vetter das westreich förmlich zu lehen (894). Dieses sah wieder alle gräuel des bürgerkrieges; Arnolf beschied die beiden streitenden könige vor sich und anerkannte nun wieder Odo, der allein erschienen war, als den rechtmässigen könig (895). Unbotmässiger erwies sich der Welfe Rudolf. Der versuch, Lothringen an sich zu reissen, wurde durch entsendung eines heeres nach dem Elsass vereitelt (888); Rudolf flüchtete sich rechtzeitig in seine unzugänglichen berge und Lothringen war damit dem deutschen reich gesichert. Kurz darauf fand sich Rudolf in Regensburg ein und es kam eine einigung zustande, welche wol gegen anerkennung einer deutschen oberhoheit das burgundische königtum zu recht bestehen liess; doch als Arnolf 894 aus Italien heimkehrte, fand er unweit Ivrea burgundische streitkräfte sich gegenüber, welche den parteigängern Widos zu hilfe gesandt waren; zur züchtigung Rudolfs rückten zweimal deutsche truppen in Burgund ein, sie konnten nur einzelne landstrecken verwüsten, der Welfe hatte in seinen bergen eine unangreifbare stellung. Berengar, der eben erst in hartem und unentschiedenem kampf mit Wido um die herrschaft Italiens gerungen, stellte sich 888 in Trient, da Arnolf mit einem heer gekommen war, um die von den deutschen Karolingern erworbenen rechte zu wahren; auch Berengar unterwarf sich der oberhoheit des deutschen königs und wurde ‚in dem früher gewonnenen reiche' belassen. Am eifrigsten bewarb sich Irmingard, Bosos witwe, um die anerkennung ihres jungen schon von Karl III adoptirten sohnes Ludwig; sie erreichte dieselbe 890 in Forchheim und Ludwig wurde im beisein deutscher gesandter zum könig der Provence gekrönt.

Wenn Arnolf sich mit der anerkennung einer oberhoheit, die nur eine nominelle sein konnte, begnügte, so sparte er die kräfte des deutschen reichs für dieses selbst, für seine wichtigeren aufgaben, den schutz gegen seine äusseren feinde und die sicherung der zustände im innern.

Die Normannen, welche jahrelang das westreich gebrandschatzt und verheert hatten, ersahen sich 891 wieder Lothringen als beute und streiften bis zur Maas. Das gegen sie entsandte heer wurde, in wirrer masse angreifend, am Geulenbach vernichtet. Der könig war von der schmählichen niederlage tief ergriffen; er bot den heerbann der Franken und Alamannen auf. Doch die Alamannen kehrten unter dem vorwand einer krankheit heim. Mit den fränkischen streitkräften lagerte er fast einen monat lang an der Maas, während die Normannen an der Dyle bei Löwen sich verschanzt hatten. Schon fühlten sie sich so sicher, dass sie ihre beutezüge wieder aufnahmen. Der könig erspähte den günstigen augenblick, unerwartet erschien er mit seinem heer an der Dyle. Mit hohngelächter und schimpfreden empfangen sassen die deutschen von den pferden ab und erstürmten die verschanzungen. Der sieg war ein glänzender, aber kein vollständiger, die flotte und die auf beutezügen befindlichen streifkorps blieben intakt. Als Arnolf heimkehrte, sammelten sich die Normannen wieder in ihrem alten lager an der Dyle. Im nächsten jahr unternahmen sie wieder einen plünderungszug bis gegen Bonn und überfielen auf dem rückweg Prüm. Es war ihr letzter beutezug auf deutschem boden; im herbst, als eine hungersnot ausbrach, verliessen sie das deutsche reich, um nicht mehr zurückzukehren. Die niederlage von Löwen hatte ihnen das deutsche land verleidet.

Das anfangs freundliche verhältnis zu Zwentibold von Mähren wurde durch einen zwist, den wol die stellung des Mährers gegen das reich veranlasste, bald getrübt. Der krieg wurde 892 eröffnet; Arnolf verheerte mit hilfe der Ungarn das land durch 4 wochen, dagegen wurde bischof Arn von Wirzburg auf dem rückmarsch aus Böhmen von den Sorben angegriffen und erschlagen. Im nächsten jahr zog der könig wieder nach Mähren, mit not entkam er einem ihm gelegten hinterhalt. Der tod Zwentibolds (894) und die ihm folgende zersetzung seines reichs schienen dem langen unfrieden ein ziel zu setzen; 895 unterwarfen sich wieder die Czechen dem deutschen reich gleichzeitig mit den Abodriten, gegen die Arnolf schon einmal zu felde gezogen war (889). ihnen folgten die Sorben. Zwischen den söhnen Zwentibolds, Moimir und Zwentibold, brach eine erbitterte fehde aus, dieser suchte und fand unterstützung bei Arnolf (898) und deutsche hilfstruppen drangen wiederholt verwüstend in Mähren ein. Moimir behauptete sich und Zwentibold musste froh sein sich nach Baiern retten zu können. War der deutsche schützling auch unterlegen, Mähren hatte aufgehört dem reich ein gefährlicher feind zu sein. Aber schon begann eine grössere gefahr von den Ungarn zu drohen, die 894 Pannonien verheerten; die hut Pannoniens vertraute Arnolf dem getreuen Slovenenfürsten Brazlovo an.

Arnolfs kräftiges regiment stellte im innern wieder geordnete zustände her, er versicherte sich der beihilfe der kirche, welche auf der synode von Tribur (895) mit ihrer autorität für das interesse des königtums eintrat. Doch das unter Karl III aus den fugen gerückte reich konnte nicht ganz zur ruhe gelangen. Der aufstandsversuch Bernhards, des ausserehelichen sohnes Karls III, der das dem könig abgeneigte Alamannien für sich zu gewinnen strebte, wurde im keime erstickt (890). Einige jahre später musste der könig wieder gegen hochverräterische umtriebe einschreiten, an denen sich auch Hildegard, die tochter Ludwigs III, beteiligte (895). Die markgrafensöhne, welche so viel unheil über die Ostmark gebracht hatten, ereilte ihr schicksal; Engilschalk, seit er eine aussereheliche tochter des königs entführt hatte und wieder in gnaden aufgenommen worden war, graf in der Ostmark, wurde von den baierischen grossen ohne vorwissen Arnolfs geblendet, sein vetter wegen hochverrats enthauptet, sein bruder in Mähren getödtet.

In Italien hatte das kriegsglück zu gunsten Widos entschieden und Berengar kaum noch einen teil der Lombardei belassen, Wido war zum könig von Italien erhoben worden (889). Schon 890 hatte papst Stephan V Arnolf aufgefordert 'nach Rom zu kommen, das italienische reich den schlechten christen und den es bedrohenden heiden zu entreissen und in eigenen besitz zu nehmen'. Arnolf, durch dringendere aufgaben in Deutschland festgehalten, hatte 'wenn auch ungern' abgelehnt und dem papst war nichts übrig geblieben als sich dem Spoletiner, vor dem er rettung suchte, in die arme zu werfen und ihn zum kaiser zu krönen (891). Dieselbe bitte wie Stephan richtete dessen nachfolger Formosus 893 an den deutschen könig. Arnolf sagte ietzt zu. Zu beginn des iahres 894 erschien er mit einem alamannischen heer in Italien. Berengar leistete heerfolge. Bergamo versuchte widerstand. Das strafgericht, das über die erstürmte stadt und ihre verteidiger erging, erzeugte solchen schrecken, dass kein widerstand sich mehr zu regen wagte. Die städte wie die italienischen grossen unterwarfen sich, Wido flüchtete nach Spoleto. Arnolf gelangte bis Piacenza. Die erschöpfung des heeres versagte ein weiteres vordringen. Bei Ivrea wurde ihm die strasse durch einen anhänger Widos und burgundische truppen versperrt. Auf gebirgspfaden gelangte er in das tal von Aosta und über den St. Bernard wieder auf deutschen boden. Der gewinn der heerfahrt war ein sehr zweifelhafter, dem papst hatte sie keine hilfe gebracht. Dringender wiederholte Formosus durch briefe und gesandte die einladung nach Rom zu kommen. Im herbst 895 zog Arnolf abermals über die Alpen. Wido war unterdes gestorben, ihm war sein schon 892 zum kaiser gekrönter sohn Lambert gefolgt. Arnolf gedachte jetzt Italien ganz an sich zu nehmen. Berengar musste darauf verzicht leisten, er begleitete das heer, entfloh aber, als sich in Tuscien eine gelegenheit bot. Nach sehr beschwerlichem und gefahrvollem marsch langte das deutsche heer vor Rom an. Es fand die tore geschlossen und musste die von Widos witwe Angiltrud verteidigte stadt erstürmen. In St. Peter empfing Arnolf die kaiserkrone (896 febr.), die Römer leisteten ihm den treueid. Nach zweiwöchentlichem aufenthalt brach er gegen Spoleto auf, um die macht des feindes zu brechen. Auf dem marsch dahin erkrankte er schwer. Genötigt auf weitere unternehmungen zu verzichten eilte er heimwärts. Mit seinem abzug waren alle errungenen erfolge zerronnen. Durch seine krankheit unfähig nochmal einzugreifen musste er Italien sich selbst überlassen. Lambert und Berengar griffen zu und verständigten sich 897 zu einer teilung, welche diesem das land bis zur Adda, jenem das übrige gab. In Rom aber erklärte der nachfolger des Formosus, Johann IX, auf einer synode, die kaiserkrönung Arnolfs, weil ‚durch betrug erpresst', für null und nichtig (898).

Bald nach seiner tronbesteigung hatte Arnolf den versuch gemacht, seinen ausserehelichen söhnen Zwentibold und Ratolf die nachfolge im reich zu sichern; als ihm aber 893 noch ein ehelicher sohn geboren wurde, verlieh er mit zustimmung der grossen 895 Zwentibold Lothringen als selbständiges reich. Das unruhige und unbotmässige land wurde der tummelplatz neuer unruhen und gewalttaten. Der junge könig, ein roher raufbold, geriet in harten zwist mit einigen grafen und dem erzbischof Ratbod von Trier. Kaum war durch seinen vater eine aussöhnung vermittelt, so überwarf er sich wieder mit seinem bisherigen vertrauten Reginhar; vergeblich suchte er ihn und dessen spiessgesellen Odacar mit den waffen zu bändigen. Beide eilten nach Westfrancien zu Karl d. E., der seit Odos tod allgemeine anerkennung gefunden hatte, leisteten ihm die huldigung und forderten ihn auf in Lothringen einzubrechen. Obwol Zwentibold im gegensatz zur deutschen politik unmittelbar nach seiner erhebung Karl gegen Odo zu hilfe gezogen war und dem flüchtigen ein jahr später eine zufluchtsstätte gewährt hatte, überfiel Karl Lothringen und drang bis Nimwegen vor (898). Der bischof Franco von Lüttich und der adel an der Mosel retteten Zwentibold aus seiner verzweifelten lage; der westfränkische könig, von seiner rückzugslinie abgeschnitten, erhielt durch einen vertrag freien abzug. Unter deutscher vermittlung kam im nächsten jahr zu St. Goar der friede zum abschluss.

Die krankheit, welche Arnolf wie sein vater aus Italien heimgebracht, zehrte seine kraft langsam auf. Er weilte zumeist in Baiern, das durch ihn der schwerpunkt des reichs geworden war. Hier spielte sich in Regensburg 899 ein skandalprocess ab, wie das reich zwölf jahre früher einen gesehen hatte: die kaiserin Uta wurde des ehebruchs angeklagt. Arnolfs leiden verschlimmerte sich durch einen schlaganfall. Nochmal raffte er sich auf, als Isanrich, der sohn des markgrafen Arbo, in der Ostmark das frevle treiben der markgrafensöhne wiederholte. Der kranke kaiser liess sich zu schiff nach Mautern bringen und leitete die belagerung der veste; Isanrich musste sich ergeben, entkam aber seinen wächtern und entfloh nach Mähren. Es war das letzte aufflackern der tatkraft Arnolfs gewesen. Am 8. dez. starb er.

Sein sohn Ludwig IV (das Kind) war noch nicht 7 jahre alt, als er am 4. febr. 900 in Forchheim zum könig erhoben und — der erste unter den deutschen königen — gekrönt wurde. Wer mit der vormundschaftlichen regierung betraut war, ist nicht überliefert. Aus den urkunden, die nun förmliche intervenientenreihen aufweisen, lernen wir die männer kennen, welche durch ihre ‚fürsprache', ihren ‚rat', ihre ‚zustimmung' den grössten einfluss auf die regierung oder wenigstens die erledigung einzelner angelegenheiten ausgeübt haben. Es sind dies vor allem die beiden taufpaten des königs, erzbischof Hatto von Mainz, der ‚geistliche vater', dessen rat und zustimmung, wie es in einer urkunde (n° 2051) heisst, der könig nicht entbehren könne, und bischof Adalbero von Augsburg, Ludwigs erzieher, dann die beiden brüder Salomon von Konstanz, in den letzten jahren kanzler, und Waldo von Freising und zumeist baierische bischöfe, für lothringische angelegenheiten der lothringische erzkanzler Ratbod von Trier; von den weltlichen grossen namentlich die in Franken und Hessen mächtigen Konradiner und markgraf Liutpold, dieser wie iene mit dem königlichen hause verwandt, und überwiegend wieder baierische grafen. Der massgebende einfluss blieb der geistlichkeit vorbehalten; wie sie einen damm bilden sollte gegen die unbotmässigkeit und die sonderinteressen der weltlichen grossen, so war auch sie auf den schutz der krone angewiesen. Aber sie vergass keineswegs ihren vorteil; es ist eine ganz stattliche anzahl von verleihungen, welche, so viel wir noch sehen können, besonders Salomon und Hatto für ihre klöster oder auch für sich selbst auf kosten des reichsguts sich erwirkten oder vielmehr sich nahmen.

Zwentibolds wüstes regiment, das von neuem den inneren krieg und ‚unversöhnlichen hader' zwischen ihm und den grossen entfachte, hatte alles getan sich unmöglich zu machen. In seinem vater verlor er die letzte stütze. Kaum war Ludwig gekrönt, als die Lothringer in schaaren zu ihm abfielen. Sie führten das königliche kind in ihr land und huldigten ihm in Diedenhofen. Mit aufgelesenem gesindel begann nun Zwentibold noch ärger im lande zu wüten und zu brandschatzen; am 13. aug. 900 wurde er in einem gefecht erschlagen. Lothringen war nach fünfiähriger trennung wieder dem deutschen reich einverleibt. Aber die inneren unruhen dauerten fort, der einheimische adel, nur bedacht sich am kirchengut zu bereichern, blieb gleich widerspenstig und selbst die nunmehr auch in lothringischen landen reich ausgestatteten Konradiner, deren einer, Gebhard, einmal (n° 2005) den titel eines herzogs von Lothringen führt, vermochten, als es 906 zu verheerender fehde kam, der unbotmässigkeit nicht herren zu werden.

Wie Lothringen wurde in Deutschland Franken der schauplatz blutiger kämpfe. In erbitterter eifersucht standen sich hier zwei mächtige familien gegenüber, die Konradiner, Konrad, Gebehard, Eberhard und Rudolf, dieser seit 892 bischof von Wirzburg, und die Babenberger, die söhne des 886 vor Paris gefallenen grafen Heinrich, welche sich von ihren nebenbuhlern immer mehr zurückgedrängt und in ihren besitzungen und grafschaften am oberen Main immer mehr eingeengt sahen. Die gehässige rivalität brach in offene fehde aus. Die Babenberger griffen die Konradiner an; sie unterlagen, einer der brüder, Heinrich, fiel, der zweite, Adalhart, wurde gefangen und auf befehl Gebehards zur rache für den tod Eberhards, der, in dem treffen tödtlich verwundet, nach wenigen tagen seinen wunden erlag, hingerichtet; der besitz der beiden Babenberger wurde eingezogen und der arg geschädigten kirche von Wirzburg zugeteilt (903). Noch behauptete der letzte der brüder, Adalbert, sich ungeschwächt im östlichen Franken. Im selben iahr noch vertrieb er den bischof Rudolf von Wirzburg, verwüstete die besitzungen seiner kirche und iagte Eberhards witwe und kinder von ihren gütern. 906 entbrannte die fehde heftiger denn zuvor. Adalbert griff Konrad unerwartet bei Fritzlar an. Konrad fiel, seine streitmacht wurde niedergehauen, die ganze gegend verwüstet. Diesen landfriedensbruch an ihren nächsten freunden konnte die reichsregierung nicht ungeahndet lassen. Adalbert wurde nach Tribur zur verantwortung vorgeladen. Er erschien nicht. Es wurde ein heer aufgeboten, der königliche knabe an die spitze gestellt und Adalbert in der burg Theres am Main belagert. Hart bedrängt entschloss er sich zu freiwilliger unterwerfung. Er kam mit wenigen begleitern ins lager und bat den könig um gnade. ‚Doch da der trug, auf den er sann, von den seinen verraten ward', wurde er in fesseln gelegt und nach dem urteilspruch des heeres am 9. sept. enthauptet. Sein besitz wurde konfiscirt und unter die ‚vornehmeren' aufgeteilt. Sage und dichtung haben das andenken des Babenbergers, des ‚grossen helden', welcher der hinterlist des ränkevollen erzbischofs Hatto zum opfer gefallen sei, verherrlicht.

Es war dies die einzige tat der reichsregierung. Umso wehrloser war das reich gegen die äusseren feinde.

Mit Mähren wurde nach einem neuen verwüstungszug 901 allerdings ein friede geschlossen, ein viel gefährlicherer feind erstand aber in den Ungarn. Nach dem grossen beutezug nach Italien brachen die Ungarn 900 über die Ens ein und verheerten weithin das land; ein teil ihres heeres wurde von dem grafen Liutpold geschlagen und zum schutz der grenze die Ensburg gebaut. Doch schon im nächsten iahr fielen die Ungarn in Kärnten ein, 902 griffen sie das mährische reich an, 903 schlugen sie sich wieder mit den Baiern; 904 wurde einer ihrer anführer mit seinem gefolge von den Baiern, die ihn zum gastmal geladen hatten, ermordet. Hatte ihnen bisher, da das gebirgsland im südosten ein rasches vordringen ausschloss, nur das rechte Donauufer eine einbruchslinie gewährt, so stand ihnen nach der zertrümmerung des mährischen reichs (905/6) auch der nordosten Deutschlands offen; 906 streiften ihre horden schon zum erstenmal nach Sachsen, 907 zogen sie wieder gegen Baiern; ein baierisches heer stellte sich ihnen in der Ostmark entgegen, es wurde fast ganz aufgerieben, graf Liutpold, der erzkaplan Theotmar von Salzburg, die bischöfe von Freising und Seben fielen, die Ostmark war verloren. Von seite des reichs geschah nichts für die gefährdeten länder, sie waren auf selbsthilfe angewiesen; in Baiern stellte sich Liutpolds sohn Arnolf als fast selbständiger ‚herzog‘ an die spitze. 908 brachen die Ungarn wieder in Sachsen ein und vernichteten ein fränkisch-thüringisches heer, 909 drangen sie bereits in Alamannien vor, erlitten aber auf dem rückweg durch herzog Arnolf eine schlappe. Der könig weilte unterdes meist der gefahr fern im westen. 910 endlich wurde ein allgemeines aufgebot erlassen, der könig übernahm selbst die führung und das deutsche heer erlitt bei Augsburg eine vollständige niederlage; auch der ‚teilweise‘ sieg der Baiern hinderte die Ungarn nicht ihre reiche beute in sicherheit zu bringen. Seit der schlacht bei Augsburg ist der könig beinahe verschollen. Im nächsten iahr starb er; niemand verzeichnete, wo er gestorben.

Ludwig war der letzte sprössling der deutschen linie der Karolinger, kläglich endete sie in einem unreifen, kraftlosen iüngling. Er hinterliess das reich in voller zersetzung, wehrlos einem furchtbaren feind preisgegeben, die königliche macht geschwächt, gelähmt durch die aufstrebenden territorialen gewaltherren, welche die notwendigkeit der selbsthilfe, des stärksten hebels der selbständigkeit, schuf. Die länder, welche dem alten ostfränkischen reich zugewachsen, waren verloren, auch die Lothringer waren 911 wieder abgefallen. Nicht umsonst hatte einer, welcher dieser regierung am nächsten stand, Salomon von Konstanz, an das Wort erinnert, das wehe ausruft über das land, dessen könig ein kind ist. Dies erbe übernahm Konrad I, der sohn des bei Fritzlar gefallenen hauptes der Konradiner.

Konrad wurde im nov. 911 von den Franken, Sachsen, Alamannen und Baiern zum könig gewählt. Vergeblich trachtete er Lothringen, das nach dem abfall von Deutschland sich an Westfrancien angeschlossen und Karl d. E. als könig bestellt hatte, dem reich wieder zu erobern. Drei heerfahrten, die er dorthin unternahm (912, 913), hatten keinen erfolg, Lothringen blieb verloren.

Härtere arbeit harrte des königs im innern, sobald er daran ging gegenüber den emporwuchernden territorialen gewalten die autorität der krone zur vollen geltung zu bringen und der unbotmässigkeit herr zu werden. Ihm stand nicht mehr das dynastische recht zur seite, den neuen machtstrebern gegenüber war er doch nur einer der ihren, der eine noch höhere stufe erklommen. In Schwaben war an die stelle des ‚Alamannenfürsten‘ Burchard, der das streben, sich eine herzogliche stellung zu begründen, 911 mit dem leben bezahlt hatte, Erchanger getreten; er fand in dem k. kanzler Salomon von Konstanz einen ebenso entschiedenen gegner. Mit dem widerstreben des abtbischofs gegen die ausbildung eines mächtigen herzogtums verband sich das interesse der krone. Hatte der könig auch 913 Kunigunde, die schwester Erchangers, die witwe des in der verteidigung der Ostmark gefallenen grafen Liutpold und mutter Arnolfs von Baiern, ‚gleichsam als unterpfand des friedens‘ zur gemalin genommen, so brach der kampf doch im nächsten iahr aus, als Erchanger den Konstanzer bischof überfiel und gefangen hielt. Konrad kam selbst nach Schwaben, fieng Erchanger und verbannte ihn. Die ruhe war damit nicht hergestellt; der iüngere Burchard, der sohn des 911 getödteten Burchard, nahm den kampf auf und Konrad belagerte 915 den Hohentwiel. Der einfall des herzogs Heinrich von Sachsen, der schon früher (913) mit Hatto von Mainz in fehde gelegen war und, ietzt von des königs bruder Eberhard angegriffen, diesen unfern der Eresburg vollständig geschlagen hatte, rief Konrad nach dem bedrohten Franken. Er zog sogar nach Sachsen, belagerte aber vergeblich Grona. Unterdes war Erchanger zurückgekehrt und hatte, mit Burchard verbündet, die königlichen bei Walwies geschlagen. Nach diesen niederlagen schien auch dem könig der erfolg sich zuwenden zu wollen. Herzog Arnolf, der nach einer verunglückten ersten erhebung (914) zu den Ungarn geflohen war und mit seinem oheim Erchanger in nahen beziehungen blieb, wurde in Regensburg angegriffen, die stadt wurde erobert und in brand gesteckt (916). Zugleich trat die geistlichkeit mit allen ihren mitteln auf der synode von Altheim für das bedrängte königtum ein; unter androhung des bannes beschwor sie alle dem könig die treue zu wahren und von jeder widersetzlichkeit abzulassen, sie verwies Erchanger zu lebenslänglicher busse in ein kloster und lud Arnolf von Baiern wie die nicht erschienenen sächsischen bischöfe zur verantwortung vor. Erchanger, der nach späterem bericht sich freiwillig stellte, wurde mit seinem bruder und neffen enthauptet. Es war damit nichts mehr gewonnen. In Schwaben wurde nun Burchard zum herzog erhoben, Arnolf nahm Baiern wieder in besitz. Konrad gab den aussichtslosen kampf auf.

Unfähig im reich herr zu werden fühlte sich der könig umso weniger berufen die äusseren feinde abzuwehren. 912 unternahmen die Ungarn einen verheerenden zug nach Franken und Thüringen, 913 durch Baiern nach Alamannien, diesmal von Arnolf von Baiern und Erchanger auf dem rückweg am Inn angegriffen und geschlagen. 915 verwüsteten sie wieder Alamannien, streiften durch Thüringen und Sachsen und gelangten bis Fulda, 917 kamen sie nochmal nach Schwaben, zerstörten Basel und drangen durch das Elsass bis nach Lothringen vor. Sie blieben unbehelligt, der könig machte nicht einmal einen versuch das reich zu schützen.

Dem tod nahe forderte Konrad seine sippe und die fränkischen grossen auf den herzog Heinrich von Sachsen zu seinem nachfolger zu wählen und übersandte diesem die königlichen insignien. Es war der grösste dienst, welchen er dem reich erwies. Mit den Sachsen gelangte ein geschlecht auf den deutschen tron, welches das schon in seinen grundlagen berstende reich aus innerer zerfahrenheit und äusserer bedrängnis rettete und ihm in Otto I den bedeutendsten kaiser nach Karl d. Gr. gab.

Protokoll der urkunden und siegel [1].

Invokation. Die verbale invokation wird erst in die urkunden Karls d. Gr. nach dessen kaiserkrönung eingeführt, während die monogrammatische (das chrismon) von jeher in den merowingischen königsurkunden üblich war. Beide verbinden sich nun, seltener fehlt unter Ludwig d. Fr. das chrismon; dieses gewinnt unter Ludwig d. D. durch Heberhard jene form, die ihm für ein jahrhundert geblieben ist (Stumpf Wirzburger immun. 1,21).

Die invokation lautet nach ihrem griechischen muster unter Karl d. Gr.: ‚In nomine patris et filii et spiritus sancti'. Unter Ludwig d. Fr.: ‚In nomine domini dei et salvatoris nostri Jesu Christi'. Diese formel ist muster für die urkunden Lothars I und Ludwigs d. D. bis 833, deren kanzleien von der ihres vaters eingerichtet wurden. Unter Lothar I lautet sie: ‚In nomine domini nostri Jesu Christi dei aeterni' und dieselbe formel führen die urkunden seiner söhne Ludwig II und Karl, während die

[1] Literatur: für die zeit von 751—840 Sickel UL. 208—281, für Ludwig den Deutschen Sickel Beitr. I, II, Wiener SB. 36,347; 39,106, Lothar I Wiener SB. 85,472, Karl III mit berücksichtigung der späteren Karolingerzeit ib. 92,404, für Zwentibold die Diss. von Moritz Müller, Die kanzlei Zwentibolds (Bonn 1892); eine nicht vollendete und in einzelheiten revisionsbedürftige zusammenstellung bei Stumpf Reichskanzler 1,73—128.

kanzlei Lothars II sich eine eigne schafft: ‚In nomine omnipotentis dei et salvatoris nostri Jesu Christi'. Die urkunden Ludwigs d. D. beginnen 830—833 mit: ‚In nomine domini nostri Jesu Christi dei omnipotentis', vom herbst 833 aber führen sie, wie die unabhängigkeit vom vater und die eigne selbständigkeit sich auch im titel und in der datirung zum ausdruck bringt, die neue invokation ein: ‚In nomine sanctae et individuae trinitatis' (zuerst n° 1353), eine form, die seit 840 auch in den urkunden Karls d. K. herrscht, in jenen Lothars I und Ludwigs II nur ganz vereinzelt (n° 1071, 1246, 1253 or., 1204 kapitulare) auftritt. Diese invokation ‚In nomine sanctae et individuae trinitatis' bleibt nun die regel für alle deutschen Karolinger, von ihnen übernahm sie die folgezeit und sie ist auch ietzt noch in den lateinisch abgefassten staatsverträgen üblich. Ausnahmen veranlasst nur noch der einfluss der vorurkunden, aus denen gelegentlich eine fremde invokation übernommen wird.

Titel. Geringere ständigkeit als der invokation ist dem titel gegeben: äussere verhältnisse greifen ein, der erwerb eines neuen landes erweitert ihn gelegentlich, die kaiserwürde bringt eine änderung. Titel und datirung stehen in unmittelbarem zusammenhang, sie sind die faktoren der epochen einer regierung. Wenn Ludwig d. D. bis zur erhebung von 833 den titel ‚rex Baioariorum', dann aber nur den titel ‚rex' führt, so bringt er dadurch ebenso seine erweiterten ansprüche zum ausdruck wie Lothar I zur selben zeit durch das fortlassen des zusatzes ‚invictissimi domni imperatoris Hludowici filius' die lossagung von der oberhoheit des vaters, und in der datirung der urkunden beider fällt zugleich die zählung nach den regierungsiahren des alten kaisers weg; Ludwig II führt dagegen den entsprechenden zusatz bis zum tod seines vaters, eine formelle anerkennung der oberhoheit desselben. In den italienischen privaturkunden wird besonders in älterer zeit meist der vom herrscher speciell geführte titel für ihre datirung verwendet (vgl. Wiener SB. 92.407 n. 7), er gewann also offizielle bedeutung.

Die urkunden der Karolinger als hausmaier bewegen sich in den formeln der privaturkunden. Demgemäss lautet hier der titel: ‚Ego in dei nomine inluster vir N. maiorum domus, filius N. quondam'. Nur Pippin d. J. gebraucht schon als hausmaier den bisher den königsurkunden vorbehaltenen pluralis maiestaticus ‚nos, noster' statt ‚ego . . meus', ein beweis, wie sehr er sich schon damals als herrscher fühlte; darauf weist auch die anspruchsvollere vereinfachung seines titels: ‚Inluster vir Pippinus maiorem domus'. Als könig führt er im titel nach alter weise den zusatz ‚vir inluster', wie seine söhne Karlmann und Karl d. Gr., so lange dieser nur könig der Franken war.

Pippin: Pippinus rex Francorum vir inluster (die einschaltung ‚gratia dei' nur in den kopien n° 108, 110 und damit unbeglaubigt) [1].

Karlmann: Car(o)lomannus rex Francorum vir inluster, dann (zuerst in n° 118), um nicht hinter seinem bruder zurückzubleiben, mit der erweiterung: C. gratia dei rex Francorum vir inluster.

Karl d. Gr. 768—774: Carolus gratia dei rex Francorum vir inluster.

774—800: C. gratia dei rex Francorum et Langobardorum ac patricius Romanorum (ständig mit wenigen ausnahmen seit mai 775, n° 185 f. vgl. M. G. DD. Kar. 1.77).

801—814: Karolus serenissimus augustus a deo coronatus magnus pacificus imperator (nach byzantinischem muster vgl. n° 370e und nachtrag dazu) Romanum gubernans imperium qui et per misericordiam dei rex Francorum et Langobardorum.

Ludwig d. Fr. als könig von Aquitanien: Hludowicus gratia dei rex Aquitanorum, als kaiser bis 833: Hludowicus divina ordinante providentia imperator augustus (825—830: Hludowicus et Hlotharius divina ordinante providentia imperatores augusti).

834—840: Hludowicus divina repropitiante clementia imperator augustus.

Lothar I 822—833: Hlotharius augustus invictissimi domni imperatoris Hludowici filius.

833—855: Hlotharius divina ordinante providentia imperator augustus.

---

[1] Nur selten tritt unter Pippin und Karl d. Gr. zum titel noch der zuerst in einer Merowingerurkunde vorkommende zusatz ‚iuvante domino, qui nos in solium regni instituit' hinzu (n. 91, 134. 141, 178, 220, 226), vgl. auch M. G. DD. Kar. I, 1.77.

Ludwig II 850—855: Hludowicus gratia dei imperator augustus invictissimi domni imperatoris Hlotharii filius.

855—875: Hludowicus gratia dei, seltener (bis 866 vereinzelt, von da an überwiegend) divina ordinante providentia imperator augustus.

Lothar II: Hlotharius divina praeveniente clementia rex (abweichend brief n° 1325).

Karl, sohn Lothars I: Karolus divina ordinante providentia rex piissimi quondam Hlotharii augusti et inclyti filius (mit unwesentlichen varianten).

Ludwig d. D. 830—833: Hludowicus divina largiente gratia rex Baioariorum.

833—876: Hludowicus divina favente gratia (clementia nur 854—859 in mehreren ausschliesslich von Hadebert rekognoscirten urkunden n° 1408, 1422—29, 1437) rex.

Karlmann: Karlomannus divina favente gratia (später und seltener: clementia) rex.

Ludwig III: Hludowicus divina favente gratia (clementia nur vereinzelt) rex.

Karl III: Karolus divina favente clementia rex, nach der kaiserkrönung: imperator augustus (mit wenigen varianten vgl. Wiener SB. 92,406).

Arnolf: Arnolfus (Arnulfus) divina favente gratia (später und seltener: clementia) rex mit einigen varianten; abweichend: A. rex ecclesiae catholicae filius et defensor in n° 1875 or.;

als kaiser: A. divina favente clementia (seltener gratia) imperator augustus.

Zwentibold: Zwentebulcus (und andre namensformen vgl. n° 1955ᵈ) divina ordinante providentia (mit einer überzahl der verschiedensten varianten: divina favente, ordinante, adiuvante, procurante usw. clementia u. a.) rex.

Ludwig IV: Hludowicus divina favente gratia oder clementia rex (varianten: gratia dei, divina ordinante, largiente gratia u. a.).

Konrad I: Chuonradus divina favente clementia rex (varianten: largiente, annuente, praeordinante, auxiliante clem., dei gratia u. a.).

Königliche unterfertigung. Die des schreibens kundigen Merowinger unterfertigten ihre urkunden selbst oder wahrten durch die formel ‚N. rex subscripsi' den schein eigenhändiger unterzeichnung; unterfertigung durch handmal und die entsprechende formel ‚Signum (M) N. regi' war, soweit originale eine beglaubigung bieten, eigentlich nur für minderjährige könige üblich, welche die urkunde nicht selbst unterschreiben konnten. Auch für den letzten könig aus merowingischem geschlecht scheint diese art der unterfertigung in anwendung gebracht worden zu sein (M. G. DD. Merov. 86,87 n° 96,97 nach von einander unabhängigen kopien). Die urkunden der Karolinger als hausmaier tragen, während Pippin d. M. wie auch sein sohn Arnolf (n° 24) noch eigenhändig unterzeichnete (n° 20), unter Karl Martell die privaturkundliche formel ‚Signum inlustris viri K. maiorum domus qui hanc donationem fieri et adfirmari rogavit' (n° 35 vgl. 38, 43), welche eigenhändige unterfertigung ausschliesst. Die gleiche formel ohne den nachsatz ist unter den hausmaiern Karlmann und Pippin d. J. üblich. Die einzige im or. erhaltene urkunde (n° 60; n° 59 ist gerichtsurk. in andrer fassung) trägt die unterfertigung ‚Signum † inlustri viro Pippino maiorem domus' und in der korroboration die worte ‚manu propria firmavimus'. Dieser brauch geht in die königliche kanzlei Pippins über, die nur den titel zu ändern hatte. Die eigenhändige unterfertigung beschränkt sich bei Pippin und seinem sohn Karlmann aber auf das ausfüllen des als handmal dienenden kreuzes, von Karl d. Gr. an auf das eintragen des vollziehungsstriches in das monogramm; hie und da, später häufiger, unterblieb auch dies. Die formel, an sich leicht veränderlich und nicht von sonderlichem belang, verliert ebenfalls in der späteren zeit noch mehr an stetigkeit und wechselt mit prädikaten: anfangs überwiegt ‚gloriosissimi', aus Karls d. Gr. kaisertitel stammt ‚piissimi' und ‚serenissimi', durch Karlmann und dessen sohn Arnolf wird ‚invictissimi' eingeführt. Der zusatz ‚domni' zum namen des königs, früher mehr vereinzelt, wird ständig unter Arnolf.

Die hauptformen sind:

Pippin: Signum † (domno) Pippino gloriosissimo rege.

Karlmann: Signum † (domno) Car(o)lomanno gloriosissimo rege.
Karl d. Gr. als könig: Signum (M) Caroli gloriosissimi regis;
als kaiser: Signum (M) Karoli (domni) piissimi ac serenissimi (gloriosissimi) imperatoris.
Ludwig d. Fr.: Signum (M) (domni) Hludowici serenissimi (piissimi) imperatoris (augusti).
Lothar I: Signum (M) Hlotharii gloriosissimi imperatoris, seit 833 (nº 1036) gloriosissimi augusti, seit 839 (nº 1061 vgl. 1057): serenissimi augusti (varianten nur in k.).
Ludwig II: Signum (M) domni Hludowici serenissimi (selten piissimi, gloriosissimi) augusti oder imperatoris, seit 870 (nº 1243 or.) öfter: imperatoris augusti.
Lothar II: Signum (M) Hlotharii gloriosi regis.
Karl, sohn Lothars I: Signum Karoli regis (gloriosi regis).
Ludwig d. D.: Signum (M) domni Hludowici gloriosissimi, seit 845 (nº 1382) häufiger, seit 854 (nº 1409) ausschliesslich: serenissimi regis (piissimi nur in 4 k.).
Karlmann: Signum (M) domni Karolomanni serenissimi oder invictissimi (zuerst nº 1533, 1534 or., seltener piissimi) regis.
Ludwig III: Signum Hludowici (M) serenissimi regis (invictissimi nur nº 1555 k. vgl. 1564 or.).
Karl III als könig: Signum (M) Karoli serenissimi regis (seit 879 nº 1590 auch: domni K.);
als kaiser: Signum (M) Karoli (oder domni K.) serenissimi imperatoris (augusti, imperatoris augusti und andre varianten, Wiener SB. 92,409).
Arnolf als könig: Signum domni Arnolfi (M) gloriosissimi (piissimi, seltener invictissimi u. a.) regis;
als kaiser: Signum domni Arnolfi (M) invictissimi (seltener serenissimi, excellentissimi nº 1914, 1916) imperatoris augusti, überwiegend nur: S. d. A. (M) imperatoris augusti (zuerst nº 1928 or.).
Zwentibold: Signum domni (M) Zuentibolchi (und andre namensformen) gloriosissimi regis (mit seltenen varianten).
Ludwig IV: Signum domni Hludowici (M) serenissimi (selten piissimi) regis.
Konrad I: Signum domni Chuonradi (M) serenissimi (selten piissimi) regis.

Die stellung des monogramms ist auch unter den einzelnen herrschern keine fest bestimmte: anfangs steht es zumeist nach ‚signum', dann auch nach dem namen oder ‚domni', seit Arnolf ziemlich regelmässig hinter dem namen. Als namensmonogramm ist es für die herrscher gleichen namens im wesentlichen gleich, so für die namen Karl, Ludwig, Lothar; neue monogramme waren nur zu bilden für Karlmann, Arnolf, Zwentibold, Konrad. Genaue abbildungen jetzt in den Kaiserurkunden in Abbild.

Unter Ludwig d. D. bildet sich der brauch bestimmte urkunden durch beifügung von signumzeile und handmal seiner söhne bestätigen zu lassen und diese einfachste form der bestätigung wird auch von Arnolf und Ludwig IV in anwendung gebracht (Ficker Beitr. z. UL. 1.280 vgl. Sickel in Kaiserurk. in Abbild. text 156).

R e k o g n i t i o n. Neben der formel ‚N. optulit' oder ‚iussus optulit' begegnet in den diplomen der Merowinger schon ziemlich häufig die formel ‚N. recognovit' (zuerst 658 M .G. DD. Merov. 32 nº 34 or.; iussus recognovit ib. nº 70, 77 or. vgl. Sickel UL. 207), in erweiterter fassung ‚recognovit et subscripsit' (ib. nº 73 or.); seit dem 8. iahrh. tritt die rekognition auch bereits in ihrer später stereotypen form auf: ‚N. advice N. recognovit' (ib. nº 79 ex or. vgl. nº 94). Die urkunden der Karolinger als hausmaier tragen in älterer zeit noch die form der unterfertigung der privaturkunden durch den schreiber (Ego N. iubente d. Pippino . . scripsi et ss. nº 10 vgl. 15; iussu domni mei P. nº 20; iussus a domno meo K. scripsi et ss. nº 38; rogatus a K. scripsi et ss. nº 34, 48), die urkunden Pippins d. J. bieten aber neben dieser älteren form (iussus scripsi nº 54, 62, 63 k.) den zuerst während der tronvakanz in der letzten urkunde Karl Martells (nº 43 or.) auftretenden ausdruck ‚iussus recognovi' (nº 57, 58 or.) oder ‚recognovi et ss.' (nº 59 or. vgl. Bresslau UL. 1.273).

Die letztere form übernimmt die königliche kanzlei Pippins. Während aus dieser formel, deren sich nur die rekognoscenten der alten schule bedienen, das ‚iussus' bald verschwindet (zuletzt nº 91) und Baddilo, der seinem namen ‚in dei nomine' vorzusetzen liebt, dieselbe zu ‚B. recognovi et ss.' vereinfacht, erweitert sie sich nach der organisation der kanzlei (760 n° 90) schon zur formel der stellvertretenden kanzleifertigung ‚N. invice N. recognovi et ss'.

Wie noch ausschliesslich unter Karlmann, so behauptet sich die vereinfachte formel ‚N. recognovi et ss.' auch noch in der kanzlei Karls d. Gr.; sie wird von Hitherius bis 775 (n° 177), mit der abänderung ‚N. relegi et ss.' von Rado und Ercanbold bis 782 (n° 251) und 797 (n° 338) gebraucht, unter Ludwig d. Fr. dann noch unter Helisachar 814—816 (n° 521, 629); sie hat nun die bedeutung, dass der leiter der kanzlei selbst es ist, der nur in seinem namen rekognoscirt. Daneben prägt sich die organisation der kanzlei und die gliederung des kanzleipersonals in der neben jener in ihr recht tretenden formel ‚N. advicem N. recognovi et ss.' (zuerst 772 n° 146 k.) aus, die, seit 774 (n° 169) mehr und mehr überwiegend, seit 817 ständig an die stelle der unterzeichnung durch den kanzleivorstand die fertigung der rekognoscirenden kanzleibeamten ‚anstatt' des kanzleivorstandes setzt. Für ‚recognovi' tritt in der kanzlei Karls d. Gr. auch ‚relegi' (später nur ganz vereinzelt, n° 1015 k. oder 1733 or.) oder ‚scripsi' ein oder die formel lautet nur ‚N. advicem N. ss.' (Sickel UL. 260). In den tironischen noten des rekognitionszeichens ist auch noch in der folgezeit meist die rekognition wiederholt oder es sind auch, namentlich ienen am schluss des textes, vermerke über die beurkundung (befehl zur ausfertigung, rekognition, siegelung) beigefügt (Sickel UL. 94. 217, 343, Beitr. VII. Wiener SB. 93,685); die kenntnis der tironischen noten und damit ihre verwendung verschwindet noch unter Ludwig d. D. (Kaiserurk. in Abbild. text 161, 168, 194). Die gerichtsurkunden nehmen auch hier eine abgesonderte stellung ein; der ausserhalb der kanzlei stehende rekognoscent, der pfalzgräfliche notar (Sickel UL. 359), unterfertigt meist nur im eignen namen (n° 191, 200, 475); nur einmal (n° 247) begegnet hier eine stellvertretende rekognition.

Die formel ‚N. advicem N. recognovi et ss.' bleibt für die Karolingerzeit wie für die folge die allein herrschende. Lange führte der rekognoscent keinen titel; erst ist es nur der geistliche titel, der vereinzelt noch unter Karl d. Gr. (Witherius diaconus n° 477 or.), häufiger unter Ludwig d. Fr., namentlich durch Durandus (diaconus n° 522 f.) und Hirminmar (n° 622, 746 f.) eingeführt wird, dann erst der amtstitel ‚notarius', der seine einbürgerung wieder vor allen Hirminmar (n° 781 or. f.) und Meginurius (n° 824 f.) verdankt. Ein amtstitel für den kanzleichef (cancellarius, dann archicancellarius, nach verbindung des amtes mit der erzkaplanei archicapellanus) wird erst in den teilreichen üblich. Der rekognitionszeile ist ein chrismon, gleich dem zu beginn der urkunde stehenden vorangestellt; dasselbe verschwindet aus den diplomen der deutschen kanzlei nach 850 (nach dem apparat der M. G. noch in n° 1397—1399, 1407, während es auch schon in n° 1380, Kaiserurkunden in Abbild. VII 3 fehlt), später erst und nur vereinzelt auch aus den urkunden Lothars II (vgl. Kaiserurk. in Abbild. VII,8. 9: das chrismon noch in n° 1309. 1311).

Die rekognition ist die eigenhändige unterfertigung des rekognoscenten, seine autographe subscription eines der beglaubigungsmittel der urkunde. Für die zeit bis 840 ist sie das bestimmteste kennzeichen der originalität (Sickel UL. 322,371). Sie bleibt autograph bis zum ende Ludwigs d. D. (876). Von da an hört sie auf eigenhändig zu sein (Sickel in Kaiserurk. in Abbild. text 164, 177, 200). Nicht mehr vom rekognoscenten, sondern von einem andern kanzleischreiber, gewöhnlich dem ingrossisten der urkunde geschrieben büsst die rekognition ihre ursprüngliche bedeutung ein. Und mit ihr verliert das rekognitionszeichen, das früher autograph wie die rekognition selbst, trotz der normalen form von iedem rekognoscenten seine eigenart erhielt (Sickel UL. 323), seine charakteristische individualität; zu ziemlich stereotypem schnörkelwerk sich verflachend beginnt es auch bereits von der rekognitionszeile sich abzudrängen.

Datirung. Noch schärfer als im titel prägt sich in der datirung die geschichte einer regierung aus: hier bringen sich nicht nur politische umwälzungen, wie die lossagung Lothars I und Ludwigs d. D. von ihrem vater durch entfernung der datirung nach dessen regierung, in derselben weise, wie es auch bei ähnlichen vorfällen offenbar durch officiellen einfluss in italienischen privaturkunden geschah (Mittheil. des Instituts f. öst. GF. 2,298), oder die erhebung zur kaiserwürde zum ausdruck, auch der erwerb eines neuen landes veranlasst fast immer die einstellung einer neuen epoche. So mehren sich die faktoren der datirung, am meisten unter Karl III, als ihm reich um reich anfiel. Die berechnung dieser regierungsiahre ist zeitweise genau, oft genug aber ungenau, hie und da geradezu willkürlich: die datirung gerät, wie eine zeitlang unter Lothar I. förmlich in verwirrung (Wiener SB. 85,499, andre belege aus früherer zeit Sickel UL. 251), es bildet sich eine konventionelle epoche, gewöhnlich der bequemlichkeit des rechnens wegen, so in der kanzlei Lothars I die epoche von 820, welche mit dessen regierungsantritt in Italien gar nichts zu schaffen hat, neben der richtigen epoche vom herbst 822 (Wiener SB. 85,478) oder die formeln: annus regni — 20 = indictio unter Hadebert, a. reg. — 30 — ind. unter dessen nachfolgern in der kanzlei Ludwigs d. D. (Sickel Beitr. I, II ib. 36,388; 39,119, 121). Für dieselbe regierung, mag die berechnung noch so schleuderhaft oder willkürlich sein, ist nur eine einzige epoche in geltung; die annahme mehrerer epochen, früher der beliebte ausweg zur erklärung der unregelmässigkeiten, ist, wie schon Böhmer betonte, unhaltbar. Gelegentlich tritt die datirung in bestimmte kongruenz zur rekognition wie unter Ludwig d. D. und Karl III (Wiener SB. 92,383), ein beleg für die einflussnahme der rekognoscenten.

Die urkunden der Karolinger als hausmaier führen die datirungsformel ‚Actum loco N. sub die .. anno .. regni domni nostri N. regis', seltener und erst seit Karl Martell die in den Merowinger diplomen übliche ‚Datum quod fecit mense .. die .. anno .. regnante N. rege' (n° 32, 51, 59 or. vgl. 50). Sie datiren nach den iahren der merowingischen könige, während der tronvakanz (737—743) iene Karl Martells n° 43: ‚a. V post defunctum Theudericum regem', die Pippins d. J. n° 54 ‚a. II principatus eiusdem Pippini'.

In den königsurkunden Pippins kommt die fortan ständige formel in gebrauch: Datum mit tages- und iahresangabe, actum mit ortsangabe und der apprekation. Als letzter teil der urkunde, hie und da auch verschiedene zeitpunkte in handlung und beurkundung kennzeichnend, ist sie wol auch gelegentlich von andrer hand beigefügt oder sie weist nachtragungen, auslassungen, besserungen der zahlzeichen auf. Die alte formel ‚datum quod fecit' findet sich, wie sie schon unter Pippin (n° 70, 73 aus vorurk., 91) und Karlmann (n° 127) sehr selten wird, auch noch ganz vereinzelt teils aus vorurkunden (n° 140, 213), teils in den am überlieferten am stärksten festhaltenden gerichtsurkunden (n° 142. 469) unter Karl d. Gr.

Schon unter Pippin tritt die berechnung des tagesdatums nach römischem kalender in überwiegende konkurrenz mit der fortlaufenden zählung des tages im monat, die, von der alten schule gebraucht, sich ausser der formel ‚datum quod fecit' ietzt der formel ‚data mense .. die ..' bedient. Die kanzlei Karls d. Gr. verwendet nur mehr die zählung nach römischem kalender, hie und da mit vorangestelltem ‚sub die'; ausnahmen bilden auch hier nur die bereits erwähnten urkunden mit der alten formel und 2 andre fälle (n° 239 k., 247 gerichtsurk.). Wie schon öfter unter Pippin (n° 90. 102. 104. 110 or., 106 k.) und überwiegend unter Karlmann wird auch in der königszeit Karls d. Gr. häufig nur der monat, aber nicht der tag angegeben: dann lautet die formel ‚data in mense ..' Die römische zählung bleibt in ausschliesslichem gebrauch; es fehlt ihr nicht an rechnungsfehlern oder versehen, namentlich fortführung des laufenden monatsnamens statt des folgenden nach den idus.

Unter den iahresdaten nehmen die regierungsiahre die erste stelle ein. Die königsurkunden Pippins übernehmen aus den diplomen der Merowinger auch die formel für die regierungsiahre ‚anno .. regni nostri'; daneben drängt sich die früher nur privaturkundliche formel ein ‚regnante domno Pippino gloriosissimo rege' (n° 97, 95 vgl. 86 k.; ‚regni domni P. regis' ebenfalls nur in k. n° 68, 70). Beide formeln mengen sich in den urkunden Karlmanns, in denen Karls d. Gr. dagegen ist die erste formel ‚anno .. regni nostri' feste regel, die zweite nur seltene ausnahme (in den or. n° 140, 213, beide nach vorurk., 171). Das personalpronomen bleibt auch für die formel der kaiserzeit ‚anno ... Christo propitio imperii nostri .. regni nostri in ..' in geltung (eine ausnahme hier wieder die ausserhalb der k. kanzlei entstandene gerichtsurk. n° 469 or. mit ‚anno .. imperii domni nostri K. .. regni eius ..'). So wird es auch noch in der kanzlei Ludwigs d. Fr. gehalten; aber neben der formel ‚anno

.. Christo propitio imperii nostri' tritt schon 814 (zuerst nº 541, 545 f.) die andre auf, welche in ihrer unpersönlichen fassung muster für die folgezeit blieb ‚anno ... Christo propitio imperii domni Ill. serenissimi (oder andre praedikate) augusti' (imperatoris, imp. aug. vgl. Sickel UL. 243, 261, 281). Nach Ludwig d. Fr. ist die fassung ‚anno .. imperii (regni) domni N. .. aug.' (imp., regis mit wechselnden praedikaten) oder ‚anno .. domni N. .. regis' ständig und findet eine nicht häufige variation nur noch in der partizipialform ‚anno .. regni domni N. .. regnantis' oder noch seltener und später ‚regnante N. rege anno ..'. Der nach der kaiserkrönung Karls d. Gr. eingeführte zusatz ‚Christo propitio', noch ständig unter Lothar I und II, beginnt in der italienischen kanzlei gegen ende der regierung Ludwigs II (nº 1239. 44. 45 or., 1259, 62 f.; früher nur vereinzelte fälle), in der deutschen kanzlei seit 855 (zuerst nº 1412 or.) zu verschwinden; häufiger dann wieder unter Karlmann, seltener unter Ludwig III ist er aus den urkunden Karls III bereits entfernt und tritt dann nur noch ganz ausnahmsweise auf. Mit ihm hält die entfernung des titels ‚domni' vor dem namen des herrschers gleichen schritt; er verschwindet um dieselbe zeit und in derselben weise, er wird nur noch für Karl III und Arnolf in mehr oder minder regelmässige verwendung gebracht, als sie kaiser geworden waren. ‚Regnum' umfasst unter Pippin, unter Karl d. Gr. auch nach der eroberung Italiens, das ganze Frankenreich wie ‚imperium' unter Ludwig d. Fr.; nur in den kaiserurkunden Karls d. Gr. wird die unterscheidung der ‚anni regni in Francia atque in Italia' neben den ‚anni imperii' gebraucht. Lothar I. erst herr in Italien, datirt nach ‚anni imperii in Italia'. Ludwig d. D. bezeichnet seit herbst 833 seine regierungsiahre als ‚anni regni in orientali Francia', ein beleg für seine damals erwachsenen und zu lebzeiten des vaters immer festgehaltenen ansprüche, und Ludwig III führt, hier im einklang mit den tatsächlichen verhältnissen, diese bezeichnung fort. Die ‚anni regni (imperii) in Italia' bilden nun, wenn es gelingt das land in besitz zu nehmen, einen eignen faktor der datirung: so unter Karlmann, der dadurch genötigt ist die regierungsiahre in seinem ererbten reich als ‚anni regni in Bavaria' zu bezeichnen, unter Karl III, bei dem sich, als das glück ihm reich um reich in den schoos warf, diese faktoren häuften (a. reg. in Francia, Italia, Gallia, a. imp.) und hie und da unter Arnolf. ‚Anni regni' sind also die regierungsiahre; als ‚iahre des reichs' könnten sie allenfalls nur übersetzt werden, wenn der herrscher nur das eine reich besass, wie ‚regnum' unter Lothar II und Zwentibold Lothringen ist, unter Ludwig IV Deutschland mit, unter Konrad I ohne Lothringen. Lothringen selbst, das ‚regnum Hlotharii', hat es noch nicht zu einem eigentlichen landesnamen gebracht, es wird seit Ludwig III als integrirender teil Deutschlands betrachtet und deshalb auch in der datirung nie erwähnt.

Die einführung der indiktion ist eine neuerung der kaiserurkunden Karls d. Gr. (Sickel UL. 253). Damit ist ein wichtiger faktor für die kontrole der regierungsiahre gewonnen und gelegentlich bietet, wenn in diese verwirrung oder willkür eingerissen ist, die indiktion den leitenden faden. Aber auch sie erfährt keine gleichmässige behandlung, auch dieselbe kanzlei wechselt die indiktionsepoche: so ist in den urkunden Ludwigs d. Fr. zuerst die griechische (vom 1. sept.), dann die neuiahrsindiktion (25. dec.) in gebrauch, in ienen Lothars I nach 840 umgekehrt zuerst die neuiahrsindiktion, dann die griechische. Während in Italien die ältere griechische indiktion fast ausschliesslich die übliche ist, findet die Bedaische (epoche 24. sept.) kaum bestimmte belege, ausser dass in den urkunden Ludwigs d. D. regierungsiahr und indiktion am 24. sept. zugleich umsetzen, eine auch sonst begegnende erscheinung, dass man der bequemlichkeit der rechnung wegen zwei konkurrirende faktoren, wenn ihre epochen einander nahe lagen, zugleich umsetzte. Nach 876 lässt sich meist nur ein schwanken der indiktion zwischen september- und neuiahrsepoche feststellen.

Am spätesten tritt das inkarnationsiahr in die reihe der iahresdaten in die diplome. In privaturkunden vielfach seit längerer zeit in verwendung wird die zählung der inkarnationsiahre (anni incarnationis domini nostri Jesu Christi, dominicae incarnationis, anni domini u. ä.) erst in den urkunden Ludwigs III (nº 1548 f.) und Karls III (nº 1578 f.) und hier gleichzeitig eingeführt (Wiener SB. 92.367). Ausschliessliche epoche ist der 25. dezember.

Die stellung der verschiedenen iahresdaten in der datirungsformel bindet sich, besonders wenn iene sich mehren, nicht an feste regeln. Gewöhnlich stehen, so lange nur anni regni (imperii) und indiktion den datirungsbestand bilden, iene voran, nach einführung des inkarnationsiahrs tritt dieses an die spitze, ihm pflegt die indiktion, dieser erst das regierungsiahr zu folgen.

Ich stelle die epochen der regierungsiahre und der indiktionen mit ihren formeln unter den einzelnen herrschern zusammen:

Pippin: a. regni nostri, epoche 751 erste hälfte nov. (Sickel UL. 243, M. G. DD. Kar. 1,1).

Karlmann: epoche wahrscheinlich wie bei Karl d. Gr. die tronerhebung 768 okt. 9 vgl. n° 115[d], M. G. DD. Kar. 1,62.

Karl d. Gr.: epoche der fränkischen a. regni 768 okt. 9 (tronerhebung in Noyon), der italienischen 774 mai 30 bis iuni 2.

a. imperii: epoche kaiserkrönung 800 dez. 25.

indiktion seit 802, wahrscheinlich griechische vom 1. sept. (Sickel UL. 248 f., M. G. DD. Kar. 1,77).

Ludwig d. Fr.: a. imperii, epoche 814 ian. 28 (todestag Karls d. Gr.) oder 29 (Sickel UL. 266 f.).

indiktion: bis 823 regelmässig griechische vom 1. sept., dann etwa 9 iahre schwankend, seit 832 nach der neuiahrsepoche, Sickel UL. 276.

Epoche der iahre Lothars I in den urk. Ludwigs d. Fr. 825—830 (n° 816—871, 875—879) 822 ungefähr sept. 1 (Sickel UL. 277 vgl. Wiener SB. 85,470).

Lothar I 822—833 (n° 1015—1036): a. imp. d. Hludowici serenissimi imperatoris (epoche ende iänner) regnique d. Hlotharii gloriosissimi augusti in Italia, epoche herbst 822 und konventionelle epoche beginn 820 (vorwiegend für die kapitularien); griechische indiktion.

833—834 (n° 1037—1045): a. imp. d. Hlotharii in Francia (epoche 833 vor apr. 7, wol irrig), in Italia (sehr ungenaue zählung, epoche von 820 oder 822): septemberindiktion, wahrscheinlich die griechische.

835—840 (n° 1046—1071): a. imp. d. Hlotharii pii imperatoris (zählung in vollständiger verwirrung); septemberindiktion (griechische).

840—855 (n° 1073 f.): a. imp. d. Hlotharii pii imperatoris in Italia (epoche 820) et in Francia (epoche 840, beide faktoren setzen bis 848 [851] zu neuiahr um; von 849 an epochetag iuni 20, todestag Ludwigs d. Fr., oder 21); bis 848 griechische, von 849 neuiahrsindiktion (über die datirung der urk. Lothars I Wiener SB. 85,463 f.).

Ludwig II 850—855 (n° 1180—1203): a. imp. d. Hlotharii pii aug. (epoche von 820) et Hludowici glor. imp. in Italia (epoche 850, beide gleichzeitig umgesetzt); griechische indiktion (n° 1179[a]).

855—875: a. imp. in Italia (epoche 850 apr., kaiserkrönung); griechische indiktion (über die eigentümlichkeiten der datirungsformel Wiener SB. 92,391 n. 2).

Lothar II: a. regni d. Hlotharii regis (epoche 855 sept. 14—okt. 15, wahrscheinlich der todestag Lothars I sept. 29); septemberindiktion (beide faktoren, wie es scheint, zugleich umgesetzt, n° 1275[f]).

Karl, sohn Lothars I: a. regni d. Karoli regis (epoche wol von 856, dem vertrag von Orbe); septemberindiktion (n° 1325[f]).

Ludwig d. D. 830—833 (n° 1340—1352): a. imp. d. Hludowici ser. aug. (nach der gewöhnlichen epoche) et anni regni nostri (epoche 826 märz 27—mai 26, n° 1338[d], Sickel Beitr. I Wiener SB. 36,348): september- (Bedaische) indiktion.

833—876 (n° 1353 f.): a. regni d. Hludowici regis in orientali Francia (epoche 833 sept.); september- (Bedaische) indiktion; beide faktoren setzten wahrscheinlich zugleich am 24. sept. um, die berechnung unterliegt aber unter verschiedener kanzleileitung mancherlei unregelmässigkeit und willkür vgl. Sickel Beitr. I, II Wiener SB. 36,353, 368 (durch Hadebert die formel: a. reg. — 20 = ind. vgl. Kaiserurk. in Abbild. text 154); 39,121 (seit 870 die formel: a. reg. — 30 = ind.).

Karlmann: a. reg. domni Karlomanni ser. regis, seit 877 dez. (n° 1530) in Bawaria (epoche 876 iuni 28

—sept. 9, wahrscheinlich aug. 28, der todestag Ludwigs d. D., oder 29) et in Italia (seit 877 okt. n° 1524, epochetag sept. 9—20); indiktion schwankend (vgl. n° 1520).

Ludwig III: a. incarn. (erst seit 880 ziemlich zuverlässig), indiktion (berechnung ungenau und schwankend, a. regni Hludowici regis in orientali Francia regnantis (epoche 876 vor sept. 13, wahrscheinlich der todestag Ludwigs d. D. vgl. n° 1548).

Karl III: ständige faktoren a. incarn., indiktion (schwankend zwischen september- und neuiahrsepoche, iene wahrscheinlich griechische ind.); wechselnd: a. vero regni Karoli regis (877—879, n° 1578—1589), seit der besitznahme Italiens 879 nov. bis zur kaiserkrönung (n° 1590—1609) mit dem zusatz ‚in Francia' (epoche 876 nov. 16—23 vgl. die bemerkungen zu n° 1578), verschwinden nach der kaiserkrönung und erscheinen vereinzelt erst wieder 884 (n° 1678); a. reg. in Italia von 879 nov. 23 bis zur kaiserkrönung (n° 1590—1609; epoche 879 nov. 16 vgl. n° 1589 bis nov. 23); a. imperii, später (zuerst 882 n° 1636) mit dem zusatz ‚in Italia' (seit 881 märz n° 1613 ständig; epoche 881 febr. 12, der wahrscheinliche tag der kaiserkrönung, oder ein anliegender tag vgl. n° 1609ᵃ); a. regni in Francia (dem ganzen ostfränkischen reich, seit 882 iuli 19 n° 1639; ungleichmässige verwendung, die epoche knüpft wahrscheinlich an den Wormser reichstag 882 mai an); a. regni in Gallia (seit 885 mai 20 n° 1697; epoche 885 nach ian. 15—mai). Ueber die datirung der urk. Karls III Wiener SB. 92,367 f.

Arnolf: a. incarn., indiktion (anfangs september- [Bedaische], seit 895 neuiahrsind.), a. regni Arnolfi piiss. regis (epoche 887 nov. 22—27, seit 892 mit dem incarnationsiahr zu neuiahr umgesetzt vgl. die bemerkungen n° 1768); a. regni in Italia nur in 2 urk. von 894 märz, apr. (n° 1894, 1896 vgl. n° 1893ᵃ); a. imperii (seit 896 febr. n° 1914, epochetag febr. 9—23 [27] vgl. n° 1913ᵇ).

Zwentibold: a. incarn., indiktion (schwankend), a. regni domni Z. regis (epoche 895 mai 25—30 vgl. n° 1955ᵈ).

Ludwig IV: a. incarn., indiktion (überwiegend septemberepoche), a. regni domni Hludowici . . regis (epoche 900 febr. 4 [nach den urk. ian. 29—febr. 5] vgl. n° 1983ᵈ).

Konrad I: a. incarn., indiktion (schwankend), a. regni . . regis Chuonradi oder regnante . . rege Ch. (epoche 911 nov. 7—10 vgl. n° 2070ᵉ).

Siegel. Während die Merowinger porträtsiegel führten, bedienten sich die Karolinger antiker gemmen. Das auf ihnen dargestellte bild erschien nebensächlich; Pippins siegel stellt eine maske des Bachus en face dar, ienes seines sohnes Karlmann eine bachantin wie noch ie ein siegel Karlmanns von Baiern und Arnolfs, das gerichtssiegel Karls d. Gr. den Jupiter Serapis, ienes Ludwigs II einen Januskopf. Karl d. Gr. wählte für sein urkundensiegel ein entsprechenderes bild, die büste eines römischen kaisers (des Antoninus Pius). Damit war das muster gegeben. Noch Lothar I und II führen gemmen römischer kaiser im siegel, Ludwig d. D. durch mehr als 40 iahre die prächtige büste des kaisers Hadrian und dieses siegel, obwol schon beschädigt, wird noch von dessen gleichnamigem sohn und sogar dem urenkel Ludwig IV gebraucht. Nicht antik, aber unmittelbar nach einer antiken gemme (kaiserbüste) geschnitten ist das siegel Ludwigs d. Fr. All diese büsten sind en profil. Die gemmen sind oval, das intaglio hebt sich scharf ab von dem es umspannenden modernen rahmen, der die umschrift trägt. Auch die umschrift wird erst durch Karl d. Gr. eingeführt und es bildet sich für diese art siegel eine bestimmte formel aus: ‚Christe protege N. regem (imperatorem)', die sich bei Lothar I und II zu ‚Christe adiuva Hlotharium augustum regem)' umgestaltet. Auf die legende der letzten gemmensiegel, der Karlmanns von Baiern und Arnolfs, hat aber schon das porträtsiegel seinen einfluss geübt. Für dieses war name und titel des königs, den es darstellte, etwa ‚Hludowicus rex', als einzige umschrift am platze. Diese art wird auch bei den zwei letzten gemmensiegeln verwendet, auch sie tragen nur namen und titel ihres inhabers ohne die früher übliche fromme formel. Auch die stellung der umschrift hat sich ietzt geändert: früher begann sie in der mitte oben mit einem kreuz und lief von links nach rechts (ich gebrauche ‚links' und ‚rechts' selbstverständlich im heraldischen sinn) um den ganzen rand, ietzt beginnt sie wie beim porträtsiegel ohne kreuz in der mitte rechts und läuft aufwärts nach links. Schon hat sie auch den volleren titel angenommen.

Das porträtsiegel wird durch Ludwig d. D. 831 eingeführt und es fehlt fortan, Ludwig III ausgenommen, keinem der deutschen Karolinger. Wie schon Foltz (N. Arch. 3.18) betonte, hat der ausdruck ‚porträtsiegel' für die ältere zeit nur eine beschränkte bedeutung, für die Karolinger eine sehr beschränkte. Denn diese ‚porträte' sind antiken gemmen oder medaillons mit grösserem und geringerem geschick nachgeschnitten, so dass sich an einzelnen noch das antike vorbild konstatiren lässt, vgl. E. Babelon in Comptes rendus de l'acad. des inscriptions et belles lettres XXIII (1895), 398 ff. Dies nicht nur im ganzen typus, sondern auch im profil und in der künstlerischen behandlung einzelner teile, wie sie iene zeit nicht aus sich selbst zu schaffen vermochte. Daher auch die unähnlichkeit der bilder Karls III. Dabei mag allerdings auch das bestreben den kopf zu individualisiren mitgewirkt haben und dies tritt desto stärker hervor, ie kunstloser und roher die darstellung wird. Erst von Ludwig IV an wird man von einem porträtsiegel im eigentlichen sinne sprechen können.

Die porträtsiegel sind rund, wenn die reine rundung auch nicht immer gelingt. Es sind büsten en profil, den kopf immer nach links gewandt, bartlos, mit vollem (bei Zwentibold gewellten) haupthaar, das faltige obergewand (paludamentum) auf der rechten schulter durch einen knopf oder eine agraffe zusammengehalten: um das haupt schlingt sich quer meist ein lorbeerkranz mit rückwärts herabhangenden schleifen, an dessen stelle in den siegeln Arnolfs seit 893 ein mit steinen besetzter stirnstreifen mit rückwärts herabfallenden schleifen in derselben lage tritt, wie auch das siegel Zwentibolds ein breiteres kronenähnliches diadem (? die in den Ann. Fuld. erwähnte ‚infula regni' vgl. nº 1908ª) aufweist; während schon das erste siegel Ludwigs d. D. ein kronenähnliches diadem, über das noch das hinterhaupt emporragt, zeigt, beginnt erst unter Ludwig IV, dessen krönung, die erste eines deutschen königs, ausdrücklich bezeugt ist (nº 1983ᵈ), eine perlengestielte krone das haupt zu bedecken. Mit wenigen ausnahmen führen diese siegel schild und speer, wie bei diadem und lorbeerkranz wahrscheinlich auch hier an das antike muster anknüpfend; so zeigt ein medaillon eines der spätrömischen kaiser (Jahrbuch der Kunstsammlungen des a. h. Kaiserhauses 9 [1889], 198 t. VII und die abbild. p. 199 f.) runden schild und speer fast in derselben stellung, nur auf der rechten seite. Während aber in den älteren porträtsiegeln der kleine runde oder ovale schild mit dem buckel in der mitte seiner breitseite mit überragendem und scharfspitzigem speer links von der büste angebracht ist (nur in den beiden ersten porträtsiegeln Ludwigs d. D. liegt er über der brust), kommt unter Ludwig IV eine neue form auf: die büste hebt sich zur vollen brusthöhe, die rechte hand hält an der brust den speer, die nicht sichtbare linke einen grösseren schild in seitenansicht mit breitem rand und hervortretendem buckel; in den siegeln Konrads I flattert, wie schon in einem siegel Karls III (Heffner 6), eine fahne unter der speerspitze, der speer legt sich über die schulter. Diese darstellung bleibt, bis das kaisersiegel Ottos I eine neue darstellung mit neuen emblemen, brustbild en face mit szepter und weltkugel (reichsapfel), bringt, und dann, zuerst einmal unter Otto III (Foltz im Neuen Arch. 3,38 nº 5), dann ständig seit Heinrich II das tronsiegel eingeführt wird. Die umschrift der porträtsiegel ist in das glatte siegelfeld selbst eingeschnitten. Von rechts nach links laufend nimmt sie nur den oberen rand ein, wie auch die gemmensiegel in kapitalschrift ohne randverzierung enthält sie blos den namen des siegelinhabers und dessen titel ‚rex' oder ‚imp. aug.'; nur in siegeln Karlmanns und Arnolfs erweitert sich derselbe durch ‚gratia dei', in einem andern siegel Arnolfs zu ‚pius rex'. Die einzelnen worte sind noch nicht durch punkte getrennt.

Die gemmen- und porträtsiegel sind durch einen kreuzschnitt durchgedrückte wachssiegel mit starkem wulst, der deutlich den eindruck des ringknopfes zeigt. Nur von Lothar II hat sich im Lotharkreuz zu Aachen die siegelplatte aus bergkrystall erhalten (abbildung bei Bock Karls d. Gr. Pfalzkapelle 55 vgl. Sickel UL. 346 n. 13), die aber nie zum siegeln verwendet worden zu sein scheint. War früher nur ein siegel ausschliesslich im gebrauch, so werden seit Ludwig d. D. auch öfter (unter Arnolf, Ludwig IV, Konrad I) zwei verschiedene siegel neben einander verwendet. Die stellung des siegels ist unmittelbar neben dem rekognitionszeichen, das es zum teil bedeckt; wie dieses sich von der rekognitionszeile ablöst, entfernt sich von demselben das siegel und rückt weiter an den rechten rand (vgl. Kaiserurk. in Abbild. VII, 23—28; I. 13—20).

Die byzantinisch-italienische sitte der besiegelung mit angehängten bleibullen ist der älteren Karolingerzeit noch fremd (Sickel UL. 196 n. 1). Sie wird erst von Ludwig II aufgenommen; unter den deutschen Karolingern verwendet Karl III seit 881 die bleibulle neben dem wachssiegel, ohne deren gebrauch etwa an eine bestimmte regel zu binden (Wiener SB. 92,439), ganz vereinzelt dann noch Arnolf. Die bullen Karls III zeigen auf der aversseite nach antikem muster in guter ausführung die büste des kaisers en profil mit lorbeerkranz ohne schild und speer sammt der auf den wachssiegeln üblichen legende, auf dem revers tragen sie innerhalb eines lorbeerkranzes in vier zeilen die inschrift ‚Renovatio regni Francorum'. Avers- und reversseite sind mit einer randlinie eingefasst. Nach den vorhandenen resten war die bullenschnur teils weiss, teils rot (Wiener SB. 92,441 n.).

Die ankündigung des siegels in der korroboration ‚anuli nostri impressione (anulo nostro) iussimus sigillari' (insigniri u. ä. vgl. für die wandlungen der älteren zeit Sickel UL. 193) bewegt sich in stetigen formeln; der ausdruck ‚sigillum', wenn auch sonst öfter gebraucht (Sickel UL. 199 n. 6), findet doch selten eingang; er ist an dieser stelle durch originale zuerst für 825 (anuli nostri sigillo, n⁰ 1022), in der deutschen kanzlei erst seit 857 (n⁰ 1422) beglaubigt, bleibt aber vereinzelt. Die formel ‚de bulla nostra iussimus sigillare' tritt schon unter Karl d. Gr. und Ludwig d. Fr. auf (Sickel UL. 200), zu einer zeit also, da die bulle noch keine verwendung dafür fand, dann erst wieder nach ihrer tatsächlichen einführung unter Ludwig II (n⁰ 1202, 14, 27 u. ö., mit der variante ‚roborare' or. 1183 u. a.; de bullis nostris or. 1235, 40 und 2 k.) und mit mancherlei änderungen unter Karl III. Die besiegelung mit bulle oder wachssiegel bindet sich aber nicht an die ankündigung der ‚bulla' oder des ‚anulus', es finden sich mit bullen besiegelte diplome, in denen die ‚anuli impressio' angekündigt ist, wie umgekehrt (Wiener SB. 93,439). In den tironischen noten wird in älterer zeit öfter vermerkt, wer gesiegelt oder den auftrag zum siegeln gegeben hat (Sickel UL. 343), und es scheint auch, dass noch unter Arnolf der name des sigillators in den noten des rekognitionszeichens angegeben ist (Sickel in Kaiserurk. in Abbild. text 194).

Die siegel der Karolinger sind erst zum teil wissenschaftlich bearbeitet: die bis 840 von Sickel (UL. 349), iene von Konrad I durch Foltz (N. Arch. 3,27); für Karl III liegt eine zusammenstellung der bisher bekannten angaben vor (Wiener SB. 92,440 n. 4). Ist die schrift von Roemer-Büchner, Die Siegel der deutschen Kaiser (Frankfurt 1851), durch die publikation von Heffner, Die deutschen Kaiser- und Königssiegel (mit 162 abbildungen in lichtdruck; Würzburg 1875), auch weit überholt, so genügt diese, speciell für die Karolingerzeit, doch nur höchst bescheidenem bedarf, sie ist abgesehen von mancherlei unrichtigkeiten vor allem sehr unvollständig; es sind nur 8 Karolinger mit je einer siegeltype, nur Konrad I ist mit zwei vertreten. Wertvoll ist der von Alphonse Roserot, Notice sur les sceaux carolingiens des archives de la Haute-Marne (Joinville 1892, 8⁰ 20 p.) gegebene beitrag zur kunde der Karolingersiegel, dem eine tafel mit photographischer reproduction der gypsabgüsse beigegeben ist. Die älteren abbildungen sind für wissenschaftlichen zweck meist nur notbehelf, oft geradezu unbrauchbar, gräulich geradezu iene bei Muratori; sie sind auch meist bei Heffner verzeichnet und ich darf wol darauf verzichten sie sämmtlich hier wieder anzuführen, ausser wenn keine andern oder wenn brauchbare vorliegen. Die Kaiserurk. in Abbildungen bieten zwar auch siegel von sämmtlichen Karolingern seit Karl d. Gr. mit ausschluss des italienischen Ludwig II und die photographische reproduction würde auch für die volle verlässlichkeit bürgen; doch das tiefliegende siegelfeld hüllt sich zumeist in tiefen schatten, das bild ist gewöhnlich unkenntlich, die umschrift unleserlich; erst die siegelabbildungen der 7. lieferung gewinnen etwas an deutlichkeit. Dagegen sind im apparat der Karolingischen diplomataabteilung der M. G. und im Institut f. öst. GF., das eine sehr reichhaltige sammlung von abdrücken der deutschen königssiegel besitzt, die siegel der Karolinger vollzählig vertreten. Auf dieses material stützen sich die folgenden angaben, besonders über siegeltypen; wie Foltz in seiner abhandlung citire ich, soweit Heffner nicht ausreicht, unter B die nummer der abgüsse von Röckhl (vgl. N. Arch. 3,14). Die bestimmung der antiken gemmen hat seinerzeit in liebenswürdiger gefälligkeit herr prof. v. Schneider in Wien vorgenommen. Für die bereits wissenschaftlich bearbeiteten siegel verweise ich auf die genannten arbeiten, die nur hie und da durch seither erschienene abbildungen zu ergänzen sind. Ich begnüge mich, um nicht zu ausführlich zu werden, mit den allgemeinsten daten, der angabe der art des siegels, der anzahl der einzelnen typen, der legende und der abbildungen; buchstabenverschränkungen der legende sind des leichteren druckes wegen aufgelöst, die kürzungszeichen weggelassen. Die details zu liefern wird sache der ausgabe der Karolinger urkunden in den M. G. sein[1]); für die siegel Pippins, Karlmanns und Karls d. Gr. ist das bereits im 1. bd. s. 1.61, 79 geschehen.

Pippin: gemme, Bachusmaske en face ohne umschrift. Abbild. Herquet Specimina dipl. Fuld. T. 3.

Karlmann: gemme, büste einer männde (bachantin) en profil ohne umschrift.

Karl d. Gr.: 1. gemme, büste des kaisers Antoninus Pius (nach früherer bestimmung Kenners [Sickel UL. 349 n. 6] des Commodus), umschrift: † XPE PROTEGE CAROLVM REGE FRANCR (Heffner 1 von n° 420); kein eignes kaisersiegel, M. G. DD. Kar. 1,290 n° 218 vgl. auch Sickel UL. 351); 2. gerichtssiegel: gemme, büste des Jupiter Serapis ohne umschrift.

Ludwig d. Fr.: 1. gemme, büste eines römischen kaisers (nicht antik, sondern ziemlich gut nachgeschnitten); umschrift: † XPE PROTEGE HLVDOVVICVM IMPERATORE (Heffner 2), hievon 2 typen bei Roserot 15, bis 834 (zuletzt an n° 920) und dann wieder seit 837 (zuerst an n° 967) in verwendung. 2. 834—836 ein diesem siegel nachgeschnittener stempel (Sickel UL. 352) mit IMP.

goldbullen, wie sie Grandmaison, Les bulles d'or de St. Martin de Tours in Mélanges Julien Havet, Paris 1895, 111 angenommen, wie überhaupt bullen kommen unter Ludwig d. Fr. noch nicht vor, vgl. n° 629.

Lothar I: gemme, büste eines römischen kaisers (wahrscheinlich des Alexander Severus), umschrift: † XPE ADIVVA HLOTHARIVM AVG (abguss aus Paris von n° 1110, echtes siegel mit unechter befestigung; abbild. Heffner 3 von n° 1086 oder 1087: Kaiserurk. in Abbild. VII, 4, unkenntlich I,8).

Ludwig II: 1. gemme, Januskopf; beschreibung Mittheil. des Instituts f. öst. GF. 5,388 von n° 1199; die legende sehr schwach ausgeprägt und, soweit sie lesbar, wol nicht ganz richtig entziffert; ausserdem wachssiegel noch erhalten an n° 1207, 8, 18 (in Brescia), 1222 (in St. Gallen), 1243 (Reggio).
2. bleibulle, nur noch erhalten an n° 1268; nach M. G. Dopsch avers: kopf nach links mit langer und spitzer nase, ebenso kinn umschrift † HLVDOVVICVS IMPR. revers: CES. AVG. DEC. IMP. (prägung undeutlich) vgl. Mabillon Ann. 3,186.

Lothar II: gemme, büste eines römischen kaisers; umschrift: † XPE ADIVVA HLOTHARIVM REG (abbild. Kaiserurk. in Abbild. VII, 8, ältere Mabillon Dipl. 402. Muratori Ant. 6,31): verschieden davon die im Lotharkreuz (vgl. Sickel UL. 346 N. 13) erhaltene siegelplatte; diese moderne arbeit, die büste grösser, die umschrift ins siegelfeld selbst eingeschnitten.

Ludwig d. D.: 1. porträtsiegel, umschrift: HLVDOVVICUS REX (abbild. Heffner 8 irrig zu Ludwig IV, Kaiserurk. in Abbild. I,9), in verwendung 831—861.
2. gemme, büste des kaisers Hadrian; umschrift innerhalb zackenlinie: † XPE PROTEGE HLVDOICVM REGEM (abguss B. 13 von n° 1383, ungenaue abbild. Heffner 4 ohne angabe der provenienz; schon auf dem abguss von n° 1383 ist ein kleiner sprung kenntlich, der vom rechten rand der gemme unter das kinn läuft; in dem abguss B. 15 von n° 1490 ist der sprung bereits vollständig ausgeprägt und setzt sich in gerader linie vom hinterhaupt bis zum rande fort; die starke abnützung der gemme zeigt auch der gegenüber der stirn und unten am brustrand zum teil abgebrochene rechte rand; in jener bruchlinie, wie sie auch seit 956 im ersten siegel Ottos I auftritt vgl. Foltz im N. Arch. 3,30, wollte man auch eine lanze, in der bruchlinie am hinterhaupt

[1]) Für die hier gegenüber der 1. auflage beigefügten angaben über die gebrauchsdauer, eventuell über erstes und letztes vorkommen eines siegels konnte ich durch die liebenswürdigkeit des herrn geh. oberregierungsrates dr. Otto Posse dessen listen benützen und mit dem apparat der M. G. DD. Kar. vergleichen. J. L.

eine helmspitze erkennen [so Heffner text 2 n° 6] und der zeichner der abbild. in Schannat Trad. 210 = Vindiciae t. VI lieferte dazu den helm, vgl. Fürst Hohenlohe-Waldenburg, Sphragistische Aphorismen 73; durch den bruch hat sich der vorderkopf der büste etwas verschoben: nicht genaue abbild. Heffner 5 von urk. Ludwigs III n° 1569.; im gebrauch 833—875, dann wieder unter Ludwig III und IV.

3. porträtsiegel, umschrift: † HLVDOVVICVS REX (abguss R. 16 von n° 1502, schlechte abbild. Falke t. V,1) nur an n° 1462. 1493. 1502, also zwischen 860—874 nachweisbar. Die beiden letzten siegel sind demnach eine zeitlang neben einander im gebrauch; von den St. Galler urk. ist n° 1445 mit dem ersten porträtsiegel, n° 1447, 55 mit dem gemmensiegel, n° 1462 mit dem zweiten porträtsiegel, die 8 folgenden urk. wieder mit dem gemmensiegel besiegelt.

Karlmann: 1. gemme, büste einer mänade en profil; umschrift (in der mitte des rechten randes beginnend): CARLOMANNVS GRATIA DI REX (abguss R. 17 von n° 1520 vgl. Sickel in Kaiserurk. in Abbild. text 172).

2. porträtsiegel ohne schild und speer; umschrift: CARLOMANN REX (abbild. Lib. prob. s. Emmer. t. V von n° 1534. 1537, Kaiserurk. in Abbild. VII,12).

Ludwig III: gemme seines vaters Ludwig d. D. (abbild. Heffner 5, Kaiserurk. in Abbild. VII,13,15).

Karl III: 1. porträtsiegel ohne waffen; umschrift: KAROLVS REX (beschreibung Wartmann UB. von St. Gallen 2,216, 224); zuerst an n° 1580 von 877, zuletzt an n° 1608 von 880. Kein zweites königssiegel, das an n° 1579 (beschreibung Wiener SB. 92,440 n. 4) ist gefälscht.

2. porträtsiegel (gegenüber den groben zügen auf den andern siegeln ohne porträtähnlichkeit, jugendlicher kopf nach einer gemme [des Geta?] geschnitten; umschrift: KAROLVS IMPERATOR (abbild. Heffner 6, Kaiserurk. in Abbild. VII,16,18; IV, 1); 2 typen in verwendung, vgl. Roserot 11; zuerst an n° 1645 von 882, zuletzt an n° 1755 von 887 nachweisbar.

3. porträtsiegel; umschrift: KAROLVS IMP AGS (beschreibung des siegels an n° 1619A von 881 Wartmann UB. 2,225).

4. porträtsiegel ohne waffen; umschrift: KAROLVS IMP AVGS (abguss R. 19,22 von n° 1639, 1690; schlechte abbild. M. B. 11 t. I n° 7 von n° 1639; zuerst an n° 1639 von 882, zuletzt an n° 1695 von 885 nachweisbar.

5. büste ohne waffen; umschrift: KAROLVS IMPERAT AVGS, nur an n° 1760 von 887 für Chur.

Bullen:

1. avers: porträtbüste ohne waffen; umschrift: KAROLVS·IMP·AGS·; revers innerhalb eines lorbeerkranzes: RENO VATIO|REGNI|FRANC· (abbild. Mabillon Dipl. suppl. 48 zu Karl d. Gr. oder K., Heineccius 1,9, Lib. prob. s. Emmer. t. V von n° 1655; beschreibung Wartmann UB. 2,225); zuerst an n° 1619B von 881, zuletzt an n° 1716 von 885.

2. avers: porträt, umschrift: KAROLVS·IMP·AVGS, revers die gleiche inschrift wie bulle 1. in gleicher einteilung, aber verschiedene grösse der buchstaben (beschreibung von n° 1750 Wartmann UB. 2,265).

Arnolf: 1. gemme (antike glaspaste), büste einer mänade en profil; umschrift: † ARNOLFVS GRATIA DI REX; nur an n° 1766[1]) und 1769 aus der ersten zeit Arnolfs und an der fälschung für Osnabrück n° 1841 erhalten. Abguss von n° 1769 R. 23, abbild. von n° 1841 bei A. Jostes, Die Kaiser- und Königsurk. des Osnabrücker Landes t. VII.

2. porträtsiegel, umschrift innerhalb einer randlinie: ARNOLFVS REX (abbild. Heffner 7 von n° 1824, Kaiserurk. in Abbild. VII,21—23; zuerst an n° 1767 von 887 dez., zuletzt an n° 1883 von 893, meist verwendetes siegel k. Arnolfs.

[1]) Hier vollständig und gut erhalten, die durchaus unzutreffende beschreibung im Wirtemberg. UB. 4,330 beruht daher wol auf einer verwechslung; damit entfällt der in der 1. auflage unter n° 1 verzeichnete siegeltypus. J. L.

3[1]. porträtsiegel, volles haar, ohr und auge stark ausgeprägt, links schild und lanze, deren spitze an das S der umschrift heranreicht; umschrift: ARNOLFVS REX. nur an n° 1828 von 889 nachweisbar (abguss im apparat des instituts f. öst. GF. und der M. G.).

4. porträtsiegel, umschrift innerhalb einer randlinie: ARNOLFVS PIVS REX (schlechte abbild. M. B. 11 t. II n° 9 von n° 1888, besser Meichelbeck H. Fris. 1,146): zuerst an n° 1839 von 889, zuletzt an n° 1913 von 895 nachweisbar.

5. porträtsiegel, kopf nach links gewandt, ähnlich dem siegel n° 2. statt des lorbeerkranzes einen mit steinen besetzten reif in derselben lage um das haupt, das obergewand über der rechten schulter durch agraffe zusammengehalten, ohne waffen; umschrift innerhalb zackenlinie (in anderer stellung als in n° 2): ARNOLFVS REX. an n° 1885 von 893 (abguss davon in der siegelsammlung des instituts f. öst. GF.).

Kaisersiegel:

6. porträtsiegel mit stirnreifen, schild und speer; umschrift: ARNOLFVS IMPR AVG (über dem zweiten wort abkürzungsstrich; schlechte abbild. M. B. 11 t. II n° 10, besser Meichelbeck H. Fris. 1,148 und Lib. prob. s. Emmer. t. V; beschreibung Wartmann UB. 2,309); zuerst an n° 1920 von 896, zuletzt an n° 1952 von 899 nachweisbar.

7. porträtsiegel, darstellung gleich der vorigen, aber roher ausgeführt, fragment an n° 1948; von der umschrift erhalten: . . . FVS IMPR AVG[2]) (über dem zweiten wort abkürzungsstrich; abguss R. 28).

Bulle nur an n° 1916; avers: kopf des kaisers nach links gewandt, auf dem haupt eine reich ornamentirte mit 3 lilien geschmückte krone (? diadem), schild mit perlenkranz und speer; von der schlecht ausgeprägten umschrift leserlich: ARNOL . . . INP AVG (NP und VG verschränkt); legende von einem kranz kleiner perlen umgeben: † RENO VATIO | REGNI | FRAN (nach beschreibung von H. Zimmerman im apparat des instituts f. öst. GF.).

Zwentibold: porträtsiegel mit vorn gestieltem diadem und gewelltem haar, ohne waffen; umschrift: ZVENTEBOLDVS REX (abbild. Kaiserurk. in Abbild. VII,26. 27, ungenügend Mabillon Dipl. 415 Schöpflin Als. d. 1,97 facs.).

Ludwig IV: 1. gemmensiegel 2 Ludwigs d. D. (abbild. von urk. Ludwigs IV n° 2004 Lib. prob. s. Emmer. t. V; ganz unkenntliche abbild. Schöpflin Als. d. 1,100 facs.); zuerst an n° 1993 von 901, zuletzt an n° 2046 von 907.

2. porträtsiegel en profil, volles brustbild, das haupt mit einer mit 7 perlen gestielten krone bedeckt, das gewand auf der schulter geknotet, in der rechten den langspitzigen speer wagrecht an der schulter, links an der brust den schild in seitenansicht; umschrift: HLVDOVVICVS REX (dürftige abbild. Schannat Trad. 1,224 = Vindiciae t. V. fehlerhaft Meichelbeck H. Fris. 1,153, undeutlich Kaiserurk. in Abbild. I,15); an St. Galler urk. neben dem gemmensiegel seit 902, Wartmann UB. 2,327; zuerst an n° 1999 von 902, zuletzt an n° 2032 von 906.

3. porträtsiegel en profil in halber brusthöhe, ohne krone, speer in der rechten wagrecht an der schulter, die fahne durch zwei striche angedeutet, links an der brust bedeutend grösserer schild in seitenansicht, umschrift gleich der vorigen (abguss R. 31 von n° 2070, undeutliche abbild. Kaiserurk. in Abbild. I,17 von n° 2064, beschreibung Wartmann UB. 2,357 von n° 2056); zuerst an n° 1997 von 901, bis zur letzten urk. n° 2070 im gebrauch.

Konrad I: 4 porträtsiegel en profil, volles brustbild, das haupt mit der krone bedeckt, den speer mit fahne in der rechten, links an der brust den schild; umschrift: † CHVONRADVS REX (beschreibung von Foltz N. Arch. 3,27, abbild. der beiden letzten siegel Heffner 9,10).

[1]) Noch nicht in der 1. auflage.
[2]) Jetzt nur mehr PR AVG zu sehen.

Kanzlei und kanzleipersonal[1].

Die Karolinger als hausmaier liessen ihre urkunden durch ihre eignen schreiber anfertigen (iussu domini mei scripsi et ss., n° 20; iussus a domino meo, n° 38). Diesem sonst immer auftretenden ‚befehl' treten nur zwei ausnahmen gegenüber: in n° 34: Chaldo cancellarius rogatus a Karolo scripsi et ss. und in n° 50: Ego Hildradus cancellarius scr. et ss.; es sind die amtlichen grafschaftskanzler, die, wie es in der formel heisst, um die ausfertigung ‚gebeten' wurden (vgl. Bresslau in Forschungen 26.31). Über die persönlichkeiten liegen kaum die dürftigsten daten vor: Aldo nennt sich in n° 38 selbst ‚clericus', wie wahrscheinlich schon damals Chrotgang (n° 43), seit 742/3 bischof von Metz, kleriker war, den eine spätere quelle (Pauli diac. G. ep. Mett. M. G. SS. 2.267) als referendar Karl Martells bezeichnet, wol nur eine reminiscenz an den referendar der merowingischen kanzlei. Dagegen war Wineramn (rekognoscent von n° 58, 59) laie, nach n° 59 vertrat er im gericht den pfalzgrafen.

Über die organisation der königlichen kanzlei unter den Karolingern gibt nur die rekognition spärliche auskunft, in andern quellen begegnen nur vereinzelte notizen über die eine und andre persönlichkeit. Das personal gehörte ausschliesslich dem geistlichen stande an, nur dieser verfügte über iene kenntnis der lateinischen sprache und iene vorbildung, wie die kanzlei sie benötigte; wir kennen die reichen abteien und bistümer, mit denen die verdienste der leiter der kanzlei belohnt wurden. Der geistliche titel ist es auch, der, wie schon erwähnt (s. LXXXVII), von den rekognoscenten zuerst und ziemlich lange mit vorliebe geführt wird. Unter Pippin wird zunächst die alte weise beibehalten; mehrere rekognoscenten treten selbständig neben und nach einander auf, von denen nur einer, Wineramn, auch schon in der vorköniglichen zeit als kanzleibeamter amtirte. Im iahr 760 begegnet zum ersten mal die rekognition ‚Hitherius iuvice Baddilone' (n° 90). Diese stellvertretung (sie findet sich nochmal 763 n° 97) weist auf eine neue organisation: Baddilo ist kanzleivorstand, ihm sind beamte untergeordnet, die an seiner statt die urkunde unterfertigen. Ihnen fehlt das recht die urkunde allein im eignen namen zu unterzeichnen, dies recht ist nunmehr dem vorstand der kanzlei vorbehalten (n° 95, 102, 104, in den beiden letzten fällen mit dem vermerk ‚Hitherius scripsit'). Spätestens seit 768 tritt Hitherius an Baddilos stelle (n° 108 f.). Neben der stellvertretenden rekognition durch untergeordnete kanzleibeamte kommen auch rekognitionen von Baddilo und später Hitherius in eigenem namen vor.

Diese organisation bildet sich unter Karl d. Gr. fester aus. Die ausweitung des reichs, die regelung der verwaltung und rechtspflege dehnt den geschäftsbereich der kanzlei aus und fordert ein geschultes personal. Die leitung der kanzlei führt Hitherius bis 776 fort; zu seinen nachfolgern werden in Rado und Ercanbald männer bestellt, die schon längere zeit in der kanzlei gedient hatten; nur in der letzten urkunde (n° 477 or. von 813) erscheint ein neuer mann, Hieremias, dessen name früher nie begegnet, als vorstand der kanzlei. Hitherius, Rado und Ercanbald (bis 797 n° 338) beteiligen sich auch noch selbsttätig an der ausfertigung der urkunden, eine anzahl der diplome ist von ihnen nur im eignen namen unterzeichnet, Rado schreibt gelegentlich sogar noch als kanzleivorstand eine urkunde selbst (n° 217 vgl. Kaiserurk. in Abbild. III, 2, 3. text 42). Eine ausnahmsstellung nehmen die ausserhalb der kanzlei entstandenen gerichtsurkunden ein, welche der pfalzgräfliche notar zumeist im eignen namen unterfertigt.

Wie Ludwig d. Fr. sich in einen gewissen gegensatz zu seinem vater stellt und die männer aus dessen nächster umgebung bei seite schiebt, so wird auch die kanzlei neu eingerichtet. Hier mag

[1] Literatur: Bresslau UL. 1.272, Sickel Beitr. VII Wiener SB. 93,651, für die zeit bis 840 Sickel UL. 72.320, für Ludwig d. D. Sickel Beitr. I, II Wiener SB. 36.347; 39.108 M. G. DD. Kar. 1. 1, 61, 77; die späteren Karolinger Sickel in Kaiserurk. in Abbild. text 164 f., für Karl III Wiener SB. 92.344

auch eine gründliche reform notwendig gewesen sein; es ist auffallend, wie wenig urkunden die kaiserzeit Karls d. Gr. aufweist, einer der belege, wie sehr in den letzten jahren des grossen kaisers trotz der vielen gesetze die verwaltung erschlaffte. An die spitze der kanzlei wird Helisachar gestellt, der bereits Ludwigs aquitanische kanzlei geleitet hatte. Von dem alten personal wird nur ein einziger notar Iblo übernommen, der aber auch ietzt nur ein einziges mal auftritt (nº 583). Sonst weisen die urkunden durchaus neue rekognoscenten auf. Helisachar entwickelt noch eine anerkennenswerte tätigkeit, fast ein drittel der urkunden ist noch von ihm nur im eignen namen unterzeichnet. Aber mit seinem austritt aus der kanzlei hört 819 diese art der fertigung auf, die urkunden werden nur mehr von den notaren anstatt des kanzleichefs rekognoscirt. Die stellung des leiters der kanzlei wird nach 819 eine andre; es waren ietzt männer von rang und ansehen, die auf diesen posten berufen wurden: Fridugis aus vornehmem angelsächsischen geschlecht, der begleiter Alcuins und dessen nachfolger in der würde eines abts von St. Martin in Tours, Theoto, abt von Marmoutiers bei Tours, und Hugo, der halbbruder des kaisers. Die abfassung und ausfertigung der urkunden bleibt ietzt ganz dem niedern kanzleipersonal überlassen und unter diesem gewinnt der notar Hirminmar eine hervorragende stellung, er wird seit 833 sogar öfter als ‚magister' bezeichnet (Sickel UL. 96), er ist also der eigentliche geschäftsleiter der kanzlei. Die kanzleivorstände selbst führen nur mehr die oberste leitung; früher hatte Karl selbst den befehl zur vollziehung der urkunde gegeben oder geben lassen, ietzt erteilt nach ausweis der tironischen noten (Sickel Beitr. VII Wiener SB. 93,686 vgl. UL. 94) meist die leitung der kanzlei diesen auftrag; wie Ludwigs lässiger hand die zügel des regiments entschlüpften und seine bequemlichkeit auch andre obliegenheiten vernachlässigte (vgl. nº 854), so überliess er auch die erledigung der regierungssachen durch urkunden ganz den händen audrer. Hatte die kanzlei Ludwigs, der ietzt auch die früchte der von Karl gepflegten bildung zugute kamen, sogleich begonnen das verwilderte urkundenlatein zu glätten und neue fassungen an die stelle veralteter zu setzen, so stellte sie für ihre zwecke um 828—832 auch eine mustersammlung, die formulae imperiales, zusammen (Sickel UL. 116, M. G. Formulae 1,285).

Die kanzleien der söhne Ludwigs d. Fr. wurden nach dem muster der kaiserlichen kanzlei, wol von dieser selbst eingerichtet. Die organisation bleibt dieselbe wie das ganze formelwesen. Die rekognition erfolgt durch einen notar anstatt des vorstandes der kanzlei. Unter Lothar I leiten zunächst zwei uns unbekannte männer, Witgar und Ermenfred, die kanzlei, seit 835 Agilmar, der von diesem amt auf den erzbischöflichen stuhl von Vienne erhoben, und Hilduin, der in einer urkunde (nº 1132 or. vgl. 1110) während seiner amtszeit ‚vocatus archiepiscopus' genannt wird. Auch in der kanzlei Lothars I verfügt der vorstand derselben den vollzug der urkunden (‚magister fieri et firmare iussit' in tironischen noten in nº 1143, 1175, Kaiserurkunden in Abbild. text 150). Nur während der abnormen verhältnisse nach der enttronung Ludwigs d. Fr. (833 herbst—834) rekognoscirt auch ein notar allein. Die kanzlei Lothars I liefert wieder die vorstände der kanzleien seiner söhne Ludwigs II und Lothars II, für iene Druetemir und Remigius, für diese Ercambold. Hier wie dort findet sich, in der lateinischen kanzlei nur anfangs, in der lothringischen sogar überwiegend, die ältere form der rekognition durch den kanzleichef allein (nº 1186—88; 1285 f., 1310 f.), unter Lothar II aber auch noch bis 861 durch die beiden aus der kanzlei seines vaters übernommenen notare Hrodmund und Daniel (nº 1277 u. ö.; 1283, 1295). Eine von ienem rekognoscirte urkunde (nº 1296) vermerkt, dass der kanzleivorstand den befehl zur ausfertigung gegeben habe (Kaiserurk. in Abbild. text 156). Der feldzug, welcher Ludwig II 866 nach Unteritalien führte und dort iahre lang festhielt, veranlasste auch die auflösung der kanzlei; sämmtliche urkunden wurden nun ‚iussu imperatoris (imperiali)' von geistlichen des gefolges nur in ihrem eignen namen gefertigt (nº 1235 f.), auch nachdem der kaiser wieder nach Oberitalien zurückgekehrt war.

Von massgebendem einfluss für die weitere entwicklung wurde die kanzlei Ludwigs d. D. An der spitze der kanzlei stehen männer des königlichen vertrauens, die zugleich äbte bedeutender klöster sind, bis 833 abt Gauzbald von Niederaltaich, dann abt Grimald von Weissenburg aus vornehmem fränkischen geschlecht, noch ein zögling der hofschule Karls d. Gr. und am hof Ludwigs d. Fr. angesehen, seit 840 abt Ratleic von Seligenstadt, einstmals Einhards schreiber, dann ein abt Baldric 850 — die beiden schon 854 im namen Grimalds rekognoscirten urkunden für sein eignes kloster St. Gallen nº 1409, 1410 stellen sich nur als ausnahmsfälle dar — wird Grimald, der 841 abt von St. Gallen geworden war, wieder zur leitung der kanzlei berufen und behält sie nach einer in ihren gründen unaufgeklärten kurzen unterbrechung von 858—860 bis 870: er führt seit 856 in der rekognition den titel ‚archicappellanus' (zuerst nº 1418).

Kanzlei und kapelle waren bisher streng geschieden gewesen (Sickel Beitr. II Wiener SB. 39,148, UL. 101)[1]. Keiner der erzkapläne — es bekleideten diese würde unter Pippin, Karlmann und Karl d. Gr. bis zu seinem tode (784 vgl. Abel-Simson, Karl d. Gr. 2,540) Fulrad von St. Denis, unter Karl d. Gr. dann bischof Angilram von Metz und erzbischof Hildebald von Köln, unter Ludwig d. Fr. abt Hilduin von St. Denis, erzbischof Fulco von Reims und bischof Drogo von Metz, unter Lothar I wieder Drogo (vgl. jetzt auch die Metzer urk. von 848 in Bibl. de l'Ecole des chartes 49,98) — war mit der leitung der kanzlei betraut gewesen, keiner der geistlichen der kapelle, ausser höchstens ausnahmsweise (vgl. Bresslau UL. 1,276 n. 1), auch zum kanzleidienst herangezogen worden. Dasselbe verhältnis blieb in Westfrancien, wo bischof Ebroin von Poitiers (Wiener SB. 93,344 n. 2), in Lothringen, wo unter Lothar II erzbischof Gunthar von Köln (nº 1283), und zunächst in Ostfranken, wo bis 847 bischof Baturich von Regensburg (Dümmler Ostfränk. Reich 2. A. 2,433) erzkaplan war, bestehen. Seit 856 sind beide ämter vereinigt, Grimald ist zugleich erzkaplan und vorstand der kanzlei. Mit ausnahme einer kurzen unterbrechung von 858 bis 860, während welcher abt Witgar von Ottobeuern die geschäfte der kanzlei leitete[2], blieb erzkaplan Grimald bis 870 vorstand der königlichen kanzlei. Nach Grimalds rücktritt im herbst desselben jahres (nº 1482; Grimald starb erst 872 juni 13, Dümmler Ostfränk. Reich 2. A. 2,437 n. 1) trat der erzbischof Liutbert von Mainz als erzkaplan und kanzleivorstand an dessen stelle.

Damit vollzieht sich eine wichtige änderung. Die Mainzer kirche nahm den ersten rang unter den deutschen kirchen ein. War früher das erzkaplanat an dem kaiser oder könig genehme persönlichkeiten, äbte oder bischöfe verschiedenen sitzes, verliehen worden, so bindet sich diese würde jetzt

[1] Auf einen gewissen, wenigstens zeitweise bestehenden zusammenhang zwischen kanzlei und kapelle scheint es doch hinzudeuten, wenn sich in urkunden Karls d. Gr. notizen in tironischen noten (nach M. Tangl M. G.) finden wie Folradus ordinavit (nº 218, 219 M. G. DD. Kar. 1,190, 191 nº 139, 140 vgl. ib. 187 nº 136 mit Folradus abbas ohne ordinavit) oder Hildebaldus episcopus ita firmavit (nº 429, M. G. DD. Kar. 1,275 nº 206). J. L.

[2] Dass Witgar und Baldric wirkliche kanzler waren, hat bereits Sickel (Beitr. VII Wiener SB. 93,657, 661) betont. Dass sie aber dem erzkaplan untergeordnete beamte waren, ist unwahrscheinlich (anders Bresslau UL. 1,297). Baldric fällt an sich ausserhalb die amtszeit des erzkaplans Grimald, die rekognition im namen des kanzlers Witgar erweist, dass er während dieser zeit auch die wirkliche leitung der kanzlei führte, wie sie ja auch der kanzler in der kanzlei Lothars II hatte. Zudem war Grimald einen guten teil des jahres, während in Witgars namen die urkunden gefertigt wurden (nº 1432—35), gar nicht bei hof, sondern in seinem kloster oder dessen nicht ferner umgebung. Bestimmte daten liegen vor für 858 märz 13, mai 14, juli 28, aug 20, Wartmann UB. 2,77 f. nº 460, 462, 465; diese urkunden Grimalds tragen dessen unterschrift mit der vorangehenden formel: ‚praesentibus istis quorum hic signacula subnotantur' oder nur ‚praesentibus istis'. Wird später einmal die anwesenheit Grimalds noch ausdrücklich erwähnt (nº 498), so ergibt sich die anwesenheit der nach jener formel unter einer urkunde unterzeichneten aus der an diese liste sich anschliessenden bemerkung eines andern stückes (nº 556): ‚Signa quoque aliorum testium qui praesentes ibidem fuerunt'. Eine zweijährige stellvertretung, während der wirkliche kanzleichef nur meist in seinem kloster daheim gewesen wäre, ist kaum anzunehmen. Eine solche stellvertretung mag ausnahmsweise oder bei kürzerer verhinderung stattgefunden haben, wie vielleicht bei der, nachdem Grimald das amt wieder übernommen, wieder im namen Witgars gefertigten urkunde nº 1446 von 861 juli 8 zu einer zeit, da Grimald wieder einmal unfern seines klosters weilte (Wartmann UB. 1,84 nº 467), wenn nicht hier etwa spätere beurkundung einer früheren der rekognition noch entsprechenden handlung anzunehmen ist, wie sie mir auch in nº 1431 (rekognition im namen Grimalds nach Witgars amtsantritt) vorzuliegen scheint vgl. Ficker Beitr. z. UL. 1,211 f. und Seeliger, Erzkanzler und Reichskanzleien (Innsbruck 1889) 7 n. 4, 225, der gleichfalls ‚eine unterordnung des oberkanzellariats (Witgars und Baldrics) unter das erzkaplanat (Grimalds) für ausgeschlossen' hält.

an einen bestimmten sitz, an jenen des ersten bischofs im reich. Sein inhaber ist geborner erzkaplan und als erzkaplan zugleich vorstand der kanzlei.

Dies bildet sich weiter aus, als nach Ludwigs d. D. tod sein reich wieder unter seine söhne geteilt wurde. In Ostfranken, dem reich Ludwigs III, blieb erzbischof Liutbert von Mainz erzkaplan und kanzleivorstand, in Baiern, dem reich Karlmanns, erhielt, nachdem anfangs noch ein ‚kanzler' Baldo die kanzlei geleitet, erzbischof Theotmar von Salzburg, der metropolit Baierns, beide würden. Das reich Karls III, Alamannien, besass keinen erzbischof; der könig musste sich mit einem bischof als erzkaplan begnügen. Zu dieser würde und zur leitung der kanzlei wurde bischof Witgar von Augsburg, früher als abt ‚kanzler' Ludwigs d. D., ausersehen. Er bekleidete beide ämter nur sehr kurze zeit; nur zwei urkunden von 877 (n° 1578, 1582 or.) sind ‚advicem Witgarii archicapellani' ausgestellt. Karls allmächtiger günstling Liutward, der, bis zu beginn 878 nur kanzler (‚archicancellarius' in n° 1581 k. wol korruptel), seit dieser zeit als ‚erzkanzler' (zuerst sicher in n° 1585 or.) auftritt, gewann die leitung der kanzlei; dass er auch erzkaplan gewesen, ist bestimmt bezeugt (die belege Wiener SB. 93,345) und diese zeugnisse scheinen mir zu gesichert, als dass ich mich der annahme Sickels (Beitr. VII Wiener SB. 92,667) anzuschliessen vermöchte, Liutward habe nach dieser würde nur gestrebt, sie aber nicht erlangt. Durch Liutward wird auch der titel ‚erzkanzler' in die deutsche kanzlei eingeführt; er wird ihm fast ausschliesslich in der rekognition gegeben, sehr selten nur jener des ‚erzkaplans' (nur in n° 1630, 1641 or., 1650 vgl. 1748, ferner im text von n° 1666, 1667, zuerst also 882); er mochte auf den vollklingenden titel des erzkanzlers umso mehr gewicht legen, als er nicht ein deutsches bistum besass, sondern seit 880 bischof von Vercelli war. Liutwards stellung war nach jeder seite hin eine ausnahmsweise, getragen nur durch seinen beherrschenden einfluss auf den schwachen kaiser. Nach Liutwards sturz wurde 887 wieder das regelmässige verhältnis hergestellt, wie es in der letzten zeit Ludwigs d. D. gewesen war; Liutbert von Mainz, der mit dem anfall des reichs Ludwigs III an Karl seine würden als erzkaplan und kanzleivorstand eingebüsst hatte, wie früher schon der erzbischof von Salzburg nach der annexion Baierns durch den ostfränkischen könig, wurde wieder zur leitung der kanzlei berufen und erhielt damit wieder die würde des erzkaplans; so sehr war aber der titel des ‚erzkanzlers' in der kanzlei Karls III eingebürgert, dass er jetzt auch während der kurzen amtsführung Liutberts überwiegt und der des erzkaplans (nur in n° 1758, 1759) zurückgedrängt wird.

Diese schwankenden verhältnisse werden durch Arnolf für den rest der Karolingerzeit gefestet. Das reich wird nicht mehr geteilt. Aber sein schwerpunkt liegt in Arnolfs stammland, in Baiern. Der metropolit Baierns, der erzbischof von Salzburg, wird wieder erzkaplan und vorstand der kanzlei, er bleibt es, einen versuch zu beginn der regierung Konrads I, den erzbischof Hatto von Mainz an dessen stelle zu setzen (n° 2071), abgerechnet, bis zum tod Konrads I. Mit der sächsichen dynastie gehen diese würden endgiltig an Mainz über.

Unter Arnolf war Lothringen wieder vom reich abgetrennt und als königreich 895 an Zwentibold verliehen worden. Lothringen besass zwei gleich angesehene metropoliten, den erzbischof von Trier und jenen von Köln. Wol um beide zu befriedigen, wurde Ratbod von Trier die würde des ‚erzkanzlers', an Hermann von Köln die würde des erzkaplans verliehen. Als 896 Zwentibold auch mit Ratbod in hader geriet (n° 1966[a]), enthob er ihn des kanzleramtes und übertrug es an den erzkaplan Hermann von Köln (n° 1967—1972), in dessen namen früher nur ausnahmsweise eine einzige urkunde für Trier (n° 1959) ausgefertigt worden war, bis nach der aussöhnung mit Ratbod (n° 1967[d]) zu beginn 898 (n° 1973 f.) das frühere verhältnis wieder in kraft trat und Ratbod an der spitze der kanzlei blieb. Der abfall der Lothringer von Zwentibold brachte 900 das land wieder an das reich. Es war ein zugeständnis an die bisherige selbständigkeit des unruhigen landes, dass man ihm die eigne kanzlei, also wol auch eine art autonomer verwaltung, beliess (vgl. Sickel Beitr. VII Wiener SB. 93,695 und n° 1983[b]). Leiter der lothringischen kanzlei bleibt Ratbod von Trier als ‚erzkanzler'; sie hat ihre eignen beamten, alle Lothringen betreffenden urkunden werden hier ausgefertigt. Ob auch die lothringische kanzlei um die person des königs war oder ob sie ihren sitz in Trier hatte, lässt sich nicht ermitteln. Sie entfällt wieder, als unter Konrad I Lothringen sich vom reich trennt, und büsst nach dem anschluss an Westfrancien ihre selbständige stellung ein.

Wie im ungeteilten Frankenreich blieb die kanzlei mit ausnahme iener kurzen unterbrechung auch in den teilreichen eine einheitliche für den ganzen umfang derselben. Mochte dieser auch um länder sich erweitern, die bisher selbständig eine eigne kanzlei gehabt hatten, mit dem verlust ihres selbstbestandes war auch ihre kanzlei aufgelöst, die ursprüngliche kanzlei des neuen herrschers amtirte nun auch für sie wie für ieden andern reichsteil. Am schärfsten zeigt sich dies unter Karl III: weder der anfall Italiens noch der reiche seiner brüder, selbst nicht des grossen westfränkischen reichs änderte etwas an der organisation der kanzlei. Diese repräsentirte ebenso den gedanken der reichseinheit wie die person des königs.

So hat die leitung der kanzlei noch in der Karolingerzeit alle stadien der entwicklung durchlaufen: zuerst nur amt, das mittätige arbeit erforderte, wird sie unter Ludwig d. F. zur würde, die, nur noch männern von bedeutender stellung verliehen, sich auf die leitung beschränkt, die würde verknüpft sich unter Ludwig d. D., da die kanzleileiter eben nur höhere geistliche waren, mit der andern geistlichen würde am hof, dem erzkaplanat, und die vereinigten würden binden sich in den teilreichen an die ersten bischofstühle. Die persönliche eignung kommt nicht mehr in frage, die beiden würden werden zu ehrenstellen und titeln. Und diese entwicklung spiegelt sich auch in den titulaturen, welche die vorstände der kanzlei führen, sie sind umso bescheidener, ie mehr das amt sache der arbeit ist, sie werden klangvoller für die würde, sie erreichen ihren höhepunkt, als das amt zum titel des oder eines der ersten kirchlichen würdenträger im reich wird.

Die kanzleivorstände führen bis 840 in der rekognition keinen titel. Wenn Hitherius in der Vita Hadriani ‚capellanus et notarius' genannt wird oder der papst Rado als ‚protonotarius', Ercanbald als ‚cancellarius' bezeichnet wie die reichsannalen wieder als ‚notarius' (die belege bei Sickel UL. 77 f. vgl. Bresslau UL. 1,281), so sind dies keine offiziellen titel und gerade ihr schwanken zeigt, dass es noch an solchen fehlte. In den tironischen noten wird der kanzleivorstand ausser etwa nach seiner geistlichen würde als ‚abbas' nur als ‚magister' bezeichnet, ein ganz allgemeiner ausdruck, der nichts besagt als ‚meister, vorstand'; diese bezeichnung ist noch in den kanzleien Lothars I und II (Kaiserurk. in Abbild. text 150, 156) und Ludwigs d. D. (Sickel Beitr. VII Wiener SB. 93,688) gebräuchlich, so lange eben, als tironische noten regelmässig zur verwendung kommen. Zuerst begegnet als bestimmter amtstitel ‚cancellarius' in einem kapitulare Karls d. Gr. von 808 (nº 432 c. 8) und er wiederholt sich in einem gesetz Ludwigs d. Fr. von 825 (nº 798 c. 26). Mit der hebung der stellung des kanzlers erhöht sich auch der titel: Fridugis wird einmal im text einer urkunde ‚sacri palatii nostri summus cancellarius' (nº 726), Hugo ‚sacri palatii archinotarius' (nº 946) oder ‚sacri palatii summus notarius' (nº 988, 996) genannt.

Denselben gebrauch halten die kanzleien der teilreiche ein. In der rekognition der urkunden Lothars I führt der vorstand der kanzlei keinen titel, unter Ludwig d. D. bis 856 keinen amtstitel (nur Baldric heisst ‚abbas'). Im text der diplome Lothars I wird aber Agilmar ‚sacri palatii archicancellarius' (nº 1111, 1112 k.), Hilduin ‚sacri palatii notarius summus' (nº 1132 vgl. 1110 or.) oder auch ‚aulae archinotarius' (nº 1156, 1157 k.) genannt, in der deutschen kanzlei Ratleic in den tironischen noten (nº 1366 vgl. Kaiserurk. in Abbild. text 47) und Grimald im text einer urkunde (nº 1357 or.) ‚summus cancellarius'. Erst nach der verbindung der leitung der kanzlei mit dem erzkaplanat wird unter Ludwig d. D. ein titel ständig, aber es ist nicht der amtstitel der kanzlei, sondern der des ‚archicappellanus'; nur Witgar führt während seiner kurzen dienstzeit den titel ‚cancellarius'. Während, wie erwähnt, durch Liutward der titel ‚archicancellarius' eingebürgert wird, bleibt in den kanzleien Ludwigs III und Karlmanns (mit ausnahme der beiden ersten urkunden) iener des ‚archicappellanus' bestehen. So wird es auch unter Arnolf, Ludwig IV und Konrad I gehalten, nur ganz vereinzelt drängt sich der ‚erzkanzler' vor (in or. nº 1868, 2023, in den in diesem punkt ganz unzuverlässigen kopien nº 1771, 1772, 1787 aus demselben ch.).

Die verwendung des titels ‚archicancellarius' in der rekognition stammt aus Italien, wie Italien überhaupt in den titelfragen vorangeht. Ludwigs II kanzleivorstand Druclemir führt diesen titel an dieser stelle schon 853 (n° 1194 or., gedr. Mitteil. d. Instituts f. öst. GF. 5,385; dadurch wird die bemerkung Bresslaus UL. 1,290 n. 4 gegenstandslos), dann nochmal in der rekognition einer gerichtsurkunde (n° 1216 k.), während er in deren text als ‚sacri palatii archinotarius' bezeichnet wird und er sich selbst als ‚archinotarius' unterzeichnet; ebenso wird in den nur in seinem namen ausgefertigten urkunden der titel ‚archicancellarius' (n° 1197, 1200 k.) neben dem des ‚archinotarius' (n° 1186, 1187. 1220, nur ‚notarius' in n° 1188 or.) gebraucht. Im text einer urkunde (n° 1199 or.) heisst er ‚sacri palatii minister', dem einer andern (n° 1211 or.) ‚sacri palatii archicancellarius', ein titel, den auch seine beiden amtsnachfolger Remigius und Johannes anderweitig (n° 1221, 1223 k.) erhalten, der letztere auch in einer gerichtsurkunde (n° 1230)*). Dem ‚archinotarius' stellt sich in der rekognition dann noch der ‚protonotarius' (n° 1226, 1227 or. vgl. 1252) ebenbürtig an die seite. So wenig der titel ‚archicancellarius' in der italienischen kanzlei zur ausschliesslichen geltung zu gelangen vermag, so zählt er auch in der kanzlei Lothars II noch zu den raritäten; nur Ercambold legt sich ihn gelegentlich bei (n° 1300 or., 1305 k.), obwol er sich sonst, wie sein nachfolger Grimbland, nur ‚cancellarius' nennt und dem letzteren dieser einfache titel auch in einem schreiben des königs an den papst (n° 1316) gegeben wird. Eine eigenart der kanzlei Lothars II ist es, dass dem titel kanzler oder erzkanzler (von Ercambold auch schon einmal seinem notartitel n° 1280 k.) zumeist der zusatz ‚regiae dignitatis' vorangestellt wird, ähnlich wie schon von den rekognoscenten der urkunden Ludwigs II der eine und andre sich ‚notarius domni imperatoris' (n° 1184, 1190 k.) oder ‚domni imperatoris cancellarius' (n° 1194 or., vgl. 1195) betitelt.

Die rekognoscenten, die mit der ausfertigung betrauten kanzleibeamten, führen lange keinen amtstitel. Nachdem sie schon früher ihren geistlichen titel beigefügt, wird durch Hirminmar seit 8.3 (n° 781 or., derselbe titel für Durandus in n° 704 k. ist zu wenig beglaubigt) der titel ‚notarius' eingeführt, der wie iener des ‚cancellarius', wenn auch in anderer bedeutung, noch in die römische zeit zurückreicht (Bresslau UL. 1,153. 279). Er bürgert sich bald vollständig ein und ist allein oder neben. hie und da auch zugleich mit dem geistlichen titel bis über die mitte des 9. iahrhunderts der ständige titel der rekognoscenten. So ergibt sich zwischen diesen bis dahin kein rangunterschied. Eine änderung im titel beginnt auch hier wieder zuerst in der italienischen kanzlei platz zu greifen. Abgesehen von dem doch nicht zweifellosen fall in n° 1183 [1]) begegnet der titel ‚cancellarius' für den rekognoscenten schon 852 (n° 1191 k. für Werimbold, der in n° 1206 or., 1212 k. wieder nur ‚notarius' heisst) und bestimmter noch in den folgenden iahren (853 in n° 1194 or. vgl. 1195, 854 in n° 1199 or., 857 f. in n° 1213 f. für Adalbert). Ob mit dieser neuerung im titel auch eine änderung in der organisation der kanzlei zusammenhängt, lässt sich nicht feststellen. Bei ihrem aufkommen wenigstens haben titel eine sachliche bedeutung, sie bedeuten eine amtliche stellung. Die erhöhung des titels des kanzleileiters zum ‚erznotar' und ‚erzkanzler' mag auch den titel der im rang zunächst stehenden rekognoscenten vom ‚notar' zum ‚kanzler' erhoben haben. Es sind eben nicht alle rekognoscenten, welche diesen titel tragen, es gibt neben ihnen noch ‚notare' und die ‚kanzler' treten nicht neben, sondern nach einander auf.

Eine andre wirksamkeit entfaltet der titel ‚kanzler' in den kanzleien Lothars II und Ludwigs d. D., wo er nicht lange nach seinem auftauchen in Italien zu gleicher zeit 858 erscheint; hier wie dort kommt er für den kanzleivorstand zur verwendung. In dieser alleinigen verwendung bleibt er in der lothringischen kanzlei in geltung, in der deutschen aber nur für die kurze amtszeit Witgars. Seit 868 aber steigt er hier eine stufe tiefer, er wird nun auch von einem rekognoscenten geführt wie

[1]) Ich habe n° 1183 or. nach den iahresdaten zu 851 eingereiht und nach diesen ist sie auch nur hier einreihbar. Aber die nicht an diese stelle passende rekognition ‚Adalbertus cancellarius advicem Remigii', welche sonst nur 860—862 nachweisbar ist, sowie das erst 855 eintretende fortlassen der iahre Lothars in der datirung und des namens desselben im titel berechtigen zu dem bedenken, ob hier nicht eine spätere ausfertigung mit rückdatirung vorliegt.

schon früher in der italienischen kanzlei. Auch fortan nur bestimmten rekognoscenten zukommend gewinnt er eine bestimmte, nach und nach sich schärfer abhebende bedeutung.

Je mehr die stellung des kanzleivorstandes sich hob, desto mehr entfremdete sie ihn auch den eigentlichen geschäften der kanzlei. Es musste sich das bedürfnis nach einem geschäftsführer geltend machen, der in stellvertretung oder im auftrag des vorstandes gewisse angelegenheiten besorgte oder den dienst überwachte. Auf ein derartiges verhältnis weist es hin, wenn in einer urkunde von 833 (n° 923) der notar Hirminmar als ‚magister' bezeichnet und vermerkt wird, dass derselbe die weisung zur ausfertigung und siegelung des diploms gegeben habe (Sickel UL. 96. Kaiserurk. in Abbild. text 44). Noch dringender aber musste nach der vereinigung der leitung der kanzlei mit dem erzkaplanat die bestellung eines oberbeamten werden, der, ständig in der kanzlei, die laufenden geschäfte erledigte und den kanzleidienst in geregeltem gang erhielt. Anfangs wol nur in vertretung des etwa abwesenden oder durch andre obliegenheiten verhinderten vorstandes, der ausser den beiden hofämtern auch noch eine bedeutende geistliche stellung einnahm, die oft sein eingreifen erforderte; so kommt Grimald 861—869 jahr für jahr nach St. Gallen (vgl. Wartmann UB. 2,105 f. n° 489—547) und die tätigkeit für sein kloster und dessen besitz lässt annehmen, dass der besuch nicht immer nur ein flüchtiger gewesen ist. Noch mehr wurde diese vertretung zu einer notwendigkeit, als das erzkaplanat dem ersten bischof des reichs zufiel. Da war der erzkanzler, wie er nun auch hiess, nicht nur erzkaplan, sondern auch bischof, der seine diöcese und das gut seiner kirche verwalten sollte, ausserdem metropolit, dem eine grosse kirchenprovinz unterstand. Wenn Karl d. Gr. nach dem kapitulare von Frankfurt 794 (n° 325 c. 55) sich von papst und synode die ‚erlaubnis' erbat, den neuernannten erzkaplan bischof Hildebold von Köln beständig bei sich am hofe zu haben, wie papst Hadrian I dieselbe erlaubnis auch Hildebolds vorgänger im erzkaplanat, Angilramn von Metz, erteilt hatte, so bedeutet dies dispens von den kanonischen satzungen, welche dem bischof die residenzpflicht, die vornahme bestimmter funktionen, die wenigstens in gewissen zeiten wie an den kirchenfesten seine anwesenheit an seinem sitz erforderten, die persönliche obsorge für die kirchliche verwaltung der diöcese, in erweitertem amtskreis des metropolitansprengels zur pflicht machten. Diesen kanonischen verpflichtungen und den obliegenheiten der beiden hofämter zugleich gerecht zu werden war einfach unmöglich; wenn auch das erzkaplanat zum titel herabsank, hätte die kanzlei die ständige anwesenheit ihres leiters am hofe verlangt, während die kirchengesetze dauernde abwesenheit von der residenz verboten. Von selbst ergab sich die bestellung von stellvertretern und eben bei jenem amt, das befähigung und geschäftskenntnis forderte, um die staatsmaschine in gang zu halten, bei der kanzlei. Und dies um so mehr, als das kanzleramt, jetzt an die erste kirchliche würde des reichs gebunden, von persönlicher eignung absehen musste und das amt wie die damit verquickte kirchliche würde nun auch ein lebenslängliches wurde. So gestaltete sich eine neue organisation der kanzlei aus: vorstand ist der erzkaplan und der erste metropolit des reichs ist der geborne erzkaplan, wie das erzkaplanat wird das erzkanzleramt zum — bald sogar erblichen — titel; die eigentliche geschäftsführung erhält ein geschulter beamter, der damit in eine höhere rangsstufe vorrückt und nun den früher dem vorstand zukommenden titel ‚kanzler' führt; dazu das andre personal, das sich wieder in die zur namensfertigung berechtigten ‚notare' und die für uns namenlosen schreiber (ingrossisten) gliedert. Die urkunden werden jetzt vom kanzler oder auch einem der notare im namen des erzkaplans oder erzkanzlers, ausnahmsweise nur im namen des kanzlers rekognoscirt.

Nicht unmittelbar mit der vereinigung der vorstandschaft der kanzlei und des erzkaplanats wurde ein kanzler bestellt; erst das zunehmende alter Grimalds und der umstand, dass die kanzlei Ludwigs d. D. in dem notar Heberhard eine persönlichkeit besass, die seit jahren fast ganz allein das urkundengeschäft besorgte, führten dazu. Seit 868 trägt Heberhard als rekognoscent den titel ‚cancellarius' (zuerst in n° 1468, notarius heisst er nur in 3 kopien n° 1469, 1484, 1490); vereinzelt rekognoscirt neben ihm während dieser zeit nur ein diakon Liutbrand einige urkunden (n° 1513—17), die aber zumeist in Metz, hier wol in abwesenheit Heberhards, ausgestellt sind.

In gleicher weise wurden die kanzleien Karlmanns und Ludwigs III eingerichtet. Dort wurde 877 der erzbischof von Salzburg erzkaplan, hier blieb es der erzbischof Liutbert von Mainz. Unter ienem führte Baldo, in dessen namen auch die beiden ersten urkunden (nº 1520. 1521) rekognoscirt sind, titel und amt eines kanzlers und neben ihm kommt noch ein notar Madalwin vor. Unter dem Mainzer erzbischof folgen sich zwei kanzler, Wolfher und Arnolf, die sämmtliche urkunden, Arnolf eine sogar im eignen namen (nº 1574 or.), rekognosciren.

Die kanzlei Karls III erhielt durch Liutward, den allmächtigen emporkömmling, der vom kanzler (nº 1578. 1580, 1582) nach beseitigung des erzkaplans zum ‚erzkanzler' sich aufschwang, ihr gepräge: als dann reich um reich anfiel und der geschäftskreis sich mehr und mehr erweiterte, musste dies eine rückwirkung äussern. Auch nach der besitznahme Italiens scheint Liutward die ganze geschäftsgebahrung in der hand behalten zu haben; es begegnen nur notare als rekognoscenten, die einzige ausnahme (nº 1603 or.), eine ‚advicem Ernusti cancellarii' von einem nur hier auftretenden rekognoscenten gefertigte urkunde, weist höchstens auf einzelne stellvertretung; noch weniger gewicht kann man darauf legen, wenn Ernust, der wol auch als ‚subdiaconus' unterfertigt (nº 1602, 1630), später in einer wenig zuverlässigen kopie (nº 1692) nochmals zum ‚cancellarius' gemacht wird. Erst nach dem anfall Baierns und Ostfrankens (882) wird den verhältnissen insoweit rechnung getragen, dass nunmehr auch in der kanzlei Karls III ein ‚kanzler' bestellt wird; der notar Waldo führt seit ende ienes iahres unter sämmtlichen rekognoscenten allein den kanzlertitel (zuerst nº 1642); er bekleidet dieses amt bis zu seiner erhebung zum bischof von Freising 884. in einer urkunde (nº 1688 k.) trägt er als rekognoscent sogar den bischofstitel. Aber dabei macht sich ein eigentümliches schwanken des amtstitels geltend: auch nachdem Waldo den titel ‚cancellarius' zu führen begonnen hatte, wird er in einzelnen fällen (die belege Wiener SB. 92,350) doch wieder ‚notarius' genannt. Diese sind iedoch sehr in der minderzahl und sie zeigen wol nur, dass in der kanzlei Karls III die titulatur für die neugeschaffene stellung keine feste war. In dieser folgte Waldo 884 der notar Amalbert; seit der ersten für Westfrancien ausgestellten urkunde (nº 1697 or.) nennt er sich ‚cancellarius'; wie Waldo während seiner kanzlerzeit rekognoscirt er 885—887 die mehrzahl der diplome. wie ienem wird ihm auch, ebenfalls seltener, noch der titel ‚notarius' beigelegt (Wiener SB. 92,350).

Ergibt sich so mit genügender sicherheit die bestellung eines kanzlers als eines unter dem erzkanzler stehenden oberbeamten, so bietet sich doch eine schwierigkeit. es tritt zu gleicher zeit ein zweiter kanzler auf: neben Amalbert 885 noch Salomon, der ausser in zwei kopien (nº 1703. 1704) auch in einem original (nº 1715) ‚kanzler' heisst. nach der übernahme der kanzlei durch Liutbert von Mainz 887 Fredebold, der in zwei der drei von ihm rekognoscirten urkunden (nº 1756, 1757 or.) sich als ‚cancellarius', in der dritten (nº 1760 or.) als ‚notarius' unterfertigt. Die kanzlei Karls III war wie die kanzleien sämmtlicher Karolinger bis Ludwig IV eine einheitliche; eine scheidung nach ländern hat nicht stattgefunden, ebensowenig ist eine teilung in verschiedene ressorts zu erweisen. Zur erklärung dieses schwankens hat Sickel (Beitr. VII Wiener SB. 95,661 vgl. Kaiserurk. in Abbild. text 167. 187 und Bresslau UL. 1,298) die unterscheidung zwischen ‚wirklichen und titularkanzlern' aufgestellt. Dieselbe reicht kaum aus, denn auch die titularkanzler würden, sobald ihnen der kanzlertitel verliehen worden war, diesen selbständig geführt haben; wenn einmal ein kanzler auch noch eine urkunde selbst schrieb, galt dies kaum als unstatthaft; das häufige avancement der kanzler auf bischofsitze oder abteien konnte aus diesem oder ienem grund, auch nur durch todesfall, unterbleiben, es war kein notwendiges. Es handelt sich, sobald man iene, welche von bestimmter zeit an ständig den kanzlertitel führen, auch als wirkliche kanzler anerkennt, doch nur um vereinzelte fälle, die einer erklärung bedürftig sind, und die wahrscheinlichere ist die stellvertretung des kanzlers oder das schwanken des kanzlertitels selbst.

Dieses zeigt sich auch nach andrer richtung. Die kanzlei Arnolfs ist fest geregelt. Die nominelle leitung führt der erzkaplan Theotmar von Salzburg; als kanzler fungiren Aspert, der sich auch immer (‚notarius' in nº 1795 k. ist nur verderbung) ‚cancellarius' nennt und selbst noch als ‚vocatus episcopus' eine urkunde (nº 1881) rekognoscirt, seit sept. 893 Wiching, der frühere bischof von Neutra. Sowol in Asperts (nº 1871 k., 1872, 1873 or.) als in Wichings (nº 1900) namen sind einige urkunden rekognoscirt und dann tragen sie den sonst nur noch Theotmar beigelegten titel ‚archicancellarius' (Wiching auch ‚episcopus' in nº 1939 k., 1951, 1952 or.); Aspert wird aber auch schon 889 im text eines diploms (nº 1831 or.) als ‚archicancellarius' bezeichnet wie Wiching als rekognoscent einiger diplome (nº 1902, 1903, 1915 sämmtlich or.). Die kanzler als die eigentlichen leiter der kanzlei strebten nach erhöhung des titels, noch war dieser nicht genau bestimmt. Neben Wiching führt aber seit 895 (in nº 1797 k. der titel verderbt) der eine rekognoscent Ernust mit einer ausnahme (nº 1922 or.) ständig den kanzlertitel (zuerst nº 1909 or., dann nº 1920 f.), während der andre rekognoscent sich wie früher nur ‚notarius' nennt. Einen zweiten kanzler anzunehmen ist wol unzulässig; die gelegentliche erhebung des kanzlertitels zu dem des erzkanzlers mag auch veranlasst haben, dass der erste vielleicht mit der stellvertretung betraute notar in den kanzlertitel nachrückte.

Die gleichen verhältnisse blieben unter Ludwig IV und Konrad I bestehen. Von den beiden rekognoscenten der deutschen kanzlei, welche schon unter Arnolf gedient hatten, führt Ernust ständig den kanzlertitel (einzige ausnahme nº 1993 or.), Engilpero ebenso ständig den titel ‚notarius' (cancellarius in nº 1995, 2011 aus demselben ch. nur verderbung): Ernust war also kanzler [1]. Sein nachfolger wird 909 Salomon (zuerst in nº 2057), damals schon bischof von Konstanz und abt von St. Gallen, der erste fall, dass ein kirchlicher würdenträger in dieser stellung ein untergeordnetes amt übernahm; aber die geschäftsführung der kanzlei sicherte unter einem Ludwig IV entscheidenden einfluss. Salomon behielt dieselbe stellung unter Konrad I, fast sämmtliche urkunden tragen seinen namen, nur wenige sind von Oudalfrid rekognoscirt, der, wie Ludwig IV (nº 2056 or., cancellarius in der kopie nº 2055 ist zu wenig beglaubigt), so auch unter Konrad I, von der ersten urkunde mit der abnormen rekognition ‚advicem Hattonis' (nº 2071) abgesehen, nur den titel ‚notarius' trägt.

Einfacher war die organisation der kleinen lothringischen kanzlei unter Zwentibold und Ludwig IV. Wich diese schon darin von der deutschen kanzlei ab, dass an ihrer spitze ein erzkanzler, Ratbod von Trier, nicht der erzkaplan stand, so blieb ihr auch zunächst die bestellung eines untergeordneten kanzlers fremd. Ratbod scheint die geschäftsführung seiner kanzlei selbst geleitet zu haben. Diese kennt daher nur notare. Nur während der kurzen zeit, da nach der entfernung Ratbods der erzkaplan Hermann von Köln an dessen stelle tritt, begegnet auch der frühere notar Engilbert als kanzler (nº 1967—71), man hatte für dieses intermezzo einen wirklichen geschäftsleiter nötig [2]. Unter Ludwig IV arbeitet Ratbod wieder nur zumeist mit notaren. Für Switgar ist der titel cancellarius durch die kopie nº 2001 zu wenig gesichert, bei Ernuld tritt ausser einer kopie (nº 2048) auch ein original (nº 2046) für den kanzlertitel ein, aber beide urkunden umspannen nur die zeit von wenigen monaten.

Das niedere kanzleipersonal, das in der rekognition nicht genannt wird, bleibt unbekannt. Aus der schrift lässt sich höchstens feststellen, dass schreiber der kanzleien Lothars I, auch noch etwa Lothars II, dann der ersten regierungszeit Ludwigs d. D. noch der schule von Tours angehören (Sickel in Kaiserurk. in Abbild. text 150, 160), bis in der deutschen kanzlei durch Heberhard neue muster geschaffen wurden und sich an ihnen eine deutsche schule heranbildete (ib. 161, 162, 177), dass öfter italienische, unter Karl III auch westfränkische schreiber verwendet wurden (ib. 171, 185, 186, 178), wie denn gelegentlich auch das formelwesen unter diesem kaiser italienisches gepräge wie schon unter Lothar I (Wiener SB. 85,496) oder westfränkischen einfluss zeigt (Wiener SB. 92,403,

[1]) Sickel, Kaiserurk. in Abbild. text 195 vgl. Beitr. VII Wiener SB. 93,690 (danach Bresslau UL. 1,305, 318), betrachtet Ernust nur als ‚titularkanzler', weil ‚er sich auch damals noch fleissig am schreiben beteiligt hat'. Diese begründung scheint mir nicht überzeugend und bedenklicher noch die lücke, welche durch die titulaturkanzler in die reihenfolge der kanzler gerissen wird, die hier volle 8 jahre umfassen würde.

[2]) Vgl. dagegen Bresslau UL. 1,305; Moritz Müller, Die Kanzlei Zwentibolds, Königs von Lothringen (895—900) Bonn. Diss. 1892 s. 51 hat diese stelle Mühlbachers missverstanden, indem er geschäftsleitung und dictat gleichsetzt. J. L.

426, 447, 463), dass schreiber von einer kanzlei in die andre übernommen wurden, wie aus der kanzlei Karlmanns und Ludwigs III in die Karls III oder aus der kanzlei des letzteren in iene Arnolfs (Kaiserurk. in Abbild. text 171, 174, 178; 65, 68, 188), während das höhere kanzleipersonal, die rekognoscenten, durch die neue regierung ihres amtes verlustig ging. Hie und da kam es schon vor, dass der text einer urkunde auch vom empfänger geliefert und nur die beglaubigenden schlussformeln vom kanzleibeamten beigefügt wurden, etwa in einer urkunde Ludwigs d. D. für St. Emmeram in Regensburg, deren context in bücherschrift, also wahrscheinlich von einem Emmeramer mönch geschrieben ist, worauf eine bekannte kanzleihand das schlussprotokoll beigefügt hat (nº 1378, abbild. bei Chroust Mon. palaeogr. lief. I 4 und 5) oder in der von einem Fuldaer mönch geschriebenen urkunde (nº 2076 vgl. Kaiserurk. in Abbild. text 13), wie denn nicht eben selten auch in der kanzlei gefertigte urkunden eine weit gehende arbeitsteilung des schreibgeschäftes aufweisen, etwa text von einer, das eschatokoll oder teile desselben von andrer oder auch dritter hand (belege in Kaiserurk. in Abbild. I, 1. 2. 4. 16; III, 1, 4. 6, 8; VII, 12, 22). Eine mehrung der kopirarbeit ergab sich endlich daraus, dass öfter urkunden in mehr als einem exemplar ausgefertigt wurden (Sickel UL. 404); so liegen u. a. von nº 1645 noch 3 originale vor, die von verschiedenen händen geschrieben sind (Kaiserurk. in Abbild. text 182), während die beiden originale von nº 2028 denselben schreiber aufweisen. Mehrfache ausfertigung erfolgte zweifelsohne nur auf verlangen der parteien gegen erlegung der taxen; bei bestätigung von bilateralen verträgen (tausch, prekarie u. ä.) waren beide parteien in gleicher weise interessiert; bei staatsrechtlichen privilegien wurde wol auch von amtswegen die ausfertigung mehrerer exemplare angeordnet, wie bei den konstitutionen Ludwigs d. Fr. für die Spanier in 3 und 7 exemplaren (nº 566, 608).

Die geringen aufschlüsse, welche die urkunden über die kanzlei liefern, erstrecken sich nur auf ienes bureau, das die urkunden auszufertigen hatte. Dieses verlangte für die conceptsbeamten ein in geschäftsgebahrung und formelwesen, für die schreiber ein in der urkundenschrift geschultes personal. Demselben oblag wahrscheinlich auch die ausfertigung der mit den ausgestellten urkunden in engster beziehung stehenden mandate (wie nº 924, 1411, 1932 u. a.), vielleicht auch der vollmachten der im besonderen auftrag entsandten königsboten (indiculus Muratori Ant. 5.927, epistola. iussio Mem. de Lucca 5ᵇ53, selbst praeceptum ib. 420 und edictum nº 1250 geheissen vgl. Brunner in Wiener SB. 51.455), wie solche noch aus Italien vorliegen (nº 1192, 1250). Der grosse verwaltungsapparat, der ausgedehnte schriftliche verkehr, der namentlich unter Ludwig d. Fr. ausgebildete bureaukratismus forderten aber auch die errichtung andrer abteilungen. So oblag der kanzlei die ausfertigung des authentischen textes der kapitularien (vgl. Sickel UL. 409); einmal wird verordnet (nº 798 c. 26), dass die erzbischöfe und grafen vom kanzler den text eines solchen gesetzes zu weiterer publikation in empfang zu nehmen haben und dem kaiser eine liste der empfänger vorzulegen sei, ein andermal (nº 432 c. 8), dass eine instruktion für königsboten in 4 exemplaren auszufertigen und eines beim kanzler zu hinterlegen sei, der zugleich vorstand des pfalzarchivs war (Sickel UL. 9). Wie diese wurden sicher auch die andern instruktionen für die missi in der kanzlei gefertigt; waren sie an sich schon unter Karl d. Gr. sehr zahlreich, so mehrte sich ihre zahl dadurch, dass bei allgemeinen aufträgen mindestens für ieden missionssprengel ein exemplar auszustellen war. Die königsboten waren ferner mit einer authentischen ausfertigung der kapitularien zu versehen, sobald sie dieselben zu publicieren hatten: einmal wird ausdrücklich bemerkt, dass ein solches exemplar im öffentlichen ding zu Paris von den anwesenden unterzeichnet worden sei (M. G. Capit. 1,222). Dazu kommen schriftliche entscheide auf berichte der königsboten (nº 483, 827); lassen diese schon voraussetzen, dass der häufig (nº 381 c. 40, 382 c. 20, 432 c. 5, 465 c. 10. 11) geforderte bericht zumeist ein schriftlicher gewesen ist, so wird dieser auch öfter ausdrücklich verlangt (nº 451 c. 11, 863 c. 3, 867 c. 5). Für die missi waren von der kanzlei ausserdem die ‚tractoriae‘, kreditive zugleich und anweisungen ihrer naturalbezüge, anzufertigen, wie denn eine solche tractoria auch in den formulae imperiales erhalten ist (M. G. Form. 292 nº 7) und die missachtung solcher ‚epistolae‘ mit schwerer ahndung bedroht wird (nº 675 c. 16). Dazu kommen die erlässe, die mehrfach auszufertigenden rundschreiben (wie nº 277, 300, 474, 678–80, 854, oder specielle vollmachten (n° 874 c. 6, 736, 737, 774), berufungen an den hof oder zu den reichstagen, welche von der kanzlei auszustellen waren, mochten die briefe wenigstens bis 840, namentlich die privatbriefe, auch grösstenteils ausserhalb der kanzlei angefertigt werden (Sickel Ul. 104); andrerseits erweisen die briefe Lothars II an Nikolaus I (n° 1304, 1313, 1316) den gleichen diktator und dieser ist zweifelsohne der kanzler Grimbland, der ja auch als gesandter nach Rom ging (n° 1316). Vielerlei schriftstücke mögen auch die heeresangelegenheiten erfordert haben; ein einziger dieser aufgebotsbriefe (n° 418) ist uns vollständig, ein paar andre einberufungsordres sind uns in der briefsammlung Einhards erhalten (n° 26, 32, 33, Jaffé Bibl. 4,461, 463 f. vgl. n° 908ª und Gesta Berengarii III, 55 ed. Dümmler 114: Fortia iussa cito, scribe, sulcate papyris) vgl. A. Prenzel, Beiträge zur Geschichte der Kriegsverfassung unter den Karolingern, Leipziger Diss. 1887 s. 21.

Einen schluss auf den umfassenden geschäftskreis der kanzlei als organs der centralregierung gestattet auch die ausbildung des schriftlichen verkehrs in verwaltung und rechtspflege; da sind nach den kapitularien listen zu führen über iene, welche den treueid geleistet und nicht geleistet haben, und selbst über die gesammte einwohnerschaft des gaus (n° 273 c. 2), über die auszugsfähigen freien (n° 861 c. 7), die fremden (n° 421 c. 4), die ernennung der schöffen, vögte, notare, deren namensverzeichnis dem könig vorgelegen ist (n° 396 c. 3), da sind inventare aufzunehmen über die lehen und fiskalgüter zur kenntnisnahme des königs (n° 465 c. 5, 7 vgl. n° 512 c. 14; ein solches inventar M. G. LL. 1,176, Capit. 1,250), register über die zehnten (n° 377 c. 7); der rechtspflege dienen verordnungen der ladung vor das königsgericht iussione dominica aut indiculo aut sigillo (n° 442 c. 14), der notifikation gebannter räuber an die andern grafen (ib. c. 4), in Italien der führung eines protokolls über die vor das grafengericht gebrachten rechtssachen (n° 234 c. 3). War der grösste teil dieser protokolle und register auch nur für die unteren instanzen bestimmt, mochten die vermögensinventare gleich den in dem Capitulare de villis unbefohlenen berichten und schlussrechnungen (n° 471 c. 55, 62, 66, 67, 69) nicht an den könig, sondern auch an andre ämter gehen und die in sachen der vermögensverwaltung erlassenen ‚briefe‘ (ib. 47) nicht von der eigentlichen kanzlei ausgefertigt werden, wie wahrscheinlich auch die auf das königsgericht bezüglichen nur von der schreiberschaft des pfalzgrafen, so muss doch auch nur die zahl der eingelaufenen bittgesuche oder kommissionellen berichte, die häufig in urkunden erwähnt werden, eine ganz ansehnliche gewesen sein. Zur bewältigung dieses dem urkundengeschäft, der gesetzgebung und verwaltung dienenden materials, dessen erledigung und officielle ausfertigung die kanzlei als das organ der centralregierung zu besorgen hatte, wurde ein weit grösseres personal, als uns bekannt ist, eine scheidung in verschiedene abteilungen, eine organisation der arbeit erfordert (vgl. n° 678, 679, 736, 737, 774) und die dadurch wachsende bedeutung der kanzlei mag die stellung ihrer leiter nach 819 so bedeutend gehoben haben. Nach dem zerfall des Frankenreichs in teilreiche tritt mit diesem selbst auch die bedeutung und der amtskreis ihrer kanzleien zurück. Auch der bedarf schriftlichen verkehrs für die verwaltung scheint sich für Deutschland und Lothringen, wo auch die kapitulariengesetzgebung ganz verschwindet, um der synodalen den platz zu räumen, ausserordentlich gemindert zu haben; in Italien, das uns auch ausfertigungstaxen für privaturkunden aufbewahrt hat (n° 1039 c. 13. für notitiae vgl. M. G. Cap. 1,145 c. 2), hat, wenigstens auf dem gebiet der rechtspflege, der alte brauch schriftlicher fixirung sich noch länger behauptet.

In die folgenden listen des kanzleipersonals sind nur die varianten der namen in originalen, von ienen in kopien nur häufiger auftretende und wichtigere verderbungen aufgenommen. Die fälschungen ohne echte vorlage sind nicht berücksichtigt. Die geschichtlichen daten über die persönlichkeiten der kanzlei sind für Pippin, Karlmann und Karl d. Gr. in M. G. DD. Kar. 1,1, 61, 78, Abel-Simson Karl d. Gr. 2,540 f., bis 840 von Sickel Ul. 76 (für die zeit Ludwigs d. Fr. auch von Simson, Ludwig d. Fr. 2,234), für die deutsche kanzlei von Dümmler (Ostfränk. Reich 2. A. 2,428 Ludwig d. D. vgl. Sickel Beitr. I, II; 3,140 Karlmann, 167 Ludwig III, 293 Karl III [vgl. Wiener SB. 92,353], 480 Arnolf, 561 Ludwig IV, 618 Konrad I); für die kanzlei Zwentibolds von Moritz Müller, Die Kanzlei Zwentibolds 98 zusammengestellt.

Urkundenschreiber der Karolinger bis 751:

Pippin d. M.: Hardricus 702 (nº 16).
 Bainingus 706 (nº 15).
 Adricharius 714 (nº 20).
Karl Martell: Chaldo cancellarius 722 (nº 34).
 Aldo clericus 726 (nº 38).
 Chrothgangus recognovi 741 (nº 43).
Karlmann: Hildradus canc. 746 (nº 50, 51).
Pippin: Rodegus 743 (nº 54).
 Wilecharius rec. 747 (nº 57).
 Wineramnus rec. 749, 751 (nº 58, 59 gerichtsurk.).
 Rodegarius (nº 62, 63).

Königliche kanzlei:

Pippin.

Rekognoscenten bis 760: Chrodingus 752 (nº 66).
 Widmarus 753—760 (nº 70, 76, 88, 91).
 Wineramnus 753 (nº 71).
 Baddilo 757—758 (nº 86, 87 (86 im text der reg. druckfehler).
 Eius 753—755 (nº 73, 78).
0—768. Kanzleivorstände: Baddilo 760—766 (nº 90—104).
 Hitherius 768 (nº 106—110) unterfertigt nur im eigenen namen.
kognoscenten: Hitherius 760 (nº 90 vgl. 102, 104), als schreiber schon seit 753 tätig, M. G. DD. Kar. 1,1.
 Bernericus 763 (nº 97).

Karlmann.

Rekognoscent: Maginarius 769—771 (nº 116—129; wahrscheinlich 784 abt von St. Denis, gegen die identität Sickel UL. 77 n. 1 vgl. Abel-Simson, Karl d. Gr. 1,487; 2,543).

Karl der Grosse.

Kanzleivorstände:
 Hitherius 769 ian. 13—777 ian. (nº 131—209[1]); der name in Witigowo. Enricus verderbt in nº 151, 165; früher in der kanzlei Pippins; 775 abt von St. Martin in Tours nº 186, stifter von Cormery nº 355, 886, † 796).
 Rado 777 ian.—795 märz (nº 205—328; seit 772 mai rekognoscent, 790 abt von St. Vaast, † 808).
 Ercanbaldus 797 märz 31 (vielleicht schon febr. 17)—812 apr. 2 (nº 336—470; seit 778 ian. rekognoscent).
 Hieremias 813 mai 9 (nº 477; 818 erzbischof von Sens).
Rekognoscenten:
 Rado 772 mai—777 ian. (nº 146—209; 777 kanzleivorstand).
 Wighaldus 774 sept. 14—786 nov. 5 (nº 171—278; schreiber schon seit 772 ian. 13 (nº 143, M. G. DD. Kar. 1,93 nº 64).
 Ercanbaldus 778 ian.—794 febr. 22 (nº 214—321; die rekognition in nº 349 vielleicht die ursprüngliche von nº 318).
 Giltbertus 778 okt.—795 märz (nº 206—328; verderbt in Egilbertus [Engilpero] canc. in nº 224. Gildulfus in nº 310).
 Optatus 779 märz 27 und 788 okt. 25 (nº 218, 298; † später abt von St. Maur de Fossés.
 Jacob 787 märz 24—792 aug. 4 (nº 284—320), nur für italienische empfänger.

[1]) nº 250 wäre, wenn nicht spätere ausfertigung, nach der rekognition besser vor nº 205 einzureihen. J. L.

Widolaicus 781 okt.—794 aug. 20 (n° 245—327).
Erminus 799 febr. 2 (n° 348), nur abschriftlich belegt.
Genesius 799 iuni 13—802 sept. 15 (n° 350—390).
Amalbertus 799 iuni—807 apr. 28 (n° 357—425).
Hagdingus, wahrscheinlich verderbt aus Hardingus, 803 aug. 13 (n° 400).
Aldricus 807 aug. 7, 808 mai 26 (n° 429, 436 [interpolirt] hier verderbt zu Altfredus, Sickel UL. 83, M. G. DD. Kar. 1,276 n° 207; 829 erzbischof von Sens).
Blado 808 iuli 17 (n° 437).
Ibbo 809 iuli 7, 810 aug. 18 (n° 441, 450).
Suavis 811 dez. 1 (n° 467 vgl. 389, 449).
Witherius 812 apr. 2, 813 mai 9 (n° 470 hier verderbt in Guidbertus, 477 mit dem titel diaconus), nicht identisch mit Witherius notarius in n° 247.

Rekognoscenten der gerichtsurkunden (pfalzgräfliche notare):
Theudegarius 771 nov. 3—775 dez. (n° 142 hier verderbt zu Thiotgaudus, 191 or., 200).
Witherius notarius advicem Chrotardi, eine in gerichtsurkunden ganz ungewöhnliche form der rekognition (781 dez. 16 n° 247, Chrotard also damals vorstand dieser kanzlei).
Raphuinus notarius 806 aug. 17 (n° 422).
Eldebertus 812 märz 8 (n° 469).

Ludwig der Fromme.

Aquitanische kanzlei.
Kanzleivorstände: Deodatus 794 aug. 3 (n° 516).
Guigo 807 dez. 28 (n° 517).
Helisachar 808 apr. 7, mai (n° 518, 519).
Rekognoscenten: Hildigarius 794 aug. 3 (n° 516).
Godolelmus 807 dez. 28 (n° 517).
Albo 808 apr. 7 (n° 518).

Reichskanzlei.
Kanzleivorstände: Helisachar 814 apr. 8—819 aug. 7 (n° 521—699, in n° 702 von 819 sept. (4) liegt doch wol nur spätere ausfertigung mit datirung nach der beurkundung vor; früher vorstand der aquitanischen kanzlei, 816 abt von St. Aubin d'Angers, später auch von St. Riquier, † vor 840).
Fridugis 819 aug. 17—832 märz 28 (n° 700—899; 808 abt von St. Martin in Tours, n° 518 vgl. 629—631, 713 u. ö., 820 abt von Sithiu [St. Bertin] n° 726, 873, 946; † 834).
Theoto 832 iuni 16—834 mai 15 (n° 900—927; abt von Marmoutiers bei Tours, n° 910, † 834 vgl. n° 928b).
Hugo 835 iuli 3—840 iuni 12 (n° 929—1007; sohn Karls d. Gr. und der Regina, abt von St. Quentin, 836 von Sithiu, n° 946, † 844).

Rekognoscenten:
Durandus diaconus 814 apr. 23—832 okt. 4 (n° 522—907).
Faramundus 814 apr. 23—(826) mai 9 (n° 523—829).
Ibbo 815 iuni 10 (n° 583; schon rekognoscent unter Karl d. Gr.).
Joseph 815/6 (n° 603).
Arnaldus 816 febr. 10—iuni 21 (n° 618, 619).
Hirminmaris 816 iuli 31 (n° 622), 821 nov. 6—839 iuni 26 (n° 746—995; von n° 746 an mit dem titel ‚diaconus', von 823 n° 781 dem titel ‚notarius'; noch genannt 839 iuli 8 in den tironischen noten von n° 997).
Gundulfus 820 apr. 27—821 okt. 27 (n° 715—745).
Macedo (Machedo) 820 apr. 28 (n° 716—719).

Sigibertus 821 iuni 28 (nº 746).
Simeon diaconus 823 iuni 22—824 iuni 30 (nº 777—786).
Meginarius notarius 826 ian. 26—840 iuni 8 (nº 824—1007).
Adalulfus diaconus 828 febr. 26 (nº 846, 847, vgl. 835).
Daniel notarius 836 aug. 24—839 iuni 20 (nº 963—994).
Bartholomeus notarius 838 iuni 14—839 febr. 17 (nº 978—987: schreiber schon 836 von nº 954, Kaiserurk. in Abbild. text 44).
Glorius notarius 839 ian. 23—dez. 29 (nº 986—1001).

Lothar I.

822—833 apr. Kanzleivorstände: Witgarius 822 dez. 18—825 mai 31 (nº 1015—1027).
Ermenfredus 832 febr. 20—833 apr. 17 (1032—1036).
Rekognoscenten: Maredo 823 iuni 4. 824 ian. 3 (nº 1019, 1020 k., ? identisch mit dem rekognoscenten Macedo in der kanzlei Ludwigs d. Fr.).
Liuthadus 825 febr. 14—833 apr. 17 (nº 1022—1036).
Dructemirus subdiaconus atque notarius 832 febr. 20—833 ian. 15 (nº 1032—1035).
833/4. Selbständige rekognoscenten: Liuthadus notarius (nº 1037—1041).
Balsamus notarius (nº 1044, 1045).
835—855. Kanzleivorstände: Agilmar (Egilmar) 835 ian. 24—843 dez. 15 (nº 1046—1113; 842/3 erzbischof von Vienne, nº 1111, 1112).
Hilduin 844 febr. 17—855 sept. 19 (nº 1114—1173; in nº 1132 ‚vocatus archiepiscopus' genannt, in nº 1156, 1157 ‚abbas'; erzbistum und abtei streitig, ersteres wahrscheinlichst Köln.
Rekognoscenten (notare): Dructemirus subdiac. atque not. 835 ian. 24—840 dez. 15 (nº 1046—1077).
Elchardus 839 aug. 17—843 aug. 22 (nº 1064—1106; in nº 1064, 1065 mit dem titel ‚subdiaconus', von nº 1087 an ‚notarius').
Remigius notarius 840 dez. 4—848 märz 16 (nº 1076—1133: der titel ‚diaconus' in nº 1101 k verderbt).
Ercamboldus notarius 841 sept. 1—855 sept. 19 (nº 1088—1173).
Firmandus notarius 842 nov. 12 (nº 1094).
Daniel notarius 842 (?) dez. 30—849 okt. 18 (nº 1095—1139).
Glorius notarius 843 ian. 21 (nº 1096, früher in der kanzlei Ludwigs d. Fr.).
Hrodmundus notarius 843 febr. 17—855 iuli 9 (nº 1097—1172).

Ludwig II.

851—865. Kanzleivorstände: Dructemirus 851 ian. 10—860 märz (nº 1181—1216[a]; nº 1220 or. von 861 ian. 13 mit der rekognition ‚Dructemirus archinotarius ss.', eine familienurk., datirt nach späterer beurkundung oder ist vielleicht vor nº 1217 einzureihen; in der rekognition mit dem titel ‚archicancellarius' in nº 1194 or.: früher notar in der kanzlei Lothars I, 863 bischof von Novara, akten der Mailänder synode Wiener SB. 49,309).
Remigius 860 okt. 7—861 märz 6 (nº 1217—1222; nº 1183 ist spätere ausfertigung vgl. s. CII n. 1; früher in der kanzlei Lothars I und Ludwigs II, 861 als ‚s. palatii archicancellarius' abt von Leno nº 1221).
Johannes 864 febr.—864 nov. 2 (nº 1223—1226, in der rekognition von nº 1226 mit dem titel ‚sacri palatii protonotarius'; 865 königsbote noch mit dem titel ‚archicancellarius' nº 1230[a]).
Rekognoscenten: Remigius subdiaconus atque notarius 851 ian. 10 (nº 1181; 860 kanzleivorstand).
Teodacrus diaconus 851 iuni 27 (nº 1182), Theodacrus notarius 857 ian. 11 (nº 1209).
Rainus notarius domni imperatoris 852 ian. 29—855 febr. 9 (nº 1184 k. mit der namensform Ruberius, der gleiche titel in nº 1190 spricht für die identität mit Rainus, nicht mit Remigius — nº 1201, hier nur ‚notarius').

Verimboldus cancellarius 852 dez. 5—857 iuni 20 (n° 1191—1212. hier und in n° 1206 or. mit dem titel ‚notarius‘).
Heriens domni imperatoris cancellarius* 853 iuli 4. 855 (n° 1194 vgl. 1195).
Regnimirus cancellarius 854 aug. 17 (n° 1199).
Plato notarius 856 mai 19—858 apr. 1 (n° 1207—1216; 871 bischof von Pisa. n° 1250).
Adalbertus cancellarius 857 nov. 29—864 sept. 19 (n° 1213—1225 vgl. n° 1183).
860—875. Rekognoscenten (rekognition ‚iussu domni imperatoris‘ meist durch hofgeistliche nur im eignen namen ausser n° 1244, 1245, die von Leudoin iussu imperatoris advicem Farmundi rekognoscirt sind; Farmund heisst in n° 1265 diaconus et capellanus vgl. 1222¹).
Gauginus sacerdos (atque capellanus n° 1248, 1249, notarius 1243 or.) 869 iuli 4—874 okt. 13 (n° 1235—1268; 874 dez. bischof von Volterra n° 1273).
Leudoinus sacerdos, archipresbiter palatinus, 869 mai 25—870 iuni 3 (n° 1241—1245; 871, 876 bischof von Modena, Muratori Ant. 2.1115, 243).
Giselbertus presbiter et notarius (verderbt in n° 1252 zu protonotarius) 872 ian. 6—874 nov. 1 (n° 1252—1272; wahrscheinlich verderbt in Garimbertus diac. in n° 1264).
Adalgisus diaconus et notarius 874 okt. 9 (n° 1266).
Helias diaconus et abbas 874 dez. 8 (n° 1273).

Lothar II.

Kanzleivorstände (kanzler): Ercamboldus regiae dignitatis cancellarius (wenn in seinem namen rekognoscirt wird, nur cancellarius, in n° 1300 or. und 1305 k. archicancellarius) 856 febr. 11—865 iuli 4 (n° 1278—1307, rekognoscirt mit dem titel ‚notarius‘ n° 1278, 1280, 1303 [sämmtlich aus dem Prümer ch.] im eignen namen, früher in der kanzlei Lothars I).
Grimblandus regiae dignitatis cancellarius (bei den beiden rekognitionen adv. Grimblandi n° 1308, 1309 ohne titel) 866 ian. 15—869 ian. 22 (n° 1308—1324; gesandter an Nikolaus I n° 1316), vgl. über ihn Kaiserurk. in Abbild. text 160).
Rekognoscenten (notare): Hrodmundus notarius 865 nov. 9—866 ian. 17 (n° 1277—1309; rekognoscirt n° 1277, 1279, 1288, 1292, 1295 im eignen namen; früher in der kanzlei Lothars I).
Daniel notarius 858 ian. 2 (n° 1283 nur im eignen namen; früher in der kanzlei Lothars I).
Bernharius 865 aug. 4 (n° 1307 k.).

Karl, sohn Lothars I.

Kanzleivorstand (kanzler): Bertraus cancellarius 858 ian. 16—862 dez. 22 (n° 1327—1334; verderbt in n° 1329 zu Haicardus).
Rekognoscenten (notare): Deidonus notarius 856 okt. 10—858 (n° 1326 nur im eignen namen rekognoscirt, 1329).
Aurelianus notarius 861 iuli 14 (n° 1332).

Ludwig der Deutsche.

830—855. Kanzleivorstände; Gauzbaldus 830 okt. 6—833 mai 27 (n° 1340—1352; abt von Niederaltaich n° 1340, 1370, 1391, 1398, 844 bischof von Wirzburg n° 1375, 1382 f., † 855).
Grimaldus 833 okt. 19—837 sept. 23 (n° 1353—1365; abt von Weissenburg n° 1357, 841 von St. Gallen n° 1409 f., 1429, 1445 u. a., 856 erzkaplan, † 872), vgl. über ihn auch M. G. Poetae lat. 2,377, 393 n° 44.
Radleicus 840 dez. 10—854 mai 18 (n° 1366—1408, früher schreiber Einhards, 840 abt von Seligenstadt; † iuni 14, todesiahr unbekannt, Dümmler Ostfränk. Reich 2. A. 2,433 vermutet 854; diese annahme wird dadurch unterstützt, dass die urk. von 854 iuli 22 n° 1409, 1410 für St. Gallen ausnahmsweise oder wegen vakanz der leitung aushilfsweise adv. Grimaldi rekognoscirt sind und, wie früher [s. XCIX] erwähnt, nicht dazu berechtigen die berufung Grimalds zur leitung der kanzlei und zum erzkanzleramt schon 854 anzusetzen).

Baldricus abbas 855 märz 20—856 ian. 20 (nº 1412—1414 protokoll aus echter urk.; Baldrich sonst unbekannt, † 856 febr. 6).

Rekognoscenten (notare): Adalleodus diaconus 830 okt. 6—840 dez. 14 (nº 1340—1369).

Dominicus notarius 840 dez. 10—841 aug. 18 (nº 1366—1370; ob mit dem priester Dominicus der schenkung nº 1379 identisch, ist fraglich, da deren or. sich in Salzburg erhalten hat, dieser Dominicus also wol der in der Conv. Bagoar. c. 11 genannte ist; wahrscheinlicher iener Dominicus clericus, der 837 eine Regensburger urkunde schreibt, Pez Thes. 1ᵃ,253).

Comeatus notarius 843 okt. 31—858 apr. 29 (nº 1373—1434; mit dem titel ‚cancellarius‘ unter den ‚vivi‘ des Reichenauer verbrüderungsbuches M. G. Lib. confrat. 290 sp. 455 z. 45).

Reginbertus subdiaconus (seit 851 [nº 1398] diaconus, in nº 1394 or. notarius, 845—851 meist ohne titel) 844 sept. 15—852 iuni 23 (nº 1379—1401).

Hadebertus subdiaconus 854 mai 18—859 apr. 25 (nº 1408 vgl. die fälschungen nº 1402, 1406—1497).

856—876. Kanzleivorstände: Grimoldus (Grimaldus) archicappellanus 856 iuni 16—857 aug. 26 oder beginn 858 (nº 1418—1429, 1431 wahrscheinlich spätere beurkundung); dann wieder 860 nov. 20—870 apr. 12 (nº 1444—1479, häufig ohne titel).

Witgarius cancellarius 858 febr. 2—860 mai 8 (nº 1430—1443 vgl. 1446 und oben s. XCIX n. 2; abt von Ottobeuern, später bischof von Augsburg).

Liutbertus archicappellanus 870 sept. 25—876 iuli 19 (nº 1482—1518; erzbischof von Mainz).

Kanzleileiter (kanzler) seit 868: Heberhardus cancellarius 868 febr. 4—876 iuli 19 (nº 1468—1518 vgl. s. CIII). Dann wieder nachweisbar unter den notaren Karls III, vgl. nº 1619).

Notare: Liutbrandus 858 febr. 2 (nº 1430), L. diaconus 875 okt. 3—nov. 25 (nº 1513—1517; erhält 875 von Ludwig d. D. für seinen treuen dienst das klösterlein Faurndau, mit der kapelle in Brenz, die Arnolf 888 bestätigt, nº 1511, 1512, 1780).

Comeatus bis 858.

Hadebertus bis 859.

Walto subdiaconus 858 dez. 7—861 apr. 1 (nº 1436—1445, 880—884 in der kanzlei Karls III).

Heberhardus notarius seit 859 mai 1 (nº 1438), 868 kanzler.

Karlmann.

Erzkaplan: Theotmar, erzbischof von Salzburg, 877 iuni 28—879 aug. 11 (nº 1522—1547; titel: archicapellanus, nº 1524: archiepiscopus summusque cappellanus, archicancellarius nur in den k. nº 1526, 1540, 1541, cancellarius in k. nº 1530).

Kanzler: Baldo, 876—877 selbständiger leiter der kanzlei (nº 1520, 1521), 877 iuni 28—879 mai 10 (nº 1522—1542, die letzte urk. nur in seinem namen rekognoscirt) unter Theotmar.

Notar: Madalwinus 876 nov. 3—879 aug. 11 (nº 1520—1547).

Ludwig III.

Erzkaplan: Liutbert, erzbischof von Mainz, 877 ian. 4—882 ian. 19 (nº 1549—1576).

Kanzler: Wolfherius 876 nov. 11—880 märz 23 (nº 1548—1566; vielleicht später bischof von Minden, M. G. SS. 13.289)

Arnolfus 880 mai 3—882 ian. 19 (nº 1567—1576).

nº 1553 rekognoscirt ein Gebehardus cancellarius, der vielleicht mit dem kanzler Ludwigs d. D. Heberhard identisch ist.

Karl III.

877—878 febr. Erzkaplan: Witgar, bischof von Augsburg, 877 apr. 15, aug. 18 (nº 1578, 1582; 858—860 kanzler Ludwigs d. D.).

Kanzler: Liutward 877 apr. 15—878 febr. 10 (nº 1578—1584; rekognition ‚adv. Liutwardi canc.‘ in nº 1581 k. [der titel ‚archicancellarius‘ wol nur verderbt], 1583, 1584).

Notare:

Hornustus 877 iuli 11—878 febr. 10 (nº 1581—1584).

878 märz—887 iuni:

Erzkanzler und erzkaplan: Liutward, archicancellarius, selten archicappellanus, 878 märz 24—887 iuni 23 (nº 1585—1754; seit 880 bischof von Vercelli, abgesetzt 887 iuli, † 901 iuni 24 vgl. nº 1754a; über die von Liutward geführten titel Wiener SB. 92.345, 354 n. 5, die varianten des namens ib. 353 n. 2).

Kanzler (seit 882): Waldo (Walto) 882 nov. 6—884 iuni 26 (nº 1642—1688, hier mit dem titel ‚episcopus'; über die rekognition von nº 1717, 1739 Wiener SB. 92.360; früher in der kanzlei Ludwigs d. D., seit 880 notar, 884 bischof von Freising. Über das gelegentliche schwanken des kanzlertitels Wiener SB. 92.350).

Amalbert 885 mai 20—887 iuni 23 (nº 1697—1754; seit 881 notar).

Notare: Inquirinus 878 märz 24—887 mai 30 (nº 1585—1750).

Hernustus (Ernustus) 878 iuli 17—885 ian. 11 (nº 1587—1692 k. hier mit dem verderbten titel ‚cancellarius'; seit 877 in der kanzlei; mit dem titel ‚subdiaconus' nº 1602, 1636; stellvertretende rekognition [eine andre erklärung versucht Bresslau UL. 1.302 nº 3] adv. Ernusti cancellarii in nº 1602 or.).

Gaidulfus diaconus 880 märz 30 (nº 1603 or.).

Deusdedit 880 dez. 21 (nº 1606 [der name auf rasur] ohne titel, wie Gaidulf, Heberhard und Angelulf wol nur für den einzelfall aushilfsweise verwendet).

Waldo (Walto) 880 dez. 29—882 iuli 19 (nº 1608—1639; seit 882 nov. kanzler).

Amalbertus 881 apr. 14—885 apr. 11 (nº 1618—1694; seit 885 mai kanzler vgl. nº 1751, 1752).

Heberhardus 881 mai 9 (nº 1619 or., ohne titel, früher kanzler Ludwigs d. D. vgl. auch nº 1656.

Segoinus 884 febr. 14—sept. 20 (nº 1678—1691).

Salomon 885 apr. 15—sept. 23 (nº 1695—1715: nur im or. nº 1715 und den kopien nº 1703, 1704 cancellarius; später kanzler Ludwigs IV und Konrads I).

Angelulfus 887 febr. 10 (nº 1744 or.).

Liutfredus 887 mai 7 (nº 1749 vgl. die fälschung nº 1663; Italiener, Kaiserurk. in Abbild. text 186).

877 iuli—sept. Erzkanzler und erzkaplan: Liutbert, erzbischof von Mainz, 887 iuli 24—sept. 21 (nº 1755—1762; mit dem titel ‚archicappellanus' 1758 or., 1759, 1762; die rekognition ‚adv. Liutberti archicanc.' in nº 1713, 1751, 1752 verderbt aus Liutwardi).

Kanzler: Amalbert 887 iuli 24—sept. 21 (nº 1755—1759).

Fredeboldus (Fredebodus, Frideboldus) 887 aug. 11 (nº 1756, 1757, 1760 sämmtlich or., in den beiden ersten cancellarius, in der letzten notarius; ob kanzler, daher fraglich).

Notar: Albricus (nº 1762).

Die beiden ‚notarii sacri palatii' Aldregauso (Adalpertus) und Raidulfus, welche die gerichtsurkunden nº 1605, 1612 schreiben, sind gerichtsschreiber und gehören nicht der k. kanzlei an.

Arnolf

Erzkaplan: Theotmar (Deotmar, Thiotmar, Diotmar), erzbischof von Salzburg, 887 nov. 27—899 iuli 2 (nº 1766—1955; titel ‚archicappellanus', ‚archicancellarius' nur in nº 1868 or. und den k. nº 1771, 1772, 1787 aus dem gleichen chartular, also verderbt).

Kanzler: Aspertus (Asbertus, in k. öfter zu Albertus verderbt) 888 ian. 4—892 dez. 7 (nº 1772—1878 vgl. 1879—1881), im text der letzten urk. bereits ‚episcopus'; rekognition ‚adv. Asperti archicancellarii' in nº 1873 or. von 892 mai 10, derselbe titel schon im text der ihm gewidmeten schenkung nº 1831 or. von 889 okt. 15; in nº 1790 or. heisst er ‚custos et cancellarius', wol custos capellae, nicht ‚siegelbewahrer', wie Sickel in Kaiserurk. in Abbild. text 193 den titel deutet, da 893 sept. 2 in n° 1891 or. der nicht der kanzlei angehörige abt Richer von Metten dann diesen titel führt; wie Engilpero schon 884 im dienst Karls III. Mittheil. des Instituts f. öst. GF. 10,479 n. 1: 891 bischof von Regensburg, † 893 märz 12 oder 13).

Wichingus (Wihhingus, Wichinchus, Vichingus) 893 sept. 2—899 febr. 8 (n° 1891—1952; rekognition ‚adv. Wichingi archicancellarii' n° 1900 [denselben titel führt er als rekognoscent n° 1902, 1903, 1915 or.], ‚adv. Wichingi episcopi' n° 1939, 1951, 1952 or.; früher bischof von Neutra, 899 versuch ihn als bischof von Passau aufzudrängen n° 1954 a).

Notare: **Ernustus** (Ernestus) 887 nov. 27—899 mai 1 (n° 1766—1954); führt seit 895 mai 25 (n° 1900, ausnahme nur n° 1922 or.) den kanzlertitel, wie schon 895 febr. 17 (n° 1905) im text der ihm gewidmeten schenkung; früher vielleicht in der kanzlei Karls III vgl. dagegen Sickel in Kaiserurk. in Abbild. text 189).

Engilpero (Engilbero) 887 dez. 11—899 iuli 2 (n° 1767—1955; sein ständiger titel ‚notarius' nur in k. n° 1889 zu cancellarius verderbt).

Zwentibold.

Erzkanzler: **Rathod** (Ratpot), erzbischof von Trier, 895 mai 30—896 iuli 20 (n° 1956—1966); dann wieder 898 febr. 2—899 ian. 9 (n° 1973—1983), titel ‚archicancellarius, summus cancellarius'; wegen zwistes mit dem könig in der zwischenzeit seines amtes enthoben, vgl. s. C.

Notare: **Gozbertus** 895 mai 30 (n° 1956).

Egilbertus 895 iuni 4, okt. 25 (n° 1957, 1959); kanzler während der interimistischen leitung Hermanns von Köln).

Waldger (Waltcher) 895 aug. 14—899 ian. 23 (n° 1958—1982)[1].

Hunger 896 iuli 30 (n° 1966).

Franco 899 ian. 9 (n° 1983).

Interimistische besetzung 896/7:

Erzkaplan: **Hermann** von Köln, 896 nov. 11—897 dez. 28 (n° 1967—1972 vgl. die fälschung n° 1959).

Kanzler: **Egilbertus** 896 nov. 11—897 iuli 26 (n° 1967—1971); früher und später notar unter Ratbod.

Ludwig IV.

Deutsche kanzlei:

Erzkapläne: **Theotmar**, erzbischof von Salzburg, 900 febr. 7—907 märz 19 (n° 1984—2043 vgl. die fälschung n° 2044; † 907 iuli 5 n° 2044 a).

Piligrim (Pilegrim), erzbischof von Salzburg, 907 okt. 22—911 iuni 16 (n° 2045—2070; 889 okt. 5 als kleriker von Arnolf mit einer schenkung bedacht n° 1828).

Kanzler: **Ernustus** (Hernustus) 900 okt. 8—908 okt. 5 (n° 1989—2054; mit dem titel ‚notarius' nur in n° 1993 or.).

Salomon 909 ian. 20—911 iuni 16 (n° 2057—2070; 885 notar in der kanzlei Karls III, kaplan Arnolfs n° 1828, 890 abt von St. Gallen n° 1847 a vgl. 1875, Wartmann UB. 2,280, bischof von Konstanz).

Notare: **Engilpero** 900 febr. 7—907 märz 19 (n° 1984—2043 vgl. 2044; cancellarius nur in den k. n° 1995, 2011; früher notar in der kanzlei Arnolfs).

Odalfridus 908 dez. 17, 909 ian. 7, 910 okt. 9 (n° 2055 k., 2056 or., 2066, 67, in der ersten urk. mit dem unverbürgten titel ‚cancellarius').

Lothringische kanzlei:

Erzkanzler: **Ratbod**, erzbischof von Trier, 900 märz 22—910 okt. 15 (n° 1985—2068, früher erzkanzler Zwentibolds).

[1]) Ein notar Albericus (vgl. 1. aufl.) erscheint nur in der fälschung n° 1968. J. L.

Kanzler: ? **Switgarius** 902 sept. 10 (n° 2001, nur k.).

Ernuldus 907 okt. 26, 908 ian. 28 (n° 2046 or., 2047 k.).

Notare: **Albericus** 900 märz 22—okt. 31 (n° 1985—1992; vgl. s. CXIV n. 1).

Ruadmirus (Ruadivirens) 902 sept. 19 (n° 2002 k.).

Theodulfus (Theodulphus, verderbt Eheodulfus, Eodulfus n° 2003. Chrodulfus n° 2039) 902 okt. 9—910 okt. 15 (n° 2003—2068).

Konrad I.

Erzkapläne: **Hatto**, erzbischof von Mainz, 911 nov. 10 (n° 2071 or. mit dem titel ‚summus cappellanus').

Piligrim, erzbischof von Salzburg, 912 ian. 11—918 sept. 12 (n° 2072—2106 vgl. die fälschung 2107; früher erzkaplan Ludwigs IV).

Kanzler: **Salomon** 912 ian. 11—918 sept. 12 (n° 2072—2106 vgl. 2087[b]; seit 909 kanzler Ludwigs IV).

Notar: **Oudalfridus** 911 nov. 10—912 aug. 23 (n° 2071—2080; nur in der ersten ‚adv. Hattonis' gefertigten urk. 2071 und in der k. n° 2080 mit dem titel ‚cancellarius'; dann bischof von Eichstädt n° 2100. 2105).

Quellen und bearbeitungen.

Hatten die quellen des merowingischen Frankenreichs, die bis 642 reichende chronik des Fredegar und die mit dem iahr 727 schliessenden Gesta Francorum oder, wie sie ietzt in der neuen ausgabe (von Br. Krusch, M. G. SS. Merov. 2,215—328) heissen, der Liber historiae Francorum, das emporkommende karolingische geschlecht nur so weit berücksichtigt, als es in der geschichte des Frankenreichs eine rolle spielte, während die Vita s. Arnulfi dem einen ahnherrn des hauses doch nur als heiligem gilt, so wird die fortsetzung der chronik Fredegars, welche unter leitung des grafen Childebrand, eines oheims Pippins I, bis zur tronbesteigung Pippins (751) und durch Childebrands sohn Nibelung bis zum tod Pippins (768) geführt wurde (neue ausgabe in M. G. SS. Merov. 2,168—193), zu einer familienchronik des karolingischen hauses (Wattenbach GQ. 7. A. 1,143). Damit war auch ein muster officiöser geschichtschreibung gegeben. Mit dem hervortreten der Karolinger beginnt aber auch eine form der geschichtschreibung sich im Frankenreich einzubürgern, welche bald die andern an bedeutung überragt, die **annalistik**.

Mit dem sieg Pippins bei Tertri (687) eröffnen die Annales s. Amandi ihre aufzeichnungen. Erst mit 708 beginnen die regelmässigen eintragungen und auch dann bleiben sie noch lückenhaft und spärlich genug. Wie die sich mit ihnen berührenden Annales Mosellani überliefern sie fast nur nachrichten, welche das haus der Karolinger und das reich betreffen, sie bieten reichsgeschichte. Beide annalen wurden anderweitig abgeschrieben, ergänzt, erweitert, selbständig fortgesetzt; zum teil sind sie auch nicht mehr in ihrer ursprünglichen gestalt erhalten. Den Annales s. Amandi schliessen sich die Laubacenses und Petaviani an, die letzteren aber, ausserdem mit einer gleichzeitigen fortsetzung (771—799) ausgestattet, schöpfen auch aus den Mosellani, während diese wieder mit den Laureshamenses, die **Maximiniani** wieder mit den Laureshamenses und Petaviani in naher verwandtschaft stehen, die einen und andern aber auch wieder selbständige teile oder fortsetzungen besitzen. Daran schliesst sich eine alamannische gruppe, an ihrer spitze die bis 741 zurückgehenden Annales Guelferbytani: sie sind in enger verbindung mit den Ann. Alamanici und Nazariani, von denen diese dann bis 789 die reicheren nachrichten bieten, iene in ihren verschiedenen fortsetzungen noch bis ende der karolingischen zeit reichen. Das bunte gemenge der älteren annalen hat die kritik viel beschäftigt; es ist der forschung nicht gelungen und konnte ihr bei der dürftigkeit des materials nicht gelingen alle sich kreuzenden beziehungen zu entwirren. Die benennung der annalen ist meist eine willkürliche; sie wurden nach lokalen beziehungen, die man in ihnen suchte und fand, benannt, wie die Ann. s. Amandi, die Laureshamenses, Mosellani, oder nach dem fundort der handschrift, wie die aus Murbach stammenden Guelferbytani, die Maximiniani, oder selbst nach dem ersten herausgeber, wie die Petaviani.

Mit der übernahme der regierung durch die söhne Karl Martells beginnen die Annales Laurissenses ihre aufzeichnungen. Es sind eigentliche reichsannalen. ‚Der könig ist regelmässig das erste wort, mit dem sie ihren bericht eröffnen, um den könig gruppiren sie die ereignisse, dessen heerfahrten, die reichsversammlungen, die diplomatischen verhandlungen, die orte, wo er weihnacht und ostern feiert. Nach und nach erweitern sie sich zu ausführlicher, zusammenhängender darstellung. Noch für die letzten iahre Pippins bürgert sich der titel ‚domnus‘ zum namen des königs ein und dieser titel steigert sich in der fortsetzung, welche die beiden ersten iahrzehnte der regierung Karls d. Gr. umfasst, gelegentlich zu ‚domnus C. gloriosus, mitissimus, pius atque praeclarus rex‘, neben dem, was es verschweigt oder bemäntelt, ein beleg für die nahen beziehungen des werkes zum hof. Das werk trägt officiösen charakter nach art der fortsetzung Fredegars. Aber es ist trefflich unterrichtet, die nachrichten sind gleichzeitig, wenn auch nicht immer unmittelbar iahr für iahr niedergeschrieben. So werden die reichsannalen mit ihren fortsetzungen zur wichtigsten quelle für die geschichte der Karolinger.

Nach einer hie und da kargen fortsetzung, welche mit der kaiserkrönung Karls d. Gr. schliesst, entwickeln sich die reichsannalen in dem bis 829 reichenden teil zu voller blüte. Diese gehen noch unter dem namen ‚Annales Einhardi‘, aber Einhards autorschaft ist viel umstritten. Ihm schrieb man auch die stilistische überarbeitung der in ihrer form ungelenken älteren reichsannalen von 741—801 zu, welche da und dort auch eine sachliche ergänzung gibt und zur Vita Karoli manche stilistische parallele bietet.

Die Annales Einhardi brechen mit dem iahr 829 ab, noch lassen sie die katastrophe, welche sich vorbereitete, nicht ahnen. Mit der ersten empörung der söhne gegen Ludwig d. Fr. übernimmt 830 eine höflingshand in einseitiger, der sache des kaisers angepasster darstellung die weiterführung der reichsannalen. Ihre fortsetzung wird wenige iahre später (835) dem bischof Prudentius von Troyes anvertraut, der sie mit geringerem höfischen beisatz bis zu seinem tod 861 schreibt. Das amt des reichshistoriographen überkommt nun erzbischof Hincmar von Reims; er schliesst das werk 882 mit der erzählung eines nur mit mühe abgewehrten vorstosses der Normannen auf seine bischofstadt, aus der er nachts sich flüchten musste. Mehr noch als Prudentius liebt Hincmar es documente in ihrem vollen wortlaut in seine ausführliche darstellung aufzunehmen. Diese annalen von 830—882 sind in einer handschrift von St. Bertin erhalten und so wurden sie denn auch in der neuesten ausgabe (schulausgabe der M. G. von G. Waitz 1883) zusammen mit der bezeichnung ‚Annales Bertiniani‘ belegt. Als reichsannalen können sie nur noch gelten, so lange das reich ein ungeteiltes war. Von der teilung an werden sie zu reichsannalen des westfränkischen reichs und namentlich Hincmar vertritt auch politisch mit aller schärfe den westfränkischen standpunkt. Aber sie wahren sich doch noch einen weiteren gesichtskreis und gerade der auch als staatsmann bedeutende Reimser erzbischof berücksichtigt vielfach auch die verhältnisse der andern karolingischen teilreiche.

Auch das ostfränkische reich erhielt seine reichsannalen. Es sind die ‚Annales Fuldenses‘, seit Rudolf, ein schüler des Hrabanus Maurus, 838 die fortführung des bisher angeblich von einem ‚mönch Enhard‘ — wahrscheinlich ist der berühmte Einhard gemeint, Kurze im N. Arch. 17,134. Wibel, Beiträge zur Kritik der annales regni Francorum (Strassb. 1902) s. 267 — bearbeiteten werkes übernahm. Rudolf lieferte die geschichte eines vierteliahrhunderts, ein ungenannter ordensbruder desselben (Meginhard?) die fortsetzung von 863—882. Auch die Fuldaer annalen stellen immer die reichsangelegenheiten, den könig und den hof in erste linie, sie vertreten ebenso bestimmt die ostfränkische politik wie Hincmar die westfränkische. Aber sie ermangeln auch nicht der officiösen tendenz: sie liegt deutlich hervor aus der motivirung des rückzugs Ludwigs d. D. vor seinem vater (839), der beschönigung des einfalls in Westfrancien (858), der rechtfertigung des herzlosen vorgehens Ludwigs III gegen seinen siechen bruder Karlmann (879). Mit dem tod Ludwigs d. D. hören die Fuldner annalen auf die reichsannalen des ganzen ostfränkischen reichs zu sein, von 876—882 sind sie nur das historische organ eines der 3 teilreiche, ienes Ludwigs III, in dem Fulda lag; mit den teilreichen wird auch die reichsannalistik partikularistisch. Für die beiden andern teilreiche auf deutschem boden, Baiern und Schwaben, fehlen für diese zeit derartige annalen ganz. Als Karl III 882 das ganze ostfränkische reich zufiel, fühlte man auch an seinem hof das bedürfnis die geschichte seiner regierung in das günstigste licht zu rücken. Die reichsannalen dieser kurzen zeit (Annales Fuldenses pars V 882—887) haben die aufgabe officiöse geschichte zu machen und das regiment des unfähigen kaisers zu beschönigen. In Fulda setzte man iedoch die gewohnte berichterstattung fort und in dieser (Annales Fuldenses pars IV) kommt nun die opposition zu wort, um mit rücksichtsloser schärfe die kehrseite der officiösen geschichtsmache, die unfähigkeit des kaisers, die erbärmlichkeit seiner regierung und seines günstlings, den niedergang des reichs, zu zeichnen. Unter Arnolf werden die reichsannalen (in der ausgabe der M. G. als fortsetzung der Ann. Fuldenses p. V) wieder in der früheren und besseren weise, wie es scheint, von einem Baiern fortgeführt. Sie verstummen mit dem iahr 901; ihre letzte nachricht ist die meldung von einem verwüstenden einfall der Ungarn in Kärnten und der flucht Ludwigs d. K. nach dem sichern westen. Unter der furchtbaren drangsal, welche unter dem unmündigen könig über das wehrlose reich hereinbrach und dessen bestand in frage stellte, gehen auch die reichsannalen unter.

Das lothringische reich in seiner ungleichartigkeit und zerfahrenheit hat es nie zu eignen reichsannalen gebracht. Einigen ersatz bieten ausser Regino die bis 873 reichenden Annales Xantenses wie für das westreich nach dem erlöschen seiner reichsannalen die Annales Vedastini (877—900). Dazu kommt eine anzahl vielfach in ihren anfängen verwandter annalen mit mehr oder minder ergiebigen nachrichten für reichsgeschichte, wie sie an einigen hochstiftern (Salzburg, Köln, Lyon, Lausanne u. a.) und mehr noch in klöstern (St. Gallen, Reichenau, St. Emmeram, Fulda, Hersfeld, Lorsch, Weissenburg, Korvey, Stablo u. a.) geführt wurden.

Unter den allgemeinen chroniken gewinnt für die ältere zeit das Chronicon Moissacense, eine umfangreiche kompilation, die einer kritischen ausgabe bedürfte, gleich einem ähnlichen werk, den bedeutend später entstandenen Annales Mettenses, dadurch an wert, dass es die eine und andre ietzt verlorene quelle ausschrieb. Die chronik Reginos von Prüm wird erst selbständig in der zeit nach Karl d. Gr., reichhaltiger erst unter Lothar II: zumeist aus dem gedächtnis niedergeschrieben ist diese ältere partie namentlich durch einzwängung in die annalistische form in den iahresangaben unzuverlässig, die verlässlichkeit nimmt zu, ie näher die erzählung der ablassungszeit rückt; am besten ist sie über Lothringen unterrichtet; nach dem aufhören der reichsannalen wird sie für einige iahre bis zu ihrem schluss (906) die wichtigste quelle, während die fortsetzung von 907 an umso dürftiger ist. Von viel geringerer bedeutung und bemerkenswert durch die westfränkischen sympathien ist der zeitgenössische teil der chronik des 874 verstorbenen erzbischofs Ado von Vienne mit nur fragmentarischen nachrichten. Eine von bischof Frechulf von Lisieux als geschichtslehrbuch Karls d. K. verfasste weltchronik gelangte nicht über die ältere zeit hinaus.

Hatte die kirchliche biographie immer mehr oder minder eifrige und berufene pflege gefunden, so gedieh die weltliche biographie erst, als die von Karl d. Gr. gelegten keime der geistigen bildung sich entfaltet hatten. Ihm ist auch ihr bedeutendstes werk, die Vita Karoli von Einhard, gewidmet, eine gabe treuinniger dankbarkeit, aber ebenso wertvoll als geschichtsbuch, das zu schreiben niemand geeigneter war als Einhard, der von iugend auf zu Karl und dessen familie in nahen beziehungen stand. Wahrhaft und durch keine schmeichelei beeinträchtigt ist sie ihres grossen gegenstandes würdig. Wenn auch in anordnung und form ganz nach antikem muster, Suetons leben des Augustus, entworfen und selbst im einzelnen ausdruck sich ihm anschliessend ist dies doch nur der rahmen, der das lebensvolle und lebenswahre bild der persönlichkeit des grossen kaisers umspannt, und das werk. das, rasch weithin verbreitet, nicht am wenigsten dazu beigetragen hat Karl auch zum populärsten kaiser des mittelalters zu machen, verdient nicht das absprechende urteil, das über dasselbe gefällt wurde (E. Bernheim in Hist. Aufsätze dem Andenken an Georg Waitz gewidmet 73 f.). Ganz umrankt von der sage ist die gestalt des grossen kaisers in dem im auftrag Karls III geschriebenen werk des ‚mönchs von St. Gallen', nach Zeumers nachweis (ib. 97 f.) Notkers des Stammlers, der wol auch das Breviarium Erchanberti, einen geschichtsabriss von der reichsteilung bis 880, verfasste (Simson in Zeitschr. f. d. Gesch. des Oberrheins N. F. 2,54 f.). Der wert von Einhards Vita Karoli tritt noch schärfer hervor, wenn man sie mit den beiden biographien Ludwigs d. Fr. vergleicht. Die eine, welche noch unter der firma des ‚Astronomus' geht, plündert für die zeit von 814—829 die reichsannalen, die andre, verfertigt von dem Trierer landbischof Thegan, reicht, für die mehrzahl der jahre skizzenhaft, nur bis 835 (837); beide versinken in der undankbaren aufgabe den schwachen und unfähigen kaiser zum bedeutenden herrscher und mann zu stempeln und werden zu widerlichen lobhudeleien, keine ist den künstlerischen anforderungen auch nur entfernt gewachsen. Immerhin bieten sie vielfach schätzbares material, das nur in die richtige beleuchtung gerückt zu werden braucht.

Die Karolingerzeit hat nur eine einzige monographie hinterlassen, Nithards Historiarum libri IV, deren erstes als geschichtliche einleitung die ereignisse und teilungsprojekte erzählt, welche die ansprüche Karls d. K. begründeten, die drei folgenden den bruderkrieg, seine kämpfe und verhandlungen eingehend schildern. Inmitten der ereignisse stehend, ein ebenso tüchtiger kriegsmann als ein gewandter unterhändler, entrollt Nithard meist als augenzeuge und selbst beteiligter ein getreues bild jenes unheilvollen kampfes, dessen inneres getriebe wir ohne seine schrift nicht kennen würden. Das werk ist von Karl d. K. veranlasst und noch unter dem frischen eindruck der ereignisse niedergeschrieben; vermag es sich, mitten im parteikrieg entstanden, auch nicht immer die unbefangenheit gegenüber dem gegner zu wahren, so ist es doch von hoher wahrheitsliebe und sittlichem ernst getragen: es klingt in eine verbitterte klage aus über die erbärmlichkeit der zeit, das überall sich vordrängende unheil. Im frühjahr 843, bevor noch der friede in Verdun geschlossen wurde, bricht es ab; Nithard fiel damals in einem gefechte.

Die publicistik, damals durch die lateinische sprache und die verbreitung in abschriften auf engere kreise angewiesen, gelangte erst in erregten zeitläuften und im kampf der parteien zu wort. Ihr begabtester vertreter ist erzbischof Agobard von Lyon, der 833 die erhebung der söhne gegen den vater zu rechtfertigen sucht und diese rechtfertigung zu einer vernichtenden anklage der erbärmlichen regierung Ludwigs d. Fr. und ihrer lenkerin, der kaiserin Judith, gestaltet (jetzt neu hg. als Libri duo pro filiis et contra Judith uxorem Ludovici Pii in M. G. SS. 15,275). Wahrt die Exauctoratio Hludowici (M. G. LL. 1,366), ein ebenso entschiedenes parteimanifest, sich noch den charakter einer amtlichen verlautbarung, so verfechten zwei andre für die öffentlichkeit bestimmte schriftstücke, das Apologeticum Ebbonis und die Narratio cler. Rem. (Bouquet 7,278, 281. Migne 116) die sache des wegen seiner hervorragenden teilnahme an der kirchenbusse des kaisers abgesetzten erzbischofs Ebbo von Reims und seines klerus; sie finden ein paar jahrzehnte später ein seitenstück in der auch in die westfränkischen reichsannalen aufgenommenen verteidigungsschrift der erzbischöfe Gunthar von Köln und Theutgaud von Trier (Hincmari Ann. 864, ihr offenes schreiben an Nicolaus I Ann. Fuld. 863). Ein gewandter und eifriger publicist ist auch Ebbos streitbarer nachfolger, Hincmar von Reims. Seine publicistische tätigkeit gehört jedoch fast ausschliesslich Westfrancien und kirchlichen fragen an. Auch die schrift De divortio Lotharii (Op. 1,561 f., Migne 125, 623 f.) ist eigentlich ein theologischer traktat, doch die politische bedeutung, welche Lothars II ehehandel gewinnt, gibt ihm erhöhtes interesse. Die von Hincmar verfasste Epistola Carisiaca, welche sich gegen den einfall Ludwigs d. D. in Westfrancien richtet (858, die drucke n° 1435ª), trägt, wenn auch publicistischem zweck dienend, synodalen charakter.

Als die wissenschaftliche bildung ihre blüte zu entfalten begann, stellte sich auch die dichtung in den dienst der geschichtschreibung. Von dem gedicht des sog. Hibernicus exul, unter dem man Dungal vermutet, auf Karls unblutige heerfahrt gegen Baiern (787) ist nur ein bruchstück erhalten, ein grösseres fragment, das die zusammenkunft Karls mit papst Leo in Paderborn (799) schildert, von dem Angilbert zugeschriebenen epos (M. G. Poetae lat. 1,396, 366). Ein panegyrikus ist das werk des Ermoldus Nigellus, das sich selbst die aufschrift gibt ‚In honorem Hludowici christianissimi caesaris augusti‘ (ib. 2,5); bis in die zeit des aquitanischen königtums Ludwigs zurückgreifend reicht es bis 826. In Westfrancien besingt Abbo in schwer verständlichem schwulst die belagerungen von Paris durch die Normannen (885—896), in Italien ein unbekannter verseschmied die taten k. Berengars I (Gesta Berengarii imper. neu hg. von Dümmler, Halle 1871). Grösseren wert für reichsgeschichte als die höfische dichtung des Paulus diac., Alcuin, Theodulf u. a., welche in das leben und treiben namentlich am hof Karls d. Gr. manchen einblick gestattet, hat die an das volkslied anklingende rhythmische dichtung, die ein einzelnes ereignis begleitet, wie das lied auf Pippins sieg über die Avaren (796), die todtenklage um Karl d. Gr., der ergreifende gesang eines Angilbert auf die ‚unselige‘ schlacht von Fontenoy (M. G. Poetae lat. 1,116, 435; 2,138). Das älteste historische lied in deutscher sprache, das Ludwigslied, gehört westfränkischem gebiet an, es feiert den sieg von Saucourt (881).

Manchen beitrag zur reichsgeschichte liefert auch die lokalgeschichte und die kirchliche biographie. Unter den werken für iene gewinnen für die ältere zeit der Karolinger die von Paulus diac. 784 geschriebene bistumsgeschichte von Metz und die Gesta abbatum Fontanellensium bedeutung, für spätere zeit und für Schwaben die Casus s. Galli, deren erzählung Ratpert bis 883 führt und deren fortsetzung dann Ekkehard mit den anfängen Salomons III von Konstanz aufnimmt. Auch die eine und andre später abgefasste bistums- und klostergeschichte, wie die Gesta episc. Cameracensium, Virdunensium, die Gesta abbatum Lobbensium (M. G. SS. 7, 4), bietet königsurkunden oder brauchbare notizen. Zu lokalen annalen kommen noch todtenbücher; das reichhaltigste ist ienes von Fulda (Ann. necrol. Fuld. ib. 13,165), wichtig für die todestage der regenten ist auch ienes von Prüm (ib. 219). Unter den kirchlichen biographien nehmen die lebensbeschreibungen der christlichen missionäre, Bonifatius, Liutger von Münster, Willehad und Ansgar von Bremen-Hamburg u. a., die erste stelle ein. In die zeit Ludwigs d. Fr. führt das leben des abts Benedikt von Aniane und Inden, der brüder Adalhard und Wala, äbte von Corbie, dieses geschrieben von Paschasius Radbertus und trotz absichtlicher dunkelheit und apologetischer einseitigkeit für die geschichte der empörung der söhne gegen Ludwig d. Fr. nicht ohne wert. Für die geschichte des deutschen südostens wird die denkschrift über die Conversio Bagoariorum et Carantanorum (M. G. SS. 11) zur bedeutsamsten quelle. Reichen kulturhistorischen und hie und da auch topographischen stoff liefern die berichte über übertragungen von heiligen; unter ihnen bieten die translation des h. Petrus und Marcellinus nach Seligenstadt, des h. Alexander nach Wildeshausen, iene von Einhard, diese von Rudolf von Fulda verfasst, weiteres interesse. An sie reihen sich die aufzeichnungen der den heiligen zugeschriebenen wunder; so enthalten die Miracula s. Germani manches über die einfälle der Normannen (die biographien, translationen und miracula ietzt gesammelt M. G. SS. 15, zum teil schon ib. 2).

In Italien fristet die geschichtsschreibung nur ein kümmerliches dasein. Den geistigen mittelpunkt bildet Rom und das papsttum; die wichtigste italienische quelle sind daher auch die papstbiographien (neue ausg. im Liber pontificalis von Duchesne, Paris 1886), welche ietzt ausführlicher und reichhaltiger, aber nach wie vor unter dem banu einseitiger tendenz und officieller schablone, mit ihren vielverzweigten beziehungen zum Frankenreich auch für dessen geschichte manches wertvolle material enthalten wie für die heerfahrten gegen die Langobarden oder die schenkungen an die römische kirche. In Süditalien wahrt Montecassino seine wissenschaftliche tradition; es hat uns eine chronik bis 867, dessen mönch Erchempert eine geschichte der langobardischen fürsten von Benevent bis 889 hinterlassen, die einzigen leuchten in tiefem dunkel. Ausser den bistumsgeschichten von Neapel und Ravenna (Gesta ep. Neapolit., Agnelli Liber pontif. eccl. Ravenn. M. G. SS. Lang. 402, 275) ist nur noch die chronik des Andreas von Bergamo zu nennen, die, um 877 in sehr anspruchsloser form geschrieben, für ihre zeit umso grösseren wert hat, als sie fast das einzige literarische denkmal der Lombardei im 9. iahrhundert ist. Spätere geschichtswerke, wie die chroniken von Novalese, des klosters St. Andrea am berg Soracte, von Salerno (M. G. SS. 7; 3), sind bereits von der sage durchsättigt. Wie diesseits der Alpen verschiedene genealogien der regierenden dynastie, so sind in Italien königskataloge nicht selten, welche auch die herrscher Italiens aus dem karolingischen haus verzeichnen (M. G. SS. Lang. 491).

Zu den erzählenden quellen treten noch die briefe. Die wichtigste sammlung für das 8. iahrhundert ist der Codex Carolinus, welchen Karl d. Gr. aus den an seinen grossvater, seinen vater und an ihn gerichteten schreiben der päpste 791 zusammenstellen liess (Jaffé Bibl. 4, M. G. Epist. 3). Andre sammlungen, iene der briefe des h. Bonifatius und Alcuins (Jaffé Bibl. 3 und 6; M. G. Epist. 3 und 4), verdanken wir der verehrung, welche diese männer genossen, die der briefe Einhards (Jaffé Bibl. 4) dem bedürfnis eines musterbriefstellers, der für diesen zweck auch die namen ausmerzte.

Eine ergänzung zu den urkunden und bedeutsam für rechtsgeschichte sind endlich die formeln (neue ausg. von Zeumer in M. G. Formulae). Formeln für königsurkunden nach meist verlorenen mustern enthalten die wol erst im 8. iahrhundert entstandenen Formulae Marculfi und die in der kanzlei Ludwigs d. Fr. angelegte sammlung der Formulae imperiales.

Im nachfolgenden stelle ich in alphabetischer reihenfolge die wichtigsten und am häufigsten citirten quellen zusammen (vgl. p. XXXIII). So weit schulausgaben der M. G., für einige quellen ietzt der bessere und neuere druck, vorliegen, sind sie in klammern mit der sigle sch. und dem iahr ihres erscheinens verzeichnet. Die sigle W. verweist auf das unentbehrliche werk von Wattenbach Deutschlands Geschichtsquellen 7. A. 1. Bd. (Stuttgart u. Berlin 1904).

Abbo De bellis Parisiacis (885—896) M. G. SS. 2,777 (sch. 1871), besser Poetae Car. 4,71; W. 1,329.

Adonis Chron. (—867, Cont. I 866—885, II 897—1032) M. G. SS. 2,317; W. 1,240.

Andreae Bergamotis Historia (selbständig 744—877) M. G. SS. Lang. 221; W. 1,344.

Annales Alamannici (707—768; Cont. 771—926) M. G. SS. 1,22, 40—56, neue ausg. St. Galler Mittheil. 19,224; W. 1,158, 164, 285, 440.

Altahenses maiores (708—1073) M. G. SS. 20, 782; W. 2 (6. A. 1894), 19.

Augienses (709—939 [954], selbständig seit 799) M. G. SS. 1,67, neue ausg. Jaffé Bibl. 3,702; W. 1,286, 405.

Bawarici breves (687—811) M. G. SS. 20,8; W. 1,166.

Bertiniani (830—835, reichsannalen) M. G. SS. 1,423 (sch. von Waitz 1883 mit inbegriff der von Prudentius und Hincmar verfassten fortsetzungen der westfränkischen reichsannalen); W. 1,227, 323.

Einhardi (überarbeitung der Ann. Lauriss. 741—800, selbständige reichsannalen 801—829) M. G. SS. 1,135, 189 (sch. 1845); W. 1,216.

Fuldenses (auctore Enhardo 714—838, pars II auct. Ruodolfo und von da an reichsannalen des ostfränkischen reichs 838—863, p. III auct. incerto 863—882, p. IV [oppositionell gegen Karl III] 882—887, p. V [officiös] 882—887, fortsetzung in Baiern 888—901) M. G. SS. 1,343—415; W. 1,244.

Guelferbytani (741—768, Cont. 771—790, pars altera 791—823) M. G. SS. 1,27, 40, 45; W. 1,164.

Hincmari (westfränkische reichsannalen 861—882) M. G. SS. 1,455 (sch. als teil der Ann. Bertiniani p. 5); W. 1,227, 325.

Juvavenses maiores (550—835, 975) M. G. SS. 1,87; suppl. 3,121; W. 1,168.

„ minores (742—814) M. G. SS. 1,88; suppl. 3,122; W. 1,166.

Laubacenses (687—737; Cont. 741—768, pars altera 771—885) M. G. SS. 1,7, 10, 13; W. 1,158 n. 3.
Laureshamenses (703—768, pars altera 768—803) M. G. SS. 1,22, 30; W. 1,162.
Laurissenses (reichsannalen 741—801) M. G. SS. 1,134; W. 1,211, 426.
„ minores (680—817) M. G. SS. 1,114 (neue ausg. als Kleine Lorscher Frankenchronik von Waitz in Berliner SB. 1882 s. 399); W. 1,223.
Lobienses (741—982) M. G. SS. 13.226; W. 1.426.
Maximiniani (750 [751]—811). Compte rendu des séances de la Commission r. d'hist. [Brüssel 1844] 8,307, M. G. SS. 13,19; W. 1,163.
Mettenses (kompilation vielleicht erst aus dem beginn des 12. iahrh.) Duchesne SS. 3.262, zerstückelt bei Bouquet, 687—768, 830. M. G. SS. 1.316, 769—804 ib. 13, 27; W. 1.222 n. 3, 2 (G. A.), 125, 504.
Mosellani (703—797) M. G. SS. 16.494; W. 1,160, 162.
Nazariani (708—768, Cont. 769—790) M. G. SS. 1,23,40; W. 1.164.
Petaviani (687—740, Cont. 741—770, pars II 771—799) M. G. SS. 1,7, 11, 16; W. 1,161.
Prudentii (westfränkische reichsannalen 835—861) M. G. SS. 1,429 (sch. als teil der Ann. Bertiniani p. 11); W. 1.227, 324.
Prumienses (122—1044) M. G. SS. 15,1290; W. 1.311.
s. Amandi (687—737, Cont. 741—769, altera 771—810) M. G. SS. 1.6, 10, 12; W. 1.158.
s. Columbae Senonensis (708—1218) M. G. SS. 1.102; W. 1,320, 470.
s. Dionysii (524—1292) M. G. SS. 13.718; W. 1,165.
s. Emmerami Ratisponensis mai. (748—823) M. G. SS. 1.92; W. 1.166.
„ „ min. (732—1062) M. G. SS. 1.93; 13,47; W. 1,166.
Sangallenses mai. (709—955 von einer hand, dann von verschiedenen schreibern fortgesetzt). M. G. SS. 1,73, neue ausg. in St. Galler Mittheil. 19.265; W. 1.440.
s. Maximini Trevirensis (708—987) M. G. SS. 2,212; 4. 5. W. 1.406.
Sithienses (548—823) Anz. f. Kunde der deutschen Vorzeit 5 (1836). 5; M. G. SS. 13,35; W. 1.247.
Stabulenses (1—1087) M. G. SS. 13.39.
Vedastini (874—900) M. G. SS. 1.517; 2.196; W. 1,327.
(Fragmenta) Werthinens. (759—762; 784—785) M. G. SS. 20.2; W. 1,221.
Xantenses (640—873) M. G. SS. 2.219; W. 1,314.
Casus s. Galli auct. Ratperto et Ekkehardo. M. G. SS. 2,61, 77, neue ausg. in St. Galler Mittheil. bd. 13, 15, 16; W. 1,267.
Chronica s. Benedicti Casin., M. G. SS. Lang. 468; W. 1.341.
Chronicon Moissiacense, M. G. SS. 1.282, verbesserungen zu den iahren 787—813 ib. 2.257; W. 1,224.
Einhard Vita Karoli, M. G. SS. 2.443 (sch. 4. ausg. von Waitz 1880, von Jaffé 1867 nach Bibl. 4.505); W. 1.203.
Erchanberti Breviarium (Cont. 840—881), M. G. SS. 2.328; W. 1,240, 272.
Erchempert Historia Langobardorum Beneventanorum (744—889). M. G. SS. Lang. 234; W. 1.341.
Ermoldus Nigellus In honorem Hludowici, M. G. SS. 2,466, Poetae lat. 2,4; W. 1,228.
Flodoard Hist. Remensis (wichtig durch auszüge verlorener briefe Hincmars und Fulcos von Reims), beste ausg. M. G. SS. 13.409; W. 1.457.
Fredegarii Chronicon (—642), Continuationes (—768), M. G. SS. Merov. 2.18, 168; W. 1, 114, 141.
Gesta abbatum Fontanellensium, M. G. SS. 2.271 (sch. von Löwenfeld 1886); W. 1, 241.
„ r. Francorum ietzt als Liber hist. Francorum M. G. SS. Merov. 2,238; W. 1,118.

Liutprand Antapodosis, M. G. SS. 3,273 (sch. von Dümmler 1877); W. 1,476.
Monachus Sangallensis, M. G. SS. 2,731, Jaffé Bibl. 4,631; W. 1,207, 272.
Nithard Historiarum libri IIII, M. G. SS. 2,651 (sch. 2. ed. 1870); W. 1,233.
Pauli diac. Gesta episc. Mettensium, M. G. SS. 2,261; W. 1,182.
Reginonis Chronicon (selbständig 818—906, Cont. 907—967), M. G. SS. 1,543, 566, 614 (sch. von Fr. Kurze 1890); W. 1,312.
Thegan Vita Hludowici imp., M. G. SS. 2,589; W. 1,229.
Vita Hludowici imp. (Astronomus), M. G. SS. 2,607; W. 1,230.
„ **Walae** (auct. Paschasio Radberto), M. G. SS. 2,533 extr.; W. 1,302.
Vitae Romanorum pontificum im Liber pontificalis ed. Duchesne (Paris 1886).

Wie früher (s. XXXVI) bemerkt, beschränke ich mich hier darauf die ‚Jahrbücher des Deutschen Reichs', welche der geschichte der Karolinger gewidmet sind, namhaft zu machen. Sie sind, wie das nicht anders möglich, von ungleichem wert. Das weitaus bedeutendste und bedeutend nach ieder seite hin ist das werk Dümmlers; unter den kleineren arbeiten ragt iene von Bonnell durch kritischen scharfsinn hervor. Es liegen folgende ‚Jahrbücher' vor:

H. E. Bonnell, Die Anfänge des karolingischen Hauses (1866).
Th. Breysig, Jahrbücher des fränkischen Reiches 714—741: Die Zeit Karl Martells (1869).
H. Hahn, Jahrbücher des fränkischen Reichs 741—752 (1863).
L. Oelsner, Jahrbücher des fränkischen Reiches unter König Pippin (1871).
Sigurd Abel, Jahrbücher des fränkischen Reiches unter Karl dem Grossen. Bd. I: 768—788 (1866), 2. Aufl. neu bearbeitet von B. Simson (1888).
B. Simson, Jahrbücher des fränkischen Reiches unter Karl dem Grossen. Bd. II: 789—814 (1883).
B. Simson, Jahrbücher des fränkischen Reiches unter Ludwig dem Frommen. Bd. I: 814—830, II: 831—840 (1874/6).
E. Dümmler, Geschichte des ostfränkischen Reiches 1. Aufl. 2 Bde. 1862/5. 2. Aufl. 3 Bde. 1887/8.

Eine wesentliche ergänzung bietet die Deutsche Verfassungsgeschichte von G. Waitz, deren 3. und 4. bd. (1883/5) der Karolingerzeit gewidmet sind. Zum teil gleiche, zum teil weitere ziele verfolgt das werk von E. Glasson, Histoire du droit et des institutions de la France (Paris 1887/8); der 2. mit reicher bibliographie versehene band behandelt bereits die ‚fränkische epoche', die im 3. band (1889), der civil- und strafrecht, gerichtsorganisation und die beziehungen zwischen kirche und staat behandelt, ihren abschluss findet. Die bedeutendste leistung auf diesem gebiet, gleich hervorragend in inhalt und ausdruck, liegt in H. Brunners Deutscher Rechtsgeschichte vor, deren 2. band (1892) in drei teilen das staatsrecht, den rechtsgang und das strafrecht der fränkischen zeit behandelt und ein treffliches wort- und sachregister enthält.

915

stirbt (Ann. necrol. Fuld. M. G. SS. 13,166, 191). kamen die Ungarn noch im frühjahr, wol im mai nach Fulda, wahrscheinlich zur selben zeit, da Konrad den Hohentwiel belagerte. Selbst bis Bremen sollen die Ungarn, die mit ihnen gezogenen Böhmen bis gegen Hamburg gekommen sein, Adami G. pont. Hammab. I, 54, 55 M. G. SS. 7,303 vgl. Dümmler Ostfränk. Reich 2. A. 3,598 n. 2. a

. . . . . . Rückkehr Einricho Saxonum duce Franciam invadente, Ann. Alam. Des königs bruder Eberhard war im auftrag Konrads in Sachsen eingedrungen und in der nähe der Eresburg vollständig geschlagen worden: Saxones . . tanta caede Francos mulctati sunt, ut a mimis declamaretur, ubi tantus ille infernus esset, qui tantam multitudinem caesorum capere posset, Widukind I, 23. Bellum in Heresburg, Ann. Corbei. Prag 915 M. G. SS. 3,4, 110 vgl. Waitz Heinrich I 3. A. 23. Den angriff Eberhards vergalt Heinrich mit dem einfall in Franken, der Konrad zurückrief. b

aug. 9 Wilinaburg schenkt dem innerhalb der stadtmauern von Weilburg erbauten klösterlein seinen hof Nassau mit allem zubehör zu beiden seiten der Lahn in den grafschaften Sconenberg und Marvels (nicht mit sicherheit zu bestimmen, Förstemann Ortsnamen 1055, 1061, 1303) für kleidung und lebensbedarf der mönche. Salomon canc. adv. Piligrimi archicapp. Ch. Wormat. s. XII Hannover. Or. Guelf. 4,275 = Kremer Or. Nass. 2,56 — Böhmer Acta Conr. 28; *M. G. DD. 1,25. 2096 (2037)

. . Grona Zug gegen Heinrich von Sachsen: Konrad belagert die veste Grona bei Göttingen und zieht, angeblich durch Thietmar überlistet, ohne erfolg ab. Sagenhafter bericht bei Widukind I, 24 vgl. Waitz Heinrich I 3. A. 24. — Rückkehr Erchangers, der, verbündet mit Burchard, durch den sieg bei Walwies (unweit Stockach) sich zum herzog von Alamannien macht: Erchanger de exilio reversus cum Purchardo et Perahtoldo cum ceteris patriotis suis pugnavit et eos apud Wallawis vicit et dux eorum effectus est. Ann. Alam. a

nov. 6 apud Wirzeburg schenkt Albwin, einem vasallen des bischofs Thiodo (Wirzburg), auf fürsprache der bischöfe Heriger (Mainz) und Thiodo den ort Sulzifelt in der Geroldesheimer mark (unbekannt, Förstemann Ortsnamen 618, ein Sulzfeld im Grabfeld Lg. Königshofen nö. Wirzburg, ein Sulzfeld am Main bei Kitzingen) in der grafschaft Hessos im gau Volkfeld zu freiem eigen. Salomon canc. adv. Piligrimi archicap. Ch. s. XIII (A) = s. XIV (B), s. XVI (C) Wirzburg. Eckhart Francia or. 2,901 aus A; M. B. 31,184 aus B = Böhmer Acta Conr. 29; *M. G. DD. 1,25 aus A, C. 2097 (2038)

916

mai 4 apud Franco-n(ofu)rt schenkt seinem kaplan Reginolf auf bitte seines vasallen und ministerialen Altmann den mansus, welchen Eberhart in der villa Bergheim in der grafschaft Eberhards im Donaugau für zins und dienst hatte, zu freiem eigen. Salomon canc. adv. Piligrimi archicap. Beschädigtes or. München aus Metten (A); ch. Mett. s. XV in. (B). M. B. 11,437 mit siegelabbild. t. II n° 11 vgl. 28,151 aus A = Böhmer Acta Conr. 29; *M. G. DD. 1,26 aus A, B. 2098 (2039)

. . . . Heerfahrt gegen herzog Arnulf von Baiern, Regensburg wird erobert und in brand gesteckt: Priori namque tempore, diebus videlicet Chonradi regis, criminantur eundem episcopum (welcher bischof gemeint sei, ist unklar) cum eodem rege et exercitu eius provinciam illam non regaliter, sed hostiliter intrasse et non minimam igne cremasse atque multis miseriis orphanos et viduas angustiasse. Eodem vero impetu venerunt ad quandam civitatem b. Petri apostoli et s. Hemmerammi inhabitatam et plenam, quam et expugnatam incenderunt atque 170 et amplius ex his et illis despoliaverunt et multa miseria afflictos reliquerunt. Atque his peccatis saginati divino nutu perterriti exierunt coacti. Fragm. de Arnulfo duce Bav. M. G. SS. 17, 570. Die zeitbestimmung dieser heerfahrt bieten die Ann. Ratisp. 916: Chunradus Arnolfum ducem vicit vgl. Ann. Zwifalt. 916: Chunradus rex Arnolfum ducem prelio vicit, ib. 17,583; 10,53. Weitere nachrichten bietet das Auct. Garst. 916: Arnolfus dux pergens de Juvavo obsessus est Ratispone a Chuonrado rege und mit fast gleichem wortlaut die Ann. s. Rudberti Salisburg. 916: Arnoldus dux a Juvavo egressus Ratispone a Chuurado rege obsessus est, ib. 9,565, 771 (von Jaffé M. G. SS. 17,570 n. 14 auf die rebellion von 917 bezogen wie die nachrichten von 914 über Arnolfs flucht nach Ungarn auf 916) Widukind I, 25: Rex autem profectus in Baioariam dimicavit cum Arnulfo et ibi, ut quidam tradunt, vulneratus revertitur in patriam suam weiss auch noch von einer verwundung Konrads zu erzählen. Konrads besuch

916

der gräber Arnolfs und Ludwigs IV in St. Emmeram und eine legendenhafte geschichte, wie Konrad das von Arnolf geschenkte evangeliar mit sich nehmen wollte, aber durch einen anfall von dysenterie zur rückgabe bewogen worden sei, erzählt Arnold De s. Emmerammo I. 6 ib. 4,551. Herzog Arnolf stellte dann die beschädigten mauern von Regensburg wieder her und erweiterte die stadt, ib I. 7 p. 552. Keine quelle berichtet die ursache der heerfahrt Konrads gegen Baiern; sie lag zweifelsohne in den nahen beziehungen Arnolfs zu Erchanger, der sich im vorjahr zum herzog von Alamannien gemacht hatte (n° 2037[a]). a

iuni 29 Reganesparg schenkt dem h. Emmeram auf mahnung des bischofs Adalward (Verden) den zehnten theil der zölle (decimam partem vectigalium i. e. de ministerio zollenarii) für erhaltung der lichter. Salomon canc. adv. Piligrimi archicapp. Or. (das tagesdatum nachgetragen, Ficker Beitr. z. UL. 2,263) München (A), ch. s. XI in. (B). Pez Thes. 1[c],46 aus B = Lünig RA. 21[b],106; aus A: Lib. prob. s. Emmer. 104, Ried 1,94, M. B. 28,152 = Böhmer Acta Conr. 30, *M. G. DD. 1,27: regest mit schlussprotokoll Bibl. s. Emmer. 2,195 aus A; als formel im Cod. Udalr. Gretser Op. 10,694 n° 7 mit III kal. iul. a. inc. 816, nachdr. Ludewig SS. 1,863 = Lünig RA. 18,642 mit a. inc. 816 (darnach Sickel Acta Carol. 2,406 spur. s. Emmer. 2 zu Karl d. Gr.); Eccard Corp. hist. 2,39 n° 25 vgl. Jaffé Bibl. 5,8. 2099 (2040)

iuli 6 loco Niwunburg bestätigt der kirche von Seben auf bitte des bischofs Meginbert und fürsprache seiner lieben erzbischöfe Heriger (Mainz) und Piligrim (Salzburg), der bischöfe Tuto (Regensburg), Dracholf (Freising), Adalward (Verden) and Oudalfrid (Eichstädt) and der übrigen getreuen laut der vorgelegten urkunden die von seinen vorfahren, Karl dem Grossen (deperd.), kaiser Ludwig (deperd.), dem gleichnamigen könig Ludwig (n° 1386), kaiser Arnolf (deperd.) und dessen sohn könig Ludwig (n° 2057, unmittelbare vorlage) verliehene immunität und königschutz mit dem zusatz, dass alles gegen seine und seiner vorfahren satzungen der kirche etwa entrissene gut zurückgestellt werden müsse. Salomon canc. adv. Piligrimi archiep. summique cappellani. Or. Wien. Resch Ann. Sab. 2,373 vgl. 742 — Resch Aetas millen. 43 = Sinnacher 1,538 = Böhmer Acta Conr. 30; *M. G. DD. 1,27. Über den inhalt Redlich Zur Geschichte der Bischöfe von Brixen (sep. abdr. aus der Zeitschr. des Ferdinandeums in Innsbruck III, 28. heft) 6 n. 3. — Neuburg an der Donau. 2100 (2041)

. . . . schenkt dem kleriker Erchenfrid auf fürsprache der bischöfe Piligrim (Salzburg), Heriger (Mainz) und Dracholf (Freising) und des grafen Sigihard 3 hufen zu Goldern in der grafschaft Marchwards im gau Viehbach (sw. Dingolfing) im amtsbezirk Waldramms, welche Merolt, Engildeo und Pato bisher innehatten, zu freiem eigen. Ohne datirung. Ch. s. Emmerammi s. XI. Pez Thes. 1[c],47; Lib. prob. s. Emmer. 105; M. B. 31,186 = Böhmer Acta Conr. 38; *M. G. DD. 1,28. Wegen der gleichen intervenienten gleichzeitige entstehung mit der vorangehenden urk. wahrscheinlich. 2101 (2042)

sept. 20 . . . . Synode zu Altheim im Riessgau (Hohenaltheim s. Nördlingen) in beisein des von papst Johann X in besonderem auftrag abgeordneten legaten Petrus, bischofs von Orta, quatinus aliquo modo diabolica semina in nostris partibus orta exstirpare et nefandissimas machinationes quorundam perversorum hominum sedare et eliminando purgare deberet. Betreffen demgemäss die beschlüsse einesteils gegenstände kirchlicher natur, die kirchliche disciplin und die besserung des kirchlichen lebens, namentlich bei den bischöfen (c. 1—3, 17, 26, 38), die hintanhaltung der simonie (c. 28), die meidung des verkehrs mit gebannten und die folgen des kirchenbanns (c. 6—9, 27), die kirchenbussen (c. 32, 33), die wahrung der kirchlichen privilegien (c. 10), des kirchenguts (c. 11), der zehnten (c. 18), der exemten stellung der bischöfe und priester gegenüber anklagen (c. 12—16), des verfügungsrechts der bischöfe über ihr eigengut bei lebzeiten (c. 36, 37), so bezwecken sie anderseits die stärkung des königtums (c. 19: pro roboro regum nostrorum, c. 20: item de robore regis); sie verdammen den ietzt häufig vorkommenden bruch des treueids (c. 19), sie beschwören alle bei androhung des banns dem könig die treue zu wahren und von ieder widersetzlichkeit abzulassen (ut nemo intendat in interitum regis, nemo vitam principis nece attrectet, nemo regni eum gubernaculis privet, nemo tyrannica presumptione apicem regni sibi usurpet, nemo quolibet machinamento in eius adversitatem sibi coniuratorum manus associet, c. 20), sie bedrohen treulosigkeit gegen den könig oder lehensherrn fortan als ein sakrileg bei einem laien mit lebenslänglicher busse in einem kloster, bei einem bischof oder geistlichen mit absetzung (c. 23), wie sie auch sonst

916

scharfe bussen über meineidige verhängen (c. 22, 25); Erchanger, seinen mitschuldigen und genossen wird, weil sie ‚an den gesalbten gottes, ihren könig und herrn, hand zu legen versuchten‘, den bischof Salomon hinterlistig ergriffen und über kirchengut herfielen (vgl. n° 2094[a]), als busse auferlegt die waffen abzugeben, in ein kloster zu gehen und hier lebenslängliche busse zu tun (c. 21), und überhaupt werden gewalttat gegen einen bischof oder geistlichen, verwüstung des kirchenguts wie anschläge auf das leben des königs (et qui periurat et in interitum domni sui regis intendit vel cupiditatem iuraverit vel parricidium committit) mit lebenslänglicher busse geahndet (c. 24); Arnolf von Baiern und (dessen bruder) Berthold werden mit ihren genossen für den 7. okt. auf eine synode nach Regensburg vorgeladen (vgl. n° 2094[c]) unter androhung des banns, wenn sie nicht, sicut in epistola Johannis papae scriptum habetur, busse tun und nicht, wie ihre leute versicherten, kommen würden (c. 35): den auf der synode nicht erschienenen helfershelfern Erchangers, Bertholds, Burchards und Arnolfs wird bei vermeidung des banns aufgetragen sich schleunigst vor ihren bischöfen zu stellen und die von der synode bestimmte busse zu übernehmen (c. 34): Ricquin, der trotz der vorladung nicht erschienene usurpator des bistums Strassburg (n° 2088[b]), wird vor ein von erzbischof Heriger in Mainz abzuhaltendes konzil, widrigenfalls nach Rom citirt (c. 29), die untersuchung über die blendung des bischofs Einhard (von Speier vgl. 2088[b]) dem bischof Richgowo (Worms) zugewiesen mit dem auftrag darüber dem papst zu berichten (c. 31); das nichterscheinen der sächsischen bischöfe, welche nicht einmal boten oder bevollmächtigte gesandt, wird gerügt und ihnen unter androhung der suspension und der verantwortung in Rom durch den päpstlichen legaten und die synode aufgetragen bei dem vorgenannten konzil (in Mainz) zu erscheinen (c. 30). Hs. s. X München. Freyberg Sammlung hist. Schriften 4. 223; M. G. LL. 2,555; über die benützung Pseudo-Isidors in den synodalbeschlüssen Dümmler Ostfränk. Reich 2. A. 3,606 n. 2. Die synode erwähnt in Herimanni Aug. chr. 916. Die anwesenheit Konrads ist nicht bezeugt. Erchanger scheint vor der synode erschienen zu sein, da bei verhängung der busse in c. 21 nicht auch einer renitenz gedacht ist wie bei Arnolf (c. 35) und in c. 34 die ausgebliebenen komplicen, qui ad eam (synodum) vocati non venerunt, ausdrücklich unterschieden werden. Über die bischöflichen unterschriften, die bei Burchard unter diese synode geraten sind, Waitz Heinrich I 3. A. 30 n. a

917
ian. 21 . . . Enthauptung Erchangers, seines bruders Berthold und ihres neffen (vgl. über die verwandtschaft Ekkehard Casus s. Galli M. G. SS. 2,86, neue ausg. c. 17 (Liutfrid. Den ausführlichsten bericht bietet Herimanni Aug. chr. 917: Erchanger, qui ducatum Alamanniae invaserat, cum fratre Bertholdo regi Counrado rebellantes eique tandem ad deditionem spe pactionis venientes ipso iubente apud villam Aldingam (? Aldingen bei Spaichingen sö. Rotweil, Förstemann Ortsnamen 52 vgl. Forschungen 6,146, Dümmler Ostfränk. Reich 2. A. 3,611 n. 1) decollantur XII kal. febr. Chr. Suev. un. M. G. SS. 13,66: Erchanger dux et Berthold, germani fratres, decollantur XII kal. febr. Eine bestätigung der angabe Hermanns, dass die brüder in der hoffnung auf friedlichen ausgleich sich selbst gestellt haben, scheint der karge bericht der nächstliegenden quelle, der Ann. Alam. 916, zu bieten: Erchanger, Perahtold et Liutfrid occiduntur dolose. Die Ann. Sangall. mai. 916: Erchanger et frater eius Perehtolt et Liutfrid capti et occisi sunt erwähnen noch die gefangennahme; ihr bericht lässt sich mit jenem Hermanns nur vereinigen, wenn ‚capti‘ als ‚festnehmen‘ gedeutet wird. Die Ann. Aug. 917 und Cont. Regin. 917 verzeichnen nur die enthauptung Erchangers und Bertholds (decollantur), die Ann. Quedlinburg. 917 M. G. SS. 3,52 nennen auch Liutfrid. Was Ekkehard l. c. 86 (neue ausg. c. 19 f.) von der gefangennahme Erchangers und genossen durch die leute des bischofs Salomon, von einer versammlung zu Mainz (vgl. n° 1932 schluss) und ihrer verurteilung zum tod und der konfiskation ihres vermögens auf einem allgemeinen konzil (gemeint ist wol die synode von Altheim), der verwendung Salomons um ihre begnadigung erzählt, gehört nicht der geschichte an vgl. die bemerkungen Meyers von Knonau in St. Galler Mittheil. 15.75 n. 262 f. b

. . Plünderungszug der Ungarn durch Alamannien, wo sie Basel zerstören, nach dem Elsass und bis nach Lothringen: Ungari per Alamanniam in Alsatiam et usque in fines Lotharii regni venerunt. Ann. Aug., gleicher wortlaut in Cont. Regin. 917, beide, was zeitlich unmöglich, vor der erwähnung der hinrichtung Erchangers; die gleiche stellung der nachricht in Herimanni Aug. chr. 917: Ungarii pervasa, ut ceperant, Alamannia Basileam urbem destruunt

917

indeque Alsatia vastata Lotharii regnum multa mala facientes invadunt; an richtiger stelle erst nach der enthauptung Erchangers das Chr. Suev. un. M. G. SS. 13,66: Basilea ab Ungariis destruitur; Ungarii per Alamanniam Alsatiam et regnum Lotharii invadunt. Die zerstörung Basels erwähnt noch das Chr. Mediani monast. c. 6 ib. 4,89; auch die mönche dieses und dreier benachbarter klöster flüchteten. Ungarii primitus regnum Lotharii ingressi sunt, Ann. s. Vinc. Mett. ib. 3,157. Diesem iahr oder 926 (vgl. Dümmler Ostfränk. Reich 2. A. 3,613 n. 1) gehört die nachricht von der flucht der mönche von Gorze nach Metz an, Mirac. s. Gorgonii c. 7 ib. 4,240, vielleicht auch erst diesem iahr die meldung der Ann. Prum. 911 vgl. nº 2077^b von dem vordringen der Ungarn bis ins Maienfeld und den Ahrgau. c

. . . . . Erhebung Burchards zum herzog von Alamannien: et iterum Purachardus rebellavit, Ann. Alam. 916 = 917: Burchard dux constituitur, Chr. Suev. un. zu 917; Burghardus dux Alamanniae factus tyrannidem invasit, Herimanni Aug. chr. 918. Ekkehard Casus s. Galli M. G. SS. 2,87 (neue ausg. c. 20) lässt Burchard principum assensu zum herzog bestellt und mit den konfiscirten gütern Erchangers ausser dem leibgeding Berthas belehnt werden vgl. dazu Dümmler Ostfränk. Reich 2. A. 2,611 n. 2 und Meyer von Knonau in St. Galler Mittheil. 15,77 n. 268. — Besitznahme Baierns durch herzog Arnolf: Arnolfus Bawariam recepit, Ann. Ratisp. M. G. SS. 17,583; Arnolfus cum Bavaris rebellavit, Ann. Alam.; Arnolfus, dux Bawariorum, regi rebellat, Cont. Regin. 917. d

nov. 3 Franconofurt schenkt seinem getreuen und lieben kaplan, dem priester Werinolf, das ihm früher gegebene lehen zu Wattenheim und Virnheim im Rheingau in der grafschaft Utos zu lebenslänglichem eigen mit der bestimmung, dass es nach dessen ableben an das kloster Lorsch falle unter dem vorbehalt, dass Werinolf und dessen suffragan, der priester Thiotrich, dort lebensunterhalt, kleidung und ieden bedarf, im besonderen iährlich 3 fuder wein erhalten, wie der könig mit dem abt Liuthar und den mönchen einst vereinbarte, widrigenfalls die kirche in Virnheim Werinwolf als freies eigen zufallen solle. Salomon canc. adv. Piligrimi archicap. Ind. VI. a. reg. VI. Chr. Laaresh. s. XII. Cod. Laaresh. ed. Mannh. 1,113 = Kremer Or. Nass. 2. 57 = Böhmer Acta Conr. 32; Cod. Lauresh. ed Tegerns. 1,110; M. G. SS. 21,387; *M. G. DD. 1,29; erwähnt im Necrol. Lauresh. Böhmer Fontes 3,152. Im anschluss an diese urk. im Chr. Lauresh. eine grenzbeschreibung der mark und des waldes in Virnheim, M. G. SS. 21,388. 2102 (2043)

918

april 21 bestätigt auf vortrag des bischofs Dracholf (Freising), dass er dem kloster Schwarzach (in Franken) Gerlachshausen und andre güter gegen lebenslänglichen nutzgenuss dieser und der orte Etzelheim und Hüttenheim übergeben habe, diesen vertrag und dem kloster den vom bischof für den unterhalt und die kleidung der brüder angewiesenen besitz zu Tullstatt, Stadeln und Wiesenheid, ut alterius idem episcopus in nostra consistat fidelitate. Salomon canc. adv. Piligrimi archicap. Ludewig SS. 2,12 ex ms. chr. Swarz. s. XVI ex. = Deutinger Beytr. z. Gesch. von Freising 6,507 = Böhmer Acta Conr. 33 = Hundt Die urk. des Bisthums Freising in der zeit der Karolinger, Abhandl. der hist. Classe der bayer. Akad. XIII. 1,21 (topogr. ib. 52) = M. G. DD. 1,30. 2103 (2044)

iuni 24 Herolvesfelt Feier des Johannesfestes in Hersfeld. Cont. Regin. 918. Cuonradus rex fuit in Herolfesfelde, Lamberti Ann. M. G. SS. 3,53, ed. Holder-Egger 32. a

iuli 4 ad civ. Wirciburc bestätigt der kirche von Wirzburg auf bitte des bischofs Thiodo laut der vorgelegten urkunden des kaisers Ludwig (nº 767) und des königs Ludwig (deperd.) immunität mit königschutz (= nº 1834). Salon canc. adv. Piligrimi archicap. Or. (die indiktionszahl nicht eingetragen vgl. Ficker Beitr. z. UL. 2,252) München (A), ch. s XIII (B). Eckhart Francia or. 2,900 vgl. 843 aus B mit a. inc. 915, ind. III, a. reg. IIII; aus A: M. B. 28,133 = Böhmer Acta Conr. 33; Bresslau Dipl. C 81; *M. G. DD. 1,31. Über die fassung Bresslau in Forschungen 13,91. 2104 (2045)

— 5 —— bestätigt der kirche von Wirzburg auf vortrag des bischofs Thiodo, dass kaiser Ludwig zu zeiten des bischofs Wolfgar (810—831) den von allen kaufleuten in Wirzburg zu entrichtenden zoll nach rat und auf bitte des grafen Wichold, der denselben zu lehen hatte, urkundlich (deperd.) geschenkt habe, dass aber bei einer feuersbrunst zur zeit des bischofs Thiodo nebst vielen andern gerätschaften auch diese urkunde verbrannt sei, gemäss der bitte des bischofs und des grafen Heinrich diesen zoll (vorlage für die schlussformeln nº 1837). Salomon

918

canc. adv. Piligrimi archicap. Or. (die indiktionszahl wie in n° 2104 nicht eingetragen) München. M. B. 28,155 = Böhmer Acta Conr. 34; *M. G. DD. 1,32. 2105 (2046)

sept. 9 apud Forcheim — bestätigt der kirche von Eichstädt auf bitte des bischofs Oudalfrid und fürsprache des erzbischofs Heriger (Mainz), des bischofs Thioto (Wirzburg), der grafen Eberhard und Heinrich das von könig Ludwig dem bischof Erchenbald urkundlich (n° 2049, vorlage) verliehene recht markt und münze zu errichten, den an andern markstätten üblichen zoll einzuheben und gegen die einfälle der heiden befestigungen anzulegen, und verbietet in der gemarkung des klosters zwischen Altmühl und Schutter, den genannten 6 orten und dem teil des forstes gegen Setzin und Affintal ohne erlaubnis des bischofs Oudalfrid schweine zu mästen, zu jagen, holz zu fällen oder andre eingriffe zu verüben. Salomon canc. adv. Piligrimi archicap. Or. München (A). Falckenstein C. d. Nordg. 20 (aus k. ohne rekognition) mit a. inc. 919; M. B. 28,157 aus A = Böhmer Acta Conr. 35; *M. G. DD. 1,33 aus A. 2106 (2047)

— 12 . . . (Triburias) bestätigt der kirche von Worms auf bitte des bischofs Richgowo das laut der vorgezeigten urkunden von kaiser Arnolf (n° 1935) zu zeiten des bischofs Deotholoch geschenkte und von könig Ludwig (n° 2019) bestätigte gut innerhalb und ausserhalb Worms mit seinen dienern und der sippe, welche dem könig spanndienste und die übrigen nötigen leistungen zu liefern hatte, deren namen in jenen urkunden aufgezeichnet sind, sammt der zur selben genossenschaft der parafridi gehörigen nachkommenschaft und deren besitz. Salomon canc. adv. Piligrimi archicapp. A. inc. DCCCCXXIII, ind. XII, a. reg. XII. Ch. s. XII Hannover (A), s. XV Darmstadt (B). Schannat Ep. Worm. 2,16 ex arch. eccl. cath. mit a. inc. 918, ind. XII, a. reg. XII; Gercken C. d. Brandenb. 8,375 ex autogr. mit a. inc. 923, ind. XII, a reg. XII = Böhmer Acta Conr. 21 zu 913; *M. G. DD. 1,34 aus Gercken, A und B zu 918 = Boos UB. der stadt Worms 1,20. *Fälschung* aus der zweiten hälfte des 10. jahrh. mit benützung von n° 1935, 2019, um den fiskalbesitz ausserhalb Worms ohne einschränkung anzusprechen, Lechner in Mittheil. des Instituts f. öst. GF. 22,538 (mit abdruck des textes und kennzeichnung der in der ausgabe der M. G. DD. übersehenen vorlage). Damit entfallen auch die unwahrscheinlichen erklärungsversuche der unmöglichen datirung. Dieselbe rekognition auch in den im Wormser ch. s. XII überlieferten urk. für Weilburg n° 2083, 89, 96. 2107 (2048)

. . schenkt dem kloster Fulda, das er als grabstätte erwählte, seine erbgüter Hagen (Haina nw. Gotha) und Sumerde (Sömmerda nw. Weimar), für lebensunterhalt und kleidung der brüder. Ohne schlussprotokoll. Cod. Eberhardi. Brower Ant. Fuld. 128; Schannat Trad. Fuld. 229 = Or. Guelf. 4,274 = Kremer Or. Nass. 2,59; Dronke C. d. 309 = Böhmer Acta Conr. 37; *M. G. DD. 1,35. *Fälschung* Eberhards auf eingeschobenem blatt. Dopsch in Mittheil. des Instituts f. öst. GF. 14,327 vgl. Roller Eberhard von Fulda Beil. 29 n° 153 und Dobenecker Reg. Thuring. 1,77 n° 327 mit topographischen erläuterungen. 2108 (2049)

. . . . Letztwillige verfügungen: als Konrad sich dem tod nahe fühlt, lässt er seine brüder und verwandten und die fränkischen grossen rufen, mahnt sie väterlich bei der wahl seines nachfolgers keinen zwiespalt im reich aufkommen zu lassen, sondern den herzog Heinrich von Sachsen als den würdigsten zu wählen und übersendet diesem scepter und krone und die übrigen königlichen insignien. Contin. Regin. 919. Mit diesem nächstliegenden bericht stimmt sachlich jener der Ann. Quedlinburg. 919 M. G. SS. 3,52: Conradus rex moriens . . sceptris ac regno Heinricum feliciter potiturum, sibi succedere deliberavit hisque rite per omnia dispositis viam totius carnis ingreditur und die nachricht im Catal. regum et imp. s. X ib. 10, 176: Chuonradus . . post septem annos sine filiis defunctus Heinricum Saxonum ducem post se elegit in regnum. Die sage und die literarische mache, welche hier gelegenheit fand wolgedrechselte reden einzufügen, waren geschäftig diese dramatische szene auszuschmücken: Widukind I, 25 lässt Konrad in pathetischer rede an seinen bruder Eberhard den satz entwickeln, dass ihnen ‚fortuna et mores‘ fehlen für die krone, Heinrich dieselben besitze, und gibt ihm den auftrag die insignien (sumptis his insigniis lancea sacra, armillis aureis cum clamide et veterum gladio regum ac diademate) zum Sachsenherzog zu bringen und mit ihm seinen frieden zu machen, ipse enim vere rex erit et imperator multorum populorum; Ekkehard Casus s. Galli M. G. SS. 2,103 (neue ausg. in St. Galler Mittheil. 15,180 c. 49) erzählt dies in seiner weise und erläutert noch die untauglichkeit des kronbegierigen Eberhard; Liutprand Antap. II, 20 lässt Konrad zu den fürsten sprechen und Heinrich förmlich zum erben

918

und zum vicarius regiae dignitatis bestellen, Thietmar I, 5, M. G. SS. 3,736, den rat Heinrich zu wählen Eberhardo populoque primario in unum collecto geben, endlich die Cronica r. Francorum s. XI ib. 214 Heinrich persönlich herbeirufen und ihm durch Konrad das scepter überreichen und die krone aufs haupt setzen vgl. auch über den wert der berichte Dümmler Ostfränk. Reich 2. A. 3,615 n. 4. Bei späteren geschichtschreibern ist dieser akt mit recht Konrad zu grossem verdienst angerechnet: adeo studuit publicae utilitati, ut hanc quoque in hoste, quod rarum est, comprobaret. Ann. Palid. und Annalista Saxo M. G. SS. 16,61; 6,594. .

dez. 23 . . . Tod: todestag Necrol. Sangall. M. G. Necrol. 1,487. Lauresh. Weissenburg. s. Mariae Fuld. Böhmer Fontes 3,152; 4,314. 455. Merseburg. Höfer Zeitschr. 1,127. s. Maximini Trev. Hontheim Prodromus 2,994. Wessobrunn. M. G. Necrol. 1,52. Mariani Scotti Chr. M. G. SS. 5,553; ante natale domini, Ann. Sangall. mai. 918; irrig X kal. dec. Ann. Weingart. 919. XIV kal. nov. Thietmar I.5 M. G. SS. 1,66; 3,736, XIII kal. ian. Necrol. Hof. min. M. G. Necrol. 1,176; jahresangabe Ann. necrol. Fuld. M. G. SS. 13,191 (letzte eintragung des iahres), Ann. Alam., Corbei., s. Bonifacii. Leod., s. Rudberti Salisb., Stabul., Lob., Ratisb. ib. 1,56; 3,4. 118; 4,66; 9,771; 13,42, 233; 17,583, Herimanni Aug. chr. ib. 5,112 und übereinstimmend zum 7. iahr Konrads Chr. Suev. un. ib. 13,66; irrig zu 917 Ann. Aug. Jaffé Bibl. 3,703 (in M. G. SS. 1,68 willkürlich zu 919, zu 919 wie die meisten andern annalen gleichzeitig mit der wahl Heinrichs Cont. Regin., Ann. Quedlinb. Hildesh. Lamberti und die verwandten Colon., Ottenbur., Ann. Prag. ib. 1,615; 3,52, 53; 1,98; 5,4; 8,119. zu 920 Ann. s. Vinc. Mett. ib. 3,157. Zusammenstellung der quellen über die zeitangaben von Konrads tod Waitz Heinrich I 3. A. 201. — Bestattet im kloster Fulda, Cont. Regin.; in Fulda monast. iuxta altare s. crucis, Mariani Scotti chr. vgl. nº 2108 und Dronke Trad. 64 nº 34. wenigstens belege aus dem 12. iahrh., die, weil vom orte selbst, durchaus glaubwürdig sind: diesen zeugnissen gegenüber kann die angabe Widukinds I, 25, Konrad sei in der stadt Weilburg cum moerore ac lacrimis omnium Francorum bestattet worden (nach Widukind auch Thietmar I, 5 u. a.), keine glaubwürdigkeit beanspruchen; in Weilburg war Konrads vater begraben, nº 2030[b]. Über das grab Konrads Gegenbaur Das Grab des königs Konrad I in der Basilika zu Fulda (Programm des Gymn. in Fulda 1881) mit der annahme, dass Konrad in Weilburg gestorben sei. b

Verlorene urkunden.

Abbo.

K. Theuderich IV († 737) und Karl Martell schenken den besitz Riculfs, der treubrüchig von den Franken zu den Sarazenen übergegangen war, in den gauen von Die, Gap und Grenoble, laut testaments Abbos von 739, Cipolla Mon. Nov. 1, 36. Um 732 vgl. BM. 39a. 1

Achen s. S. Maria in Achen.

Adalbero, bischof von Augsburg.

Arnolf schenkt per imperiale (augustale) preceptum besitz zu Gernsheim im Rheingau, laut chron. Lauresham. MG. SS. 21, 381, vgl. BM. 1929 (1878)[b]. — 896-897. 2

Adalbert, neffe des bischofs Liudward.

Karl III schenkt (nicht näher bezeichneten) besitz, laut urk. k. Karls III ohne jahresang., BM. 1760 (1713). 3

Adelbert, marschall.

Ludwig II verleiht güter in Tuscien, Spoleto und der Romagna auf lebenszeit, 857, laut gerichtsurk. von 860, BM. 1216 (1182)[b]. 4

Adventius, erzbischof von Metz.

Lothar II restituirt das kloster Gorze, laut urk. des erzb. Adventius von 863, d'Herbomez Cart. de Gorze 107 nº 60, vgl. BM. 1302 (1267)[a] am schluss. — c. 863. 5

St. Aignan d'Orléans, kloster.

Pippin, Karl d. Gr. } immunität, laut urk. Ludwigs d. Fr. ohne jahresang., BM. 543 (524). Sickel Reg. 360, act. dep. 1, 2. 6, 7

Pippin, Karl d. Gr. } zollfreiheit für 5 schiffe auf der Loire und den übrigen flüssen, sowie für wagen und saumtiere, laut urk. Ludwigs d. Fr. ohne jahresang., BM. 544 (525). Sickel Reg. 360, act. dep. 3, 4. 8, 9

Alawih, edler, priester.

Ludwig d. D. schenkt besitz in Otterbach, laut tauschurk. in Ansmodus Trad. s. Emmer., Pez Thes. 1c, 233 nº 51. 10

Alkuin s. Cormery.

Altaich, kloster St. Moritz.

Karl d. Gr. immunität, laut urk. Ludwigs d. D. von 857, BM. 1423 (1382). Sickel Reg 374, act. dep. 1. 11

St. Amand, kloster.

K. Pippin, Karl d. Gr., Ludwig d. Fr. } immunität, laut urk. Karls d. Einf. von 899, B. 1901, Bouquet 9, 474 nº 8. Sickel Reg. 360, act. dep. 1, 2, 3. 12. 13. 14

K. Pippin, Ludwig d. Fr., Lothar I } bestätigen die zelle Barisis, laut urk. Lothars I von 840, BM. 1074 (1040), Karls d. Einf von 899, B. 1901, Bouquet 9, 474 nº 8. Sickel Reg. 360, act. dep. 4, 5. Die verfügungen Ludwigs d. Fr. (restitution) und Lothars I (bestätigung derselben) vielleicht in ein und derselben, im namen beider ausgestellten urk. von 826—829, vgl. BM. 1074 (1040). 15. 16. 17

S. Ambrogio in Mailand, kloster.

Karl d. Gr., Lothar I, Ludwig II } immunität, laut urk. Arnolfs von 894, BM. 1894 (1843). 18. 19. 20

Karl III schenkt 6 mansen vom hof Limonta, 879 nov., laut privaturk. von 879, Cod. Lang. 495 nº 291, BM. 1588 (1546)[d]. 21

Angers, St. Maurice kathedralkirche.

Pippin I bestätigt die hälfte der zölle aus der stadt Angers und anderen märkten und häfen, laut urk. Pippins II von Aquitanien von 838, B. 2078, Bouquet 6, 675 n° 16. Sickel Reg. 373, act. dep. 1. 22

Karl d. Gr. bestätigt die immunität mit königsschutz und zollfreiheit für drei schiffe auf der Loire und deren nebenflüssen, laut urk. Ludwigs d. Fr. von 816, BM. 634 (614). Sickel Reg. 360, act. dep. 2. 23

— St. Aubin kloster, s. St. Aubin.

Aniane, kloster.

Karl d. Gr. schenkt die burg Montcalme am Hérault, laut urkk. Ludwigs d. Fr. von 814. 822. 837, BM. 522, 752, 970 (503. 726, 939). Sickel Reg. 360, act. dep. 1. Echtheit *zweifelhaft*, vgl. Pückert, Aniane und Gellone 21, 167. Eine urk. Ludwigs, königs von Aquitanien, in der er die villa Caussenas im gau Lodève zu lehen gibt, erwähnt in urk. Ludwigs d. Fr., BM. 969 (938). Sickel Reg. 360, act. dep. 2. 24

Anianus, abt, s. Caunes.

Anspert, diakon.

Lothar I bestätigt dem diakon A. den besitz, welcher ihm als busse für die ermordung seines bruders durch Ansprand zugefallen, laut urk. k. Ludwigs II von 857, BM. 1212 (1178). 25

S. Antimo, kloster.

Karl d. Gr. verleiht innerhalb bestimmter grenzen cagio illo qui vocatur Ciciliano, laut placitums der missi Lothars I bisch. Agiprand von Florenz und Petrus von Volterra von 833 okt. 14, Pasqui Documenti di Arezzo 1, 37 n° 27. Sickel Reg. 361, act. dep. 1. 26

Derselbe gibt dem abt Tanimund die zelle S. Pietro ad Asso (heute dort nur ein betkirchlein, vgl. über geschichte und lage der zelle Repetti Dizionario della Toscana 1, 166, Hinweis von H. Hirsch) zu lehen, laut desselben placitums ibid. 39. Sickel Reg. 361, act. dep. 2. Dass die benefiziarische verleihung derselben zelle an abt Vigilius durch k. Ludwig und Lothar I (vgl. Pasqui ibid.) urkundlich geschehen ist, wie Sickel Reg. 361, act. dep. 3 annimmt, ist wahrscheinlich (vgl. n° 29), aber nicht sicher, da an dieser stelle eine urkunde nicht ausdrücklich erwähnt wird. 27

Karl d. Gr.
Ludwig d. Fr. und Lothar } erteilen urkunden über besitz und rechte des klosters, laut urk. k. Heinrichs III von 1051, Stumpf Reg. 2406. Ob mit den oben verzeichneten dep. identisch? 28. 29

Kaiser Karl d. Gr.
Ludwig d. Fr. (vgl. BM. 540)
Lothar I
Ludwig II } verleiht (bestätigt) immunität mit königsschutz, laut urk. Berengars und Adalberts von 951(2), Forschungen z. d. G. 15, 365 n° 3. 30. 31. 32. 33

S. Antonin en Rovergue, kloster.

Die von Sickel Reg. 361, act. dep. 1. verzeichnete verlorene urk. entfällt für dieses verzeichnis, weil der aussteller nicht der frankenkönig Pippin, sondern Pippin I von Aquitanien ist.

S. Apollinaris, kirchlein im gebiete von Riez (zw. Avignon und Nizza) im orte genannt Lucanus.

Karl d. Gr. schenkt unter bischof Waldo von Valence (nicht bei Gams) besitz innerhalb beschriebener grenzen, laut urk. k. Friedrichs I von 1178, Stumpf Reg. 4263, Acta ined. 534 n° 378. 34

S. Apri mon. s. St. Evre.

Aprutiensis episcopatus s. Teramo.

Aquileja, patriarchat.

Ludwig d. Fr. bestätigt die immunität und privilegien, laut urkk. Lothars I von 832 und Karlmanns 879, BM. 1033, 1541 (999, 1499). Sickel Reg. 361, act. dep. 1. 35

Lothar I bestätigt auf bitte des patriarchen Andreas (seit c. 834, erw. 844, Gams 773) und vermittlung des grafen Eberhard die patriarchal- und metropolitanwürde über die bistümer Istriens, laut urk. Ludwigs II von 854, BM. 1200 (1164) von 854, vgl. Sickel ib. 36

Arezzo, bistum.

Karl d. Gr. immunität, laut urkk. Lothars I von 843 und Karls III von 879, BM. 1107, 1589 (1073, 1541). Sickel Reg. 361, act. dep. 1. 37

Ludwig d. Fr. bestätigt die immunität mit königsschutz, laut derselben urk. BM. 1107, 1589 (1073, 1547). Sickel Reg. 361, act. dep. 2. 38

Derselbe bestätigt die urk. Karls d. Gr. über den besitz der zelle S. Pietro ad Asso (BM. 371 [363] MG. DD. Kar. 1, 263 n° 196), laut placitums der königsboten von 833, Pasqui Documenti di Arezzo 1, 37 n° 27. Sickel Reg. 361, act. dep. 3. 39

Lothar I befiehlt auf vortrag des bischofs Petrus von Arezzo, dass die zelle S. Pietro ad Asso, die abt Vigilius von S. Antimo nur auf grund dessen innehabe, dass der frühere abt Apollinaris sie als königliches lehen erhalten hatte, zum sprengel von Arezzo gehöre, den königsboten bischöfen Agiprand von Florenz und Petrus von Volterra, die streitsache zu untersuchen und falls der anspruch des abtes sich tatsächlich auf keinen anderen rechtstitel als auf die lehenrechtliche verleihung an seinen vorgänger stütze, den bischof von Arezzo in den besitz der zelle zu setzen, laut placitums der genannten königsboten von 833, Pasqui Documenti di Arezzo 1, 37 n° 27, wo dieses inquisitionsmandat als indiculus bezeichnet wird. Um 833. 40

Ludwig II kassirt alle der kirche schädlichen verschreibungen, laut urk. Karls III von 879 BM. 1589 (1547). 41

Die bei Pasqui CD. Aret. 27 n° 12, 29 n° 16, 38 n° 19, 49 n° 37, angeführten angeblichen verlorenen urkk. Pippins, Karls d. Gr., Karl Martells und Pippins, Lothars sind teils unmöglich, teils zu zweifelhaft und unverbürgt, um in diese liste aufgenommen zu werden.

Arles, kloster.

Karl d. Gr. verleiht ein (schutz) privileg, laut briefes des abtes Helperich an Karl d. K., Mabillon Ann. 3, 672, vgl. auch die urk. Ludwigs d. Fr., BM. 725 (701), in der aber diese verlorene urk. nicht erwähnt wird. 42

St. Arnulf in Metz, kloster.

In späteren, wenig glaubwürdigen quellen werden je eine schenkungsurk. Ludwigs d. Fr. und Zwentibolds erwähnt, vgl. Wolfram im Jahrb. f. lothr. Gesch. 1, 48, 61.

Arrius, vater desselben.

Karl d. Gr. gibt dem vater des Arrius die burgen von Mese und La Tour de Janet im gau Agadez zu lehen, laut urk. Karls d. K. von 843, B. 1541, Bouquet 8, 440 n° 16. Sickel Reg. 361, act. dep. 1. 43

Arrius und Ayxomus, brüder.

Ludwig d. Fr. gibt dasselbe zu lehen, laut derselben quelle wie n° 43. Sickel Reg. 361, act. dep. 2. 44

Ansar, abt von Prüm s. Prüm.

St. Aubin d'Angers, kloster.

K. Pippin erteilt eine urkunde, laut urk. Karls d. Gr. von 769, BM. 134 (131). Der inhalt der urkunde, die auch im chart. des 11. u. 12. jh. fehlt, lässt sich nicht näher kennzeichnen, weil der 2. teil von BM. 134 (131) unecht ist, MG. DD. Kar. 1, 84 n° 58. Sickel Reg. 360, act. dep. 1. 45

Karl d. Gr. und Ludwig d. Fr. (!) schenken die villa Vion (com. de la Sarthe, arr. de la Flèche, cant. de Sablé), erw. im chart. s. XII unter den capitula regum Francorum n° 3 (Preceptum Caroli regis magni et Hludovici filii eius de donatione ville cui nomen est Vidomnus), vgl. Giry Etude crit. de quelques documents angevins in Mémoires de l'Académie des inscriptions et belles-lettres XXXVI. 2, 187, 193 (sonderabdr. 11, 17). *Fälschung?* 46

Ludwig d. Fr. bestätigt auf bitte Ebroins, bischofs von Poitiers und leiters des klosters, genannte besitzungen, beschränkt die zahl der brüder auf 45 und verleiht jedem der brüder das recht, die von ihnen im kloster aufgeführten gebäude an verwandte und klienten zu vermachen, laut urk. des grafen Lambert von 846, Giry Etude crit. de quelques documents angevins in Mémoires de l'Académie des inscriptions et belles-lettres XXXVI, 2, 219 (sonderabdr. 43), auch erwähnt im ch. s. XII unter den capitula regum Francorum n° 5. Sickel Reg. 360, act. dep. 2. — 837-340, zur ansetzung vgl. Sickel Reg. 226 K 4, zur datirung der urk. des grafen Lambert Giry l. c. 208 (32). 47

Auderad von Amiterno, langobarde.

Lothar I schenkt 2 knechte und besitz in Amiterno, laut urk. des langobarden Auderad von 872, Chr. Casaur. Muratori SS. 2b, 934, BM. 1253 (1218)b. 48

Augsburg, bistum (s. auch Sintpert).

Karl d. Gr. bestätigt unter bischof Sintpert (vgl. über ihn Hauck KG. 2², 454 n. 1; 783) die vergabungen seines vorgängers Pippin, laut translatio s. Magni, MG. SS. 4, 425. Sickel Reg. 362, act. dep. 1. Vielleicht identisch mit n° 517. 49

Autun, bistum.

Karl d. Gr. bestätigt die immunität, laut urk. Ludwigs d. Fr. von 815, BM. 589 (569). Sickel Reg. 362, act. dep. 1. 50

Ludwig d. Fr. erteilt unter bischof Modoinus (815—840) einen apennis, laut urk. Karls d. K. von 843, B. 1544, Bouquet 8, 443 n° 22. Vielleicht gleichzeitig ausgestellt mit BM. 589 (569) von 815 juli 22. 51

Auxerre, bistum.

Karl d. Gr. schenkt die abtei S. Marien, laut Gesta ep. Autisiod. MG. SS. 13, 397 c. 34. 52

Barrea s. S. Michael, kloster in Barrea.

Baterich s. Prüm.

St. Bavon, kloster zu Gent.

Karl d. Gr. verleiht immunität, laut urk. Ludwigs d. Fr. von 819, BM. 689 (669). Sickel Reg. 362, act. dep. 1. 53

Ludwig d. Fr. bestätigt den kanonikern ihre güter, laut urk. Karls d. K. von 864, B. 1726, Bouquet 8, 594 n° 191. Sickel ib. 2. 54

Belino (Bellineae monasterium), kloster diöc. Aquileja.

Ludwig II verleiht ein privileg über abtswahl, laut der notiz: Privileg. originale Ludovici filii Lotharii (—855) imperatoris super electione abbat. Bellineae im Repert. om. script. arch. Aqu. a. 1620 im kapitelarch. zu Udine, vgl. Pertz Arch. 12, 685, abschrift der notiz von Ottenthal. 55

Benedict III, papst.

Ludwig II beantwortet die übersendung des dekretes über die wahl (855 juli) des papstes Benedict III, laut V. Benedicti III c. 7 Duchesne Lib. pont. 2, 141, vgl. BM. 1203 (1165)[a]. 56

Benedictbeuren, kloster.

Karl d. Gr. verleiht den mönchen und dem abt Eliland ein privilegium libertatis, laut chron. Bened.. MG. SS. 9, 216 und 232 c. 10. Sickel Reg. 362, act. dep. 1. 57

Berg, kloster im Donaugau.

Karl d. Gr. verleiht dem vom abte Wolcanard auf eigengut erbauten und k. Karl urkundlich tradirten kloster Berg immunität, laut urk. Ludwigs d. Fr. von 815, BM. 598 (578). Sickel Reg. 383, act. dep. 1. Zur gesch. d. klosters vgl. Hauck KG. 2^{2}, 436 n. 5. 58

Bergamo, bistum.

Karl d. Gr. (und alle folgenden könige bis Karl III) erteilen Immunitätsurk., laut urkk. Karls III von 883, BM. 1671 (1627), Ludwigs III von 901 und Berengars I von 904, B. 1464 und 1325, k. Heinrichs II. MG. DD. 3, 631 n° 495 und Konrads II von 1027, Stumpf 1944. Sickel Reg. 362, act. dep. 2, 3. 59

Ludwig d. Fr. (und seine nachfolger bis Karl III) bestätigen die kirche in Fara, die der langobardenkönig Grimoald zum lohn dafür, dass bischof Johannes sie vom arianismus für den katholischen glauben gewonnen hatte, geschenkt, (könig Alais zur zeit seiner tyrannis entrissen, könig Cunibert aber wieder dem bischof Antonin zurückgegeben hatte), laut urkk. Karls III von 883 und Arnolfs, BM. 1671, 1672, 1904 (1627, 1628, 1853). Sickel Reg. 362. act. dep. 1. 60

Arnolf bestätigt auf grund der urkunde Ludwigs d. Fr. (n° 60) die kirche von Fara. Diese urk. Arnolfs ist bei der zerstörung der stadt Bergamo (vgl. BM. 1892[f]) mit anderen rechtstiteln der kirche zugrundegegangen, laut urk. Arnolfs von 895, BM. 1904 (1853). 61

Ferner wird eine urk. Ludwigs III von c. 901, worin er dem bischof Adelbert einen teil des hofes Murgula schenkt, erwähnt in urkk. Ludwigs III. Dümmler Gesta Berengarii 182 n° 9, und Berengars I von 904 B. 1325, Schiaparelli I dipl. di Berengario I 126 n° 43; auch in der urk. Berengars steht, gedankenlos aus der gemeinsamen vorlage übernommen, die wendung ‚nostri precepti inscriptione'.

Berta, tochter Ludwigs d. D., äbtissin.

Ludwig d. D. verleiht das kloster St. Felix und Regula in Zürich auf lebenszeit zu eigen, laut urk. Ludwigs d. D. von 863, BM. 1452 (1410). Vor 863. 62

St. Bertin (Sithiu), kloster.

Ludwig d. Fr. bestimmt die zahl der mönche auf 60, laut urk. Karls d. K. von 877, B. 1815, Bouquet 8, 664 n° 276. Sickel Reg. 364, act. dep. 2. Die von Sickel ib. n° 1 verzeichnete verlorene urk. Karls d. Gr. — BM. 502 (486) MG. DD. Kar. 1, 443 n° 296 fälschung. 63

Besançon, erzbistum.

Lothar II schenkt unter dem bischof Arduic (859-872) ad luminaria concinnanda salarium Ledonis, laut notiz im bischofskatalog MG. SS. 13, 373 n° 31, vgl. BM. 1324 (1288), Chifflet Vesontio 2, 179. 64

Zwentibold restituirt unter dem bischof Theodorich (875-894) die villa Pouilley, laut notiz im bischofskatalog MG. SS. 13, 373 n° 32, vgl. BM. 1970 (1918), Chifflet Vesontio 2, 182. 65

Bischöfe, westfränkische.

Ludwig d. D. fordert die westfränkischen bischöfe schriftlich zu einer zusammenkunft am 25. november 858 in Reims auf, um über die wiederaufrichtung der kirche und den zustand des christlichen volkes zu beraten, laut schreibens der synode von Quiersy an Ludwig d. D. von 858 nov., MG. Cap. 2. 428 n° 297 vgl. BM. 1435 (1394)[u], p. 605 unten. 66

Blandin s. St. Pierre au mont Blandin.

Bleidenstadt, kloster.

Karl (III) schenkt in Nordenstatt und Wiesbaden drei mansen mit acht hörigen, laut Summarium et registrum bonorum Blidenstat. s. IX. X. Cod. dipl. Nass. 1, 36 n° 18; vgl. die schenkung Ludwigs III an Bleidenstadt von demselben ort BM. 1576 (1534). Zur geschichte von Bleidenstadt vgl. Hauck KG. 2^{2}, 567 n. 2. 67

Bobbio, kloster.

Karl d. Gr. bestätigt die immunität und den besitz, laut urk. Ludwigs II von 860, BM. 1217 (1183). Sickel Reg. 362, act. dep. 1. 68

Bobbio, kloster.
Ludwig d. Fr. bestätigt die immunität und den besitz, laut urkk. Lothars I von 843 und Ludwigs II von 860, BM. 1106, 1217, (1072, 1183). Sickel ib. 2, 3. 69

Karl III } bestätigt die immunität und den besitz, laut urk. k. Lamberts von 896, Dümmler Gesta Berengarii
Arnolf } 180 n° 6, die verlorene urk. Karls III benützt für die fälschung BM. 1657 (1613). 70, 71

Böddeken (Bodecense mon.), kloster.
Ludwig d. Fr. urk. für den gründer Meinulf, laut Sigewardi vita S. Meinulphi s. XI, MG. SS. 15, 415 c. 11. Sickel Reg. 362, act. dep. 1. Zur gesch. der klostergründung Hauck KG. 2², 602 n. 11 (wo die seitenzahl der ausgabe der Vita MG. etc. 211 in 411 zu verbessern ist). 72

Bonmoutier (Bodonis mon.), nonnenzelle.
Karl d. Gr. bestätigt die immunität, laut urk. Ludwigs d. Fr. von 816, BM. 604 (584). Sickel Reg. 362, act. dep. 1. 73

Bordeaux (Burdigal. eccl.), erzbistum.
Karl d. Gr. bestätigt die immunität, laut urk. Ludwigs d. Fr. von 814, BM. 527 (508). Sickel Reg. 363, act. dep. 1. 74

Bremen, bistum.
Karl d. Gr. schenkt unter bischof Willerich (804 oder 805-838, Hauck KG. 2², 405 n. 4) 100 mansen, laut Adami Gesta Hammaburg. pont. I 20, MG. SS. 7, 291. Über das anwachsen des besitzes der Bremer kirche unter Willerich s. Hauck l. c. 405 n. 5. 75

Bremen, stadt.
Karl d. Gr. verleiht das weichbildrecht, laut urk. k. Friedrichs I von 1186, St. 4472, Bremer UB. 1, 71 n° 65. *Fälschung.* 76

Brescia s. S. Salvatore, kloster in Brescia.

Brondolo s. S. Michael, kloster in Brondolo.

Brugnato s. S. Pietro, kloster in Brugnato.

Cambrai, bistum.
K. Pippin } bestätigt die immunität, laut urk. Ludwigs d. Fr. von 816 und Arnolfs von 894, BM. 612, 1899
Karl d. Gr. } (592, 1848), vgl. die urk. Ottos I von 941, B.-Ottenthal 97. Sickel Reg. 363, act. dep. 1. 2. 77. 78

Lothar I: Lotharii imperat. super absolutione officiorum omnium non feodatorum facta per iudicium episcopo Cameracensi in curia dicti imperatoris, urkundenverzeichnis des 13. jh. 995 n° 336 in der bibl. zu Cambrai, MG. Dopsch. 79

Caunes, kloster.
Karl d. Gr. überträgt dem abt Anianus das am fluss Argentiduplex zu ehren der apostel Petrus und Paulus erbaute kloster, dem Daniel als abt vorsteht, laut urk. Karls d. K. ohne dat. Bouquet 8, 466 n° 44. Sickel Reg 363, act. dep. 1. 80

Chadolt, bischof von Novara s. Reichenau.

S. Chaffre (Calmilius), kloster in Velay.
Ludwig d. Fr. verleiht dem vom grafen Berengar zu ehren des apostelfürsten Petrus und des h. Theofred im gau Velay erbauten kloster immunität mit königsschutz und übergibt es dem abt Bodo als eigenkloster, laut urk. Pippins II von Aquitanien von 845, B. 2088, Bouquet 8, 357 n° 4, vgl. die urk. Karls d. K. von 877, B. 1823, Bouquet 8, 669 n° 282. Sickel Reg. 363, act. dep. 1. 81

Charroux, kloster (Carroffense mon.).
Ludwig d. Fr. schenkt auf fürsprache seines sohnes Karl die zelle S. Saturnin im gau von Angers, laut urk. Karls d. K. von 869, Bouquet 8, 612 n° 212. Sickel Reg. 363, act. dep. 1. Die schenkungsurk. für die drei anderen von Karl d. K. bestätigten villen ist in BM. 876 (847) erhalten. 82

Childebrand s. Hildebrand.

Chur, bistum.
Karl d. Gr. schenkt »gewisse« güter, laut urk. Ludwigs d. Fr. von 836, BM. 952 (921). Sickel Reg. 365, act. dep. 1. 83

Ludwig d. Fr. nimmt den bischof, dessen amtsnachfolger und das volk von Chur in seinen schutz und bestätigt dessen recht und gewohnheit, laut urk. Lothars I von 843, BM. 1096 (1062). Sickel ib. 2. Eine urk. gleichen inhalts hatte bereits Karl d. Gr. ausgestellt (772-774), BM. 158 (155). MG. DD. Kar. 1, 111 n° 77 (or.). 84

Cingla s. S. Maria in Cingla.

St. Claude (S. Eugendi mon. — St. Oyen-de-Joux), kloster.

K. Pippin verleiht (bestätigt?) zollfreiheit zu wasser und zu lande, laut urk. Ludwigs d. Fr. von 820, BM. 723, gedruckt Benoit Hist. de St. Claude 1, 637. 85

Derselbe verleiht unter abt Hippolyt freie abtswahl, laut chronik von St. Claude s. XII, MG. SS. 13, 744. 86

Derselbe verleiht das münzrecht, laut Catalogus rhythmicus abb. S. Eugendi MG. SS. 13, 747. *Fälschung.* 87

Karl d. Gr. bestätigt die zollfreiheit zu wasser und zu lande, laut der urk. Ludwigs d. Fr. BM.[2] 723, verzeichnet von Poupardin Étude sur les deux diplômes de Charlemagne, Le moyen-âge 2. Sér. 7 (1903), 368 nº 6. Vielleicht gehören zu dieser urk. die in der chronik von St. Claude s. XII, MG. SS. 13, 744 (der auf die zeit Karls d. Gr. bezügliche abschnitt auch bei Poupardin l. c. 369) unter der rubrik bischof Helteraldus gegebenen verderbten protokollteile einer urk. Karls d. Gr. (anno . . . XXII Karoli regis Vulfrannus advocatus. Carlus rex Francorum ac patricius Romanorum. Actum Langobane palacio). Die daraus von Poupardin l. c. 368, 371 rekonstruirte datirung enthält unvereinbare daten: vgl. auch die fälschung BM. 503. 88

Karl d. Gr. bestätigt das münzrecht, laut Catal. rhythmicus, MG. SS. 13, 747. *Fälschung.* 89

Die von Poupardin l. c. 367 nº 1 auf grund der chronik von St. Claude, MG. SS. 13, 744 angenommene verlorene urk. Karls d. Gr. ist unsicher, weil keine urk. erwähnt ist.

Der gefälschten urk. Karls d. Gr. von 790 sept. 21, Poupardin l. c. 365 nº 4. 373 nº 1, MG. DD. Kar. 1, 454 nº 302, liegt keine echte urk. Karls zugrunde, es entfällt demnach auch das von Poupardin 367 nº 3 angenommene dep. Karls d. Gr.

Clermont, kanoniker der kirche.

Karl III bestätigt den kanonikern des bistums Clermont den unbehinderten genuss der ihnen zugewiesenen güter, laut urk. k. Odos, regest dieser im Catalogue général des manuscrits des bibliothèques publiques de France, Départ. t. 14, 143 nº 5. Hinweis von A. Dopsch. 90

St. Colombe, kloster in Sens.

Karl d. Gr. bestätigt die von seinen vorfahren, den frankenkönigen, verliehene immunität mit königsschutz, laut urk. Ludwigs d. Fr. von 833, BM. 925 (896). 91

Ludwig d. Fr. schenkt einen königlichen forst unfern der stadt Sens im fluss l'Yonne a loco qui dicitur Capetas usque ad Duliacum, laut bestätigungsurk. Lothars von 974, B. 2049, Quantin Cart. de l'Yonne 1, 145, und notiz in hs. 184 p. 119 der bibl. zu Auxerre: nach dieser gehörte die verlorene urk. dem j. 836 an, vgl. BM. 961 (930). Die schenkungsurk. Ludwigs ist, wie in B. 2049 berichtet wird, bei einem brande — nach der notiz in hs. 184 l. c. im jahre 926 — zugrundegegangen. Irrtümlich ist bei BM. 961 (930) bemerkt, dass die bestätigung Lothars die vorlegung der urk. Ludwigs ausdrücklich erwähne. 92

Über die schenkung der abtei an Wenilo von Sens s. dort.

Como, bistum.

Karl d. Gr. verleiht immunität mit königsschutz und befreit die kirchenleute von allen öffentlichen leistungen, laut urkk. Ludwigs III d. Bl. von 901, B. 1458, Ottos II von 977, k. Arduins von 1002, MG. DD. 2. 187 nº 166; 3, 700 nº 2, Konrads II von 1026, Stumpf 1907. 93

Derselbe spricht drei zwischen bischof Petrus und abt Waldo von St. Denis (805-814) strittige taufkirchen mit dem klösterlein St. Fidelis im tal Veltlin im dukat Mailand gerichtlich zu, laut interpolirter urk. Lothars I von 824, BM. 1020 (987). Sickel Reg. 364, act. dep. 1. 94

Pippin (von Italien) bestätigt die klausen und brücke von Chiavenna mit allen gefällen, laut urk. Konrads II von 1026, Stumpf 1906, wahrscheinlich *interpolation* in einer echten urk. Pippins (keine erhalten) wie bei den urk. Karls d. Gr. und Lothars I BM. 405 und 1020 und dem dep. Ludwigs d. Fr. nº 97, die gleichfalls in St. 1906 erwähnt und auch an dieser stelle interpolirt sind. Erst im jahre 937 werden von Hugo und Lothar die clusae et pons iuris nostri de Clavenna geschenkt, B. 1399, Cod. Lang. 939 und diese neuschenkung wird wiederholt von Lothar, B. 1458, Cod. Lang. 1014. 95

Ludwig d. Fr. bestätigt immunität mit königsschutz und die exemtion der kirchenleute von öffentlichen leistungen (nº 93), laut urk. Ludwigs II von 855, BM. 1202 (1166), Ottos II, k. Arduins MG. DD. 2, 187 nº 166; 3, 700 nº 2, und Konrads II von 1026, St. 1907 vgl. die fälschung auf den namen Ludwigs d. Fr., BM. 698 (677), für die eine echte urk. Ludwigs benützt ist, Sickel Reg. 364, act. dep. 3. 96

Derselbe bestätigt, auf grund einer urk Karls d. Gr. (BM. 405) den besitz, speziell zoll und markt, die klausen und die brücke in Chiavenna, sowie die von Karl d. Gr. im prozess zwischen bischof Petrus und abt Waldo (von St. Denis) der kirche von Como gerichtlich zugesprochenen drei taufkirchen mit dem klösterlein St. Fidelis im tal Veltlin im Dukat von Mailand (vgl. nº 94), laut interpolirter urk. Lothars I von 824, BM. 1020 (987) vgl. die urk. Konrads II von 1026, St. 1906, Sickel Reg. 364, act. dep. 2. *Interpolirt* auch hier die stelle über zoll und markt, klausen und brücke von Chiavenna vgl. nº 95. 97

Lothar I verleiht unter bischof Leo (818-824) den markt von Lugano mit den zöllen sowie auch die pfarrkirche von Lugano, laut urk. Heinrichs VII von 1311, Ughelli 5, 302. *Ob echt?* 98

Como, bistum.

Derselbe bestätigt immunität mit königsschutz und die exemtion der kirchenleute von allen öffentlichen leistungen (vgl. n° 93, 96), laut urkk. Ludwigs II von 855, BM. 1202 (1166), Ottos II, k. Arduins MG. DD. 2, 187 n° 166; 3, 700 n° 2 und Konrads II von 1026 St. 1907, vgl. BM. 1020 (987), mit der diese urk. kaum identisch ist. 99

Derselbe bestätigt unter bischof Peredeus (c. 840) die fischerei am see, welche von bischof Petrus (c. 778-818) angelegt, aber infolge eines böswilligen von k. Pippin (von Italien) geführten prozesses zerstört worden war, laut urk. Ludwigs II von 852, BM. 1191 (1155) Ludwigs III d. Bl. und Ottos II, B. 1458, MG. DO. II 166. 100

Derselbe schenkt abbatiam S. Mariae, quod dicitur monasterium vetus, laut urk. Ottos II und k. Arduins, MG. DD. 2, 187 n° 166; 3, 700 n° 2. 101

Ludwig II bestätigt immunität mit königsschutz und die befreiung der kirchenleute von allen öffentlichen leistungen (vgl. n° 93, 96, 99), laut urk. Ludwigs II von 855, BM. 1202 (1166). Vor 855. 102

Derselbe bestätigt abbatiam S. Mariae, quod dicitur monasterium vetus (vgl. n° 101), laut urk. Ottos II und k. Arduins, MG. DD. 2, 187 n° 166; 3, 700 n° 2. 103

Karl III bestätigt immunität mit königsschutz und die befreiung der kirchenleute von allen öffentlichen leistungen (vgl. n° 93, 98, 99, 102), laut urkk. Ludwigs III d. Bl. B. 1458, Ottos II, k. Arduins, MG. DD. 2, 187 n° 166; 3, 700 n° 2. 104

Ferner 3 urk. Ludwigs III d. Bl.: Ludwig III d. Bl. bestätigt (vgl. n° 98) der kirche von Como unter bischof Heilbert (Angilbert 879-901) den markt von Lugano mit den zöllen wie auch der pfarrkirche von Lugano, laut urk. Heinrichs VII von 1311, Ughelli 5, 302. — Derselbe schenkt der kirche von Como unter bischof Heilbert piscarias Maum. (?) quae nunc dicitur Mera et Abduae cum caeteris fluminibus infra lacum decurrentibus simul cum ripa Cumarum et Mezzolae (Mezzola) cum theloneis et functionibus vel quicquid ibi de comitatu Leca (Lecco) fuit aliquando et etiam abbatiam s. Mariae, quae monasterium vetus vocatur, nunc vero monasterium puellare, laut urk. Heinrichs VII von 1311, Ughelli 5, 303. — Derselbe schenkt der kirche von Como unter bischof Heilbert castrum quod dicitur Sune, laut urk. Heinrichs VII von 1311, Ughelli 5, 304.

Das bischöfliche archiv von Como ist, wie die urkk. Lothars I von 823, BM. 1019 und Ludwigs III d. Bl. B. 1458 melden, zum teil verbrannt, daher die vielen verlorenen urkunden.

Confluens mon. s. Münster im Gregorienthal.

Corbigny zelle (diöc. Autun).

Karl d. Gr. bestimmt, dass jeder der brüder der zelle Corbigny qui sacerdotali seu levitico funguntur officio, sich jährlich einmal abwechselnd woche für woche im kloster Flavigny vorstelle und das ihm übertragene amt feiere, aber nicht früher nach Corbigny zurückkehre, bis nicht sein lebenswandel vom abte und den brüdern von Flavigny geprüft und ihm die heimkehr anbefohlen worden sei, laut der (gefälschten) stiftungsurk. von Corbigny, angeblich von 864, Gallia christ. 2. ed. 4^{b}, 58 n° 18, Mabillon Acta 6, 254. *Fälschung* gleich einer anderen ebenfalls gefälschten urk. Karls d. Gr. für Flavigny, BM. 204 (200), vgl. hierüber MG. DD. Kar. 1, 311 n° 228 vorbemerkung. 105

Cormery.

Karl d. Gr. schenkt unter abt Alchuin das land zwischen zwei brücken und zwei bächen (aquae) der Seine und ausserdem in Bemensi campania terram decem manentium in Marmerico villa, laut urk. Alchuins von 804, Bourassé Cart. de Corm. 10 n° 4. Sickel Reg. 364, act. dep. 1. 106

Cremona, bistum.

Karl d. Gr. (rex Francorum et Langobardorum nach B. 1342) verleiht auf bitte des bischofs Stephan (nach gerichtsurk. des grafen Adalgis von 841, Cod. Lang. 250 n° 143, hier auch die zeitangabe quando d. Karolus rex istam patriam Langobardiam adquisivit, also 774) königsschutz und immunität, bestätigt den besitz und schenkt den ort Teciledo mit Brivisola und Cucullo und den hafen Vulpariolus (die orte verschollen vgl. BM. 1084) mit zöllen und abgaben, laut urkk. Lothars I von 841, Ludwigs II von 851, BM. 1084, 1181 (1050, 1146), Karls d. K. von 876 B. 1792, Karls III von 883 BM. 1673 (1629) und der gerichtsurkk. des grafen Adalgis von 841 und k. Berengars von 910 (B. 1342), Cod. Lang. 250 n° 143, 756 n° 438, Schiaparelli I diplomi di Berengario 196 n° 73; vgl. auch die inquisitionsurk. des missus Theoderich von 852, Cod. Lang. 303 n° 180. Diese erwähnungen weisen alle auf eine und dieselbe urk. (vgl. BM. 1084 und B. 1342), Sickel Reg. 364, 2 nimmt deperdita an. Die erhaltene immunitäts- und besitzbestätigung Karls d. Gr., BM. 232 (223), jetzt gedr. bei Ernst Mayer, Die angeblichen Fälschungen des Dragoni (Leipzig 1905) 77, ist eine moderne fälschung, ob Dragonis, dem in E. Mayer ein mehr eifriger als kundiger verteidiger erstanden ist, allerdings fraglich, aber ohne besonderen belang. Mayer l. c. 28 meint aus unzureichenden gründen spätkarolingischen ursprung annehmen zu sollen. 107

Derselbe: Aliud praeceptum Karoli Magni pro canonicis Cremonensibus quo nova predia illis donat novisque immunitatibus eos ornat, ut pro felici statu imperii sui dominum exorent, mit der datirung Achen 808 Iuli 27 (Dat. VII. kal. august. anno VIII Christi propitio imperii nostri et XL regni nostri in Francia ac XXXIV in Italia, indictione prima; actum Aquisgrani; in dei nomine feliciter. Cod. dipl. Capituli Cremonensis coll. Ant. Dragoni p. 113). MG. Dopsch. *Moderne Fälschung?* Die datirung bis auf den monatsnamen wörtlich übereinstimmend mit der urk. für Piacenza, BM. 436 (428), MG. DD. Kar. 1, 276 n° 207, vielleicht von dort entlehnt. Je eine urk. Karls d. Gr. und Ludwigs d. Fr.

(besitzbest. und immunität) werden als vorurkunden erwähnt in den angeblichen urk. Lothars I von 838 und Ludwigs II von 861 (2?), unrettbaren fälschungen moderner mache, gedr. bei E. Mayer l. c. 83, 85 n° 6, 7, der sie für echt hält, vgl. auch L. M. Hartmann in Mitt. d. Inst. 26, 666 (und dazu ib. 27, 359 und 376), der freilich auf die diktatkritik nicht eingeht, und Tangl in MG. DD. Kar. 1, 562 (nachträge). Eine umfassende überprüfung der frage haben wir von H. Wibel in Straßburg zu erwarten. 108

Ludwig d. Fr. bestätigt königsschutz und immunität sowie den besitz, laut urkk. Lothars I von 841, Ludwigs II von 851, BM. 1084, 1181 (1050, 1146), Karls d. K. von 876, B. 1792, Karls III von 883, BM. 1673 (1629). 109

Karl III bestätigt den hof Crotta, laut urk. Ottos III von 1001, MG. DD. 2, 825 n° 394. 110

Die erwähnung von urkk. der kaiser Karl und Ludwig in der urk. Ottos I von 972, B.-Ottenthal 563, ist zu unbestimmt, um einen sicheren schluss zu gestatten, was ihr inhalt war und ob sie mit erhaltenen urkunden identisch sind oder nicht.

S. Cristina, kloster.

Karl d. Gr. verleiht immunität, laut urk. Ludwigs d. Fr. von 822, BM. 763 (738). Sickel Reg. 364. act. dep. 1. 111

Ludovicus imperator schenkt omnia cetera terre usque in Lambro (loco?) Montemallo u. s. w. usque in curte Sinna (Senna Lodigiana) et usque in Pado totum et integrum, laut inventars des 10. jh. in transsumt von 1288, Riccardi Aless., Inventario dei castelli, paesi e beni posseduti nel secolo X° dal mon. di S. Cristina (in S. Cristina, già di Corte Olonna, Prov. di Pavia) Lodi 1889 p. 2. 112

Ludovicus imperator schenkt in Angea (südl. von Corte Olonna) terram que olim de curte Ollona pertinuit mit angabe der grenzen, laut inventars des 10. jh. Riccardi ibid. p. 3. 113

Carolus Magnus (offenbar Karlmann, von diesem noch eine urk. anderen inhalts, BM. 1540 (1498) erhalten) schenkt curtem unam que nominatur Sanctum Andream (Corte di S. Andrea s. Orio Lodig.) cum una capella que nominatur S. Vitalem cum omnibus suis appendiciis usque in Castellum novum (Castelnuovo di Roncaglia bei Somaglia) cum portu et ambobus ripis a duabus milliariis deorsum correntibus, laut inventars des 10. jh., Riccardi ibid. 7. 114

St. Croix de Poitiers s. Poitiers.

St. Cyriak zu Neuhausen bei Worms.

Arnolf gibt seinen dienern Folcbunin, Uoto und Papo gut in der stadt Worms, laut urk. k. Arnolfs von 897, BM. 1934 (1883). Vor 897 aug. 7. 115

S. Dalmazzo, kloster ausserhalb der stadt Pedona.

Karl d. Gr. bestätigt den besitz und schenkt die pfarrkirche Quadringentina, laut fragments einer urk. Ludwigs d. Fr. von 815, BM. 590 (570). Sickel Reg. 365, act. dep. 1. 116

Dée (Devas), kloster, jetzt St. Philibert-de-Grandlieu.

Pippin | Karl d. Gr. | Ludwig d. Fr. } immunität (busse 600 sol.) und freie abtswahl, laut urkk. Ludwigs d. Fr. von 830, BM. 875 (846), Karls d. K. von 875 und Ludwigs d. St. von 878, B. 1786, 1846, Bouquet 8, 647 n° 253; 9, 413 n° 17. Sickel Reg. 365, act. dep. 1, 2, 3. Zur gesch. des in karolingerzeit infolge der normanneneinfälle öfters verlegten klosters Sickel Reg. 318 f, 134. 117. 118. 119

Ludwig d. Fr. verleiht zollbefreiung für 6 schiffe, laut urk. Pippins I von Aquitanien von 826, B. 2067, Bouquet 6, 664 n° 4. Sickel Reg. 365, act. dep. 4. 120

St. Denis, kloster.

Grimoald d. jüng., hausmaier, spricht den marktzoll im Pariser gau von allen handelsleuten, sachsen, friesen und anderen nationen gerichtlich zu, laut urkk. k. Pippins von 753, Karlmanns von 769, Ludwigs d. Fr. von 814, BM. 73, 116, 552 (71, 113, 533) MG. DD. Kar. 1, 9, 62 n° 6, 43. 121

Derselbe verleiht an Frodoin und Gerunt die villa Taberniacus (Taverny fr. dép. Seine-et-Oise, arr. Pontoise caut. Montmorency, MG. DD. Kar. 1, 535) als prekarie, laut urk. k. Pippins von 754, BM. 76 (74). 122

K. Pippin bestätigt die seit langem besessene zollfreiheit in seinem reich, laut urkk. k. Karlmanns von 769 und Karls d. Gr. von 775, BM. 119, 180 (116, 176), MG. DD. Kar. 1, 65, 134 n° 46, 93. 123

Karl d. Gr. bestätigt die von seinem vater k. Pippin (BM. 73, 89 vgl. 116) und dessen vorfahren, den frankenkönigen, verliehenen zölle des Dionysiusmarktes in und ausserhalb Paris von den sächsischen, friesischen und anderen kaufleuten, laut urk. Ludwigs d. Fr. von 814, BM. 552 (533), vgl. die tractoria Karls d. Gr., BM. 174 (170), MG. DD. Kar. 1, 127 n° 88. Sickel Reg. 365, act. dep. 1. 124

Ludwig d. Fr. testamentum caesaris, laut urk. Karls d. K. von 862, B. 1706, Tardif 116 n° 186. Sickel Reg. 365, act. dep. 2. 125

Disentis, kloster.

Karl d. Gr. verleiht freie abtswahl, nach Neugart Episc. Cur. 250, der berichtet, dass die mönche von Disentis, welche sich der reformation angeschlossen hätten, auch antiquissima quaeque monumenta furtim abstracta in manus acatholicorum tradiderant, darunter auch ein diploma Caroli Magni quo Desertinae libera eligendi abbates facultas conceditur. 126

Karl III monasterium .. privilegiis locupletavit, nach Mohr Reg. von Disentis nº 21 ex Synops. ann. Disent. 883.

Beide verlorenen urkk. sind indes durch diese erwähnungen nicht vollständig verbürgt. 127

Donatus (graf) s. Reims bistum.

Donzère (Dusera), kloster.

Karl d. Gr. schenkt dem abt Norfidius und dessen nachfolgern land zur erbauung des klosters, laut urk. Ludwigs d. Fr. von 814, BM. 525 (506). Sickel Reg. 365, act. dep. 1. 128

Ebersheim (Novientum), kloster.

Pippin verleiht unter abt Benedikt immunität, erwähnt im chron. Ebersheim. MG. SS. 23, 438 c. 13; obwohl es wahrscheinlich ist, dass eine solche urk. ausgestellt wurde, ist die echtheit der an dieser stelle gemeinten urk. *zweifelhaft,* da die chronik bereits die fälschungen des 12. jh. benützt und die hier erwähnten diplome Karls d. Gr. und Ludwigs d. Fr. mit den erhaltenen fälschungen identisch sind; vgl. auch Sickel Reg. 377, act. dep. 1. 129

Karl d. Gr. verleiht eine urk. (immunität?), Verden 810 august 12. verunechtetes original desselben datums, BM. 450 (440), MG. DD. Kar. 1, 281 nº 210 von dem nur mehr die erste zeile mit invokation und titel, die rekognition und datirung, sowie das siegel ursprünglich und echt sind, der ganze kontext dagegen gefälscht ist; die im chron. Ebersh. l. c. erwähnte immunität ist identisch mit der fälschung BM. 450. 130

Ludwig d. Fr. bestätigt die immunität, 817 mai 1?, benützt für die fälschung auf den namen Ludwigs d. Fr. von demselben datum, BM. 645 (624); eine immunitätsurk. Ludwigs d. Fr. für abt Sabatius wird erwähnt im chron. Ebersheim. c. 14, MG. SS. 23, 438, wahrscheinlich ist indes darunter die fälschung BM. 792 (767) gemeint, die an anderer stelle der chronik (c. 9 l. c. 435) auch teilweise wörtlich ausgeschrieben ist vgl. auch Sickel Reg. 377, act. dep. 2. 131

Ludwig IV (d. K.) bestätigt unter abt Eggehard die von dem edlen alamannen Eggehard und dessen gemahlin Winehild gemachte schenkung eines gutes im Elsassgau zwischen Ill und Rhein in der villa Wittensheim, nämlich den herrenhof und 12 mansen mit kirche und zehnten, das salland mit wiesen, forst mit bann und aller nutzung, und verleiht dafür immunität, laut chron. Ebersheim. s. XIII c. 18, MG. SS. 23, 440. *Ob echt?* Dieses gut in Wittensheim figurirt mit wörtlichen anklängen auch in der fälschung auf den namen Ludwigs d. Fr., BM. 645 (624). 132

Über die Ebersheimer urkunden und urkundenfälschungen vgl. Sickel Reg. 223, Dopsch in Mitteilungen d. Inst. f. öst. Gf. 19, 577.

Ebroin, bischof von Poitiers s. S. Maur sur Loire (Glanfeuil).

Echard und Teoderich, königsboten s. Wenilo von Sens.

Echternach, kloster.

Karl d. Gr. verleiht dessen schiffen und handelsleuten zollfreiheit, laut urk. Ludwigs d. Fr. von 819, BM. 693 (672). Sickel Reg. 366, act. dep. 1. 133

Eichstädt, bistum.

Karl d. Gr. verleiht immunität, laut urk. Konrads I ohne dat., BM. 2074 (2015). Hier werden auch immunitäten der »übrigen könige und kaiser«, aber nicht namentlich erwähnt. Die fassung der urk. Konrads I zeigt verwandtschaft mit urk. Karls d. Gr. und geht wahrscheinlich auf diese verlorene urk. zurück; MG. DD. 1, 4 nº 4 und Stengel, Die Immunitätsurk. der deutschen Könige von 10-12. Jahrh. (Berl. Diss. 1902) 15 vermuten ein D. Ludwigs d. Fr. als vorlage. 134

Ob, wie Mühlbacher Reg. 2073 (2014) annimmt, eine die schenkung von Veldau a. d. Pegnitz mit fischteich behandelnde verlorene urk. eines Karolingers ausgestellt worden ist, bleibt fraglich, da der satz in BM. 2073 (2014) sicut in pagina praecepti ob hoc facti scriptum habetur, sich auf das vorhergehende partem illius foresti in Fiszunburc, also auf BM. 1840 (1791), bezieht.

Einhard.

Ludwig d. Fr. und Lothar I berufen »regali diplomate« Einhard zur reichsversammlung nach Achen, 828 febr., vgl. BM. 844 (818)[a], laut Einhardi Translatio SS. Marcellini et Petri, MG. SS. 15, 245 c. 13 p. 22. 135

Ellwangen, kloster.

Karl d. Gr. nimmt das ihm tradirte kloster E., das der bischof und abt Hariolf im wald Virgundia auf eigengut erbaut und dotirt hatte, in seinen schutz und verleiht immunität mit freier abtswahl, laut urk. Ludwigs d. Fr. (nachzeichnung aus dem ende des 9. jh. mit unechtem siegel) von 814, BM. 521 (502), deren echtheit neuerdings wieder von Thudichum, Württemb. Vierteljahrshefte N. F. 2 (1893), 248, allerdings nicht mit zureichenden gründen, bestritten wurde. Sickel Reg. 366, act. dep. 1. 136

St. Emeterius und Genesius, kloster im gau von Gerona.

Ludwig d. Fr. verleiht auf fürsprache des markgrafen Gauzelin unter abt Deodat immunität mit königsschutz, laut urk. Karls d. K. von 860, B. 1687, Bouquet 8, 561 nº 157. Sickel Reg. 366, act. dep. 1. 137

St. Emmeram s. Regensburg, bistum und kloster.

Essen, kloster.

Lothar, Ludwig, Karl } schenkung der villen Homberg, Cassel (wüst), Huckarde, Olst, Archem, Irte, Godesberg (nicht mit sicherheit zu entnehmen, was jeder einzelne geschenkt) laut urk. Ottos I von 947, B.-Ottenthal 145 = Ottos II von 973, MG. DD. 2, 58 n[d] 49. **138. 139. 140**

St. Evre (S. Apri), kloster in der vorstadt von Toul.

Ludwig d. Fr. bestätigt das dem kloster vom bischof Frotarius verliehene privileg, laut urkk. Karls d. K. von 869 und Karls III von 885, B. 1762, BM. 1706 (1661), c. 838, Sickel Reg. 361, act. dep. 1, vgl. das privileg des bischofs Frotarius von c. 838 bei Mabillon dipl. 524 n° 79 und dazu Hampe N. Arch. 21, 756. **141**

Ob die schenkung einer (ungenannten später entfremdeten) villa durch k. Pippin und deren rückerstattung durch Ludwig d. Fr. urkundlich erfolgt ist, lässt sich aus Frotharii epist., MG. Epp. 5, 289 n° 20 nicht erkennen.

Faremoutier (Eboriacum), kloster.

Ludwig d. Fr. vereinigt auf bitte der äbtissin Rothild mit diesem kloster das klösterlein Gy-les-Nonnains im gau Gâtinais, laut urk. Lothars I ohne dat. BM. 1075 (1041). Sickel Reg. 366, act. dep. 1. **142**

In der urk. Karls d. K. von 841, Bouquet 8, 431 n° 6 werden immunitäten der vorgänger, aber ohne angabe der namen, erwähnt.

Farfa, kloster (Acutianum mon.).

Karl d. Gr. bestätigt die von Ansilberga, der äbtissin von S. Salvatore in Brescia geschenkten höfe, laut placitums von 829, CD. Langob. 198 n° 110, Regesto di Farfa 2, 222 n° 272. Sickel Reg. 359, act. dep. 3. **143**

Derselbe schenkt das kloster S. Maria in Minione, laut placitums und urk. Ottos III von 999, MG. DD. 2, 767, 770 n° 339, 340, auch erwähnt Destructio mon. Farf. edita a Hugone abbate, ed. Balzani Il chron. Farf. 1, 29 in Fonti per la storia d'Italia pubbl. dall' Istituto stor. Ital. Scrittori s. IX-XII. Sickel Reg. 359, act. dep. 4. **144**

Derselbe bestätigt das Markuskloster bei Spoleto, laut urkk. Ludwigs d. Fr. von 815 und Lothars I von 840, BM. 592, 1077 (572, 1043). Sickel Reg. 359, act. dep. 5. **145**

Ludwig d. Fr. befiehlt per indiculum den königsboten grafen Aledram und Leo, den streit zwischen dem herzog Guinigis von Spoleto und dem abt Ingoald von Farfa sowie dessen vogt Andulf zu entscheiden, laut plazitums der königsboten von 821, Reg. di Farfa 2, 207 n° 251. Sickel Reg. 359, act. dep. 8. **146**

Derselbe bestätigt cellam S. Mariae in Apiniaco et curtem S. Leucii prope ipsam et curtem S. Mariae Transaquae, que sunt in territorio Marsicano, laut der erweiterten fassung der urk. Ludwigs d. Fr. von 820, BM. 717 (694), Reg. di Farfa 2, 199 n° 242 und chron. Farf. ed. Balzani 1, 188. **147**

Ludwig d. Fr. und Lothar bestätigen die von Paulus und seiner gemalin Tassila geschenkten güter, laut urteilspruchs von 845, Reg. di Farfa 2, 241 und chron. Farf. ed. Balzani 1, 208. Sickel Reg. 359, act. dep. 10. **148**

Ludwig d. Fr. bestätigt das kloster S. Maria in Minione (vgl. n° 144), laut urk. Ottos III von 999, MG. DD. 2, 770 n° 340. Sickel Reg. 359, act. dep. 13. **149**

Von den bei Sickel Reg. 2, 359 verzeichneten acta deperdita entfallen: Sickel 1 = BM. 188 (184). — Sickel 2: beruht wahrscheinlich auf einem irrtum des verfassers des catalogus chart., Muratori Antiquitates 5, 695; unter dem hier erwähnten iudicatum Karoli pro monasterio S. Angeli civitatis Reatae ad Vadum Medianum finibus Florentinis mense iulio indict. IV ist wohl das iudicatum des herzogs Hildebrand von Spoleto, Reg. di Farfa 2. 113 n° 135, vgl. chron. Farf. ed. Balzani 1, 161, gemeint, das diese datirungsangaben enthält. Der irrtum erklärt sich aus dem eingang dieser urk.: dum domnus noster Karolus... rex etc., vgl. auch Sickel Reg. 256 K. 95. Ich nehme daher keine verlorene urk. an. — Sickel 6 = BM. 591 (571). — Sickel 7 = BM. 619 (599). — Sickel 9. In dem von Sickel zitirten placitum von 829, Reg. di Farfa 2, 222 n° 270 heisst es: sicut domnus imperator in v e r b i s vobis mandavit, daher keine verlorene urk. erwähnt. — Sickel 11 = BM. 659 (645). — Sickel 12 = BM. 664 (650). — Sickel 14 = BM. 717 (694).

S. Fermo (S. Firmus et Rusticus), kloster in Verona.

Kaiser Karl (ohne nähere angabe), erwähnt als vorurk. in der urk. Friedrichs I von 1184, Stumpf 4390 (bestätigung aller regalien innerhalb eines umgrenzten gebietes). *Unverbürgt.* **150**

Ferrières, kloster s. auch Lupus.

Ludwig d. Fr. schenkt die zelle St. Josse sur mer (s. Jodoci am flüsschen Canche bei Étaples, Pas de Calais), laut Lupi epist., MG. Epp. VI, 21, 50, 52, 56, 68 n° 11, 42, 45, 53, 71 vgl. Mabillon Ann. 2, 650, 669 und Hauck KG. 2², 128 n. 9. **151**

Flavigny, kloster.

Ludwig d. Fr. verleiht königsschutz und immunität, laut urk. Karls d. K. von 849, B. 1610, Bouquet 8, 503 n° 76. Sickel Reg. 367, act. dep. 1. **152**

Ob mit Mühlbacher auf grund der urk. Lothars I von 840, BM. 1076 (1042) eine verlorene urk. Ludwigs d. Fr. über teilung der klostereinkünfte zwischen abt und mönchen anzunehmen ist, ist unsicher, da unter der vorgelegten urkunde auch eine solche der königlichen missi gemeint sein kann, vgl. Sickel Reg. 867.

Fleury, kloster (Floriacense mon., jetzt St. Benoit sur Loire).

K. Pippin schenkt für sein und seines bruders seelenheil die villa Sonchamp, laut urk. Ludwigs d. Fr. von 835, BM. 947 (916). Sickel Reg. 367, act. dep. 1. Zur geschichte des klosters Hauck KG. 1^{2}, 281 n. 3, 285 n. 2. 153

Derselbe verleiht zollfreiheit für vier schiffe auf der Loire und den übrigen flüssen, sowie für wagen und saumtiere, laut urk. Ludwigs d. Fr. von 818, BM. 667 (653). Sickel Reg. 367, act. dep. 2. 154

Derselbe bestätigt die von seinen vorfahren, den frankenkönigen verliehene immunität mit königsschutz und freie abtswahl, laut urk. Ludwigs d. Fr. von 818, BM. 666 (652). Sickel Reg. 367, act. dep. 4. 155

Karl d. Gr. bestätigt die von seinem vater verliehene zollfreiheit, laut urk. Ludwigs d. Fr., BM. 667 (652), vgl. oben n° 154. Sickel Reg. 367, act. dep. 3. 156

Derselbe bestätigt die immunität und freie abtswahl, laut urk. Ludwigs d. Fr., BM. 666 (652), vgl. oben n° 155. Sickel Reg. 367, act. dep. 5. 157

Florenz, bistum.

Ludwig II schenkt unter bischof Andreas (gewählt 873) das gotteshaus S. Giovanni mit besitz und kommendirten leuten und bestimmt, dass diese nur an S. Giovanni zinsen sollen, laut regestum (archivregister) episc. Florent., Lami Eccl. Florent. mon. 1, 153. Anno regni imperatoris huius XXV = 874/75. 158

Karl (III? Carolus Magnus rex Franchorum et Romanorum imperator augustus . . ., sicut in suo privilegio continetur sub 880) schenkt den fiskus Quaracchi, laut regestum episc. Florent., Lami Eccl. Florent. mon. 1, 153. 159

Folcuuin, Uoto und Papo.

Arnolf gibt den drei genannten dienern gut in der stadt Worms auf lebenszeit zu eigen, laut urk. Arnolfs von 897, BM. 1934 (1883). 160

Fontanellense mon. s. S. Wandrille.

Fossatense mon. s. St. Maur des Fossés.

Freising, bistum.

K. Pippin bestätigt (angeblich) unter bischof Corbinian (724-730) den besitz und verleiht freie bischofswahl, laut Conradi gesta episc. Frising., MG. SS. 24, 319. Verleihung freier bischofswahl für Corbinian, aber ohne angabe des ausstellers, auch erwähnt im urkundenverzeichnis s. XI, MG. SS. 24, 316, Bitterauf Freisinger Traditionen 1, 20, und in der urk. Ludwigs IV von 906, BM. 2032 (1977). Corbinian war zur zeit k. Pippins längst tot, es ist daher fraglich, wer der aussteller war und ob überhaupt eine derartige urk. ausgestellt worden ist, vgl. auch Arch. f. österr. Gesch. 27, 263. Ein bistum Freising mit einem zugehörigen sprengel gibt es erst seit der organisation durch Bonifatius, Hauck KG. 1^{8}, 366 n. 2, 491. Zum privileg der freien bischofswahl ib. 2^{3}, 565 n. 1. Im jahre 903 unter bischof Walto brannte der Freisinger dom und mit ihm die urk. ab. 161

Ludwig d. D. gibt dem bischof Hitto von Freising (811-834) einen empfehlungsbrief an papst Gregor IV zur erlangung von reliquien, laut Translatio Alexandri et Justini, MG. SS. 15, 286; um ostern 834, Hitto kam am 23. mai nach Rom, vgl. BM. 1355 (1317)[a]. Er brachte die reliquien der päpste Alexander und Justin von Rom in die heimat, Hauck KG. 2^{3}, 749. 162

Fulda, kloster.

K. Pippin / Karl d. Gr. } schenkung der villa Ditenhusen, laut urk. Heinrichs I von 922, B.-Ottenthal 6. 163. 164

Karl d. Gr. verleiht immunität und rechte in der villa Umstadt, laut urk. Ottos III von 985, MG. DD. 2, 412 n° 15. Die villa Umstadt im Maingau war im jahre 766 von k. Pippin an Fulda geschenkt worden, BM. 102 (100) MG. DD. Kar. 1, 30 n° 21; der besitz wurde Fulda im jahre 771 bestritten und von Karl d. Gr. bestätigt, vgl. die urk. Karls d. Gr., BM. 142 (139), MG. DD. Kar. 1, 91 n° 63. 165

Ludwig d. Fr. beurkundet einen zwischen ihm und dem abte Ratger (-817) von Fulda abgeschlossenen tausch, nach welchem er gegen den ort Eibstadt drei villicationes an genannten orten gibt, laut tauschurk. Dronke CD. 157 n° 324. Vor 817. Sickel Reg. 368, acta dep. 1. 166

Derselbe schenkt die villa Salzungen an der Werra in Thüringen, laut urk. Lothars I von 841, BM. 1087 (1053). Sickel Reg. 368, acta dep. 2. 167

Derselbe befiehlt die nonnenklöster zu visitiren und die übelstände in ihnen abzustellen, laut epist. Fuldenses in Forschungen zur deutschen Gesch. 5, 375 n° 6. 168

Arnolf schenkt die orte Ober- und Unter-Volkach, Vogelsburg (n.-ö. Würzburg) mit kapelle und zehnten und sechs andere im gau Volkfeld in der grafschaft Poppos und verleiht die gerichtsbarkeit über diese orte mit ausschluss des grafen dem abt und dessen organen, laut urk. Ludwigs d. K. von 906, BM. 2034 (1979). 169

In der bei Sickel Reg. 368, act. dep. 2 zitirten notitia, Dronke CD. 226 n° 513, ist eine von Ludwig d. Fr. ausgestellte gerichtsurkunde nicht ausdrücklich erwähnt. Andere stellen, an denen königliche schenkung ohne bezugnahme auf urkunden erwähnt werden, verzeichnet Sickel Reg. 369.

St. Gallen, kloster.

Pippin vergabt 21 genannte freie leute im Breisgau an St. Gallen mit der bestimmung, dass sie und deren nachkommen den bisher an den fiskus entrichteten zins förderhin dem kloster zu leisten haben, laut urk. Ludwigs d. Fr. von 828, BM. 845 (819). Sickel Reg. 369, acta dep. 1. 170

Ludwig d. Fr. befreit das kloster von geschenken an den könig, verbietet, dass ein bischof über das übereinkommen (vgl. BM. 228) hinausgehende leistungen fordere, bestimmt, dass dieser nur, wenn es notwendig sei, mit kleinem gefolge dorthin komme, und verleiht freie abtswahl, laut urk. Ludwigs d. D. von 833, BM. 1353 (1314). Sickel Reg. 369, act. dep. 2. 171

Karl III schenkt auf bitte des abts Hartmut die abtei Massino in Italien, welche der erzkanzler Liutward zu lehen hatte, mit vorbehalt lebenslänglichen nutzgenusses für diesen, laut Ratpert casus c. 32, MG. SS. 2, 73, Mitteil. zur vaterl. Gesch. von St. Gallen, 13. 60, 881-883 dez. vgl. über die zeitbestimmung BM. 1677 (1633)[b]. Am 1. juni 904 schenkt k. Berengar die abtei Massino abermals an St. Gallen, Wartmann UB. 2, 337 vgl. 417, ohne die schenkung Karls III zu erwähnen. 172

Konrad beurkundet einen spruch des königsgerichts von Oferdingen (unterhalb Tübingen am Neckar, 914) zu gunsten des bischofs Waldo von Chur gegen das kloster St. Gallen über den besitz der abtei Pfävers, laut gerichtsurk. von 920, Wartmann UB. 3, 1, n° 779, vgl. Mohr CD. Rät. 1, 60, BM. 2094 (2035)[b]. St. Gallen hatte die in der urk. von 909 dez. 28, Wartmann l. c. 2, 362 n° 761, durch die bischof Salomon ihm die abtei Pfävers unter gewissen bedingungen überträgt, in bezug auf den hof Bussnang enthaltenen bestimmungen übertreten und daher wurde ihm die abtei Pfävers wieder abgesprochen. 173

Gandersheim, kloster.

Ludwig III schenkt den zoll, den die vom Rhein zur Elbe und Saale reisenden kaufleute entrichten, laut urkk. Ottos I von 956, B.-Ottenthal 246 = Ottos II von 975, MG. DD. 2, 132 n° 119. 174

Derselbe verleiht seiner schwiegermutter Ota, welche nach dem tode ihres mannes Lutolf stifterin des klosters Gandersheim geworden, auf lebenszeit besitz in Wanzleben in Nordthüringen in der grafschaft Theodorichs mit der bestimmung, dass dieser besitz nach ihrem ableben an das kloster Gandersheim falle, laut urkk. Ottos I von 956, B.-Ottenthal Reg. 246 = Ottos II von 975, MG. DD. 2, 132 n° 119. Diese verleihung Ludwigs III wird bestätigt von Arnolf. BM. 1879 (1828). 175

Arnolf schenkt auf intervention seiner gemahlin Oda und deren nichte Hildegard besitzungen zu Kraft, Calechheim und Hliuzitbi (urk. Ottos I, MG. DD. 1, 263 n° 180: Hliurithi, beide orte unbekannt) in der grafschaft Irmenfrids, laut urkk. Ottos I von 956, B.-Ottenthal Reg. 246 = Ottos II von 975, MG. DD. 2, 132 n° 119. 176

Das kloster wurde im jahre 852 vom grafen Liudolf zu Brunshausen gegründet und 856 nach Gandersheim verlegt. Hauck KG. 2[2], 602, 799.

Gaudiocus, hebräer, und dessen söhne Jakob und Vivacius.

Ludwig d. Fr. bestätigt ihren besitz als freies eigen, laut urk. Ludwigs d. Fr. von 839, BM. 988 (957). Sickel Reg. 369, act. dep. 1. 177

Gemeticum, mon. s. Jumièges.

St. Genis-des-Fontaines, kloster.

Ludwig d. Fr. verleiht dem im gau Elne (Ruscinonensis) von Sentimir gegründeten kloster S. G. unter abt Assaricus immunität, 819, laut notiz von Marca, Marca Hisp. 347 ad ann. 819. Sickel Reg. 369, act. dep. 1. Auf grund eines dürftigen fragments s. XVII, das den inhalt nicht erkennen liess, verzeichnet von Mühlbacher BM. 708, daher hier nochmals aufgenommen. 178

Gerald, graf.

Ludwig d. Fr. schenkt die villa Vezelay (Vezeliacus) im gau d'Avallon im königreich Burgund, laut Fundatio mon. Vezeliacensis . . Hugonis Pictavini Hist. Vizeliac. mon., D'Achery Spicil. 3, 446 — Eccard Orig. Habsb. 125 n° 13. Sickel Reg. 369, act. dep. 1. 179

St. Germain d'Auxerre, kloster.

Pippin } bestätigt zollfreiheit für 4 schiffe auf der Loire und den übrigen flüssen, laut urk. Ludwigs d. Fr.
Karl d. Gr. } von 816, BM. 610 (590). Sickel Reg. 369, act. dep. 1, 2. 180. 181

Ludwig d. Fr. verleiht auf bitte des abts Deusdedit freie abtswahl, laut urk. Ludwigs d. Fr. von 835, BM. 945 (914). Sickel Reg. 369, act. dep. 3. 182

Ludwig d. Fr. bestätigt nach der sitte seiner vorfahren immunität mit königsschutz, laut urk. Karls d. K. von 859, B. 1683, Bouquet 8, 559 n° 155. Sickel Reg. 369, act. dep. 4. 183

St. Germain-des-Prés (S. Vincentii et Germani mon.), kloster.

Pippin I bestätigt zollfreiheit diesseits und jenseits der Loire, in Burgund, Provence, Francien, Auster und im ganzen reich, laut urk. Karls d. Gr. von 779, BM. 218 (212), MG. DD. Kar. 1, 170 n° 122. Sickel Reg. 385, act. dep. 1. 184

St. Germain des-Prés (S. Vincentii et Germani mon.), kloster.
Karl d. Gr. restituirt } genannte villen in Aquitanien, laut urk. Pippins von Aquitanien von 829, B. 2072,
Ludwig d. Fr. bestätigt } Bouquet 6, 669 n° 10. Sickel Reg. 385, act. dep. 2, 3. 185. 186

Gisla, tochter Lothars II.
Ludwig IV schenkt der erlauchten frau Kisala die abtei Fosses im Lommegau in der grafschaft Perengars, laut urk. Ludwigs IV von 907, BM. 2046 (1990). Vor 906. 187

Glanfeuil s. S. Maur sur Loire, kloster.

Glossindenkloster in Metz.
Lothar II schenkt auf fürsprache seiner gemalin Teutberga und intervention des bischofs Adventius (von Metz, 858-875, Hauck KG. 2², 792) zahlreiche besitzungen, laut Translatio s. Glodesindis c. 28, MG. SS. 24, 506 N. 1, vgl. Wolfram in Mitteilungen des Inst. f. öst. GF. 11, 25. 188

Gorze, kloster s. Adventius, bischof von Metz.

Grado, patriarchat.
Karl d. Gr. bestätigt dem patriarchen Johannes (766-802) den besitz und verleiht immunität, laut urk. Ludwigs d. Fr. und Lothars I, BM. 838 (812). Sickel Reg. 370, act. dep. 1. 189

Ludwig d. Fr. und Lothar I (also 825-830) bestätigen dem patriarchen Venerius (seit 826) auf grund der urk. Karls d. Gr. besitz und immunität, laut urk. Ludwigs d. Fr. und Lothars I, BM. 838 (812). Sickel Reg. 370, act. dep. 2. 190

Granfelden (Moutiers-Granval, mon. Grandisvallensis), kloster.
K. Pippin bestätigt die von seinen vorfahren, den frankenkönigen verliehene immunität, laut urk. k. Karlmanns, BM. 128 (127), MG. DD. Kar. 1, 75 n° 54. Sickel Reg. 371, act. dep. 1. 191

Ludwig d. Fr. bestätigt die von seinen vorfahren verliehene immunität, laut (zweifelhafter) urk. Lothars I von 849, BM. 1137 (1103). Sickel Reg. 371, act. dep. 2. 192

S. Gregorii mon. s. Münster im Gregorienthal.

Grimald, abt von Weißenburg, später St. Gallen s. Reichenau.

S. Gudila, kloster.
Karl d. Gr. schenkt der h. Gudila, gerührt über ihre wunder, den boden von Merzele mit der gesammten darauf wohnenden familia (testamento mandavit et subscriptis testibus assignavit), laut Vita s. Gudilae sive Gudulae virginis s. XI, Ghesquierus Acta SS. Belgii 5, 709. Sickel Reg. 371, act. dep. 1. *Fälschung.* 193

Gundbert.
Ludwig d. D. lässt den kleriker Gundbert, den er von St. Emmeran eingetauscht, quia utilior et maioris ingenii fuit scribendi necnon et legendi, frei, laut Anamodi Tradit. s. Emmerami, Pez Thesaurus 1³, 199 – Migne Patrol. 129, 901. 194

Heding s. Prüm, kloster.

Heimeric, kleriker.
Arnulf schenkt besitz zu Biebing im Donaugau in der grafschaft Papus, laut urk. Arnulfs von 895, BM. 1908 (1857). Vor 895. 195

Helletrud, tochter Lothars I.
K. Lothar I schenkt seiner tochter H. güter, laut urk. papst Nicolaus I. Jaffé 2. ed. 2827 (2138). 196

Helmoin, graf.
Karl d. Gr. restituirt besitz im Schwalbengau zu Goßheim, Haid und Kriegsstatthof, den die königsboten gegen den erbanspruch des grafen Helmoin gerichtlich erstritten hatten, laut schenkungsurk. des grafen Helmoin für das bistum Freising von 793 (in die ein satz der königsurk. wörtlich und gedankenlos übernommen worden ist: sed in potestatem dominationis nostrae propriam id ipsum redactum est). Bitterauf Freisinger Traditionen 1, 161 n° 166ᵃ, vgl. Tangl im N. Arch. 31, 266. Vor 793. Zur topographie Bitterauf l. c. 197

Herford, kloster.
König Ludwig (ohne nähere angabe, IV?) verleiht das marktrecht zu Odenhausen, laut urk. Ottos I von 973, B.-Ottenthal 564. 198

Hersfeld, kloster.
Karl d. Gr. } immunität, laut urk. Ludwigs d. D. von 843, BM. 1374 (1335). Sickel Reg. 371, act. dep. 1, 2,
Ludwig d. Fr. } vgl. die fälschung auf den namen Ludwigs d. Fr., BM. 520 (501). Eine immunitätsurk. eines k. Karl auch erwähnt in der urk. k. Heinrichs I von 925, B.-Ottenthal 12. Zur gesch. des klosters Hauck KG. 2², 58 n. 3. 199. 200

St. Hilaire, kloster im gau Carcassonne.

Karl d. Gr. verleiht auf bitte des abts Nampio königsschutz, laut urk. Ludwigs d. Fr. von 814, BM. 563 (544). vgl. auch die fälschung auf den namen Karls d. Gr., MG. DD. Kar. 1, 457 n° 304. Sickel Reg. 371, act. dep. 1. 201

Ludwig d. Fr. schenkt die villen Sulas, Issart und Irulia, laut urk. Karls d. K., Bouquet 8, 535 n° 126, vgl. BM. 563 (544). Sickel Reg. 371, act. dep. 2. 202

Derselbe bestätigt auf bitte des abts Egido immunität und königsschutz, laut urk. Pippins I von Aquitanien, Bouquet 6, 668 n° 9. Sickel Reg. 371, act. dep. 3. 203

Hildebert, graf.

Ludwig II schenkt güter in Tuscien, Spoleto und der Romagna, die er vom marschall Adalbert erworben, 857 (imp. VIII. ind. VII.), laut gerichtsurk. von 860, Chr. Casaur. Muratori SS. 2^b, 929, vgl. BM. 1216[k] (neu). 204

Hildebrand, graf, bruder Karl Martells (empfängerschaft nicht ganz sicher).

Karl Martell urk. (mandat?), zur formel umgewandelt, nur der eingang erhalten in einer federprobe des 8. jahrh. im Cod. Vat. reg. Lat. 886, Theodosiani libri XVI ed. Mommsen 1, Tafel V 1 vgl. N. Arch. 31, 507. 205

Hildesheim, bistum.

Ludwig d. Fr. verleiht unter bischof Gunthar (vgl. über ihn Hauck KG. 2^2, 675 n. 5) ein preceptum securitatis et libertatis, de terminatione et circumscriptione notissimorum finium episcopatus sui et de canonica institutione libera ab omni impressione excepto regie servitutis debito, laut des nach dem brande von 1013 und der vernichtung der urkunden angelegten verzeichnisses, Janicke UB. von Hildesheim 1, 52 n° 60. Unter dem preceptum securitatis et libertatis ist wohl eine immunität zu verstehen, eine karolingische immunitätsurk. (keine erhalten) als vorlage erweist die fassung der urk. Heinrichs II von 1013, MG. DD. 3, 296 n° 256 A vgl. auch Stengel, Die Immunitätsurk. der deutschen Könige 17, und speziell solche kaiser Ludwigs und Arnolfs werden erwähnt in dem privileg des papstes Benedikt III ohne dat. Jaffé 2. ed. 4036. 206

Derselbe verleiht (bestätigt?) unter bischof Rembert (nachfolger Gunthars, regierungszeit unbestimmt, Hauck KG. 2^2, 785) eine urkunde über denselben gegenstand, laut urkundenverzeichnisses Janicke UB. l. c. Diese beiden urkk. ergeben, dass die organisation des Hildesheimer bistums erst unter Ludwig d. Fr. erfolgt ist. vgl. auch Hauck KG. 2^2, 409. 207

Ludwig d. D. verleiht unter bischof Altfried (852-874, Hauck KG. 2^2, 786) eine urkunde de eadem terminatione super Astfalas (Ostfalen) in ripa Enderste (Innerste) et de omni fisco, qui tunc temporis ad regias manus pertinebat, infra terminos brevis parrochie in usus fratrum et ut nulla maior vel minor persona auderet stringere homines suos, nobiles aut liberos colonos vel servos, quamdiu in expedicione aut ad placitum vel in ullo regali servicio essent, laut urkundenverzeichnisses Janicke UB. l. c. 208

Arnolf verleiht unter bischof Wigbert (880-908, Hauck KG. 2^2, 785) eine urkunde über denselben gegenstand, laut urkundenverzeichnisses Janicke l. c. Eine immunität k. Arnolfs wird auch erwähnt im privileg Benedikts VIII, Jaffé-Löwenfeld 4036 vgl. oben n° 206. 209

Derselbe erteilt unter bischof Wigbert eine urkunde de predio quod dicitur Verthigerostorp (unbest., an der Mosel, Janicke UB. 1, 810) et Caspia et Burg in ripa Musalle et de abbatiis, que tunc pertinebant ad manus eius, hoc est Seliganstad et Asnithi (Essen) et Gandersheim sine avulsione omnium mortalium ad potestatem successorum suorum perpetuo subsisterent, laut urkundenverzeichnisses Janicke l. c. 210

Ludwig IV (d. K.) erteilt unter bischof Walbert (909-919, Hauck KG. 2, 785) eine urkunde über denselben gegenstand, laut urkundenverzeichnisses Janicke l. c. 211

Hilletrud, schwester Lothars II.

Lothar I weist seiner tochter Hilletrud urkundlich güter an, laut schreibens des papstes Nikolaus I. Jaffé 2. ed. n° 2827, vgl. BM. 1315 (1280)[a]. 212

Hinkmar, erzbischof von Reims.

Ludwig d. D. empfiehlt brieflich die seele seines vaters dem gebete Hinkmars, laut Flodoard Hist. Rem. III 20. MG. SS. 13, 513, vgl. BM. 1499 (1457)[a]. 213

Lothar II antwortet auf die mahnung, Hildnin vom bischofstuhl in Cambrai zu entfernen, dieser habe einen gesandten an den papst geschickt, laut Flodoard Hist. Rem. III, 12, MG. SS. 13, 489, vgl. BM. 1302 (1267)[a]. Lothar hatte 862 Hildnin in unkanonischer weise und gegen den willen des metropoliten Hinkmar das bistum Cambrai verliehen, BM. 1297 (1262)[a], das schreiben fällt also 862-863 april, Jaffé 2. ed. 2730-32. 214

Hirsau, kloster.

Ludwig d. Fr. bestätigt auf bitte des grafen Erlafrid und des abtes Lutbert eine schenkung des grafen Erlafrid an das kloster, nach Trithemius chron. Hirsaug. (ed. S. Gallensis 1690) 1, 7. Sickel Reg. 371, act. dep. 1. *Erfindung* des Trithemius, als anhaltspunkt diente ihm wahrscheinlich der eingang der urk. Heinrichs IV von 1075, St. 2785; vgl. Wolff in Württemberg. Jahrb. für Statistik und Landeskunde, jahrg. 1863, 236, 271 (Hinweis von H. Hirsch). 215

Hohenburg, nonnenkloster.

Karl d. Gr. verleiht immunität mit königsschutz, laut urk. Ludwigs d. Fr. von 837, BM. 964 (933). Sickel Reg. 371, act. dep. 1. **216**

Hornbach (Gamundias vel Haurunbach), kloster.

K. Pippin verleiht zollfreiheit zu wasser und zu land, laut urk. Ludwigs d. Fr. von 814, BM. 533 (514). Sickel Reg. 372, act. dep. 1. **217**

Derselbe schenkt alle fiskalabgaben der freien hintersassen, laut urk. Ludwigs d. Fr. von 814, BM. 534 (515). Sickel Reg. 372, act. dep. 3. **218**

Karl d. Gr. bestätigt die zollfreiheit zu wasser und zu land, laut BM. 533 (514). Sickel Reg. 372, act. dep. 2. **219**

Derselbe bestätigt alle fiskalabgaben der freien hintersassen, laut BM. 534 (515). Sickel Reg. 372, act. dep. 4. **220**

Derselbe schenkt den pechzehnten von der villa Bimlingen, laut urk. Lothars II von 865, BM. 1307 (1272). Sickel Reg. 372, act. dep. 5. **221**

Karl III bestätigt alle fiskalabgaben der freien hintersassen, laut urkk. Ottos I von 950, R.-Ottenthal 181 und Ottos III, MG. DD. 2, 536 n° 124. **222**

Die in der urk. Heinrichs IV von 1072 ian. 1, Stumpf 2752, inserirte urkunde eines Karolus imperator ist eine dem hausmaier Karl Martell zuzuweisende fälschung, verzeichnet BM. 42 und Neubauer, Regesten des ehemaligen Benediktinerklosters Hornbach, Mittell. des hist. Vereines der pfalz 807 (1904), 1 n° 2 (Hinweis von H. Hirsch).

Ida, zweite gemahlin des grafen Esich, vgl. Wilmans Kaiserurk. 61.

Ludwig d. Fr. schenkt besitz im gau Niftharsi in der villa Imminghausen, laut traditionsurk. Wigand Trad. Corb. 84, vgl. BM. 984 (953) und Sickel Reg. 401, spur. Corb. 2. **223**

S. Ilario, venetianisches kloster.

Karl d. Gr. schenkt 12 kolonen in Ceresaria und Pladano mit kapelle, zehnten und abgaben, die er vom bischof Landulus von Treviso eingetauscht hatte, laut urk. Karls III von 883, BM. 1660 (1616). **224**

Ile-Barbe, kloster.

Karl d. Gr. verleiht auf verwendung des erzbischofs Leidrad von Lyon (798-814, Gams 570) das privileg, dass die erzbischöfe von Lyon ausser einem jährlichen zins von 1 pfund silber keine leistung fordern dürfen und den brüdern der klosterbesitz ungeschmälert bleibe, laut urk. Karls, des sohnes Lothars I, von 861, BM. 1333 (1296). Sickel Reg. 372, act. dep. 1. **225**

Lothar I bestätigt obiges privileg, laut BM. 1333 (1296), vgl. die urk. Ludwigs d. Fr. von 815, BM. 595 (575). **226**

Inden (Kornelimünster), kloster.

Ludwig d. Fr. verleiht dem (von ihm begründeten und dotirten) kloster immunität, 817 juli (?), vgl. Stengel im N. Arch. 29, 381 f., laut Vita S. Benedicti Anian. c. 35, MG. SS. 15, 215 und briefes des abtes Wicard von ca. 821-840 an bischof Frothar von Toul, Frotharii epist. (ed. Hampe) n° 30, MG. Epp. 5, 296. Geschickter, aber doch m. e. nicht vollkommen gesicherter rekonstruktionsversuch ib. 390. Sickel Reg. 372, act. dep. 1, vgl. die urkk. Ottos I von 948, R.-Ottenthal 166, für die noch die verlorene immunität Ludwigs als vorlage gedient hat, Ottos II von 973, MG. DD. 2, 81 n° 68. **227**

Derselbe bestimmt die anzahl der mönche des von ihm gegründeten klosters auf 30, laut Vita Ben. Anian. c. 35, MG. 15, 215. c. 817 vgl. Stengel im N. Arch. 29, 378 f. **228**

Wahrscheinlich ist gleichzeitig auch eine eigene dotationsurk. ausgefertigt worden. Da deren ausstellung aber nicht vollkommen gesichert ist, sei hier nur darauf hingewiesen, vgl. Stengel l. c. 382.

Ingelbert, abt s. St. Maur de Fossés.

Johann VIII, papst.

Ludwig d. D. ersucht um unparteilichkeit in dem streite mit seinem bruder Karl III, laut antwortschreibens Johanns VIII von 876 sept. 1 (inhalt nicht angegeben, nur aus der antwort zu erschliessen). Migne Patrol. 126, 680 n° 26, Jaffé 2. ed. 3044, vgl. BM. 1517 (1475)[m]. **229**

Karlmann v. Baiern verspricht brieflich, die römische kirche zu schirmen, laut antwortschreibens Johanns VIII von 878 april-mai, Migne Patrol. 126, 770, Jaffé 2. ed. 3139, vgl. BM. 1532 (1491)[a]. **230**

Derselbe überträgt dem papst brieflich die sorge für Italien (curam huius Italici regni), laut schreibens Johanns VIII an bischof Antonius von Brescia und den grafen Berengar von 879, Migne Patrol. 126, 896, Jaffé 2. ed. 3297, vgl. BM. 1547 (1505)[a]. **231**

Karl III schreibt, dass er so rasch als möglich gesandte an ihn schicken werde, laut antwortschreibens Johanns VIII von 879 april 3, Migne Patrol. 126, 825, Jaffé 2. ed. 3231, vgl. BM. 1547 (1505)[a]. **232**

Derselbe schreibt, dass er gerne bereit sei nach dem muster seiner vorfahren die römische kirche in allem zu unterstützen, und dass er den benachbarten markgrafen (von Tuscien und Spoleto) die schirmpflicht aufgetragen habe, laut antwortschreibens Johanns VIII von 880 iun. 26, Migne Patrol. 126, 903, Jaffé 2. ed. 3318, vgl. BM. 1603 (1560)[a]. **233**

Johann VIII, papst.

Karl III schreibt, dass er bereit sei die zum schutz der römischen kirche erforderlichen maßregeln zu treffen, laut antwortschreibens Johanns VIII von 880 (iuli 18), Migne Patrol. 116, 907, Jaffé 2. ed. 3321, vgl. BM. 1604 (1561)[d]. 234

Derselbe schreibt, dass er bald zum schutz der römischen kirche kommen werde, laut antwortschreibens Johanns VIII von 880 sept. 10, Migne Patrol. 126, 911, Jaffé 2. ed. 3324, vgl. BM. 1604 (1561)[d]. 235

Derselbe schreibt, dass er ihren gemeinsamen getreuen (communem fidelem nostrum), den bischof Liutward vorausschicken werde, laut antwortschreibens Johanns VIII von 880 okt. 30, Migne Patrol. 126, 914, Jaffé 2. ed. 3327, vgl. BM. 1604 (1561)[d]. 236

Derselbe schreibt, dass er raschest nach Rom eilen werde, laut antwortschreibens Johanns VIII von 881 ian. 25, Migne Patrol. 126, 919, Jaffé 2. ed. 3333. vgl. BM. 1609 (1567)[a]. 237

Derselbe ladet den papst für den 2. febr. (purif. b. Mariae) zu einer zusammenkunft in Ravenna zur beratung und durchführung der für kirche und reich förderlichen schritte ein, laut antwortschreibens Johanns VIII von 881 ende. Migne Patrol. 126, 936, Jaffé 2. ed. 3362, vgl. BM. 1627 (1584)[b]. 238

Johannes.

Ludwig d. Fr. empfiehlt seinem vater Karl d. Gr. Johannes, der einen sieg über die Sarazenen im ort Ad Ponte im gau von Barcelona erfochten, ihm aus der beute ein ross, eine rüstung und ein indisches schwert dargebracht und von ihm die villa Fontes im gau von Narbonne schenkungsweise erhalten habe, laut urk. Karls d. Gr. von 795(?) märz, BM. 328 (319), MG. DD. Kar. 1, 241 n° 179. Vermutlich nach dem einfall der Sarazenen im jahre 793 anzusetzen. 239

Isanrih, priester.

Karl III schenkt sechs hufen in der villa Mörsingen im Aphagau, laut urk. Ludwigs IV von 904, BM. 2021 (1968). 240

St. Julien d'Auxerre, nonnenkloster.

Karl d. Gr. bestätigt die von seinen vorfahren, den frankenkönigen verliehene immunität von geistlicher und weltlicher gewalt, laut urk. Ludwigs d. Fr., BM. 744 (719), erhalten als formel MG. Form. 200 n° 35. Sickel Reg. 372, act. dep. 1. 241

Ludwig d. Fr. weist den gottgeweihten jungfrauen quasdam res zur deckung ihrer bedürfnisse zu, laut urk. Karls d. K. ohne dat., Quantin Cart. de l'Yonne 1, 52 n° 26. Sickel Reg. 372, act. dep. 2. 242

Jumièges, kloster.

Pippin I bestätigt die von seinen vorfahren, den frankenkönigen, verliehene zollfreiheit zu wasser und zu land, laut urk. Ludwigs d. Fr. von 814, BM. 562 (543). Sickel Reg. 369, act. dep. 1. 243

Karl d. Gr. bestätigt die von seinem vater k. Pippin und dessen vorfahren, den frankenkönigen verliehene zollfreiheit, laut BM. 562 (543). Sickel Reg. 369, act. dep. 2. 244

Kempten (Campidonense mon.), kloster.

Karl d. Gr. verleiht immunität mit königsschutz, laut urk. Ludwigs d. Fr. von 815, BM. 582 (562). Sickel Reg. 563, act. dep. 1. 245

Ludwig d. D. } bestätigt ein urteil über den umfang des markgebietes, laut unechter urk. Ottos III MG. DD.
Arnolf } 2, 382 n° 325. *Zweifelhaft.* 246. 247

Karl III } bestätigt das privileg der freien abtswahl, laut urk. Ottos I von 939, B.-Ottenthal 78 vgl. BM. 996,
Arnolf } 1440 (967, 1407). 248. 249

Ludwig IV } bestätigt das wahlprivileg, laut urkk. Ottos II von 983, Ottos III von 993, MG. DD. 2, 359
Konrad I } n° 303; 533 n° 121. 250. 251

Eine urk. Karls III, wahrscheinlich von 887, wurde im 12. jh. reskribiert und für die fälschung auf Karl d. Gr., BM. 162 (158), verwendet, vgl. meine beschreibung in Mittheil. des Inst. f. österr. Gf. 21, 41 und MG. DD. Kar. 1, 298 n° 223. Die hier gemachte bemerkung, dass sich von einer urk. Karls III nirgends eine spur finde, ist daher nach obigem verzeichnis der acta dep. für Kempten zu berichtigen. — Die in der urk. Ludwigs d. Fr. von 831, BM. 929 (900), erwähnte urk. desselben herrschers über zinsleute ist identisch mit BM. 899 (870); es entfällt dadurch das von Sickel Reg. 368 angenommene dep. Camp. 2.

Kievermunt (Chèvremont, Marienzelle in Novo Castello), kloster.

Karl d. Gr. } immunität mit königsschutz und besitzbestätigung, laut urk. Lothars I von 844, BM. 1116
Ludwig d. Fr. } (1082). Sickel Reg. 374, act. dep. 1. 252. 253

Köln, erzbistum.

König Ludwig (keine nähere angabe) verleiht den wildbann innerhalb eines bestimmten bannbezirkes, laut urk. Ottos II von 973, MG. DD. 2, 59 n° 50. 254

Konstanz, bistum.
K. Ludwig schenkt auf bitte des bischofs Salomon die kirche von (Lang-) Bickenbach (bei Frauenfeld), laut schiedsrichterurk. des bischofs Berthold von Konstanz von 1175, Dümge Reg. Bad. 145 n° 98, Hidber Schweiz. Urkundenregister n° 2339. Da bischöfe des namens Salomon unter Ludwig d. D., Ludwig III und IV lebten, ist nicht zu entscheiden, welcher k. Ludwig gemeint ist, vgl. die bischofsliste bei Hauck KG. 2^2, 786. **255**

Kornelimünster s. Inden.

Korvey, kloster.
Ludwig d. Fr. verleiht den auf klostergut angesiedelten freien und liten exemtion von der öffentlichen gerichtsbarkeit und heerpflicht, laut mandates Ludwigs d. Fr. von 933 (?) BM. 924 (895), der urk. Karls III von 887, BM. 1749 (1702), welche bemerkt, dass Ludwig die exemtion bereits bei der gründung (über die gründung Hauck KG. 2^2, 600) gewährt habe, vgl. das mandat Arnolfs (von 897), BM. 1932 (1881) und die urkk. Ludwigs d. K. von 900, BM. 1990 (1938), und Konrads I von 913, BM. 2084 (2025), sowie BM. 1498, 1768 (1456, 1720). Sickel Reg. 364, act. dep. 1, eingehende besprechung bei BM. 924 (895). **256**

K. Ludwig (keine nähere angabe) schenkt den ort Ponteburg und den zehnten im gau Ammeri, laut urkk. Ottos II von 983 und Ottos III von 987, MG. DD. 2, 366 n° 309; 436 n° 37. **257**

Eine verlorene immunität, wohl Ludwigs d. D., scheint bei abfassung des diploms k. Heinrichs II von 1002, MG. DD. 3, 13 n° 12, für narratio und korroboratio benützt worden zu sein, vgl. vorbemerkung l. c. und Stengel, Die immunitätsurk. der deutschen Könige (Berl. Diss. 1902) 28.

Kremsmünster s. Snello.

Lagrasse, kloster.
Karl d. Gr. verleiht dem kloster und den ihm untergebenen zellen immunität, laut urk. Ludwigs d. Fr. von 814 BM. 547 (528), vgl. die gefälschte urk. Karls d. Gr., BM. 419 (413), MG. DD. Kar. 1, 408 n° 275. Sickel Reg. 378, act. dep. 1. **258**

St. Laurent de Cabreresse, kloster im gau von Narbonne.
Ludwig d. Fr. — immunität mit königsschutz, laut bestätigungsurk. Karls d. K. von 844, B. 1557, Bouquet 8, 457 n° 36. Sickel Reg. 373, act. dep. 1. **259**

St. Laurent in Mâcon, kloster.
Ludwig d. Fr. überträgt mit zustimmung Hildebalds bischofs von Mâcon dem grafen Hugo von Bresse für dessen treue kriegsdienste die abtei St. L. mit Bagé-le-Châtel (Ain, Longnon Atlas text 167) im jahre 830, Guichenon Hist. de Bresse 1, 41 nach Fustaillier Antiquités de Mâcon c. 1520. Sickel Reg. 372, act. dep. 1. **260**

Lausanne, bistum.
Ludwig d. Fr. schenkt die fischerei im flusse Zihl im dorf Bürglen, laut ann. Lausann., MG. SS. 24, 779. 817. **261**

Leno, kloster bei Brescia.
Karl d. Gr. verleiht immunität mit königsschutz
Ludwig d. Fr. bestätigt die immunität mit königsschutz
Lothar I bestätigt den besitz, die immunität und verleiht freie abtswahl
} laut urkk. Ludwigs II von 861 BM. 1221 (1187), Berengars und Adalberts von 958 B. 1437. Ottos I von 962, D.-Ottenthal 317, auch die urkk. Heinrichs II von 1014 und 1019 MG. DD. 3, 372, 511 n° 300, 399. **262. 263. 264**

Karl d. Gr. bestätigt eine zu gunsten der mönche vorgenommene güterteilung, laut urk. Ottos II von 981, MG. DD. 2, 273 n° 243. Solche güterzuweisungen aus dem klosterbesitz an die mönche werden erst seit Ludwig d. Fr. häufiger, vgl. MG. DD. Kar. 1, 85. **265**

Limoges, bistum (Lemovicensis eccl.).
Karl d. Gr. bestätigt die von seinen vorfahren, den frankenkönigen verliehene immunität mit königsschutz, laut urk. Ludwigs d. Fr. BM. 652 (638). Sickel Reg. 373 act. dep. 1. **266**

Liutpert von Mainz.
[Karl III] verleiht die abtei Herrieden im gau Sualafeld in Francien auf lebenszeit, laut urk. k. Arnolfs von 887 BM. 1766 (1718). **267**

Lobbes, kloster.
Lothar II schenkt auf bitten der Waldrada den fiskus Hum (vielleicht Ham), laut Folcwini Gesta abb. Lobiensium c. 13 MG. SS. 4, 61. **268**

Lodève, bistum.
Ludwig d. Fr. schenkt unter bischof Sisemund die täler von Laurosio und Pegueirollis und 4 genannte kirchen, laut Plantavitius Chronologia praesulum Lodov. (Aramontii 1634) 29 ex repert. privil. Sickel Reg. 373, act. dep. 1. Sickel ib. 2 = BM. 646 (625) von 817 mai 19. Mühlbacher nimmt entgegen der angabe des Plantavitius ‚concessa illi (scil. Sisemund) prius', also vor 817 mai 19, nur eine urk. an. **269**

Lodi s. S. Pietro in Lodi.

St. Lomer le Moutier (Corbionense mon.), kloster.

Ludwig d. Fr. dotirt das auf bitte des abts Heriricus nach Moutiers-au-Perche (Corbionis locus vgl. Longnon text 1, 63) verlegte kloster St. Lomer le Moutier mit besitz, u. a. mit der zelle Bucy-le-Roi (Loiret) (Buxiacus, Longnon text 171) verleiht immunität und freie abtswahl, laut privilegs der bischöfe für dieses kloster von 843, Mabillon Acta SS. 6, 263 und laut der urkk. Karls d. K. von 842 (nicht bei B.) und 843. B. 1545, Bouquet 8, 433 n° 8; 445 n° 23. Sickel Reg. 372, act. dep. 1. 270

Lorch, bistum s. Passau.

Lorsch, kloster.

Karl d. Gr. bestätigt die entscheidung der königsboten grafen Richard und Guntram über die zugehörigkeit der villa Schwanheim zu der von ihm an Lorsch geschenkten villa Hurfeld (Felheim n. Lorsch), laut Cod. Lauresh. ed. Mannheim. 1, 321 n° 228, vgl. BM. 261 (252)² und Abel Jahrb. 1, 359. Sickel Reg. 373, act. dep. 1. 271

Arnolf schenkt Wanninheim, laut Cod. Lauresh. ed. Mannh. 1, 586 n° 589. 272

Ausserdem sind im Kalendarium necrol. Lauresh. Böhmer Fontes 3, 144 ff. eine anzal von schenkungen durch Karolinger, aber ohne erwähnung einer urkunde verzeichnet.

Lüders (Lure, abb. s. Deicoli), kloster.

Pippin Karl d. Gr. Ludwig d. Fr.	immunität, laut urk. Heinrichs II von 1016, MG. DD. 3, 451 n° 353; die urk. Ludwigs d. Fr. als vorlage für die urk. Heinrichs II benützt, vgl. MG. ib. und Stengel. Die Immunitätsurk. der deutschen Könige vom 10.—12. Jahrh. (Berl. Diss. 1902) 6. 273. 274. 275

Lüttich, bistum.

Pippin Karl d. Gr. Ludwig d. Fr. Lothar I Karl III	bestätigen den besitz mit immunität, laut urkk. Ottos II von 980 und Heinrichs II von 1006. MG. DD. 2, 238 n° 210; 3, 141 n° 115. 276. 277. 278. 279. 280

Karl d. Gr. verleiht unter bischof Agilfrid »multa«, laut Aegidii gesta pontif. Leod., Chapeaville 1, 149. Sickel Reg. 373, act. dep. 1. 281

Ludwig d. Fr. schenkt das kloster Suguilo und den wald Waginont, laut chron. s. Huberti Andagin. MG. SS. 8, 571. Sickel Reg. 373, act. dep. 2. 282

Luni, bistum.

Karl (III?) verleiht immunität und königsschutz, laut urk. Berengars I von 900, B. 1314, Schiaparelli I diplomi di Berengario 1, 93 n° 31. 283

Derselbe urk. für bischof Gualcherius (881-891, Gams 817) Ludwig IV urk. bischof Odalbert (895-941, Gams 817)	laut Cappelletti 13, 423.	284. 285

Lupus, bischof von Ferrières.

Lothar I schreibt, dass der aus Ferrières entwichene mönch G. resumpto habitu in officio condendarum epistolarum verbleibe, laut schreibens des bisch. Lupus an Lothar I (842-853). Lupi Ferr. ep. 108, MG. Epist. 6, 93 vgl. auch die epist. n° 105, ib. 91, die über denselben entlaufenen mönch handelt. Bouquet 7, 510 n° 52 weist Lupus' brief dem jahre 852 zu, ohne einleuchtenden grund, vgl. BM. 1151 (1117)²; der mönch G. vielleicht identisch mit dem 843 in der kanzlei Lothars nachweisbaren kanzleinotar Glorius, Mühlbacher Wiener SB. 85, 507 n. 4. 286

Luxeuil, kloster.

Pippin Karl d. Gr. Lothar Ludwig	zollfreiheit (de quolibet negotio, ubicumque illud fiscus exigere poterat, laut urk. Heinrichs V von 1123, Stumpf 3192 vgl. nachtrag zu n° 3192 s. 540. Die echtheit der urk. Heinrichs V ist durch ihre kanzleimässige pönformel und datirung gesichert, vgl. über die eigentümlichkeiten des diktats der urkk. Heinrichs V aus den letzten regierungsjahren Bresslau Anzeiger für Schweizer

Gesch. 6 (1892), 312 und KU. i. Abb. text 97 (Hinweis von H. Hirsch). 287. 288. 289. 290

Erhalten ist von karolingerurk. nur die fälschung auf Karls d. Gr. namen BM. 507 (489). MG. DD. Kar. 1, 450 n° 309. Luxeuil wurde i. j. 1202 durch brand zerstört, wobei die königsurkunden zugrunde gingen, vgl. die urk. k. Philipps von 1201, B.-Ficker V 63 und die privaturkunde desselben jahres Gallia christ. 15ᵇ, 57 n° 61. In der genannten urk. Philipps ist auch ein privilegium Ludovici imperatoris augusti erwähnt.

Mâcon, bistum.

Karl d. Gr. schenkt unter bischof Leduard (769-802) die villa Cluny, zitirt in Bugnon, Chronique de Mâcon nach Fustaillier, Antiquités de Mâcon c. 1520, der die urk. noch gelesen zu haben angibt, vgl. Cart. de Cluny 1 n° 1. 291

Madalwin, chorbischof.

Arnolf schenkt güter zu Wolfeswanc zwischen Url und Enswald in der grafschaft Arbos und zu Lilienbrunn in Pannonien, laut vertragsurk. zwischen bisch. Burchard von Passau und chorbisch. Madalwin von 904 (?) UB. ob d. Enns 2, 49 n° 36, vgl. BM. 2015 (1960)². 292

Magniloceuse mon. s. Manlieu.

Mailand s. S. Ambrogio.

Mainz, erzbistum.

Ludwig IV restituirt den von seiner mutter Uta an Hatto geschenkten hof Oberlahnstein, laut urk. Ottos II, MG. DD. 2, 168 n° 150. **293**

Derselbe restituirt den von seiner mutter Uta an Hatto geschenkten hof Nierstein, laut urk. Ottos III von 994 MG. DD. 2. 567 n° 156. **294**

Malasti mon. s. Montelieu.

Manlieu (mon. Magniloceuse), kloster.

Sickel Reg. 373 und Mühlbacher 668 (654) nehmen auf grund der wendung „sicut in aliis nostris auctoritatibus continetur" in der urk. Ludwigs d. Fr. von 818 eine verlorene immunitätsurk. Ludwigs für Manlieu an; die stelle spricht aber von mehreren urk., darunter werden kaum vorurkunden für Manlieu zu verstehen sein, sondern andere als mustervorlagen verwendete immunitätsurkk. Ludwigs, Stengel im N. Arch. 29, 385 n° 9. Es entfällt also die bisher angenommene verlorene urk. Ludwigs für Manlieu.

Mantua, bistum.

Karl d. Gr.
Ludwig II (?) } traditiones, laut urk. Heinrichs II von 1021, MG. DD. 3, 586 n° 462. **295, 296, 297**
Arnolf

Diplome Karls III und Arnolfs werden erwähnt bei Ippolito Donesmondi, Dell' istoria ecclesiastica di Mantova (Mantova 1612) 1, 158, 159. Da aber hier die regenten bunt durcheinander geworfen werden, sind diese nachrichten nicht genügend verbürgt.

St. Marcel bei Châlon, kloster.

Pippin I bestätigt die immunität, laut urk. Karls d. Gr. von 779 BM. 220 (214), MG. DD. Kar. 1, 171 n° 123. Sickel Reg. 373, act. dep. 1. **298**

S. Maria, pfalzkapelle in Achen.

Lothar II schenkt den neunten teil aller erträgnisse, besonders von vieh und zins von 43 genannten (darunter Achen) königlichen villen, sie mögen in königlichem besitz oder zu lehen gegeben sein, laut urk. k. Arnolfs von 888 BM. 1796 (1748) urkk. k. Heinrichs I von 930 und Ottos I von 966, B.-Ottenthal 27, 424. **299**

Zwentibold schenkt den ort Kesselheim mit allen gerechtsamen, laut urk. k. Friedrichs II von 1226, B.-Ficker 1645. **300**

S. Maria in Cingla, kloster bei Capua.

Ludwig II (?) verleiht freiheit von den öffentlichen leistungen und zollabgaben, laut fragmentes in 2 placita von 999 und 1035, Gattola Accessiones 1, 96, 126. **301**

S. Maria, genannt del Senatore, nonnenkloster in Pavia.

Lothar I
Ludwig II } immunität mit königsschutz, laut urk. Berengars II und Adalberts von 951 B. 1432.
Karlmann **302, 303, 304**

S. Maria de Mammonaco, kloster.

Caroli regis instrumentum, erwähnt im protokoll über einen rechtsstreit zwischen dem bisch. Siginulf von Valva und dem kloster, aber verworfen, Cod. dipl. Sulmonense ed. Faraglia (mir nicht zugänglich) n° 36, ibid. n° 41 vom jahre 1188 werden rescripta tam Caroli imperatoris quam Gregorii VII erwähnt, aber wieder nicht anerkannt. vgl. N. Arch. 15, 226 n° 69. **305**

Marmoutier, kloster (s. Martini maioris mon. in suburbio Turonum).

Karl d. Gr. verleiht immunität, laut urk. Ludwigs d. Fr. von 814 BM. 555 (536). Sickel Reg. 374, act. dep. 1. **306**

Marseille, bistum.

K. Pippin verleiht den fiskalzoll in der villa Leguino, sowohl zu lande als von den schiffen, laut placitums von 845, Cart. de St. Victor ed. Guérard 1, 32 n° 26. Sickel Reg. 374, act. dep. 1. **307**

Karl d. Gr. bestätigt den fiskalzoll von salz u. a. in der villa Leonio und von den aus Italien kommenden und anlandenden schiffen, laut urkk. Ludwigs d. Fr. von 822 und Lothars I von 834 BM. 765, 1042 (740, 1008), vgl. das placitum von 845, Cart. de St. Victor ed. Guérard 1, 32 n° 26. Sickel Reg. 374, act. dep. 2. **308**

Ausserdem werden immunitätsurk. „der vorfahren" erwähnt in der urk. Lothars I von 831, BM. 1043 (1009). Sickel Reg. 374, act. dep. 3.

St. Martin in Tours, kloster.

Pippin I bestätigt die immunität, laut urk. Karls d. Gr. von 782, BM. 250 (241), MG. DD. Kar. 1, 193 n° 142 = urk. Karls d. Gr. BM. 358 (349), MG. DD. Kar. 1, 261 n° 195, urk. Ludwigs d. Fr. von [816], BM. 629 (609). Sickel Reg. 374, act. dep. 1. **309**

St. Martin in Tours, kloster.

Pippin I } bestätigt zollfreiheit für 12 schiffe auf den flüssen Loire, Allier, Cher, Vienne, Mayenne, Sarthe,
Karl d. Gr. } Loire und den anderen flüssen des reiches, laut urk. Ludwigs d. Fr. von 816 BM. 632 (612). **310. 311**

Karl d. Gr. verleiht unter abt Vulfard zollfreiheit für wagen und saumtiere auf den märkten von Austrien, Neustrien, Burgund, Aquitanien, Provence, Italien und sonst im reich, laut urk. Ludwigs d. Fr. von 816 BM. 631 (611). 768-774. Sickel Reg. 374, act. dep. 4. **312**

Derselbe befiehlt den öffentlichen beamten, die dem kloster von ihm verliehene immunität in ihren amtssprengeln, in denen das kloster besitz hat, genau zu beobachten, laut mandats Ludwigs d. Fr. BM. 630 (610). **313**

Derselbe verleiht exemtion von der gewalt des bischofs von Tours, laut urk. Ludwigs d. Fr. von 831 BM. 896 (867). Sickel Reg. 374, act. dep. 3. Eine urk. Pippins ist hier nicht ausdrücklich erwähnt, es entfällt daher Sickel l. c. 2. Über die kirchlichen zustände in St. Martin zur zeit Karls d. Gr. vgl. Hauck KG. 2², 574 n. 4. **314**

Mattsee, kloster.

Arnolf urk. unbekannten inhalts von 898, nach Hund-Gewold 2, 499, 3. ed. 344. **315**

Maubeuge (Malburium, Melbodiense mon.) a. d. Sambre (Nord).

Karl d. Gr. bestätigt zu zeiten des abtes Elilant die vereinigung der zelle S. Guislain (Hainaut) mit dem kloster M., laut J. de Guisia Ann. Hanoniae 7, 274. Sickel Reg. 375, act. dep. 1. **316**

St. Maur d'Agaune, kloster.

Karl d. Gr. privileg, laut chron. in Gremaud Origines et docum. de S. Maur d'Ag. 30 (mir nicht zugänglich). Sickel Reg. 374, act. dep. 1. **317**

St. Maur des Fossés, kloster.

Pippin I bestätigt die immunität, laut urk. Karls d. Gr. von 771, BM. 140 (137), MG. DD. Kar. 1, 89 n° 61. Sickel Reg. 368, act. dep. 1. **318**

Ludwig d. Fr. schenkt auf bitte Gauzberts die villa Mire im gau von Anjou in der centene Briesarthe, welche Gauzbert zu lehen gehabt hatte, laut urkk. Pippins von Aquitanien von 835 und Karls d. K., Tardif 89, 100 n° 128, 154. Sickel Reg. 368, act. dep. 2. **319**

Eine schenkung Ludwigs d. Fr. erwähnt das Fragm. hist. Fossat. MG. SS. 9, 370, aber ohne angabe, ob darüber eine urk. ausgestellt worden ist; vgl. BM. 617, 618 (597, 598).

St. Maur, kanonikerstift s. Tours.

St. Maur sur Loire (Glanfeuil), kloster.

Ludwig d. Fr. überträgt auf bitte des grafen Rorigo das von ihm wieder errichtete kloster Glanfeuil, in dem der leichnam des h. Maurus ruht, an Ingelbert, abt von St. Maur des Fossés, als eigenkloster, laut Odonis Miracula et Transl. S. Mauri, MG. SS. 15, 467 und Fragm. hist. Fossat., MG. SS. 9, 370. Sickel Reg. 369, act. dep. 1. c. 832. Diese urk. verbrannte noch unter abt Ingelbert, Odonis Miracula S. Mauri l. c.; zur zeitbestimmung wie überhaupt zur wechselvollen geschichte des klosters vgl. Sickel l. c. und D. F. Lantreau in L'Anjou histor. 5, 115 ff., 225 ff., 337 ff. **320**

Derselbe bestätigt Ebroin, bischof von Poitiers, den besitz des klosters Glanfeuil S. Maur sur Loire, laut Odonis Miracula et translatio S. Mauri, MG. SS. 15, 468 und urk. Karls d. K. von 847 B. 1594. Sickel Reg. 369, act. dep. 2. c. 839. Das kloster war Ebroin, als er noch ein junger kleriker war, von k. Pippin I von Aquitanien, der die grafschaft Anjou 833 und 834-839 inne hatte, durch eine gleichfalls verlorene urkunde geschenkt worden, vgl. Sickel Reg. 370, 409, Simson Jahrb. unter Ludwig d. Fr. 2, 211. Durch diese urk. wird somit die durch die vorher verzeichnete verlorene urk. getroffene verfügung wieder aufgehoben. **321**

St. Maurice in Angers s. Angers.

St. Médard in Soissons, kloster.

Ludwig d. Fr. bestätigt die von abt Hilduin (von St. Médard und St. Denis) im jahre 826 (ao. imp. XIII) vorgenommene zuweisung von gütern und einkünften an 130 mönche, nach Mabillon Ann. 2, 481, vgl. Sickel Reg. 375, act. dep. 2. **322**

Das von Sickel verzeichnete act. dep. 1, Immunität Karls d. Gr., wurde bei den arbeiten für die ausgabe der Karolingerdiplome gefunden und ist gedruckt MG. DD. Kar. 1, 108 n° 75.

Metten (Medema), kloster.

Karl d. Gr. verleiht königsschutz, laut urk. Ludwigs d. D. von 837 BM. 1360 (1321). Sickel Reg. 375, act dep. 1, vgl. auch Hauck KG. 2², 436 n° 3. **323**

Metz, St. Arnulf kloster s. S. Arnulf.

Metz, bistum.

Ludwig d. Fr. verleiht immunität, laut urk. Heinrichs III von 1052, St. 2423, Sauerland Die Immunität von Metz 144, vgl. Stengel Die Immunitätsurk. der deutschen Könige (Berl. Diss. 1902) 21. **324**

Metz, Glossindenkloster s. Glossindenkloster.

St. Michael in Barrea, kloster.

Karl d. Gr. bestätigt den besitz und die immunität, laut urkk. Berengars und Adalberts von 953, B. 1435, Ottos I von 964 B.-Ottenthal 352. Chron. Leonis I 37, MG. SS. 7, 607. **325**

Lothar I bestätigt den besitz und die immunität, laut derselben quellen. **326**

Ludwig II bestätigt den besitz, die immunität und die übrigen rechte, laut urk. Ottos I von 964, B.-Ottenthal 352, Chron. Leonis I 37 l. c. **327**

Über die geschichte des klosters MG. DD. Kar. 1, 214 n° 158 und Sickel in Mittheilungen des Inst. für österr. Gf., ergbd. 1, 131.

St. Michael in Brondolo (Venedig), kloster.

Karl d. Gr. } bestätigen den besitz, laut urk. k. Friedrichs I von 1186, Stumpf 4472, Bremer UB. 1, 71 n° 65.
Lothar I } *Fälschung.* **328. 329**

St. Mihiel de Marsoupe (Castellio), kloster.

Pippin I verleiht immunität, laut urk. Karls d. Gr. von 772, BM. 147 (144). MG. DD. Kar. 1, 99 n° 68. Sickel Reg. 375, act. dep. 1. **330**

Karl d. Gr. verleiht freie abtswahl, laut chron. S. Michaelis c. 4 MG. SS. 4, 80; zweifelhaft ist die an derselben stelle erwähnte urk. Karls d. Gr., in der er die konstitution des abtes Ermengaud über die provision des klosters bestätigt haben soll. Sickel Reg. 375, act. dep. 3. **331**

Das von Sickel Reg. 375 n° 2 angenommene act. dep. de nonis et decimis monasterio solvendis erscheint mir durch die wendung praecepit in der urk. Ludwigs d. Fr. von 816 BM. 621 (601). nicht vollständig als urkunde gesichert.

Ludwig d. Fr. beauftragt den königsboten Wolmod mit den klostervögten durch die grafen und beamten dem abt Smaragd und den mönchen den entrissenen besitz zu revindiziren, laut inquisitionsmandates Lothars I, BM. 1081 (1047). Unter den königsurkk. im chron. S. Michaelis s. XI c. 6, MG. SS. 4, 81 nicht erwähnt, wohl aber die urk. eines Ludovicus rex (der Deutsche?). **332**

Minden, bistum.

Karl III immunität, als vorlage benützt für die fassung der bestätigungsurk. Ottos I von 961, MG. DD. 1, 311 n° 227. Wahrscheinlich vom jahre 881, vgl. Stengel Die Immunitätsurkunden der deutschen Könige (Berl. Diss. 1902), 24. **333**

Modena, bistum.

Karl d. Gr. schenkt die kirche des h. Thomas zu Gandaceto am fluss Lama, laut urk. Ludwigs d. Fr. von 822, BM. 750 (725), vgl. ib. 703 (682) und Tiraboschi Nonantola 2, 517. **334**

Derselbe schenkt auf bitte des abts Geminianus eine früher zum königshof Città Nuova (bei Modena) gehörige mühle, laut urk. Ludwigs d. Fr. von 822, BM. 750 (725). Sickel Reg. 376, act. dep. 1. **335**

Moissac s. St. Pierre de Moissac.

Moninellum (S. Ruffino) bei Mantua, kloster.

Ludwig II verleiht immunität mit königsschutz, laut urk. Karlmanns von 878, BM. 1532 (1490). **336**

Montamiata, kloster.

Karl d. Gr. verleiht immunität mit königsschutz und bestätigt den besitz, laut urkk. Ludwigs d. Fr. von 816 und Lothars I von 837, BM. 639, 1057 (619, 1022), vgl. die fälschung auf den namen Ludwigs II BM. 1195 (1169), wo auch eine urk. Pippins von Italien erwähnt wird, und Alcuini epist. 128, Jaffé Bibl. 6, 514. Sickel Reg. 383, act. dep. 1. **337**

Mont Cenis, hospiz s. Novalese.

Montecassino, kloster.

Pippin (von Italien) schenkung, laut Leonis chron. Cas. c. 15 MG. SS. 7, 710 — urk. Heinrichs II von 1023, MG. DD. 3, 616 n° 482. **338**

Ludwig II beauftragt den bischof Grimoald von Penne (nicht bei Gams), den propst Angelarius von Montecassino in den besitz des zur zelle Maurini im gau Penne gehörigen gutes, das seine leute in besitz genommen hatten, einzuweisen, laut urk. Ludwigs II von 874, BM. 1262 (1227). **339**

Die in der fälschung auf Lothars I namen, BM. 1048 (1014), und in der urk. Ottos I von 968, B.-Ottenthal 473, erwähnte besitzbestätigung Ludwigs d. Fr., die noch Sickel Reg. 369, act. dep. 1, und Ottenthal als verloren bezeichnen, ist inzwischen in der fälschung BM. 660 an den tag gekommen.

Die im Petri diac. chron. Cas. II, 109, MG. SS. 7, 823 erwähnten angeblichen verlorenen urk. Caroli, Lodoyci, Pipini, Carlomanni Lodoyci etc. mit der bestimmung, ut monachi ad sacramentum non compellantur, sind mehr als zweifelhaft.

Montiérender (Dervense mon.), kloster.

K. Pippin I verleiht immunität, laut urk. Ludwigs d. Fr. von 815, BM. 575 (555). Sickel Reg. 365, act. dep. 1. **340**

Montolieu (Malasti mon.), kloster.

Karl d. Gr. verleiht dem kloster M., das sich ihm mit den mönchen kommendirt hatte, immunität mit königsschutz und freie abtwahl, laut urk. Ludwigs d. Fr. von 815 dez. 8, BM. 600 (580). Sickel Reg. 363, act. dep. 1. 341

Monza, kanoniker des klosters d. h. Johannes Baptista.

Ludwig II schenkt den hof Locate, laut urk. Karls III von 881, BM. 1627 (1584). 342

Münster im Gregoriental (mon. Confluens S. Gregorii), kloster.

Karl d. Gr. bestätigt die von seinen vorfahren, den frankenkönigen, verliehene immunität, laut urkk. Ludwigs d. Fr. und Lothars I von 826 BM. 833 (807). Sickel Reg. 371, act. dep. 1. 343

Lothar I bestätigt (auf grund der vorgelegten urkunde seines vaters Ludwigs d. Fr. BM. 833) die von seinem vater und den frankenkönigen verliehene immunität mit freier abtswahl, laut urk. Lothars II von 856 BM. 1279 (1244). 344

Münsterdreisen, nonnenkloster.

Ludwig d. D. bestätigt die stiftung des nonnenklosters zu Münsterdreisen durch herzog Nantharius, laut urk. Konrads III von 1145, Stumpf 3490, vgl. Schaus in Annalen des Vereins f. nassauische Altertumskunde 30 (1899), 205. Ann. reg. in orientali Francia XXXII = 863 sept. - 864 sept. 345

Murbach (Vivarium peregrinorum) kloster.

Karl d. Gr. verleiht zollfreiheit zu wasser und zu land, im besonderen zu Marsal und Iris, laut urk. Ludwigs d. Fr. von 816 aug. 19, BM. 623 (603). Sickel Reg. 376, act. dep. 1. 346

Derselbe verleiht exemtion der freien hintersassen, welche schon zu zeiten seines vaters k. Pippin dem kloster dienstbar waren, von der öffentlichen gerichtsbarkeit, laut urk. Ludwigs d. Fr. von 816 aug. 19, BM. 624 (604), vgl. die urk. Lothars I von 840, BM. 1069 (1035). Sickel Reg. 376, act. dep. 2. 347

Derselbe verleiht freie abtswahl, laut urk. Karls III von 877, BM. 1580 (1538). Sickel Reg. 376, act. dep. 3. 348

Derselbe bestätigt unter abt Sintbert, seinem schwestersohne, die immunität, laut Notitia fundationis et primorum abbat. Murbac. abbatiae (plura super addidit Carolus magnus anno xx regni sui = 788), Grandidier Alsace 2ᵇ, 72. Vielleicht identisch mit der unter Sintpert eingereihten verlorenen urk. Sintpert erscheint als schwestersohn Karls sonst erst in der vita Simp. s. XIII Pez Thes. II 3 S. 358, vgl. über ihn Hauck KG. 2², 454. 349

Ludwig d. Fr. bestätigt das von k. Pippin geschenkte kloster Luzern mit 5 freien leuten und deren nachkommen in der villa Emmen am fluss Reuss im Aargau und befreit diese von allen öffentlichen leistungen, laut urk. Lothars I von 840, BM. 1069 (1035). Sickel Reg. 376, act. dep. 5. ob diese hier erwähnte schenkung Pippins urkundlich geschah, ist unsicher, da eine urk. nicht ausdrücklich erwähnt wird. 350

Derselbe bestätigt freie abtswahl, laut urk. Karls III von 877, BM. 1580 (1538). Sickel Reg. 376, act. dep. 4. 351

Ludwig d. D. bestätigt freie abtswahl, laut urk. Karls III von 877, BM. 1580 (1538). 352

Lassen sich somit vier verlorene urkk. Karls d. Gr. nachweisen, so wird die dorsualaufschrift des 10. jahr. auf der orig.-urk. Karls, BM. 143 (140), MG. DD. Kar. 1, 93 nº 64, vom jahre 772 (Quinta carta Karoli regis sub tempore Barlberti) doch mit Sickel Reg. 376 eher so aufzufassen sein, dass dies die 5 urk. Karls ist als mit Mühlbacher, vorbemerkung zu D 64, dass dies die 5. urk. aus der zeit Barlberts sei, ebenso jene auf BM. 182 (178) = MG. DD. Kar. 1, 137 nº 95.

Eine urk. Karls d. Gr., worin er das St. Amarinthal mit dem zoll von Murbach schenkt, wird erwähnt in einem kommissionsbericht an k. Heinrich, den sohn Friedrichs II, Schoepflin Als. ill. 2, 99; Als. dipl. 1, 297 vgl. Gatrio, Die Abtei Murbach im Elsass 1, 115 (Hinweis von H. Hirsch), doch die fassung des auszugs lässt ihre echtheit als zweifelhaft erscheinen.

Nantua, kloster.

K. Ludwig und Lothar (also 825-830) verleihen unter abt Ermold befreiung von allen zöllen, laut notiz bei Mabillon Ann. 2, 447 (ex chart. Nantuac.). Sickel Reg. 376, act. dep. 1. 353

Nevers, bistum.

Karl d. Gr. restituirt auf bitte des bischofs Hieronymus (c. 796-815) den der kirche entfremdeten besitz, laut urk. Karls d. K. von 841, B. 1532, Bouquet 8, 428 nº 3. Sickel Reg. 376, act. dep. 1. 354

Derselbe } immunität unter den bisch. Hieronymus (vgl. n. 354) und Jonas (817-830). Sickel Reg. 376,
Ludwig d. Fr. } act. dep. 2, 3. 355, 356

Nivelles, kloster.

Ludwig d. Fr. verleiht unter abt Adelard immunität mit königsschutz, laut urk. Lothars ohne jahresang. in D'Arbois de Jubainville Voyage paléogr. dans le dép. de l'Aube (Troies 1855) 16. Sickel Reg. 376, act. dep. 1. 357

Nikolaus I, papst.

Lothar II schreibt, dass die bischöfe seines reiches (synode von Achen 862 april 29) ihn ermächtigt haben, Theutberga zu verstossen und Waldrada zu heiraten, dass er aber vollmacht, urteil und rat des papstes abwarten wolle, laut briefes papst Nikolaus I von 867, Mansi Coll. 15, 335, Jaffé 2886, vgl. BM. 1296 (1261)ᵃ. 358

Nikolaus I, papst.

Ludwig d. D. schreibt dem papst, dass er jetzt auch (persönlich) Lothar II im sinne des papstes gemahnt, dass dieser die mahnung freundlich aufgenommen und versprochen habe, den befehlen des papstes in allem (in seinem ehehandel Theutberga-Waldrade) zu gehorchen, laut antwortschreibens Nikolaus I von 867 okt. 30, Mansi Coll. 15. 328, vgl. BM. 1315 (1280)[d]. 359

Nimes (Nemausensis eccl.), bistum.

Karl d. Gr. bestätigt die immunität, laut urk. Ludwigs d. Fr. von 814. BM. 549 (530); 808? Vermutlich ist diese verlorene urk. identisch mit der noch um die mitte des 18. jahrh. im bischöfl. archiv zu Nimes vorhandenen urk. Karls vom 40. regierungsjahr (— 808) für bischof Christian, vgl. Sickel Reg. 303 l. 27. Sickel Reg. 376, act. dep. 1. 360

Nonantola, kloster.

Karl d. Gr. bestätigt unter abt Anselm (-804, Muratori Ant. 5, 669, Catal. abb. Non., MG. SS. Lang. 571) die privilegien der könige Aistulf, Adelchisus und Desiderius und fügt hinzu, ut homines de Fanano, Lizano, Galba (Tiraboschi: Gabba) non audeant conducere extraneos homines in ipsis curtibus et locis praenominatis; item de aqua Genae veniente per Guilzacharam (jetzt S. Cesario südl. Modena, Tiraboschi Nonantola 1. 239) ad molendina nostra, laut Index aliquot vetustissimorum privil. Nonant. conscriptus a. 1279, Muratori Ant. 5, 333, Tiraboschi Nonantola 2. 3, vgl. auch das placitum Karls d. Gr. von 801, MG. DD. Kar. 1, 265 n° 197, die noticia des grafen Oddo von 818, Tiraboschi l. c. 39 n° 22 und den gerichtsspruch k. Ludwigs II von 852, BM. 1189 (1156). Sickel Reg. 377, act. dep. 1. 361

Derselbe schenkt unter abt Anselm die kirche in Bondeno mit zubehör, laut privilegienverzeichnisses von 1279, Muratori Ant. 5, 333. Tiraboschi Nonantola 2, 4. Sickel Reg. 377, act. dep. 2. 362

Derselbe verleiht unter abt Anselm königsschutz und freie abtswahl, laut privilegienverzeichnisses von 1279, Muratori Ant. 5, 333, Tiraboschi Nonantola 2, 4, vgl. urk. k. Karlmanns von 877, BM. 1527 (1485). Sickel Reg. 377, act. dep. 3. 363

Derselbe bestätigt unter dem abt Anselm einen spruch quae lata fuit inter ipsum Anselmum abbatem et Pas . . . advocatum suum ex una parte et homines de vico Salecta. vico Flexo de comitatu Regiense et alia de silva et palude de gajo Lamese, laut privilegienverzeichnisses von 1279, Muratori Ant. 5, 334, Tiraboschi Nonantola 2, 4. Zur topographie vgl. Tiraboschi l. c. Index geographicus. Sickel Reg. 377, act. dep. 4. 364

Derselbe entscheidet einen streit zwischen dem bischof Teodor von Bologna (814-825) und abt Petrus von Nonantola (804-821) um die kirche in Lizzano. laut urk. Ludwigs II von 858 BM. 1216 (1182), vgl. ib. 372 (364). Mühlbacher nimmt keine verlorene urk., sondern irrtum in den namen beider streitgegner an, was ich nicht für wahrscheinlich halte. 365

Derselbe bestätigt unter dem abt Anselm ein zwischen diesem und dem gastalden von Città Nuova u. a. ergangenes urteil de insula et silva, quae esse videtur inter Panario et fossa, quae dicitur Munda, laut privilegienverzeichnis von 1279, Muratori Ant. 5, 334, Tiraboschi Nonantola 2, 4. Zur topographie vgl. Tiraboschi l. c. Index geogr. Sickel Reg. 377, act. dep. 5. 366

Derselbe verleiht unter dem abt anselm das privileg, dass 22 genannte freie leute des territoriums von Persiceta in diensten des klosters licentiam habeant . . . discurrere, ubi necessitas fuerit, laut privilegienverzeichnisses von 1279, Muratori Ant. 5, 334, Tiraboschi Nonantola 2, 4. Sickel Reg. 377, act. dep. 6. 367

Ludwig d. Fr. bestätigt unter dem abt Petrus (804-821, Cat. abb. Non. MG. SS. Lang. 571, vgl. dagegen das plac. von 824, Tiraboschi Non. 2, 41 n° 25, Ficker Forschungen 4, 12 n° 9) die urkunden der Langobardenkönige Aistulf, Desiderius, Adelchis und seines vaters Karl, laut privilegienverzeichnisses von 1279, Muratori Ant. 5, 334. Tiraboschi Nonantola 2, 5. Sickel Reg. 377, act. dep. 7. 368

Derselbe bestätigt unter dem abt Petrus viam per Guilzachara et fluvium Genae, veniente per ea, laut privilegienverzeichnisses von 1279, Muratori Ant. 5, 334, Tiraboschi Nonantola 2, 5; Sickel Reg. 377, act. dep. 8; vgl. die urk. k. Aistulfs, Muratori l. c. 332, Tiraboschi l. c. 2. 369

Derselbe bestätigt unter dem abt Petrus nach den vorurkunden k. Aistulfs und seines vaters Karl (n° 363) immunität mit königsschutz und freiheit der abtswahl, laut privilegienverzeichnisses von 1279, Muratori Ant. 5, 333, Tiraboschi Nonantola 2, 5. Sickel Reg. 377, act. dep. 9. 370

Derselbe aliud privilegium in dicto Petro simili modo concedit (nichts näheres), laut archivkatalogs von 1279, Muratori Ant. 5, 333, Tiraboschi Nonantola 2, 5. Eine von diesen beiden urk. ist jedenfalls identisch mit der verlorenen urk. Ludwigs d. Fr., die in der urk. Karlmanns von 877, BM. 1527 (1485), erwähnt wird. 371

Derselbe ermahnt den abt Petrus, die klosterleute in Gabba und Lizzano nicht zu bedrücken, laut archivskatalogs von 1632, Muratori Ant. 5, 669. Sickel Reg. 377, act. dep. 10, vgl. BM. 1189 (1156). 372

Nonantola, kloster.

Derselbe bestätigt die verleihungen seines vaters, wonach entfremdung des klostergutes für ungiltig erkl und bestimmt wird, ut in plebe Lizani Bononiensis dioecesis abbas Nonantulanus habeat electionem et presentatione archipresbyteri, laut archivskatalogs von 1632, Muratori Ant. 5, 669; vielleicht identisch mit einer der anderen ve lorenen urkk. Ludwigs d. Fr. 3

Derselbe bestätigt sämtlichen besitz mit den freiwillig das dienstverhältnis eingehenden leuten, den zellen u häusern in Pavia und 5 frei zu wählenden vögten für diese, laut urk. Lothars I von 830 BM. 1029. 3

Lothar I ermahnt den abt Rotichild (839-842, Cat. abb. Non., MG. SS. Lang. 571), den klosterleuten in Gab und Lizzano nicht ungebührliche leistungen aufzuerlegen, laut archivskatalogs von 1632, Muratori Ant. 5, 669. 3

Derselbe bestätigt unter abt Giselprand (842-851, Catal. abb. Nonant. MG. SS. Lang 571) den besitz g nannter schenkungen und das urteil seines grossvaters k. Karl (n° 365) im streit zwischen dem bischof Teodor von I logna und dem abt Petrus über die kirche in Lizzano, laut urk. Ludwigs II von 858 BM. 1216 (1182). 3

Derselbe bestätigt den besitz, immunität mit königsschutz und freie abtswahl, laut urk. Karlmanns von 87 BM. 1527 (1485). 3

Derselbe confirmatio de institutis ecclesiasticis et de viceadvocato in diplomate Gothicis literis conscripto, la archivkatalogs von 1632, Muratori Ant. 5, 669. 3

Ludwig II bestätigt den besitz, die immunität mit königsschutz und freie abtswahl, laut urk. Karlmanns v 877, BM. 1527 (1485). 3

Arnolf verleiht unter abt Landefred privilegien, laut archivkatalogs von 1632, Muratori Ant. 5, 669. 3

Das von Sickel n° 11 verzeichnete act. dep., BM. 731 (707) (bei Mühlbacher nicht ganz zutreffende inhaltsangal eine fälschung des 11. jh., ist im vatikanischen archiv aufgefunden und von P. Kehr im N. Arch. 25, 802 n° 2. von Lauer Bibl. de l'Ecole des chartes 61, 85 herausgegeben worden.

Das in der gerichtsurk. von 898, Tiraboschi l. c. 2, 75 n° 56 erwähnte D. Ludwigs d. Fr. für Petrus, scriptum p manum Elisachar, enthält eine bestätigung der langobardischen königsurkunden und dürfte mit einem der angeführten stü identisch sein; die jahresangaben (id. iun. a. imp. XX = 833, ind. XI = 818) widersprechen sich; den vorzug verdient ind., die mit der amtsdauer des bischofs Petrus (bis 821) und der kanzleizugehörigkeit des Elisachar (bis 819) vereinbar i vgl. auch Sickel Reg. 377 N.

Die Muratori Ant. 5, 671 erwähnte Ludovici (anno XII imp.) donatio silvae nuncupatae Wilzacara in diocesi M nensi apud S. Caesarium ist wohl identisch mit BM. 816 (792) und irrtümlich nochmals (vgl. Muratori ib. 670) unter Warnefrid angeführt worden; das 12. kaiserjahr Ludwigs II (862) fällt nicht in Warnefrids amtsdauer (865-869). Im archi katalog von 1632 ist auch eine verlorene schenkungsurk. k. Lamberts von 898 zur erbauung und erhaltung eines krankenhau erwähnt, Muratori Ant. 5, 678.

Zwei bislang verschollene DD. k. Berengars sind edirt von Schiaparelli, Diplomi inediti dei secoli IX e X, Bullett dell'Ist. stor. ital. 21, 131, 137 n° 2, 4. und I diplomi di Berengario I 86, 218 n° 29, 81.

Novalese, kloster.

K. Pippin I verleiht das privileg der freiheit von der bischöflichen gewalt und immunität, laut urkk. Ka manns von 770 und Karls d. Gr. von 779 BM. 127, 222 (124. 216). Sickel Reg. 377, act. dep. 1. Cipolla Mon. N 1, 38 n° 4, 5. 3

Karl d. Gr. } bestätigen zollfreiheit zu wasser und zu land, laut urk. Lothars I von 845, BM. 1121 (108
Ludwig d. Fr. } Sickel Reg. 377, act. dep. 2, 3. **382, 3**

Karl d. Gr. schenkt das tal Bardonneche mit dem kastell Diobia mit näheren bestimmungen. 801-814. Cip Mon. Nov. 1, 66 n° 21, laut urk. Lothars I von 845, BM. 1122 (1088). Sickel Reg. 377, act. dep. 4. 3

Ludwig d. Fr. bestätigt das tal Bardonneche mit dem kastell Diobia, Cipolla l. c. 70 n° 23. Sickel Reg. 37 act. dep. 5. 3

Derselbe bestätigt die immunität, laut urk. Lothars I von 845, BM. 1122 (1088). 3

Lothar I bestätigt die auf wunsch seines vaters k. Ludwig von dem eigenkloster Novalese an das hospiz a dem Mont Cenis abgegebenen güter, laut urk. Lothars I von 825 BM. 1022 (989). Cipolla l. c. 71 n° 26. 3

Cipolla Mon. Nov. scheint mir in der annahme von verlorenen urkk. mitunter zu weit zu gehen, so wenn er statt n zwei dep. annimmt, ebenso bei 66 n° 20, 71 n° 25.

Novara, bistum.

Ludwig d. Fr. verleiht immunität mit königsschutz, laut urkk. Ludwigs II von 854 und Karlmanns von 87 BM. 1198, 1526 (1162, 1484). Sickel Reg. 377, act. dep. 1. 3

Lothar I bestätigt die immunität mit königsschutz, laut urk. Ludwigs II von 854 und Karlmanns von 87 BM. 1198, 1526 (1162, 1484). 3

— kanoniker von S. Maria und S. Gaudenzio.

Ludwig II }
Karlmann } besitzbestätigung, laut urk. k. Berengars, Schiaparelli I dipl. di Berengario I 272 n° 105.
Karl } **390, 391. 3**

Noyon (eccl. Noviomagensis), bistum.

Karl d. Gr. } immunität für die bischöfliche kirche und die untergebenen zellen des h. Eligius, Mauricius
Ludwig d. Fr. } und Martinus, laut urk. Karls d. Einf. ohne dat. (nicht bei B.) Bouquet 9, 492 n° 26. Sickel Reg. 378, act. dep. 1, 2. **393. 394**

— kanoniker.

Ludwig d. Fr. schenkt zwei mühlen, unum in Andon, alterum in vado cum ponte petrino illi subiecto, von denen jährlich 20 sol. den. gezahlt werden, zur brotbereitung, 20 mansen mit den besten weingärten in Grandis-rivus, Hildulficurtis, Molcort, Salenciacus zur weingewinnung, Tibiercurtis, das sie von seinen vorfahren zur ernährung des viehs erhalten hatten, mit dem wald Walout und der kirche, und die kleine nach den orationes Oratorium genannte villa mit dem zugehörigen wald, die auf bitte des edlen mannes Hubert, der sie vom könige innehatte, geschenkt worden war, laut urk. Karls d. Einf. von 901, B. 1917, Bouquet 9, 491 n° 25. Sickel Reg. 378, act. dep. 3. **395**

Orléans, bistum.

Karl d. Gr. bestätigt die immunität mit königsschutz, laut urk. Ludwigs d. Fr. von 814 BM. 541 (522). Sickel Reg. 362, act. dep. 1. **396**

— St. Aignan, kloster s. St. Aignan.

Osnabrück, bistum.

Eine karolingische immunitätsurk., unbekannt welches ausstellers, ist benützt für die fassung der urk. Ottos I von 938 B.-Ottenthal 76, publ. nach dem neu aufgefundenen original Jostes, Die Kaiser- u. Königsurkunden des Osnabrücker Landes (Münster 1900) text 88 n° 9, Facs. 9, vgl. auch Stengel, Die Immunitätsurkk. der deutsch. Könige (Berl. Diss. 1902) 44.

Ota, gemahlin k. Arnolfs.

Arnolf schenkt den hof Brixen in der grafschaft Ratpods, laut urk. Ludwigs IV von 901, BM. 1997 (1945). **397**

Derselbe schenkt den hof Föhring, laut urk. Ludwigs IV, BM. 2015 (1961). **398**

Derselbe schenkt den hof Velden, laut urkk. Arnolfs von 899 und Ludwigs IV von 903 BM. 1955, 2012 (1903, 1958). **399**

St. Oyen-de-Joux s. St. Claude.

Padua, bistum.

Karl d. Gr. verleiht immunität mit königsschutz, laut urk. Ludwigs II von 855 BM. 1201 (1165); der aussteller „avus" Karolus kann versehen statt Ludwig, wie Mühlbacher l. c. meint, weil auch in der urk. Hugos und Lothars B. 1409 Karl als aussteller genannt wird. Sickel Reg. 378, act. dep. 1. **400**

Lothar I bestätigt besitz, immunität mit königsschutz, laut urk. Ludwigs II von 855, BM. 1201 (1165) und Hugos u. Lothars von 942, B. 1409. **401**

Päpste s. Benedikt III, Johann VIII, Nikolaus I, Stephan V.

Paris, bistum.

K. Pippin I bestätigt sämtlichen besitz und eximirt die auf kirchenland ansässigen dienstbaren freien von der heerfahrt, ausser wenn der bischof zu felde zieht, laut urk. Ludwigs d. Fr. von 819 BM. 704 (683). Sickel Reg. 378, act. dep. 1. **402**

Karl d. Gr. verleiht unter dem bischof Erchenrad (775-795) einen apennis, laut urk. Ludwigs d. Fr. von 820 BM. 730 (708). Sickel Reg. 378, act. dep. 4. **403**

Derselbe bestätigt sämtlichen besitz, laut urk. Ludwigs d. Fr. von 819, BM. 704 (683). Sickel Reg. 378, act. dep. 2. **404**

Derselbe — zollfreiheit in seinem reich, laut urk. Ludwigs d. Fr. von 814 BM. 538 (519). Sickel Reg. 378, act. dep. 3. **405**

Parma, bistum.

Karlmann schenkt den königshof in Parma mit den zugehörigen rechten, laut urkk. Karlmanns von 879 BM. 1543 (1501) und Ottos II von 981, MG. DD. 2, 298 n° 257. **406**

— kanoniker.

Karl III bestätigt den besitz und die immunität, laut urk. Berengars I von 921 B. 1367, Schiaparelli I dipl. di Berengario 346 n° 135 vgl. Mühlbacher, Wiener SB. 92, 482 N. 1. **407**

In BM. 1543, das wenigstens formell nicht unbedenklich ist, ist ferner die rede von urk. Karls d. Gr., Lothars und Ludwigs für das bistum vgl. Sickel Reg. 378, act. dep. 1.

Brand und verlust von urkk. wird wiederholt erwähnt in urkk. Berengars I, Schiaparelli l. c. 337, 339, 344, 346 n° 130, 131, 134, 135.

Passau, bistum.

Ludwig (d. D.?) schenkt besitzungen in der Wachau, laut urkk. Ottos I und II, B.-Ottenthal 556, MG. DD. 2, 36 nº 27. **408**

Erwähnt werden ferner, ohne dass mit bestimmtheit auf eine verlorene urk. geschlossen werden konnte: Schenkung Karls d. Gr. unter bischof Waldarich (774-804 oder 805, Hauck KG. 2², 794) in der fälschung auf den namen Ludwigs d. Fr. BM. 778 (753) B. — Immunitäten Karls d. Gr. und Ludwigs d. Fr. in urk. Ottos II von 976, MG. DD. 2, 151 nº 135. — Schenkung von Kremsmünster durch Ludwig d. D. und Arnolf in urk. Ottos II von 975, MG. DD. 2, 125 nº 111, vgl. Uhlirz in Mitt. des Inst. für öst. Gesch. 3, 202, 227.

Pavia s. S. Maria del Senatore, nonnenkloster.

Pfävers, kloster.

Karl d. Gr. }
Ludwig d. Fr. } bestätigt den besitz, immunität, königsschutz, freiheit der abtswahl und verbietet, klostergut zu leben zu geben, laut urkk. Lothars I von 840 BM. 1068 (1034), Ottos I von 950 und 962, B.-Ottenthal 184, 334. Ottos II von 972, MG. DD. 2, 33 nº 23. Sickel Reg. 366, act. dep. 1. Mühlbacher l. c. identifizirt die urk. Ludwigs d. Fr. mit BM. 892 (863), diese indes nach mitteilung H. Blochs an Mühlbacher eine moderne fälschung. **409. 410**

Piacenza, bistum.

Karl d. Gr. }
Lothar I } bestätigt (die urk. Karls d. Gr. auf bitte des bischofs Julianus [c. 780-808]) sämtlichen besitz und erteilt einen apennis, laut urkk. Ludwigs d. Fr. von 819 und Karls III von 881 BM. 690, 1616 (1573). Sickel Reg. 378, act. dep. 5.

Dieselben - jahrmarktsprivileg für 13. november samt zoll und fiskalabgaben, laut BM. 690, 1616 (1573) Sickel Reg. 378, act. dep. 3.

Dieselben - immunität mit königsschutz, laut BM. 690, 1616 (1573). Sickel Reg. 378, act. dep. 1. **411. 412**

Sickel Reg. 378, act. dep. 2 + 4 + 6 = urk. Ludwigs d. Fr. BM. 690 (neu gefunden). Da hier also für Ludwig d. Fr. alle diese verfügungen in einer urk. vereinigt erscheinen, so ist dasselbe wohl auch für Karl d. Gr. und Lothar I anzunehmen, obgleich der wortlaut der belegstellen dagegen spricht. Ich zähle daher nur zwei verlorene urkk., je eine für Karl d. Gr. und Lothar I. Die in der fälschung Karls III für Adelbert de Rizzoli erwähnten angeblichen verlorenen urkk. Karls d. Gr., Ludwigs d. Fr. (Sickel Reg. 378, act. dep. 7, 8), Lothars I, Ludwigs II für dessen vorfahren scheinen mir zu wenig verbürgt, um in diese liste aufgenommen zu werden.

St. Pierre au mont Blandin, kloster im gau Tournay.

Karl d. Gr. verleiht immunität mit königsschutz, laut urk. Ludwigs d. Fr. von 815 BM. 581 (561). Sickel Reg. 362, act. dep. 1. **413**

St. Pierre in Moissac, kloster am Tarn im gau von Quercy, diöz. Cahors.

Ludwig d. Fr. bestätigt die immunität mit königsschutz, laut bestätigungsurk. Pippins I von Aquitanien von 818 iuni 26. B. 2064, Bouquet 4, 663 nº 1. Sickel Reg. 376, act. dep. 1. **414**

S. Pietro in Brugnato, kloster.

Karl d. Gr. }
Ludwig d. Fr. }
Lothar I }
Ludwig II } bestätigt kulturland, genannt Accola am fluss Vara, laut urk. Karls III von 881, BM. 1615 (1572). **415. 416. 417. 418**

Karl d. Gr. }
Ludwig d. Fr. }
Lothar I } bestätigt den besitz und die immunität, laut urkk. Ottos III und Heinrichs II, St. 1072 und 1613, MG. DD. 2, 609 nº 201; 3, 367 nº 298. **419. 420. 421**

S. Pietro in Lodi Vecchio, kloster.

Ludwig d. Fr. (invokation und titel: In nomine domini nostri Iesu Christi dei aeterni, Hludovicus gratia omnipotentis sprechen für Ludwig II) wandelt die kanonikerkirche des h. Petrus in Lodi auf bitte des bischofs Raileti von Lodi (zwischen 827 und 837) und der kleriker Ambrosius und Guidester in ein kloster um; anno d. inc. 832 ind. X tempore Gregorii IV pp. (827-844) et Raileti episc. Laud., Vignati CD. Laud. 1, 7 N. nach Vairano Cronaca del mon. di S. Petro di Lodi Vecchio s. XIII. **422**

Ludwig d. Fr. bestätigt den besitz, Vignati CD. Laud. 1, 10 N. nach Vairano Cronaca. **423**

Karl III (Karolus divina favente clementia Romanorum (!) imperator etc.) bestätigt auf bitte des abts Leo die urk. seines vaters Ludwig und schenkt 50 joch landes vor den türen der klosterkirche; anno d. n. J. Chr. 880, ind. XIII tempore Joannis VIII et Gerardi episcopi, Vignati CD. Laud. 1, 10 N. nach Vairano Cronaca. **424**

Derselbe (mit demselben interpolirten titel) bestätigt auf bitte des abts Leo mit zustimmung des bischofs alle privilegien seiner vorgänger und schenkt die kapelle S. Raphaelis de Portatorio; anno d. n. J. Chr. 885 ind. III tempore Stephani pp. V et Gerardi episcopi, Vignati CD. Laud. 1, 12 N. 1 nach Vairano Cronaca. **425**

Derselbe (mit demselben interpolirten titel) bestätigt auf bitte des abtes Leo die privilegien seiner vorgänger und schenkt die zelle Maudricy und 100 joch landes zu Orio in der gegend von Susinate; ind. IV (also 886) tempore Stephani pp. V et Gerardi episcopi (877-885), Vignati CD. Laud. 1, 12 N. 1 nach Vairano Cronaca. **426**

Poitiers, klöster Heil. Kreutz und S. Radegund.

Karl d. Gr. } bestätigt die immunität mit königsschutz, laut bestätigungsurk. Ludwigs d. St. von 878, B.
Ludwig d. Fr. } 1836, Bouquet 9, 40 n° 8 und Carlomanns von 884, B. 1867, Bouquet 9, 433 n° 18. Sickel Reg. 364, act. dep. 1, 2. 427, 428

S. Polycarpe, kloster in Septimanien.

Ludwig d. Fr. verleiht (bestätigt?) unter abt Centullus immunität mit königsschutz, laut urk. Karls d. K. von 844, Bouquet 8, 465 n° 43 (nicht bei B.). Sickel Reg. 378, act. dep. 2; vgl. die fälschung auf den namen Karls d. Gr. BM. 306 (488), MG. DD. Kar. 1, 458 n° 305 (bei Sickel, Mühlbacher und in den MG. DD. Kar. ist die seitenzahl des regestes bei Mabillon zu 233 (nicht 251) zu verbessern). 429

Priwina, fürst vgl. BM. 1387.

Ludwig d. D. schenkt Pr. das ganze bisher zu lehen gehabte gebiet mit ausnahme des besitzes der Salzburger kirche zu eigen. Actum loco publico in Reganespurc a. d. 848 ind. XI sub die IV id. oct., laut Conversio Bagoariorum c. 12. MG. SS. 11, 13; das hier angegebene, der urk. fehlende inkarnationsjahr 848 ind. XI unrichtig berechnet und mit dem itinerar nicht vereinbar (Regensburg 847 okt. 12). vgl. Mühlbacher Reg. 1388 (1347)[d]. 430

Prüm, kloster.

Karl d. Gr. bestätigt das schon von k. Pippin geschenkte Rheinufer bei der villa Neckerau zur anlegung einer wehre und fischerei, laut urk. Ludwigs d. D. von 871 BM. 1485 (1443). Sickel Reg. 379, act. dep. 2. Ob auch eine verlorene urk. Pippins anzunehmen ist, steht nicht fest, da eine urk. nicht ausdrücklich erwähnt ist. 431

Derselbe gibt die konfiszirten villen Loiré (frz. dép. Maine-et-Loire, arr. Segré) und Catiaco (Chacé oder Chazé-Henry) in Anjou dem sie kraft erbrechts beanspruchenden abt Asoar von Prüm zurück, laut urk. Karls d. Gr. von 797, BM. 335 (326), über die lage der villen ib. Sickel Reg. 379, act. dep. 3. Vor 777. Asoar vergabt die villa Catiaco bereits 777 (nicht 787) an Prüm, Beyer Mittelrhein. UB. 1, 38 n° 34. Topographie in MG. DD. Kar. 1, 506, 519 unter Catiaco und Lauriaco. 432

Derselbe schenkt die gegen abt Asoar von Prüm gerichtlich erstrittene villa Loiré dem kloster, laut urk. Karls d. Gr. von 797 BM. 335 (326). Vor 777. Sickel Reg. 379, act. dep. 4. 433

Derselbe bestätigt dem abt Asoar von neuem (vgl. n° 432) die villa Catiaco als grossmütterliches erbgut zu eigen, laut urk. Karls d. Gr. von 797 BM. 335 (326). Vor 777. Sickel Reg. 379, act. dep. 5. 434

Karl d. Gr. } zollfreiheit, laut urk. Lothars I von 843 BM. 1115 (1081). Sickel Reg. 379, act. dep. 7, 8.
Ludwig d. Fr. } 435, 436

Ludwig d. Fr. schenkt die villa Madalbodi Spirarius seinem vasallen Baterich zu eigen, laut urk. Ludwigs d. Fr. von 834 BM. 930 (901). Sickel Reg. 379, act. dep. 9. 437

Derselbe schenkt die villa Villance in den Ardennen, laut urkk. Ludwigs d. Fr. von 839 und Lothars II von 864 BM. 995, 1305 (964, 1270). Sickel Reg. 379, act. dep. 10. 438

Lothar I schenkt an Hading besitz in der villa Borsu am fluss Solcione im gau Condroz, laut urk. Lothars I von 850 BM. 1145 (1111). 439

Purchard, getreuer.

Arnolf schenkt besitz zu Neuhofen im Traungau in Baiern, laut urk. Arnolfs von 888 BM. 1772 (1724). 440

Ranshofen, kapelle.

Arnolf dotiert die von ihm erbaute kapelle zu Ranshofen, laut urk. Arnolfs von 898 BM. 1946 (1895). 441

Ravenna, erzbistum.

Karl d. Gr. schenkt la metà della pesca della valle di Guarene, 787, laut hs. s. XVI über die rechtsverhältnisse von Comacchio, Misc. Ms. XIX n° 6 der bibl. com. von Ravenna (mitteilung Dr. L. M. Hartmanns). 442

Regensburg, St. Emmeram, bistum und kloster.

König Ludwig (d. D.) bestätigt mit papst Nikolaus I den königlichen und päpstlichen schutz *Fälschung* des 11. jahrh. vgl. meinen aufsatz: Zu den falschen Exemtionsprivilegien für St. Emmeram, N. Arch. 25, 629. 443

Reggio, bistum.

Karl d. Gr. } verleihen einen apennis, laut urk. Karls III von 882 BM. 1628 (1585), vgl. BM. 1064 (1029).
Ludwig d. Fr. } Sickel Reg. 379, act. dep. n° 2, 3. 444, 445

Ludwig d. Fr. } bestätigen die immunität mit königsschutz, laut urk. Karls III von 882 BM. 1628 (1585).
Ludwig II } Die urk. Ludwigs d. Fr. verzeichnet Sickel Reg. 379, act. dep. n° 4. Das von Sickel ib. n° 1 angenommene act. dep. wurde hier nicht aufgenommen, da keine urk. erwähnt ist. 446, 447

Reginbodo.

Ludwig IV bestätigt einen zwischen seinem getreuen Reginbodo und dem kloster Lorsch abgeschlossenen tauschvertrag, laut urk. Ludwigs IV BM. 2035 (1980). 448

Reichenau (Sindleozesauva mon.), kloster.

Karl d. Gr. bestätigt die von seinen vorfahren, den frankenkönigen verliehene immunität mit königsschutz und freier abtswahl, laut urk. Ludwigs d. Fr. von 815, Karls III und Ludwigs IV BM. 601, 1583, 2059 (581, 1541, 2002). Sickel Reg. 383, act. dep. 1. **449**

Karl d. Gr. verleiht zollfreiheit
Derselbe schenkt jährliche zinse aus Alemannien } laut urk. Karls III (fälschung mit benützung echter vorlagen, vgl. meine ausführungen in Mitt. d. Inst. 21, 32, 34). BM. 1746 (1699). Sickel Reg. 383, act. dep. 2, 3. **450, 451**

Ludwig d. Fr. schenkt abt Grimald besitz in den villen Altheim, Riedlingen, Waldhausen und Ostheim im Apphagau in Alamannien als freies eigen, laut urk. Ludwigs d. D. von 835, BM. 1357 (1318). Sickel Reg. 383, act. dep. 4. **452**

Karlmann schenkt grundstücke am Comersee, laut urk. Karls III (fälschung mit echten bestandteilen vgl. meine ausführungen in Mitt. d. Inst. 21, 70), BM. 1610 (1567). **453**

Ludwig d. D.
Karl III } schenken die höfe Bierlingen und Erchingen, laut urk. Arnolfs von 889 BM. 1833 (1784), vgl. 1800 (1752) schluss. Die urk. Karls III ist wohl identisch mit der in der urk. Chadolts von Novara, Brandi Reichenauer Urkundenfälschungen 121 n° 88 erwähnten, wonach Karl III die übertragung des hofes Erchingen durch Chadolt bestätigt. **454. 455**

Karl III vergabt den hof Erchingen an bischof Chadolt von Novara (auf fürsprache seines bruders, des erzkaplans Liutward, nach urk. Chadolts von Novara, Fickler Quellen u. Forsch. Urk. 6, Brandi Reichenauer Urkundenfälschungen 121 n° 88) mit der bestimmung, dass derselbe nach dessen tode an das kloster Reichenau falle, laut urk. Arnolfs von 888 BM. 1800 (1752). **456**

Ferner lassen sich aus resten von originalen folg. urkk. konstatiren, die allerdings z. t. mit früher verzeichneten urkk. identisch sein könnten:

Ludwig d. D. (843-858), reskribirt für BM. 1748 (1701). **457**

Derselbe (854-859), reskribirt für BM. 478 (465) vgl. meine ausführungen in Mitt. d. Inst. 21, 79 und MG. DD. Kar. 1, 426 n° 285. **458**

Karl III, wahrscheinlich von 878, reskribirt für BM. 1674 (1630). **459**

Derselbe, 887 juli-sept., reskribirt für BM. 162 (158) vgl. meine ausführungen in Mitt. d. Inst. 21, 41 und MG. DD. Kar. 1, 299 n° 223. **460**

Derselbe, wahrscheinlich vom 17. nov. 887, reskribirt für BM.^{2} 231, vgl. MG. DD. Kar. 1, 318 n° 232. **461**

Arnolf, nach echtem siegel an der augebl. urk. des abtes Walafrid, Brandi Reichenauer Urkundenfälschungen 55, 121 n° 92. **462**

Reims, erzbistum.

Die hausmeier Karlmann
Pippin } empfehlen bischof Abel (744-c. 748) für das pallium an papst Zacharias, laut Flodoard Hist. Rem. II 17, MG. SS. 13, 462. **463. 464**

Karlmann, sohn Pippins, bestätigt unter erzbischof Tilpin (c. 748-795) nach vorlage der immunitätsurkunden seiner vorgänger die immunität; a. reg. 1 = 769; laut Flodoard Hist. Rem. II 17, MG. SS. 13, 464; Sickel Reg. 379, act. dep. 1. **465**

Derselbe verleiht unter erzbischof Tilpin zollbefreiung; postea, also 770-771, laut ders. quelle. Sickel Reg. 379, act. dep. 2. **466**

Derselbe erteilt unter erzbischof Tilpin eine urk. über die brücke Binson (Arrond. Reims), laut ders. quelle. Sickel Reg. 379, act. dep. 3. **467**

Derselbe verleiht unter erzbischof Tilpin einen apennis, laut ders. quelle. Sickel Reg. 379, act. dep. 4. **468**

Derselbe erlässt unter erzbischof Tilpin den in der villa Iuvigny (dép. Aisne, arrond. Soissons) auf dem boden der Reimser kirche sitzenden milites omnem exactionem militiae, laut ders. quelle. Sickel Reg. 379, act. dep. 5. **469**

Karlmann erlässt unter erzbischof Tilpin den milites der Reimser kirche in Cruciniaco (Crugny, Marne), Curba villa (Courville, Marne) vel in omni pago Tardonisse omnem exactionem militiae, laut ders. quelle. Sickel Reg. 379, act. dep. 6. Topographie Longnon Atlas hist. text 120, 176, MG. SS. 13 Index. **470**

Derselbe schenkt unter erzbischof Tilpin die villa Neuilly-St.-Front (dép. Aisne, arrond. Château-Thierry) als begräbnisstätte für sich; ante obitum suum (scil. Carlm.) = 771, laut ders. quelle und Hincmar De villa Novilliaco, MG. 15, 1167. Sickel Reg. 380, act. dep. 7. **471**

Karl d. Gr. bestätigt unter erzbischof Tilpin nach dem muster früherer könige die immunität, laut Flodoard Hist. Rem. II 17, MG. SS. 13, 465. Sickel Reg. 380, act. dep. 8. **472**

Derselbe empfiehlt den erzbischof Tilpin bei papst Hadrian für das pallium, laut Flodoard Hist. Rem. II 17 MG. SS. 13, 465. **473**

Derselbe erteilt unter erzbischof Tilpin ein praeceptum de militibus pagi Tardunensis nach art der verleihung seines bruders Karlmann (n° 470), laut Flodoard Hist. Rem. II 17, MG. SS. 13, 465. Sickel Reg. 380, act. dep. 9. **474**

Reims, erzbistum.

Karl d. Gr. erteilt unter erzbischof Tilpin einen apennis, laut Flodoard Hist. Rem. II 17, MG. SS. 13, 465. Sickel Reg. 380, act. dep. 10. 475

Derselbe bestätigt unter erzbischof Tilpin die von seinem bruder Karlmann geschenkten villen Noviliacum (Neuilly-St.-Front) und Bibriliacum; post Carlom. obitum — nach 771, laut Flodoard Hist. Rem. II 17, MG. SS. 13, 465 und Hincmar De villa Noviliaco MG. SS. 15, 1167. Sickel Reg. 380, act. dep. 11. 476

Ludwig d. Fr. bestätigt auf bitte des erzbischofs Wulfarius (c. 804-816) der kirche von Reims und dem kloster S. Remy die von Karl d. Gr. verliehene immunität, laut Flodoard Hist. Rem. II 18 MG. SS. 13, 466. Sickel Reg. 380, act. dep. 12. 477

Derselbe bestätigt zwischen erzbischof Ebo (816, abgesetzt 835, 840 wieder eingesetzt, -841) und anderen abgeschlossene tauschverträge, laut Flodoard Hist. Rem. II 9, MG. SS. 13, 467. Sickel Reg. 380, act. dep. 13; ein lebensbild Ebos von Wermingboff in der Allg. Deutschen Biogr. 48, 242. 478

Derselbe befiehlt unter erzbischof Ebo dem grafen Rotbert, den von einigen gefährdeten besitz der kirche zu schützen, laut Flodoard Hist. Rem. II 19, MG. SS. 13, 467. Sickel Reg. 380, act. dep. 14. 479

Derselbe bestätigt auf bitte des erzbischofs Ebo die von früheren königen verliehene immunität, laut Flodoard Hist. Rem. II 19, MG. SS. 13, 470. Sickel Reg. 380, act. dep. 15. 480

Derselbe verleiht unter erzbischof Ebo eine urk. über die brücke Binson, zölle und sonstige öffentliche leistungen, laut Flodoard Hist. Rem. II 19, MG. SS. 13, 470, vgl. n° 467. Sickel Reg. 380, act. dep. 16. 481

Derselbe verleiht unter erzbischof Ebo einen apennis, laut Flodoard Hist. Rem. II 19, MG. SS. 13, 470. Sickel Reg. 380, act. dep. 17. 482

Derselbe und Lothar I erteilen unter erzbischof Ebo ein praeceptum de villa Sparnaco (Épernay, Marne, Longnon Atlas hist. text 203), laut Flodoard Hist. Rem. II 19, MG. SS. 13, 470. Sickel Reg. 380, act. dep. 18. 483

Ludwig d. Fr. schenkt auf intervention des Higo an Donatus, der früher die villa Neuilly-St.-Front (Noviliacum) zu lehen gehabt hatte, quasdam colonias de villa Noviliaco quasi de fisco regis, laut Hincmar De villa Noviliaco, MG. SS. 15, 1168. Sickel Reg. 380, act. dep. 19. vgl. n° 471. 484

Lothar I restituirt unter erzbischof Hincmar (845-882) besitzungen in Meuravallis (Menneville?), Termedo (Termes) und Roserolis, welche der kirche zur zeit Karls d. Gr. vom fiskus entfremdet worden waren, laut Flodoard Hist. Rem. III 10, MG. SS. 13, 483; zur topographie vgl. ib. 485

Derselbe erteilt erzbischof Hincmar einen empfehlungsbrief an papst Leo IV, laut Flodoard Hist. Rem. III 10, MG. SS. 13, 483. 486

Derselbe schreibt an papst Leo IV pro sinodalibus diffinitionibus, de ordinatis ab Ebone post suam depositionem a sede apostolica confirmandis et quibusdam privilegiis eidem Hincmaro sedique Remensi concedendis, laut Flodoard Hist. Rem. III 10, MG. SS. 13, 483. Aus d. jahre 855, vgl. ib. 487

Ludwig d. D. restituirt unter erzbischof Hincmar (845-882) güter im Wormsgau, im Wasgenwald und zu Schönstedt und Helisleba in Thüringen und Austrasien, 845-876, laut Flodoard Hist. Rem. III 10, MG. SS. 13, 484, vgl. Dobenecker Reg. Thur. 1, 56 n° 253. Mühlbacher 1702 (1657) schluss und 1689 (neu). 488

Richard, türwart Ludwigs d. Fr. s. Prüm.

Ridigippi, kloster.

Ludwig d. D. genehmigt die stiftung des klosters R., das bischof Hildigrim (von Halberstadt 853-886) auf erbgut erbaut hatte, mit zustimmung anderer bischöfe, laut urk. Arnolfs BM. 1806 (1758). 489

Römer, die.

Kaiser Ludwig II belobt alle Römer anlässlich der wahl des papstes Hadrian II (867 nov.), worüber ihm das wahldekret zugesandt worden war, laut V. Hadriani II c. 8, Duchesne Lib. pont. 2, 175 c. 8, vgl. BM. 1239 (1205)[g]. 490

Römische kirche.

K. Pippin verleiht das kloster des h. Andreas am Monte Soracte, laut Cod. Carol. n° 42 ed. Jaffé u. MG. Epp. 3, 554 c. 766, erwähnt BM 236 (227). Sickel Reg. 380, act. dep. 3. 491

Karl d. Gr. schenkt das territorium Sabinense (Sabina) unter papst Hadrian I, 781, belege bei BM. 235 (226)[b]. Sickel Reg. 380, act. dep. 5. 492

Derselbe bestätigt unter papst Hadrian die jährlichen vom langobardischen Tuszien und dem herzogtum Spoleto an die pfalz des langobardenkönigs zu leistenden abgaben, laut urk. Ludwigs d. Fr. von 817 BM. 643 (622); vielleicht aus d. j. 781, Ficker Forschungen 2, 348. 493

Derselbe schenkt beneventanische und tuszische städte, 787, belege bei BM. 286 (277)[b]. Sickel Reg. 380, act. dep. 6. 494

Ludwig d. Fr. schenkt ein fiskalgut, 816, belege bei BM. 633 (613)[a]. Sickel Reg. 380, act. dep. 8. 495

Römische kirche.

Ludwig d. Fr. erneuert unter papst Stephan V das pactum mit der röm. kirche, 816, belege bei BM. 633 (613)[a]. Sickel Reg. 380, act. dep. 7. **496**

Die übrigen verlorenen urkk. sind in den reg. unter selbständigen nummern (BM. 74, 82, 163 (72, 80, 159) verzeichnet und im empfängerregister unter dem namen des papstes enthalten. Zu vgl. sind unter den belegen noch die urk. Ottos I von 962, B.-Ottenthal 311 und Heinrichs II ohne dat., MG. DD. 3, 512 nº 427.

Ruotpert.

Kaiser Arnolf schenkt güter in Riammas (Reams) in Churrätien und an anderen orten, BM. 2020 (1966)[a]. **497**

S. Salvatore in Brescia, kloster.

Lothar I schenkt den hafen (portus, ? fähre, vgl. Waitz VG. 8, 299) von Piacenza zur bekleidung der nonnen, laut urk. Lothars III von 1136 St. 3334. Da in der urk. Lothars I für seine tochter Gisla BM. 1147 (1113) bei aufzählung der klosterbesitzungen dieser besitz zwar angeführt wird, aber ohne nennung des zweckes der schenkung, ist anzunehmen, dass darüber ein eigenes diplom ausgestellt worden ist. **498**

Lothar I } Ludwig II } treffen verfügungen über die bezüge der nonnen (stipendia sororum), laut urkk. Lothars I und Ludwigs II von 851, Ludwigs II von 860, BM. 1147, 1220 (1113, 1186). **499. 500**

Nach BM. 1545, 1698 (1503, 1565) scheinen auch immunitätsurkk. Lothars I und Lothars II verloren gegangen zu sein. In der bestätigung Karls V von 1543, notizblatt der Wiener Akad. 1, 102 werden folgende diplome verzeichnet: 1) Karoles M. anno 801, 2) item 802, 3) Ludovicus anno 862 (?), 4) Lotharius 837, 5) Ludovicus Lothariusque 847, Gisele ipsius Ludovici filie et abbatisse.

Salzburg, erzbistum.

Karl d. Gr. verleiht immunität mit königsschutz, laut urkk. Ludwigs d. Fr. von 816 und Ludwigs d. D. von 837 BM. 606, 1362 (586, 1323). Sickel Reg. 372, act. dep. 1, vgl. Hauck KG. 2[a], 222 nº 1. **501**

Ludwig d. Fr. bestätigt sämtlichen in deren gewere befindlichen besitz, laut urk. Ludwigs d. D. von 837 BM. 1363 (1324). Sickel Reg. 372, act. dep. 2. **502**

Die in DD. O. II 165 und 275, MG. DD. 2, 186, 319 erwähnten königlichen schenkungen von Moosburg und Pettau sind zu wenig beglaubigt, um mit Sickel N. Arch. 1, 416 verlorene urkk. annehmen zu können, da die vorurk. für diese diplome, die urk. Arnolfs BM. 1850 (1801) eine fälschung ist, und weil urkunden über diese schenkungen nicht ausdrücklich erwähnt werden, ebenso auch nicht über die schenkung Konrads I an den chorbischof Gotapert, Juvavia Anh. 125.

Schuttern (Offoniswilare super fluvium Scuttera), kloster.

Karl III immunität, laut urk. Ottos II von 975 und Heinrichs II von 1009, MG. DD. 2, 136 nº 122[a]; 3, 245 nº 209. In beiden ist zwar nur allgemein von vorurkunden der reges et imperatores Francorum die rede, aber die fassung weist in bestimmterer weise, wie Bresslau-Bloch MG. ib. nachweisen, auf eine verlorene immunität Karls III hin, vgl. auch Stengel, Die Immunitätsurk. der deutschen Könige (Berl. Diss. 1902) 8. **503**

Seben, bistum.

Karl d. Gr. verleiht immunität und königsschutz, laut urk. Konrads I von 916, BM. 2100 (2041) und Ottos II von 978, MG. DD. 2, 203 nº 178. Sickel Reg. 383, act. dep. 1. **504**

Ludwig d. Fr. } Arnolf } bestätigen die immunität mit königsschutz, laut urkk. Ludwigs IV von 909, Konrads I von 916, BM. 2057, 2100 (2000, 2041) und Ottos II von 978, MG. DD. 2, 213 nº 178. Sickel Reg. 383, act. dep. 2. **505. 506**

St. Seine, kloster.

Ludwig d. Fr. weist für den unterhalt der mönche güter in den gauen Mémontois, Beaune, Châlon s. S., Sens an und bestimmt, dass sie von keinem abte gemindert, verliehen oder vertauscht werden dürfen, laut urk. Karls III von 886 BM. 1724 (1678). **507**

Seligenstadt, kloster.

Ludwig d. Fr. immunität. benützt für die fassung der bestätigungsurk. Heinrichs III von 1045, Stumpf 2286, vgl. Stengel Die Immunitätsurk. der deutsch. Könige (Berl. Diss. 1902), 11. **508**

Sens, erzbistum.

Karl d. Gr. bestätigt die seit alter zeit besessene immunität mit königsschutz und verleiht einen apennis. Sickel reg. 383, act. dep. 1. **509**

Ludwig d. Fr. bestätigt die immunität mit königsschutz. Sickel Reg. 385, act. dep. 2. **510**

Derselbe schenkt das kloster S. Colombe. Sickel Reg. 383, act. dep. 3; sämtlich laut urk. Ludwigs d. Fr. von 826 BM. 829 (770), vgl. Chr. s. Petri Sen. Bouquet 6, 236. **511**

Ludwig d. Fr. erteilt Sens dieselbe vollmacht zur freilassung von hörigen ad gradus ecclesiasticos wie in BM. 736 (712) an Besançon, in BM. 774 (749) an Salzburg, laut Form. Sen. rec. 9, MG. Form. 215 (Hludowici augusti auctoritate, quae Senonis in arcibo ecclesiae episcopii servatur). Sickel Reg. 383, act. dep. 4. **512**

Sesto, kloster in Friaul.

Karl d. Gr. verleiht immunität und freie abtswahl, laut urkk. Lothars I von 830, Ludwigs II von 865 BM. 1028 (995), 1231 (1197) und Berengars I von 888, Schiaparelli I dipl. di Berengario I 8 n° 2; die erhaltene immunität BM. 183 (179) ist eine fälschung ohne echte vorlage vgl. auch MG. DD. Kar. 1, 468 n° 311. Sickel Reg. 383, act. dep. 1. 513

Karl III bestätigt die immunität mit freier abtswahl, laut urk. Berengars I von 888, Schiaparelli I dipl. di Ber. I 8 n° 2. 514

Sesto, kloster bei Lucca.

Nach Bethmann Arch. 12, 712 sind folgende unverbürgte Karolinger urkk. mit zum teil unmöglichen datirungsangaben zitirt in einer hs. der bibl. zu Lucca (Sign. K. 4 Bernh. Baroni notatorio degli archivi di Luca):

„Karl d. Gr. 803 für Sesto, Pacch. di S. Ponziano segn. Sesto, e il dipl. dicesi essere in Tarpea;
Lothar für Sesto, Lodi 849, Pacch. di S. Ponziano segn. Sesto, e il dipl. dicesi essere in Tarpea;
Ludwig 871 okt. 18, für die kirche von S. Vultus, arch. episc. plut. 7;
Konrad I 915 juli 1, für Sesto, Pacch. di S. Ponziano segn. Sesto, e il dipl. dicesi essere in Tarpea."

Ib. 12, 716 gleichfalls aus einer hs. der bibl. in Lucca mss. 228 (Notice sull abadia di Sesto, corato da un ms. presso il Sgr. Santini):

„Lothar bestätigt die privilegien 826 dez. 6, Masellis anno imp. 2;
Ludwig II bestätigt die privilegien 868 april 3;
Conradus imperator bestätigt die privilegien 913 sept. 1, Parisiis anno 4."

Seufred, bischof von Piacenza.

Ludwig II schenkt seinen hörigen Isembald, laut urk. Ludwigs II von 852, BM. 1188 (1153). 515

Sighard, graf.

Arnolf schenkt besitz im Chiemgau in der grafschaft Sigihards, laut urk. Ottos I von 946, B.-Ottenthal 136. 516

Sintpert, bischof von Augsburg und abt von Murbach.

K. Karl d. Gr. erteilt eine urkunde (beneficium auctoritate antecessorum nostrorum confirmatum huic ecclesiae deinceps per nostram auctoritatem maneat inconcussum), laut notiz des Augsburger chronisten Sigmund Meisterlin, Bulletin de la Soc. pour conservation des monum. hist. d'Alsace II sér. XIV, 181. Vielleicht identisch mit n° 49. Über Sintpert vgl. Hauck KG. 2², 454. 517

Sisteron, bistum.

Karl d. Gr. überträgt unter bischof Johannes (c. 812) das castrum de Lurio, laut notiz bei Columbi Opuscula varia (1668) 101. Sickel Reg. 384, act. dep. 1, hier auch über die gesch. des archivs, das jetzt ganz verschollen ist. 518

Sitten, bistum.

Karl d. Gr. verleiht rechte und freiheiten, laut urk. Karls V von 1521 febr. 28. Chmel Notizenblatt 1, 225. Hinweis von A. Dopsch. 519

Snello, abt von Kremsmünster.

Arnolf schenkt besitz zu Neuhofen im Traungau in Baiern, laut urk. Arnolfs von 888 BM. 1772 (1724). 520

Solignac (Solemniacum mon.), kloster.

Pippin I } immunität mit königsschutz, laut urk. Ludwigs d. Fr. von 817, BM. 655 (641). Sickel Reg. 384,
Karl d. Gr. } act. dep. 1, 2. 521. 522

Spanier.

Es sind nach der urk. Ludwigs d. Fr. von 816 BM. 608 (588) verlorne diplome Karls d. Gr. und Ludwigs d. Fr. anzunehmen, da die zahl der an einzelne Spanier erteilten urkundlichen landschenkungen und besitzbestätigungen nicht gering gewesen sein kann, uns aber nur wenige wie BM. 328, 558, 567 überliefert sind. Sickel Reg. 371, act. dep. 1. 523

Speier, bistum.

Pippin erlässt alle fiskalabgaben, laut urk. Karls d. Gr. von 782, BM. 254 (245), MG. DD. Kar. 1, 194 n° 143, urk. nicht ausdrücklich erwähnt. Sickel Reg. 384, act. dep. 1. 524

Stablo-Malmedy, kloster.

Pippin der Mittlere schenkt die villa Lierneux, laut urk. Karlmanns von 747, BM. 51 (49). 525

Karl d. Gr. } bestätigen das recht der freien abtswahl, laut urk. Ottos II von 980, MG. DD. 2, 248 n° 219
Ludwig d. Fr. } (urk. nicht ausdrücklich erwähnt). 526. 527

Lothar I bestätigt den besitz, laut urk. Ludwigs d. D. von 873, BM. 1494 (1452). 528

Lothar II bestätigt die freiheit der abtswahl, benützt für die urk. Ottos I, MG. DD. 1, 248 n° 167. 529

Stephan V, papst.

Karl III schreibt, dass er am 30. april einen reichstag (placitum) halten werde und bittet um abordnung päpstlicher legaten, laut antwortschreibens Stephans V von 887, Jaffé Reg. pont. 2. ed. 3428 vgl. N. Arch. 5, 412; 7, 159. Anzusetzen 887 vor märz 30, da an diesem tage das kaiserliche schreiben dem papst bereits zugekommen war. Gemeint ist die reichsversammlung zu Weiblingen, BM. 1748 (1701)ª. 530

Strassburg, bistum.

Ludwig d. Fr. — immunität mit königsschutz, laut urk. Ludwigs d. D. von 856 BM. 1416 (1375). 531

Sublaco, kloster S. Benedikt und Scholastica.

Karl (d. Gr.) bestätigt den besitz, laut urk. Ottos I von 967, B.-Ottenthal 441. Vielleicht identisch mit dem im chron. Subl. s. XIV, Muratori Ant. 4, 1061 erwähnten »privilegium«, dieses verzeichnet bei Sickel Reg. 384, act. dep. 1. 532

Suppo, markgraf.

Karlmann
Karl III (imperator senior; d. K.?) } bestätigt die von k. Ludwig II (BM. 1243 [1209]) geschenkten höfe Fellinas und Malliaco in der grafschaft Parma im gastaldat Bismentova, laut urk. k. Berengars I von 890, B. 1294, Schiaparelli I diplomi di Berengario I 34 n° 8. Zur topographie vgl. BM. 1243 (1209). 533. 534

Tegernsee, kloster.

Pippin
Karl d. Gr.
Ludwig d. Fr.
Karlmann } privilegien (immunität und königsschutz), laut urk. Ottos II von 979, MG. DD. 2, 220 n° 192, papst Eugens III von 1150, Jaffé 2. ed. 9411 (6536). Sickel Reg. 384, act. dep. 1. 2. 3. 535. 536. 537. 538

Teramo (episcopatus Aprutianus).

Karl III (?) schenkt den hof Musiano mit zubehör der kirche der h. Maria und des h. Flavianus, laut placitums der missi des kaisers Lambert, Leudericus und Giso von 897 (auf klage des bischofs Johannes), Ughelli Italia sacra 1, 347. Nach Gams 932, 879-897 ein bischof Johannes. Über die episcopatus Aprut. vgl. auch Cappelletti, Le chiese d'Italia 21, 427-433, Nic. Palma, Storia eccl. e civile della regione piu settentrionale del regno di Napoli (Aprutium) oggi città di Teramo e diocesi Aprutina, 6 vol., Teramo 1832—36. 539

Thiethard.

Arnolf schenkt besitz zu Rohrbach im Traungau, laut urk. Arnolfs von 891, BM 1869 (1818). 540

Thietheim, getreuer.

Karl III urk., laut bestätigung k. Widos von 892, Dümmler Gesta Berengarii 180 n° 10 (der druck dieser urk. De Dionysiis De Aldone et Notingo 92 mir nicht zugänglich). 541

Toul, bistum.

K. Pippin verleiht unter bischof Godo (vgl. Hauck KG. 2^2, 51 n. 4, 792) immunität und einen apennis, laut Hugonis chron. I. MG. SS. 8, 341. 542

Pippin I schenkt unter bischof Jakob (erwähnt 762, vgl. Hauck KG. 2^2, 51 n 4, 792) die abtei S. Dié, laut urk. Ottos II von 975, MG. DD. 2, 113 n° 99 de qua tamen adhuc temporis praefati (scil. Pippini) regis praeceptum pro testimonio in ipsa urbe retineatur, vgl. Gesta episc. Tull. MG. SS. 8, 637 c. 23. 543

Karl d. Gr. schenkt unter bischof Borno (nachweisbar 788, vgl. Hauck KG. 2^2, 792) die abtei Odonville-sur-la-Plaine und erteilt einen apennis, laut Gesta episc. Tull. MG. SS. 8, 637 c. 24. Sickel Reg. 385, act. dep. 1. 544

Ludwig d. Fr. und Lothar verleihen immunität unter bischof Frotarius (geweiht 813, gestorben zw. 845-48, Hauck KG. 2^2, 792) und einen apennis, laut Gesta episc. Tull. c. 26, MG. SS. 8, 637, Sickel Reg. 385, act. dep. 2. 545

Zwentibold bestimmt unter bischof Ludhelm (895-906, Hauck KG. 2^2, 792, BM. 2036) silvam ecclesiae S. Stephani sitam in Gundulfi villa (Gondreville) liberam esse ab omni banno et homines S. Stephani esse liberos a custodia forestis eiusdem villae, laut Gesta episc. Tull. c. 29, MG. SS. 8, 638. 546

Ludwig d. K. verleiht unter bischof Ludhelm (895-906) immunität, münze, markt und zoll in der stadt, laut Gesta episc. Tull. c. 29, MG. SS. 8, 638. 547

Bei anderen in den Gesta episc. Tull., in Hugonis chron. und sonst erwähnten verfügungen von Karolingern ist unsicher, ob darüber DD. ausgestellt wurden oder sie sind zu wenig verbürgt, vgl. auch Sickel Reg. 385.

Toulouse, bistum mit St. Maria (La Daurade) und St. Saturnin, klöster in Toulouse.

Ludwig d. Fr. verleiht nach dem muster seiner vorgänger der kirche mit den klöstern La Daurade und St. Saturnin immunität, laut urk. Karls d. K. von 843, B. 1540, Bouquet 8, 439 n° 15. Sickel Reg. 384, act. dep. 1. 548

Tours, kanonikerstift St. Maur.

Ludwig d. Fr. — immunität, laut urk. Karls III von 886 BM. 1730 (1683). Sickel Reg. 375, act. dep. 1. 549

Trier, erzbistum.

K. Pippin bestätigt die lange besessene immunität für ihre besitzungen diesseits und jenseits des Rheins und der Loire, laut urk. Karls d. Gr. von 772 BM. 145 (142), MG. DD. Kar. 1, 95 n° 66, vgl. auch die urkk. Ottos II von 973 und Ottos III von 988, MG. DD. 2, 61, 453 n° 52, 51. Die erhaltene immunitätsurk. Pippins ist eine fälschung aus dem ende des 10. jahrh., vgl. BM. 93 (90), MG. DD. Kar. 1, 50 n° 36. Sickel Reg. 384, act. dep. 1. 550

Trier, erzbistum.

Karl d. Gr. urk. unbekannten inhalts aus den letzten regierungsjahren, vgl. MG. DD. Kar. 1, 305. Aus BM. 389 (382) (vgl. auch die urk. Ottos I von 949 B.-Ottenthal 175) ist kein echtes dep. mit wahrscheinlichkeit anzunehmen, MG. DD. Kar. 1, 392. 551

Karl d. Gr. / Ludwig d. Fr. } bestätigen die abtei Mettlach, laut urk. Lothars I von 842 und Karls III von 884 BM. 1092, 1686 (1058, 1642). Sickel Reg. 384, act. dep. 2, 3. 552. 553

Ludwig IV bestätigt die abtei S. Servatius zu Mastricht, laut urk. Ottos I von 945, B.-Ottenthal 129 = Ottos III von 993, MG. DD. 2, 531 n° 119. 554

— kanoniker.

Ludwig III schenkt die villa Méry in der grafschaft Verdun, laut urk. Arnolfs von 894 BM. 1896 (1845). 555

Triest, bistum.

Karl III — urk. unbekannten inhalts, wahrscheinlich von 884, benützt für eine reskribirte urk. Berengars I von 911, Schiaparelli I diplomi di Berengario I 387 n° 10, vgl. Mühlbacher Wiener SB. 92, 503. 556

Urgel (Orgelitana eccl.), bistum.

Karl d. Gr. / Ludwig d. Fr. } bestätigt pfarreien, laut urk. Ludwigs d. Fr. von 835 BM. 939, vgl. die fälschung BM. 950 (919) und Sickel Reg. 427 anm. Sickel Reg. 378, act. dep. 1, 2. 557. 558

Ludwig d. Fr. (als könig von Aquitanien, also zwischen 781-814) schenkt dem bischof Possedonius von Urgel einige wüste orte zur erbauung von klöstern, laut urk. Ludwigs d. Fr. von 823 BM. 775 (750), wo von quaedam praeceptiones, also von mehreren diplomen die rede ist. Sickel Reg. 378, act. dep. 3. 559

Utrecht (Tralect. eccl.), bistum.

Hausmeier Pippin / Karl / Karlmann } schenkt (bestätigt) den zehnten vom fiskalgut und den fiskalabgaben, laut urkk. k. Pippins von 753, Karls d. Gr. von 769, BM. 70, 132 (68, 129), MG. DD. Kar. 1, 6, 82 n° 4, 56. 560. 561. 562

Ludwig d. Fr. bestätigt immunität mit königsschutz, laut urkk. Lothars I von 845, Ludwigs d. D. von 854 BM. 1119, 1408 (1085, 1367), Heinrichs I und Ottos I von 937, B.-Ottenthal 32, 75. Sickel Reg. 384, act. dep. 1. 563

St. Vannes in Verdun, kloster.

Plektrud (gemalin Pippins d. Mittleren) schenkt den ort Cumières, laut urk. Pippins d. Mittl. von 702, M. 10 vgl. auch Bloch in Jahrb. für lothring. Gesch. 10, 377. 564

Vercelli, bistum.

Ludwig (II) schenkt den hof Canaun, laut urk. Ottos III von 990, MG. DD. 2, 750 n° 313. 565

Verdun, bistum.

Karl Martell schenkt unter bischof Peppo (716-722 (?), Gams 652) Pierrepont (Pontem Petrium) (scripto suo eam solidavit), laut Gesta episc. Virdun. auct. Bertario c. 11, MG. SS. 4, 43, nach 717 (postquam Karolo deus solidavit Francorum regnum, nach der niederlage der Neustrier. Für die an ders. stelle erwähnte erwerbung der villa Calmons durch Peppo von K. Martell ist keine urk. erwähnt. 566

K. Pippin bestätigt unter bischof Madalveus (nachweisbar c. 762, gest. 769 (?) Hauck KG. 2², 51 n. 5, 792) mehrere, zum teil genannte besitzungen, laut Hugonis chron. I MG. SS. 8, 342. Sickel Reg. 385, act. dep. 1. 567

Ludwig III schenkt unter bischof Dado den fiskus Meinrad für den bedarf seiner kirche, laut Gesta episc. Virdun. c. 20, MG. SS. 4, 45, vgl. Dümmler, Gesch. d. ostfränk. Reiches 2. A. 2, 134 N. 1. 568

Arnolf schenkt die abtei Montfaucon in der grafschaft Dormois, laut Memorial des bischofs Dado, MG. SS. 4, 38, — 893 oder früher, vgl. BM. 1883 (1832)[a]. 569

[a] Für die schenkung Lothars II an bischof Hatto, betreffend Marcelliacum fiscum et Arbereivillam et Maureium ad opus fratrum, erwähnt Gesta episc. Vird. c. 18, MG. SS. 4, 45 vgl. 37, ist keine urk. genannt.

Verona s. S. Fermo in Verona.

S. Vincenzo am Volturno, kloster.

Karl d. Gr. bestätigt den vom langobardenkönig Desiderius geschenkten besitz in der villa Trita im gerichtsbezirk Balva, laut urkk. Karls d. Gr. (von 787) und Ludwigs d. Fr. von 816, BM. 291 (282), MG. DD. Kar. 1, 216 n° 159 und BM. 616 (596), vgl. chron. Vulturn. Muratori SS. 1^b, 402. Sickel Reg. 385, act. dep. 1. 570

Lothar I bestätigt sämtlichen in Italien gelegenen besitz, laut urkk. Hugos und Lothars von 941 B. 1407 = Berengars II und Adalberts von 951 B. 1433 = Ottos I von 962, B.-Ottenthal 326 = Ottos II von 981, MG. DD. 2, 285 n° 251 = Heinrichs II von 1014, ib. 3, 340 n° 286. Vielleicht gleichzeitig mit der urk. für Montecassino von 835 febr. 21 BM. 1047 (1013) — BM. 1048 (1014) ist eine fälschung mit benützung dieser — ausgestellt, vgl. MG. DD. Kar. 1, 495. 571

Ludwig d. Fr. / Ludwig II } verleiht (bestätigt) das inquisitionsrecht, laut placitums von 854, Chron. Vultur. Muratori SS. 1^b, 398 vgl. Brunner in Wiener SB. 51, 430 und das D. Heinrichs II von 1014, MG. DD. 3, 341 n° 286. Sickel Reg. 385, act. dep. 2. 572. 573

Vivarium peregrinorum s. Murbach.

Volterra, bistum.

Karl d. Gr. verleiht immunität mit königsschutz, laut urkk. Ludwigs d. Fr. von 821 = Lothars I von 845, Ludwigs II von 874 BM. 745, 1123, 1273 (720, 1089, 1238), vgl. die urk. Ottos I von 966, B.-Ottenthal 438. Sickel Reg. 385, act. dep. 1. (Sickel 2, inzwischen gefunden, = BM. 745 [720]). 574

Lothar I verleiht dem bischof Petrus (826-845, Gams 763) die märkte S. Silvestro und S. Ottaviano, laut urk. Ludwigs II von 851, BM. 1182 (1147). 575

St. Wandrille (Fontanell. mon.), kloster.

Karl d. Gr. bestätigt die von seinen vorfahren, den frankenkönigen verliehene immunität mit königsschutz, laut urk. Ludwigs d. Fr. von 815 BM. 594 (574). Sickel Reg. 367, act. dep. 2. Sickel l. c. 1 = BM. 69 (67). Zur gesch. des klosters vgl. Hauck KG. 1[4], 281, 393. 576

Karl d. Gr. (imperator) restituirt auf bitte des abtes Gervold (787-806) allen dem kloster unrechtmässig entfremdeten besitz, laut Gesta abb. Font. MG. SS. 2, 292. — 801-806, vgl. zur zeitbestimmung wie überhaupt zur geschichte des klosters Sickel Reg. 367. Sickel ib. act. dep. 3. 577

Weissenburg, kloster.

K. Pippin
K. Ludwig (ohne nähere angabe)
} verleiht (bestätigt) die immunität, laut urkk. Ottos II von 976 (als vorlage benützt für die fassung), Ottos III von 993, Heinrichs II von 1003, MG. DD. 2, 23, 537 n° 15, 125; 3, 39 n° 35, vgl. Sickel Reg. 386 und die fälschung auf den namen Karls d. Gr. BM. 439. Sickel ib. act. dep. 1. 578. 579

Wenilo von Sens.

Ludwig d. D. schenkt die abtei St. Columbe, laut lib. proclam. adversus Wenilonem von 859, MG. Capit. 2, 452 c. 10; 858 vgl. BM. 1435 (1394)[n]. 580

Ludwig d. D. befiehlt den königsboten Ecchard und Teoderich, Wenilo in den besitz der abtei S. Columbe einzuweisen und ihn aus der mauer der burg in Melun steine brechen zu lassen, was nur ein recht der krone sei, 858 vgl. BM. 1435 (1395)[a] unten, laut libellus proclam. adversus Wenilonem von 859 c. 10, 11, MG. Capit. 2, 452. 581

Werden, kloster.

Die erwähnung einer immunitätsurk. Ludwigs, des sohnes des grossen königs Karl, in der fälschung auf Arnolfs namen von 888, BM. 1801 (1753) berechtigt nicht mit Sickel Reg. 385, act. dep. 1 zur annahme einer verlorenen urk., da jedenfalls eine verwechslung mit der erhaltenen urk. Ludwigs III von 877, BM. 1554 (1512) vorliegt, vgl. Erben in Mitt. des Inst. 12, 46 und die DD. Heinrichs I von 931, Ottos I von 936, B.-Ottenthal 31, 62, Ottos III von 985 und 994, Heinrichs II von 1002, MG. DD. 2, 415, 562 n° 17, 151; 3, 11 n° 9.

Wihbod, bischof von Parma.

Karlmann schenkt den hof Zena in der grafschaft Modena
Derselbe bestätigt die kapelle S. Cesario
} laut urk. Karls III von 880 BM. 1593 (1551). 582. 583

Karl III schenkt den hof Caput Parioli und Saluciolas, laut urk. k. Arnolfs von 794, BM. 1897 (1846). 584

Winpurc, edle frau.

Arnolf schenkt besitz in Nördlingen, laut urk. Arnolfs von 898 BM. 1938. 585

Wirzburg, bistum.

K. Pippin schenkt auf bitte des erzbischofs Bonifaz von Mainz († 754) seinem kaplan Burghard bischof von Wirzburg († zwischen 753-55, Hauck KG. 2[2], 788) die orte Neustadt, Homburg, Amorbach, Schlüchtern und Murrhardt zu klostergründungen, laut orig.-urk. Ottos III von 993. MG. DD. 2, 550 n° 140; die gleichfalls hier erwähnte angebliche bestätigungsurk. Karls d. Gr. ist uns in BM. 297 (288), MG. DD. Kar. 1, 347 n° 246 noch erhalten, beide fälschungen auch erwähnt in der fälschung auf den namen Ottos III von 993, MG. DD. 2, 866 n° 431 und der orig.-urk. Heinrichs II von 1003, MG. DD. 3, 42 n° 37. *Fälschung*, wohl gleichzeitig mit BM. 297 (288) angefertigt. Richtig ist, dass Pippin an der ausstattung des bistums W. hervorragend beteiligt war, vgl. n° 587, 589, 596 und Hauck KG. 2[2], 4. 586

K. Pippin
Karlmann
} schenken besitz, laut urkk. Ludwigs d. Fr. von 822 und deren bestätigungen durch Ludwig d. D. von 845 und Arnolf von 889 BM. 767, 1382, 1835 (743, 1343, 1786). Sickel Reg. 385, act dep. 1, 2. 587. 588

Pippin
Karlmann
Kaiser Ludwig d. Fr.
Konrad
} schenkt (bestätigt) den zehnten teil des von den Ostfranken und Slaven zu zahlenden jahrestributs in genannten gauen, sowie den zehnten des bodenertrages von 26 kammergütern, laut urk. Arnolfs von 889 BM. 1837 (1788), Heinrichs I von 923, B.-Ottenthal 9, Ottos III von 992, MG. DD. 2, 531 n° 110. Sickel Reg. 385, act. dep. 5, 6, 7. Ottenthal l. c. denkt bei der urk. Ludwigs d. Fr. an BM. 768 (743). 589. 590. 591. 592

K. Pippin verleiht unter bischof Burghard immunität, laut urk. Ottos III von 992 MG. DD. 2, 531 n° 110 (worin uns anscheinend sogar ein auszug der urk. Pippins überliefert ist) vgl. auch die urk. Ludwigs d. Fr. von 822 BM. 767 (742). 752 oder 753. Nachweis von Bresslau in Forschungen z. d. G. 13, 89 ff. (Hinweis von H. Hirsch). 593

Wirzburg, bistum.

Karl d. Gr. verleiht immunität mit königsschutz, laut urk. Ludwigs d. Fr. von 822 BM. 767 (742), vgl. die fälschung auf den namen Ottos I, B.-Ottenthal 437 und die urk. Heinrichs II von 1012, MG. DD. 3, 285 n° 248 und Stumpf-Brentano, Wirzburger Imm. 1, 1 ff., Hauck KG. 2², 222 n. 1. Sickel Reg. 385, act. dep. 4. 594

Derselbe bestätigt eine schenkung Karlmanns von 25 zellen und kirchen an genannten orten } laut urkk. Ludwigs d. Fr. von
Derselbe bestätigt eine (zweite) schenkung Karlmanns und eine k. Pippins }
822 und deren bestätigung durch Ludwig d. D. von 845 und Arnolf von 889 BM. 767, 1382, 1835 (743, 1343, 1786). Sickel Reg. 375, act. dep. 3. 595. 596

Ludwig d. Fr. (zuerst heisst es Hludovicus imperator, dann Hlud. rex) schenkt unter bischof Wolfgar († 832, Hauck KG. 2², 788) nach rat und auf bitte des grafen Wicbold den von allen kaufleuten in Wirzburg zu entrichtenden zoll, laut urk. k. Konrads I von 918 BM. 2105 (2046). 597

Ludwig d. Fr. (pius) schenkt auf bitte des bischofs Arno die abtei Schwarzach, laut urk. Heinrichs II von 1003, MG. DD. 3, 43 n° 38. Nach der urk. Ludwigs d. D. von 844 BM. 1375 (1336) hatte vielmehr Theodrada, die schwester Ludwigs d. Fr., Schwarzach an die kirche von Wirzburg geschenkt. Da Arnos bischofszeit (gefallen 892, Hauck KG. 2², 788) nicht in die regierung Ludwigs d. Fr. fällt, muss hier ein irrtum vorliegen. 598

Ludwig d. D. bestätigt die immunität, laut urkk. k. Arnolfs von 889, Konrads I von 918 BM. 1834, 2104 (1785, 2045) und Heinrichs I. B.-Ottenthal 10. 599

Worms, bistum.

Pippin } bestätigt den von den frankenkönigen Dagobert, Sigebert und Hilperich geschenkten zoll von
Karl d. Gr. } den nach Worms kommenden kaufleuten, handwerkern und friesen, laut urk. Ludwigs d. Fr. von 829, BM. 871 (842). Sickel Reg. 386, act. dep. 1. 2. 600. 601

Karl d. Gr. schenkt die kirche in der villa Edingen, zinsland zu Neckarhausen und 10 mansen in der villa Ilvesheim, 775 juli Valenciennes, benützt für die fälschung gleichen datums BM. 347 (338) MG. DD. Kar. 1, 371 n° 257. 602

Ludwig d. D. urkundet für den bischof Samuel von Worms (mit der rekognition: Hadebertus subdiaconus advicem Baldrici abbatis recognovit), 856 jan. 20 Frankfurt, benützt in den fälschungen auf den namen Ludwigs d. D. gleichen datums, BM. 1414, 1415 (1373, 1374). 603

Die älteren verlorenen urkk. für das bistum Worms bereits von mir zusammengestellt in Mitteil. des Instituts f. öster. GF. 22, 574.

S. Zeno, kloster in Verona.

Karl d. Gr. bestätigt dem von seinem bruder Pippin mit bischof Rotald von Verona nach dem verfall wiederhergestellten kloster genannten besitz, laut urk. Ludwigs d. Fr. von 815, vgl. die urk. Lothars I von 833 und Ludwigs II von 853 BM. 1035, 1197 (1001, 1161) und die urk. Heinrichs III von 1047; St. 2339 (betreffend das kastell von Mauratica). Sickel Reg. 386, act. dep. 1. 604

Karl d. Gr. } urk. betreffend den wald Hostilia am Po mit weiderecht und zehnten, laut urk.
Pippin (sohn Karls d. Gr.) } Lothars I von 833 BM. 1035 (1001), vgl. die urk. Ludwigs II von 853 BM.
Ludwig d. Fr. } 1197 (1161). Sickel Reg. 386, act. dep. 2. 605. 606. 607

Ludwig d. Fr. bestätigt eine kirche in Florenz und andere genannte besitzungen und schenkt die kirche der h. Fusca im gebiet von Torcello, laut urk. Ludwigs II von 853 BM. 1197 (1161). Sickel Reg. 386, act. dep. 3. 608

Lothar I schenkt auf bitte des bischofs Ratald (c. 799-840) das klösterlein, genannt Monasterium Novum, im gau Treviso, laut urk. Ludwigs II von 853 BM. 1197 (1161). 609

Derselbe bestätigt auf bitte des bischofs Noting (840-844) besitz mit einer kirche im fiskus Sacco gegen einen jahreszins von 1 pfund silber an den fiskus, laut urk. Ludwigs II von 853 BM. 1197 (1161). 610

Lothar (I) verleiht zollfreiheit für 2 schiffe auf dem Po und der Etsch, laut urk. Berengars I von 893 B. 1296 Schiaparelli I dipl. di Berengario I 39 n° 11. 611

Karlmann erteilt eine urk., 878 okt. 6, benützt für fälschung BM. 1536 (1494). 612

Karl III schenkt besitz und zinse, laut urk. Berengars I von 901 B. 1317, Schiaparelli l. c. 100 n° 34. 613

Empfänger unbekannt.

Ludwig d. Fr. lässt ein geschlecht, das von dem königsboten Karls d. Gr. Germanus mit unrecht verknechtet und dem königshof Andernach zugewiesen worden war, auf grund einer von seinen königsboten vorgenommene inquisitio wieder frei und restituirt ihm den besitz. 819-840, laut Form. imp. 51, MG. Form. 324. 614

Nachtrag: Mehrere verlorene urkunden, deren chronologische einreihung sich feststellen ließ, hat bereits Mühlbacher unter selbständigen nummern in die regesten aufgenommen. Sie erscheinen daher in obigem verzeichnis nicht wieder, außer wenn sich auf grund der mir zugebote stehenden quellenbelege genaueres ermitteln ließ oder wo sonst ein besonderer anlaß zur wiederaufnahme vorlag, wie bei n° 17 = BM. 100^{a}, n° 178 = BM. 70^{a}, n° 465 = BM. 122, n° 471 = BM. 130 (bei n° 47, 465, 471 ist aus versehen der hinweis auf die entsprechende n° bei BM. entfallen).

Übersicht der urkunden nach den empfängern.

Die Buchstaben I und J, T und Th sind im anlaut als ein und derselbe buchstabe behandelt worden. S., St. (San., Saint, Sainte, Sanct, Sancta, Santa) bei ortsnamen ist für die alphabetische folge nicht berücksichtigt. * bedeutet fälschungen und interpolirte, (?) zweifelhafte stücke. Abkürzungen: a. = archiv. ag. = amtsgericht. arr. = arrondissement. b. = bibliothek. ba. = bezirksarchiv. bz. = bezirk. bza. = bezirksamt. cant. = canton. com. = commune. dép. = département. dép.-a. = departementalarchiv. dist. = districtus. hl. = heilig. k. = kopie. kgl. = koniglich. kr. = kreis. lg. = landgericht. n. = nördlich. na. = nationalarchiv. nb. = nationalbibliothek. n. k. = neuere kopien. nö. = nordöstlich. nw. = nordwestlich. oa. = oberamt. ö. = östlich. or. = original. prov. = provinz. ra. = reichsarchiv. rb. = regierungsbezirk. s. = siehe. S. = San. St. = Saint, Sainte, sanct, Sancta, Santa. sd. = südlich. sdö. = südöstlich. sdw. = südwestlich. sta. = staatsarchiv. u. = und. vgl. = vergleiche. w. = westlich. zw. = zwischen.

Abraham, jude aus Saragossa.
807.

Abrinsburg (Heiligenberg bei Heidelberg), hl. ort.
2080.
Pertinenz von Lorsch.

Achen, Marien-(Pfalz-)kapelle.
493*, 1170. 1739, 1796.
Pertinenzen: Kievermont. Kisla.
Ch. s. XII ex. Berlin kgl. b., s. XIII in. Achen stadta., M. G. DD. Kar. 1, 485.

Acutianus s. Farfa.

Adalbald, höriger.
1103
Pertinenz von Arezzo.

Adalbert, graf vgl. St. Gallen 1507, 1508.
— Perchtold, Purghart, Uodalric, grafen vgl. St. Gallen 1183.
— priester, kaplan des bischofs Wibod von Parma.
1542.
Pertinenz von Parma.
— vasall.
907.
— (Oadalbert) vasall des abts Bernhard von St. Gallen.
1755.
Pertinenz von St. Gallen.
— neffe des erzkanzlers u. bischofs Liutwart von Vercelli.
1760.
Pertinenz von Chur.
— getreuer.
932.

Adelbert di Rizzoli.
1649*.

Adalger, graf.
1822.
Pertinenz von Korvey.

Adalhard, graf vgl. Fulda 2006.

Adalolf, priester.
1781.
Pertinenz von Salzburg.

Adelhelm, diakon.
1426.
Pertinenz von St. Gallen.

Ado und die anderen förster in den Vogesen.
764.

Aekard s. Eccard.

Agilmar, erzbischof von Vienne (erzkanzler Lothars I).
1111, 1135, 1136, 1328.

Agino s. Egino.

Aginulf, getreuer.
897.

St. **Aignan d'Orléans** (s. Aniani), kloster in Orléans, Frankreich, dép. Loiret.
360* (vgl. MG. DD. Kar. 1, 444 n° 297), 543, 544. 1727.

Aio, langobarde (n° 348), graf (n° 441, 662).
348, 441, 622 (aus Aquileia).

St. **Alban**, kloster in Mainz.
1169*, vgl. N. Arch. 29, 674, 694.

Alberich, beamter.
814.
— **vasall** Adalperts.
1818.
Pertinenz von St. Gallen.

Albrich, chorbischof von Passau.
1410.
Pertinenz von Passau.

Albwin, vasall des bischofs Thiodo von Würzburg.
2097.
Pertinenz von Würzburg.

Aldrich, bischof von Le Mans s. Le Mans.

Alianum (campus Honoratus) kloster, Civitella d' Agliano bei Viterbo.
642*.

Allina s. S. Salvatore, kloster.

Alpcar, getreuer.
1091.
Pertinenz von Prüm.

Altaich (Nieder-) Altaha, kloster, Baiern nw. Passau.
466, 740, 1340, 1391, 1398, 1423, 1428, 1442, 1451, 1457, 2027, 2028.
Pertinenzen: Eoprebt (Coprebt), Gozbald, Patager, Richo und Richard.
Archiv im ra. zu München; ch. s. XIII m. (Hermannus Altah.).

Amadeus, graf vgl. St. Bénigne 800.

St. Amand (monast. Elnonense) kloster, Frankreich, dép. Nord, arr. Valenciennes.
757, 1074.
Pertinenz: Barisis 881.
Archiv zerstreut, ein ch. s. XIV Lille dép.-a., Pertz Archiv 11, 526, vgl. auch Giry Notices bibliographiques sur les archives des églises et des monastères de l'époque Carol. (Paris 1901) 44.

Amandus, priester und arzt (Arnulfs).
1823.
Pertinenz von St. Arnulf in Metz.

Ambrico, bischof vgl. Regensburg 1655, 1777.

S. Ambrogio, kloster in Mailand.
305, 1046, 1050, 1051, 1259, 1600, 1601*, 1603, 1894.
Pertinenz: Anspert.
Arch. im sta. und in der b. Ambrosiana zu Mailand.

Aming (mitschuldiger Bernhards von Italien).
748.

Amorbach, kloster, Baiern, Unterfranken sd. Aschaffenburg.
1396*.
Nach MG. DD. 2, 550 n° 140 pertinenz von Würzburg.
Archiv im fürstl. Leiningen'schen a. zu Amorbach.

S. Anastasio delle tre Fontane (monast. S. Anastasii ad Aquam Salviam) bei Rom.
409*.

Andlau (Eleon), nonnenkloster, Elsass, kr. Schlettstadt.
1679, 2063*.
Pertinenzen: Bernhoh, Bonmoutier, Hercanger, Karl, Otpert, Rickarda, Waltpurga.
Die spärlichen reste des während der französischen revolution vernichteten arch. im ba. zu Strassburg, Bloch in der Zeitschr. f. Gesch. des Oberrheins N. F. 11, 309.

Andorra, ansiedler im tal dort.
508*.

S. Andrea am Monte Soracte, kloster n. von Rom.
236.

St. André am Tech, kloster, Frankreich, dép. Pyrénées-Orient., arr. Céret.
914.

Angers, kathedralkirche (eccl. s. Mauritii), Frankreich, dép. Maine-et-Loire.
634, 858.
Pertinenzen: St. Aubin, St. Etienne, St. Johann.
Zur überlieferung vgl. Giry Notices bibliogr. 1.

— St. Aubin, kloster s. dort.

— St. Etienne, kloster s. dort.

— St. Johann, kloster s. dort.

Angilberga (Engilberga, Engilpirga, Engilburga), gemahlin kaiser Ludwigs II.
1183, 1226, 1227, 1235, 1236, 1240, 1241, 1244, 1245, 1267, 1268, 1271, 1518, 1602, 1636, 1757, 1816.
Pertinenz von S. Sisto in Piacenza (jetzt im sta. in Parma).

Aniane, kloster, Frankreich, dép. Hérault, arr. Montpellier.
318*, 349, 522, 523, 524, 574, 580, 706, 714, 728, 743, 751, 752, 758, 943, 969, 970.
Pertinenzen: Bella Cella, St. Guillelm-le-Désert, Martinszelle.
Ch. s. XII Montpellier dép.-a., Sickel Reg. 264 K. 115.

Anianus, abt der klöster S. Johannis et S. Laurentii (Caunes).
327.

Anisola s. St. Calais.

Anno, getreuer.
1852, 1924.
Pertinenz von St. Gallen.

Ansbach (Onoldisbach, monast. s. Gundperti), kloster, Baiern, Mittelfranken.
270, 2071.
Pertinenz von Würzburg, vgl. MG. DD. 1, 655.

Ansfrid, pfalzgraf (Lothars II).
1277.
Pertinenz von Lorsch.

Anspert, diakon (später erzbischof von Mailand).
1212.
Pertinenz von S. Ambrogio, Mailand.

S. Antimo, kloster (jetzt S. Stefano in Val d'Orcio) bei Siena.
559*.
Im j. 876 an Arezzo geschenkt, B. 1803.

S. Antonin-en-Rovergue, kloster, Frankreich, dép. Tarn-et-Garonne, arr. Montauban.
669*, 670*.

S. Antonin und Victor, bistum s. Piacenza.

Aquileia, patriarchat.
319, 320*, 399*, 461 (vgl. 707), 468, 785, 877, 1033, 1105, 1200, 1541.
Pertinenzen: Haio (Aio), S. Maria in Friaul, Paulinus, Sesto.
Die reste des archivs zerstreut, ch. s. XV Venedig sta. u. in der b. zu Cividale, k. in Udine, Cividale, S. Daniele, Venedig, MG. DD. Kar. 1, 485.

Arbo, graf (Ostmark).
2058 (vgl. Piligrim).
Pertinenz von Salzburg.
Arpo, sohn des grafen Otachar.
2018.
Pertinenz des klosters Göss in Steiermark.
Arezzo, bistum, Italien, Toscana.
265, 371, 701, 1038, 1052, 1107, 1589, 1612, 1633.
—, kanoniker.
1108.
Pertinenzen: Adalbild, Barbacianus.
Arch. capit. in Arezzo.
Argengau homines quidam vgl. Podololt 1466.
Argenteuil (monast. Argentoialo), Frankreich, dép. Seine-et-Oise, arr. Versailles.
123.
Das arch. 1799 vernichtet, MG. DD. Kar. 1, 485.
Arimbert, princeps der baronie Borbonia.
379*.
Arles, erzbistum, Frankreich, dép. Bouches-du-Rhone.
794.
— sur Tech (monast. s. Mariae valle Asperia), Frankreich, dép. Pyrénées orient., arr. Céret.
725.
Arch. verloren, Sickel Reg. 321 L. 158.
Arnald, priester.
149.
Pertinenz von St. Gallen.
Arnulf, könig vgl. Liutbert 1766.
St. Arnulf bei Metz (bas. s. Jacobi, ubi s. Arnulphus requiescit).
6, 22*, 23*, 27, 30*, 262(?), 263*, 1071, 1515, 1871, 1872.
Pertinenz: Amandus.
Arch. grösstenteils in Metz bs. u. b., 2 or. in Nancy s. vgl. MG. DD. Kar. 1, 485, Giry Notices bibliogr. 45.
Arpo s. Arbo.
Ascoli, bistum und stadt, Italien, prov. Ascoli-Piceno.
359*.
Asig, qui et Adelricus, fidelis s. Esich.
477.
Pertinenz von Korvey.
Aspert, erzkanzler (kanzler Arnolfs).
1831.
Pertinenz von St. Emmeram, Regensburg.
Asti, bistum, Italien, Piemont, prov. Alessandria.
1692.
Pertinenzen: Odbert, Rudolf.
Ch. s. XIV (lib. viridis) Turin sta. vgl. Cipolla, Di Audace vescovo di Asti 21 n. 4.
— stadt.
373*.
Athanum s. St. Yrieix-de-la-Perche.
Ato und Odalrich s. St. Gallen 1411.
St. Aubin (monast. s. Albini), kloster bei Angers.
134*, 1008.
Pertinenz von Angers.
Ch. s. XI-XII, Marchegay Arch. d'Anjou 191.
Aussard, Ossard, kleriker und arzt.
1151, 1284.
Pertinenz von Maroilles.
Autprand, getreuer.
1670 (aus Bergamo).
Autun, bistum, Frankreich, dép. Saone-et-Loire.
589, 1161.
Nur n. k.
— St. Martin, kloster s. dort.
Auxerre, kanoniker, Frankreich, dép. Yonne.
705.
— St. Germain, kloster s. dort.
— St. Julien, kloster s. dort.
Ava, gemahlin des optimaten Ugo.
1053 (aus Monza).

Baldinc, kleriker.
1513 (aus St. Gallen).
Bañolas, kloster, Spanien, prov. Gerona.
759.
Barbacianus, priester.
700 (aus Arezzo).
Barisis, zelle, Frankreich, dép. Aisne, arr. Laon.
881.
Pertinenz von St. Amand.
S. Bartolomeo im gebiet von Ferrara, kloster.
1253.
St. Bavon in Gent, kloster.
689.
Capitelarch. in Gent, vgl. Giry Notices bibl. 47.
Bella Cella am Agout (nebenfluss des Tarn) zelle, Frankreich.
684.
Pertinenz von Aniane.
Belluno, bistum, Italien, Venetien.
1629.
Nur n. k. im arch. capit. zu Belluno, N. Arch. 3, 63.
Belmont (jetzt Eckerich, Elsass uw. Kolmar, kr. Rappoltsweiler, cant. Markirch), kirche.
1287*.
Benevent, bistum, Italien.
283.
Pertinenz: Monte Gargano.
Über das transsumt von 1464 MG. DD. Kar. 1, 640.
St. Bénigne bei Dijon, kloster.
800, 1698.
Pertinenz Fulbert.
Chr. s. XI (für nº 800).
Bennit, graf.
467 (aus Fulda).
Berard, chorbischof von Toul.
1118.

Beregis.
5* (aus St. Hubert, Belgien).
Beretheida.
1578 (aus St. Gallen).
Berg im Donaugau (Baiern), kloster.
598 (aus Bamberg).
Von Ludwig d. D. an die Marienkapelle in Regensburg verschenkt (n° 1509), von Heinrich II 1019 an Bamberg (MG. DD. 3, 523).
Bergamo, bistum, Italien, Lombardei.
1174, 1632, 1671, 1672, 1893, 1904.
Pertinenzen: Autprand, Ostinus.
Arch. Bergamo stadta., cod. Barotii (lib. cens.) s. XV (vgl. Lupi 1, 940) Bergamo arch. vesc.
Bernard, Rathfrid u. Reginard, vasallen des grafen Hugo.
2068 (aus St. Maximin in Trier).
Pernhart, abt von St. Gallen.
1790 (aus St. Gallen).
Bernhoh, höriger.
1581 (aus Andlau).
Bernilo, vir illuster.
1728 (aus St. Germain d'Auxerre).
Berold, priester.
1425 (aus St. Felix u. Regula in Zürich).
Perchtolf.
1813 (aus Eichstädt).
Berta, tochter Ludwigs d. D., äbtissin von St. Felix u. Regula in Zürich.
1323 (aus St. Felix und Regula).
St. Bertin (monast. Sithin, ubi s. Audomarus et s. Bertinus requiescunt) in St. Omer, Frankreich, dép. Pas-de-Calais.
130, 353, 502*, 720, 873, 946.
Über die überlieferung der urk. MG. DD. Kar. 1, 486, Giry Notices bibliogr. 48.
Besançon (Crisopolitana eccl.), erzbistum, Frankreich, dép. Doubs.
1324.
Betto, getreuer.
564.
Beuron, kloster, Würtemberg, Donaukreis.
272*.
Bèze (abbatia Fons-Besuus), Frankreich, dép. Côte d'Or, arr. Dijon, cant. Mirebeau-sur-Bèze.
878.
Chr. s. XII, Ul. Robert Invent. des cart. 5.
Blandin, St. Pierre au —, kloster in Gent, Belgien.
581.
Lib. cens. s. XI (vgl. Pirenne in Comptes rendus à la Commission r. d'hist. de Belgique V, 5 [1895], 107), ch. s. XV im sta. Brüssel.
Bleidenstadt, kirche des h. Ferrutius, n. Wiesbaden.
1576*, 2062*, vgl. N. Arch. 29, 674, 697, 700.
Nur n. k.
Blutenda, tochter des grafen Folkbert.
1375 (aus Schwarzach).

Bobbio (monast. Ebobiense), Italien prov. Pavia.
165, 1106, 1126*, 1217, 1525, 1857*.
Arch. in sta. zu Turin.
Bologna, bistum vgl. Nonantola 372.
—, stadt.
376*, 1210*.
Bonifaz, bischof von Mainz.
36, 47.
Bonmoutier (Bodonis cellula in honore s. Mariae et ss. Petri et Michaelis), nonnenzelle in den Vogesen.
604.
Von Karl III 884 an Andlau geschenkt, n° 1679.
Bonpas (cella dei in castro veteri, quod dicitur de Bono passu) Frankreich, dép. Vaucluse, com. Avignon.
414.
Boppo s. Poppo.
Bordeaux, erzbistum, Frankreich, dép. Girond.
527.
Pertinenz: St. Severin.
Boso, graf.
831 (aus S. Sisto in Piacenza).
Bremen, (erz)bistum.
295*, 296*, 1792*.
Arch. in Hannover, ch. s. XIV in.
Brescia, richtercollegium.
1193*.
— Honorii, kloster s. dort.
—, S. Salvatore s. dort.
Briwino (Pribina), slovenenherzog.
1387 (aus Eichstädt), vgl. 1388[d].
Broialus (jetzt Neuville-sur-Sarthe) Frankreich, Sarthe, arr. Le Mans.
966.
Pertinenz von Le Mans.
Brugnato, kloster (seit 1133 bistum), Italien, prov. Genua nw. Spezia.
1615, 1634*.
Buchau, nonnenkloster, Würtemberg, Donaukreis.
695*.

St. Calais (monast. Anisola in hon. s. Karileff), Frankreich, dép. Sarthe.
66, 91, 141, 160, 226, 531, 795, 975, 981.
Über die überlieferung der urk. MG. DD. Kar. 1, 480.
Cambrai, bistum, Frankreich, dép. Nord.
8*, 612, 1899, 1978.
Archivbestand in Lille; G. ep. Camer. s. XI Haag; ch. s. XII Paris nb.
Über das archiv vgl. Giry Notices bibliogr. 5.
Carlotus, Johannes u. Transelgardus (Transelgardi).
501*.
Carpentras (eccl. Venascensis, Venasque sdö. Carpentras), bistum, Frankreich, dép. Vaucluse.
1338.

Casauria, kloster, gestiftet von k. Ludwig II auf einer insel der Pescara, Italien, prov. und distr. Chieti.
1257, 1258, 1263, 1265, 1269, 1270*, 1272, 1523, 1665.
Chr. s. XII, jetzt CL. 5411 Paris nb. vgl. MG. DD. 1, 641.
Castellionis mon. s. St. Mihiel.
Caunes, kloster s. Anianus.
Ceneda, bistum, Italien, Venetien, prov. Treviso.
322*.
Über die überlieferung der urk. MG. DD. Kar. 1, 186.
Cenomannica urbs s. Le Mans.
Centulum s. St. Riquier.
Chadolt, bischof von Novara.
1800 (aus Reichenau).
Chalon s. Saône (Cabillonensis eccl.), bistum.
1701.
Châlons s. Marne (Catalannensis eccl.), bistum.
1558, 1734.
Ch. s. Stephani Catal. s. XII, dép.-a. Chalons vgl. Délisle Phil. Aug. 531, Giry Notices bibliogr. 6.
Charroux (Caroffum), kloster, Frankreich, dép. Vienne, arr. Civray (sd. Poitiers).
361, 573, 876, 913.
Ch. s. XIV Autun Soc. Éduenne, vgl. MG. DD. Kar. 1, 260. Sickel Reg. 282 K. 169.
Chèvremont s. Kievermunt.
St. Chinian, kloster, Frankreich, dép. Hérault, arr. St. Puns.
832.
Cholo, vasall des grafen Liutpold.
1952 (aus kloster Bot a./Inn).
Choppo, graf.
1843 (aus Korvey).
Christian, graf.
1446 (aus Aschaffenburg), s. auch Speier 1471.
Chrodoin, pfalzgraf.
126 (aus Prüm).
Chunibert, diakon vgl. Kremsmünster 1496.
Chuonrat, Chunrat, graf.
2064 (aus Limburg) vgl. auch St. Gallen 1404, Fulda 1926.
Chur, bistum, Schweiz.
158, 893*, 894, 952, 1096, 1393, 1427, 1609, 1774, 2081.
Pertinenz: Serras.
Bischöfl. arch. in Chur, ch. s XV.
Clairac, kloster, Frankreich, dép. Lot-et-Garonne, arr. Marmande.
MG. DD. Kar. 1, 53 n° 38 vgl. nachträge.
St. Claude (Condadescense coenobium, monast. s. Eugendi), Frankreich, dép. Jura.
503*, MG. DD. Kar. 1, 453 n° 302, 723, 1169*.
Archivbestand im dép.-a. zu Lons-le-Saunier.
St. Colombe, kloster in Sens.
896, 925, 961.
Arch. zerstreut, vgl. Giry Notices bibliogr. 51.

Comacchio, bewohner, Italien.
235 (aus Cremona).
Como, bistum, Italien.
405*, 698*, 1019, 1020*, 1191, 1202.
Ch. s. XIV Mailand b. Ambros. — ch. s. XVI Como bischöfl. a.
Concordia, bistum, Italien, prov. Venedig.
385*.
Lib. cens. s. XIV Venedig b. Marciana.
Condadescense coenobium s. St. Claude.
Confluentis s. Münster im Gregorienthal.
Conques, kloster, Frankreich, dép. Aveyron, arr. Rodez.
688.
Conti (de Comitibus), söhne des Faustus di —.
1251*.
Coprehts s. Eopreht.
Corbie, kloster, Frankreich, dép. Somme, arr. Amiens.
111, 133, 571, 820, 821.
Ch. s. XI—XIII Paris nb., MG. DD. Kar. 1, 486.
Cormery, kloster, Frankreich, dép. Indre-et-Loire, arr. Tours.
354, 355*, 518, 713*, 886, 967.
Pertinenz von St. Martin in Tours.
Ch. s. XVI (k. eines verlorenen ch.) Tours b. vgl. MG. DD. Kar. 1, 486 und Giry Notices bibliogr. 12.
Cotallus de Crao.
317*.
Cremona, bistum, Italien, Lombardei.
232*, 495*, 496*, 1049, 1084, 1100, 1148, 1181, 1184, 1215, 1531, 1631, 1673.
Pertinenzen: Comacchio, Genivolta.
Cod. Sicard. s. XIII vgl. MG. DD. Kar. 1, 486 (unter Comacchio).
Crespin, kloster, Frankreich, dép. Nord, arr. Valenciennes cant. Condé-sur-l'Escaut.
1276.
Ch. s. XIV verloren, n. k. Paris nb.
S. Cristina beim königshof Olonna (bei Mailand), kloster.
763, 1060, 1540, 1599, 1718.
Nur erhalten k. s. XVII ex reg. privil. civ. Papiae in Coll. Baluze 14 Paris nb.; über andere reste des arch. Sickel in Mitteil. des Instituts f. öst. GF. 12, 505, vgl. auch Sickel Reg. 324 L 185, N. arch. 15, 576.
Cristoforus, einwohner von Parma.
1677 (aus Parma).
S. Croce di Chienti, kloster bei Fermo.
1667.
Cruas a./d. Rhone, kloster, Frankreich, dép. Ardèche, arr. Privas (s. Viviers).
654, 1168, 1321.
Cusset, nonnenkloster in der vorstadt von Nevers.
1721, 1722.
Pertinenz von Nevers.
St. Cyriak, kloster (später kollegiatstift Neuhausen) bei Worms.
1465, 1934, 2040.
Pertinenz von Worms.

S. Dalmazzo, kloster, Italien, prov. Cuneo (s. Turin).
590.
David, Joseph, Ammonich, juden.
806.
Dée (Devas), kloster, jetzt St. Philibert-de-Grandlieu, Frankreich, dép. Loire, arr. Nantes s. auch St. Filibert.
1000 vgl. 687 (St. Filibert), 875 (Hermoutier).
Pertinenz von Tournus.
Das kloster hieher von der insel Heri übertragen vgl. St. Filibert.
St. Denis, kloster, Frankreich, dép. Seine.
43, 57, 58, 59, 60, 65, 73, 76, 78, 84*, 89, 103, 104, 107, 108, 110, 116, 117, 119, 129, 131, 174, 175, 179, 180, 181, 190, 191, 216, 237*, 245, 247, 259*, 308, 350, 422, 472*, 482*, 551, 552, 553, 554, 661*, 691, 727, 729, 746, 747, 791, 803, 804, 844, 846, 847, 848, 905, 906, 918, 986, 1037, 1109, 1110, 1132, 1290, 1461, 1902.
Pertinenzen: Argenteuil, Fulrad, Fulradovilare, Herbrechtingen, Leberau, Salacus, Salonne, Theodold.
Archivbestand im na. zu Paris; ch. s. XII—XIII, MG. DD. Kar. 1, 487; Giry Notices bibliogr. 54.
Deodata, kloster s. Dodosi.
Deothelm, getreuer.
1839 (aus Reichenau).
Dervus s. Montiérender.
Dèvre (Dovera, Deuvre), kloster, Frankreich, dép. Cher, arr. Saint-Georges-sur-la-Prée, Longnon Atlas hist. texte 178.
1014*.
Dijon, St. Étienne, kanoniker, Frankreich, dép. Côte-d'Or.
1699.
Ch. s. XII in Dijon dép.-a.
— St. Bénigne, kloster s. dort.
Diotker, homo quidam.
1933 (aus Kempten).
Disentis, kloster, Schweiz.
115*.
Doda, magd.
1144 (aus Prüm).
Dodo, getreuer.
1697 (aus Langres).
Dodosi (Theodata mon. in hon. dei genitricis semperque virg. Mariae), kloster in Pavia.
1036, 1045, 1062, 1085, 1248, 1528, 1625, 1626, 1913.
Archivbestand in Mailand.
Domatus, rabbi.
805.
Dominicus, priester.
1379 (aus Salzburg).
Donzère (monast. Duserense in territorio Arausico), Frankreich, dép. Drôme, arr. Montelimar.
525, 938, 1073.
Pertinenz von Tournus (von Lothar I n° 1139 an Viviers, von Karl III n° 1753 an Tournus geschenkt).
Dracholf, bischof von Freising.
2079 (aus Freising) vgl. 2103.
Drouant, edler mann vgl. Regensburg St. Emmeram 2029.
Drübeck (Drubiki), kloster, Preussen, prov. Sachsen, rb. Magdeburg.
1532*.
Arch. in Wernigerode.
Ebersheim (Novientum), kloster, Elsass, kr. Schlettstadt.
125*, 138*, 450*, 645*, 792*, 793*, 864*, 1817*, 1895*.
Die reste des a. im stadta. zu Schlettstadt, n. k. Paris nb.
Ebo, bischof von Reims.
1072 (aus Reims).
Eppo, kgl. ministeriale.
1784 (aus Wirzburg).
Ebroin, vasall Lothars I.
1172.
Ecbreht (Egbrecht), graf.
1874, 1878 (aus Hildesheim).
Ekkepreth, mönch von St Emmeram.
1996 (aus St. Emmeram).
Eccard.
— Aekard, getreuer.
993 (aus Wirzburg).
— Eccbard, getreuer.
1001 (aus Perrecy-Fleury).
— Ekkard, getreuer.
1005 (aus Lüttich).
Echternach (Epternaco), kloster, Luxemburg, bz. Grevenmachern.
14, 15, 24, 25, 31, 41, 61, 67*, 112, 121, 148, 341, 342, 343, 693, 694, 1320, 1960 vgl. 2043.
Pertinenzen: Süsteren 20, Willibrord 40.
Ch. (lib. aureus Eptern.) s. XIII Gotha b., MG. DD. Kar. 1, 487.
Egino, vasall.
1842 (aus St. Gallen).
Eginolf, presbyter et orator.
1867 (aus Toul).
Eichstädt, bistum, Baiern.
853, 1453, 1783, 1840, 1909, 1954, 1984, 2007, 2008, 2031, 2047, 2049, 2066, 2067, 2073, 2074, 2106.
Pertinenzen: Gutahelm, Herrieden, Megingoz.
Or. ch. München ra., vgl. Sickel Reg. 344 L 298.
Einhard, getreuer (biograph Karls d. Gr.).
569 (aus Lorsch).
Ekkepreth s. Ecbreht.
Ellimpreht, priester.
1946 (aus Ranshofen-Ötting-Passau).
Ellwangen, kloster, Württemberg.
521, 781, 1898.
Arch. im sta. Stuttgart.

Elne, kloster, Frankreich, dép. Pyrenées orient., arr. Perpignan.
956, 1044.
Pertinenz: Wimar.
K. s. XVII aus dem verlornen ch. s. XII in Coll. Baluze, Paris nb. vgl. Sickel Reg. 350 L 343.
Elolf, kaplan k. Arnolfs.
1809 (aus Kempten).
St. Emmeram, kloster in Regensburg, Baiern.
321, 352*, 1012*, 1345, 1349*, 1352, 1376, 1378, 1404, 1405, 1438, 1499, 1534, 1653, 1777, 1844, 1917*, 1938, 2004, 2012, 2013*, 2017, 2029, 2090, 2091, 2092, 2099.
Das a. in München ra., MG. DD. Kar. 1, 487.
Pertinenzen: Aspert, Ekkeproth, Job.
Engilbert, priester u. kgl. höriger.
603 (aus Reichenau).
Ingilbert, homo quidam.
823.
Engilpirga s. Angilberga.
Engilfrid (Erchanfrid), quidam homo Adalharti comitis.
1778 (aus Passau).
Engilger, vasall (miles) des Jezo.
1782 (aus Brixen).
Engilgoz vgl. Granfelden 1586.
Engilmar, abt.
1710 (aus der kgl. Marienkapelle in Regensburg).
—, diakon vgl. St. Emmeram 1499.
Engilscalc vgl. Metten 1891.
Enoch und dessen geschwister.
822.
Eopreht (Joperht), artifex (n° 1846), operarius noster (n° 1929), liber homo (n° 2028).
1846, 1929, 2028 (aus Altaich).
Epo s. Ebo.
Erchanpold, höriger.
1462 (aus St. Gallen).
Erchenfrid, kleriker.
2101 (aus St. Emmeram).
Erembert, getreuer.
1061 (aus S. Sisto in Piacenza).
Erkingar, graf (vater der gemahlin Karls III).
773, 849, 1097 (aus Andlau).
Ermeald, kommendirter der äbtissin Gisla von S. Salvatore.
1206 (aus S. Salvatore in Brescia).
Ermengar und dessen bruder Ingilard.
812.
Ermentrud, äbtissin von Jouarre vgl. St. Denis 986.
Ernust, kanzler Arnolfs.
1905 (aus Reichenau).
Erstein, nonnenkloster, Elsass, gestiftet von Ermengard, gemahlin Lothars I.
1138.
Arch. in Strassburg.
Esich, graf s. Asig.
1098 (aus Korvei).
Essen, nonnenkloster (gestiftet 874 von bisch. Alfred von Hildesheim, Lacomblet UB. 1, 24).
1977.
Arch. in Düsseldorf.
St. Etienne (monast. s. Stephani) bei Angers.
137.
Pertinenz von Angers.
Arch. verloren, nur noch n. k., Sickel Reg. 227 K. 6.
— in Dijon s. Dijon.
Ething, Hrutmar u. Thancmar, leute des Sturmigaus.
696 (aus Korvei).
Etih vgl. Regensburg St. Emmeram 2091.
Eugen (II), papst vgl. 819 und Salzburg erzbistum 790.
S. Eugendi mon. s. St. Claude.
St. Euverte bei Orléans, kirche.
264*.
Reste des arch. Orléans dép.-a., MG. DD. Kar. 1, 487.
Euprant, getreuer.
1652 (aus der k. Marienkapelle in Regensburg).
Everholm, kleriker.
1963 (aus Toul).
St. Evre (s. Apri), kloster in der vorstadt Toul.
1706, 1972, 2038.
Pertinenz: abt Stephan.
Arch. verloren, von Lothar II an Toul restituirt n° 1285.

Faremoutier (Farae monast.), Frankreich, dép. Seine-et-Marne, arr. Coulommiers, cant. Rozoy en Brie.
1075.
Ch. s. XVI Paris bibl. S. Geniève, ein anderes ch. Cheltenham, Bibl. de l'Éc. d. ch. 50, 70.
Farfa (mon. s. Mariae in loco Acutianus in territorio Sabinensi; mon. Sabinis), Italien, prov. Perugia, distr. Rieti.
187, 188, 201, 257, 293, 312, 313, 398, 591, 592, 619, 659, 664, 665, 716, 717, 718, 719, 766, 771*, 865, 1015, 1027, 1032, 1077, 1102, 1213, 1214, 1223, 1224, 1239, 1254, 1611*, 1666.
Registrum Farf. s. XI ex. Rom b. Vatic., Chr. Farf. s. XII in Rom b. Vittorio Emanuele, MG. DD. Kar. 1, 487.
Faurndau (Furentouva), klösterlein, Schweiz.
1512.
Pertinenz von St. Gallen.
Faverney (Fabriniacense monast.), Frankreich, dép. Haute-Saône, arr. Vesoul, cant. Amance.
1641 (aus Langres).
St. Felix und Regula, kloster in Zürich.
437*, 1407*, 1433, 1452, 1585, 1588(?), 1651.
Pertinenzen: Derold, Berta, Helmmerat und Gozzila, Wolfgrim.
Arch. im cantonsa. zu Zürich.
Figeac (Figiacum), kloster, Frankreich, dép. Lot.
80*, 81*.
Beide urk. in der nb. zu Paris.

St. Filibert (monast. s. Filiberti in insula Heri, Hermoutier oder Noirmoutier) vgl. Dée.
687, 875.
Wegen der verwüstungen der insel Heri durch die Normannen nach Dée übertragen, 875 nach St. Valerien de Tournus, Sickel Reg. 318 L 134. So kamen die urk. auch nach Tournus.

Flavigny (Flaviniacus), kloster, Frankreich, dép. Côte d'Or, arr. Semur.
64*, 185, 204*, 620, 1076.
K. s. XVII des verlornen ch. s. XI Brüssel b. u. Paris nb., vgl. Sickel Reg. 243 K. 41.

Fleury (monast. Floriacense, ubi s. Benedictus corpore requiescit), dann St. Benoit-sur-Loire, Frankreich, dép. Loiret (sdö. Orléans).
666, 667, 947.
Pertinenz: Perrecy-Ecchard.
K. s. XVII des verlorenen ch. Orléans dép.-a., vgl. Sickel Reg. 316 L 123.
Urk. hg. von Prou und Vidier Recueil des chartes de l'abbaye St. Benoit s. L.

St. Florent (de Saumur, ursprünglich Glonna), kleriker, Frankreich, dép. Maine-et-Loire.
505*, 786.
Über die ch. MG. DD. Kar. 1, 487, vgl. auch Giry Notices bibl. 61.

St. Florian, kloster, Oberösterreich (bei Enns).
1869, 1994*.
Pertinenz von Passau.

Folcwin s. Fulquin.

Foldger, priester.
2065 (aus Kaiserswerth).

Fontanella s. St. Wandrille.

Fortunat, patriarch vgl. Grado 401.

Frankfurt, königliche (pfalz-)kapelle (s. Mariae nostra capella n° 1502, capella nostra in hon. Salvatoris nostri Jesu Christi n° 1570).
1502, 1570, 1645.
Urkk. verstreut.

Fredolus, graf vgl. Gerri 494.

Freising, bistum, Baiern.
607, 625, 1862, 1863*, 1890, 1910, 1949, 2015, 2032.
Pertinenzen: Bischof Drachelf, Immo, Irmburch, Moosburg.
Arch. im ra. zu München; über das ch. s. XII Sickel Reg. 311 L 78, Zahn Arch. f. öst. Gesch. 27, 208.

Fridarun, quaedam femina.
1853 (aus Wirzburg).

Friduwl, religiosa femina (stifterin des nonnenkloster Metelen in Westfalen).
1826 (aus Metelen).

Friedrich, pfalzgraf.
500*.

Friesen.
393*.

Fritzlar, Peterskirche (eccl. Frideslar in hon. s. Petri), Preussen, rb. Kassel.
251 (aus Hersfeld).

Fulbert, abt.
1678 (aus St. Mansuy, Toul).

Fulbert, getreuer.
963 (aus St. Benigne in Dijon).

Fulcrad, getreuer.
1114 (aus St. Maximin in Trier).

Fulcrich vgl. St. Denis 844.

Fulda, kloster, Preussen, kr. Kassel.
48*, 72*, 90, 102, 113, 142, 172, 173, 195, 203, 206*, 207*, 208*, 224, 225*, 248, 249, 256, 365*, 366*, 367*, 375*, 448*, 449*, 613, 614*, 656, 697*, 891*, 954, 987, 989, 996, 1004, 1009*, 1010*, 1011*, 1086, 1087, 1143, 1355, 1380, 1384*, 1395, 1421*, 1448, 1477*, 1488, 1504*, 1510, 1519*, 1557, 1568, 1569, 1680, 1682, 1715, 1767, 1824, 1849*, 1873, 1926, 1987, 1991*, 2006*, 2034, 2043, 2061 (Hatto), 2064*, 2076, 2077, 2078, 2108*.
Pertinenzen: Benult, Rudolf, Wigant.
Arch. in Marburg a. d. Lahn, über den Cod. Eberhardi s. XII m. MG. DD. Kar. 1, 487.

Fulquin, homo quidam.
739 (aus Prüm).

Folcwin, edler.
1797 (aus Hornbach).

Fulrad, kgl. kaplan u. erzpriester (dann abt von St. Denis).
109 (aus St. Denis).

—, abt, wahrscheinlich von St. Quentin.
418.

Fulradovillare (nach dem stifter, abt Fulrad von St. Denis), zelle, St. Pilt bei Orschweiler, vgl. die von Tangl in MG. DD. Kar. 1, 563 zu D. 84 citirte literatur.
171, 1167.
Pertinenz von St. Denis.

St. Gallen, kloster, Schweiz.
53, 56, 228, 605, 648, 662, 663, 735, 845, 1353, 1409, 1410, 1411, 1429, 1445, 1447, 1491, 1493, 1506, 1507, 1508, 1582, 1587, 1590, 1640, 1647, 1648, 1675, 1695, 1719, 1750, 1790, 1875, 1882, 1883, 1902, 1903, 1907, 1921, 1928, 1944, 1993, 1999, 2005, 2016, 2021, 2025, 2056, 2072, 2075.
Pertinenzen: Adelhelm, Alberic, Anno, Arnald, Baldinc, Beretheida, Egino, Erchaupold, Faurndau, Johan, Luitbrand, Notkar, Oadalbert, Odalric, Odilbert, Ololf, Olulf, Pernhart, Podololt, Ruodpert, Salomon, Wolfarius.
Stiftsa. in St. Gallen.

Gamundias s. Hornbach.

Gandersheim, nonnenkloster, Braunschweig.
1550, 1551, 1879 (aus Neuenheerse).
Arch. in Wolfenbüttel.

Garibert, diakon in Piacenza.
1656, 1694 (aus Piacenza).

Gaudiocus und dessen söhne Jacob u. Vivacius, hebräer.
988 (aus Lagrasse).

Gauzbert, diakon.
1348 (aus Passau).
Gebehard, bischof vgl. Speier 1471.
Gebhard, graf (des Lahngaus).
903.
Gengenbach. Baden, amt Offenburg.
1764*.
St. Genis-des-Fontaines, kloster, Frankreich, dép. Pyrenées orient.. arr. Céret. cant. Argelès.
708.
Genivolta, pfarrkirche, distr. Cremona.
1186 (aus Cremona).
St. Germain d'Auxerre (monast. s. Germani in suburbio Autisiodorensi).
610, 936, 945, 1729.
Pertinenz: Bernilo.
Ch. s. XIII Auxerre b., vgl. Giry Notices bibliogr. 64.
St. Germain-des-Prés, kloster in Paris.
150, 218, 276*, 628*, 683*, 857.
Archivbestand Paris na., ch. s. XII—XIV, vgl. Giry Notices bibliogr. 65.
Germund, quidam homo.
1726 (aus St. Martin in Tours).
Gerolf, graf.
1825 (aus kloster Egmond in Belgien).
Gerulf, getreuer.
997 (aus Korvei).
Gerona, bistum, Spanien, Catalonien.
934, 1732.
Ch. s. XIII im bischöfl. arch. zu Gerona.
Gerri, kloster, Spanien nw. Urgel.
210*, 494*.
Gisla (Gisela, Kisla), tochter Lothars I. äbtissin von St. Salvatore in Brescia).
1133, 1147, 1207 (aus S. Salvatore in Brescia).
— tochter k. Ludwigs II, äbtissin von S. Salvatore in Brescia).
1220 (aus S. Salvatore in Brescia).
— tochter Lothars II, äbtissin.
1966 (aus Achen Marienkapelle).
Glandières (Glandern), St. Martin de (Longeville), kloster, Lothringen, kr. Metz.
962*, 1514.
Ch. s. XIV Paris nb., ein anderes ch. im Metzer arch.
Gleichen, ritter Ludwig von.
279*.
Hl. Glossinde, nonnenkloster in Metz.
1516†.
St. Goar, zelle.
712 (aus Prüm).
Godebert, diakon von Pavia.
1125 (aus Novara).
Gorze, kloster, Lothringen, kr. Metz.
93*, 154, 294, 579, 1517, 1563, 1637.
Ch. s. XII Metz stadtbibl., MG. DD. Kar. 1, 488, Giry Notices bibliogr. 16.
Gotahelm, vasall des grafen Engildeo.
1819 (aus Eichstädt).
Gozbald, abt (von Altaich).
1370 (aus Nieder-Altaich).
Gozpold, priester.
2070 (aus Wirzburg).
Grado, patriarchat.
400, 401*, 732, vgl. 838 und 840 (zwei schreiben an den patriarchen).
Pertinenz: Fortunatus.
Über den Cod. Trevis. s. XV ex. Venedig sta. MG. DD. Kar. 1. 488.
Granfelden (Grandval, monast. Grandevalle), Schweiz sdö. Basel.
128, 1137*, 1310, 1586, 1691.
Einzelne urk. aus dem nachlass von Marx im besitz der liebfrauenkirche in Frankfurt a./M., die reste des arch. im bischöfl. arch. zu Pruntrut.
St. Grata, kloster, Spanien, diözese Urgel.
775.
Pertinenz von Urgel vgl. 950*.
Archivalien im bischöfl. arch. zu Urgel.
Gregor, mönch vgl. St. Martin d'Autun 1659.
Grimald, abt, summus cancellarius Ludwigs d. D.
1357 (aus Reichenau).
Gubo, quidam homo.
1803 (aus kloster Münchemünster in Baiern).
St. Guillelm-le-Desert (monast. Gellonis), Frankreich, dép. Hérault, arr. Montpellier, cant. Aniane.
517 vgl. 743.
Pertinenz von Aniane vgl. nº 522, 752.
Gumbert, illustris vassus fidelisque ministerialis (k. Ludwigs II).
1266 (aus S. Sisto in Piacenza).
Gumpold, servus (nº 1944), quidam clericus episcopi Purchardi [von Passau] (nº 2011).
1943, 2011 (aus Passau, ursprüngl. wahrscheinl. aus Ötting).
Gundperht, jäger.
1925 (aus Salzburg).
Guodrad u. a. hörige.
1983 (aus Lüttich).

Hagano, graf von Arezzo s. Barbacianus.
Haimo, graf.
811.
Haio s. Aio.
Halbertadt, bistum, Preussen, prov. Sachsen.
394*, 535*, 2000.
Urk. in Berlin sta., chr. s. XIII vgl. MG. SS. 23, 73[1].
Hamburg, erzbistum.
928*, 1372*.
Urk. z. t. in Hannover sta.
Hatto, erzbischof von Mainz.
2051, 2061 (vgl. Fulda).
Heberar und sein bruder Hebrard vgl. Prüm 948.

Heimo, ministeriale (Arnolfs).
1799 (aus Salzburg).
Heimric, kleriker vgl. Regensburg, bistum 1908.
Hekisher, saecularis vir vgl. Ottobeuren 1848.
Helis, homo quidam.
1006.
Helmerich, kaiserl. vasall vgl. Fulda 887.
Helmmerat u. Gorzila, mancipia.
1473 (aus St. Felix u. Regula in Zürich).
Helmstedt, kloster, Braunschweig.
388*.
Herbrechtingen (eccl. in Hagrebertingas), Württemberg, oa. Heidenheim.
170.
Pertinenz von St. Denis.
Hercangar, graf.
1097 (aus Andlau).
Herford, nonnenkloster, Westfalen, rb. Minden.
977, 1403, 1406* vgl. Korvei. 1435, 1437, 1472, 1768* vgl. Korvei, 1877.
Arch. in Münster. ch. s. XIII.
Heririch, vasall des grafen Adalard.
1160 (aus Prüm).
Hermingard s. Hirmingard.
Hermontier s. St. Filibert.
Herrieden (monast. Hasereot, Hasenrida), Baiern, Mittelfranken (sdw. Ansbach).
901, 902, 904, 1342, 1344, 1385.
Pertinenz von Eichstädt vgl. n° 1783, 1984. 2073.
Hersfeld (monast. Herolfsfelt), Preussen rb. Kassel.
176, 177, 192, 193, 194, 212*, 217, 223, 227. 235, 258*, 274, 275*, 390, 520*, 721, 1373, 1374, 1574, 2054, 2085.
Pertinenz: Fritzlar.
Arch. im sta. Marburg. ch. s. XII. MG. DD. Kar. 1, 488.
Hessi, graf vgl. Fulda 1380.
Hetti, erzbischof von Trier.
737.
St. Hilaire (mon. s. Saturnini in loco Leuco) im gau Carcassonne, kloster, Frankreich, dép. Aude, arr. Limoux.
563; ausserdem jetzt MG. DD. Kar. 1, 457 n° 304.
Die alten ork. verloren, nur jüngere k.
— in Poitiers, kloster, Frankreich.
106.
Pertinenz: Nouaillé.
Über die ork. MG. DD. Kar. 1, 488.
Hildofred, homo der kaiserin Judith.
919 (aus Inden).
Hilduin, abt von St. Denis.
931 (schreiben an H.).
Hillo, getreuer.
1544 (aus S. Salvatore in Brescia).
Hirmingard, Hermingard, Irmingart, gemahlin k. Lothars I vgl. Gisla.
1133 (aus S. Salvatore in Brescia).
Hirmingard, tochter k. Ludwigs II. gemahlin Bosos.
1505 (aus S. Sisto in Piacenza).
— nichte Karls III.
1756 (aus S. Sisto in Piacenza).
— tochter Ludwigs d. D. vgl. Reichenau 1424.
Hitto, abt vgl. Mondsee 1539.
Hohenburg (Odilienberg), nonnenkloster, Unter-Elsass, kr. Molsheim.
964, 965*.
Pertinenz: Hruthrud.
Im ba. Strassburg.
Honau (Hohenaugia), kloster auf einer ehemaligen Rheininsel bei Wanzenau n. Strassburg.
62, 63, 87, 88, 124, 155, 189, 200, 214, 246, 1685.
Ch. s. XV u. Liber iurium s. Michaelis s. XV ex. Strassburg ba., MG. DD. Kar. 1, 488.
Honorii in Brescia, kloster.
1275.
Hornbach (monast. Gamundias vel Haurunbach), Baiern, Rheinpfalz sdö. Zweibrücken.
533, 534, 699, 770, 1039, 1040, 1041, 1307.
Pertinenzen: Folcwin, Wemlo.
Ch. s. XV (Renovatio privilegiorum monasterii in Hornbach facta sub. d. Johanne Danebert eiusdem monast. abbate 1430) im ra. zu München.
Hrodwin s. Chrodoin.
Hrotgar, vasall des grafen und kais. ministerialen Matfrid.
1124 (aus Prüm).
Hrootbald, graf vgl. Salzburg 1361.
Hrootbert, getreuer.
953 (aus Prüm).
Hruthrud, äbtissin von Hohenburg.
895 (aus Andlau).
Hubald, graf vgl. Piacenza St. Antonin u. Victor 1621.
St. Hubert, kloster, Belgien, prov. Luxemburg, arr. Neufchâteau.
46.
Hucpret (Hucpert), veteran.
1918* (aus Reichenau).
Hugo, graf von Tours vgl. Weissenburg 724.
Humbold, getreuer.
1572 (aus Lorsch).
Hunrich, chorbischof vgl. Regensburg St. Emmeram 1653.
Hunroc, priester.
1351 (aus Passau).

Iacob, getreuer.
1720 (aus Langres).
— vasall des bischofs Waldo von Freising vgl. Freising 1890.
Iannarius.
1218 (aus S. Salvatore in Brescia).
Ida, verwandte Ludwigs d. Fr.
984* (aus Korvei).

S. Ilario, kloster bei Venedig (nel comune di Gambarare, sdw. Mestre).
1063, 1660.
Arch. im sta. zu Venedig.
Île-Barbe (monasterium in insula Barbara), Frankreich, dép. Rhône bei Lyon.
595, 596, 1333.
Arch. im dép.-a. zu Lyon.
Illasi, kgl. hof, ö. Verona.
1264* (aus S. Nazario e Celso in Venedig.
Immo, vasall Lothars I.
1113 (aus Tournus).
— höriger des markgrafen Liutpold.
2030 (aus Freising).
Inden (Enda in Arduenna, später Kornelimünster), kloster bei Achen.
734, 1371, 1553.
Pertinenz: Hildefred.
Ch. s. XVI in Düsseldorf vgl. Lacomblet UB. 1, p. X.
Ingilbert s. Engilbert.
Iob, priester.
1537 (aus St. Emmeram, Regensburg).
St. Iohann (monast. s. Ioannis Baptistae) in der vorstadt Angers.
671.
Iohannes, priester.
1663* (aus S. Zeno in Verona).
— u. Lubigerus, priester.
1658 (aus S. Maria in Organo in Verona).
— getreuer.
328, 567 (aus Narbonne).
— gastalde.
1669 (aus S. Sisto in Piacenza).
— höriger.
2033 (aus St. Gallen?).
— bischof von Pisa, markgraf Adalbert, vasall Gausbert, königsboten vgl. Lucca 1192.
Ionas, bischof von Orléans und abt Heinrich vgl. St. Calais 975, Le Mans 976*.
Irmburch, frau.
1876 (aus Freising).
Irmingart s. Hirmingard.
St. Irminen (Trier) s. Oeren.
Isamprehet, priester.
1789 (aus Strassburg).
Isanrich, priester.
2022 (aus Reichenau).
Istrien, getreue der provinz —.
732 s. Grado.
St. Iulien bei Auxerre, kloster.
744.
Ch. s. XIII im dép.-a. de l' Yonne.
St. Iulien in Brionde, kirche, Frankreich, dép. Haute Loire.
797.
Abschrift s. XVII des ch., vgl. Sickel Reg. 328 L 216, Bibl. de l'éc. des chartes VI (1866) 2, 446 f., Ul. Robert Invent. des cart. 7.
Iumièges (monast. Gemeticum), Frankreich, dép. Seine-Infér., arr. Rouen.
562.
S. Iustina, kanoniker s. Piacenza.
Kaiserswerth (monast. s. Sindberti in loco Werid), Rheinprovinz, rb. Düsseldorf.
1556, 1791, 2023, 2065 (Fuldger).
Arch. in Düsseldorf.
Karl, sohn Ludwigs d. D. (als kaiser Karl III).
1450 (aus Andlau).
— [angebl.] markgraf von Tuscien.
1260*.
Kempten (monast. Campidona), Baiern.
161*, 162*, 582, 883, 889, 899, 921, 929^{b}, 978, 990, 998, 1364, 1377, 1449, 1814.
Pertinenzen: Diotker, Elulf.
Arch. im ra. in München; ch. s. XII in., vgl. Sickel Reg. 307 L 57.
Kesseling (monast. Casloaca), Rheinprovinz, rb. Koblenz.
94.
Pertinenz von Prüm.
Kettenbach, kloster, Preussen, rb. Wiesbaden, Untertaunuskreis, ag. Langenschwalbach.
1381.
Klevermunt (Chèvremont; eccl. s. Mariae Novo Castello n° 221; monast. Capremons n° 1918) Belgien bei Lüttich.
221, 1116, 1970, 2003, 2060.
Pertinenz von Achen.
Kisla s. Gisla.
Klingenmünster, kloster, Baiern Pfalz, Bergzabern sdw. Landau.
852*, 1392^{a}, 1392^{b}.
Köln, kanoniker der kirche.
1308.
Konstanz, bistum vgl. St. Gallen 228, 605, 1409, 1993, 2016.
Kornelimünster s. Inden.
Korvey, kloster, Westfalen, kr. Höxter.
779, 780, 830, 900*, 922, 923, 924, 927, 935, 983*, 1099*, 1175, 1366, 1367, 1368, 1369, 1406* vgl. Herford, 1412, 1482, 1498, 1642, 1749, 1768*, 1793, 1827, 1932, 1990, 2084.
Pertinenzen: Adalger, Asig, Choppo, Esich, Ething-Hrutmar-Thancmar, Gerulf, Ida, Visbeck.
Über die überlieferung MG. DD. 1, 641, Sickel Reg. 318 L 140.
Kremsmünster (mon. s. Salvatoris loco Chremisa), kloster, Oberösterreich.
299, 311, 850, 1522, 1530, 1538, 1771*, 1772, 1892.
Pertinenzen: Snolpero, Zazco.
Über die überlieferung MG. DD. Kar. 1, 498.

Lagrasse (mon. s. Mariae in territorio Narbonuensi super fluvium Orobionem in loco Novalitio), Frankreich, dép. Aude, arr. Carcassonne.
357, 419*, 547, 548.
Pertinenzen: Gaudiocus, Sunieffredus.
Archivbestand in dép.-a. zu Carcassonne, einzelstücke Paris nb. vgl. MG. DD. Kar. 1, 488, Sickel Reg. 281 K 163.

Lambert mit dem beinamen Aganos.
784.

Lamspringe, kloster, Hannover zw. Hildesheim und Gandersheim.
1497*.

Landevennec, kloster, Frankreich, dép. Finistère, arr. Châteaulin, cant. Crozon.
672.

Langres, bistum (Lingonicae civitatis ecclesia in hon. s. Mammetis), Frankreich, dép. Haute-Marne.
539, 931 (kanoniker) 1289, 1712, 1731, 1740, 1741, 1742.
Pertinenzen: Dodo, Iacob, Otbert, Suitgar.
Archivbestand in Chaumont dép.-a.

Lausanne, bistum (eccl. s. Marie), Schweiz.
528.
Pertinenz: Vodelgis.
Ch. s. XIII Bern b.

Leberau (Lebraha in pago Alsacensi cella s. Alexandri), kloster, Elsass, kr. Rappoltsweiler (nw. Colmar), vgl. auch Fulradovillare.
244*, 316*, 380*, 1312.
Pertinenz von St. Denis.

Leibulf, graf.
794 s. Arles.

Le Mans (Cenomannica urbs), bistum, Frankreich, dép. Sarthe.
334*, 356, 383*, 386, 530, 911, 912*, 917, 937, 942, 957, 958, 959*, 968, 972, 973, 974, 976*, 980 (bischof Aldrich), 982*, 999, 1002 (?), 1003*.
Pertinenzen: Ibroialus, S. Mariae et S. Petri.
Abschriften des 11. jh. der Gesta Aldrici (s. IX) und des 13. jh. der Actus pont. Cenom. (s. IX) in der bibl. du Mans, vgl. J. Havet, Oeuvres 1, 275, 318 und MG. DD. Kar. 1, 489.

— S. Mariae et s. Petri, kloster s. dort.

Leno (Leonis mon. in hon. s. Benedicti in territorio Brixiano), Italien, prov. Brescia, dist. Verolanuova.
1221.

Leo, papst.
1142, 1149.

— kleriker.
1597 (aus S. Sisto in Piacenza).

— und Johannes, grafen vgl. Novara 1066.

Leuthard, höriger.
1752 (aus St. Martin in Tours).

Limoges (Lemovicensis ecclesia s. Stephani), bistum, Frankreich, dép. Haute-Vienne.
652, 653 (kanoniker).
Nur n. k. in Paris nb.

— Marienkloster genannt Regula s. Regula.

— S. Martial, kloster s. dort.

Lindau, nonnenkloster am Bodensee.
992*.

Liudold und gemahlin Irmbirg vgl. Prüm 880.

Liutard, vasall der äbtissin Gisla.
2039 (aus Nivelles).

Liutbert, erzbischof von Mainz.
1766.

Liutbrand, diakon.
1511 (aus St. Gallen).

— kaplan.
1780 (aus St. Gallen).

Liutward, bischof, erzkanzler Karls III.
1676 (aus Reichenau).

Lobbes, kloster, Belgien, prov. Hennegau, arr. Charleroi.
7*, 9*, 49.

Lodève, bistum, Frankreich, dép. Hérault.
646.

Lodi vgl. Ostinus 1104.

Lorsch (mon. Laureshem, ubi s. Nazarius requiescit), kloster, Hessen-Darmstadt, kr. Bensheim.
144, 146, 151, 152, 169, 209, 266, 576, 577, 777, 1292, 1354, 1388, 1401, 1431, 1459, 1470, 1503, 1675, 1650, 1687, 1788, 1838, 1927, 2035, 2088, 2093, 2095.
Pertinenzen: Abrinsburg, Ansfrid, Einhard, Humbold, Reginbodo, Reginpreht, Sigebalt, Sigolf, Tuto, Werinbold, Werinhar, Werinolf.
Ch. s. XII München ra., vgl. MG. DD. Kar. 1, 488.

Lothar (I), kaiser.
733.

Lucca, bistum, Italien, prov. Lucca.
1187, 1192, 1250, 1529.
Archivbestand im kapitelarch. zu Lucca.

Ludwig, sohn Lothars I, könig, kaiser.
1140, 1311 (aus S. Sisto in Piacenza).

Lüttich (Tongrensis ecclesia), bistum, Belgien s. Tongern.
828*, 888, 1688, 1832, 1979, 2046, 2048.
Pertinenzen: Ekkard, Goodrad-Erkenmar-Unstwin.
Orr. und ch. Hénaux s. XIII Lüttich sta., vgl. auch MG. DD. 1, 646; 3, 732.

Lure (Lutera, Luders), kloster, Frankreich, dép. Haute-Saône sd. Luxeuil.
1306.

Luxeuil (Luxovium), kloster, Frankreich, dép. Haute-Saône, arr. Lure.
507.

Lyon (ecclesia s. Stephani), erzbistum.
1150, 1152*, 1155*, 1156, 1157, 1158, 1294, 1301, 1302, 1322, 1326, 1335, 1336, 1337, 1705.
Pertinenz: Remigius.
Ch. von Grenoble s. XII und n. k. in Paris nb.; 2 ch. s. XII in Grénoble bisch. b.

Mâcon (eccl. s. Vincentii Matiscon.), bistum, Frankreich, dép. Saône et Loire bei Lyon.
54, 540, 550, 561, 609, 796 (graf Warin), 1736 (kanoniker).
Neuere abschriften eines älteren ch. im dép.-a. zu Mâcon und in der nb. zu Paris, hier auch ein ch. Cluniac. s. XIII ex. (für n° 796), vgl. Sickel Reg. 300 L 21, Delisle Catalogue des actes de Philippe Auguste 545.
Maguelonne (S. Petri eccl.), bistum, Frankreich, dép. Herault, arr. Montpellier, cant. Frontignac, com. Villeneuve-les-Maguelonne.
685, 686.
Im 16. jh. wurde das bistum nach Montpellier verlegt, über lage und überlieferung Sickel Reg. 317 und 446 L 132.
Mailand, erzbistum.
440*.
— S. Ambrogio, kloster s. dort.
Mainz, erzbistum.
52* s. auch Bonifaz, Hatto.
— St. Alban, kloster s. dort.
St. Maixent, kloster, Frankreich, dép. Deux-Sèvres, arr. Niort.
586, 843.
Malasti s. Montolieu.
Malmedy s. Stablo.
Manfred (interpolirt) aus Reggio.
437 (Provenienz unbekannt).
Manlieu (Magnlieu, Magnus locus in hon. s. Sebastiani), kloster, Frankreich, dép. Puy-de-Dôme, arr. Clermont-Ferrand.
668.
St. Marcel (basilica s. Marcelli mart. sub opedum Cabillonensis urbis) bei Châlon, Frankreich.
220, 944, 1700*.
Or. ch. s. XIII und neuere abschriften des ch. in Paris nb.
S. Maria in Friaul, kloster.
682.
Pertinenz von Aquileja.
— in Gaio (Gazo) bei Verona.
1228.
— in Organo (in suburbio Veronensi) in Verona.
407*.
Pertinenz: Johannes u. Lubigerus.
S. Maria Theodata s. Dodosi.
St. Mariae et s. Petri mon. in Le Mans.
960.
— et ss. Petri et Michaelis mon. s. Bonmoutier.

Marienkapelle in Achen s. Achen.
— in Frankfurt s. Frankfurt.
— in Regensburg s. Regensburg.
Marienkirche in Rouen s. Rouen.
Marienkloster in Limoges s. Regula.
Marmoutier (mon. maius in hon. s. Martini) bei Tours a./d. Loire.
553, 910.
Zur überlieferung vgl. Giry Notices bibliogr. 21.
Maroilles, kloster, Frankreich, dép. Nord, arr. Avesnes.
720*.
Pertinenzen: Ossard, Aussard.
Marseille, bistum, Frankreich, dép. Bouche-du-Rhône.
765, 1042, 1043.
— St. Victor, kloster s. dort.
St. Martial, kloster, Limoges.
908*.
Martin, kaplan des herzogs Purchard.
2052 (aus Wirzburg).
St. Martin d'Autun, kloster, abteikirche, Frankreich.
1703, 1704.
— de Glandières s. Glandières.
— in Tours (mon. s. Martini Turonicae civitatis), Frankreich.
167, 186, 250, 308, 358, 629, 630, 631, 632, 649, 896, 909, 1723, 1751.
Pertinenzen: Cormery, Germund, Leuthard, St. Yrieix.
Zur überlieferung MG. DD. Kar. 1, 489, Giry Notices bibliogr. 73 f.
Martinszelle vgl. Aniane 714.
Masmünster (Massevaux, Masonis mon.), nonnenkloster in den Vogesen.
776*.
Mattsee (mon. in hon. s. Michaelis), öst. kronland Salzburg.
1443.
Von Karlmann an Ötting geschenkt, n° 1521.
St. Maur des Fossés (mon. Fossatus in hon. s. Petri et s. Mariae), Frankreich, dép. Seine, arr. Sceaux (ö. Paris).
140, 617, 618, 787, 926*, 1090, 1733.
Archivbestand im na. zu Paris.
St. Maximin, kloster in Trier.
100*, 438*, 754*, 755*, 1318*, 1716, 1775, 1886, 1908*, 1969.
Pertinenzen: Bernard, Fulcrad.
Die fälschungen und or. in der nb. zu Paris, das ch. s. XIII in. im sta. zu Coblenz, vgl. Bresslau Westdeutsche Zs. 5, 20, MG. DD. 1, 653, Giry Notices bibliogr. 81.
St. Médard in Soissons, kloster.
159, 842*, 1754 (?).
Zur überlieferung Giry Notices bibliogr. 81.
St. Méen (eccl. ss. Mevenni et Judicaelis), Frankreich, dép. Ille-et-Villaine, arr. Montfort-sur-Men.
611.
Megingoz, vasall des bischofs Erkenbold von Eichstädt.
1856, 1906 (aus Eichstädt).
Merida, einwohner von —, Spanien, prov. Badajoz.
916.

Meschede, nonnenkloster, Preussen, Westfalen, rb. Arnsberg.
2086.
Pertinenz wahrscheinlich: graf Rihdac.

St. Mesmin de Mici (eigentlich St. Hilaire-St. Mesmin, mon. s. Maximini Miciac.), Frankreich, dép. Loiret, arr. Orléans.
568, 738, 825, 955*.
Pertinenz von Orléans.
Nur mehr n. k. vgl. Sickel Reg. 304 L 43, N. Arch. 2, 287, Giry Notices bibliogr. 82, über das verlorene ch. Delisle Actes de Phil.-Aug. 562.

Metelen, nonnenkloster, Westfalen, sdw. Osnabrück s. Fridnwi.
1826.

Metten, kloster, Baiern, Nieder-Baiern, bza. Deggendorf.
1360, 1397, 1430, 1464, 1467, 1468(?), 1567, 1639, 1812, 1888, 1891.
Pertinenz: Reginolf.
Abschriften im ra. in München.

Mettlach, kloster, rb. Trier, ag. Merzig.
1*.

Metz (eccl. s. Stephani Mettensis), bistum, Lothringen.
178, 298.
Pertinenz: (Senones)-Richodo.
Zur überlieferung MG. DD. Kar. 1, 469.
— St. Arnulf bei Metz s. dort.
— kloster der hl. Glossinde s. Glossinde.
— St. Peter, nonnenkloster vgl. St. Denis 245.

Meung-sur-Loire, kloster (Magedunum mon. s. Lifardi), Frankreich, dép. Loiret, arr. Orléans.
760.

St. Michael in Diliano, kloster, wahrscheinlich Duino bei Monfalcone, nw. Triest.
1190*, 1211.
— in Monte Gargano, kirche.
1249 (aus Benevent).

Miciacense mon. — Micy s. Mesmin.

St. Mihiel de Marsonpe (mon. Castellione in pago Virdunense, ubi consurgit fluvius Marsupia), dép. Meuse sd. Verdun a/d. Maas.
147, 587*, 615, 621, 633, 789, 837, 1079, 1080, 1081, 1286, 1958, 2053.
Pertinenz: Unerin.
Zur überlieferung MG. DD. Kar. 1, 489. Giry Notices bibliogr. 84.

Mildrut, gemahlin Heimos.
1807, 1808* (aus Salzburg).

S. Miniato, kirche bei Florenz.
281.

Modena, bistum, Italien, Emilia.
260, 750, 1225.

Möllenbeck, nonnenkloster, diözese Minden.
1922.

Mondsee, kloster, Ober-Österreich.
1330*, 1530 vgl. 1349*.
Pertinenz von Regensburg.

Moninellum, kloster bei Mantua.
1832 vgl. 1272.

Montamiata (mon. s. Salvatoris quod est situm in Monte Amiato in territorio Clusino), prov. Siena, Italien.
639, 640, 1057, 1194, 1195*, 1196, 1915.
Arch. grösstenteils im sta. zu Siena, z. t. in Florenz.

Montecassino (mon. s. Benedicti in loco Casinum castrum) Italien, prov. Caserta.
285, 286*, 287*, 288*, 344*, 345*, 660*, 1047, 1048*, 1237*, 1238*, 1262.
Sämmtliche urkk. im reg. Casin. des Petrus diac. aus der mitte des 12. jh. vgl. MG. DD. Kar. 1, 489.

Montieramey, kloster, Frankreich, dép. Aube, arr. Troyes.
1725.

Montiérender (mon. in silva Dervensi), Frankreich, dép. Haute-Marne, arr. Vassy.
575, 839, 898.
Ch. s. XIII zu Chaumont u. Coll. Baluze in der nb. zu Paris, vgl. Sickel Reg. 305 L 50, nachträge 447, Lalore Coll. de cart. de Troyes 4 (ch. de Montiérender) VI.

Montolieu (mon. Malasti in territorio Carcassense in hon. s. Johannis Bapt.), Frankreich, dép. Aude, arr. Carcassonne, cant. Alzonne.
600.

Monza (mon. Modicia s. Johannis Babt.), Italien, prov. Mailand.
1027.
Pertinenz: Ava.

Moosburg (in hon. s. Castuli), kloster, Baiern, bza. Freising, lg. Landshut.
1923* (aus Freising).

Münster im Gregorienthal, (monasteriolum inter duos Pachinas, mon. s. Gregorii quod alio nomine Confluens vocatur), Elsass, kr. Colmar.
118, 772, 833, 1101, 1279, 1961.
Zur überlieferung MG. DD. Kar. 1, 489.

Münstereifel (Novum monasterium s. Chrisanti et Danielis), rb. Cöln, kr. u. ag. Rheinbach.
1981 (aus Prüm).

Murbach (mon. Vivario Peregrinorum in pago Alsacense super fluvium Morbach), Elsass, kr. Gebweiler.
96, 143, 182, 623, 624, 1069, 1356, 1559, 1580, 2087.
Zur überlieferung MG. DD. Kar. 1, 489.

Murrhardt, kloster, Württemberg. Neckarkr., oa. Backnang.
657*.
Das arch. ist 1524 im bauernaufstand zugrunde gegangen, Wirtemberg. Ull. 1, 89.

Nantua (mon. Nantoacum b. Mariae et s. Petri), Frankreich, dép. Ain (nö. Lyon).
86, 856, 1153*, 1154*.

Narbonne (eccl. s. Justi et Pastoris et s. Mariae), erzbistum.
557.
Pertinenzen: Johannes, Spanier.
Ch. s. XII u. neuere abschriften in der nb. zu Paris.

Nesle-la-Reposte (Nigella), Frankreich, dép. Marne, arr. Epernay, cant. Esternay.
1078.
Ch. s. XV im dép.-a. de l'Aube zu Troyes.

Neuenheerse (Hensi), nonnenkloster, Westfalen, kr. Warburg.
1486, 1759.
Pertinenz: Gandersheim.
Reste des arch. zerstreut.

Neu-Korvey s. Korvey.

Neumünster, kloster, kr. Ottweiler b. Metz.
1487.

Neustadt a./M. (mon. Rorlacha sive Nuowenstat), Baiern, Unterfranken, ba. Lohr.
324*, 473*, 593.
Pertinenz von Wirzburg.
Über die überlieferung MG. DD. Kar. 1, 490.

Nevers, bistum, Frankreich, dép. Nièvre.
855, 1709*, 1735*.
Pertinenz: Cusset.
Nur n. k.; über das verlorene ch. s. XII Délisle, Catal. des actes de Philippe-Auguste 548.

Nîmes (Nemausa civ. eccl. in hon. s. Mariae et s. Baudelii), Frankreich, dép. Gard.
549.

Nithard, kleriker.
1950 (aus Passau).

Nivelles, abtei, Frankreich, dép. Nord, arr. Valenciennes, cant. St. Amand.
1971.
Pertinenz: Liutard.

Nonantola (mon. in hon. omnium apost. et b. Silvestri in terratorio Motinense), Italien bei Modena.
203, 229, 338, 369*, 372, 529, 703, 731*, 816, 1029, 1055, 1056, 1093*, 1189, 1216, 1527, 1547.
Über die urkk. Sickel Reg. 248 K. 59.

Notkar getreuer, vasall Hruodolfs.
1455 (aus St. Gallen).

Nouaillé (Novaliacum), zelle, Frankreich, dép. Vienne, arr. Poitiers, cant. Villedieu.
516, 519.
Pertinenz von St. Hilaire.
Arch. in Poitiers.

Novalese (mon. in hon. b. apost. Petri et Andreae in loco Novalicis in valle Segusina), Italien, prov. Turin, distr. Susa.
120, 127, 156, 166*, 222, 491*, 532*, 1022, 1121, 1122, 1605.
Arch. in Turin sta.

Novara (in hon. s. dei genitricis Mariae s. que Gaudentii) bistum, Italien.
1065, 1066, 1198, 1526; 1800 (für bisch. Chadolt).
Pertinenz: Godebert.

Novientum s. Ebersheim.

Oadalbert s. Adalbert.

Obermünster, Marienkloster in Regensburg, Baiern.
1745* vgl. 1349*.

Odalric, graf.
1851 (aus St. Gallen).

Odburg, hörige der Utrechter kirche.
1965 (aus Utrecht).

Oddo, graf vgl. Korvey 1793.

Odilbert, getreuer.
985 (aus St. Gallen).

Oeren (ad Horreum), jetzt St. Irminen, nonnenkloster in Trier.
1986*.

Oetting (mon. in hon. s. Mariae et s. Philippi apost.), Ober-Baiern.
1521, 1533, 1711, 1939*, 1955, 1995 (aus Passau).
Pertinenzen: Ranshofen, Mattsee.
Überliefert in den Passauer chart., von n° 1533 orig. in Graz aus Ossiach.

Opilo, homo quidam vgl. Prüm 782.

Orange (Arausic. eccl.), bistum, Frankreich, dép. Vaucluse.
1331.

Orbionense mon. s. Lagrasse.

Organo, S. Maria in — s. S. Maria.

Orléans (eccl. s. Crucis Aurel.), bistum, Frankreich, dép. Loiret.
541, 542.
Pertinenz: St. Mesmin de Mici.
Nur n. k. in der ub. zu Paris, vgl. Délisle, Catalogue des actes de Philippe-Aug. 551.

— **St. Aignan**, kloster s. dort.

Oschisus, bischof von Pistoja u. a. königsboten vgl. Lucca 1250.

Osnabrück (basilica s. Petri principis apost. in loco Osnabrugki), bistum, Westfalen.
406*, 408*, 870*, 1389*, 1829*, 1830*, 1841*, 1911*.
Zur überlieferung MG. DD. Kar. 1, 490.

Ossard, kleriker und arzt, s. Aussard.

Ostinus, vasall des bischofs Noting von Verona.
1104 (aus Bergamo).

Ota, königinwitwe, mutter Ludwigs d. Kindes.
2042.

Otbert, vasall Matfrids.
1280, 1288, 1315 (aus Prüm).

— probst der kirche von Langres.
1713 s. Faverney 1641.

— getreuer.
1717 (aus Andlau).

Othere vgl. St. Gallen 1928.

Otho von Este.
1177*.

— abt von Sorde s. Sorde.

Ottobeuren, kloster, Baiern, rb. Schwaben, bza. Memmingen.
135*, 492*, 1848.
Zur überlieferung MG. DD. Kar. 1, 490.
Otolf, kaplan könig Arnolfs.
1802 (aus St. Gallen).
Otulf, priester.
1418 (aus St. Gallen).

Paderborn (in hon. s. Mariae et s. Kiliani), bistum, rb. Minden.
753, 1439, 1571, 1714, 1768.
Orig. in Münster sta.
Padua (eccl. in hon. b. Mariae virg. sanctaeque Justine), bistum, Italien.
1201, 1233*.
Paris (eccl. in hon. s. Mariae et s. Stephani et s. Germani), bistum.
368*, 638, 704, 730.
Über die überlieferung MG. DD. Kar. 1, 490, Giry Notices bibliogr. 31.
— St. Germain-des-Prés, kloster s. dort.
Parma (in hon. s. dei genitricis semperque virg. Mariae), bistum.
1543*, 1595*, 1613, 1614, 1696.
Pertinenzen: Adalbert, Cristoforus, Wibbod.
Arch. im cap.-a. zu Parma, ch. s. XVII Rom Vat. a.
Paschal, papst.
643.
Passau (eccl. s. Stephani in urbe Patavia), bistum, Baiern.
314. 778a, 778b*, 1341*, 1350, 1358, 1400, 1737, 1738, 1845, 1889, 1942*, 1948, 2010 (kanoniker), 2044*.
Pertinenzen: Albrich, Engilfrid, St. Florian, Gauzbert, Gumpold, Hunroc, Kremsmünster, Nithard, Oetting mit Ranshofen, Werinolf.
Zur überlieferung MG. DD. Kar. 1, 490, Meiller im Arch. f. österr. Gesch. 11, 77.
Patager, fidelis et familiaris.
556* (aus Nieder-Altaich).
Paulinus, artis grammaticae magister (später patriarch von Aquileja).
202 (aus Aquileja).
Penne (jetzt wohl Pianella), bistum, Italien, Abruzzen.
1054.
Perchtolf, Pernhart s. unter Ber.
St. Peter in Monte Piciaculi, kloster, Italien bei Arezzo.
384*.
Peterskirche in Fritzlar, Preußen, prov. Hessen-Nassau, rb. Kassel.
251.
Peterskirche bei Vienne.
1299.
Peterskloster bei Lyon.
1300.
— in Metz vgl. St. Denis 245.
Petrus, kaplan des herzogs Berengar.
1618 (aus S. Sisto in Piacenza).
Hl. Petrus s. Röm. kirche.
Pfävers (Fabariense mon.), Schweiz, kant. St. Gallen.
430*, 692*, 892, 1068, 1222, 1579*, 1810*.
Über die urk. Sickel Reg. 342 L 289, kaiserurk. in der Schweiz 19, MG. DD. Kar. 1, p. 80.
Piacenza (eccl. in hon. s. Antonini et Victoris necnon et Iustine), bistum, Italien.
436, 690, 715, 1058, 1252, 1607, 1610, 1620, 1621, 1662 (kanoniker v. S. Iustina), 1664.
Pertinenzen: Seufrid, Garibert.
Archivbestand des bistums im bischöfl., von St. Antonin im capitelarch. zu Piacenza, vgl. Pertz Arch. 12, 691, N. Arch. 3, 107.
— S. Sisto, nonnenkloster s. dort.
Piligrim, erzbischof von Salzburg.
2058 (aus Salzburg).
— kleriker.
1828 (aus Salzburg).
Pirminius, bischof.
42* (aus Hornbach).
Podololt, sein bruder Folcherat und 15 andere bewohner des Argengaues.
1466 (aus St. Gallen).
St. Polycarpe (mon. s. Polycarpi in comitatu Reddense), Frankreich, dép. Aude, arr. Limoux.
506*.
Poppo, bewährter diener des königs, früher graf der Sorbenmark.
1953 (aus Eichstädt).
— graf vgl. Fulda 987.
Pribina s. Briwino.
Prüm (mon. Prumia in hon. s. Salvatoris), Preussen, rb. Trier.
68, 95, 97, 98, 197, 198, 253, 307, 335, 370*, 416, 425, 572, 638, 782, 783, 824, 880, 930, 941, 948, 1082, 1083, 1094, 1115, 1117, 1129, 1145, 1164, 1165, 1166, 1171, 1173, 1278, 1295, 1303, 1305, 1314, 1479, 1483, 1484, 1485, 1490, 1492, 1566, 1638, 1683*, 1684, 1794, 1864, 1957, 1980.
Pertinenzen: Alpcar, Doda, Fulquin, St. Goar, Heririch, Hrodwin, Hrotgar, Hrnotbert, Kesseling, Münstereifel, Otbert, Richard, Sigifred, Siginand.
Zur überlieferung MG. DD. Kar. 1, 490.
Psalmodi (mon. s. Petri insule Psalmodii), Frankreich, dép. Gard (sd. Nimes).
504*, 599.
Archivbestand in Nimes dép.-a.

Ranshofen (Ranteadorf capella in hon. s. Pancratii), Ober-Österreich bei Braunau.
1931.
Pertinenz von Ötting.
Pertinenz: Ellemprecht.
Rathpod, bischof von Trier.
2050.

Ravenna, kustoden der kirche.
499*.
Zur überlieferung MG. DD. Kar. 1, 490.
Redon (mon. Rotonense), Frankreich, dép. Ille-et-Vilaine.
933. 979.
Diese DD. nur in neueren abschriften in Paris nb., über das ch. s. XI. Sickel Reg. 348 L 324.
Regensburg, bistum, Baiern.
1347, vgl. 1349, 1908, 1938.
Pertinenz: Mondsee.
Arch. in München ra., vgl. Meiller Arch. f. österr. Gesch. 11, 72.
Regensburg, St. Emmeramm, kloster s. dort.
— kgl. Marienkapelle.
1509, 1690, 2069 (kanoniker).
Pertinenzen: kloster Berg, Engilmar, Euprant, Roding.
Orr. in München ra., cod. Udalrici s. XIII Wien hofb.
— Obermünster, marienkloster s. dort.
Reggio nell' Emilia, bistum, Italien.
238*, 239*, 240*, 1064 (?), 1209, 1246*, 1592, 1628, 1661, 1668 (kanoniker).
Pertinenzen: Manfred, Suppo.
Kapitelarch. zu Reggio, vgl. MG. DD. 1, 651.
Reginar, graf vgl. Stablo 2001.
Reginbodo, vasall.
1947 (aus Lorsch), vgl. Lorsch 2035.
Reginbreht.
1805 (aus Lorsch).
Reginhart, vasall des erzbischofs Theotmar.
1881 (aus Salzburg).
Reginolf, kaplan.
2098.
Pertinenz von Metten.
Regula (eccl. b. Mariae, quae Regula dicitur), Frankreich bei Limoges.
114*.
Reichenau (mon. s. Mariae, quod dicitur Angia; Sintleozesowa), Baden, kr. Konstanz.
37*, 230*, 231*, 460*, 478*, 601, 869, 991, 904, 1424, 1583, 1610*, 1674*, 1681, 1746*, 1747*, 1748*, 1770*, 1815 A, 1815 B*, 1833, 1868, 2059.
Pertinenzen: Chadolt, Deothelm, Engilbert, Erunst, Grimald, Hucpret, Isanrich, Liutward.
Zur überlieferung MG. DD. Kar. 1, 490.
Reims (s. Remigii, s. Mariae), erzbistum, Frankreich.
4, 122, 130, 801, 835*, 836.
Pertinenz: Ebo.
Hs. s. XIII Flodoard hist. Rem., vgl. Sickel Reg. 329 L 222, Délisle Catalogue des actes de Philippe-Aug. 554, Bibliothèque de l'école des chartes 50, 71. Giry Notices bibliogr. 33.
— St. Remy, kloster s. dort.
Remigius, erzbischof von Lyon.
1332.
St. Remy (mon. s. Remigii), kloster in Reims.
479*, 1689.
Zur überlieferung MG. DD. Kar. 1, 490.
St. Remy de Sens, zelle.
949 vgl. 756, 1689.
Pertinenz von Sens.
Über die überlieferung Giry, Notices bibliogr. 92.
Rheinau, kloster, Elsass, kr. Schlettstadt.
1402*, 1432, 1477, 1478*, 1577.
Or. u. ch. s. XII (vgl. Meyer von Knonau Chartular v. Rheinau 77) in Zürich cant.-a.
Ricbodo, abt.
817 (aus dem kloster Senones).
— getreuer.
809.
Richard, vasall.
813.
— türwart.
995 (aus Prüm).
Richboto, homo quidam vgl. St. Denis 746.
Richgarda, Richorda, Rihgard, Richarda, gemahlin Karls III.
1584, 1623 (aus Andlau), 1624 (aus Reichenau).
Richo und Richart, mönch und priester.
1634 (aus Altaich).
Riculf, priester vgl. Gebhard, graf 903.
Ridigippi, nonnenkloster (unbekannt).
1806.
Rihdac, graf.
920 (wahrscheinlich aus Meschede).
Ripaalta, kirche des h. Stephan.
1185*.
Riphuin, homo quidam vgl. Freising 625.
St. Riquier (mon. Centulo in hon. s. Mariae et s. Petri, in quo s. Richarius requiescit), Frankreich, dép. Somme, arr. Abbeville.
317, 874.
Zur überlieferung MG. DD. Kar. 1, 491, Giry Notices bibliogr. 921.
Roderich, kaplan.
1199 (aus Florenz).
Roding, kirche und kgl. kapelle, Baiern, Oberpfalz.
1920.
Pertinenz der Marienkapelle zu Regensburg.
Rom. Römische kirche.
74, 75*, 82, 163 vgl. Paschal 643.
Urk. verloren, erhalten nur n° 75 im Cod. Trevisanus s. XV in Venedig sta.
— S. Salvatore in Civ. nova s. dort.
Rouen, Marienkirche, Frankreich, dép. Seine-Inférieure.
761.
Rudolf, mönch, orator und beichtvater Ludwigs d. D.
1390* (aus Fulda).
Ruodker, graf und sein oheim Balduin vgl. Prüm 1566.
Ruodpert, priester.
1598, 1610, 1776 (aus St. Gallen).

Salacus, homo alicus.
469 (aus St. Denis).
Salomon III, bischof von Konstanz.
2026, 2082.
Salonne (casa s. Dionisii et s. Privati [in loco] Cadalago et Salona in pago Salaninse), Lothringen, kr. Salzburg (Château-Salins).
196, 213.
Pertinenz von St. Denis.
S. Salvador (mon. s. Salvatoris), kloster, Spanien, sdö. Urgel.
940.
S. Salvatore in Alina, kloster.
1134.
Pertinenz von S. Sisto in Piacenza.
— in Brescia (mon. s. Salvatoris, mon. Novum), nonnenkloster.
242, 802, 1059, 1208, 1219, 1545, 1608, 1744.
Pertinenzen: Ermeald, Gisla I, Gisla II, Hillo, Hirmingard (u. Gisla), Januarius.
Arch. Brescia b. Quiriniana.
— in Civitate nova (Campo santo), Rom.
340*.
Im arch. der Peterskirche zu Rom.
Salvatorskloster bei Rieti vgl. Farfa 1254.
Salzburg (Petenensis urbs, que nunc appellatur Salzburch, episcopatus in hon. s. Petri), erzbistum.
310, 461, 588, 606, 707, 774, 790, 1343, 1346, 1361, 1362, 1363, 1365, 1399, 1444, 1454, 1456, 1564, 1573, 1850*, 1857, 1858, 1861, 2041*, 2055 (kanoniker).
Pertinenzen: Adalolt, Arbo, Dominicus, Gundperht, Heimo, Mildrut, Piligrim (2), Reginhart, Sigipold, Theotrich, Witagowa.
Zur überlieferung MG. DD. Kar. 1, 491, Meiller Arch. f. österr. Gesch. 11, 65.
Sanction, getreuer.
1761* aus St. Gérard (Namur).
Schwarzach, kloster, Baden, kr. Baden, amt Bühl.
849 vgl. Erkingar graf, 1013*.
— (Münsterschwarzach, Baiern, rb. Unterfranken, bza. Kitzingen), nonnenkloster.
2103 s. Dracholf.
Pertinenz: Blutenda.
Seben (eccl. Seponensis in hon. s. Stephani et Cassiani), bistum, Österreich, Tirol.
1386, 1887, 1997, 2037, 2100.
Die urk., sämmtlich orr., teils im bischöfl. a. zu Brixen, teils im sta. zu Wien, vgl. auch Meiller, Arch. f. österr. Gesch. 11, 62.
Pertinenz: Engilper.
St. Seine-en-Bâche (mon. s. Sequani), Frankreich, dép. Côte d'or, arr. Beaune, cant. St. Jean-de-Lorne.
641, 1724.
Ch. s. XII in Dijon dép.-a.
Sens, erzbistum, Frankreich, dép. Yonne.
756, 829*.
Pertinenzen: St. Colombe (nur sehr kurze zeit), St. Remy.
Zur überlieferung vgl. Giry Notices bibliogr. 36.
Sens, St. Colombe, kloster s. dort.
— St. Remy, kloster s. dort.
Serras, kapelle (lage ungewiss, vielleicht das spätere Churwalden, rhätisch Aschera).
1089.
Pertinenz von Chur.
Sesto (mon. Sexto super fluvium Edago), Friaul, prov. Udine, distr. S. Vito.
183, 241, 1028, 1231.
Pertinenz von Aquileja.
Zur überlieferung MG. DD. Kar. 1, 491.
Seufrid, bischof von Piacenza.
1188 (aus Piacenza).
St. Seurin (mon. s. Severini), bei Bordeaux, Frankreich.
526.
Seyssion, kloster, Frankreich, dép. Ain, arr. Belley.
1330.
Sigebalt, getreuer.
1798 (aus Lorsch).
Sigipolt, kleriker des erzbisch. Theotmar.
1785 (aus Salzburg).
Sigifred, vasall des grafen Adalard.
1159 (aus Prüm).
Sigihart, graf.
1769, 1919, 1937 (aus Ebersberg).
Siginand, priester und künstler.
1855 (aus Prüm) vgl. 1957.
Sigolf, mönch von Lorsch.
1795, 1988, 2045, vgl. 2080.
S. Sisto, nonnenkloster in Piacenza.
1255*, 1256*, 1524, 1535, 1546, 1914, 1916.
Pertinenzen: S. Salvatore in Alina, Angilberga, Boso, Ereimbert, Gombert, Hormingard, Hirmingard, Johannes, Leo, Ludwig II, Petrus, Teotberga.
Archivbestand in Parma sta.
Sithiu s. St. Bertin.
Snelpero, Snello, abt von Kremsmünster.
1773, 1786, 1811.
Solignac (mon. Sollemniacum in hon. s. Petri), Frankreich, Haute-Vienne, arr. Limoges.
655.
Sorde, kloster, Frankreich, dép. Landes, arr. Dax.
215*. Eine 2. fälschung MG. DD. Kar. 1, 567 (Nachtrag zu D. 230).
Sorèze (mon. Soricinum), Frankreich, dép. Tarn, arr. Castres, cant. Dourgne.
644.
Spanier.
470, 566, 608 (aus Narbonne).

Speier (eccl. s. Marie et s. Stephani in civ. Nemetensi seu Spirensi), bistum.
254, 1434, 1460, 1471, 1565*, 1854.
Zur überlieferung vgl. MG. DD. Kar. 1, 491.

Stablo und Malmedy (Stabulaus et Malmundarium), kloster, Belgien, prov. Lüttich, arr. Verviers.
3, 32, 50, 51, 543, 546, 841, 1296, 1494, 1501, 1555, 1558, 1644, 1866, 1956, 1967, 2001.
Pertinenz: Theodo.
Ausser nº 1296 (or.) durchaus in chart. überliefert: zwei ch. s. X in Bamberg und Brüssel bibl., das wichtigste aus dem 13. jh. in Düsseldorf sta., auf das, soweit karolingerdiplome in betracht kommen, die späteren sammlungen direkt oder indirekt zurückgehen, vgl. Sickel 301 L 23, MG. DD. 1, 652, Giry Notices bibliogr. 37.

Stephan, abt von St. Evre bei Toul.
1860.

-- bischof von Tongern vgl. Liutard 2039.

— graf vgl. Fulda 1939*.

St. Stephan bei Angers s. St. Etienne.

—, nonnenkloster in Strassburg.
1120*, 1420*.
Die ang. orig. in Strassburg ba.

Strassburg (Argentinensis sive Stratburgensis eccl.), bistum.
153*, 157*, 199*, 627, 773, 890, 1070*, 1416, 1495, 1496*, 1859, 2020.
Pertinenz: Isamprebet.
Arch. im ba. zu Strassburg, vgl. Sickel Reg. 233 K 20, nº 153, 157, 1070 u. 2020 fälschungen Grandidiers, vgl. Bloch in Zeitschr. f. Gesch. d. Oberrh. 12, 479; 13, 543.

— St. Stephan, nonnenkloster s. dort.

Süsteren, klösterlein, Niederlande, prov. Limburg.
20.
Pertinenz von Echternach.

Suitgar, getreuer.
1127 (aus Langres).

St. Sulpice de Bourges, kloster, Frankreich, dép. Cher.
915*.

Suniefred, getreuer.
872 (aus Lagrasse).

Suppo, vasall und rat.
1243 (aus Reggio).

Tangulf, kaiserl. kämmerer vgl. Herrieden 902.

St. Theudata, Teodato, Theodotis, kloster in Pavia s. Dodosi.

Teotberga, gemahlin Lothars II.
1309, 1319 (aus S. Sisto in Piacenza).

Teutberga, äbtissin von S. Agatha vgl. Dodosi 1062.

Theodo, getreuer des grafen Gislebert.
810, 1713.

Theodoan, homo quidam s. St. Denis 727.

Theodold, graf.
336 (aus St. Denis).

Teofridis, witwe Anselms.
808.

Theotrich, vasall des erzbischofs Theotmar.
1870 (aus Salzburg).

Tholey, kloster, Preussen, rb. Trier, kr. Ottweiler.
2*.

Tolla, kloster, Monastero di Val di Tolla, Italien, prov. Piacenza, distr. Fiorenzuola.
1606.

Tongern, bistum, Belgien, prov. Limburg vgl. Lüttich.
828*, 888, 1688, 1832.

Toul, bistum, Frankreich, dép. Meurthe-et-Moselle.
1285, 1702, 1707, 1865, 1884, 1900, 1901*, 1992, 2036*.
Pertinenzen: Berard, Eginolf, Everhelm, St. Evre, Fulbert, Stephan.
Nur n. k. in der nb. zu Paris und im brit. mus. zu London, vgl. Giry Notices bibliogr. 39.

— St. Evre, kloster s. dort.

Tournay (Tornac. eccl.), bistum, Belgien, prov. Hainaut.
658.
Ch. s. XII ex. in der cap.-b. zu Tournay, vgl. Giry Notices bibliogr. 39.

Tournus (s. Marie et s. Filiberti mon.) kloster, Frankreich, dép. Saone-et-Loire, arr. Mâcon.
1753.
Pertinenzen: Dée, Donzère, Immo, vgl. Sickel Reg. 318 L. 134.

Tours (s. Mauricii eccl.), erzbistum, Frankreich, dép. Indre-et-Loire.
1730 (kanoniker).
Zur überlieferung vgl. Délisle Catalogue des actes de Philippe-Aug. 568, Giry Notices bibliogr. 41.

— St. Martin, kloster s. dort.

Trier (eccl. Treverica in hon. s. Petri), erzbistum, Preussen, Rheinprovinz.
92*, 145, 168*, 261, 389*, 626, 788*, 1092, 1686, 1804, 1820, 1885 (kanoniker) 1896, 1959*, 1968*, 1973, 1975, 1976, 1982, 1985 (kanoniker), 2002.
Pertinenzen: Hetti, Rathpod.
Archivbestand im sta. zu Coblenz: Romersdorfer ch. s. XII und die drei Balduineen s. XIV; in der stadtb. zu Trier cod. s. XII der gesta Trevir. und das Kesselstattsche ch. s. XIV, vgl. MG. DD. 1, 652, MG. DD. Kar. 1, 491, Giry Notices bibliogr. 43.

— St. Maximin, kloster s. dort.

— Oeren, kloster s. dort.

St. Trond, grab des h. Trudo, Belgien, prov. Limburg, arr. Hasselt.
21.

Trutmann, erlauchter mann.
303*.

Tuto, getreuer.
1436 (aus Lorsch).

Uncrin, mönch von St. Mihiel.
2024.
Urgel (Orgelitana eccl.), bistum, Spanien, Catalonien, prov. Lerida.
939, 950*.
Pertinenz: St. Grata.
Ch. s. XIII Urgel catedr.-a.
Ursus et Johannes, einwohner der stadt Parma.
749.
Utrecht (eccl. s. Martini in vico Traiecto super fluvium Reno), bistum, Niederlande.
34, 38, 70, 71, 132, 211, 578, 1119, 1283, 1408, 1964, 2094.
Pertinenz: Odburg.
Zur überlieferung MG. DD. Kar. 1, 491.
St. Valery (mon. s. Gualarici), kloster, Frankreich, dép. Somme, arr. Abbeville.
447*.
St. Vannes, kloster zu Verdun.
10.
Venedig, Venetianer.
1067, 1088, 1205, 1596, 1659.
Transsumt v. 1382, lib. blancus und lib. pactorum, beide s. XIV, cod. Trevis. s. XV ex., chron. Andr. Danduli, sämtlich im sta. zu Venedig.
Vercelli, bistum, Italien.
1635.
Verden (Fardium super Aleram fluvium in pago Sturmi, in hon. s. Mariae et s. Fabiani), bistum, Preussen, prov. Hannover.
271*, 296*, 1394, 1500, 1548.
Pertinenz: Wipert.
Zur überlieferung MG. DD. Kar. 1, 491.
Verdun, bistum, Frankreich, dép. Meuse.
33.
— St. Vannes, kloster s. dort.
Verona (in hon. s. Zenonis), bistum, Italien.
1261, 1630.
— bischöfliche schule.
722.
— S. Maria in Organo, kloster s. S. Maria.
— S. Zeno, kloster s. dort.
Über die arch. von Verona s. Pertz Arch. 12, 654, Cipolla in Mitteil. des Inst. 2, 84.
St. Victor, kloster in Marseille, Frankreich, dép. Isère.
304.
Zur überlieferung Sickel Reg. 268.
Vienne (eccl. s. Mauricii), erzbistum, Frankreich, dép. Isère.
570, 583, 602, 884, 885, 1095, 1112, 1327, 1329.
Pertinenz: Agilmar.
Nur n. k. in der nb. zu Paris, Sickel Reg. 304 L 45, Pertz Arch. 11, 482, N. Arch. 2, 286.
Villeloin (cella s. Salvatoris, quae rustico nomine villa Lupae dicitur), kloster, Frankreich, Indre-et-Loire, arr. Loches, cant. Montrésor.
647*.
Zur überlieferung vgl. Giry Notices bibliogr. 43.
S. Vincenzo am Volturno (mon. s. Vincentii in loco Samnii super fluvium Vulturnum), Süditalien, prov. Campobasso, dist. Isernia.
184*, 284, 291, 497*, 498*, 510*, 584*, 616, 681*, 887, 1234.
Ch. s. XII in der Vatic. b. (früher in der b. Barberini) zu Rom, vgl. MG. DD. Kar. 1, 492.
Visbeck, zelle, Oldenburg.
702* vgl. 1412.
Pertinenz von Korvey.
Vivarius Peregrinorum s. Murbach.
Viviers (Vivar. episcopatus, in hon. s. Vincentii), bistum, Frankreich, dép. Ardèche, arr. Privas a./d. Rhone.
585, 1139, 1334.
Vodelgis, vasall des markgrafen Ruodolf.
1693 (aus Lausanne).
Volterra (Voloterr. eccl. in hon. s. dei genitricis semperque virginis Marie et s. Justi), bistum, Italien, prov. Pisa.
745, 1123, 1182, 1273, 1765.
Arch. im bischöfl. a. zu Volterra.
Walafredus, homo quidam vgl. St. Denis 803.
Walthuni, getreuer.
1912.
Waltpert, vasall.
1141.
Waltpurga, gemahlin Hutos.
1604 (aus Andlau).
St. Wandrille (Fontanella mon., in hon. b. apost. Petri et Pauli), kloster, Frankreich, dép. Seine-Infér., arr. Yvetot cant. Caudebec.
11, 12, 13, 16, 17, 18, 19, 26, 28, 29, 35, 39, 69, 594.
Zur überlieferung Sickel Reg. 309 L 65, Giry Notices bibliogr. 98.
Wauing, graf vgl. Kempten 978.
Warin, graf vgl. Macon 796.
Weilburg, kloster, Nassau a./d. Lahn.
2083, 2089, 2096.
Pertinenz von Worms.
Weissenburg, kloster, Nieder-Elsass, lg. Strassburg.
439*, 724, 1417*, 1643, 1998.
Wenilo, mönch von Hornbach.
1989 (aus Hornbach).
Werden (mon. in hon. s. Salvatoris et s. Mariae in loco Werthina), kloster, Preussen, rb. Düsseldorf.
387*, 1554, 1801*, 1974.
Pertinenz: Wolfhelm.
Arch. im sta. zu Düsseldorf.
Werinbold, getreuer.
1561 (wahrscheinlich aus Worms).
Werinhar, getreuer.
1359 (aus Lorsch).
— graf.
1549 (aus Lorsch).
Werinolf, priester.
1520 (aus Passau).

Weriuolf, kaplan.
2102 (aus Lorsch).
Wicbald, graf vgl. Wirzburg 769.
Wigant, vasall Hiltigards (tochter Ludwigs III).
1779.
Wibbod, Wibod, bischof von Parma.
1593, 1617, 1708, 1762, 1897.
Wildeshausen, kloster, Oldenburg.
1413.
Willibrord.
40 (aus Echternach).
Wimar, vasall.
558, 1034 (aus Elne).
Winnebert.
1281 (aus St. Arnulf in Metz).
Winuerad vgl. Angers 858.
Winpurc, edle frau vgl. Regensburg bistum 1938.
Wipert, bischof von Verden.
1847.
Wippo, mundschenk des gleichnamigen abtes von Metten vgl. Metten 1430.
Witagowa, Witigowo, graf.
1441, 1763 (aus Salzburg).
Wolfarius, getreuer.
1591 (aus St. Gallen).
Wolfgrim, getreuer.
1622 (aus St. Felix und Regula).
Wolfhelm, bischof von Münster.
1821 (aus Werden).
Wolvene vgl. Rheinau 1577.
Worms (Wangion. eccl. basilica s. Petri et Pauli apost.), bistum, Rheinhessen.
99*, 347*, 536, 537, 834, 871*, 1414*, 1415*, 1419*, 1930, 1931*, 1935, 1936*, 1945*, 2019, 2037, 2107*.
Pertinenzen: St. Cyriak, Weilburg.
Archivbestand im sta. zu Darmstadt, ch. s. XII in der k. b. zu Hannover, vgl. MG. DD. Kar. 1, 492.
Worms, S. Cyriak s. dort.
Würzburg (mon. in hon. s. Salvatoris, ubi s. Kylianus requiescit), bistum, Baiern.
297*, 429, 711, 767, 768, 769, 879, 971, 1007, 1382, 1383, 1422, 1646, 1834, 1835, 1836, 1837, 2009, 2104, 2105.
Pertinenzen: Aekard, Albwin, Amorbach, Epo. Fridarun, Gozpold, Martin, Murrhardt, Neustadt. Schwarzach in Franken.
Arch. zum teil in Würzburg kreisa., z. t. in Münche- ra., vgl. MG. DD. Kar. 1, 492.
Wunstorf, nonnenkloster, Hannover, stadt.
1489.

St. Yrieix-de-la-Perche (locus Athanum), kloster, Frankreich, dép. Haute-Vienne.
323*.
Pertinenz von St. Martin.

Zazco, kaplan k. Arnolfs.
1787 (aus Kremsmünster).
Zena (mon. s. Michaelis) kloster, Italien, prov. Bologna, com. Pianoro.
1594.
S. Zeno, kloster in Verona.
597, 1035, 1197, 1261, 1536*.
Pertinenz: Johannes.
Zuentibolch, vasall des markgrafen Liutbald.
1940, 1941, 2014 (?) (aus Gurk).
Zürich, St. Felix und Regula, kloster s. dort.
— Grossmünsterkirche.
457*.

Bücher-Register.

Die arabischen ziffern nach dem titel bedeuten den band, römische zahlzeichen die serie eines werkes. Für die alphabetische anordnung mußte im allgemeinen die art des zitates in Mühlbachers regesten maßgebend sein, urkundenbücher z. B. sind daher in der regel abweichend vom sonstigen bibliographischen brauch nach dem namen des bearbeiters eingereiht.

Abhandlung, Unpartheyische, von dem Staate des hohen Erzstifts Salzburg und dessen Grundverfassung zur rechtlichen und geschichtmäßigen Prüfung des sogenannten Juris regii der Herzoge in Baiern, entworfen i. J. 1765, gedr. i. J. 1770.

Abhandlungen, Historische, der kgl. baier. Akademie der Wissenschaften. 7. München 1840.

Abhandlungen, Neue historische, der kurf.-baierischen Akademie der Wissenschaften. 2. München 1781.

d'Achery Lucas, Spicilegium sive collectio veterum aliquot scriptorum qui in Galliae bibliothecis delituerant. Ed. pr. Parisiis 1655—77. 13 Bde. (Bd. 1 u. 2 in besserer auflage 1665.)

Nova editio priori accuratior .. per Lud. Fr. J. de Barre. Parisiis 1723. 3 Bde.

Acta academiae Theodoro-Palatinae (eigentlicher titel: Historia et commentationes academiae electoralis scientiarum et elegantiorum literarum Theodoro-Palatinae). 1—7. Mannheim 1766—1794.

Acta Sanctorum quotquot toto orbe coluntur collegit Bollandus ... Bruxellis 1643 f. Jan.—Oct.

Affarosi Camillo, Notizie istoriche della città di Reggio. 1. Padova 1755.

Affò, Ireneo, Antichità e pregi della chiesa Guastallese. Parma 1774.

— Istoria della città e ducato di Guastalla. 1. Guastalla 1785.

— Storia della città di Parma. 1. Parma 1792.

Aguirre, Jos. Saenz de, Collectio maxima conciliorum omnium Hispaniae et novi orbis. 4. Ed. altera. Romae 1754.

Aimoini monachi incl. coenobii D. Germani a Pratis libri quinque de gestis Francorum .. studio et opera Fr. Jacobi du Breul. Parisiis 1602.

Albrecht D., History von Hohenburg oder St. Odilienberg. Schlettstadt 1751. Das Repertorium probationum mit eigener paginierung.

Albrecht Karl, Rappoltsteinisches Urkundenbuch. 1. Colmar 1891.

Album paléographique ou Recueil des documents importants relatifs à l'histoire et à la littérature nat. reproduits en héliogravures .. avec des notices explicatives par la Société de l'École des chartes. Paris 1887.

Alchwini, Flacci Albini sive — abbatis, Karoli Magni regis et imperatoris magistri opera studio et diligentia Andreae Quercetani. Lutetiae Parisiorum 1617.

Altmann W. und Bernheim E., Ausgewählte Urkunden zur Erläuterung der Verfassungsgeschichte Deutschlands im Mittelalter. Berlin 1891. 2. aufl. 1895. (3. aufl. 1904.)

Amiani, P. M., Memorie istoriche della città di Fano. 2. Fano 1751.

Ammirato Scipione, Vescovi di Fiesole, di Volterra e di Arezzo. Firenze 1637.

Analectes pour servir à l'histoire ecclesiastique de la Belgique publ. par les chanoines Reusens et V. Barbier. 25. (2. sér. tom. 9.) Louvain 1895.

(de Angelis), Synodus dioec. aug. abbatiae s. Silvestri de Nonantula. Bologna 1691.

Ankershofen, Gottlieb v., Handbuch der Geschichte des Herzogthumes Kärnten, 1. Abtheil., 2. Bd. Klagenfurt 1851. Regesten und Urk. mit eigener paginierung.

Annales de la Soc. archeol. de Namur. 5. Namur 1853.

Archaeologia by the Society of antiquaries of London. 44. London 1883.

Archeografo Triestino, Raccolta di memorie, notizie e documenti per servire alla storia di Trieste, del Friuli e dell'Istria. Nuova Serie 1—5. Trieste 1869—78.

Archiv der Gesellschaft f. ältere deutsche Geschichtskunde, hrsg. von L. Büchler u. Dümge. 5—12 von G. H. Pertz. Frankfurt a. M. 1819—1822, Hannover 1824—1874.

Archiv für Geschichte, Statistik, Literatur und Kunst (hg. v. Hormayr). 19. Wien 1828.

Archiv für schweizerische Geschichte. Herausgeg. auf Veranstaltung der allgemeinen geschichtforschenden Gesellschaft der Schweiz. 1. Zürich 1843.

Archiv, Neues der Gesellschaft für ältere deutsche Geschichtskunde. Hannover 1876 ff.

Archivio storico italiano. Firenze 1842—51, Nuova serie seit 1851.

Aresius, Barthol., Insignis basilicae et imperialis coenobii S. Ambrosii Maioris Mediolani abbatum chronologica series. Mediolani 1674.

Argelatus, Philippus, De monetis Italiae variorum illustrium virorum dissertationes collegit. Mediolani 1750.

Asch, Beschouwing van het handelsverkeer van Utrecht. 4. Utrecht 1846.

Ausführ- und Rettung, Gründliche, des h. Reichs Stadt Kempten uralten Herkommens und Reichs Immedietät .. wider die anmaßliche Beeinträchtigungen des fürstlichen Stiffts daselbst. Anno 1731.

Ausführung, Gründliche, wessen sich dess h. Reichs Stadt Lindaw .. wider menniglich zu halten, zu behelffen und zu getrösten hab. Nürnberg 1643. [Verf. Heider.]

Aventinus, Joannes, Annalium Boiorum libri VII curante N. H. Gundlingio. Lipsiae 1720.

— Deiparae virgini Otingensi sacrum clariss. que ducibus Boiorum Vielmio, Litavico, Arionisto dedicatum. Historia non vulgaris vetustatis que Otingae Boiorum ex antiquis literarum monumentis excerptae a — [1518], ohne ort. Deutsche ausg.: Der hochwirdigen und weitberümten Stifft Alten Oting löblich herkomen kurtzweylig ze lesen durch Maister Hannsen Durmair genannt Aventinum von Abensperg. Ingolstat 1519, ohne pag.

— Turmairs genannt A. Sämmtliche Werke. Hg. von der Akademie der Wissenschaften. München 1880. 1. Bd. 1. Hälfte.

Baldericus, Chronicon Cameracense et Atrebatense sive Historia utriusque ecclesiae .. a — Noviomensi et Tornacensi episcopo. Nunc primum in lucem edita et notis illustrata per G. Colvenerium. Duaci 1615.

— Chronique d'Arras et de Cambrai par — par le Dr. Le Glay. Paris 1834.

[Ballerini], Conferma della falsità di tre documenti pubblicati nell' Ughelli ... Verona 1754.

Baluze, Histoire genealogique de la maison d'Auvergne. 2. Paris 1708.

Baluzius, Steph., Capitularia regum Francorum. Additae sunt Marculfi monachi et aliorum formulae veteres et notae doctissimorum virorum. Parisiis 1677. 2 Bde.

— Historiae Tutelensis libri tres auctore — Tutelensi. Parisiis 1717.

— Miscellaneorum liber I, II, III. Parisiis 1678—1680. 3 Bde.

Bandinius Aug. Mar., Catalogus codicum Latinorum bibliothecae Mediceae Laurentianae. 1. Florentiae 1744.

Baring Daniel Eberh., Clavis diplomatica tradens specimina veterum scripturarum .. quibus praemittuntur introductiones necessariae .. studio et opera —. Hannoverae 1735. 2 ed. Hannover 1754.

Baronius C., Annales ecclesiastici. Zuerst Romae 1588—1593.

Barthélemy Ed. de, Diocese ancien de Chalons-sur-Marne. Paris 1861. 2 Bde.

Bartolini Domenico, Di S. Zaccaria papa e degli anni del suo pontificato. Ratisbona 1879.

Batavia sacra sive res gestae apostolicorum virorum qui fidem Bataviae primi intulerunt ind. et stud. T. S. F. H. L. H. S. T. L. P. V. T. [H. Fr. von Heussen]. Bruxellis 1714. 2 Bde.

Baudi a Vesme Car., Edicta regum Langobardorum. Augustae Taurinorum 1855.

Behrend J. Fr., Lex Salica hg. von — nebst den Capitularien zur lex Salica bearbeitet von A. Boretius. Berlin 1874.

Behrens, Rerum Germanicarum tres selecti scriptores inprimis de vitis et factis Caroli Magni imp. necnon Witikindi magni regis Saxonum hactenus desiderati. Quibus praefixa est praefatio Joh. G. Leuckfeldi. Francofurt ad M. 1707.

Beiträge zur Kunde steiermärkischer Geschichtsquellen. Hg. vom hist. Verein f. Steiermark. Gratz 1864 ff.

Belhomme Humbertus, Antiquitates montis Vogesi et praesertim Mediani in eodem monasterio. Argentorati 1733.

Benoit D. P., Histoire de l'abbaye et de la terre de Saint-Claude. 1. Montreuil-sur-Mer 1890.

Benoit de Toul, Histoire ecclesiastique et politique de la ville et du diocèse de Toul. Toul 1707.

Bergh L. Ph. C. van den, Oorkondenboek van Holland en Zeeland. 1. Amsterdam 1866.

Bernard Aug., Cartulaire de l'abbaye de Savigny suivi du petit cartulaire de l'abbaye d'Ainay. Paris 1853.

(Bertand L. et P. Cusset) L'illustre Orbandale ou l'histoire ancienne et moderne de la ville et cité de Chalon sur Saône. 2. Chalon s. S. 1662.

Bertholet Jean, Histoire ecclésiastique et civile du duché de Luxembourg. 2. Luxembourg 1742.

Besly Jean, Evesques de Poictiers avec les preuves. Paris 1647.

— Histoire des comtes de Poictu et ducs de Guyenne 811—1203. Paris 1647. Dazu Anhang: Preface sur la table de la genealogie des comtes de Poictu et ducs de Guyenne mit eigener paginierung.

Bettoni F. Conte, Storia della Riviera di Salo. 9. Brescia 1880.

Beyer H., Urkundenbuch zur Geschichte der .. mittelrheinischen Territorien. 1. 2. Coblenz 1860. 1865.

Biancolini Giambatista, Cronica della città di Verona descritta da Pier Zagata ampliata et supplita da —. 1. Verona 1745.

— Notizie storiche delle chiese di Verona. 4. Verona 1752.

Bibliotheca Cluniacensis ed. Marrier et Quercetanus. Lutetiae Parisiorum 1614.
Bibliotheca principalis ecclesiae et monasterii o. s. B. ad s. Emmeramum. 2. (Ratisbonae) 1748. (Verf. abt Johann Baptist Kraus.)
Bibliothek des literar. Vereines in Stuttgart. 84. publikation: Gallus Oheims chronik von Reichenau. hg. von K. A. Barack. Stuttgart 1866.
Bibliothèque de l'École des chartes. Paris 1839 ff. Nach serien und bänden zitiert.
Bindi Vincenzo, Monumenti storici ed artistici degli Abruzzi. Napoli 1889.
Binterim H. J. und Mooren J. H., Die alte und neue Erzdiözese Köln. 3. Mainz 1830.
Blumer J. J., Urkundensammlung zur Geschichte des Kantons Glarus. Hg. im Auftrage des hist. Ver. von Glarus. Beilage der Jahrbücher des histor. Ver. des Kantons Glarus. 1. 1865—70 heftweise ersch.
Bluntschli J. C., Staats- und Rechtsgeschichte der Stadt und Landschaft Zürich. 1. Zürich 1838.
Boczek, Codex diplomaticus Moraviae. 1. Olomucii 1836.
Bodmann, Rheingauische Alterthümer. Mainz 1819. 2 abteilungen mit fortlaufender paginierung.
Boecler J. H., Aeneae Silvii historia rerum Friderici III imperatoris. Argentorati 1875. Ein teil davon ohne eigenes titelblatt die: Annales de gestis Karoli Magni.
Böhmer J. F., Codex diplomaticus Moenofrancofurtanus. Urkundenbuch der Reichsstadt Frankfurt. Frankfurt a. M. 1836. Neubearbeitung von Fr. Lau. Frankfurt a. M. 1901.
— Acta Conradi I regis. Die Urkunden König Konrads I. 911—918. Hg. v. —. Frankfurt a. M. 1859.
Bond E. A. and Thompson E. M., The palaeographical Society. Facsimiles of ancient manuscrits edited by —. London 1873 ff.
Bondam Pieter, Charterbeek der Hertogen van Gelderland en Graaven van Zutphen. 1. Utrecht 1783.
Boos Heinrich, Urkundenbuch der Stadt Worms. 1. (Quellen zur Geschichte der Stadt Worms 1. Theil.) Berlin 1886.
Bordier H. L., Du recueil des chartes Mérovingiennes. Notice suivie de pièces Mérov. inédites. Paris 1850.
Boretius A., Beiträge zur Capitularienkritik. Leipzig 1874.
(Borgia Stef.), Breve istoria del dominio temporale della sede apostolica nelle due Sicilie descritta in tre libri. Roma 1788.
Borgnet Jules, Cartulaire de la commune de Fosses. Namur 1867.
Bormans A. et Schoolmeesters E., Cartulaire de l'église Saint-Lambert de Liège. 1. Bruxelles 1898. (Coll. des chroniques Belges inédites.)
Bosc L. C. P., Mémoires pour servir à l'histoire du Rouergue. 3. Rodez 1797.
Bosco, Floriacensis veteris bibliothecae regiae xyston dextrum et laevum. Lugduni 1605.
Bouche H., La chorographie ou description de Provence et l'histoire chronologique du mesme pays. 1. Aix 1664.
Bouchet, La veritable origine de la seconde et troisieme lignee de la maison royale de France par le sieur du —. Paris 1646.
Bouges P., Histoire ecclesiastique et civile de la ville et diocese de Carcassonne. Paris 1741.
Bouillart Jacques, Histoire de l'abbaye royale de Saint Germain des Prez. Paris 1724.
Bouquet Martin, Recueil des historiens des Gaules et de la France. Nouv. éd. t. 6, 8, 9. Paris 1870, 1871, 1874.
Bourassé J., Cartulaire de Cormery. Tours 1861. (Mémoires de la Soc. arch. de Touraine 12.)
Boyer de Sainte Marthe de Tarascon, Louis Anselm, Histoire de l'église cathedrale de Vaison. Avignon 1731.
Brandi K., Die Reichenauer Urkundenfälschungen (Quellen u. Forschungen zur Geschichte der Abtei Reichenau, hg. von der badischen hist. Kommission I). Heidelberg 1890.
— Die Chronik des Gallus Öhem (Quellen u. Forschungen z. Gesch. der Abtei Reichenau, hg. von der badischen hist. Kommission II). Heidelberg 1893.
(Brenneysen E. R.) Ostfriesische Historie und Landes-Verfassung. 1. Aurich 1720.
Brequigny, Table chronologique des diplomes chartes titres et actes imprimes concernant l'histoire de France. 1. Paris 1769.
— et La Port du Theil, Diplomata chartae epistolae et alia documenta ad res Francicas spectantia. 1. Diplomata . . aetatis Merovingicae. Paris 1791.
Bresslau Henricus, Diplomata centum in usum scholarum diplomaticarum . . Berolini 1872.
Brower Christ., Fuldensium antiquitatum libri IIII. Antwerpiae 1612.
— et Masenius Jacob., Antiquitatum et annalium Trevirensium libri XXV ed. II. 1. Leodii 1670.
Brunetti Filippus, Codice diplomatico Toscano compilato da — antiquario diplomatico Fiorentino. 2. Firenze 1833.
Bruns P. J., Beyträge zu den deutschen Rechten des Mittelalters. Helmstädt 1799.
Bruschius Caspar, De Laureaco veteri admodumque celebri olim in Norico civitate et de Patavio Germanico . . libri duo. Basileae 1553.
— Monasteriorum Germaniae precipuorum et maxime illustrium centuria I. Ingolstadii 1551. Neue aufl. unter dem titel: Chronologia monasteriorum etc. authore G. Bruschio denno ed. S. Bornmeister. Sulzbaci 1682.
— Supplementum Bruschianum sive G. Bruschii monasteriorum et episcopatuum Germaniae praecipuorum ac maxime illustrium chronicon sive centuria secunda. Ex autoris autogr. ms. ed. Daniel de Nessel. Vindobonae 1692. Nachdruck in (Kuen) Collectio scriptorum. 2. Ulmae 1756.

Bucelinus Gabriel, Germania topo-chrono-stemmato-graphica, sacra et prophana. ed. 2. Ulmae 1662.
Buchinger J. N., Geschichte des Fürstentums Passau. 2. München 1824.
Büttner D., Franconia. Beiträge zur Geschichte, Topographie und Literatur von Franken. 2. Ansbach 1813.
Bulletin de l'académie royale des sciences et belles lettres de Bruxelles. Bruxelles. I. 4. 19 (1838. 1852); II. 15 (1863).
Bulletin de la Société des sciences historiques et naturelles de l'Yonne. 1893. 2. sem. s. Roserot.
Bulliot Gabriel, Essai historique sur l'abbaye de St. Martin d'Autun. 2. Autun 1849.
Burali Jacopo d'Arezzo, Vite de vescovi Aretini descritte da —. Arezzo 1638.
Buri Fr. C., Behauptete Vorrechte derer alten königlichen Bannforste, insbesondere des Forst- und Wildbanns zu der Drey-Eich mit einem Urkundenbuch. Offenbach 1744.
— Drey-Eichisches Beweis- und Urkundenbuch, worinnen alle angezogenen Beylagen enthalten. Offenbach 1744. Neue paginierung.
Butkens Chr., Trophées tant sacrés que profanes du duché de Brabant. A la Haye 1724.

Calles S., Annales ecclesiastici Germaniae. 1—4. Viennae 1756—1758.
Calmet Aug., Histoire ecclésiastique et civile de Lorraine .. Avec les pièces justificatives à la fin. ed. I. vol. 1. Nancy 1728. ed. II. vol. 2. 1745.
Calvoer Caspar, Saxonia inferior antiqua gentilis et christiana. Das ist: Das alte heydnische und christliche Niedersachsen. Goslar 1714.
Campi Pietro Maria, Dell'historia ecclesiastica di Piacenza. 1. Piacenza 1651.
Canali, I — di Secchia e d'Enza (Municipio di Reggio nell'Emilia). Vol. 2, parte 2 Reggio-Emilia tipogr. di G. Degani 1883. (Die urkk. hg. von Conte Carolo Malaguzzi.)
Canciani P., Barbarorum leges antiquae. Venetiis 1781—1792. 5 vol.
Candidus Joh., Commentariorum Aquileiensium libri VIII. Venetiis 1521.
Canisius H., Lectiones antiquae. 5. Ingolstadii 1601—4. ed. J. Basnage (Thesaurus monumentorum ecclesiasticorum et historicorum sive H. Canisii Lectiones ant.). 4. Antverpiae 1725.
Cappelletti Gius., Le chiese d'Italia dalla loro origine sino ai nostri giorni. 3. 7—19. Venezia 1845. 1848—1864.
Capponi P., Memorie storiche della chiesa Asculana e dei vescovi che la governarano. Ascoli-Piceno 1898.
(Carli Giam. Ricc.) Delle antichità Italiche. In vol. 4 ein app. di documenti. Milano 1790.
Carli G. Conte, Delle opere. 2. Milano 1784.
Carpentier Jean de, Histoire de Cambray et du Cambresis. Trois. partie. vol. 2. Leide 1664.
— Alphabetum Tironianum seu notas Tironis explicandi methodus cum pluribus Ludovici Pii chartis. Lutetiae Parisiorum 1747.
Catel Guill. de, Memoires de l'histoire du Languedoc. Tolose 1623.
Cauvin Th., Géographie ancienne du diocèse du Mans (Institut des provinces de France. Mémoires II. 1). Paris 1845.
Celestino F., Dell'historia quadripartita di Bergamo et suo territorio. parte 2. vol. 2. Brescia 1618.
Cenni G., Monumenta dominationis pontificiae sive codex Carolinus iuxta autographum Vindobonense. 1. 2. Romae 1760—1761.
Champolleon-Figeac, Documents historiques inédits tirés des collections manuscrits de la bibliothèque royale (in Collection de docum. inéd. sur l'hist. de France. Mélanges historiques). 3. Paris 1847.
Chapeaville Joa., Qui gesta pontificum Tungrensium Traiectensium et Leodiensium scripserunt auctores praecipui .. 1. Leodii 1612.
Charmasse A. de, Cartulaire de l'église d'Autun. Paris et Autun 1865.
Chevalier Ul., Cartulaire de S. Andre-le-bas de Vienne o. s. B. Lyon 1869. (Collection de cartulaires dauphinois t. 1.)
Chifflet Pierre Fr., Histoire de l'abbaye royale et de la ville de Tournus. Dijon 1664.
— Opuscula quatuor. accessit appendix de concilio Niemagensi a. 821. Parisiis 1679.
Chiffletius J. J., Vesontio civitas imperialis libera, Sequanorum metropolis. Lugduni 1618.
Chorier, L'estat politique de la province de Dauphiné. 2. Grenoble 1671.
Chronicon Lunaelacense .. coll. ab archivario Lunaelacensi. sumptibus J. Gaste bibliopolae Pedepontani. 1748.
Chroust A., Monumenta palaeographica. Denkmäler der Schreibkunst des Mittelalters. 1. Ser. 1. Lief. München 1899.
Cibrario L. e Promis Dom. Cas., Documenti sigilli e monete appartenenti alla storia della monarchia di Savoia. Torino 1833.
Cipolla Carlo, Monumenta Novaliciensia vetustiora. (Fonti per la storia d'Italia 31.) 1. Roma 1898.
Clemmius H. G., Novae amoenitates literariae quatuor fasciculis comprehensae. Stutgardiae 1764.
Codex dipl. Langobardiae in: Historiae patriae monumenta. 13. Augustae Vindelicorum 1873.
Codex dipl. et variarum traditionum antiquissimi monasterii Laurisheimensis. 1. Typis mon. Tegernseensis 1766.
Codex principis olim Laureshamensis abbatiae .. Ed. academia Theodoro-Palatina (A. Lamey). 1. Mannheimii 1768.

Le Cointe, Annales ecclesiastici Francorum. 3—8. Parisiis 1668—1683.
Columbi Joannes, Opuscula varia. Lugduni 1668.
Compte rendu de la commission roy. d'histoire ou recueils de ses bulletins. I 7. Bruxelles 1844.
Comptes rendus de l'Academie des inscriptions et belles-lettres. IV 26. Paris 1898.
Comptes rendus de la commission roy. d'histoire (de Belgique). V 5. Bruxelles 1895.
Conring Hermann, Censura diplomatis quod Ludovico imperatori fert acceptum coenobium Lindaviense. Helmstadii 1672.
Conringii H. Opera ed. J. W. Goebel. Brunsvigae 1730. 6 Bde.
Consilium iuris decisivum . . in Sachen der Frau abbatissin zu Herford contra die Frey-Fräulein von Beyemer. 1698.
Crollius G. Chr., Originum Bipontinorum. 1. Biponti 1761.
Cousson Aur. de, Cartulaire de l'abbaye de Redon en Bretagne. Paris 1863 (Coll. de docum. inéd. 1. sér. Hist. polit.).
Crusius M., Annales Svevici sive chronicon rerum gestarum antiquissimae et inclytae Svevicae gentis. Francoforti 1595.

Dahn Felix, Urgeschichte der germanischen und romanischen Völker (in Onckens Allgem. Gesch. in Einzeldarstellungen 2. Hauptabth. II). 3. Berlin 1888.
Daniel H., Cartulaire de Brioude. Clermont et Paris 1863.
Degani Ernesto, La diocesi di Concordia. Notizie e documenti. S. Vito al Tagliamento. 1880.
Delisle Léopold, Catalogue des actes de Philippe-Auguste. Paris 1856.
Demme L., Urkunden zur Chron. von Hersfeld. 1. Hersfeld 1891.
Desjardins G., Cartulaire de l'abbaye de Conques en Rouergue. (Documents historiques publ. par la Soc. de l'École des chartes). Paris 1879.
Deusdedit presb. card. Collectio canonum ed. Pius Martinucci. Venetiis 1869.
Deutinger Martin v., Beyträge zur Geschichte, Topographie und Statistik des Erzbisthums München und Freysing. 6. München 1854.
Diekamp, Westphälisches Urkundenbuch. Suppl. I. Münster 1885.
Dionysiis, Joannes Jacobus marchio de, De duobus episcopis Aldone et Notingo Veronensi ecclesiae assertis et vindicatis dissertatio. Veronae 1758.
Diploma degli imperatori Lodovico Pio e Lotario di donazione al conte Bosone di quanto essi possegnono nella corte di Biella. Fotografato dall' originale colla lezione di fronte. Torino. Tip. Bona 1872. (Der nicht genannte herausgeber ist Pietro Vayra.)
Diplomataria sacra ducatus Styriae. 1. Viennae 1756.
Diplomi imperiali e reali delle cancellerie d'Italia pubbl. a facsimile della R. Società Romana di storia patria. Dazu Notizie e trascrizioni dei diplomi . . Roma 1892.
Dissertation sur l'établissement de l'abbaye de St Claude 1772. Ohne druckort.
Doeberl M., Monumenta Germaniae selecta ab anno 768 usque ad annum 1250. 4. München 1890.
Dominio, Il — temporale della sede apostolica sopra la città di Comacchio. Impressione terza. Roma 1709.
Dondi dall'Orologio, Dissertazioni sopra l'istoria ecclesiastica di Padova. Diss. II. Padova 1803.
Doublet J., Histoire de l'abbaye de S. Denys en France. Paris 1625.
Dousa Jans filius, Bataviae Hollandiaeque annales a — concepti atque inchoati iam olim nunc vero a patre . . recogniti suppleti continuati. Lugduni Batavorum 1601. Titelausgabe davon: Chronicon Hollandiae, de Hollandorum republ. et rebus gestis. Commentarii Hugonis Grotii, Jani Dousa patris, Jani Dousa filii. Lugduni Batavorum 1617.
Dragoni Antonio, Sulla chiesa Cremonese. Cremona 1840.
Dronke E. F. J., Codex diplomaticus Fuldensis. Cassel 1850.
— Traditiones et antiquitates Fuldenses. Fulda 1844.
Dubois Gerard, Historia ecclesiae Parisiensis. 1. Parisiis 1690.
Duchesne Andreas, Historiae Francorum scriptores coaetanei. 2. 3. Lutetiae Parisiorum 1636. 1641.
— Histoire genealogique de la maison de Vergy. Paris 1625.
Duchesne L., Le liber pontificalis. 1. 2. Paris 1886. 1892.
Duhamel L., Documents rares ou inédits de l'histoire des Vosges. 1. Épinal 1868.
Dumgé C. G., Regesta Badensia. Urkunden des Großherzoglich-Badischen General-Landes-Archivs von den ältesten bis zum Schlusse des 12. Jahrhunderts. Karlsruhe 1836.
Dumont J. Baron de Carels-Croon, Corps universel diplomatique du droit des gens. 1. Amsterdam 1726.
Dunod F. J., Histoire des Sequanois et de la province Sequanoise, des Bourguignons et du premier royaume de Bourgogne, de l'eglise de Besançon et des abbayes nobles du comté de Bourgogne. 1. 2. Dijon 1735—37.
Duplic-Schrift: Fortsetzung ausführlicher Widerlegung der wider das Chur-Haus Bayern von dem Erz-Stift Salzburg in betreff des Halleinischen Salzweesens zum Ausspruch eines Obmanns bringenden vermeyntlichen Beschwärs-Puncten oder Chur-Bayerische zweyte und Duplic-Schrift. Salzburg 1761.
Durandi, Il Piemonte cispadano antico. Torino 1774.
Duvivier Ch., Recherches sur le Hainaut ancien (Pagus Haiuoensis) du VII au XII siècle. Bruxelles 1865.
— Actes et documents anciens interessant la Belgique. Bruxelles 1898.

Ebeling Friedr. W., Die deutschen Bischöfe bis zum Ende des sechszehnten Jahrhunderts. Leipzig 1858.

Eccard Jo. Georg, Censura diplomatis Carolini de scholis Osnabrugensis ecclesiae graecis et latinis ab objectionibus Jodoci Hermanni Nunninghi . . vindicata. Helmstadii 1721.

— Corpus historicum medii aevi. 2. Lipsiae 1723.

— Historia genealogica principum Saxoniae superioris. Lipsiae 1722.

— Leges Francorum Salicae et Ripuariorum cum additionibus regum et imperatorum variis. Francof. et Lipsiae 1720.

— Origines sereniss. ac potentiss. familiae Habsburgo-Austriacae. Lipsiae 1721.

(Eccard) Diploma Caroli M. imperatoris de scholis Osnabrugensis ecclesiae . . critice expensum ab A. I. 1717 (ohne ort und drucker). Davon übersetzung:

(Eccard) Gründliche Untersuchung eines alten Carolinischen Schenck-Briefes . . durch einen Liebhaber der Wahrheit. 1719.

Ecclesia Franc. Augustinus ab. S. R. E. Cardinalium archiepiscoporum episcoporum et abbatum Pedemontanae regionis chronologica historia. Augustae Taurinorum 1645.

Eckhart J. G. ab, Commentarii de rebus Franciae orientalis et episcopatus Wirceburgensis. 1. 2. Wirceburgi 1729.

Ehmck R. und Bippen W. v., Bremisches Urkundenbuch. 1. Bremen 1873.

Eichhorn A., Beyträge zur älteren Geschichte und Topographie des Herzogthums Kärnten. Klagenfurt 1817.

— Episcopatus Curiensis in Rhaetia sub metropoli Moguntina chronologice et diplomatice illustratus. Typis San Blasianis 1797.

Ennen Leon. und Eckertz, Quellen zur Geschichte der Stadt Köln. 1. Köln 1860.

Entwurff einer Historie derer Pfaltz-Grafen zu Sachsen. (Der Autor Chr. A. H. Heydenreich nicht genannt.) Erfurt 1740.

Erhard H. A., Regesta historiae Westfaliae. Accedit codex diplomaticus. Die Quellen der Geschichte Westfalens in chronologisch geordneten Nachweisungen und auszügen begleitet von einem urkundenbuche. 1. Münster 1847.

Ernst M. P. P., Histoire de Limbourg, publ. par Ed. Lavalleye. 6. Liege 1847.

Escher J. und Schweitzer P., s. Urkundenbuch der Stadt und Landschaft Zürich.

Escolano Gaspar, Decada primera de la historia de la insigne y coronada ciudad y reyno de Valencia. 2. Valencia 1611.

Fabricius Carl Gust., Urkunden zur Geschichte des Fürstenthums Rügen. 1. Stralsund 1841.

Facsimiles of ancient charters in the British Museum. Part IV. London 1878.

Falckenstein J. H. v., Antiquitates et memorabilia Nordgaviae veteris oder Nordgauische Alterthümer und Merkwürdigkeiten. 2. 3. Schwabach 1734, 1735. 4. Neustadt a. d. Aisch und Leipzig 1788. — Urkunden und zeugnisse s. dort.

— Codex diplomaticus antiquitatum Nordgaviensium. Francofurti et Lipsiae 1733.

— Thüringische Chroniken oder vollständige alt-, mittel und neue Historie von Thüringen. 2. Erfurt 1738.

— Urkunden und Zeugnisse vom achten Seculo bis auf gegenwärtige Zeiten. Neustadt a. d. Aisch 1789.

Falke J. Fr., Codex traditionum Corbeiensium notis criticis atque historicis ac tabulis geographicis et genealogicis illustratus. Lipsiae et Guelferbyti 1752.

(Fantuzzi M.) Monumenti Ravennati de' secoli di mezzo. 5. 6. Venezia 1802. 1804.

Fatteschi G., Memorie istorico-diplomatiche riguardanti la serie de' ducchi e la topografia de' tempi di mezzo del ducato di Spoleto. Camerino 1801.

Fejér Georg, Codex diplomaticus Hungariae ecclesiasticus ac civilis. 1. Budae 1829.

Felibien M., Histoire de l'abbaye royale de Saint-Denys en France. Paris 1706.

— Histoire de la ville de Paris, revue augmentée et mise au jour par Guy-Alexis Lobineau. 3. Paris 1725.

Ficker J., Forschungen zur Reichs- und Rechtsgeschichte Italiens. 4. (Urkunden z. R. u. R. It.) Innsbruck 1874.

Fickler C. B. A., Quellen und Forschungen zur Geschichte Schwabens und der Ost-Schweiz. Mannheim 1859.

Fink Jos. v., Die geöffneten Archive für die Geschichte des Königreichs Baiern red. v. —. 2. Aufl. 3. Jahrg. Bamberg 1823/24.

Fioravanti G. A., Dissertazione sopra la basilica eretta nel territorio di S. Elpidio. Loreto 1770.

Fischer Fr. Chr. J., Litteratur des germanischen Rechts. Leipzig 1782.

(Flaccius Illyricus) Catalogus testium veritatis. Ed. emendatior et auctior. 1. 2. Lugduni 1597.

Flodoardi presbyteri ecclesiae Remensis canonici Historiarum eiusdem ecclesiae libri IV. Cura et studio Jac. Sirmondi. Parisiis 1611.

Flodoardi Historia Remensis ecclesiae. Histoire de l'Eglise de Reims par Flodoard publ. par l'academie imp. de Reims et traduite par M. Lejeune. 1. 2. Paris 1854.

Florez Risco, Merino, de la Canal, de Haranda, de la Fuente, España sagrada. 43. Madrid 1819.

Floss H. J. Dr., Die Papstwahl unter den Ottonen nebst ungedruckten Papst- und Kaiserurkunden des 9. und 10. Jahrhunderts. Freiburg i. Br. 1858.

Förstemann K. E., Neue Mittheilungen aus dem Gebiet historisch-antiquarischer Forschung. 2. Halle und Nordhausen 1836.

Fontes rerum Bernensium. Berns Geschichtsquellen. 1. Bern 1883.

Forel François, Régeste soit répertoire chronologique de documents relatifs l'histoire de la Suisse Romande (Mém.

et doc. publ. par la Soc. d'hist. de la Suisse romande). Lausanne 1884.

Forschungen zur deutschen Geschichte. 9. 10. 15. 18. Göttingen 1869. 1870, 1875, 1878.

Franck D., Altes und neues Mecklenburg mit einer Vorrede von S. J. Baumgarten. 2. Gustrow und Leipzig 1753.

Freher Marquard, Corpus Francicae historiae veteris et sincerae. Hanoviae 1613.

— De Lupoduno antiquissimo Alemanniae oppido commentariolus. Typis G. Voegelini. Die vorrede datirt 1618.

— Originum Palatinarum pars prima. Ed. 2. Typis G. Vögelini 1613.

— Rerum Germanicarum Scriptores aliquot insignes. Ed. 3. curante B. G. Struvio. 1. Argentorati 1717.

Frey Joh. Jac., Commentatio de muntmannis. Norimbergae et Altorffii 1749.

Freyberg M. Frh. v., Sammlung historischer Schriften und Urkunden. 1. Stuttgart 1827.

Frisi A. Fr., Memorie storiche di Monza e sua corte. 2. Milano 1794.

Froben (Forster), Beati Flacci Albini seu Alcuini abbatis opera. 1. 2. (Ratisbonae) 1777.

Froger L., Cartulaire de l'abbaye de Saint-Calais (Publ. de la Soc. hist. et archeol. du Maine). Mamers et Le Mans 1888.

Fuchs Ildephons, Egid Tschudis Leben. 1. St. Gallen 1805.

(Fürstenberg Ferd. von), Monumenta Paderbornensia. Ed. 1. Paderbornl 1669. Ed. 2. Amstelodami 1672. Ed. 3. Noribergae 1713. Ed. 4. Lemgoviae 1714.

Fumagalli Angelo, Codice diplomatico sant' Ambrosiano delle carte dell' ottavo e nono secolo illustrate con note. Milano 1805.

— Delle istituzioni diplomatiche. 1. Milano 1802.

Funcke F. Ph. Dr., Geschichte des Fürstenthums und der Stadt Essen. 2. Ausg. Elberfeld 1851.

Furmerius Bernard, Annalium Phrisicorum libri tres. 2. 3. Franecarae 1612, Leovardiae 1617.

(Fyot), Histoire de l'eglise abbatiale et collegiale de St. Estienne de Dijon. Dijon 1696.

Galletti Petrus Alois, Gabio antica città di Sabina. Roma 1757.

— Memorie di tre antiche chiese di Rieti . . Roma 1765.

Gallia christiana 2. ed. Parisiis 1715—1785. 13 Bde. Bd. 14—15 Parisiis 1856—1860. Bd. 16 Parisiis 1865. Spätere edition nur titelausgabe.

Gareis Karl, Die Landgüterordnung Kaiser Karls des Großen. (Capitulare de villis et curtis imperii.) Berlin 1891.

Gariel P., Series praesulum Magelonensium et Monspeliensium. Ed. 2. 1. Tolosae 1665.

Gartenlaube, Die, Illustriertes Familienblatt. Leipzig 1878.

Gatto Ant., Gymnasii Ticinensis historia et vindiciae. Mediolani 1704.

Gattula Erasmus, Ad historiam abbatiae Casinensis accessiones . . pars 1. Venetiis 1734.

— Historia abbatiae Cassinensis per saeculorum seriem distributa. 1. Venetiis 1733.

Gegenbauer J., Das Kloster Fulda im Karolinger Zeitalter. 2. Heft. Fulda 1873. (Beilage zum Jahresbericht des k. Gymnasiums in Fulda.)

Gengler H. G., Germanische Rechtsdenkmäler. Erlangen 1875.

St. Gennis Jos. Comte de, Monuments anciens essentiellement utiles à la France aux provinces de Hainaut Flandre Brabant . . 1. Lille 1782.

Georgius J. F., Diploma Karoli quo ecclesiam Onoldisbacensem in tutelam accepit . . evulgatum. Onoldi 1730.

Georgisch P., Corpus iuris Germanici antiqui. Consilio J. G. Heineccii Halae 1738.

Gerbert M., Historia Nigrae Silvae. Typis San Blasianis 3. (Cod. dipl.) 1783.

Gercken Ph. W., Codex diplomaticus Brandenburgensis. 8. Salzwedel 1785.

Germon B., De veteribus regum Francorum diplomatibus et arte secernendi antiqua diplomata vera a falsis disceptatio. Parisiis 1703.

— Disceptationes diplomaticae. Viennae 1790 (nur nachdruck des obigen werkes).

Geschichte, Beurkundete — der gegenseitigen Gerechtsamen und hierüber entstandenen Differenzien des fürstlichen Reichsstiftes St. Emmeram, dann des h. röm. Reichs freyen Stadt Regensburg . . 1784.

Geschichte, Kurze — und actenmäßige Anzeige was dem hohen Erzstift Salzburg auf erfolgten Todfall Kurfürsts Maximilian III. in Bayern bey dessen Verlassenschaft für Ansprüche und Forderungen ausstehen. 1759.

Geschichts-Erzählung, Actenmäßige in Sachen Sr. Hochfürstl. Durchl. Frauen Franciscae Sibyllae augustae verwittibter Frau Marggräfin zu Baaden-Baaden jetzo Sr. Hochf. Durchl. Herrn Ludwig Georg Marggrafen zu Baaden-Baaden contra Herrn Abten und Convent des Closters Schwartzach St. Benedicti Ordens Straßburger Bisthums. 1728. 2. ed. 1748.

Geschichtsfreund, Der, Mitteilungen des historischen Vereins der fünf Orte Lucern, Uri, Schwyz, Unterwalden und Zug. 1. 8. 10. Einsiedeln 1844. 1852. 1854.

Ghesquière Jos., Acta Sanctorum Belgii selecta. 1—5. Bruxelles 1783—1789.

Giles, S. Bonifacii opera. 1. Londini 1844.

Giry A., Etudes Carolingiennes (Extr. de Etudes d'histoire du moyen âge dediées à Gabriel Monod). Paris 1896.

— Étude critique de quelques documents angevins de l'époque Carolingienne (Extrait de Mém. de l'Acad. des inscriptions et belles-lettres t. 36, 2e partie). Paris 1900.

Giulini Giorgio conte, Memorie spettanti alla storia al governo ed alla descrizione della città e della campagna di Milano ne' secoli bassi. Milano 1760.

Le Glay, Revue des Opera diplomatica de Miraeus. Bruxelles 1856.

(Gloria Andrea), Codice diplomatico Padovano. Monumenti storici publicati dalla deputazione Veneta di storia patria. Serie prima. Documenti. 2. Venezia 1877.

— Compendio delle lezioni teorico-pratiche di palaeografia e diplomatica. Padova 1870.

Goldast Melchior, Alamannicarum rerum scriptores aliquot vetusti. Francofurti 1606.

— Collectio constitutionum imperialium. Ed. 3. 1—4. Francofurti a. M. 1713.

— Replicatio pro Sac. Caes. et Regia Francorum Maiestate . . adversus J. Gretseri . . crimina laesae Maiestatis. Hannoviae 1601.

(Gorius Ant. Franc.), Symbolae litterariae. Dec. 1. t. 2. Florentiae 1748.

Graevius Joh. Georg, Thesaurus antiquitatum et historiarum Italiae. 4. (enthält Puricelli Ambr. Mon.). Lugduni Batav. 1722.

Grandidier, Histoire ecclésiastique militaire civile et littéraire de la province d'Alsace. 1. Straßburg 1787. 2. ohne titelblatt, unvollendet, enthält nur pièces justificatives (sehr selten).

— Histoire de l'église et des évêques-princes de Strasbourg. 2. Straßburg 1776.

Grazini Ang. Laur., Vindiciae ss. martyrum Arretinorum dissertatio. Romae 1755.

Gretser Jacob, Opera omnia . . aucta et illustrata. 6. 10. Ratisbonae 1735. 1737.

Gropp P. Ign., Aetas mille annorum . . monasterii B. M. V. in Amorbach. Francofurti 1736.

Grotefend H., Die Bestätigungsurkunde des Domstiftes zu Frankfurt am Main von 882 und ihre Bedeutung für das Stift (Festgabe für Justizrath Dr. L. A. Euler zum 50jährigen Doktorjubiläum). Frankfurt a. M. 1884.

Grupen Christ. Ulr., Origines Germanicae oder das älteste Teutschland. 3. Lemgo 1768.

— Origines Pyrmontanae et Swolenbergicae, worinnen die Alterthümer von Pyrmont . . Göttingen 1740.

Gudenus Val. Ferd. de, Codex diplomaticus exhibens anecdota ab anno DCCCLXXXI ad MCCC Moguntiaca. 1. 3. Gottingae 1743. 1751.

— Sylloge variorum diplomatariorum monumentorum veterum. Francofurti ad Moenum 1728.

Günther W., Codex diplomaticus Rheno-Mosellanus. Urkundensammlung zur Gesch. der Rhein- und Mosellande. 1. Coblenz 1822.

Guérard Benj., Cartulaire de l'abbaye de Saint-Bertin Paris 1840 (Coll. des documents inédits. 1. sér.: Collection des cartulaires de France t. 3).

— Cartulaire de l'église de Notre-Dame de Paris. 1. Paris 1850 (Coll. des docum. inéd. Cart. 4).

— Cartulaire de l'abbaye de S. Victor de Marseille. Paris 1857 (Coll. des cart. de France t. 8—9).

— Polyptique de l'abbé Irminon. 1. 2. Paris 1844.

Guiberti, Venerabilis — abbatis b. Mariae de Novigento opera omnia . . studio et opera d. Lucae d'Achery. Lutetiae Parisiorum 1651.

Guichenon Sam., Bibliotheca Sebusiana seu variarum chartarum . . nusquam antea editarum miscellae centuriae II. Editio nova cui accedit dissertatio Chr. G. Hoffmanni de vita et scriptis S. Guichenonii. Taurini 1780. (Wegen der verschiedenen ausg. nach cent. und n. zitiert, ein nachdruck in Hoffmann Nova Coll. 1 s. dort.)

— Histoire de Bresse et de Bugey. 2. Lyon 1650.

Guillimann Franc., De episcopis Argentinensibus liber commentarius . . Friburgi Brisgoiae 1608.

— Habsburgiaca sive de antiqua et vera origine domus Austriae . . libri VII. Mediolani 1605.

Guillimanni, Francisci — Helvetia sive de rebus Helvetiorum libri quinque. Lipsiae ohne jahr (1710).

Guyse Jacques de, Histoire de Hainaut publ. par le Marquis de Fortia. 7. 8. 9. Paris et Bruxelles. 1829—1830.

Haddan and Stubbs, Councils and ecclesiastical documents relating to Great Britain and Ireland. 3. Oxford 1871.

Häberlin, Neueste teutsche Reichsgeschichte. Halle 1774.

Hänle S., Skizzen zur Geschichte von Ansbach. Ansbach 1874.

Hagn Theodorich P., Urkundenbuch für die Geschichte des Benedictiner-Stiftes Kremsmünster, seiner Pfarreien und Besitzungen vom Jahre 777 bis 1400. Wien 1852.

Haigneré Daniel, Les chartes de Saint-Bertin d'apres le Grand Cartulaire de D. Charles-Joseph Dewitte dernier archiviste de ce monastère. 1. St. Omer 1886 (Publ. de la Soc. des Antiquaires de la Morinie).

Hansiz Marcus, Germania sacra. 1. Augustae Vindelicorum 1727. 3. prodromus. Viennae Austriae 1754.

Haraei Fr., Annales ducum seu principum Brabantiae totiusque Belgii. Antwerpiae 1623.

Hardouin Joh., Collectio regia maxima conciliorum . . 3—6. Paris 1714.

Hardy, Guilelmus Malmesbur. s. Willelmus Malmesbur.

Harenberg J. Chr., Historia ecclesiae Gandershemensis cathedralis et collegiatae diplomatica. Hannoverae 1734.

(—) Monumenta historica adhuc inedita. 1. Braunschweig 1758.

Hariulf, Chronique de l'abbaye de Saint-Riquier publ. par Ferd. Lot. Paris 1894 (Coll. de textes pour servir à l'étude et à l'enseignement d'histoire 17).

Harzheim, Concilia Germaniae. 1. 2. Coloniae Aug. Agripp. 1749. 1760.

Hasselbach K. Fr. W. und Kosegarten J. G. L. Codex Pomeraniae diplomaticus. Greifswald 1862.

Havet Julien, Les chartes de St. Calais (Questions Mérovingiennes IV Extr. de la bibl. de l'École des chartes 48). Paris 1887.
— Oeuvres, 1. Questions Mérovingiennes. 2. Opuscules divers. Paris 1896.
Heda Wilh., Historia episcoporum Traiectensium. Franequerae 1612.
— Historia episcoporum Traiectensium ed. Arnoldus Buchelius. Ultraiecti 1642.
Helwich Georg, Antiquitates Laurishaimenses seu Chronologia praeillustris . . . quondam monasterii S. Nazarii Laurishaimensis . . Francofurti 1631.
— s. Joannis, Scriptores rer. Mogunt.
Henne am Rhyn Otto, Kulturgeschichte des deutschen Volkes. 1. Berlin 1886. 2. Aufl. 1897.
Henrici de Hervordia, Chronicon ed. A. Potthast. Gottingae 1859.
Henschenius G., De tribus Dagobertis Francorum regibus diatriba. Antwerpiae 1655.
H(enseler) C., Dissertatio historico-critica de diplomate Caroli M. dato ecclesiae Osnabrugensi pro scholis graecis et latinis. Accedunt omnia imperatorum ac regum diplomata ecclesiae Osnabrug. concessa et nunquam hactenus edita omnia ex ipsis originalibus autographis . . descripta anno 1721 Monasterii Westphalorum, s. Eccard Dipl. Caroli.
d'Herbomez A., Cartulaire de l'abbaye de Gorze (Mémoires et documents publ. par la Soc. nat. des antiquaires de France, Mettensia 2). Paris 1898—9.
Herold B. J., Originum ac Germanicarum antiquitatum libri. Basileae 1557.
Herquet Carl, Specimina diplomatum monasterio Fuldensi a Karolis exhibitorum. Photographische Nachbildung der dem Kloster Fulda ertheilten Karolinger-Urkunden. 1. Cassel 1867.
— Urkundenbuch der ehemals freien Reichsstadt Mühlhausen in Thüringen. Halle 1874 (Geschichtsquellen der Provinz Sachsen 3).
Herrgott Marquard, Genealogia diplomatica augustae gentis Habsburgicae. 2. Viennae 1787.
Heumann Jo., Commentarii de re diplomatica imperatorum ac regum Germanorum. 1. 2. Norimbergae 1745.
— Commentarii de re diplomatica imperatricum augustarum ac reginarum Germaniae. Norimbergae 1749.
(Heussen), Historia episcopatuum foederati Belgii utpote metropolitani Ultraiectini nec non suffraganeorum Harlemensis, Daventriensis, Leovardiensis, Groningensis et Middelburgensis. Lugduni Bat. 1719.
Heyberger W. J., Ichnographia chronici Babenbergensis diplomatica. Bambergae 1774.
Heydenreich L. W. H., Historia des ehemals gräflichen nunmehro fürstlichen Hauses Schwartzburg. Erfurt 1743.
Hidber B., Schweitzerisches Urkundenregister hg. von der allg. geschichtsforschenden Gesellschaft der Schweitz. 1. 2. Bern 1863—1877.
Hirsch J. Chr., des Teutschen Reichs Münz-Archiv. 1. 7. Nürnberg 1756. 1761.
(Hodenberg W. v.) Calenburger Urkundenbuch. 1. Hannover 1855.
— Die Diöcese Bremen und deren Gaue in Sachsen und Friesland. 1—3. Celle 1858—9.
— Verdener Geschichtsquellen. 1. 2. Celle 1856—1859.
Hoffmann Chr. Godofr., Nova scriptorum ac monumentorum partim rarissimorum, partim ineditorum collectio. 1. Lipsiae 1731.
Hontheim Jos. Nic. ab, Historia Trevirensis diplomatica et pragmatica. 1. Augustae Vind. et Herbipoli 1750.
Hormayr Joseph Freih. von, Herzog Luitpold. Gedächtnisrede zum 72. Stiftungstage der kgl. bayrischen Akademie der Wissenschaften, gelesen am 28. März 1831. München 1831 (auch in der sammlung: Kleine hist. Schriften und Gedächtnisreden. München 1832).
— Geschichte der gefürsteten Grafschaft Tirol. 1. 2. Abth. Tübingen 1806.
(—) Historisch-statistisches Archiv für Süddeutschland. 2. Frankfort und Leipzig 1808.
— Sämmtliche Werke. 2. Stuttgart und Tübingen 1821.
— Taschenbuch für vaterländische Geschichte. N. F. 1. Jahrg. Stuttgart 1830.
— Über die Monumenta Boica. Gelesen am . . 28. März 1830. München ohne jahr. (In der sammlung des Freiherrn Joseph v. Hormayr zu Hortenberg Kleine historische Schriften und Gedächtnisreden. München 1832.
Hottinger J. H., Historia ecclesiastica novi testamenti. 8. Tiguri 1667.
Hubert R., Antiquitez historiques de l'eglise royale St. Aignan d'Orleans. Orleans 1661.
Hürbin J., Murbach und Luzern. Luzern 1896. (3 selbständig paginirte studien, vgl. Zeitschr. f. Gesch. d. Oberrheins N. F. 11, 658.)
Hund Wig., Metropolis Salisburgensis . . Ingolstadii 1582.
— Metropolis Salisburgensis . . accesserunt . . notae Christophori Gewoldi. Monachii 1620. — ed. Ratisponae 1719 unveränderter nachdruck der 2. ausg.

Iacobs Ed., Urkundenbuch des in der Grafschaft Wernigerode belegenen Klosters Drübeck vom Jahre 877—1594. 5. Bd. der Geschichtsquellen der Provinz Sachsen. Halle 1874.
Jaffé Ph., Bibliotheca rerum Germanicarum. Berlin 1864—1873. 6 Bde.
— Diplomata quadraginta. Berolini 1863.
Jahrbücher (Wiener) der Literatur. 40. 44. Wien 1827. 1828.
Jahrbuch der Gesellschaft f. Lothringische Gesch. und Altertumskunde in Metz. 1. 1889.
Jahresbericht, Erster — des bischöflichen Privat-Gymnasiums »Collegium Petrinum« in Urfahr für das Schuljahr 1898. Urfahr 1898.
Jahresbericht der Gesellschaft für nützliche Forschungen zu Trier von 1869 bis 1871. Trier 1872.

Jaksch A. v., Die Gurker Geschichtsquellen 864—1232 (Monumenta historica ducatus Carinthiae I). Klagenfurt 1896.

Janicke K., Urkundenbuch des Hochstifts Hildesheim und seiner Bischöfe. 1. (Publ. aus dem k. preuß. Arch. 65.) Leipzig 1896.

Ideler J. L., Leben und Wandel Karls d. Gr., beschrieben von Einhard. 2. Hamburg und Gotha 1839.

Jeantin M., Les chroniques de l' Ardenne et de Woëpores ou revue et examen des traditions locales antérieures au onzième siècle. 1. 2. Paris et Nancy 1851.

Joannis G. Chr., Rerum Moguntiacarum tomus 1. 2. Francofurti a. M. 1722. t. 3: Scriptorum historiae Moguntinensi inservientium tomus novus. 1727.

— Tabularum litterarumque veterum usque huc nondum editarum spicilegium. Francofurti a. M. 1724.

Joannis de Leydis (Rerum Belgicarum annales chronici et historici . . . eorum qui nunc primum e bibliothecis producti sunt tomus primus: Johannes Grebrandus — et Reynerus Snoyus Goudanus de comitibus Hollandiae Zelandiae Frisiae etc. Francofurti 1620.

Joerres P., Urkunden-Buch des Stiftes St. Gereon zu Köln. Bonn 1893.

Jostes Fr., Die Kaiser- und Königsurkunden des Osnabrücker Landes. Münster i. W. 1899. Text der »Sonderausgabe der Einleitung«.

Ireneo della Croce F., Historia antica e moderna, sacra e profana della città di Trieste. Venetia 1698.

(Juenin Pierre) Nouvelle histoire de l'abbaie royale et collegiale de Saint Filibert et de la ville de Tournus par un chanoine de la même abbaie. Dijon 1733.

Sainct Julien Pierre de, De l'origine des Bourgongnons et antiquité des estats de Bourgongne deux livres. Paris 1581.

Jungius J. H., Historiae antiquissimae comitatus Benthemiensis libri tres. Hanoverae et Osnabrugi 1773.

Kairis Ch., Notice historique sur la ville de Fosses. Liège 1838.

Kaiserurkunden in Abbildungen, hg. von H. v. Sybel und Th. Sickel. Berlin 1888 ff.

(Kandler) Codice diplomatico Istriano. (Trieste) Tipografia del Lloyd Austriaco. Ohne titelblatt.

(Kaserer Dr. M.) Das weltpriesterliche Kollegiatstift Mattsee. Salzburg 1877.

Kempius M. Cornelius, De origine situ qualitate et quantitate Frisiae . . libri tres. Coloniae Agrippinae 1588.

Khamm P. Corbinian, Hierarchia Augustana chronologica tripartita. Auctuarium partis I. Moguntiae 1714.

Kirchner A., Geschichte der Stadt Frankfurt am Main. 1. Frankfurt a. M. 1807.

Klagschrift: Kurz-gefasst- doch gründlich und actenmäßige Geschichtserzehlung von der ursprünglichen Beschaffenheit des altbefreiten Salz-Wesens im hoch Erzstift Salzburg . . oder hochfürstlich-Salzburgische erste . . respective Klagschrift. Salzburg 1761. (Verf der Salzb. hofkanzler Felix A. v. Mölk, Holzschuher Ded. Bibl. 4, 1987 n° 7971.)

(Kleimayrn Fr. Thad. von) Nachrichten vom Zustande der Gegenden und Stadt Juvavia. Salzburg 1784. Diplomatischer Anhang. Salzburg 1805.

Klempin Robert Dr., Pommerisches Urkundenbuch. 1. Stettin 1868.

Klüber Joh. Ludw., Abhandlungen und Beobachtungen für Geschichtskunde. 2. Frankfurt a. M. 1834.

Kluit Adrianus, Historia critica comitatus Hollandiae et Zeelandiae. 2. Medioburgi 1780.

Knauff Cosmas, Defensio imperialis liberae et exemtae . . Prumiensis. 1716.

Knippenbergh J., Historia ecclesiastica ducatus Geldriae. Bruxellis 1719.

Kopp U. Fr. von, Palaeographia critica. Mannhemii 1817—1819. 4 Bde.

— Schrifttafeln aus dem Nachlasse von —. Ergänzt und herausg. von Th. Sickel. Wien 1870.

Koppmann K., Die ältesten Urkunden des Erzbisthums Hamburg-Bremen. Hamburg 1866.

Krantzii Alberti, Rerum Germanicarum historici clariss. Saxonia. Francofurti a. M. 1575.

Kraus J. A., Die Benedictiner-Abtei Neustadt a. M. Würzburg 1856.

Kremer Chr. J., Akademische Beiträge zur Gülch- und Bergischen Geschichte. 1—3. Mannheim 1769—1781.

Kremer J. M., Genealogische Geschichte des alten Ardennischen Geschlechts insbes. des zu demselben gehörigen Hauses der ehemaligen Grafen zu Sarbrük. Frankfurt und Leipzig 1785.

— Originum Nassoicarum pars altera diplomatica. Wiesbaden 1779.

Kuchenbecker J. Ph., Analecta Hassiaca . . coll. 4. 10. Marburgi 1730, 1736.

(Kuen), Collectio scriptorum rerum historico-monastico-ecclesiasticarum. 1. 2. 4. Ulmae 1756. 1757.

Kukuljević Sakcinki Ivan, Codex dipl. regni Croatiae. Dalmatiae et Slavoniae. Diplomatički zbornik kraljevine Hrvatske s Dalmacijom i Slavonijom. 1. (Monumenta hist. Slavorum meridionalium 2.) U Zagrebu 1874.

Kunstmann Friedr., Hrabanus Magnentius Maurus. Eine hist. Monographie. Mainz 1841.

Kurz Franz, Beyträge zur Geschichte des Landes ob der Enns. 3. (Spezialtitel: Merkwürdigere Schicksale der Stadt Lorch, der Grenzfestung Ennsburg und des alten Klosters St. Florian bis zum Ende des 11. Jahrhunderts.) Linz 1808.

Kyriander Wilh., Annales sive commentarii de origine et statu civitatis Augustae Trevirorum. Biponti 1603. Titelausgaben von 1604, 1619.

— Commentarius de origine et statu civitatis Augustae Trevirorum. Ohne ort und jahr (1576).

Labbe Philipp, Nova bibliotheca manuscriptorum librorum. 1. 2. Parisiis 1657.

Labbei et Cossartii, Sacrosancta concilia curante Coleti. 29 Bde. Venetiis 1728—1752.

(Le Laboureur) Mazures de l'abbaye de L'Isle-le-Barbe. 1. Paris 1681.

Lacomblet Theod. Jos., Urkundenbuch für die Geschichte des Niederrheins. 1. Düsseldorf 1840.

Laguille L., Histoire de la province d'Alsace. 2. Strasbourg 1727.

Lalore Charl., Collection des principaux cartulaires du diocèse de Troyes. 4. (chartes de Montiérender). Troyes. Paris 1878.

Lambecius Petr., Origines Hambergenses sive rerum Hamburgensium liber primus. Hamburgi 1706.

Lami Joannes, Sanctae ecclesiae Florentinae monumenta. 1—3. Florentiae 1758.

Lappenberg J. M., Hamburgisches Urkundenbuch. Hamburg 1842.

Lasteyrie Robert de, Cartulaire général de Paris. 1. Paris 1887.

Lauer Ph., Le règne de Louis d'outre-Mer. Paris 1900.

Lazius Wolfg., De gentium aliquot migrationibus .. libri XII. ed. secunda. Francofurti 1600.

Ledderhose C. W., Kleine Schriften. 4. Marburg 1792.

Ledebur Leop. v., Allgemeines Archiv für die Geschichtskunde des preußischen Staates. 9. Berlin 1832.

Lehmann H. O., Quellen zur deutschen Reichs- und Rechtsgeschichte. Berlin 1891.

Lehmann, Christophori — chronica der freyen Reichs Stadt Speier. Franckfurth a. M. 1698.

Leibnitz, G. W. — Annales imperii occidentalis Brunsvicensis ed. G. H. Pertz. 1—3. Hannoverae 1843—1846.

— G. W.: Scriptores rerum Brunsvicensium illustrationi inservientes .. cura G. Guil. Leibnitii. 2. Hannoverae 1710.

Leichtlen Dr. E. J., Die Zähringer. Freiburg i. B. 1831.

(Leoncini G.), Illustrazione sulla cathedrale di Volterra. Siena 1869.

Lersner Achilles Aug. von, Der Weit-berühmten Freyen Reichs- Wahl- und Handels-Stadt Franckfurt am Mayn Chronica .. anfänglich durch Gebhard Florian an Tag gegeben, anjetzo aber .. per modum Annalium verfasset und zusammen getragen durch —. 1. In Verlegung des Autoris 1706.

Letronne, Diplomata et chartae Merowingicae aetatis in archivo Franciae asservata. Paris 1851.

Leuckfeld J. G., Antiquitates Halberstadenses. Wolfenbüttel 1714.

— Antiquitates Gandersheimenses. Wolfenbüttel 1709.

— Antiquitates Groeningenses. Quedlinburg 1710.

— Antiquitates Poeldenses. Wolfenbüttel 1707.

Levrault L., Essai sur l'ancienne monnaie de Strasbourg et sur ses rapports avec l'histoire de la ville et d'évêché. Strasbourg et Paris 1842.

Liber probationum sive bullas summorum pontificum diplomata imperatorum et regum aliaeque episcoporum etc... litterae, quae ad historiam monasterii et principalis ecclesiae S. Emmerami Ratisbonae maxime spectant una cum sigillis. Ratisbonae 1752. (Eigentlich der 2. Bd. des werkes: Ratisbona monastica s. dort.)

Le Lièvre J., Histoire de l'antiquité et saincteté de la cité de Vienne. Vienne 1623.

Liljengren Joh. Gust., Diplomatarium Suecanum. 1. Holmae 1829.

Lindenbrog, Erpoldi — Scriptores rerum Germanicarum septentrionalium .. cum praefatione J. Alberti Fabricii. Hamburgi 1706.

Liverani, Delle opere di Monsignor Francesco. 2. 4. Macerata 1859.

Lobineau G. A., Histoire de Bretagne. 2. Paris 1707.

Lockeren A. van, Chartes et documents de l'abbaye de Saint Pierre au Mont Blandin à Gand. 1. Gand 1868.

Locrius Ferreolus, Chronicon Belgicum. Atrebati 1616.

Lodtmann, Acta Osnabrugensia. 2. Osnabrück 1782.

Löher Dr. Fr. v., Archivalische Zeitschrift, hg. v. —. 1. Stuttgart 1876.

Lörsch H. und Schröder R., Urkunden zur Geschichte des deutschen Rechtes. Bonn 1874. 2. Aufl. 1881.

Lokeren A. van, Histoire de l'abbaye de Saint-Bavon et de la crypte de Saint-Jean à Gand. Gand 1855. (Deuxième partie: Analyse succincte des chartes et documents de l'abb. de St. Bavon mit eigener paginierung.)

Loon Gerard van, Geschichts-historiaal rym of Rymchronyk van den heer Klaas Kolyn Ben.-monik de abtye te Egmont .. mit aentekeningen door —. Graavenshaage 1745.

— Aloude Hollandsche Histori. 1. 2. Graavenshaage 1734.

Ludewig Jo. Petrus, Volumen primum complectens scriptores rerum episcopatus Bambergensis. Volumen secundum complectens scriptores rerum Germanicarum. Francofurti et Lipsiae 1718.

— Reliquiae manuscriptorum. 7. Francofurti 1726.

Lünig Jo. Christian, Codex Germaniae diplomaticus. 1—2. Frankfurt und Leipzig 1732—1733.

— Codex Italiae diplomaticus. 1—4. Francofurti et Lipsiae 1725—1735.

— Das Teutsche Reichsarchiv .. 7—11. Leipzig 1711—1712.

Lupi, Beati Servati — presbyteri et abbatis Ferrariensis opera ed. Steph. Baluzius. Ed. secunda. Antwerpiae 1710.

Lupi Mario, Codex diplomaticus civitatis et ecclesiae Bergomatis. 1. Bergomi 1784. 2. ed. Jos. Ronchetti Bergomi 1799.

Maan J., Sancta et metropolitana ecclesia Turonensis. Augustae Turon. 1667.

Mabille Émile, La Pancarte noire de Saint-Martin de Tours. Paris et Tours 1866. (Sonderabdr. aus Mémoires de la Soc. archeol. et Touraine 17.)

Mabillon Joannes, Acta Sanctorum ord. s. Benedicti. 4. 5. 6. Venetiis 1734—1738.

— Annales ordinis s. Benedicti. 2. Lutetiae Parisiorum 1704.

— De re diplomatica libri VI. Ed. 2. Lutetiae Parisiorum 1709.

— Vetera Analecta. Nova editio. Parisiis 1723.

Maderus Joach. J., M. Adami [Bremensis] Historia ecclesiastica. Helmestadi 1670.

Madrisius J. Fr., Sancti patris nostri Paulini patriarchae Aquilejensis opera. Venetiis 1737.

Mager M. a Schönberg, De advocatia armata. Francofurti 1719.

Mahul, Cartulaire et archives des communes de l'ancien diocèse et de l'arrondissement administratif de Carcassonne. 1. Paris 1857.

Mainati G., Chroniche ossia memorie storiche sacro-profane di Trieste. 1. Venezia 1817.

Malbrancq J., De Morinis et Morinorum rebus. 2. Tornaci 1647.

Mansi Jo. Dom., Sacrorum conciliorum nova et amplissima collectio. 11—18. Venetiis 1765—1773.

Mantelius P. Jo., Historiae Lossensis libri X. Leodii 1717.

Marca Petrus de, Dissertationes tres ed. Steph. Baluzius. Parisiis 1669.

— Marca Hispanica sive limes Hispanicus, ed. Baluze. Parisiis 1688.

Marchegay Paul, Archives d'Anjou, recueil de documents et mémoires inédits sur cette province. Angers 1843.

Margarini Corn., Bullarium Casinense seu constitutiones summorum pontificum imperatorum .. pro congregatione Casinense. 2. Tuderti 1670.

Marini Gaetano, I papiri diplomatici. Roma 1805.

Marini Marino, Nuovo esame dell'autenticita de' diplomi di Lodovico Pio, Ottone I et Arrigo II sul dominio temporale dei Romani pontefici. Roma 1822.

Marion J., Cartulaire de l'église cathédrale de Grenoble (Coll. des documents inédits 1. série Hist. polit.). Paris 1869.

Marlot, Metropolis Remensis historia. 1. Insulis 1666. 2. Remis 1679.

Marrier M. et Quercetanus A., Bibliotheca Cluniacensis. Lutetiae Parisiorum 1614.

Martene Edm. et Durand Urs., Thesaurus novus anecdotorum. 1. Lutetiae Parisiorum 1717.

— Veterum scriptorum et monumentorum historicorum dogmaticorum moralium amplissima collectio. 1. 2. 4. 7. Parisiis 1724—1733.

Martens Wilhelm, Die römische Frage unter Pippin und Karl dem Großen. Stuttgart 1881.

Matthaeus Ant., Veteris aevi analecta seu vetera monumenta hactenus inedita. ed. II. 4. Hagae Comitum 1738.

Meibomius H. iun., Res Germanicae. 1. 2. Helmstadii 1688.

— Primi et antiquissimi historiae Saxonicae scriptoris Witichindi .. annalium libri tres. Francofurti 1621.

Meichelbeck Car., Historia Frisingensis. 1. 2. Augustae Vindel. et Graecii 1724—1729.

(Meichelbeck), An eine hochlöbliche allgemeine Reichsversammlung unterthänigstes Memorial des Priors und Capitels der reichsunmittelbaren Abtey Reichenaw o. s. B. Die von Seiten des Hochstifts Constanz fortdauernde Beschwerden betreffend. Ohne ort und jahr. (Vorrede unterzeichnet von Meichelbeck 1766.)

Meinders H. A., Tractatus historico-politicus de statu religionis rei publicae sub Carolo Magno et Lodovico Pio. Lemcoviae 1711.

— Vindiciae libertatis antiquae et explicatio dipl. Carolini Trutmanno com. praetense dati a. 779 contra Rhetium et Cocceium. Lemgoviae [1713].

Mélanges Julien Havet, Recueil de travaux hist. d'érudition dediés à la mémoire de Julien Havet. Paris 1895.

Mémoire historique concernant les droits du roi sur les bourgs de Fumay et Revin. Ohne jahr.

Mémoire pour l'archevêque de Cambrai (auf dem titelblatt ohne druckort und jahr, auf der letzten seite 1772).

Mémoires de l'academie de Vaucluse. 15. Avignon 1896.

Mémoires de la société archéologique de Montpellier. Montpellier 1835 f.

Mémoires de la Société d'archeologie et d'histoire de la Moselle. Metz 1859 f.

Mémoires de l'Institut des provinces de France. II 1. Paris 1845 (s. Cauvin Th., Géographie ancienne du diocèse du Mans).

Mémoires et documents publiés par la Soc. d'histoire de la Suisse Romande. Lausanne 1838 f.: 3.: Cartulaire de Romainmotier publié .. par Fr. de Gingins-la-Sarra. Lausanne 1844. — 6.: Cartulaire du chapitre de Notre-Dame de Lausanne red. par le prévot Conon d'Estavayer. Lausanne 1851.

Memoriale an die hohe Reichsversammlung in Betreff der von dem kayserlichen Reichshofrath wider das Capitel zu Speier erlassenen Urtheile in Sachen Fürst-Bischoffen zu Speyer gegen erwähntes Domcapitel. Ohne ort und jahr (1787 von gleichzeitiger hand dazugeschrieben).

Memorie e documenti per servire all'istoria del ducato di Lucca. 4. 5. Lucca 1818—1841.

Menestrier Cl. Fr., Histoire civile ou consulaire de la ville de Lyon. Lyon 1696.

Menzel K. und Sauer W., Codex diplomaticus Nassoicus. 1. Bd. 1. Abt. Nassauisches Urkundenbuch hg. von Sauer. Wiesbaden 1885.

Merkel Joh., Lex salica. Berlin 1850.

— Lex Saxonum. Berlin 1853.

Meurisse Jan van, Histoire des evesques de l'eglise de Metz 1634.

Meyer von Knonau G., Das Cartular von Rheinau, hg. v. —. (Quellen zur Schweizer Geschichte, hg. von der allg. geschichtforschenden Gesellschaft der Schweiz. 3.) Basel 1883.

Mieris Frans van, Groot charterboek der Graaven van Holland, van Zeeland en Heeren van Vriesland. 1. Te Leyden 1753.

Migne J. P., Patrologiae cursus completus. Series secunda. Patres Latini. 90—139. Parisiis 1850—1853.

Mille M., Abrégé chronologique de l'histoire ecclésiastique civile et littéraire de Bourgogne. 1—3. Dijon 1771—1773.

Minieri-Riccio C., Saggio di codice diplomatico formato sulle antiche scritture dell' archivio di stato di Napoli. Suppl. P. I. Napoli 1882.

Minotto A. S., Documenta ad Bellunum Cenetam Feltria Tarvisium spectantia (Acta et dipl. e tabul. Veneto vol. II sect. I). Venetiis 1871.

Miraeus Aubertus, Codex donationum piarum. Bruxellis 1624.

— De collegiis canonicorum . . liber singularis. Coloniae Agrippinae 1615.

— Diplomatum Belgicorum libri duo. Bruxellis 1628.

— Donationum Belgicarum libri duo. Antverpiae 1629.

— Notitia ecclesiarum Belgii. Antverpiae 1630.

— Opera diplomatica et historica . . ed. II. ed. J. Fr. Foppens. 1—4. Bruxellis 1723—1748.

— Rerum Belgicarum annales. Bruxellis 1624.

Mirbt Carl, Quellen zur Geschichte des Papsttums. Freiburg i. Br. und Leipzig 1895.

Mittheilungen der antiquarischen Gesellschaft in Zürich. Zürich 1841 ff.

Mittheilungen des historischen Vereines für Steiermark. Graz 1850 ff.

Mittheilungen des Instituts f. österr. Geschichtsforschung red. v. E. Mühlbacher. Innsbruck 1880 ff.

Moeser Justus, Osnabrückische Geschichte. Erster Teil mit Urkunden. 2. Aufl. Berlin und Stettin 1780.

— Sämmtliche Werke. Neu geordnet und gemehrt durch B. R. Abeken. Berlin 1842—43.

Mohr Th. v., Codex diplomaticus. Sammlung der Urkunden zur Geschichte Cur-Rätiens und der Republik Graubünden. Cur 1848—1852.

— Die Regesten der Archive in der schweitzerischen Eidgenossenschaft. Hg. von —. 1. 2. Chur 1848—54.

Monaldeschi della Cervara Monaldo, Commentarii historici di — della città d'Orvieto e di tutta la provincia della Toscana. Venetia 1584.

Mone Fr. J., Anzeiger für Kunde der deutschen Vorzeit. 5. Karlsruhe 1836.

Monfalcon J. B., Lugdunensis historiae monumenta. Lugduni 1860.

Monumenta Boica. 3. 11. 28. 30—32. 37. Monachii 1764, 1771, 1829, 1834—1838, 1864.

Monumenta Germaniae historica. Hannoverae und Berolini 1826 ff., citirt nach den 5 hauptabteilungen. 1. Scriptores (Auctores antiquissimi, Scriptores rerum Merovingicarum, Scriptores rerum Langobardicarum, Scriptores (rerum Germanicarum). 2. Leges 5 t. f°. und die quartbände zerfallend in Leges nationum Germanicarum, Capitularia regum Francorum, Concilia, Constitutiones, Formulae Merowingici et Karolini aevi. 3. Diplomata. 4. Epistolae. 5. Antiquitates (Poetae latini, Libri confraternitatum, Necrologia Germaniae).

Monumenta, historiae patriae —. Augustae Taurinorum. Chart. t. 1, 2. 8. 1836, 1853, 1855.

Monumenta, Regii Neapolitani archivi — edita ac illustrata. 1—6. Neapoli 1845—1861.

Monumenti e notizie istoriche riguardanti la chiesa primitiva vescovile d'Arezzo contro l'asserzione publicata sopra la medesima chiesa in quest' anno 1755 dal molto rev. Sig. d. Angelo Lorenzo Grazini Aretino nel suo libro Vindiciae ss. martyrum Aretinorum. Lucca 1755.

Morbio Carlo, Storie dei municipi Italiani illustrate con documenti inediti. 3. Milano 1838.

Morice Hiacinthe, Memoires pour servir de preuves a l'histoire ecclesiastique et civile de Bretagne. 1. Paris 1742.

Moriondus Jo. Bapt., Monumenta Aquensia. 1. Taurini 1789.

Moris H. et Blanc E., Cartulaire de l'abbaye de Lérins. 1. Paris 1883.

Müller Joh. Bernh., Beschreibung des Stifts St. Bartholomaei in Frankfurt. Frankfurt 1764.

Müller S., Het oudste cartularium van het sticht Utrecht. Gravenhage 1892.

Muratori Lud. Ant., Antiquitates Italiae medii aevi. 1—6. Mediolani 1738—1742.

— Rerum Italicarum scriptores. 1b. 2b. 12. Mediolani 1725. 1726. 1728.

Musée des archives départementales. Recueil de facsimile héliographiques de documents . . publ. par le ministère de l'Intérieur. 1. Paris 1878.

Museum Italicum seu collectio veterum scriptorum e bibliothecis Italicis eruta a J. Mabillon et M. Germain. 1. Lutetiae Parisiorum 1724.

Nauclerus Joannes, Memorabilium omnis aetatis et omnium gentium chronici commentarii 2. Ex Tubinga. 1516.

Neues Lehrgebäude der Diplomatik von J. Chr. Adelung. 5. 8. Erfurt 1767—1769. Übersetzung von Nouveau traité de diplomatique s. dort.

Neugart P. Trudpertus, Codex diplomaticus Alemanniae et Burgundiae Trans-Juranae intra fines dioecesis Constantiensis. 1. 2. Typis San-Blasianis. 1791. 1795.

— Episcopatus Constantiensis Alemannicus sub metropoli Moguntina. 1. Typis s. Blasii 1803. 2. Friburgi Brisgoviae 1862.

Nieberding C. H., Geschichte des ehemaligen Niederstifts Münster und der angrenzenden Grafschaften Diepholz, Wildeshausen . . 1. Vechta 1840.

Niesert J., Münsterische Urkundensammlung. 2. 4. Coesfeld 1827, 1832.
Notizenblatt. Beilage zum Archiv für Kunde österr. Geschichtsquellen. Hg. von der hist. Kommission der k. Akademie der Wissenschaften. 1. Wien 1851.
Nouguier, Histoire chronol. de l'église d'Avignon. Avignon 1660.
Nouveau traité de diplomatique par deux rel. Benédictins de la Congrégation de S. Maur. 3. 4. Paris 1757. 1759. Übersetzung davon: Neues Lehrgebäude der Diplomatik von J. Chr. Adelung, s. dort.
Nunningh Jod. Herm., Diplomatis Caroli Magni . . de scholis Osnabrugensis ecclesiae nuper ab anonymo critice expensi vindicata veritas. Monasterii Westphalorum 1721.

Obrechtus Ulricus, Alsatiarum rerum prodromus. Argentorati 1681.
Ochs P., Geschichte der Stadt und Landschaft Basel. 1. Berlin und Leipzig 1786.
Odorici Federico, Storie Bresciane dai primi tempi sino all' età nostra. 4. Brescia 1855.
Oefelius Andr. Felix, Rerum Boicarum scriptores nusquam antehac editi. 1. Augustae Vindelicorum 1743.
Origines domus Boicae (von Buat). 2. Norimbergae 1764.
Origines Guelficae . . a Christ. Ludovico Scheidio. 1—5. Hannoverae 1750—1780.
Orsato Sertorio Caval. di, Historia di Padova 1678.
Orti Manara, Conte Giovanni Girolamo, La Penisola de Sirmione sul lago di Garda. Verona 1856.
d'Outreman Henri, Histoire de la ville et comté de Valentiennes. Douay 1639.

Pachmayr P. Marian, Historico-chronologica series abbatum et religiosorum monasterii Cremifanensis. Styrae 1777.
Pagine Friulane. Periodico mensile. Anno XIV. Udine 1902.
Palladio Gio. Fr., Historie della provincia de Friuli. 1. Udine 1660.
Palma Alessandro, di Cesnola. Catalogo di manoscritti italiani esistenti nel Museo Britannico di Londra. Torino 1890.
Pardessus-Brequigny, Diplomata chartae epistolae leges atque instrumenta ad res Gallo-Francicas spectantia prius collegit de Brequigny et La Porte du Theil, nunc edidit J. M. Pardessus. 1—2. Lutetiae Parisiorum 1843—1849.
Paricius Joh. Carl, Allerneueste und bewährte historische Nachricht von allen in denen Ring-Mauern der Stadt Regensburg gelegenen Reichs-Stifftern, Haupt-Kirchen und Clöstern Catholischer Religion . . Regensburg 1753.
Parisot R., Le royaume de Lorraine sous les Carolingiens (843—923). Paris 1894.
Pasqui Ub., Documenti per la storia della città di Arezzo nel medio evo. 1. Firenze 1899. (Collezione di documenti di storia italiana ed. dalla R. Deputazione toscana di storia patria 11).
Paullini Chr. Fr., Historia nobilis secularisque virginum collegii Visbecensis. Francofurti 1699.
— Rerum et antiquitatum Germanicarum syntagma. Francofurti a. M. 1698.
Paulus Joh. Conrad, Geschichte des Möllenbecker Klosters. Rinteln 1784.
Peccensteinius L., Theatrum Saxonicum. 1. Leipzig 1608.
Pecci G. A., Storia del vescovado della città di Siena. Lucca 1748.
Perard Estienne, Recueil de plusieurs pieces curieuses servant à l'histoire de Bourgogne. Paris 1664.
Peregrinius C., Historia principum Langobardorum ed. Fr. M. Pratillus. 1. Neapoli 1749.
Perry Claude, Histoire civile et ecclesiastique, ancienne et moderne de la ville et cité de Chalon sur Saone. Chalon sur Saone 1659.
Pertz G. H., König Ludwigs und Arnulfs Urkunden für das Bisthum Verden und die Stiftungsurkunden von Gandersheim, Rameslohe und Uelzen als Probedruck eines Urkundenbuches der Welfischen Lande . . Hannover 1840.
Petrus Fr., Suevia ecclesiastica. Augustae Vindel. 1699.
Petrus a Thymo vulgo van der Heyden, Historia Brabantiae diplomatica ed. F. A. de Reiffenberg. 1. Bruxellis 1830.
Poz Bernh., Thesaurus anecdotorum novissimus. 1. Augustae Vindel. et Graecii 1721.
— und Huber Ph., Codex diplomatico-historico-epistolaris. Augustae Vindel. et Graecii 1729. (6. Bd. von B. Pez Thesaurus.)
Pez H., Scriptores rerum Austriacarum. 1. Lipsiae 1721.
Pfeffinger J. Fr., Historie des Braunschweig-Lüneburgischen Hauses. 2. Hamburg 1732.
Philippi F., Siegener Urkundenbuch. 1. Siegen 1887.
— Osnabrücker Urkundenbuch, im Auftrage d. historischen Vereins zu Osnabrück bearb. u. hg. von —. 1. Osnabrück 1892.
Pinton P., Le donazioni barbariche ai papi. Roma 1890.
Pistorius J., Rerum Germanicarum veteres iam primum publicati scriptores VI ex — bibliotheca nunc revisi emendati et illustrati. 3. Ratisbonae 1731.
Pithoeus P., Annalium et historiae Francorum scriptores coetanei XII primum in lucem editi ex bibliotheca —. Francofurti 1594.
(Plancher Urbain), Histoire generale et particuliere de Bourgogne avec des notes, des dissertations et les preuves justificatives . . par un religieux Bénédictin de l'abbaie de S. Benigne de Dijon. Dijon 1739.
Planta P. C., Das alte Rätien staatlich und kulturhistorisch dargestellt. Berlin 1872.
Plantavitius J. de la Pause episcopus Lodovensis, Chronologia praesulum Lodovensium. Aramontii 1634.
Poggiali Cristoforo, Memorie storiche di Piacenza. 1—4. Piacenza 1747—1748.

Polain L., Recueil des ordonnances de la principauté de Havelot. Bruxelles 1864.

Pontanus Joh. Isac., Historiae Gelricae libri XIV .. Harderwici 1639.

Potthast Aug., Liber de rebus memorabilioribus sive chronicon Henrici de Hervordia. Gottingae 1859.

Praetorius Joh. Phil., Assertio et vindicatio diplomatis Carolini abbatiae s. Maximini in suburbio Treverensi concessi tribus dissertationibus adornata. Aug. Trev. 1745.

Pregitzer, Teutscher Regierungs- und Ehrenspiegel. Berlin 1703.

Pressel Friedrich. Ulmisches Urkundenbuch. Stuttgart 1873.

Processus vor dem Hochlöbl. kay. Reichs Hof Rath agitiert in causa Berchtesgaden contra Saltzburg. Ohne jahr (ca 1627)

Prou Maurice, Les monnaies carolingiennes. Paris 1896.

Publikation, 84. des liter. Vereines in Stuttgart s. Bibliothek.

Pupikofer J. A., Geschichte des Thurgaues. 1. Bischofszell und Zürich 1828. 2. aufl. 1. Frauenfeld 1886.

Puricelli J. Pietro, Ambrosianae Mediolani basilicae ac monasterii .. monumenta .. 1. Mediolani 1645.

Putte F. van de, Annales abbatiae S. Petri Blandiniensis. Gandavi 1842.

Quantin Maximin, Cartulaire général de l'Yonne. 1. Auxerre 1854.

Quellen und Erörterungen zur bayerischen und deutschen Geschichte. 7. München 1858.

Quercetanus Andr., B. Flacci Albini sive Alchuini .. opera quae hactenus reperiri potuerunt. Lutetiae Parisiorum 1617.

Quix Chr., Geschichte der Stadt Achen. Mit einem Codex dipl. Aquensis. Achen 1840.

Ragioni della sede apostolica sopra il ducato di Parma e Piacenza (per Nicolo Antonelli). 3. (Druckort und jahr von A. v. Jaksch, der den hinweis beistellte, nicht angegeben.)

Ragut C., Cartulaire de St. Vincent de Macon, connu sous le nom de Livre enchainé. Macon 1864.

Raissius (Raysso oder Raisse) Arnoldus, Belgica christiana. Duaci 1634.

Rassler Max., Vindicatie contra vindicias sive advindicias historica. W. E. Tenzelii pro H. Conringii censura responsio. 2. Campidonae 1711.

Ratisbona monastica, Clösterliches Regensburg. Erster Theil oder Mausoleum s. Emmerami .. von Coelestino (Vogel) Abbten .. Vierte Auflag mit einem Liber probationum oder Urkunden versehen. Regensburg 1752.

Rauschen Gerhard, Die Legende Karls d. Gr. im 11. und 12. Jahrhundert. Mit einem Anhang von Hugo Lörsch. Leipzig 1890.

Recueil des actes titres et mém. concernant les affaires du clergé de France. 4. 5. Paris 1716.

Recueil des traitez de paix, de trêve .. et d'autres actes publics. Amsterdam 1700.

Regesto, Il — di Farfa compilato da Gregorio di Catino e pubblicato dalla Società romana di Storia patria a cura di J. Giorgi e M. Balzani. 2. Roma 1879.

Rehtmeier Ph. J., Braunschweig-Lüneburgische Chronica .. Braunschweig 1722.

Reiffenberg baron de, Chronique rimée de Philippe Mouskes. 1. Bruxelles 1836 (Collection de chroniques Belges).

— Monuments pour servir à l'histoire des provinces de Namur, de Hainaut et de Luxembourg. 1. 7. 8. Bruxelles 1844. 1847. 1848. (Coll. de chroniques Belges.)

Reimer Heinrich, Hessisches Urkundenbuch. 2. Abth. Urkundenbuch zur Geschichte der Herren von Hanau und der ehemaligen Provinz Hanau. 1. Leipzig 1891.

Reimmann, Dissertatio critica de chron. Halberstadiensis ms. quod Jo. a Winnigensted .. elucubravit virtutibus et vitiis. Halberst. 1702.

Reinhardus Joa. Jac., Rerum Palatinarum nec non regionum finitimarum omnino aevi scriptorum. 1. Carolsruhae 1748.

Remling Franz Xav., Urkundenbuch zur Geschichte der Bischöfe von Speyer. 1. Mainz 1852.

Repertorio diplomatico Cremonese ordinato e pubblicato per cura del municipio di Cremona. 1. (dall' anno 715 al 1200). Cremona 1878.

Replik-Schrift: Best-gegründte Widerlegung der sogenannten Chur-Bayr. Rechts-beständigen Beantwortung der hochfürstlich-Saltzburgischen Geschichtserzehlung .. oder Hochfürstlich-Saltzburgische zweyte und Replik-Schrift. Salzburg 1761.

Resch Jos., Aetas millenaria ecclesiae Aguntinae in Norico sive Luticensis in Tyroli .. Brixinae 1772.

— Annales ecclesiae Sabionensis nunc Brixinensis, quos e tenebris in lucem edidit. 1. 2. Augustae Vindel. 1760—1767.

Rettenpacher P. Simon, Annales monasterii Cremifanensis in Austria superiore. Salisburgae 1673.

Rettung, Standhaffte — und Beweysung der hochen Fürstlichen Freyheit und Herrlichkeiten, mit denen der Glorwürdigiste König und Teutsche Kayser Ludovicus Caroli Magni Enickel, Ludovici Pii Sohn und Lotharii des Röm. Kaysers Bruder, dictus Germanicus den uhralten Fürstlichen Freystifft Lindaw begabt. Embs 1646.

Reuber, Veterum scriptorum qui caesarum et imperatorum Germanicorum res gestas literis mandarunt tomus unus. Francofurti 1584.

Revius Jac., Daventriae illustratae s. Historia urbis Daventriensi libri 6. Lugduni Batavorum 1651.

Revue d'histoire et d'archéologie. 2. 3. Bruxelles 1860. 1862.

Richard, Chartes et documents pour servir à l'histoire de l'abbaye de St. Maixent (Arch. hist. du Poitou 16). Poitiers 1887.
Richter W., Geschichte der Stadt Paderborn. Mit Urkunden und Statuten bearb. v. C. Spancken. Paderborn 1899.
Richthofen Karl Freih. v., Die älteren Egmonder Geschichtsquellen. Berlin 1886.
— Friesische Rechtsquellen. Berlin 1840
— Untersuchungen über Friesische Rechtsgeschichte. 2. Bd. 1. Abt. Berlin 1892.
Ried Thomas, Codex chronologico-diplomaticus episcopatus Ratisbonensis. 1. Ratisbonae 1816.
Riedel Ad. Friedr., Codex diplomaticus Brandenburgensis. 17. Berlin 1859.
Ripamonti, Historiae ecclesiae Mediolanensis. 1. Mediolani 1617.
Risposta per il diritto imperiale sopra Comacchio alla prima e seconda scrittura della corte di Romana. Ohne ort und jahr.
Romanin S., Storia documentata di Venezia. 1. Venezia 1853.
Roques H. v., Urkundenbuch des Klosters Kaufungen in Hessen. 1. Cassel 1900.
Rosieres Fr. de, Stemmatum Lotharingiae ac Barri ducum tomi septem. Parisiis 1580.
Roserot A., Diplômes Carolingiennes originaux des archives de la Haute Marne. Auxerre 1894. (Extrait du Bulletin de la Soc. des Sciences historiques et naturelles de l'Yonne. 2. sem. 1893.)
Roth K., Beiträge zur deutschen Sprach-, Geschichts- und Ortsforschung. 1. München 1854.
Rouchier abbé, Histoire religieuse civile et politique du Vivarais. 1. Paris 1861.
Rozière Eug. de, Recueil des formules usitées dans l'empire des Francs du Ve au Xe siècle. 1—3. Paris 1859—1871.
Rubbi Gianrinaldo Carli, Delle monete e dell'instituzione delle zecche d'Italia. 1. Mantova. 1754.
Rubeis J. Fr. de, Dissertationes variae eruditionis sub una capitum serie collectae. Venetiis 1752.
— Monumenta ecclesiae Aquilejensis commentario historico-chronologico-critico illustrata. Argentinae 1740.
Rubens Hieronymus, Historia Ravennatum libri X. Venetiis 1592.
Ryckel Jos. Geldolphia, Historia s. Gertrudis principis virginis primae Nivellensis abbatissae . . Bruxellis 1637.
Rydberg O. S., Sverges traktater med främmande magter. 1. (822—1335). Stockholm 1877.

Sagittarius Caspar, Antiquitates ducatus Thuringici. Jena 1688.
— Gründliche und ausführliche Historia der Grafschaft Gleichen. Frankfurt a. M. 1732.
Sagittarius-Feierbaum, Historia Halberstadiensis ab originibus per singulos episcopos ad praesentem statum repetita praeside G. Sagittario proponit Georgius Feierbaum. Jenae 1675.
Salagius Stephanus, De statu ecclesiae Pannonicae. 4. Quinque ecclesiis. 1780.
Salis Ulysses v., Fragmente der Staatsgeschichte des Thales Veltlin und der Grafschaften Clefen und Worms. Ohne druckort 1792.
Sanclementius Henricus, Series critico-chronologica episcoporum Cremonensium. Cremonae 1814.
Sander Ant., Flandria illustrata sive provinciae ac comitatus huius descriptio. 1. Coloniae-Agripp. 1641. ed. 2. Hagae-Comitum 1735.
— Gandavum sive Gandavensium rerum libri VI. Bruxellis 1627.
Sandhoff J. J., Antistitum Osnabrugensis ecclesiae qui per decem saecula primam episcopalem in Westphalia Carolinam sedem tenuere, res gestae. 2. Monasterii Westphaliae 1785.
Sauerland H. V., Die Immunität von Metz von ihren Anfängen bis zum Ende des 11. Jahrhunderts. Metz 1877.
(Savile H.), Rerum Anglicarum scriptores post Bedam praecipui. Francofurti 1601.
(Savioli Lud. Vitt.), Annali Bolognesi. 1. Bassano 1784.
Schannat J. Fr., Corpus traditionum Fuldensium ordine chronologico digestum. Lipsiae 1724.
— Dioecesis Fuldensis cum annexa sua hierarchia. Francofurti a. M. 1727.
— Historia Fuldensis. 2.: Codex probationum historiae Fuldensis. Francofurti 1729.
— Historia episcopatus Wormatiensis. 2.: Codex probationum. Francofurti a. M. 1734.
— Vindemiae literariae. 1. Fuldae et Lipsiae 1723.
— Vindiciae quorundam archivi Fuldensis diplomatum. Francofurti a. M. 1728.
Schaten Nic., Annales Paderbornenses. pars I. Neuhusii 1693. ed. 2. Monasterii Westphalorum 1774.
— Historia Westphaliae. Opus posthumum. Neuhusii 1690.
Schatz W., Incerti auctoris s. XIII chronicon Halberstadense. Halberstadt 1839.
Scheuchzer Joh. Jac. et Lochmann J., Alphabeti ex diplomatibus et codicibus Thuricensibus specimen. Tiguri 1730.
Schiaparelli Luigi, Documenti inediti dell'archivio capitulare di Piacenza. Parma 1901 (Estr. dall'arch. stor. per le provincie Parmesi 7, 1898).
— Il rotolo dello archivio capitolare di Novara. Milano 1900 (Estr. dall'arch. stor. Lombardo 27 fasc. 25. 1900).
Schilter Johann, Die alteste Teutsche so wol allgemeine als insonderheit Elsassische und Straßburgische Chronike von Jacob von Königshoven. Straßburg 1698.
— Institutiones iuris feudalis . . accedunt Constitutio de expeditione Romana cum M. Freheri et aliorum notis . . opera et cura G. Chr. Gebaueri. Lipsiae 1728.

— Scriptores rerum Germanicarum a Carolo M. usque ad Fridericum III . . Argentorati 1702.

Schmidt Gustav, Urkundenbuch des Hochstifts Halberstadt und seiner Bischöfe. 1. (bis 1236.) (Publikationen aus den kgl. preußischen Staatsarchiven 17). Leipzig 1883.

(Schmidt J. C.), Diplomatische Nachrichten von dem Ursprung des closters Neustatt am Mayn. Typis monasterii 1767.

Schmidt J. C. Ch., Geschichte des Großherzogthums Hessen. 1. Gießen 1818.

Schminke Fr. Chr., Versuch einer Beschreibung der hochfürstlich-hessischen Residenz und Hauptstadt Cassel. Cassel 1767.

Schneider Daniel, Vollständige hoch-gräflich-Erbachische Stamm-Tafel nebst deren Erklär- und Bewährungen oder Hoch-gräflich-Erbachische Historie. Frankfurt a. M. 1736.

Schönemann Carl Traug. Gottl., Codex für die praktische Diplomatik zum Behuf seiner Vorlesungen. Göttingen 1800.

Schöpf Carl Friedr., Wettereiba illustrata. Laubach 1761.

Schöpflin Jo. Daniel, Alsatia aevi Merovingici Carolingici Saxonici Salici Suevici diplomatica. 1. Mannheimii 1772.

Schöttgen Chr. et Kreysig G. Chr., Diplomataria et scriptores historiae Germanicae medii aevi. 1. Altenburgi 1753.

Schotanus Christ., De geschiedenissen kerkelyck ende wereldtlyck van Friesland oost ende west. Amsterdam 1660.

Schriverius Petrus, Alle de graven van Hollant en West-Vrieslant. Gravenhage 1667.

— Beschryvinge van alle de graven van Holland Zeeland ende Vriesland. Gravenhage ohne jahr.

— Oude en nieuwe beschryvinge van Holland Zeeland en Vriesland door —, nu eerst uyt het latyn in onse nederlantsche tale gebracht door J. v. O. Gravenhage 1667.

Schultes J. A. v., Historische Schriften und Sammlungen ungedruckter Urkunden. 1. 2. Hildburghausen 1798—1801.

Schuml Fr., Archiv für Heimatkunde. 1. Laibach 1882.

— Urkunden- und Regestenbuch des Herzogtums Krain. 1. Laibach 1882/3.

Schwartzenberg en Hohenlansberg G. F. baron thoe, Groot Placaat en Charter-boek van Vriesland. 1. Leeuwarden 1768.

Seibertz Joh. Suibert, Urkundenbuch zur Landes- und Rechtsgeschichte des Herzogthums Westfalen. 1. Arnsberg 1839.

Seiz N. A., Analysis libri cui titulus: Brevis notitia monasterii B. V. M. Ebracensis . . in Franconia . . anno 1728 divulgati. Wirceburgi 1740.

Sepp Bernhard, Älteste Geschichte von Altötting. Stadtamhof 1901. (Als Ms. gedruckt.)

Serarius Nic., Epistolae s. Bonifaci martyris. Moguntiae 1605. Nachgedruckt Nova bibliotheca veterum patrum (Parisiis 1639) 2, 49—121, nicht im buchhandel. Im buchhandel nur als Magna bibliotheca veterum patrum (Parisiis 1654) 16; und Maxima bibl. patrum (Lugduni 1677) 13, 70—140.

— Moguntiacarum rerum . . libri quinque. Moguntiae 1604.

Serrure, Cartulaire de St. Bavon à Gand. (Nur 280 seiten gedruckt, nicht im buchhandel; ein exemplar in der Bibl. des Instituts f. öst. Gf.)

Severtius Jac., Chronologia historica successionis hierarchiae antistitum Lugdunensis archiepiscopatus. Opus tripartitum (mit durchgehender paginirung). Lugduni 1607.

Sickel Th., Acta regum et imperatorum Karolinorum digesta et enarrata. Die Urkunden der Karolinger. 1. Urkundenlehre. 2. Regesten. Wien 1867—1868.

— Beiträge zur Diplomatik I—VIII in Sitzungsberichten der k. Akademie der Wissenschaften, phil.-hist. Cl. 36. 39, 47. 49, 85. 93, 101.

— Über Kaiserurkunden in der Schweiz. Zürich 1877.

Sigonius Carolus, Historiarum de regno Italiae libri XV. Venetiis 1574 (öfters wiederholt).

— Historiarum de regno Italiae libri viginti. Francofurti 1591.

Sillingardus Gasp., Catalogus omnium episcoporum Mutinensium. Mutinae 1606.

Silvestre J. B., Universal palaeography. Translated from the French by Sir Frederic Madden. London 1849.

Sinnacher Franz Ant., Beyträge zur Geschichte der bischöflichen Kirche Säben und Brixen in Tyrol. 1. Brixen 1821.

Sinold (Schütz), Corpus Historiae Brandenburgicae diplomaticum oder vollständige und mit Urkunden bestärkte Geschichte des . . Hauses Brandenburg von Chr. Ph. Sinold genannt von Schütz. 4. Schwabach ohne jahr (mitte des 18. jahrh.).

Sirmond Jacob, Opera varia. 3. Parisiis 1696.

Sitzungsberichte der kais. Akademie der Wissenschaften. Philos.-hist. Klasse. Wien 1848 f.

Sloet L. A. J. W. baron, Oorkondenboek der graafschappen Gelre en Zutfen. Gravenhage 1872.

Soldani F., Historia monasterii s. Michaelis de Passiniano. Lucae 1741.

Spaen, Oordeelkundige inleiding tot de Historie van Gelderland. 2. Utrecht 1802.

Spamers Illustrierte Weltgeschichte. 3.: Illustrierte Geschichte des Mittelalters von O. Kämmel. Leipzig 1896.

Spangenberg Cyriak, Chronicon oder Lebens-Beschreibung und Thaten aller Bischöfe des Stiffts Verden. Hamburg ohne jahr (nach 1710).

Spangenberg Ernst, Die Lehre von dem Urkundenbeweise in Bezug auf alte Urkunden. Heidelberg 1827.

Spieß Phil. Ernst, Archivische Nebenarbeiten und Nachrichten vermischten Inhalts mit Urkunden. 1. 2. Halle 1783. 1785.

— Aufklärungen in der Geschichte und Diplomatik als eine Fortsetzung der archivischen Nebenarbeiten. Bayreuth 1791.

Stacke L., Deutsche Geschichte. 1. Bielefeld und Leipzig 1880.

Stangefol Hermann, Annales circuli Westphalici. 2. Coloniae Agrippinae 1656.

Status ecclesiasticus et monasticus sive tomus primus documentorum archivi s. Galli statum monasterii et abbatis tam monasticum quam ecclesiasticum concernentium. Noviter compilatus et auctus .. regnante Josepho .. exempta monasteria s. Galli et s. Johannis in valle Thurae. Anno reparatae salutis 1731. (Ein Exemplar im archiv von St. Gallen.)

Steichele A., Archiv für die Geschichte des Bisthums Augsburg. 2. Augsburg 1858.

— Das Bisthum Augsburg historisch und statistisch beschrieben. 3. Augsburg 1872.

Stengelius, Monasteriologia. 2. Augustae Vindelicorum 1638. Nachdruck bei (Kuen) Coll. 4. s. dort.

Strebel J. S., Franconia illustrata. Schwabach 1761.

Stülz Jodok, Geschichte des regulirten Chorherren-Stiftes St. Florian. Linz 1835.

Summaria facti et processus delineatio cum fundamentis et obmotorum remotione ad causam d. electoris Treverensis, qua administratoris Prumiensis contra d. principem et episc. Leodiensem .. iurisdictionem territorialem .. in Avans et Loncin concernens. 1746. Deduktionsschrift (nach Tangl Koblenz Arch.).

Sweertius Franciscus, Rerum Belgicarum annales chronici et historici .. eorum qui nunc primum e bibliothecis producti sunt tomus 1. Johannes Gerbrandus a Leydis .. opera et studio — Autwerpiani. Francofurti 1620.

Synodus Parisiensis de imaginibus habita anno Christi DCCCXXIV. Francofurti 1596.

(**Tabouillot**) Histoire generale de Metz par des r. P. Benédictines de la congregation de St. Vannes. 4. Metz 1781.

(**Tacoli**) Compendio delle diramazioni seguite intorno al 1440 della famiglia o'sia della linea de' viventi fratelli co. Tacoli come ancora alcune antiche Memorie storiche della città di Reggio. Reggio 1742.

Tardif Jules, Monuments historiques (Inventaires et documents publiés par ordre de l'empereur sous la direction de M. Marquis de Laborde). Paris 1866.

Tatti Primo Luigi, Degli annali sacri della città di Como. 1. Como 1663. 2. Milano 1683—1735.

(**Tenzel** Wilh. Ernest) Historicae Vindiciae pro Hermanni Conringii censura in diploma fundationis fictitium, quod Lindaviense ad Virginem coenobium primum imperatori Ludovico Lotharii filio, post Ludovico regi Germaniae, nuperrime imperatori Ludovico Pio .. adscripsit. Lindaugiae 1700.

Teschenmacher ab Elverfeldt Wernh., Annales Cliviae, Juliae, Montium, Marcae Westphalicae, Ravensbergae, Geldriae et Zutphaniae, duobus partibus comprehensi. Francofurti et Lipsiae 1721.

Teulet Alexandre, Einhardi omnia quae exstant opera tomus I. Oeuvres complètes d'Eginhard. Paris 1840.

— Layettes du trésor des chartes. 1. Paris 1863 (Inventaires et documents publ. par ordre de l'empereur sous la direction de M. le comte de Laborde).

Theiner A., Codex diplomaticus dominii temporalis s. sedis. Romae 1861.

Thiersch B., Die Vemlinde bei Dortmund. Dortmund 1849.

Tiraboschi Girolamo, Memorie storiche Modenesi col codice diplomatico. 1. Modena 1793.

— Storia dell'augusta badia di S. Silvestro di Nonantola. 2. Modena 1785.

Tolner C. L., Historia Palatina. Adiectus codex diplomaticus Palatinus. Francofurti a. M. 1700.

Tommasi Gingurta, Delle historie di Siena. 1. Venetia 1625.

Tosti Luigi, Storia della badia di Monte-Cassino. 1—3. Napoli 1842.

Traditiones monasterii s. Galli. Ohne titelblatt. (Exemplar im stiftsarch. St. Gallen.)

Traitez des droits et libertez de l'eglise Gallicane. Ohne druckort 1651.

Treuer G. S., Gründliche Geschlechts-Historie des Hochadelichen Hauses der Herren von Münchhausen. Göttingen (1740).

Trouillat J., Monuments de l'histoire de l'ancien évêché de Bâle. 1. Porrentruy 1852.

Troya Car., Codice diplomatico Longobardo. 4. Napoli 1854. (Bd. 4 seiner Storia d'Italia nel medio evo. Napoli 1839 ff.)

Tschudi Aegidius von Glarus genannt, Hauptschlüssel zu zerschiedenen Alterthumen oder .. Beschreibung von dem Ursprung .. Galliae comatae .. hg. von J. J. Gallati .. Constanz 1767.

Ughelli Ferd., Italia sacra sive de episcopis Italiae et insularum adiacentium .. ed. I. 1—5. Romae 1644—1653. ed. II cura et studio Nic. Coleti 1—3. Venetiis 1717—1720.

Urkundenbuch des Landes ob der Enns. 2. Wien 1856.

Urkundenbuch, Fürstenbergisches hg. vom fürstl. Archiv. 5. Tübingen 1885.

Urkundenbuch, Meklenburgisches. Hg. von dem Verein für Meklenburgische Geschichte und Alterthumskunde. 1. Schwerin 1863.

Urkundenbuch, Wirtembergisches, hg. vom kgl. Staatsarchiv in Stuttgart. 1—6. Stuttgart 1849—1894.

Urkundenbuch der Stadt und Landschaft Zürich. bearb. von J. Escher und P. Schweizer. 1. Zürich 1888.

Ussermann P. Aemilianus, Episcopatus Bambergensis sub sede apostolica chronologice et diplomatice illustratus. Typis San-Blasianis 1802.
— Germaniae sacrae prodromus. 1. Typis San-Blasianis 1790.
— Episcopatus Wirceburgensis sub metropoli Moguntina chronologice et diplomatice illustratus. Typis San-Blasianis 1794.

(Vaissete Jos.) Histoire generale de Languedoc .. par Cl. Devic et —, Rel. Benedictins de la Congregation de S. Maur. ed. I. 1. 2. Paris 1730. 1733. ed. II par Al. du Mège. 2. Toulouse 1840. ed. III. sous la direction de Ed. Dulaurier par Ed. Barry et E. Mabille. 2. 4. Toulouse 1872. 1875.
Valentinelli Joseph, Regesta documentorum Germaniae historiam illustrantium. Regesten zur deutschen Geschichte aus den Handschriften der Marcusbibliothek in Venedig. (Abhandlungen der hist. Klasse der k. bayer. Akademie der Wissenschaften. 9. München 1865.)
Valladier André, L'auguste basilique de l'abbaye royale de Sainct Arnoul de Mets. Paris 1615.
Valvasor Joh. Weichard, Die Ehre des Herzogthums Krain. Laibach 1689. 4 Bde.
Varin Pierre, Archives administratives de la ville de Reims. (Coll. de doc. inédits.) 1. Paris 1839.
Verci Giambatista, Storia della marca Trivigiana e Veronese. 1. Venezia 1786.
Verguet L., Fac-simile autographique des cinq diplomes Carlovingiens provenant du fonds de l'abbaye de Lagrasse (Aude) recopié sur les clichés des mêmes diplomes photographiés en 1865. Carcassonne 1873.
Viellard Léon, Documents et mémoires pour servir à l'histoire du territoire de Belfort. Besançon 1884.
Vignati Cesare, Codice diplomatico Laudense. Parte I. Laus Pompeja (Bibliotheca historica Italica cura et studio societatis Longobardicae historiae studiis promovendis vol. II). Milano 1879.
Vignolius J., Liber pontificalis seu de gestis Romanorum pontificum. 1—3. Romae 1724—1745.
Vorburg Joh. Phil. a, Historiae. 9—12. Francofurti 1659—1660.
Vos J., Lobbes son abbaye et son chapitre. Louvain 1865.
Vuy Th., Geschichte des Trechirganes und von Oberwesch. Leipzig 1885.

Waal Antonio de, La schola Francorum fondata da Carlo Magno e l'ospicio teutonico del campo Santo nel secolo XV. Roma 1897.
Wahrheit, Gerettete — in einer diplomatischen Geschichte der Abtey Schwarzach am Rheine .. und den fürstlich badendurlachischen Denkschriften vom Jahre 1763 und 1775 entgegengesetzt. Brusal 1780. Dazu als besonderer Band: Beilage zu Bewährung der Reichsunmittelbarkeit und Landesherrlichkeit der Abtei Schwarzach am Rhein. Bruchsal 1780.
Wallner Jos., Annus millesimus antiquissimi monasterii Ossiacensis. Clagenfurti 1766.
Walter Ferd., Corpus iuris Germanici antiqui. Berolini 1824. 3 Bde.
— Fontes iuris ecclesiastici antiqui et hodierni. Bonnae 1862.
Wartmann Joh., Urkundenbuch der Abtei St. Gallen. 1—3. Zürich 1863—1875.
Waulde Gilles, La vie et miracles de St. Ursmer et de sept autres SS. avec la chronique de Lobbes. Mons 1628.
Wauters Alphonse, Table chronologique des chartes et diplômes imprimés concernant l'histoire de la Belgique. Bruxelles 1866.
Wegelin J. R., Thesaurus rerum Suevicarum. 2. 4. Lindaugiae 1757.
Weinkens Joannes, Navarchia Seligenstadiana seu fundatio antiquissimae et regalis abbatiae Seligenstadiensis. Francofurti a. M. 1714.
— Vir fama super aethera notus Eginhartus quondam Caroli Magni cancellarius dein .. ecclesiae Seligenstadiensis fundator .. nunc autem illustratus et contra quosdam authores vindicatus. Francofurti a. M. 1714.
Wenck Helfrich Bernh., Hessische Landesgeschichte. 2. 3. Frankfurt und Leipzig 1789. 1803.
Wendelinus G., Leges Salicae illustratae. Antwerpiae 1649.
Westenrieder L., Beyträge zur vaterländischen Historie, Geographie, Statistik und Landwirtschaft. 1. München 1788.
Westphalia, Archiv für westfälische Geschichte und Alterthumskunde. Hamburg 1824—26.
Wichner Jakob, Geschichte des Benediktiner-Stiftes Admont. 1. 1874. Selbstverlag.
Widerlegung der bey Gelegenheit der königl. Preussischen gewaltsamen Vorschritte in Franken erschienenen Druckschrift, welche den Titel führt: Öffentliche Erklärung wegen der Eichstättischen Insassen in den königl. Preussischen Fürstenthümern Ansbach und Bayreuth. Mit einem Urkundenbuch. Eichstätt 1798.
Widerlegung, Des hochfürstlichen Stifts Kempten gründliche — des von der Stadt eiusdem nominis vor demselben sich anmaßenden älteren Herkommens. 1737.
Wiegand W., Urkundenbuch der Stadt Straßburg. 1. Straßburg 1879.
Wigand Paul, Archiv für Geschichte und Altertumskunde Westphalens. Hamm 1825 f.
— Das Femgericht Westphalens. Hamm 1825.
— Traditiones Corbeienses. Leipzig 1843.
Will C., Monumenta Blidenstatensia saec. IX, X et XI. Innsbruck 1874.
Willelmus (Guilelmus) Malmesbur. ed. (Savile) Rerum Anglicarum scriptores post Bedam praecipui. Francofurti 1601. — Ed. Th. D. Hardy. 1. Londini (Engl. hist. Society's publications) 1840.

Wilmans Roger, Die Kaiserurkunden der Provinz Westfalen 777—1313. 1. Die Urkunden des Karolingischen Zeitalters. Münster 1867.

Winkelmann Joh. Just., Gründliche und wahrhafte Beschreibung der Fürstenthümer Hessen und Hersfeld. Bremen 1711.

— Notitia historico-politica veteris Saxo-Westphaliae. Oldenburg 1667.

Winsemius Pierius, Chronique ofte historische geschiedenisse van Vrieslant .. 1622.

(Wolters J.) Notice historique sur l'ancien comté impériale de Reckheim. Gand 1848.

Wolters J., Recherches sur l'anc. Ammanie de Montfort. Gand 1853.

Würdtwein Steph. Alex., Dioecesis Moguntina in archidiaconatus distincta. 2. Mannhemii 1771—1772.

— Epistolae Bonifacii archiepiscopi Maguntini et martyris. Maguntiaci 1789.

— Monasticon Palatinum chartis et diplomatibus instructum notitiis authenticis illustratum. 1. 2. 4. Mannheimii 1793—1795.

— Subsidia diplomatica ad selecta iuris ecclesiastici Germaniae ... capita elucidanda. 4—6. Heidelbergae 1774—1775.

Wurth-Paquet Fr. X., Table analytique des chartes et documents concernant la ville d'Echternach et ses établissements. 1. 2. Luxembourg 1867. 1868.

Wyss Georg v., Geschichte der Abtei Zürich (Mittheilungen der antiquarischen Gesellschaft in Zürich 8; Zürich 1851—1858).

Wyttenbach J. H. et M. F. J. Müller, Gesta Trevirorum. 1. Trier 1838.

Yepes Ant. P., Chronicon generale ordinis s. Benedicti .. P. Thomas Weiss lingua Romana donavit auxitque. Coloniae 1648.

(Zacagna Laur. Al.) Dissertatio historica de summo apostolicae sedis imperio in urbem civitatemque Comacli. Anno 1709. Appendix mit eigener paginirung.

Zaccaria Franc. Ant., Dell' antichissima badia di Leno libri tre. Venezia 1767.

Zacharias Franc. Ant., Cremonensium episcoporum series .. Mediolani 1749.

— Excursus litterarii per Italiam ab anno 1742 ad annum 1752. Venetiis 1754.

Zahn J. v., Codex diplomaticus Austriaco-Frisigensis. 1. 2. Wien 1870. 1871. In Fontes rerum Austriacarum II (i. e. Dipl. et Acta) 31, 35.

— Urkundenbuch des Herzogthums Steiermark. 1. Graz 1875.

Zapf G. G., Monumenta anecdota historiam Germaniae illustrantia. 1. Augustae Vindel. 1785.

Zeerleder K., Urkunden für die Geschichte der Stadt Bern und ihres frühesten Gebietes. 1. Bern 1853.

Zeitschrift für Geschichte und Alterthumskunde. Münster 1838 ff.

Zeitschrift für Rechtsgeschichte, hg. von Rudorff und Bruns in Berlin, D. Roth in München und D. Böhlau in Rostock. 11. Weimar 1873.

Zellweger Joh. Caspar, Urkunden zu J. C. Zellwegers Geschichte des appenzellischen Volkes. 1. Trogen 1831.

Zeuss J. C., Traditiones possessionesque Wizenburgenses. Spirae 1842.

(Zorn) Refutatio per modum informationis duntaxat pro parte ser^mi electoris Coloniensis principis Leodiensis etc. Ingolstadii 1630.

Zyllesius Nicol., Defensio abbatiae imperialis s. Maximini. S. Maximini iuxta muros Trevirenses. 1683.

Konkordanztabellen der 2. auflage.

1. mit J. F. Böhmers Regesta chronologico-diplomatica Karolorum. Frankfurt 1833,
2. mit Th. Sickels Regesten der Urkunden der ersten Karolinger (751—840). Wien 1867,
3. mit der ersten auflage von Mühlbachers Regesten des kaiserreichs unter den Karolingern (751—918), Innsbruck 1889,
4. mit Monumenta Germaniae hist. diplomatum Karolinorum t. I. Hannover 1906.

1. Böhmers Regesta Karolorum.

Böhmer	Mühlbacher	Böhmer	Mühlbacher	Böhmer	Mühlbacher
1	66	50	142	99	221
2	67	51	152	100	217
3	72	52	153	101	227
4	65	53	156	102	228
5	68	54	fehlt	103	229
6	70	55	160	104	235
7	73	56	165	105	238
8	Pippin v. Aquitanien zu 815	57	167	106	239
9	76	58	169	107	240
10	77	59	171	108	244
11	78	60	172	109	258
12	86	61	224	110	245
13	87	62	175	111	246
14	89	63	176	112	247
15	90	64	177	113	248
16	92	65	178	114	249
17	91	66	179	115	250
18	94	67	180	116	251
19	95	68	181	117	255
20	97	69	182	118	260
21	100	70	184	119	262
22	102	71	185	120	265
23	104	72	187	121	324
24	106	73	189	122	271
25	107	74	190	123	275
26	108	75	191	124	274
27	109	76	192	125	276
28	110	77	193	126 = 130	283
29	118	78	194	127	284
30	119	79	195	128	287
31	120	80	197	129	285
32	123	81	198	130 = 126	283
33	124	82	196	131	295
34	125	83	199	132	298
35	126	84	202	133	328
36	127	85	203	134	299
37	129	86	212	135	300
38	131	87	205	136	303
39	178	88	209	137	304
40	133	89	211	138	305
41	134	90	218	139	307
42	136	91	214	140	308
43	138	92	222	141	309
44	137	93	223	142	311
45	143	94	216	143	315
46	146	95	357	144	318
47	147	96	216c	145	319
48	167	97	218	146	320
49	150	98	220	147	313

Böhmer	Mühlbacher
148	321
149	322
150	326
151	327
152	376*
153	329
154	330
155	334
156	335
157	336
158	337
159	339
160	347
161	350
162	349
163	354
164	355
165	371
166	384
167	372
168	383
169	385
170	386
171	387
172	389
173	390
174	398
175	405
176	406
177	408
178	407
179	430
180	415
181 = 204	416
182	417
183	425
184	429
185	436
186	437
187	445
188	448
189	440
190	450
191	450
192	451, 452
193	458
194	461
195	464
196	466
197	467
198	468
199	469
200	470
201	477
202	516
203	350
204 = 181	416
205	517
206	518
207	520
208	523
209	524
210	522
211	725
212	582
213	526
214	528
215	529
216	532
217 = 231	548
218	530
219	531
220	538
221	535
222	536
223	537
224	539
225	540
226	541
227	546
228	545
229	763
230	547
231 = 217	548
232	549
233	551
234	552
235	555
236	557
237	559
238	566
239	567
240	568
241	569
242	570
243	572
244	573
245	574
246	575
247	576
248	577
249	579
250	580
251	581
252	583
253	584
254	585
255	586
256	588
257	589
258	591
259	594
260	596
261	597
262	599
263	598
264	600
265	601
266	602
267	604
268	605
269	606
270	608
271	609
272	610
273	611
274	612
275	613
276, 277	615
278	616
279	617
280	618
281	621
282	624
283	623
284	626
285	627
286	633
287	728
288	631
289	835
290	638
291	639
292	644
293	648
294	650
295	651
296	673
297	653
298	652
299	654
300	655
301	656
302	628
303	629
304	630
305	658
306	662
307	663
308	667
309	666
310	668
311	701
312	675
313	681
314	684
315	686
316	687
317	688
318	689
319	695
320	696
321	699
322	705
323	707
324	711
325	712
326	713
327	714
328	720
329	715
330	718
331	721
332	867
333	725
334	727
335	730
336	734
337	735
338	739
339	740
340	742
341	746
342	770
343	750
344	751
345	752
346	753
347	756
348	757
349	758
350	759
351	764
352	765
353	767
354	768
355	769
356	777
357	772
358	774
359	776
360	775

Böhmer	Mühlbacher
361	778
362	773
363	779
364	780
365	781
366	782
367	783
368	789
369	794
370	725
371	878
372	505
373	796
374	797
375	793
376	870
377	816
378	817
379	820
380	824
381	830
382	831
383	832
384	834
385	833
386	839
387	841
388	842
389	843
390	844
391	845
392	846
393	849
394	850
395	857
396	858
397	865
398	871
399	872
400	873
401	874
402	875
403	876
404	877
405	880
406	881
407	919
408	883
409	884
410	885
411	886
412	887
413	888
414	889
415	890
416	891
417	892
418	894
419	895
420	896
421	897
422	898
423	899
424	900
425	903
426	904
427	905
428	906
429	907
430	909
431	910

Böhmer	Mühlbacher
432	911
433	912
434	917
435	918
436 = 164	976
437	920
438	921
439	922
440	925
441 = 538	926[1]
442	927
443	928
444	929
445	930
446	931
447	932
448	933
449	934
450	935
451	936
452	938
453	941
454	942
455	943
456	544
457	945
458	947
459	948
460	949
461	952
462	953
463	954
464 = 436	956
465	957
466	958
467	959
468	960
469	961
470	963
471	964
472	965
473	966
474	967
475	968
476	969
477	970
478	971
479	972
480	973
481	974
482	977
483	978
484	977[1]
485	980
486	982
487	981
488	983
489	987
490	988
491	989
492	990
493	992
494	993
495	994
496	995
497	997
498	998
499	999
500	1000
501	1001
502	1002

Böhmer	Mühlbacher
503	1003
504	1006
505	1007
506	1019
507	1020
508	1021
509	1022
510	1027
511 = 377[1]	
512 = 378	
513 = 379	
514 = 380	
515 = 381	
516 = 382	
517 = 383	
518 = 384	
519 = 385	
520 = 386	
521 = 387	
522 = 389	
523 = 390	
524 = 391	
525 = 392	
526 = 393	
527 = 394	
528 = 395	
529 = 396	
530 = 397	
531 = 398	
532 = 402	
533 = 403	
534 = 404	
535	1033
536	1035
537	1036
538 = 441	926[1]
539	1038
540	1040
541	1046
542	1048
543	1047
544	1049
545	1050
546	1051
547	1052
548	1053
549	1055
550	1056
551	1058
552	1060
553	1061
554	1062
555	1064
556	1067
557	1068
558	1069
559	1070
560	1072
561	1073
562	1074
563	1077
564	1079
565	1080
566	1082
567	1083
568	1092
569	1095
570	1096

[1] Urkunden Ludwig d. Fr. die auch Lothars namen tragen vgl. Reg. 1027a.

Böhmer	Mühlbacher
571	1084
572	1087
573	1088
574	1091
575	1094
576	1097
577	1098
578	1104
579	1106
580	1107
581	1108
582	1111
583	1112
584	1113
585	1090
586	1101
587	1116
588	1118
589	1114
590	1119
591	1120
592	1115
593	1121
594	1122
595	1117
596	1126
597	1129
598	1124
599	1135
600	1134
601	1133
602	1137
603	1138
604	1139
605	1143
606	1144
607	1145
608 = 761 = 1627	1146
609	1148
610	1147
611	1152
612	1155
613	1150
614	1161
615	1160
616	1164
617	1165
618	1167
619	1168
620	1169
621	1170
622	1171
623	1172
624	1173
625	1178
626	1183
627	1181
628	1182
629	1184
630	1185
631	1188
632	1189
633	1191
634	1196
635	1197
636	1198
637	1229
638	1201
639	1205
640	1206
641	1207
642	1208
643	k. Ludwig III.
644	1209
645	1210
646	1211
647	1212
648	1216
649	1214
650 = 658	1225
651	1217
652	1218
653	1219
654	1220
655	1221
656	1222
657	1215
658 = 650	1225
659	1243
660	1250
661	1234
662	1237
663	1239
664	1241
665	1249
666	1244
667	1245
668	1235
669	1248
670	1253
671	1254
672	1257
673	1258
674	1259
675	1262
676	1263
677	1265
678	1266
679	1267
680	1268
681	1269
682	1270
683	1272
684	1273
685	1277
686	1278
687	1279
688	1280
689	1281
690 = 1669	1282
691	1283
692	1285
693	1286
694	1287
695 = 715 = 1675	1288b
696	1289
697	1290
698 = 795 = 1686	1291
699	1292
700	1295
701	1296
702 = 803 = 1700	1298
703	1300
704	1305
705	1307
706	1314
707	1309
708	1310
709	1311
710	1315
711	1318
712	1323
713	1326
714	1327
715 = 695 = 1675	1288b
716	1332
717	1331
718	1334
719	1338
720	821
721	1344
722	1345
723	1340
724	1346
725	1347
726	1349
727	1352
728	1353
729	1354
730	1355
731	1356
732	1358
733	1359
734	1365
735	1360
736	1361
737	1363
738	1362
739	1364
740	1370
741	1375
742 = 1525	1691b, 1370
743	1371
744	1376
745	1383
746	1378
747	1379
748	1380
749	1381
750	1366
751	1368
752	1369
753	1386
754	1387
755	1392
756	1389
757	1390
758	1393
759	1397
760	1398
761 = 608 = 1627	1146
762	1399
763	1400
764	1402
765	1401
766	1404
767	1405
768	1406
769	1407
770	1408
771	1409
772	1412
773	1414
774	1415
775	1416
776	1417
777	1419
778	1420
779	1422
780	1425
781	1423
782	1426
783	1427

Böhmer	Mühlbacher
784	1428
785	1429
786	1430
787	1431
788	1432
789	1433
790	1436
791	1377
792	1438
793	1439
794	1442
795 — 698 — 1680	1291
796	1446
797	1441
798	1445
799	1447
800	1448
801	1449
802	1450
803 — 702 — 1700	1298
804	1451
805	1452
806	1454
807	1459
808	1460
809	1455
810 — 1718	1458
811	1435
812	1456
813	1457
814	1437
815	1461
816	1462
817 — 1738	1463
818	1464
819	1465
820	1466
821	1468
822	1467
823	1470
824	1471
825 — 1764	1476
826	1478
827	1479
828 — 1769	1480
829	1483
830	1485
831	1486
832	1487
833	1488
834	1491
835	1492
836	1493
837	1495
838	1496
839	1498
840	1499
841	1501
842	1502
843	1503
844	1504
845	1506
846	1507
847	1508
848	1509
849	1511
850	1512
851	1513
852	1514
853	1515
854	1516
855	1517
856	1515
857	1518
858	1520
859	1523
860	1524
861	1525
862	1526
863	1528
864	1529
865	1531
866	1533
867	1534
868	1535
869	1537
870	1541
871	1539
872	1540
873	1542
874	1543
875	1544
876	1545
877	1548
878	1547
879	1549
880	1550
881	1551
882	1553
883	1554
884	1555
885	1556
886	1557
887 — 1844	1560
888	1563
889	1564
890	1567
891	1569
892	1570
893	1572
894	1573
895	1575
896	1574
897	1578
898	1581
899	1580
900	1582
901	1584
902	1586
903	1585
904	1587
905	1588
906	1589
907	1590
908	1591
909	1592
910	1593
911	1595
912	1594
913	1597
914	1598
915	1600
916	1601
917	1602
918	1603
919	1604
920	1607
921	1608
922	1609
923	1612
924	1614
925	1613
926	1615
927	1616
928	1618
929	1619
930	1620
931	1623
932	1624
933	1625
934	1626
935	1627
936	1628
937	1630
938	1634
939	1633
940	1635
941	1636
942	1637
943	1638
944	1639
945	1640
946	1642
947	1643
948	1644
949	1645
950	1646
951	1648
952	1650
953	1651
954	1654
955	1655
956	1657
957	1659
958	1661
959	1668
960	1662
961	1663
962	1665
963	1664
964	1666
965	1671
966	1670
967	1672
968	1673
969	1675
970	1676
971	1677
972	1678
973	1679
974	1680
975	1684
976	1685
977	1687
978	1688
979	1690
980	1691
981	1693
982	1695
983	1698
984	1699
985	1700
986	1701
987	1702
988	1705
989	1706
990	1707
991	1708
992	1710
993	1712
994	1713
995	1714
996	1715

Böhmer	Mühlbacher
997	1716
998	1737
999	1738
1000	1739
1001	1719
1002	1722
1003	1723
1004	1726
1005	1727
1006	1729
1007	1730
1008	1732
1009	1733
1010	1735
1011	1740
1012	1741
1013	1744
1014	1745
1015	1746
1016	1749
1017	1751
1018	1752
1019	1754
1020	1755
1021	1756
1022	1757
1023	1758
1024	1759
1025	1768
1026	1767
1027	1769
1028	1774
1029	1775
1030	1776
1031	1777
1032	1780
1033	1781
1034	1782
1035	1784
1036	1785
1037	1788
1038	1789
1039	1793
1040	1794
1041	1795
1042	1796
1043	1797
1044	1798
1045	1801
1046	1802
1047	1803
1048	1805
1049	1807
1050	1808
1051	1809
1052	1811
1053	1812
1054	1813
1055	1816
1056	1817
1057	1818
1058	1820
1059	1822
1060	1823
1061	1824
1062	1825
1063	1827
1064	1826
1065	1828
1066	1830
1067	1829
1068	1831
1069	1832
1070	1835
1071	1836
1072	1834
1073	1838
1074	1837
1075	1840
1076	1842
1077	1851
1078	1843
1079	1844
1080	1846
1081	1841
1082	1849
1083	1866
1084	1850
1085	1852
1086	1853
1087	1855
1088	1857
1089	1858
1090	1859
1091	1864
1092	1865
1093	1869
1094	1872
1095	1873
1096	1867
1097	1874
1098	1877
1099	1878
1100	1882
1101	1884
1102	1885
1103	1886
1104	1891
1105	1893
1106	1894
1107	1897
1108	1899
1109	1900
1110	1902
1111	1903
1112	1904
1113	1906
1114	1907
1115	1908
1116	1909
1117	1910
1118	1912
1119	1913
1120	1914
1121	1916
1122	1919
1123	1920
1124	1921
1125	1925
1126	1926
1127	1927
1128	1928
1129	1929
1130	1930
1131	1931
1132	1933
1133	1936
1134	1934
1135	1935
1136	1937
1137	1938
1138	1939
1139	1940
1140	1941
1141	1942
1142	1944
1143	1945
1144	1946
1145	1947
1146	1948
1147	1949
1148	1951
1149	1952
1150	1956
1151	1957
1152	1958
1153	1959
1154	1960
1155	1961
1156	1962
1157	1968
1158	1963
1159	1964
1160	1966
1161	1967
1162	1969
1163	1970
1164	1971
1165	1972
1166	1973
1167	1974
1168	1976
1169	1977
1170	1979
1171	1980
1172	1981
1173	1982
1174	1988
1175	1989
1176	1990
1177	1991
1178	1992
1179	1993
1180	1995
1181	1996
1182	1997
1183	1998
1184	1999
1185	2000
1186	2001
1187	2002
1188	2003
1189	2004
1190	2005
1191	2009
1192	2012
1193	2013
1194	2010
1195	2011
1196	2015
1197	2016
1198	2017
1199	2018
1200	2020
1201	2021
1202	2024
1203	2025
1204	2026
1205	2027
1206	2028
1207	2029
1208	2032
1209	2034

Böhmer 1210 . . . Mühlbacher	2033	Böhmer 1229 . . . Mühlbacher	2064	Böhmer 1248 . . . Mühlbacher	2088
1211	2034	1230	2064a	1249	2107
1212	2036	1231	2068	1250	2089
1213	2037	1232	2070	1251	2091
1214	2040	1233	2071	1252	2090
1215	2043	1234	2072	1253	2092
1216	2045	1235	2075	1254	2093
1217	2055	1236	2076	1255	2094
1218	2048	1237	2077	1256	2095
1219	2050	1238	2078	1257	2096
1220	2051	1239	2079	1258	2097
1221	2052	1240	2080	1259	2098
1222	2053	1241	2081	1260	2099
1223	2054	1242	2082	1261	2100
1224	2056	1243	2083	1262	2102
1225	2057	1244	2084	1263	2103
1226	2058	1245	2085	1264	2104
1227	2060	1246	2086	1265	2105
1228	2061	1247	2087	1266	2106

2. Sickels Regesten der ersten Karolinger.

Sickel P 1 . . . . Mühlbacher	65	Sickel C 8 . . . . Mühlbacher	124	Sickel K 38 . . . . Mühlbacher	180
2	63	9	125	39	181
3	66	10	126	40	182
4	68	11	127	41	185
5	70	12	129	42	186
6	71	13	128	43	187
7	72	K 1	131	44	189
8	73	2	132	45	190
9	75	3	133	46	191
10	77	4	134	47	192
11	78	5	136	48	193
12	85	6	137	49	194
13	86	7	139	50	195
14	87	8	143	51	174
15	88	9	145	52	197
16	89	10	144	53	198
17	90	11	140	54	196
18	91	12	146	55	199
19	94	13	147	56	200
20	95	14	149	57	201
21	96	15	148	58	202
22	97	16	150	59	203
23	98	17	142	60	205
24	102	18	151	61	209
25	104	19	152	62	211
26	105	20	153	63	213
27	106	21	156	64	214
28	110	22	160	65	212
29	108	23	154	66	216
30	107	24	155	67	217
31	109	25	158	68	218
32	101	26	165	69	219
33	111	27	167	70	220
34	112	28	169	71	221
35	99	29	170	72	222
36	79	30	171	73	224
C 1	116	31	172	74	225
2	117	32	173	75	227
3	118	33	175	76	228
4	119	34	176	77	229
5	120	35	177	78	233
6	121	36	178	79	235
7	123	37	179	80	234

Sickel		Mühlbacher
K	81	239
	82	241
	83	242
	84	245
	85	246
	86	247
	87	248
	88	249
	89	243
	89 bis	700
	90	250
	91	251
	92	254
	93	255
	94	256
	95	257
	96	260
	97	261
	98	277
	99	262
	100	265
	101	266
	102	252
	103	266b
	104	268
	105	270
	106	275
	107	274
	108	276
	109	278
	110	283
	111	284
	112	291
	113	285
	114	289, 290
	115	318
	115 bis	511
	116	292
	116 bis	512
	117	293
	118	294
	119	313
	120	298
	121	303
	122	300
	123	302
	124	304
	125	305
	126	307
	127	308
	128	309
	129	310
	130	311
	131	312
	132	315
	133	319
	134	320
	135	313
	136	518
	137	273
	138	321
	139	322
	140	326
	141, 142	325
	143	327
	144	328
	145	323
	146	329
	147	330
	148	331

Sickel		Mühlbacher
K	149	332
	150	335
	151	336
	152	337
	153	338
	154	339
	155	341
	156	342
	157	343
	158	346
	159	349
	160	350
	161	353
	162	354
	163	355
	164	356
	165	357
	166	358
	167	362
	168	360
	169	361
	170	363
	171	292
	172	364
	173	371
	174	372
	175	374
	176	377
	177	410
	178	381
	179	382
	180	491
	180 bis	514
	181	386
	182	389
	183	378
	184	395
	185	397
	186	396
	187	398
	188	400
	189	401
	190	402
	191	403
	192	404
	193	405
	194	399*
	195	454, 455
	196	483
	197	392
	198	423
	199	411
	200	424
	201	420
	202	412, 413
	203	415
	204	416
	205	417
	206	418
	207	421
	208	erw. in 413 -
	209	425
	210	429
	211	426, 427
	212	428
	213	433, 434
	214	436
	215	437
	216	435
	217	432
	218	378

Sickel		Mühlbacher
K	219	487
	220	442
	221	443
	222	505
	223	446
	224	448, 449
	225	450
	226	431
	227	430
	228	445
	229	451, 452
	230	462, 463
	231	461
	232	458
	233	464
	234	466
	235	467
	236	468
	237	469
	238	456
	239	474
	240	460
	241	470
	242	465
	243	467 c. 7
	244	471
	245	475
	246	476
	247	477
	248	480, 481
	249	491
	250, 251	488
L.	1	516
	2	517
	3	518
	4	519
	5	521
	6	524
	7	523
	8	522
	9	525
	10	526
	11	528
	12	529
	13	530
	14	531
	15	533
	16	534
	17	536
	18	537
	19	539
	20	538
	21	540
	22	541, 542
	23	546
	24	545
	25	547
	26	548
	27	549
	28	550
	29	551
	30	552
	31	553
	32	554
	33	555
	34	556
	35	557
	36	558
	37	560

Sickel I.	Mühlbacher
38	562
39	564
40	728
41	566
42	567
43	568
44	569
45	570
46	571
47	572
48	573
49	574
50	575
51	576
52	577
53	578
54	579
55	580
56	581
57	582
58	583
59	585
60	586
60b	587b
61	588
62	589
63	590
64	592
64b	591
65	594
66	595
67	596
68	597
69	599
70	598
71	600
72	601
73	602
74	603
75	604
76	605
77	606
78	607
79	608
80	609
81	610
82	611
83	612
84	613
85	615
86	616
87	617
88	618
88b	619
89	620
90	621
91	623
92	624
93	625
94	626
95	627
96	628
97	629
98	631
99	633
100	634
101	638
102	639
103	635, 636
104	637
105	561
106	644
107	648
108	653
109	652
110	654
111	675
112	673–677
113	650
114	656
115	658
116	673
117	678–680
118	544
119	543
120	733
121	662
122	663
123	667
124	666
125	668
126	670
127	672
128	710
129	709
130	681
131	684
132	686
133	685
134	687
135	688
136	689
137	691
138	693
139	694
140	696
141	697
142	699
143	702
144	703
145	704
146	705
147	706
148	707
149	741
150	711
151	712
152	713
153	714
154	715
155	718
156	719
157	721
157 bis p. 287	722
157b p. 131	724
158	725
159	726
160	727
161	728
162	729
163	730
164	734
165	735
166	736
167	738
168	739
169	740
170	742
171	748
172	715, 746
173	747
174	750
175	743
176	751
177	752
178	753
179	756
180	757
181	758
182	758a
183	759
184	760
185	763
186	764
187	765
188	767
189	768
190	769
191	762
192	761
193	740
194	779
195	772
196	773
197	774
198	775
199	777
200	778
201	779
202	780
203	781
204	782
205	783
206	784
207	787
208	786
209	789
210	791
211	790
212	794
213	820
214	795
215	796
216	797
217	813
218	804
219	798, 799
220	803
221	802
222	801
223	744
224	805
225	806
226	807
227	800
228	527
229	913
230	914
231	563
232	611
233	816
234	817
235	818
236	819
237	820
238	821
239	823
240	824
241	825
242	830
243	831
244	832
245	833

Sickel I.	246	Mühlbacher 834
	247	827
	248	838
	249	839
	250	841
	251	840
	252	843
	253	844
	254	845
	255	846
	256	849
	257	850
	258	854, 859 · 852
	259	856
	260	857
	261	858
	262	865
	263	866—868, 863
	263 bis	869
	264	871
	265	847
	266	848
	267	872
	268	873
	269	874
	270	875
	271	876
	272	877
	273	878
	274	879
	275	837
	276	836
	277	880
	278	881
	279	883
	280	882
	281	884
	282	885
	283	886
	284	887
	285	888
	286	889
	287	890
	288	891
	289	892
	290	893
	291	894
	292	895
	293	896
	294	897
	295	898
	296	899
	297	900
	298	901
	299	902
	300	903
	301	904
	302	905
	303	906
	304	907
	305	908
	306	910

Sickel I.	307	Mühlbacher 911
	308	912
	309	917
	310	918
	311	919
	312	920
	313	921
	314	922
	315	923
	316	925
	317	924
	318	916
	319	927
	320	929
	321	930
	322	931
	323	932
	324	933
	325	934
	326	935
	327	938
	328	941
	329	937
	330	942
	331	913
	332	914
	333	915
	334	946
	335	947
	336	948
	337	949
	338	951
	339	936
	340	952
	341	953
	342	954
	343	956
	344	958
	345	965
	346	960
	347	961
	348	963
	349	964
	350	966
	351	967
	352	968
	353	970
	354	969
	355	[illegible]
	356	971
	357	972
	358	973
	359	974
	360	977
	361	978
	362	975
	363	980
	364	981
	365	985
	366	987
	367	988
	368	990

Sickel I.	369	Mühlbacher [illegible]
	370	991
	371	993
	372	994
	373	995
	374	996
	375	997
	376	998
	377	999
	378	1000
	379	1001
	380	992
	381	1002
	382	1004
	383	1005
	384	1006
	385	1007
	386	810
	387	671
	388	812
	389	811
	390	[illegible]
	391	[illegible]
	392	[illegible]

Acta spuria p. 391 f.

Acut. mon.	1	771
	2	1254
Alisn. mon.	1	642
S. Anast. mon.	1	[illegible]
S. Anton. mon.	1	[illegible]
Aquilei. eccl.	1	[illegible]
Aquisgran. basil.	1	403
Arimbertus	1	379
Asculana eccl.	1	316
Astensis civ.	1	573
Atanense mon.	1	323
Bono	1	Ludwig III. d. Bl. —
Bremensis eccl.	1	265
	2	[illegible]
Buchau mon.	1	[illegible]
Campidon. mon.	1	161
	2	162
Capitularia	1	[illegible]
	2	[illegible]
	3	[illegible]
	4	[illegible]
Casinense mon.	1	[illegible]
	2	[illegible]
	3	316
	4	315
Cenoman. eccl.	1	[illegible]
	2	[illegible]
	3	957
	4	976
	5	982
	6	1003
Concord. eccl.	1	[illegible]
Corbeia nova m.	1	[illegible]
	2	[illegible]
Cotallus de Crao	1	317
Cremon. eccl.	1	232

Sickel sp.	Cremon. eccl.	2	Mühlbacher	495
		3		496
	Cumana eccl.	1		638
	Desertin. mon.	1		115
	S. Dionysii mon.	1		84
		2		237
		3		244
		4		259
		5		316
		6		390
		7		472
		8		482
		9		661
		10	Böhmer	1832
	S. Emmer. eccl. Ratisp.	1		852
		2		2089
		3		1012
	Epternac. mon.	1		67
	S. Eugendi mon.	1	Böhmer	1698
	S. Evertii mon.	1		264
	Falar. mon.	1		490
		2		982
	Figiac. mon.	1		80
		2		81
	Flaviniac. mon.	1		204
	Fossat. mon.	1		926
	Frisones	1		323
	Fuldense mon.	1		40
		2		113
		3		375
		4		208
		5		307
		6		396
		7		365
		8		367
		9		614
		10		1000
		11		1010
	Gerrense mon.	1		194
	Glander. mon.	1		962
	Gleichenses com.	1		290
	Gorziense mon.	1		93
	Halberstad. eccl.	1		535
	Hammaburg. eccl.	1		928
	Helmonstede mon.	1		308
	Hersfeld mon.	1		212
		2		258
		3		520
	Hohenburg mon.	1		1065
	Juncell. mon.	1	Böhmer	2080
	Laudiensis eccl.	1		828
	Lindav. mon.	1		992
	Luxov. mon.	1		507
	S. Mariae mon. Lemovic.	1		114
	S. Mariae in Organo mon. Veron.	1		1007
	Maricol. mon.	1		720
	S. Martialis mon.	1		898
	Masonis mon.	1		776
	Mauziac. mon.	1	Pippin v. Aquit. von 833.	
	S. Maximini Trev. mon.	1		100
Sickel sp.	S. Maximini Trev. mon.	2	Mühlbacher	498
		3		755
		4		754
	S. Medardi mon.	1		842
	Mediolan. eccl.	1		440
	S. Michaelis mon. Vird.	1		587
	Miciac. mon.	1		955
	Murbach mon.	1		657
	Neustad. mon.	1		324
		2		473
		3		593
	Nonantul. mon.	1		389
	Novalic. mon.	1		466
		2		582
	Novient. mon.	1		138
		2		798
		3		645
		4		792
		5		864
	Orbion. mon.	1		419
	Orgelit. eccl.	1		950
	Osnabrugg. eccl.	1		886
		2		408
		3		870
	Ottenbur. mon.	1		135
		2		492
	Paris. eccl.	1		398
	Patav. eccl.	1		209
	S. Petri mon.	1		381
	Prum. mon.	1		370
	Psalmod. mon.	1		504
	Reggiensis eccl.	1		238
		2		240
	Remensis eccl.	1		835
	Remiriacum mon.	1		479
	Romana eccl.	1		613
	Salvat. eccl. in Civit. n.	1		340
	Sextense mon.	1		183
	Sindleozesaura mon.	1		478
		2		460
	Strassburg. eccl.	1		157
	S. Sulpicii mon.	1		915
	Swarzaha mon.	1		1013
	Trevir. eccl.	1		92
		2		168
		3		369
		4		788
	Trev. mon. ad Horreum	1		1096
	Teutmannus	1		363
	Turic. eccl.	1		458
	Verden. eccl.	1		271
	Villalup. mon.	1		647
	S. Vincentii mon. Volturn.	1		184
		2		198
		3		407
		4		504
	S. Vinc. et Germ. mon.	1		663
	Werthina mon.	1		367
	Wirziburg eccl.	1		207
	Wizenburg. mon.	1		439
	Wormat. eccl.	1		317

3. Mühlbachers Regesten, 1. aufl.

1. a.	2. a.
1–45	=
46	47
47 (zweimal verwendet)	48, 49
47a	46
48	50
49	51
50	52
51	53
52	54
53	55
54	56
55	57
56	58
57	59
58	60
59	61
60	62
61	63
62	64
63	65
64	66
65	67
66	68
67	69
68	70
69	71
70	72
71	73
72	74
73	75
74	76
75	77
76	78
77	79
78	80
79	81
80	82
81	83
82	84
83	85
84	86
85	87
86	88
87	89
88	90
89	91
90	92
91	93
92	94
93	95
94	96
95	97
96	98
97	99
98	100
99	101
100	102
101	104
102	105
103	106
104	107
105	108
106	109
107	110
108	111
109	112

1. a.	2. a.
110	113
111	114
112	115
113	116
114	117
115	118
116	119
117	120
118	121
119	122
120	123
121	124
122	125
123	126
124	127
125	129
126	130
127	128
128	131
129	132
130	133
131	134
132	135
133	136
134	137
135	138
136	139
137	140
138	141
139	142
140	143
141	144
142	145
143	146
144	147
145	148
146	149
147	150
148	151
149	152
150	153
151	154
152	155
153	156
154	157
155	158
156	160
157	161
158	162
159	163
160	164
161	165
162	166
163	167
164	168
165	169
166	170
167	171
168	172
169	173
170	174
171	175
172	176
173	177
174	178

1. a.	2. a.
175	179
176	180
177	181
178	182
179	183
180	184
181	185
182	186
183	187
184	188
185	189
186	190
187	191
188	192
189	193
190	194
191	195
192	196
193	197
194	198
195	199
196	200
197	201
198	202
199	203
200	204
201	205
202	206
203	207
204	208
205	209
206	211
207	212
208	213
209	214
210	216
211	217
212	218
213	219
214	220
215	221
216	222
217	223
218	224
219	225
220	227
221	228
222	229
223	232
224	233
225	234
226	235
227	236
228	237
229	238
230	239
231	240
232	241
233	242
234	243
235	244
236	245
237	246
238	247
239	248

1. a.	2. a.
240	249
241	250
242	251
243	252
244	253
245	254
246	255
247	256
248	257
249	258
250	259
251	260
252	261
253	262
254	263
255	264
256	265
257	266
258	267
259	
260	268
261	269
262	270
263	271
264	273
265	274
266	275
267	276
268	277
269	278
270	279
271	280
272	281
273	282
274	283
275	284
276	285
277	286
278	287
279	288
280	289
281	290
282	291
283	292
284	293
285	294
286	295
287	296
288	297
289	298
290	299
291	301
292	300
293	302
294	303
295	304
296	305
297	306
298	307
299	308
300	309
301	310
302	311
303	312
304	313
305	314
306	315
307	316
308	317
309	318
310	319
311	320
312	321
313	322
314	323
315	324
316	325
317	326
318	327
319	328
320	329
321	330
322	331
323	332
324	333
325	334
326	335
327	336
328	337
329	338
330	339
331	340
332	341
333	342
334	343
335	344
336	345
337	346
338	347
339	348
340	349
341	350
342	351
343	352
344	353
345	354
346	355
347	356
348	357
349	358
350	359
351	360
352	361
353	362
354	363
355	364
356	365
357	366
358	367
359	368
360	369
361	370
362	—
363	371
364	372
365	373
366	374
367	375
368	376
369	377
370	378
371	379
372	380
373	381
374	382
375	-
376	383
377	384
378	385
379	386
380	387
381	388
382	389
383	390
384	391
385	392
386	393
387	395
388	396
389	397
390	398
391	399
392	400
393	401
394	402
395	403
396	404
397	405
398	406
399	418
400	407
401	408
402	409
403	410
404	411
405	412
406	413
407 (erwähnt in 413)	—
408	415
409	416
410	417
411	—
412	419
413	420
414	421
415	423
416	424
417	425
418	426
419	427
420	428
421	429
422	430
423	431
424	432
425	433
426	434
427	435
428	436
429	437
430	438
431	439
432	440
433	441
434	442
435	443
436	445
437	446
438	448
439	449
440	450
441	451
442	452
443	454, 455
444	456
445	458
446	459
447	460
448	461
449	462
450	463
451	464
452	466

1. a.	2. a.
453	467
454	468
455	469
456	470
457	465
458	471
459	472
460	473
461	474
462	475
463	476
464	477
465	478
466	479
467	480
468	481
469	482
470	565
471	483
472	486
473	487
474	488
475	489
476	491
477	492
478	493
479	494
480	495
481	496
482	497
483	498
484	499
485	500
486	502
487	504
488	506
489	507
490	509
491	510
492	513
493	511
494	512
495	514
496	515
497	516
498	517
499	518
500	519
501	520
502	521
503	522
504	523
505	524
506	525
507	526
508	527
509	528
510	529
511	530
512	531
513	532
514	533
515	534
516	535
517	536
518	537
519	538
520	539
521	540
522	541
523	542
524	543
525	544
526	545
527	546
528	547
529	548
530	549
531	550
532	551
533	552
534	553
535	554
536	555
537	556
538	557
539	558
540	559
541	560
542	561
543	562
544	563
545	564
546	566
547	567
548	568
549	569
550	570
551	571
552	572
553	573
554	574
555	575
556	576
557	577
558	578
559	579
560	580
561	581
562	582
563	583
564	584
565	585
566	586
567	587
568	588
569	589
570	590
571	591
572	592
573	593
574	594
575	595
576	596
577	597
578	598
579	599
580	600
581	601
582	602
583	603
584	604
585	605
586	606
587	607
588	608
589	609
590	610
591	611
592	612
593	613
594	614
595	615
596	616
597	617
598	618
599	619
600	620
601	621
602	622
603	623
604	624
605	625
606	626
607	627
608	628
609	629
610	630
611	631
612	632
613	633
614	634
615	635
616	636
617	637
618	638
619	639
620	641
621	642
622	643
623	644
624	645
625	646
626	648
627	649
628	650
629	673
630	674
631	651
632	675
633	676
634	677
635	678
636	679
637	680
638	652
639	653
640	654
641	655
642	656
643	657
644	658
645	659
646	660
647	661
648	662
649	663
650	664
651	665
652	666
653	667
654	668
655	669
656	670
657	671
658	672
659	709
660	710
661	681
662	682
663	683
664	684
665	685

1. A.	2. A.
666	686
667	687
668	688
669	689
670	691
671	692
672	693
673	694
674	695
675	696
676	697
677	698
678	699
679	700
680	701
681	702
682	703
683	704
684	705
685	706
686	707
687	741
688	711
689	712
690	713
691	714
692	715
693	716
694	717
695	718
696	719
697	720
698	721
699	722
700	724
701	725
702	726
703	727
704	728
705	729
706	730
707	731
708	732
709	733
710	734
711	735
712	736
713	737
714	738
715	739
716	740
717	742
718	743
719	744
720	745
721	746
722	747
723	748
724	749
725	750
726	752
727	751
728	753
729	754
730	755
731	756
732	757
733	758
734	759
735	760
736	761

1. A.	2. A.
737	762
738	763
739	764
740	765
741	766
742	767
743	768
744	769
745	770
746	771
747	772
748	773
749	774
750	775
751	776
752	777
753	778
754	779
755	780
756	781
757	782
758	783
759	784
760	787
761	785
762	786
763	788
764	789
765	790
766	791
767	792
768	793
769	794
770	829
771	795
772	796
773	797
774	798
775	799
776	800
777	801
778	802
779	803
780	804
781	805
782	806
783	807
784	808
785	809
786	810
787	811
788	812
789	813
790	814
791	815
792	816
793	817
794	818
795	819
796	820
797	821
798	823
799	824
800	825
801	826
802	827
803	828
804	830
805	831
806	832
807	833

1. A.	2. A.
808	834
809	835
810	836
811	837
812	838
813	839
814	840
815	841
816	842
817	843
818	844
819	845
820	846
821	847
822	848
823	849
824	850
825	851
826	852
827	859, 861
828	860
829	854
830	862
831	863
832	855
833	857
834	858
835	864
836	865
837	866
838	867
839	868
840	869
841	870
842	871
843	872
844	873
845	874
846	875
847	876
848	877
849	878
850	879
851	880
852	881
853	882
854	883
855	884
856	885
857	886
858	887
859	888
860	889
861	890
862	891
863	892
864	893
865	894
866	895
867	896
868	897
869	898
870	899
871	900
872	901
873	902
874	903
875	904
876	905
877	906
878	907

1. a.	2. a.
879	908
880	909
881	910
882	911
883	912
884	913
885	914
886	915
887	916
888	917
889	918
890	919
891	920
892	921
893	922
894	923
895	924
896	925
897	926
898	927
899	928
900	929
901	930
902	931
903	932
904	933
905	934
906	935
907	936
908	937
909	938
910	941
911	942
912	943
913	944
914	945
915	946
916	947
917	948
918	949
919	950
920	951
921	952
922	953
923	954
924	955
925	956
926	957
927	958
928	959
929	960
930	961
931	962
932	963
933	964
934	965
935	966
936	967
937	968
938	969
939	970
940	971
941	972
942	973
943	974
944	975
945	976
946	977
947	978
948	979
949	980
950	981
951	982
952	983
953	984
954	985
955	986
956	987
957	988
958	989
959	990
960	991
961	992
962	993
963	994
964	995
965	996
966	997
967	998
968	999
969	1000
970	1001
971	1002
972	1003
973	1004
974	1005
975	1006
976	1007
977	1009
978	1010
979	1011
980	1012
981	1013
982	647
983	1015
984	1016
985	1017
986	1019
987	1020
988	1021
989	1022
990	1023
991	1024
992	1025
993	1026
994	1027
995	1028
996	1030
997	1031
998	1032
999	1033
1000	1034
1001	1035
1002	1036
1003	1037
1004	1038
1005	1039
1006	1040
1007	1041
1008	1042
1009	1043
1010	1044
1011	1045
1012	1046
1013	1047
1014	1048
1015	1049
1016	1050
1017	1051
1018	1052
1019	1053
1020	1055
1021	1056
1022	1057
1023	1058
1024	1059
1025	1060
1026	1061
1027	1062
1028	1063
1029	1064
1030	1064
1031	1065
1032	1066
1033	1067
1034	1068
1035	1069
1036	1070
1037	1071
1038	1072
1039	1073
1040	1074
1041	1075
1042	1076
1043	1077
1044	1078
1045	1079
1046	1080
1047	1081
1048	1082
1049	1083
1050	1084
1051	1085
1052	1086
1053	1087
1054	1088
1055	1089
1056	1090
1057	1091
1058	1092
1059	1093
1060	1094
1061	1095
1062	1096
1063	1097
1064	1098
1065	1099
1066	1100
1067	1101
1068	1102
1069	1103
1070	1104
1071	1105
1072	1106
1073	1107
1074	1108
1075	1110
1076	1109
1077	1111
1078	1112
1079	1113
1080	1114
1081	1115
1082	1116
1083	1117
1084	1118
1085	1119
1086	1120
1087	1121
1088	1122
1089	1123
1090	1124
1091	1125

1. a.	2. a.	1. a.	2. a.	1. a.	2. a.
1092	1126	1163	1199	1234	1269
1093	1127	1164	1200	1235	1270
1094	1128	1165	1201	1236	1271
1095	1129	1166	1202	1237	1272
1096	1130	1167	1179	1238	1273
1097	1131	1168	1203	1239	1374
1098	1132	1169	1195	1240	1275
1099	1133	1170	1204	1241	1276
1100	1134	1171	1205	1242	1277
1101	1135	1172	1206	1243	1278
1102	1136	1173	1207	1244	1279
1103	1137	1174	1208	1245	1280
1104	1138	1175	1209	1246	1281
1105	1139	1176	1210	1247	1282
1106	1140	1177	1211	1248	1283
1107	1141	1178	1212	1249	1284
1108	1142	1179	1213	1250	1285
1109	1143	1180	1214	1251	1286
1110	1144	1181	1215	1252	1287
1111	1145	1182	1216	1253	1288
1112	1146	1183	1217	1254	1289
1113	1147	1184	1218	1255	1290
1114	1148	1185	1219	1256	1291
1115	1149	1186	1220	1257	1292
1116	1150	1187	1221	1258	1293
1117	1151	1188	1222	1259	1294
1118	1152	1189	1223	1260	1295
1119	1153	1190	1224	1261	1296
1120	1154	1191	1225	1262	1297
1121	1155	1192	1226	1263	1298
1122	1156	1193	1227	1264	1299
1123	1157	1194	1228	1265	1300
1124	1158	1195	1229	1266	1301
1125	1159	1196	1230	1267	1302
1126	1160	1197	1231	1268	1303
1127	1161	1198	1232	1269	1304
1128	1162	1199	1233	1270	1305
1129	1163	1200	1234	1271	1306
1130	1164	1201	1235	1272	1307
1131	1165	1202	1236	1273	1308
1132	1166	1203	1237	1274	1309
1133	1167	1204	1238	1275	1310
1134	1168	1205	1239	1276	1311
1135	1169	1206	1240	1277	1312
1136	1170	1207	1241	1278	1313
1137	1171	1208	1242	1279	1314
1138	1172	1209	1243	1280	1315
1139	1173	1210	1244	1281	1316
1140	1174	1211	1245	1282	1317
1141	1175	1212	1246	1283	1318
1142	1176	1213	1247	1284	1319
1143	1177	1214	1248	1285	1320
1144	1178	1215	1249	1286	1322
1145	1180	1216	1250	1287	1323
1146	1181	1217	1252	1288	1324
1147	1182	1218	1253	1289	1325
1148	1183	1219	1254	1290	1326
1149	1184	1220	1255	1291	1327
1150	1185	1221	1256	1292	1328
1151	1186	1222	1257	1293	1329
1152	1187	1223	1258	1294	1331
1153	1188	1224	1259	1295	1332
1154	1190	1225	1260	1296	1333
1155	1191	1226	1261	1297	1334
1156	1189	1227	1262	1298	1335
1157	1192	1228	1263	1299	1337
1158	1193	1229	1264	1300	1338
1159	1194	1230	1265	1301	1339
1160	1196	1231	1266	1302	1340
1161	1197	1232	1267	1303	1341
1162	1198	1233	1268	1304	1343

1. a.	2. a.
1305	1344
1306	1345
1307	1346
1308	1347
1309	1348
1310	1349
1311	1350
1312	1351
1313	1352
1314	1353
1315	1354
1316	1355
1317	1356
1318	1357
1319	1358
1320	1359
1321	1360
1322	1361
1323	1362
1324	1363
1325	1364
1326	1365
1327	1366
1328	1367
1329	1368
1330	1369
1331	1370
1332	1371
1333	1372
1334	1373
1335	1374
1336	1375
1337	1376
1338	1377
1339	1378
1340	1379
1341	1380
1342	1381
1343	1382
1344	1383
1345	1384
1346	1386
1347	1388
1348	1391
1349	1389
1350	1390
1351	1392
1352	1393
1353	1394
1354	1395
1355	1396
1356	1397
1357	1398
1358	1399
1359	1400
1360	1401
1361	1402
1362	1403
1363	1404
1364	1405
1365	1406
1366	1407
1367	1408
1368	1409
1369	1410
1370	1411
1371	1412
1372	1413
1373	1414
1374	1415
1375	1416

1. a.	2. a.
1376	1417
1377	1418
1378	1419
1379	1420
1380	1421
1381	1422
1382	1423
1383	1424
1384	1425
1385	1426
1386	1427
1387	1428
1388	1429
1389	1430
1390	1431
1391	1432
1392	1433
1393	1434
1394	1435
1395	1436
1396	1437
1397	1438
1398	1439
1399	1440
1400	1441
1401	1442
1402	1443
1403	1444
1404	1445
1405	1446
1406	1447
1407	1449
1408	1450
1409	1451
1410	1452
1411	1454
1412	1455
1413	1456
1414	1457
1415	1458
1416	1459
1417	1460
1418	1461
1419	1462
1420	1463
1421	1464
1422	1465
1423	1466
1424	1468
1425	1467
1426	1469
1427	1470
1428	1471
1429	1472
1430	1473
1431	1474
1432	1475
1433	1476
1434	1477
1435	1478
1436	1479
1437	1480
1438	1481
1439	1482
1440	1483
1441	1448
1442	1484
1443	1485
1444	1486
1445	1487
1446	1488

1. a.	2. a.
1447	1489
1448	1490
1449	1491
1450	1492
1451	1493
1452	1494
1453	1495
1454	1496
1455	1497
1456	1498
1457	1499
1458	1500
1459	1501
1460	1502
1461	1503
1462	1504
1463	1505
1464	1506
1465	1507
1466	1508
1467	1509
1468	1510
1469	1511
1470	1512
1471	1513
1472	1514
1473	1515
1474	1516
1475	1517
1476	1518
1477	1519
1478	1520
1479	1521
1480	1522
1481	1523
1482	1524
1483	1525
1484	1526
1485	1527
1486	1528
1487	1529
1488	1530
1489	1531
1490	1532
1491	1533
1492	1534
1493	1535
1494	1536
1495	1537
1496	1538
1497	1539
1498	1540
1499	1541
1500	1542
1501	1543
1502	1544
1503	1545
1504	1546
1505	1547
1506	1548
1507	1549
1508	1550
1509	1551
1510	1552
1511	1553
1512	1554
1513	1555
1514	1556
1515	1557
1516	1558
1517	1559

1. a.	2. a.	1. a.	2. a.	1. a.	2. a.
1518	1560	1589	1632	1660	1705
1519	1561	1590	1633	1661	1706
1520	1562	1591	1634	1662	1707
1521	1563	1592	1635	1663	1708
1522	1564	1593	1636	1664	1709
1523	1565	1594	1637	1665	1710
1524	1566	1595	1638	1666	1711
1525	1567	1596	1639	1667	1712
1526	1568	1597	1640	1668	1713
1527	1569	1598	1641	1669	1714
1528	1570	1599	1642	1670	1715
1529	1571	1600	1643	1671	1716
1530	1572	1601	1644	1672	1717
1531	1573	1602	1645	1673	1719
1532	1574	1603	1646	1674	1720
1533	1575	1604	1647	1675	1721
1534	1576	1605	1648	1676	1722
1535	1577	1606	1649	1677	1723
1536	1578	1607	1650	1678	1724
1537	1579	1608	1651	1679	1726
1538	1580	1609	1652	1680	1727
1539	1581	1610	1653	1681	1728
1540	1582	1611	1654	1682	1729
1541	1583	1612	1655	1683	1730
1542	1584	1613	1657	1684	1731
1543	1585	1614	1658	1685	1732
1544	1586	1615	1659	1686	1733
1545	1587	1616	1660	1687	1734
1546	1588	1617	1661	1688	1735
1547	1589	1618	1662	1689	1736
1548	1590	1619	1663	1690	1737
1549	1591	1620	1664	1691	1738
1550	1592	1621	1665	1692	1739
1551	1593	1622	1666	1693	1740
1552	1594	1623	1667	1694	1741
1553	1595	1624	1668	1695	1742
1554	1596	1625	1669	1696	1743
1555	1597	1626	1670	1697	1744
1556	1598	1627	1671	1698	1745
1557	1600	1628	1672	1699	1746
1558	1601	1629	1673	1700	1747
1559	1602	1630	1674	1701	1748
1560	1603	1631	1675	1702	1749
1561	1604	1632	1676	1703	1750
1562	1605	1633	1677	1704	1751
1563	1606	1634	1678	1705	1752
1564	1607	1635	1679	1706	1753
1565	1608	1636	1680	1707	1754
1566	1609	1637	1681	1708	1755
1567	1610	1638	1682	1709	1756
1568	1611	1639	1683	1710	1757
1569	1612	1640	1684	1711	1758
1570	1613	1641	1685	1712	1759
1571	1614	1642	1686	1713	1760
1572	1615	1643	1687	1714	1761
1573	1616	1644	1688	1715	1762
1574	1617	1645	1690	1716	1763
1575	1618	1646	1691	1717	1764
1576	1619	1647	1692	1718	1766
1577	1620	1648	1693	1719	1767
1578	1621	1649	1694	1720	1768
1579	1622	1650	1695	1721	1769
1580	1623	1651	1696	1722	1770
1581	1624	1652	1697	1723	1771
1582	1625	1653	1698	1724	1772
1583	1626	1654	1699	1725	1773
1584	1627	1655	1700	1726	1774
1585	1628	1656	1701	1727	1775
1586	1629	1657	1702	1728	1776
1587	1630	1658	1703	1729	1777
1588	1631	1659	1704	1730	1778

1. a.	2. a.	1. a.	2. a.	1. a.	2. a.
1731	1779	1802	1851	1873	1924
1732	1780	1803	1852	1874	1925
1733	1781	1804	1853	1875	1926
1734	1782	1805	1854	1876	1927
1735	1783	1806	1855	1877	1928
1736	1784	1807	1857	1878	1929
1737	1785	1808	1858	1879	1930
1738	1786	1809	1859	1880	1931
1739	1787	1810	1860	1881	1932
1740	1788	1811	1861	1882	1933
1741	1789	1812	1862	1883	1934
1742	1790	1813	1863	1884	1935
1743	1791	1814	1864	1885	1936
1744	1792	1815	1865	1886	1937
1745	1793	1816	1866	1887	1938
1746	1794	1817	1868	1888	1939
1747	1795	1818	1869	1889	1940
1748	1796	1819	1870	1890	1941
1749	1797	1820	1871	1891	1942
1750	1798	1821	1872	1892	1943
1751	1799	1822	1873	1893	1944
1752	1800	1823	1874	1894	1945
1753	1801	1824	1875	1895	1946
1754	1802	1825	1876	1896	1947
1755	1803	1826	1877	1897	1948
1756	1804	1827	1878	1898	1949
1757	1805	1828	1879	1899	1950
1758	1806	1829	1880	1900	1951
1759	1807	1830	1881	1901	1952
1760	1808	1831	1882	1902	1954
1761	1809	1832	1883	1903	1955
1762	1810	1833	1884	1904	1956
1763	1811	1834	1885	1905	1957
1764	1812	1835	1886	1906	1958
1765	1814	1836	1887	1907	1959
1766	1815	1837	1888	1908	1960
1767	1816	1838	1889	1909	1961
1768	1817	1839	1890	1910	1962
1769	1818	1840	1891	1911	1963
1770	1819	1841	1892	1912	1964
1771	1820	1842	1893	1913	1965
1772	1821	1843	1894	1914	1966
1773	1822	1844	1895	1915	1967
1774	1823	1845	1896	1916	1968
1775	1824	1846	1897	1917	1969
1776	1825	1847	1898	1918	1970
1777	1826	1848	1899	1919	1971
1778	1827	1849	1900	1920	1972
1779	1828	1850	1901	1921	1973
1780	1829	1851	1902	1922	1974
1781	1830	1852	1903	1923	1975
1782	1831	1853	1904	1924	1976
1783	1832	1854	1905	1925	1977
1784	1833	1855	1906	1926	1978
1785	1834	1856	1907	1927	1979
1786	1835	1857	1908	1928	1980
1787	1836	1858	1909	1929	1981
1788	1837	1859	1910	1930	1982
1789	1838	1860	1911	1931	1983
1790	1839	1861	1912	1932	1984
1791	1840	1862	1913	1933	1985
1792	1841	1863	1914	1934	1986
1793	1842	1864	1915	1935	1987
1794	1843	1865	1916	1936	1988
1795	1844	1866	1917	1937	1989
1796	1845	1867	1918	1938	1990
1797	1846	1868	1919	1939	1991
1798	1847	1869	1920	1940	1992
1799	1848	1870	1921	1941	1993
1800	1849	1871	1922	1942	1994
1801	1850	1872	1923	1943	1995

1. a.	2. a.
1944	1996
1945	1997
1946	1998
1947	1999
1948	2000
1949	2001
1950	2002
1951	2003
1952	2004
1953	2005
1954	2008
1955	2009
1956	2010
1957	2011
1958	2012
1959	2013
1960	2014
1961	2015
1962	2016
1963	2017
1964	2018
1965	2019
1966	2020
1967	2021
1968	2022
1969	2023
1970	2024
1971	2025
1972	2026
1973	2027
1974	2028
1975	2029
1976	2030
1977	2032
1978	2033
1979	2034
1980	2035
1981	2036
1982	2037
1983	2038
1984	2039
1985	2040
1986	2041
1987	2043
1988	2044
1989	2045
1990	2046
1991	2048
1992	2049
1993	2050
1994	2051
1995	2052
1996	2053
1997	2054
1998	2055
1999	2056
2000	2057
2001	2058
2002	2059
2003	2060
2004	2061
2005	2062
2006	2063
2007	2064
2008	2065
2009	2068
2010	2069
2011	2070
2012	2071
2013	2072
2014	2073
2015	2074
2016	2075
2017	2076
2018	2077
2019	2078
2020	2079
2021	2080
2022	2081
2023	2082
2024	2083
2025	2084
2026	2085
2027	2086
2028	2087
2029	2088
2030	2089
2031	2090
2032	2091
2033	2092
2034	2093
2035	2094
2036	2095
2037	2096
2038	2097
2039	2098
2040	2099
2041	2100
2042	2101
2043	2102
2044	2103
2045	2104
2046	2105
2047	2106
2048	2107
2049	2108

4. Monumenta Germaniae DD. Karolinorum I.

DK.	Mühlbacher
1	65
2	66
3	68
4	70
5	71
6	73
7	76
8	78
9	86
10	87
11	88
12	89
13	90
14	91
15	94
16	95
17	96
18	97
19	98
20	99
21	102
22	103
23	104
24	106
25	107
26	108
27	109
28	110
29	111
30	112
31	67
32	72
33	80
34	81
35	84
36	92
37	93
38	vergl. Nachtr.
39	100
40	75
41	113
42	114
43	116
44	117
45	118
46	119
47	120
48	121
49	123
50	124
51	126
52	127
53	129
54	128
55	131
56	132
57	133
58	134
59	136
60	137
61	140
62	141
63	142
64	143
65	144
66	145
67	146
68	147
69	149
70	148
71	150
72	151
73	152
74	156
75	159
76	154
77	155
78	158
79	160
80	165
81	167
82	169
83	170
84	171
85	172
86	173
87	175
88	174
89	176
90	177
91	178
92	179
93	180
94	181
95	182
96	185
97	186
98	187
99	188
100	189
101	190
102	191

DK. 103	Mühlbacher	192
104		193
105		194
106		195
107		196
108		197
109		198
110		200
111		201
112		202
113		203
114		209
115	vergl. Nachtr.	—
116		205
117		211
118		213
119		214
120		216
121		217
122		218
123		220
124		221
125		222
126		223
127		224
128		226
129		227
130		228
131		229
132		235
133		239
134		241
135		242
136		245
137		246
138		247
139		248
140		249
141		250
142		251
143		254
144		255
145		256
146		257
147		260
148		261
149		262
150		265
151		268
152		270
153		274
154		276
155		281
156		283
157		284
158		286
159		291
160		293
161		294
162		298
163		304
164		305
165		307
166		308
167		309
168		310
169		311
170		314
171		312
172		313
173		318
174		319
175		320
DK. 176	Mühlbacher	321
177		322
178		327
179		328
180		335
181		336
182		337
183		338
184		342
185		341
186		343
187		348
188		349
189		357
190		350
191		353
192		354
193		368
194		361
195		358
196		371
197		372
198		390
199		398
200		400
201		401
202		406
203		415
204		422
205		425
206		429
207		436
208		437
209		441
210		450
211		461
212		466
213		467
214		468
215		449
216		469
217		470
218		477
219		135
220		492
221		138
222		161
223		162
224		157
225		166
226		168
227		184
228		204
229		212
230		215
231		230
232		231
233		237
234		238
235		240
236		244
237		258
238		259
239		264
240		271, 286
241		275
242		287
243		288
244		286
245		295
246		297
247		299
248		318
DK. 249	Böhmer	1713
250	Mühlbacher	385
251		323
252		321
253		334
254		340
255		344
256		345
257		347
258		352
259		355
260		359
261		370
262		380
263		383
264		391
265		386
266		387
267		384
268		389
269		393
270		399
271		406
272		407
273		408
274		409
275		419
276		434
277		440
278		447
279		448
280		457
281		460
282		472
283		473
284		479
285		478
286		482
287		507
288		508
289		506
290		225
291		365
292		366
293		367
294		375
295		483
296		502
297		360
298		505
299		263
300		507
301		503
302	Böhmer	1698
303	Mühlbacher	504
304	s. Nachträge	—
305		506
306	s. Nachträge	—
307		508
308		494
309		210
310		491
311		183
312		389
313	s. Nachträge	—
314		409
315		488
316		500
317		510
318		261b
319		—

Nachträge und berichtigungen.

Die zahlreichen und erheblichen nachträge und berichtigungen, die sich aus der diplomata-ausgabe der MG. für die urkunden Pippins, Karlmanns und namentlich Karls d. Gr. zur zweiten auflage von Mühlbachers regesten ergeben, sind in der regel nicht speziell vermerkt, es sei daher hier im allgemeinen darauf hingewiesen. Nur bei grundlegender änderung der beurteilung einer urkunde und bei den neuesten drucken wurde eine ausnahme von dieser regel gemacht. Die nachträge und berichtigungen, die Mühlbacher der ersten abteilung der zweiten auflage beigegeben, sind hier wiederholt oder verarbeitet.

s. XXXVII z. 9 die gestalt der königin Brunhilde ist durch die neuere forschung: Kurth, La reine Brunehaut, Revue des quest. hist. 50, 5 ff., W. Schultze, Deutsche Gesch. 2, 127 ff. in günstigeres licht gerückt worden; damit stimmen auch die quellenkritischen forschungen G. Schnürers, Die Verfasser der sog. Fredegar-Chronik. Freiburg 1900, s. 44 ff., 243.

s. LXXI z. 26 ist beim druck zwischen: »seinen söhnen« und »Er unterwarf sich« eine zeile ausgefallen: Schon 861 erhob sich sein ältester sohn Karlmann und verbündete sich sogar mit Rastislaw von Mähren.

s. LXXXV Monogramm in den urk. Karls d. Gr. Über die herkunft des zuerst in den urkunden Karls d. Gr. eingebürgerten monogramms, das G. Wolfram, Beilage zur Münchener Allg. Zeitung vom 4. jan. 1905, nachtr. ibid. vom 2. febr. 1905 und in etwas modifizierter weise wieder im Jahrb. d. Gesellschaft f. lothring. Gesch. und Altertumskunde 27, 318 ff. irrigerweise auf syrischen oder orientalischen einfluß zurückzuführen sucht vgl. meinen kleinen aufsatz im N. Arch. 30, 702 ff., Bresslau ib. 31, 516 N. 255, Tangl in MG. DD. Kar. 1, 562 nachtrag zu s. 79.

s. XCVII über kapelle und kanzlei unter den ersten Karolingern vgl. Tangl im Arch. f. Urkundenforsch. 1, 162—166.

s. XCVIII z. 13 von unten: In der italienischen (nicht: lateinischen) kanzlei.

s. CIV z. 10 von unten: beständig (nicht: selbständig) geführt haben.

s. CIX z. 8 von unten: Hirminmaris erscheint als rekognoszent auch noch in nr. 909, vgl. 998, 1004.

s. CX z. 5 von unten: Remigius ist außerdem noch in den tiron. noten der nr. 1147 von 851 sept. 8 als auftraggeber des rekognoszenten Hrodmund nachweisbar, vgl. Tangl im Arch. f. Urkundenforsch. 1, 141.

s. CXX Ann. Fuld. schulausgabe von Fr. Kurze, Hann. 1891.

s. CXXI z. 3. Ann. Lauresham. neuausg. von E. Katz im programm von St. Paul in Kärnten 1889.

s. CXXI z. 4. Ann. Lauriss. schulausg. von Kurze 1895, von diesem als Ann. regni Franc. bezeichnet.

s. CXXII z. 2 vgl. jetzt auch R. Haldauf, der Mönch von St. Gallen. Leipzig 1903.

Stammtafel. Emma, tochter Lothars II königs von Italien und der Adelheid, Böhmer reg. 2045, Ottenthal reg. 386[b], nicht gemahlin Ludwigs V († 987), sondern Lothars (seines vaters), vgl. Continuator Reginonis ad 965, SS. rer. Germ. ed. Waitz p. 176.

n° 2[1] statt Agilolfingern lies: Agilolfingers.

n° 6[a] Theuderich III starb nach Levison im N. Arch. 27, 365 zwischen 1. sept. — 11. dez. 690.

n° 8[b] Childeberts III regierungsanfang nach Levison im N. Arch. 27, 365 zwischen 3. sept. — 13. dez. 694.

n° 19[c] Childebert III starb nach Levison im N. Arch. 27, 365 spätestens 1. märz 711.

n° 27 die älteste überlieferung ist eine k. s. XII (nicht X), von derselben hand stammt auch die urk. der königin Hildegard n° 261[b], MG. DD. Kar. 1, 481 n° 318.

n° 30[c] Dagobert III starb nach Levison im N. Arch. 27, 365 zwischen 25 juni — dez. 715.

n° 32[a] Theuderichs IV thronerhebung erfolgte nach Levison im N. Arch. 27, 365 zwischen 31. jan. — 13. mai 721.

n° 47 über die grenzabsetzung der mark Fulda Rübel, Die Franken, ihr Eroberungs- und Siedelungssystem im deutschen Volkslande (Bielefeld und Leipzig 1904) 37, 353.

n° 48 über die mark Gerstungen Rübel, Die Franken 95.

n° 44, 45 jetzt auch gedr. MG. Conc. 2, 2. 6. Sepp setzt im Hist. Jahrb. d. Görresges. 22, 317 ff. diese erste synode in das j. 744 und demnach die synode von Estinnes ins j. 745 und hält daran auch nach der entschiedenen ablehnung A. W.(erminghoffs) im N. Arch. 27, 541 fest, Hist. Jahrb. 23, 826; vgl. über die zeitliche ansetzung auch A. Hauck, Kirchengesch. Deutschl. 1², 504 N. 2, 514 N. 1. Levillain in Bibl. de l'éc. des chartes 66 (1905), 683 ff., Werminghoff im N. Arch. 32, 221 ff.

n° 55 neuester druck: MG. Conc. 2, 33; vgl. auch Levillain in Bibl. de l'éc. des chartes 66 (1905), 683 ff., Werminghoff in N. Arch. 32, 221 ff. Willibalds Vita s. Bonifatii c. 7 jetzt auch ed. von Levison SS. rer. Germ. 1905 s. 40.

n° 61 *fälschung*, vgl. Mühlbacher, Mitth. d. Inst. 21, 352, über den fiskalzehent E. Perels, Die kirchlichen Zehnten im karol. Reiche (Berl. Diss. 1904) 74.

n° 65 unter den drucken ist Bouchet pr. 224 zu streichen, an dieser stelle ist nr. 60 mit datierung von nr. 65.

n° 67 in der datierungskolonne nachzutragen: mai 5. Das ang. orig. jetzt nicht mehr in Berlin, sondern in Coblenz staatsarch.; über den fiskalzehent E. Perels, Die kirchlichen Zehnten im karol. Reiche (Berl. Diss. 1904), 74.

n° 70 s. 34 z. 3: statt domus lies: daraus.

n° 71 über die hist. bedeutung der urk. vgl. Tangl, Das Todesjahr des Bonifatius, Zeitschr. des Vereins f. hess. Gesch. N. F. 27, 233—236, über die kirchenrechtshist. E. Perels, Die kirchl. Zehenten im karol. Reiche.

n° 72 *fälschung* aus dem anfang des 9. jahrh., wahrscheinlich aus der amtszeit des abtes Ratgar (803—817), nachweis von Tangl, Die Fuldaer Privilegienfrage, Mitth. d. Inst 20, 193 ff., über die zehentfrage E. Perels, Die kirchl. Zehenten im karol. Reiche 74. jetzt auch gedruckt bei Levison, Vitae s. Bonifatii, SS. rer. Germ. 1905, 204 (Othlonis v. s. Bonif.).

n° 73 über die tir. noten Tangl, Arch. f. Urkundenforsch. 1, 90, mit facs. derselben fig. 1.

n° 74 über die »römische frage« sind nachzutragen die arbeiten von: Ketterer, Karl d. Gr. und die Kirche (München und Leipzig 1898), dem »eben nur noch die möglichkeit übrig bleibt, die annahme einer fälschung des wahren Pippin'schen schenkungsversprechens« s. 34, (citat Mühlbachers). W. Gundlach, Die Entstehung des Kirchenstaates (Breslau 1899) 35 ff. und Ernst Mayer, Die Schenkungen Konstantins und Pippins, Deutsche Zeitschr. f. Kirchenrecht III F. Bd. 14 (1904) 36 ff.

n° 77 auch enthalten im ClM. 29085 zu München, G. Seeliger, N. Arch. 19, 670 vgl. MG. Cap. 2, 537; vgl. jetzt auch MG. Conc. 2, 54.

n° 77ᵃ Wattenbach (nicht: Waltenbach) GQ.

n° 78 die stelle »(? K. s. VIII. von derselben hand wie nr. 89)« zu streichen.

n° 80 nach mitteilung W. Sickels nicht ungedruckt, sondern bereits 1785 gedr. von Cathala-Coture, Hist. des Querci 2, 371—377, extr. des arch. de l'abb. de Figeac.

n° 83 vgl. MG. Conc. 1, 55.

n° 85 vgl. jetzt auch MG. Conc. 2, 59.

n° 85ᵃ jetzt auch gedr. MG. Conc. 2, 60.

n° 89 bei der angabe der überlieferung die stelle »(? vgl. nr. 78)« zu streichen. Schriftprobe auch in der engl. ausg. von Silvestre Paléogr. by Madden pl. 169 nr. 3.

n° 90 schriftprobe (eschatokoll) aus KU. in Abbild. 1 nr. 1 bei Henne am Rhyn, Kulturgesch. des deutschen Volkes (1897) 1, 102. facs. mit transkription Steffens Lat. Pal. Suppl. t. 19, 2. aufl. 1, t. 40 aus KU. im Abb. Über die tir. noten Tangl, Arch. für Urkundenforschg. 1, 92.

n° 93 jetzt auch gedr. d'Herbomez, Cart. de l'abb. de Gorze 22 aus A. — Über den zehent E. Perels, Die kirchl. Zehnten im karol. Reiche 74.

n° 95 s. 48 z. 4 von unten: Migne 96, 1537 (nicht: 1557); ib. letzte zeile: Wiener SB. 47, 579 (nicht: 576). Erläuterungen des inhalts Rübel, Die Franken 62, 189.

n° 99 vgl. Mitth. d. Inst. 22, 364, 383; 25, 91 ff., und Stengel, Die Verfasser der deutschen Immunitätsprivilegien des 10. u. 11. Jh. Marburger Habilitationsschrift 1907, s. 69, der sich — soviel man aus den kurzen bemerkungen an dieser stelle sieht — gegenüber den einwendungen von Uhlirz, Jahrbücher Ottos II und III. exc. 1 meinen ergebnissen anschließt.

n° 100 gegenüber Dopsch, der die fälschung dieser urk. und der angeblichen urkk. Karls d. Gr. und Ludwigs d. Fr. nr. 438, 754 jetzt ins 11. jh. verlegt, N. Arch. 25, 343, hält Tangl, Nachträge zu MG. DD. Kar. 1, 762 zu D. 39 den ansatz Bresslaus, das 10. jh., als entstehungszeit für wahrscheinlicher.

n° 101 statt »erzbischof« lies: bischof.

n° 102 über die früher übersehenen tir. noten Tangl, Arch. f. Urkundenforschg. 1, 92 (D. 21).

n° 103 jetzt auch (mit irriger datierung) gedruckt von J. Depoin, Bulletin de la Société hist. et archéolog. de Corbeil d'Etampes et du Hurepoix 9 (1903), 29, vgl. dazu Tangl, Nachträge zu MG. DD. Kar. 1, 361 ad D. 22.

n° 104 jetzt auch (in spaltendruck mit nr. 103) gedr. Depoin l. c. (vgl. nr. 103) und mit unzureichenden gründen als unecht verworfen, vgl. Tangl, N. Arch. 30, 515, Nachträge zu MG. DD. Kar. 1, 561 ad D. 23.

n° 108 über die tiron. noten Jusselin, Notes tironiennes dans les diplomes, Bibl. de l'école des chartes 66 (1905), 366 f.

n° 109 über die tiron. noten Tangl, Archiv f. Urkundenforschung 1, 92.

n° 110 der druck bei Bouquet nicht aus Le Cointe, sondern ex autogr.

n° 111 jetzt auch gedruckt und besprochen von L. Levillain, Examen critique des chartes Mérovingiennes et Carolingiennes de l'abbaye de Corbie (Mém. et doc. publ. par la Soc. de l'école des chartes V) Paris 1902, 238, 78. Vgl. dazu Krusch in N. Arch. 31, 337 ff., wo die überhaupt darüber erschienene literatur verzeichnet ist.

Nach n° 115 einzuschalten, uneinreihbar. [763] Agen. König Pippin schenkt auf untertänige, durch nicht geringe geschenke unterstützte bitte des vor ihm in Arles erschienenen getreuen Centullus Maurellus und des papstes Stephan jenem den fiskus Clairac zur gründung eines klosters, verleiht mit zustimmung aller großen, die tags vorher das schon fast vollendete, beinahe 20 meilen von der stadt Agen entfernte kloster mit wolgefallen besichtigt hatten, immunität und entsprechend dem vorhaben des papstes freiheit der abtswahl gemäß dem sanius consilium. Pön 300 pf. gold. Actum publice Aginno in palatio exteriori in conventu nobilium Francine, Aquitaniae et Gasconiae, Italiae et Neustriae anno domini DC[CLIII] dominicae incarnationis, ind. V, die martis ebdomada prima mensis. Baudon de Saint-Amans Hist. du dép. de Lot et Garonne 2, 319 aus abschrift von 1783 (A) = Recueil des travaux de la Soc. d'agriculture, sciences et arts d'Agen 2. sér. 2 (1872), 176, 217 mit benützung einer abschrift von Labenazie († 1724). MG. DD. Kar. 1, 53 nr. 38. *Fälschung* ohne echte vorlage vgl. MG. DD. Kar. l. c. und 562 D. 38. Die jahreszahl in der überlieferung, 753, unmöglich, auch 763 ganz unsicher, weil anderen angaben widersprechend.

n° 118 statt grafen Garin lies: grafen Warin; unter den drucken nachzutragen: Migne 96, 1574.

n° 120 gedr. Cipolla Mon. Noval. (Fonti per la storia d'Italia 31, Roma 1898) 1, 40. — Statt Calminciaco lies: Calmunciaco.

n° 125 *fälschung* Grandidiers, vgl. Dopsch in Mitth. d. Inst. f. öst. GF. 19, 581, MG. DD. Kar. 1, 61.

n° 127 gedr. Cipolla Mon. Noval. 1, 43. — Überliefert in K. s. XVIII (nicht s. XVII). Die citirte stelle bei Spruner-Menke Handatlas Vorbemerk. 16 (nicht 35).

n° 128 *verunechtet* durch einfügung der zellen Vermes und St. Ursanne und der ministerialen und grafen, nachweis MG. DD. Kar. 1, 75 nr. 54.

n° 129 der satz »um sich auf das göttliche gericht vorzubereiten« im regest zu streichen, weil formelhaft.

n° 130[b] für das jahr 747 als geburtsjahr Karls d. Gr. tritt wieder Kurze im N. Arch. 28, 34 ein.

n° 131 nach dem regest nachzutragen die rekognition: Hitherius rec.

n° 132 Muller Cart. van het sticht (nicht stift) Utrecht. Über den inhalt der urk. E. Perels, Die kirchlichen Zehnten im karolingischen Reiche 73 f.

n° 133 jetzt auch gedr. und besprochen von L. Levillain, Examen critique des chartes Mérov. et Carol. de l'abb. de Corbie (Mém. et doc. publ. par la Soc. de l'école des chartes V) 241, 78, vgl. dazu Krusch im N. Arch. 31, 337 ff., wo auch die andere hierüber erschienene literatur verzeichnet ist.

n° 134 jetzt auch gedr. Broussillon Cart. de St. Aubin d'Angers 21, 129 und Giry Etude crit. de quelques documents angevins in Mém. de l'Académie des inscriptions et belles-lettres 36, 2, 211, beide aus A. Der zweite teil des textes und damit der wesentliche inhalt *interpolirt,* nachweis MG. DD. Kar. 1, 84 nr. 58.

n° 142 über das verhältnis dieser urk. zu DO. III 15 vgl. E. Stengel, Die Immunitätsurkunden der deutschen Könige vom 10.—12. Jahrh. Berl. Diss. 1902, s. 31—35.

n° 145, 178. Über das verhältnis dieser beiden urkk. für verschiedene empfänger vgl. Tangl Nachträge zu MG. DD. Kar. 1, 563 ad D. 66. Zum inhalt jetzt auch Seeliger, Die soziale und politische Bedeutung der Grundherrschaft im früheren Mittelalter (Abh. der phil.-hist. Kl. der kgl. sächs. Gesellschaft der Wissenschaften 22, 1, Leipzig 1903) 81, 87, 93 N. 1, 127 N. 1.

n° 149 Facs. mit transkription bei Steffens Lat. Paläographie T. 34.

n° 149[b] über die route der heerzüge gegen die Sachsen Rübel, Reichshöfe 91 f., Die Franken 123, 397.

n° 149[d] über die Irminsäule K. Schuchardt in der Allg. Zeitung 1898 nr. 78, B. Kuhlmann, Eresburg und Irminsul. Progr. Gymn. Paderborn 1899.

n° 150 nach mitteilung O. Posses soll das siegel nicht ein solches Ludwigs d. Fr., sondern eine fälschung des siegels Karls d. Gr. sein, mit der umschrift: † KAROLVS GRATIA DI REX.

n° 152 über die mark Heppenheim Rübel, Die Franken 89.

n° 153, 199 *fälschungen* Grandidiers, vgl. Bloch in Zeitschr. f. Gesch. d. Oberrheins NF. 12, 479; 13, 543. MG. DD. Kar. 1, 80.

n° 154 jetzt auch gedr. d'Herbomez Cart. de l'abb. de Gorze 39.

n° 156 gedr. Cipolla Mon. Noval. 1, 49.

n° 160 Cauvin (nicht Canvin) Géogr. anc. du dioc. du Mans.

n° 162^a über die fabel von der schenkung eines teils von Sachsen an die römische kirche bei Pseudo-Liutprand auch Scheffer-Boichorst in Mitth. d. Inst. Erg. 4, 82 f.; ein rettungsversuch von Hüffer, Korveier Studien (Münster 1898), 115. (Nachtrag Mühlbachers).

n° 163 vgl. Gundlach, Die Entstehung des Kirchenstaates (Breslau 1899), 45 ff. und Ernst Mayer, Die Schenkungen Konstantins und Pippins, Deutsche Zeitschr. f. Kirchenrecht III. F. 14 (1904), 36 ff.

n° 166 gedr. Cipolla Mon. Noval. 1, 57. — s. 76 z. 3: MG. DD. 2 (nicht 1), 707. — s. 76 z. 5: Chr. Noval. III 15 (nicht 14), 26, 30. Die urk. Ottos III und Heinrichs III jetzt auch gedr. Cipolla Mon. Noval. 1, 120, 196.

n° 168 Urk. Zwentibolds 895 okt. (dat. ist druckfehler) 25.

n° 171 ist die angabe: schriftprobe Musée des arch. nat. 32 zu streichen. — Über inhalt und empfänger W. Wiegand, Die Schenkung Karls d. Gr. für Lebernu, ZS. f. Gesch. des Oberrheins NF. 20, 523—551, H. Hirsch im N. Arch. 31, 515 N. 283, Tangl in MG. DD. Kar. 1, 563 Nachtrag zu D. 84, N. Arch. 32, 171. — Über die tiron. noten Jusselin in Bibl. de l'école des chartes 66 (1905), 471 $N.^a$, 380 $N.^a$.

n° 174 gegen die originalität dieser urk. spricht sich bestimmter als es schon Mühlbacher MG. DD. Kar. 1, 127 nr. 88 getan, Tangl ibid. Nachträge 564 ad D. 88 aus und erklärt sie für eine etwa gleichzeitige abschrift. Die echtheit wird dadurch nicht berührt.

n° 176 über die tiron. noten Jusselin, Notes tironiennes dans les dipl., Bibl. de l'école des chartes 66 (1905), 369.

n° 177 über die mark Salzungen Rübel, Die Franken 95.

n° 178 vgl. nachtrag zu nr. 145.

n° 179 über die tiron. noten Jusselin in Bibl. de l'ecole des chartes 66 (1905), 371 $N.^b$.

n° 181 über die tiron. noten Jusselin in Bibl. de l'école des chartes 66 (1905), 371 $N.^{c,d}$. Tangl im Archiv f. Urkundenforschung 1, 95. D. 94.

n° 183 z. 5. A. inc. 705 (nicht 775).

n° 186 *interpolirt* die stelle: Unde monemus — omnium salutem und auch sonst überarbeitet, nachweis MG. DD. Kar. 1, 139 nr. 97.

n° 187 jetzt auch gedr. Il chronicon Farfense ed. Ugo Balzani 1, 161.

n° 191 Schriftprobe Musée des arch. nat. 32. — Über die tiron. noten Tangl, Arch. f. Urkundenforschung 1, 104 D. 102.

n° 192, 193, 194, 212, 217, 227, 258, 275, echte und falsche zehenturkunden für Hersfeld, besprochen von E. Perels, Die kirchlichen Zehnten im karolingischen Reiche, Berl. Diss. 77 ff. — Über die tiron. noten Jusselin in Bibl. de l'école des chartes 66 (1905), 380 N^b.

n° 192^{a-i} zum sachsenkrieg im jahre 775 Rübel, Die Franken 13; zu den sachsenkriegen überhaupt ib. 123 ff.

n° 193 über die tiron. noten Jusselin in Bibl. de l'école des chartes 66 (1905), 367, 372^f; Tangl im Archiv f. Urkundenforschung 1, 95 D. 104.

n° 198 Migne 97, 953 (nicht 653).

n° 199 vgl. nachtr. zu n° 153.

n° 200 jetzt auch gedr. und besprochen von L. Levillain, Examen critique des chartes Mérovingiennes et Carolingiennes de l'abb. de Corbie (Mém. et doc. publ. par la Soc. de l'école des chartes V), Paris 1902, 244, 82 vgl. dazu Krusch im N. Arch. 31, 337. — *Interpoliert* die arenga und die stellen über die vorlegung der urkunden und die kreuzprobe aus nr. 191 durch Grandidier, dessen machwerke auch nr. 153, 199 sind, vgl. Bloch in Zs. f. Gesch. des Oberrheins NF. 12, 500; 13, 546 und MG. DD. Kar. 1, 155 nr. 110 vorbemerkung.

n° 202 gedr. Stampa Fedelissimo Parlamento della Patria di Friuli (1798) 40 ex consimili existente in officio patriae und jüngst noch Pagine Friulane 14 (Udine 1902) 67 aus Candidus.

n° 203 *interpolirt* die pönformel, der vordersatz der korroboration und die ind. in der datirung, nachweis MG. DD. Kar. 1, 159 nr. 113.

n° 203^f die urk. Fulrads von St. Denis ist fälschung in angeblichem orig. s. IX ex. — X in., nachweis, abdruck und facs. bei Tangl, Das Testament Fulrads von St. Denis, N. Arch. 32, 197, 215.

n° 205 über die tiron. noten Tangl im Arch. f. Urkundenforschung 1, 97 D. 116. — Auf der rückseite das konzept einer freilassungsurk. für die fiskalische magd Sigrada in tiron. noten. Tangl in Mitth. d. Inst. f. öst. Gf. 21, 344 und Archiv f. Urkundenforschung 1, 19, MG. DD. Kar. 1, 161 nr. 115. — Die Hammelburger grenzbeschreibung auch gedr. Arch. d. hist. Vereins v. Unterfranken und Aschaffenburg 6, 92 und Massmann, Bibl. d. ges. deutschen Nationalliteratur 7, 192: Facs. mit textabdruck Chroust Mon. Pal. I lief. 5 t. 7, Tangl, Schrifttafeln III t. 73 mit text und erläuternden bemerkungen über die zeitbestimmung auf s. 30. — Erklärung des vorganges bei der grenzabsetzung von Rübel, Die Franken (Bielefeld u. Leipzig 1904) 69, vgl. auch MG. DD. Kar. 1, 564 D. 116.

n° 213 über die tiron. noten Jusselin in Bibl. de l'école des chartes 66 (1905), 376. Über abt Fulrad und seine stiftungen, über den schreiber der urk. und die tiron. noten Tangl, Nachträge zu MG. DD. Kar. 1, 564 D. 118; im N. Arch. 32, 169; im Arch. f. Urkundenforschung 1, 100 D. 118.

n° 214 nachzutragen der druck: Migne 97, 261 aus Grandidier.

n° 214ª über die pfalz Cassinogilum nun auch Julien in Études d'hist. du moyen âge dédiées à G. Monod (Paris 1896) 89 f., der auch auf Casseuil-sur-Garonne hinweist und unschlüssig noch die frage erörtert, ob es nicht 2 pfalzen dieses namens gegeben habe. (Nachtrag Mühlbachers).

n° 215 die monatsangabe »aug. 00« zu streichen, das wort ‚augustis' in der datierung gehört zu Aquis (Aquis Augustis = Dax). Eine zweite fälschung für Sorde abgedruckt in MG. DD. Kar. 1, 567 Nachtr. zu D. 230.

n° 216 über abt Fulrad und den schreiber der urk. jetzt auch Tangl, Das Testament Fulrads von St. Denis, N. Arch. 32, 169, 177.

n° 217, 228. Über die schreiberfrage dieser urk. Tangl MG. DD. Kar. 1, 564. Nachtr. zu D. 121. — Über die tiron. noten von nr. 217 Jusselin in Bibl. de l'école des chartes 66 (1905), 381 N°. Über die mark Lupnitz in nr. 217 Rübel, Die Franken 93.

n° 218 über die tiron. noten Tangl im Arch. f. Urkundenforschung 1, 100 mit faks. fig. 4.

n° 219 c. 7, 243 c. 9, 290 c. 8, 325 c. 25, 471 c. 6, 1024 c. 9, zu diesen und den anderen capitularien mit zehentbestimmungen E. Perels, Die kirchlichen Zehnten im karol. Reiche (Berl. Diss. 1904), 20 ff. Über nr. 219 jetzt auch MG. Conc. 1, 106.

n° 220 über die tiron. noten Tangl im Arch. f. Urkundenforschung 1, 97 D. 123.

n° 222 gedr. Cipolla Mon. Noval. 2, 283 vgl. 1, 61.

n° 223 über den vorgang der markenabsetzung Rübel, Die Franken 87.

n° 227 zu den tiron. noten MG. DD. Kar. 1, 565. Nachtr. zu D. 129.

n° 229 über die tiron. noten Tangl in MG. DD. Kar. 1, 565 Nachtr. zu D. 129 und 131, Arch. f. Urkundenforschung 1, 98, 99 D. 131, 129. — Ausstellort Lippspringe Westfalen RB. Minden.

n° 231ª als druck für die »spätere Hersfelder nachricht« jetzt auch Lamberti Hersfeld. Op. ed. Holder-Egger 356.

n° 232, 495, 496. Ernst Mayer, Die angebl. Fälschungen des Dragoni (Leipzig 1905), sucht Dragoni von der fälschung zu entlasten, hält diese stücke für alte fälschungen (s. 27 f.) und druckt im anhange die angebl. urk. Karls d. Gr. nr. 232, ferner je eine gleichwertige urk. Lothars I von 838 und Ludwigs II von 862 ab (s. 77, 83, 85); Mayers ergebnisse sind mehr oder weniger vollständig mit recht abgelehnt worden von Hartmann in Mitth. d. Inst. 26, 659 ff.; ib. 27, 359 ff., 376 ff.; 28, 197 ff. die replik und duplik Mayers und Hartmanns; von Tangl MG. DD. Kar. 1, 562, Nachtr. zu s. 80.

n° 233 zum rechtsinhalt Seeliger, Die Bedeutung der Grundherrschaft 89.

n° 238 *fälschung* mit benützung von nr. 239 und einer verlorenen urk., welche die rekognition lieferte, MG. DD. Kar. 1, 322 nr. 234. Der wald Lama fraolaria wird 964 (nicht 962) von Otto I MG. DD. 1, 382 nr. 268 (nicht 343) or. bestätigt.

n° 230 *interpolirt* die stelle über die freie bischofswahl durch den klerus, MG. DD. Kar. 1, 183 nr. 133.

n° 238, 239, 240, 1064 auch gedr. in dem werk I Canali di Secchia e d'Enza (Reggio-Emilia 1883) 2ᶠ, 3—8 (Nachtrag Mühlbachers).

n° 245 über die tiron. noten Jusselin in Bibl. de l'école des chartes 66 (1905), 372.

n° 248. 249. Über die tiron. noten Jusselin in Moyen âge 1904, 478 ff.; Tangl in N. Arch. 30, 751 nr. 475, MG. DD. Kar. 1, 565 Nachtr. zu D. 139, 140; Arch. f. Urkundenforschung 1, 97; facs. mit transskription Steffens, Lat. Pal. Suppl. 20, 2. aufl. 1, t. 41.

n° 254 Remling UB. 1, 4 (nicht 40). Ferner nachzutragen der auch in MG. DD. Kar. 1, 194 nr. 143 übersehene druck: Hilgard, Urk. z. Gesch. der Stadt Speyer, Straßburg 1885, s. 2. Über die stopha jetzt noch Rübel, Die Franken 274.

n° 255, 258 über die tiron. noten Jusselin in Bibl. de l'école des chartes 66 (1905) 372 N°. Vgl. auch Schröder in Mitth. d. Inst. 20, 364, 376.

n° 261ᵇ zur fälschung auf den namen der königin Hildegard vgl. außer MG. DD. Kar. 1, 481 auch Tangls Nachtrag ib. 570 D. 318.

n° 262 *interpolirt* der ganze zweite teil der urk. von ‚Et quia scimus — iustissimo iudice' und in der datierung das inkarnationsjahr mit zusätzen und die indiktion, nachweis MG. DD. Kar. 1, 202 nr. 149.

n° 263 ohne datierung.

n° 265 jetzt auch gedr. Pasqui Documenti di Arezzo 28 ex or. Über die tiron. noten Tangl im Arch. f. Urkundenforschung 1, 100 D. 150 mit faks. fig. 5.

n° 270ᶜ über den grund des thüringischen aufstandes Rübel, Die Franken 361.

n° 271, 295, 298 für Verden und Bremen, über die zehntenfrage vgl. E. Perels, Die kirchl. Zehnten im karolingischen Reiche s. 74.

n° 274 über die wenig gelungene nachzeichnung der tiron. noten Tangl in MG. DD. Kar. 1, 566 Nachtr. zu D. 153, über die mark Dorndorf Rübel Die Franken 94.

n° 276 *interpolirt* in der pertinenzformel die stelle ‚et portum — mercatum quoque', nachweis MG. DD. Kar. 1, 208 n° 154. Über die wenig gelungene nachzeichnung der tiron. noten Tangl in MG. DD. Kar. 1, 566 nachtr. zu D. 154. Arch. f. Urkundenforschung 1, 105 mit faks. fig. 8.

n° 279 die urk. Friedrichs II Böhmer-Ficker reg. n° 1982 ist zwischen 1465—89 gefälscht, vgl. Forschungen z. d. Gesch. 9, 583.

n° 279a über die bedeutung von ‚causas Italicas disponere' Rübel Die Franken 161.

n° 284 *interpolirt* die worte ‚et sapientiorem' in der formel über die freiheit der abtswahl an stelle des ausdrucks ‚nobisque fidelem', MG. DD. Kar. 1, 212 n° 157.

n° 285 *interpolirt* die invokation, die aufzählung der besitzungen beginnend mit Barrea und die schlußsätze Quicumque autem — monasterii restituantur, nachweis MG. DD. Kar. 1, 213 n° 158.

n° 287 *fälschung* auf grundlage von n° 285 und der fälschung auf den namen des königs Desiderius, Tosti Storia di Montecassino 1, 89, die ihrerseits die urk. Ottos II von 981, MG. DD. 2, 291 n° 254b benützt, nachweis MG. DD. Kar. 1, 339 n° 242.

n° 294 jetzt auch gedr. d'Herbomez Cart. de l'abb. de Gorze 55.

n° 297b über die fränkischen markenabsetzungen in Baiern Rübel, Die Franken 77.

n° 308 auch gedr. Migne 97, 977 aus Mabillon dipl.

n° 309 nach dieser n° ist unter dem datum 790 sept. 21 die fälschung auf den namen Karls d. Gr. für das kloster St. Claude, MG. DD. Kar. 1, 453 n° 302 einzureihen vgl. nachtr. zu n° 503.

n° 318 *interpolirt* an einer reihe von stellen des protokolls und textes, MG. DD. Kar. 1, 231 n° 173. Mit n° 318 steht in verbindung die fälschung für das kloster Vabre auf den namen Karls d. Gr., MG. DD. Kar. 1, 352 n° 249.

n° 320 *interpolirt* invokation, kaisertitel und die ganze besitzbestätigung, nachweis MG. DD. Kar. 1, 235 n° 175.

n° 321 *interpolirt* an den beiden auf rasur stehenden stellen von einer hand des 11. jahrh., wahrscheinlich von Otloh, N. Arch. 25, 627, MG. DD. Kar. 1, 237 n° 176. — Über die tiron. noten Tangl Arch. f. Urkundenforschung 1, 101 D. 176 mit faks. derselben fig. 6.

n° 322 *interpolirt* der ganze zweite teil des textes nach fuimus concessisse und damit der wesentliche inhalt gefälscht, MG. DD. Kar. 1, 238 n° 177.

n° 324 sagenhafte nachrichten, daß Thassilo in Lorsch gestorben sei, verzeichnet Leidinger im N. Arch. 24, 683.

n° 324a vgl. MG. Conc. 2, 110.

n° 325 jetzt auch gedr. MG. Conc. 2, 165.

n° 326 jetzt auch gedr. MG. Conc. 1, 158.

n° 328 lies (Aquisgrani pal. nostro) st. (pal. nostro).

n° 334 jetzt auch gedr. Actus pontificum Cenomannis in urbe degentium publ. par G. Busson et A. Ledru, Archives hist. du Maine 2, 278. Zum rechtsinhalt Seeliger Die Bedeutung der Grundherrschaft 87.

n° 336 über die tiron. noten Tangl im Arch. f. Urkundenforschung 1, 102 D. 181.

n° 337 *interpolirt* an drei stellen: et circa — studuerunt, et non — conversatio, laus dei — unius abbatie nomine, nachweis MG. DD. Kar. 1, 245 n° 182.

n° 338 über die tiron. noten Tangl im Arch. f. Urkundenforschung 1, 103 D. 183.

n° 340 nachzutragen unter den drucken: Ughelli 2. ed. 7, 890 fgt. ex arch. Vat.; Schiaparelli Arch. della Societa Romana di Storia patria 24, 426 n° 1.

n° 347 vgl. außer meinem aufsatz »Die älteren Königsurkunden für das bistum Worms« etc., Mitth. d. Inst. 22, 364-404 auch die gegenbemerkungen Uhlirz's, Jahrbücher Ottos II Exkurs I und meine antwort darauf: Zur Kritik der Wormser Diplome, Mitth. d. Inst. 25, 91, sowie zur ganzen frage jetzt auch Stengel, Die Verfasser der deutschen Immunitätsprivilegien des 10. und 11. Jahrh., Marburger habilit. schrift 1907, s. 69 der sich — soviel die kurzen bemerkungen dies erkennen lassen — meinem ergebnis anschließt.

n° 349 die zum datum nicht mehr stimmende rekognition durch nachträgliche ausfertigung zu erklären, MG. DD. Kar. 1, 78, 566 nachtr. zu D. 188.

n° 350 die urk. der Gisela, schwester Karls d. Gr., jetzt gedr. und erläutert MG. DD. Kar. 1, 483 n° 319.

n° 350b, 433 vgl. auch Lokys, Die Kämpfe der Araber mit den Karolingern bis zum Tode Ludwigs II (Heidelberg 1906) s. 11. 12.

n° 351 jetzt auch gedr. MG. Conc. 2, 213.

n° 352 irrig ist hier als todesjahr Otlohs, der wahrscheinlich der fälscher dieser urk. ist, vgl. N. Arch. 25, 627, das jahr 1062 genannt, vielmehr ist seine vita S. Bonifatii, jetzt auch gedr. von Levison SS. rer. Germ. (1905) 111 vgl. 153, zwischen 1062—1066 verfaßt.

nº 357 jetzt auch gedr. von J. Doinel, Etude sur les possessions de l'abb. de Lagrasse dans le Narbonnais in Bull. de la commission archéolog. de Narbonne 5, 593 vgl. N. Arch. 30, 515. — Über die tiron. noten Tangl im Arch. f. Urkundenforschung 1, 103 D. 189.

nº 360 *fälschung* wahrscheinlich des 11. jahrh., nachweis MG. DD. Kar. 1, 444 nº 297.

nº 368 *interpolirt*, die immunitätsbestätigung im wesentlichen echt, das andere verunechtung: einer der wenigen fälle, in dem die intensivere forschung durch MG. DD. Kar. 1, 258 nº 193 zu einem günstigeren urteil geführt hat (früher von Mühlbacher schlechtweg als fälschung bezeichnet).

nº 369 von demselben *fälscher* stammt noch eine andere urk. Karls ohne dat., worin er dem kloster Nonantola das kloster S. Maria di Val Fabbrica mit zubehör und zehnten schenkt und es unmittelbar der römischen kirche unterstellt, gedr. und erläutert MG. DD. Kar. 1, 472 nº 313. — Über die zehnten E. Perels, Die kirchl. Zehnten im karol. Reiche (Berl. Diss. 1904) s. 75. — Unter den undatierten stücken am schlusse der königszeit ist auch einzureihen die *fälschung* für St. Hilaire de Carcassonne, worin Karl d. Gr. dem kloster ödland als zinsfreies eigen zur urbarmachung schenkt, MG. DD. Kar. 1, 457 nº 304.

nº 370[c] zur kaiserkrönung Karls d. Gr. ist wieder eine große literatur erschienen, die hier nur kurz verzeichnet werden kann: Außer den beiden bekannten arbeiten W. Sickels, Die Kaiserkrönungen von Karl bis Berengar, Hist. Zeitschr. NF. 46 (1898), 1 f. und die Kaiserwahl Karls d. Gr., Mitth. d. Inst. 20, 1 ff. — Villari Pasquale, Le invasioni barbariche in Italia (Coll. storica Villari, Milano 1901), 415. — Sackur, Ein röm. Majestätsprozeß und die Kaiserkrönung Karls d. Gr., Hist. Zeitschr. 87 (NF. 51), 385. — L. M. Hartmann, Geschichte Italiens im Mittelalter II 2 (Gotha 1903), 347. — A. Hauck, Kirchengeschichte Deutschlands 2. Aufl. 104 f. — A. Kleinclausz, L'empire Carolingien, ses origines et ses transformations (Paris 1902) 203 ff. — H. Lilienfein, Die Anschauungen von Staat und Kirche im Reich der Karolinger, Heidelberg 1902, 41 f. und die diversen Arbeiten von Wilhelm Ohr: Der karolingische Gottesstaat in Theorie und Praxis (Diss. Leipzig 1902). — La leggendaria elezione di Carlomagno a imperatore (Roma 1903). — Zwei Fragen zur älteren Papstgeschichte, Briegers Zeitschr. f. Kirchengeschichte 24 (1903), 327 f. — Die Kaiserkrönung Karls d. Gr., Tübingen 1904. — Alte und neue Irrthümer über das Karolingische Staatskirchenthum, Seeligers Hist. Zeitschr. 8 (1905), 64 N. 3 vgl. auch ib. 18 (1907), 99 N. 1.

nº 371 jetzt auch gedr. Pasqui Docum. di Arezzo 30 aus »orig.« und k. s. IX—X. — Nach nº 371[d] wäre eine *fälschung* für das kloster Cuxa von angeblich Rom 801 mai 4 (die datierung übrigens erst spätere zutat) einzureihen, wodurch Karl d. Gr. die übertragung des klosters von Exalada nach Cuxa genehmigt und den besitz bestätigt, gedr. und erläutert MG. DD. Kar. 1, 460 nº 306.

nº 372 über die tiron. noten Tangl im MG. DD. Kar. 1, 566 zu D. 197, Arch. f. Urkundenforschg. 1. 103.

nº 375 Schannat Trad. 33 (nicht 64) nº 64.

nº 376 *moderne fälschung* ohne echte vorlage, MG. DD. Kar. 1, 80 vgl. nº 1210.

nº 377 vgl. MG. Conc. 2. 228.

nº 379 eine andere fälschung Ceccarellis für die Ubaldini von 801 ian. 1 abgedr. bei Giovambatista di Lorenzo Ubaldini, Istoria della casa degli Ubaldini. In Firenze 1588 p. 7. (Mitteil. P. Kehrs an Mühlbacher, mir nicht erhältlich).

nº 380 vgl. auch Degermann, La donation de Charlemagne au prieuré de Liepvre, Mitth. der Ges. f. Erhalt. d. gesch. Denkmäler im Elsaß II. F. 15 (1892), 302—327, MG. DD. Kar. 1, 569 zu D. 262.

nº 383, 386 jetzt auch gedr. Actus pont. Cenomannis in urbe degentium ed. Busson et Ledru 287 (nº 383 zu 801 märz 17), 282.

nº 384 jetzt auch gedr. Pasqui Docum. di Arezzo 38 aus ang. orig. s. XII im arch. cap. zu Arezzo.

nº 387 ang. orig. s. XI jetzt im staatsarch. zu Düsseldorf (nicht mehr Berlin). Unter den drucken ist für nº 387 und 388 Bucelinus Germania sacra 2. ed. 2, 307 nachzutragen. Die urk. Heinrichs II, Stumpf 1315, MG. DD. 3 3, 11 nº 9 ist nach Bresslau doch orig.

nº 389 vgl. Fritz Rörig, Westdeutsche Zeitschr., Erg.-heft 13, 2, 8.

nº 390[a], 391 vgl. MG. Conc. 2, 229.

nº 393 Heck versetzt die fälschung der urk. durch kreuzprediger ins jahr 1247 (1217 druckfehler).

nº 395c 2 zum rechtsinhalt Seeliger, Die Bedeutung der Grundherrschaft 127.

nº 398 inzwischen auch gedr. Il chronicon Farfense ed. Ugo Balzani 1. 170 vgl. hiezu MG. DD. Kar. 1, 566 nachtr. zu D. 199.

nº 398[a] über die nachricht der Ann. Mett. von Karls aufenthalt in Mainz Simson im N. Arch. 25, 178.

nº 398[b] »den frieden von Salz, der kurz vor dem 15. mai geschlossen, (s. 166) und höchst wahrscheinlich in dem Sachsengesetze verkündet worden« (s. 83) sucht Georg Hüffer, Korveier Studien (Münster 1898) 72 f.

als geschichtliche tatsache von entscheidender bedeutung zu retten und mit ihm die gefälschten urk. für die sächsischen bistümer (n° 271 für Verden, n° 295 für Bremen, n° 394 für Halberstadt und den 'aus einer wahren Gründungs-Urkunde Karls' [s. 185] stammenden 'kern' von n° 870 für Osnabrück; ihm 'steht es fest: Am 15. Mai 803 ist zu Salz die sächsische Kirche durch acht Kaiser-Urkunden neu umschrieben worden' (s. 218), denn er klügelt aus den beiden fälschungen für Bremen und Verden 'fünf echte Gründungsdiplome Karls für diese Kirchen' heraus (s. 182 vgl. 154) und zwei 'Stiftungsbriefe' Karls für Osnabrück (s. 186 vgl. 232), allwo auch 'am 20. Juni 785 in anwesenheit Karls die Bischofseinsetzung, Kirchweihe und translatio ss. Crispini et Crispiniani erfolgt' sein soll. Ich kann mich diesen untersuchungen und ergebnissen gegenüber nur ablehnend verhalten; ganz verunglückt und ein diplomatisches unding sind die rekonstruktionsversuche dieser angeblichen urk. Karls (s. 94 die angeblichen diplome von 803 für Bremen und Verden, s. 136 eines für Bremen von 787, s. 154 eines für Verden von 786, s. 103 vgl. 204 für Halberstadt von 803) (Nachtrag Mühlbachers) vgl. auch MG. DD. Kar. 1, 334, 344 n° 240^{ab}, 245 vorbemerkung.

n° 400 *interpolirt* die stelle tam episcopia quam et synodochia vel ecclesias baptismales im text, in sacro palatio nostro in der datierung, nachweis MG. DD. Kar. 1, 269 n° 200.

n° 401 *interpolirt* die stelle Hoc autem non solum — concedimus, um aus einer verleihung für Fortunatus persönlich eine solche dauernder geltung zu machen, nachweis MG. DD. Kar. 1, 270 n° 201.

n° 406, 408 jetzt auch gedr. Jostes KU. des Osnabrücker Landes 10 (Oktavausg. 28, 29) n° 1, 2. — Über sie neuerdings Philippi in Mitth. des hist. Vereins zu Osnabrück 27 (1903), 245—265, und dazu MG. DD. Kar. 1, 400, 569 zu D. 271 und 273. Bei n° 408 soll das datum dez. 19 (nicht 20) heißen.

n° 407 Ughelli 5, 599, 2. ed. 704 (nicht 701). Die urk. Berengars jetzt auch gedr. von Schiaparelli I diplomi di Berengario 1, 31 n° 70 zum jahr 890.

n° 419 *fälschung*, vgl. übrigens auch J. Doinel, Étude sur les possessions de l'abb. de Lagrasse dans le Narbonnais im Bull. de la commission archéolog. de Narbonne 6, 155 ff. und dazu N. Arch. 30, 516, MG. DD. Kar. 1, 569 zu D. 275.

n° 429 über die tiron. noten Tangl im Arch. f. Urkundenforschg. 1, 103 D. 206 mit facs. fig. 7.

n° 430 *moderne fälschung*, 1. teil = n° 352, 2. teil = MG. DDO. I 620 n° 457, mitteilung Blochs an Mühlbacher, vgl. MG. DD. Kar. 1, 80.

n° 437 über die tiron. noten Tangl im Arch. f. Urkundenforschg. 1, 104 D. 208.

n° 438 vgl. den nachtrag zu n° 100.

n° 448, 449, 1004, 1526, zehenturkunden für Fulda, vgl. Tangl Die Fuldaer Privilegienfrage in Mitth. d. Inst. 20, 441 f. (n° 449 hier auch mit kennzeichnung der zutaten Eberhards abgedruckt) und E. Perels, Die kirchl. Zehnten im karol. Reiche, Berl. Diss. 1904, s. 81 ff. In n° 448 heißt die rekognition Ego Eldebertus (Eldebartus in den regesten druckfehler).

n° 450 über die tiron. noten Tangl im Arch. f. Urkundenforschg. 1, 104 D. 210.

n° 461 jetzt auch gedr. Jaksch Mon. Car. 3, 1 aus A. Die echtheit wird gestützt durch die NU. Ludwigs d. Fr. n° 707 und durch den für Salzburg wenig günstigen inhalt; hierüber sowie über die annahme, daß diese urk. überhaupt nur eine wiederholung einer bereits i. j. 803 ausgefertigten urk. über die entscheidung Karls d. Gr. sei, MG. DD. Kar. 1, 566 nachtr. zu D. 211.

n° 466 k. s. XI (nicht X). — Le Cointe 7, 208 mit vorangehender (nicht: ohne) datirung.

n° 467 Or. Guelf. 4 (nicht: 3), 549, jetzt auch gedr. Roques UB. des klosters Kaufungen 1, 1 ex orig. Über die tiron. noten Tangl im Arch. f. Urkundenforschg. 1, 104 D. 213, zur erklärung des inhalts dieser besitzbestätigung Rübel, Die Franken, ihr Eroberungs- und Siedelungssystem 107 ff.

n° 468 *interpolirt* die worte cuiuslibet ordinis officii auctoritatis atque honoris, nachweis MG. DD. Kar. 1, 287 n° 214.

n° 470 jetzt auch gedr. Monsalvatje y Fossas, Coleccion diplomatica del Condado de Besalú 1901 (t. XI, 1 de la Coleccion diplomatica) 87 n° 1 aus Baluze (mitteilung W. Sickels).

n° 471 vgl. auch Rübel Die Franken 14.

n° 474 das schreiben Karls an Amalarius von Trier über taufritus jetzt auch gedr. MG. Ep. 5, 242 n° 1, dessen antwort ib. 242 n° 2. Die entgegnungen von Leidrad, Magnus, Maxentius ib. 4, 539 n° 28, 534 n° 25, 537 n° 27, vgl. auch N. Arch. 25, 844 n° 205, vgl. auch Mühlbachers nachtr. und berichtigungen zur ersten abteilung.

n° 475 die antwort des Amalarius jetzt auch gedr. MG. Ep. 5, 242. Karls empfangsbestätigung ib. 244 vgl. 273.

n° 476^{b} vgl. MG. Conc. 2, 245.

n° 477 orig. jetzt in Münster. Über die tiron. noten Jusselin in Bibl. de l'éc. des chartes 66 (1905), 369, Tangl im Arch. f. Urkundenforschg. 1, 104 D. 218; zur erklärung des inhalts Rübel, Die Franken, ihr Eroberungs- und Siedelungssystem 107 ff.

nº 479 Ch. s. XIII (A) mit a. inc. DCCCXII (DCCC., II druckfehler). Fälschung auf grundlage der urk. Karls III 884 iuni 30, nº 1689. — Darnach ist einzuschalten:
aug. 1 . . . (Parisiis) fälschung für *Marchiennes* (s. XII) mit zeugen, worin Karl d. Gr. dem kloster die besitzungen bestätigt, Duvivier Actes et documents anciens interessant la Belgique (Bruxelles 1898) 160 aus K. s. XVIII.

nº 480 c. 19, vgl. Rübel Die Franken 14.

nº 481 jetzt auch gedr. MG. Conc. 1, 294.

nº 491 gedr. Cipolla Mon. Noval. 1, 18. — Mabillon Dipl. 507; der darauffolgende vermerk: (»mit der — ind. VII«) ist zu streichen.

nº 493 Grauert Hist. Jahrb. 12 (nicht 13), 173, vgl. jetzt auch MG. DD. Kar. 1, 440, 569 D. 295.

nº 495, 496 vgl. nachtr. zu nº 232.

nº 502 Haigneré (nicht Haigneri) Les chartes de St. Bertin 1, 8.

nº 503 datirung: — 774 (oder 776) aug. 23 (nicht: sept. 22), schon gedr. Benoit Hist. de St. Claude 1, 635 mit franz. übersetzung p. 314 und facs., MG. DD. Kar. 1, 452 nº 301. — In einer zweiten fälschung B. 1698, von Reims 790 sept. 21, angebl. or. s. XI von derselben hand wie nº 503, bestätigt Karl d. Gr. dem kloster St. Claude die zelle St. Lupicin und schenkt den wald Jura innerhalb bestimmter grenzen, MG. DD. Kar. 1, 453 nº 302. Beide urkk. jetzt aus ang. or. wieder abgedr. und besprochen von Poupardin, Étude sur les deux diplômes de Charlemagne pour l'abb. de St. Claude, Moyen âge 7, (1903) 345—376, vgl. Tangl im N. Arch. 30, 752 nº 476, MG. DD. Kar. 1, 569 D. 301, 302.

nº 505 jetzt auch gedr. Giry Étude crit. de quelques documents angevins in Mém. de l'Académie des Inscr. et Belles-Lettres 36, 2 (1900), 244 sonderabdr. 68, vgl. auch MG. DD. Kar. 1, 445 nº 298.

nº 515[1] der aufgebotbrief an den bischof Frothar von Toul jetzt auch gedr. MG. Ep. 5, 277 nº 2, vgl. nachtr. Mühlbachers zu nº 474.

nº 517 *verdächtig*, vgl. Pückert Aniane und Gellone 149. Über die bedeutung des ausdrucks in causa regis, in eremo Rübel Die Franken 42, 344.

nº 521 vgl. Württemberg. Vierteljahrshefte NF. 2 (1893), 248. Über die tiron. noten Tangl im Arch. f. Urkundenforschung 1, 135 mit facs. fig. 24.

nº 522 vgl. Pückert Aniane und Gellone 161.

nº 526 in dem schon von Mühlbacher, nachträge, verzeichneten neuesten druck von Brutails Cartulaire de S. Seurin de Bordeaux (B. 1897) 8 nº 8 auch der in den älteren drucken fehlende satz (tuitionem statt tuitione). Mitth. W. Sickels.

nº 529 über die tiron. noten Tangl im Arch. f. Urkundenforschg. 1, 109.

nº 530 jetzt auch gedr. Actus pont. Cenomannis in urbe degentium ed. Busson et Ledru 290.

nº 532 gedr. Cipolla Mon. Noval. 1, 68. — Novalese (nicht Novalase).

nº 533 zu ergänzen zwischen »Pippin (deperd.)« und »zollfreiheit«: und seines vaters Karl (deperd.).

nº 535 vgl. Häffer Korveier Studien 102.

nº 544 (Hubert) St. Aignan d'Orléans 75 (nicht 73).

nº 555 auch gedr. von Giry in Comptes rendus de l'Acad. des inscriptions et belles lettres IV, 26 (1898), 190.

nº 559 vgl. Pasqui Documenti di Arezzo 1, 39. — Über die tiron. noten nach der datirung Tangl im Arch. f. Urkundenforschg. 1, 134.

nº 566 jetzt auch gedr. Monsalvatje y Fossas, Coleccion diplomatica del Condado de Besalú 1901 (t. XI, 1, de la Coleccion diplomatica), 89 nº 2 aus Bouquet (mitteilung W. Sickels). — Über den rechtsinhalt Seeliger, Die Bedeutung der Grundherrschaft 90.

nº 567 zum rechtsinhalt Seeliger, Die Bedeutung der Grundherrschaft 86. 93.

nº 568 Taunacus = Tenu, nebenfluß der Loire, vgl. Bibl. de l'école des chartes 60, 381.

nº 569 unter den drucken fehlt: Le Cointe 8, 109 extr. — Über die absetzung der mark Michelstadt Rübel, Die Franken 91.

nº 571 jetzt auch gedr. und besprochen von L. Levillain, Examen critique des chartes Mérovingiennes et Carolingiennes de l'abb. de Corbie (Mém. et doc. publ. par la Soc. de l'Ecole des chartes V) Paris 1902, 250, 97, vgl. Krusch N. Arch. 31, 337, wo auch die übrigen sich mit Levillains arbeit befassenden artikel verzeichnet sind.

nº 579 jetzt auch gedr. d'Herbomez Cart. de l'abb. de Gorze 81.

nº 580 vgl. Pückert, Aniane und Gellone 240 f.

nº 581 jetzt auch gedr. Cart. de la ville de Gand, Sér. 2. chart. 1: Liber traditionum s. Petri Bland. ed. Fayen 1906, s. 6 ff.

nº 589 K. s. XVII (nicht XVI).

nº 592 inzwischen auch gedr. Il chronicon Farfense ed. Ugo Balzani 1, 176.
nº 594 vgl. Kraus, Die Benediktiner-Abtei Neustadt am Main 101.
nº 596 facs. Le Moine Suppl. à la dipl. T. 41.
nº 607, 1862, 1910, 1949, 2015, 2032. Das urkundenverzeichnis s. XI jetzt auch gedr. von Bitterauf, Freisinger Traditionen, Quellen und Erörterungen zur bayr. und deutsch. Gesch. NF. 4 (1905) 20.
nº 608 jetzt auch gedr. Monsalvatje y Fossas, Coleccion diplomatica del Condado de Besalu 1901 (t. XI, 1 de la Coleccion dipl.) 92 nº 3 aus Baluze (mitteilung W. Sickels). Über den rechtsinhalt Seeliger, Die Bedeutung der Grundherrschaft 90.
nº 613 facs. Schannat Vind. t. 4. — Über die tiron. noten Tangl im Arch. f. Urkundenforschg. 1, 136.
nº 618 Fragm. h. Foss. MG. SS. 9 (nicht 10), 370.
nº 622ª vgl. Werminghoff im N. Arch. 27, 607; MG. Conc. 1, 307.
nº 629 zur fassung vgl. auch Stengel im N. Arch. 29, 384.
nº 638 über die grenzabsetzung Rübel, Die Franken 66.
nº 640 facs. Dipl. imp. e reali t. 5.
nº 641 jetzt auch gedr. von Mas, Régime féodal sur le domaine de l'abbaye de Saint-Seine (1896) 76.
nº 643 *interpolirt* im text des lib. censuum die worte ‚et lacu' (Trasimenersee), Bloch im N. Arch. 25, 691.
nº 648 über die tiron. noten Tangl im Arch. f. Urkundenforschg. 1, 109, erläuterung des vorgangs bei der markenregulirung Rübel, Die Franken 216.
nº 651 vgl. MG. Conc. 1, 464.
nº 654, 655 zur fassung vgl. Stengel im N. Arch. 29, 386, 383.
nº 656 jetzt auch gedr. von Tangl, N. Arch. 27, 12; über die tiron. noten derselbe im Arch. f. Urkundenforschg. 1, 110 mit facs. fig. 9.
nº 667 die urk. für Fleury jetzt kritisch herausgeg. von M. Prou und Vidier, Recueil des chartes de l'abbaye de Saint-Benoit-sur-Loire (Documents publiés par la société hist. et archéolog. du Gatinais V) Paris 1900, vgl. N. Arch. 26, 593 nº 243 (mir nicht erhältlich).
nº 668 die »anderen urkunden« sind nicht als deperd. anzusehen, vgl. hiezu und zur fassung überhaupt Stengel im N. Arch. 29, 385 N. 9.
nº 672 auch gedr. Borderie Cart. de l'abb. de Landevenec (Rennes 1888) 75.
nº 678 jetzt auch gedr. MG. Conc. 1, 458.
nº 687, 875, 1000, 1753, regest mit datirung, jetzt auch bei René Poupardin, Monuments de l'hist. des abbayes de St. Philibert (Noirmoutier, Grandlieu, Tournus). Paris 1905 s. 107; 108, 109, 118. (Coll. de textes pour servir à l'étude et à l'enseignement de l'hist. 38). Über die tiron. noten von nº 687 Jusselin in Bibl. de l'école des chartes 66 (1905), 383.
nº 688 vgl. Pückert Aniane und Gellone 302 N. 18.
nº 689 über die tiron. noten Tangl im Arch. f. Urkundenforschg. 1, 111.
nº 695 fälschung aus der ersten hälfte des 12. jahrh., verfaßt von demselben Reichenauer fälscher, der sein kloster und auch Kempten (nº 161, 162), Lindau (nº 992), Rheinau (nº 1402), das domkapitel in Straßburg (nº 1571) u. a. mit kaiser- und papsturkunden versorgte, mit benützung eines echten deperd. Ludwigs d. Fr. von 819 juli 20, der urk. für Reichenau nº 991 und kompilirender verwertung seiner eigenen fabrikate für Reichenau und Kempten, nº 460, 161, 162. vgl. meinen aufsatz: Schwäbische Urkundenfälschungen des 10. und 12. Jahrh., Mitth. d. Instituts 21, 54 f.
nº 701 jetzt auch gedr. Pasqui Documenti di Arezzo 34 ex or.
nº 704 zum rechtsinhalt Seeliger, Die Bedeutung der Grundherrschaft 87.
nº 707 jetzt auch gedr. Jaksch Mon. Carinthiae 1, 3.
nº 711 über die tiron. noten Tangl im Arch. f. Urkundenforschg. 1, 111 mit facs. fig. 10.
nº 713 *fälschung* vgl. MG. DD. Kar. 1, 375 nº 259.
nº 723 gedr. Benoit Hist. de St. Claude 1, 637 aus ders. kop. mit franz. übersetzung s. 362.
nº 725 auch gedr. Monsalvatje, Noticias historicas 7 Apend. 1 nº 1 ohne quellenang. (mitteilung W. Sickels).
nº 727, 729, 735, über die tiron. noten Tangl im Arch. f. Urkundenforschg. 1, 111, 112.
nº 730 regest bei Tardif 81 nº 115.
nº 731 diese urk., eine *fälschung* des 11. jahrh. für Nonantola, um die zugehörigkeit des klosters Val Fabbrica zu erweisen, jetzt gedr. und besprochen von P. Kehr im N. Arch. 25, 802 nº 2, vgl. auch MG. DD. Kar. 1, 469 nº 312. — Als echte vorlage diente ihr die gleichzeitig mit ihr gefundene urk. Ludwigs vom selben datum, worin Ludwig dem kloster S. Maria di Val Fabbrica immunität und wahlrecht verleiht, K. s. X im Vat. arch., N. Arch. 25, 801 nº 1, Bibl. de l'école des chartes 61, 83 (nicht bei Mühlbacher reg. verzeichnet).
nº 738 zur topographie A. Aganis, Der Hansische Baienhandel (Heidelberg 1904), 119 f.

n° 740 über die tiron. noten Tangl im Arch. f. Urkundenforschg. 1, 112 mit facs. fig. 11.

n° 743, 752, vgl. Pückert Aniane und Gellone 179, 161.

n° 746 über die tiron. noten Tangl im Arch. f. Urkundenforschg. 1, 114.

n° 751 über den rechtsinhalt Seeliger, Die Bedeutung der Grundherrschaft 126.

n° 753 orig. jetzt in Münster; aus Wilmans abgedr. Richter Gesch. der Stadt Paderborn 1, p. III n° 1. — Über die tiron. noten Tangl im Arch. f. Urkundenforschg. 1, 114.

n° 754 vgl. den nachtrag zu n° 100.

n° 756 die urk. gehört nicht zum 18. april, sondern zum 18. mai. Über die tiron. noten Tangl im Arch. f. Urkundenforschung 1, 114.

n° 758[a] Agobard de dispens. rer. eccl. jetzt auch gedr. MG. Ep. 5, 166.

n° 759 jetzt auch gedr. Monsalvatje y Fossas, Coleccion dipl. del Condado de Besalu (1901) 96 n° 6 aus España sagr. (mitteilung W. Sickels).

s. 303 überschrift: ind. 15 (nicht 14).

n° 764 über die tiron. noten Tangl im Arch. f. Urkundenforschg. 1, 136; über den rechtsinhalt Seeliger, Die Bedeutung der Grundherrschaft 90.

n° 765 jetzt auch gedr. Gallia christ. novissima 2 (1899), 38 n° 48 aus ch. s. XII.

n° 770 gedr. Böhmer C. d. Francofurt., neu bearb. von Lau 1, 2 (aus M. B.).

n° 771 inzwischen auch gedr. Il chronicon Farf. ed. Ugo Balzani 1, 196.

n° 773 über die tiron. noten Tangl im Arch. f. Urkundenforschg. 1, 114.

n° 774 jetzt auch gedr. MG. Ep. 5, 311 n° 8.

n° 778 die echtheit auch der kürzeren fassung bestreitet Strnadt in der Archival. Zeitschr. NF. 8 (1899), 77; 9 (1900), 280. — Die liste der fälschungen des kanzleischreibers Ottos II (WC), von dem die beiden angeblichen orr. der längeren fassung herrühren, ist nun noch durch Mühlbachers nachweis der unechtheit von n° 1994 und 2041 vermehrt worden, vgl. dort.

n° 780 über die tiron. noten Tangl im Arch. f. Urkundenforschg. 1, 115.

n° 781 vgl. Württemberg. Vierteljahrshefte NF. 2 (1893), 249.

n° 787 über die tiron. noten Tangl im Arch. f. Urkundenforschg. 1, 115 mit facs. fig. 12.

n° 795 Froger (nicht Froges) Cart. de St. Calais.

n° 796 über die tiron. noten Tangl im Arch. f. Urkundenforschg. 1, 116 mit facs. fig. 13[a b].

n° 803 über die tiron. noten Tangl im Arch. f. Urkundenforschg. 1, 118.

n° 806 unter den drucken nachzutragen: Monfalcon Lugd. hist. mon. 263 aus Bouquet.

n° 816 über die tiron. noten Tangl im Arch. f. Urkundenforschg. 1, 118.

n° 818, 819 vgl. Werminghoff im N. Arch. 27, 591.

n° 820, 821 jetzt auch gedr. und besprochen von L. Levillain, Examen critique des chartes Mérov. et Carol. de l'abb. de Corbie (Mém. et doc. publ. par la Soc. de l'école des chartes V, Paris 1902) 253, 101; 248, 92, vgl. dazu Krusch im N. Arch. 31, 337, wo auch die übrigen artikel über Levillains buch vermerkt sind.

n° 831 über die tiron. noten Tangl im Arch. f. Urkundenforschg. 1, 118, über graf Boso, der 827 mai als missus den vorsitz im gericht führt, Cipolla Mon. Noval. 1, 77 vgl. Chr. Nov. III, 18, ib. 2, 187, Dümmler Gesch. d. ostfr. Reich. 2. A. 2, 5 n. 2.

n° 832 zur fassung vgl. Stengel im N. Arch. 29, 386.

n° 833 über die tiron. noten Jusselin in Bibl. de l'école des chartes 66 (1905) 373, Tangl im Arch. f. Urkundenforschung 1, 118.

n° 838 die dem patriarchen Johannes verliehene urk. k. Karls nicht n° 400, sondern deperd. (Verlor. urk. f. Grado n° 1, s. 851).

n° 840 das schreiben des patriarchen Venerius von Grado an papst Gregor IV jetzt auch gedr. MG. Ep. 5, 315.

n° 844, 846, 847, 849 über die tiron. noten Tangl im Arch. f. Urkundenforschg. 1, 118; 119 mit facs. fig. 14; 119; 120 mit facs. fig. 15.

n° 850 aus dem UB. von Kremsmünster nachgedruckt im Ersten Jahresber. des bischöfl. Privatgymnasiums Collegium Petrinum in Linz 1898 s. 8 in dem aufsatz von Guppenberger Der Pagus Grunzwiti, der auch eine neue, aber kaum zutreffende bestimmung dieses gaues versucht und in dem Sumarperch den Kronstorfberg (an der Ens n. Steyer) sieht (Nachtrag Mühlbachers).

n° 857 auch gedr. bei Le Cointe Ann. 8, 47. Zum inhalt Seeliger, Die soziale und politische Bedeutung der Grundherrschaft im frühern Mittelalter 36.

n° 865 inzwischen auch gedr. Il chronicon Farfense ed. Ugo Balzani 1, 192.

n° 870 jetzt auch gedr. Jostes KU. des Osnabrücker Landes n° 3, text 30 vgl. Brandi in Westd. Zeitschr. 19, 127, Hüffer Korveier Studien 183.

n° 871 vgl. meine aufsätze: Über die älteren Königsurk. f. d. Bistum Worms etc. in Mitth. d. Inst. 22, 379: Zur Kritik der Wormser Diplome, ib. 25, 91 ff.; Uhlirz Jahrb. Ottos II Excurs I und Stengel, Die Verfasser der deutschen Immunitätsprivilegien des 10. und 11. Jahrh., Marburger Habilitationsschrift 1907, s. 69, der sich meinen hauptergebnissen gegenüber Uhlirzs einwänden anschließt.

n° 872 über die tiron. noten Jusselin in Bibl. de l'école des chartes 66 (1905), 387, Tangl im Arch. f. Urkundenforschg. 1, 120 mit facs. fig. 16.

n° 875 vgl. nachtrag zu n° 687, gedr. von Léon Maître in Bibl. de l'école des chartes 59 (1898), 250.

n° 879 auch gedr. Delalande, Conc. Galliae supplementa (1666) 139, *interpolirt* nach L. Joliet im Bull. d'hist. de litterature et d'art rel. du diocèse de Dijon 21 (1903), 97 ff. vgl. N. Arch. 30, 207 n° 33.

n° 883 über die tiron. noten Tangl im Arch. f. Urkundenforschg. 1, 122 mit facs. fig. 17.

n° 892 *moderne fälschung?* (Notiz Mühlbachers).

n° 896 vgl. Pückert Aniane und Gellone 303 N. 19.

n° 897 nach dem im privatbesitz befindlichen orig. gedr. von Omont in Mélanges Paul Fabre 86.

n° 906 Mabillon Dipl. 392 ex or. (nicht: ? ex or.), vgl. Mabillon Ann. 2, 551. Zum inhalt Seeliger, Die Bedeutung der Grundherrschaft 31.

n° 907 facs. M. Prou Recueil de facsimilés d'écriture (Paris 1904) t. 7. Über die tiron. noten Tangl im Arch. für Urkundenforschung 1, 123.

n° 908 gedr. und als *fälschung* des 10. jahrh. ohne echte vorlage erklärt von Lasteyrie Hist. de l'abb. St. Martial (Paris 1901), urkundenanhang n° 2, vgl. N. Arch. 27, 309 n° 84.

n° 911, 917 jetzt auch gedr. Actus pont. Cenomannis in urbe degentium ed. Busson et Ledru 314. 316.

n° 914 auch gedr. Monsalvatje Noticias historicas 8 Apend. 111 n° 1, ohne quellenang. zu 825, erwähnt ib. 114 n° 2 (mitteilung W. Sickels).

n° 919ᵃ der brief Agobards von Lyon jetzt auch gedr. MG. Ep. 5, 223 n° 15.

n° 920 or. jetzt in Münster. Facs. Arndt-Tangl III t. 75 mit erläuternden bemerkungen und text auf s. 38. Über die tiron. noten Tangl im Arch. f. Urkundenforschg. 1, 123.

n° 921, 922 über die tiron. noten Tangl im Arch. f. Urkundenforschg. 1, 124.

n° 923 über die tiron. noten Jusselin in Moyen âge 1904, 485. Tangl im N. Arch. 30, 752 n° 475; Arch. für Urkundenforschung 1, 124.

n° 925 über die tiron. noten Tangl im Arch. f. Urkundenforschg. 1, 124 mit facs. fig. 18.

n° 925ᵃ Agobard De comparat. reg. jetzt auch gedr. MG. Ep. 5, 226; das schreiben Gregors IV ib. 5, 228.

n° 926 zur fassung und entstehungszeit der fälschungen vgl. Voigt im N. Arch. 31, 330, 332.

n° 926ᵇ bischof Goswin heißt bei Philippi UB. 1, 11: Gebwin, in n° 1389 Gefwin.

n° 927 über die tiron. noten Tangl im Arch. f. Urkundenforschg. 1, 126.

n° 928 auch gedr. Conring Censura 15.

n° 929, 931 über die tiron. noten Tangl im Arch. f. Urkundenforschg. 1, 126.

n° 943 zum rechtsinhalt Seeliger, Die Bedeutung der Grundherrschaft 86.

n° 949 vgl. Werminghoff im N. Arch. 27, 217.

n° 951 jetzt auch gedr. MG. Ep. 5, 326.

n° 952, 954 über die tiron. noten Tangl im Arch. f. Urkundenforschg. 1, 127.

n° 954ᵃ über die denkschrift der Aachener synode von 836 an k. Pippin von Aquitanien vgl. N. Arch. 24, 762 n° 206.

n° 955 zur topographie Bibl. de l'école des chartes 60, 382; A. Agats, Der Hansische Baienhandel (Heidelberg 1904), 119 f.

n° 958 *fälschung*, vgl. MG. DD. Kar. 1, 382 n° 263.

n° 959 Le Cointe 8, 425 (nicht 245).

n° 961 die bestätigung Lothars von 974 erwähnt gleichfalls den brand und die vernichtung der urk., bestätigt aber ihren inhalt (nicht: »erwähnt indes ausdrücklich die vorlage der urk. Ludwigs d. Fr.«).

n° 962 überliefert auch im chart. v. Glandern im Metzer Archiv, hier mit der datirung: a. inc. 820 ind. VII. a. coronationis VIII. (notiz Mühlbachers).

n° 963, 967, 971, 977 über die tiron. noten Tangl im Arch. f. Urkundenforschg. 1, 127; 128; von jenen in n° 977 facs. fig. 19.

n° 965ᶜ vgl. Walther Vogel, Die Normannen und das fränkische Reich bis zur Gründung der Normandie (799—911) (Heidelberg 1906) s. 72 N. 1.

n° 970 vgl. Pückert Aniane und Gellone 161 f.

n° 986, 987, 991 über die tiron. noten Tangl im Arch. f. Urkundenforschg. 1, 128 mit facs. fig. 20; 130.

n° 992 *fälschung* aus der ersten hälfte des 12. jahrh. von dem bekannten Reichenauer fälscher, der auch für andere klöster und domkapitel arbeitete, auf grundlage zweier echter Ludwigsdiplome, das eine wahrscheinlich =

nº 991 für Reicheuau, das andere wol ein deperd. für Lindau, mit benützung der schon für das frauenkloster Buchau (nº 695) hergestellten kompilation aus den eigenen falsifikaten nº 460, 161, 162 und der fälschung für Rheinau nº 1402, vgl. meinen aufsatz: Schwäbische urkundenfälschungen des 10. und 12. Jahrh., Mitth. d. Inst. 21, 60 f. Die radirte urk. war wahrscheinlich doch eine solche Ludwigs d. Fr., wie ein Mühlbacher entgangenes Ludwigsmonogramm rechts neben dem jetzigen schließen läßt, vgl. ib. 60 N. 4.

nº 993, 994, 997 über die tiron. noten Tangl im Arch. f. Urkundenforschg. 1, 130 mit facs. fig. 21; 131 mit facs. fig. 22; 132.

nº 995 auch gedr. Mabillon Ann. 6, 634 aus Martene.

nº 996 über graf Boppo als markeusetzer unter Ludwig d. Fr. und Ludwig d. D. Rübel, Die Franken 181.

nº 1000 vgl. nachtr. zu nº 687.

nº 1003 zum rechtsinhalt Seeliger, Die Bedeutung der Grundherrschaft 87.

nº 1004 vgl. Tangl in Mitth. des Inst. 20, 237.

nº 1006 über die tir. noten Jusselin in Bibl. de l'école des chartes 66 (1905), 386, Tangl im Arch. f. Urkundenforschg. 1, 132 mit facs. fig. 23.

nº 1012 die fälschung dieser und der mit ihr zusammenhängenden urkk. erfolgte in der zweiten hälfte des 11. jahrh., wahrscheinlich durch Otloh, und bezweckt exemtion des klosters von der bischöflichen gewalt, vgl. meinen aufsatz: Zu den Exemtionsprivilegien f. St. Emmeram im N. Arch. 25, 627; MG. DD. Kar. 1, 236 nº 176; 373 nº 258.

nº 1013 auch gedr. Orig. Guelf. 2 praef. 13 aus Gudenus Syll.

nº 1014 auch gedr. von J. Soyer, Un faux diplôme carol. attribué tantôt à Louis le Débonnaire et tantôt à Louis le Bègue, concernant l'abbaye de Dèvre, Mém. de la Soc. hist. du Cher. ser. IV. 13, 67 aus angebl. or.

nº 1015 z. 4. iau. 27 (statt febr. 1, wie in der älteren ausgabe von nº 1055); damit ist allerdings die nähe der curtis Auriola von Nonantula fraglich (Nachtrag Mühlbachers).

nº 1017 MG. LL. 1, 234 (nicht 232). — *MG. Capit. (das sternchen zur bezeichnung des besten druckes ausgeblieben).

nº 1021^{b} für die echtheit der bulle Eugens II für Salzburg Jaffé 2. ed. nº 2558 jetzt auch Graf v. Hacke, Die Palliumverleihungen bis 1143 (Marburg 1898) 6 f., 12 und Dümmler Über die Entstehung der Lorcher Fälschungen, Berliner SB. 47 (1898), 763 n. 4 (Nachtrag Mühlbachers).

nº 1022, 1029 über die tiron. noten Tangl im Arch. f. Urkundenforschg. 1, 137: nº 1022 gedr. Cipolla Mon. Noval. 1, 73.

nº 1038 zu dez. 9 einzureihen (nicht nov. 26), jetzt auch gedr. Pasqui Docum. di Arezzo 42 ex or. mit V kl. dec. «Nach Dopsch MG. im or.: V. id. kld. dec., wahrscheinlich doch V id. und kld. nur zutat durch versehen des schreibers»). (Notiz Mühlbachers).

nº 1042, 1043 jetzt auch gedr. Gallia christ. novissima 2 (1899), 39, 40 nº 49, 50.

nº 1047, 1050 über die tiron. noten Tangl im Arch. f. Urkundenforschg. 1, 137.

nº 1052 jetzt auch gedr. Pasqui Docum. di Arezzo 43 ex or. mit siegelabb.; über die tiron. noten Tangl im Arch. für Urkundenforschung 1, 137.

nº 1055, 1056, 1061 über die tiron. noten Tangl im Arch. f. Urkundenforschg. 1, 137.

nº 1057 Ughelli mit a. imp. (nicht ind.) XIII.

nº 1064 vgl. nachtr. zu nº 238, 239, 240.

nº 1065, 1068 jetzt auch gedr. von Schiaparelli im Arch. stor. Lombardo 27 (1900), 8 nº 1; 10 nº 2.

nº 1067^{b} die notiz der Hersfelder annalen zu 841: anno Ludovici iun. II nicht zum ursprünglichen bestand derselben gehörig, vgl. Pückert, Aniane und Gellone 298 nº 9.

nº 1068 die hier erwähnte urk. nº 892 moderne fälschung? vgl. dort.

nº 1069 N. Arch. 22, 786 (nicht 736). Über die tiron. noten Tangl im Arch. f. Urkundenforschg. 1, 138.

nº 1070 diese fälschung fehlt auch in dem im 18. (nicht vorigen) jahrh. angelegten verzeichnis der Straßburger zollurk., Zeitschr. f. Gesch. des Oberrheins NF. 12, 488 (nicht 487).

nº 1071, 1086 über die tiron. noten Tangl im Arch. f. Urkundenforschg. 1, 138.

nº 1072 auch gedr. Delalande, Concil. Galliae suppl. (1666), 142. — Werminghoff im N. Arch. 25, 370 mit einem neuen text des Apologeticum Ebonis.

nº 1077 jetzt auch gedr. Il chronicon Farfense ed. Ugo Balzani 1, 198.

nº 1084^{f} Vaulet (Paris 1900) verlegt Fontanetum nach Fontenay bei Chablis, nach Revue hist. 75 (1901), 244.

nº 1089, 1090 über die tiron. noten Tangl im Arch. f. Urkundenforschg. 1, 138; von jenen in nº 1090 facs. fig. 25.

nº 1091^{d}, 1091^{h} Lupi ep. 40 jetzt auch gedr. MG. Ep. 6, 48; Lupi ep. 25 ib. 32, zur datirung Levillain in Bibl. de l'école des chartes 63 (1902), 84.

nº 1092 or. jetzt in Coblenz.

nº 1096, 1098 über die tiron. noten Tangl im Arch. f. Urkundenforschg. 1, 140, 141; 138.

n° 1103 jetzt auch gedr. Pasqui Docum. di Arezzo 48 ex or. — Über die tiron. noten Tangl im Arch. für Urkundenforschung 1, 140.

n° 1103[a] Atrebates. Gegenüber Mühlbacher, der darunter das gebiet von Arras versteht, sieht Pückert in Festschrift zum Historikertag in Leipzig 1894, 105 n° 1 darin nur das kloster, vgl. auch Pückert, Aniane und Gellone 303.

n° 1104 über die tiron. noten Tangl im Arch. f. Urkundenforschg. 1, 140.

n° 1107, 1108 jetzt auch gedr. Pasqui Documenti di Arezzo 47; 48 ex or. — Über die tiron. noten Tangl im Arch. f. Urkundenforschg. 1, 138.

n° 1114, 1121 über die tiron. noten Tangl im Arch. f. Urkundenforschg. 1, 140 mit facs. fig. 26; 138.

n° 1121, 1122 gedr. Cipolla Mon. Noval. 1, 81, 85; zum rechtsinhalt von n° 1122 Seeliger, Die Bedeutung der Grundherrschaft 90.

n° 1123 statt: 2 vögte lies: 2 selbstgewählte vögte.

n° 1125 jetzt gedr. von Schiaparelli im Arch. stor. Lombardo 27 (1900), 11 n° 3.

n° 1126 über merum et mixtum imperium vgl. Zeumer in Hist. Zeitschr. NF. 46, 192; MG. DD. 1, 561.

n° 1127 über die tiron. noten Tangl im Arch. f. Urkundenforschg. 1, 141.

n° 1127[a], 1128 Poupardin Le Moyen âge 20. 22 verlegt dieses capitulare zwischen januar und august 847, G. Lokys, Die Kämpfe der Araber mit den Karolingern bis zum Tode Ludwigs II (Heidelberg 1906) s. 56 reiht es mit Mühlbacher zu ende des jahres 846, wahrscheinlich im oktober, ein.

n° 1130 jetzt auch gedr. MG. Ep. 5, 475 n° 38.

n° 1130[b] Lupi Ferr. ep. 50, 51, 59, 60, jetzt auch gedr. MG. Ep. 6, 50, 60, über die zeitliche ansetzung vgl. Levillain in Bibl. de l'école des chartes 63 (1902), 101, 112; 64 (1903), 268, 270.

n° 1131 vgl. Bourgeois in Mélanges Paul Fabre 72, N. Arch. 28, 258 n° 58.

n° 1131[b] zur zeitangabe eodem quoque anno in Joannis Gest. ep. Neap. c. 61 vgl. Lokys, Die Kämpfe der Araber mit den Karolingern (Heidelberg 1906) s. 58.

n° 1132, 1133, 1136 über die tiron. noten Tangl im Arch. f. Urkundenforschg. 1, 138.

n° 1138 überliefert in k. s. XI Straßburg bezirksarch. ohne jahresdaten. Scheffer-Boichorst z. Gesch. des 12. und 13. Jahrh. 355 N. 2. — Über die tiron. noten Tangl im Arch. f. Urkundenforschg. 1, 139.

n° 1139 gedr. Bouchier Vivarais 1, 603 ex ch. extr. — Gallia christ. 1. ed. 3, 1170.

n° 1143, 1147 über die tiron. noten Tangl im Arch. f. Urkundenforschg. 1, 141.

n° 1143[c] ein trostbrief Angelomi mon. Luxov. in MG. Ep. 5, 625.

n° 1147 über die tiron. noten Tangl im Arch. f. Urkundenforschg. 1, 141.

n° 1149, 1176 jetzt auch gedr. MG. Ep. 5, 609, 503.

n° 1154[a] Poupardin in Le Moyen âge 20, 22 ff. möchte Ludwigs II einzug in Benevent auf den pfingstabend (12. mai) 848 ansetzen, dagegen hält Lokys, Die Kämpfe der Araber mit den Karolingern (Heidelberg 1906) s. 58, 67 f. an Mühlbachers zeitansatz fest, vgl. auch Werminghoff in Seeligers Hist. Vierteljahrschr. 10 (1907) 404.

n° 1169 auch gedr. Benoit Hist. de l'abb. de S. Claude 1 (1890), 638 ex or. mit franz. übersetzung 362 und facs.

n° 1175 or. jetzt in Münster. Über die tiron. noten Tangl im Arch. f. Urkundenforschg. 1, 141.

n° 1183, 1188, 1201 über die tiron. noten Tangl im Arch. f. Urkundenforschg. 1, 143; 144.

n° 1189 im archivkatalog von 1279 (nicht 1274) etc.

n° 1213, 1214. von n° 1213 regest, von n° 1214 abdruck Il chronicon Farfense ed. Ugo Balzani 1, 219.

nach n° 1222[a] einzuschalten: Inquisitio, angestellt im j. 862 durch missi des kaisers Ludwig II, auf grund deren im 9. jahrh. eine Adbreviatio de rebus mon. Bobiensi hergestellt wurde, hgg. von L. M. Hartmann im Bollettino stor.-bibl. subalp. anno VIII n. 6. p. 393 ff., vgl. N. Arch. 30, 768 n° 528.

n° 1246[e], 1473[d] vgl. K. A. Kehr im N. Arch. 28, 329 N. 1, 11.

n° 1247 der brief neuerdings von Kleinclausz, L'empire Carolingien. Ses origines et ses transformations (Paris 1902), 441 ff. als päpstliche fälschung aus dem j. 879 hingestellt: eine verdächtigung, deren unstichhältigkeit Werminghoff im N. Arch. 28, 771 n. 381 und Jules Gay, L'Italie méridionale et l'empire Byzantin depuis l'avénement de Basile Ier jusqu'à la prise de Bari par les Normands (867—1071) Paris 1904 (Bibl. des écoles Franç. d'Athènes et de Rome fasc. 90), 84 ff. nachgewiesen haben, vgl. auch N. Arch. 31, 279. Der brief wird auch von Georg Lokys, Die Kämpfe der Araber mit den Karolingern bis zum Tode Ludwigs II (Heidelberg. Abhandl. 13. Heidelberg 1906) s. 81 f. unbedenklich verwertet

n° 1253[a, d], 1254[d] vgl. Lokys, Die Kämpfe der Araber mit den Karolingern 87 N. 297, N. 298; 88 N. 300.

n° 1254 inzwischen auch gedr. Il chronicon Farfense ed. Ugo Balzani 1, 221.

n° 1290, 1300, 1319, 1323, 1343, 1345, 1346, 1347, 1352, 1353, 1355, 1357, 1358, 1360, 1361, 1362, 1363, 1366, 1370, 1373, 1374, 1376, 1377, 1380, über die tiron. noten Tangl im Arch. f. Urkundenforschg. 1, 145 mit facs. fig. 27; 146; 148; 150; 151; 152; 153; über jene von n° 1380 auch Jusselin in Bibl. de l'école des charles 66 (1905), 375.

nº 1339 auch gedr. Bernardus, Abbt zu Monsee, Geseegnetes Aberseeisches Gebürg etc. (Augspurg und Innsprug 1753, s. 7 mit deutscher übersetzung (Hinweis A. Brackmanns).

nº 1360ª über die bedeutung der praefecti provinciarum Rübel, Die Franken 303.

nº 1372ᵇ statt privilegium: praeceptum, so Bouquet 8, 446.

nº 1389 über die tiron. noten im rekognitionszeichen von A vgl. Tangl im Arch. f. Urkundenforschg. 1, 156. — Über die zehntenfrage E. Perels, Die kirchlichen Zehnten im karol. Reiche (Berl. Diss. 1904) 22.

nº 1382, 1383, 1398, 1399, 1403, 1404, 1407, 1409, 1423, 1434, 1437, 1439, 1554, über die tiron. noten im Arch. für Urkundenforschg. 1, 156 mit facs. derselben fig. 29: 153; 157, 159.

nº 1403, 1423, 1486, 1550, 1554, 1826, 1868, 2034, über den rechtsinhalt Seeliger, Die Bedeutung der Grundherrschaft im Mittelalter 84, 85. Über die villa Kilver in nº 1403 Rübel, Die Franken 408; über nº 1486, 1550, 1826 auch Stengel, Zeitschr. der Savignystiftung. f. Rechtsgesch. germ. Abt. 38 (1904), 298.

nº 1404 zum rechtsinhalt Seeliger, Die Bedeutung der Grundherrschaft 88; über die grenzangabe Rübel, Die Franken 69, 148.

nº 1406 über die dem fälscher bekannte art der karolingischen markenbildung Rübel, Die Franken 407.

nº 1414, 1415 vgl. auch meine erwiderung auf Uhlirz in Mitth. d. Inst. 25, 91 ff. und Stengel, Die Verfasser der deutschen Immunitätsprivilegien des 10. und 11. Jahrh., Marburger Habil. schrift 1907, s. 69.

nº 1418 facs. mit transkription Steffens Lat. Pal. 50.

nº 1419 zum rechtsinhalt Seeliger, Die Bedeutung der Grundherrschaft 110, 130. Meine auffassung dieser urkunde (Mitth. d. Inst. 22. 380 vgl. 418, 560) stand in einem punkte Seeligers these im wege, er behauptet, der wortlaut widerspreche ihr »klar und unzweideutig«. Die durch die fälschung nº 1419 angeblich verliehene immunität ist doch auch abgesehen von der zuweisung eines geschlossenen bezirkes keineswegs — wie S. sagt — »die übliche«. Vgl. auch Stengel in Zeitschr. der Savignystiftung f. Rechtsgesch. germ. Abt. 38 (1904) 312 N. 1.

nº 1436 erklärungen des inhalts Rübel, Die Franken 166.

nº 1536, 1791, 2023, jetzt auch gedr. Urkundenbücher der geistl. Stiftungen des Niederrheins 1 (Bonn 1904). Stift Kaiserswerth ed. Kelleter 2. 4. 6. Über die fassung Stengel im N. Arch. 29, 386.

nº 1587 zum rechtsinhalt Seeliger, Die Bedeutung der Grundherrschaft 86.

nº 1609, 1774 das kloster Duvers wird von P. W. Sidler im Jahrb. für Schweizerische Gesch. 31, 207 f. mit Münster in Graubünden, bei Taufers, unmittelbar an der tirolisch-schweizerischen grenze identifizirt, ib. 337 abdruck der urk., 242 deutsche übersetzung; ib. 338 abdr., 244 deutsche übersetzung von nº 1774.

nº 1611 jetzt auch gedr. Il chronicon Farfense ed. Ugo Balzani 1, 196.

nº 1676 gedr. Wirtemb. UB. 6, 431 nº 4.

nº 1679 k. s. X Straßburg bezirksarch. (A). Daraus gedr. Wiegand im N. Arch. 28, 730 mit XI kal. mai., wobei die urk. aber nicht ins itinerar passen würde.

nº 1748 über die (echten) tiron. noten Tangl im Arch. f. Urkundenforschg. 1, 153 mit facs. fig. 28.

nº 1749 zur erklärung der stelle propter immensam barbarorum infestationem Walther Vogel, Die Normannen und das fränk. Reich s. 277 N. 3.

nº 1753 vgl. nachtr. zu nº 687.

nº 1759 zum inhalt Rübel, Die Franken 10.

nº 1770 statt 1790 (1722) lies: 1770 (1722).

nº 1774 vgl. nachtr. zu nº 1609.

nº 1791 vgl. nachtr. zu nº 1536.

nº 1802ª zu den burgundischen verhältnissen dieser und der nächsten folgezeit vgl. R. Poupardin, Le royaume de Bourgogne (888—1038) Paris 1907.

nº 1824, 1833 über die tiron. noten Tangl im Arch. f. Urkundenforschg. 1, 159; 160 mit facs. fig. 30.

nº 1837 über die osterstoupha jetzt auch Rübel, Die Franken 273.

nº 1862 vgl. nachtr. zu nº 607.

nº 1905 gedr. Wirtemb. UB. 6, 412 nº 5.

nº 1910, 1949, 2015, 2032, vgl. nachtrag zu nº 607.

nº 1968 die echtheit dieses stückes sucht Fritz Rörig in Westd. Zeitschr. Erg. heft 13, 69 gegen Mühlbacher zu verteidigen. Über die markeusetzung Rübel, Die Franken 200. 280, 309.

nº 1973, 2002 die gänzlich verfehlten interpretationen dieser urkk. durch Fr. Rudolph im Trierischen Arch. Erg.-heft 5 (1905), 4. 6 seien nur genannt, um vor ihnen zu warnen, vgl. auch Rörig in Seeligers Hist. Vierteljahrsschrift 10 (1907) 412.

nº 1974 zum rechtsinhalt Seeliger, Die Bedeutung der Grundherrschaft 88.

nº 1975 über die tiron. noten Tangl im Arch. f. Urkundenforschg. 1, 160 mit facs. fig. 31.

n° 1982 zum rechtsinhalt Seeliger, Die Bedeutung der Grundherrschaft 87, Stengel Zeitschr. der Savignystiftung für Rechtsgesch. germ. Abt. 38 (1904), 298.

n° 1990 zum rechtsinhalt Seeliger, Die Bedeutung der Grundherrschaft 130, Stengel in Zeitschr. der Savignystiftung f. Rechtsgesch. germ. Abt. 38 (1904), 301.

n° 1993 zum inhalt Seeliger, Die Bedeutung der Grundherrschaft 75, 85.

n° 2016 zum inhalt Seeliger, Die Bedeutung der Grundherrschaft 75.

n° 2023 vgl. nachtr. zu n° 1556.

Verl. urk. n° 164ª für Fulda, kloster. Das vorhandensein einer allgemeinen zehntenschenkung Karls d. Gr. für abt Baugulf (780—802) nehmen auf grund fast wörtlich gleichlautender erwähnung in zwei Fuldaer fälschungen des 9. jahrh., nämlich der angeblichen urkunde Karls d. Gr. von 810, BM. 448 (436), MG. DD. Kar. 1, 414 n° 279 und einer nach 840 entstandenen aufzeichnung, Bodmanns Rheingauische Alterthümer (Mainz 1819) 872, an: Tangl in Mitth. d. Inst. 20, 246 ff.; E. Perels, Die kirchlichen Zehnten im karolingischen Reiche (Berl. Diss. 1904) 85.

Verl. urk. n° 169 für Fulda, kloster. Nach Stengel, Die Verfasser der deutschen Immunitätsprivilegien des 10. und 11. Jahrh., Marburger Habil. schrift 1907, s. 5 N. 4 ist die immunitätsformel von Verl. urk. n° 169, wie sie durch BM. 2034 (1979) überliefert ist, sicher vom notar Ernust (887 nov.—899 mai nachweisbar) verfaßt und mit der fassung von BM. 1868 (1817) für Reichenau nahe verwandt: eine feststellung, aus der sich für die verl. urk. n° 169 der zeitliche ansatz 887 nov.—899 mai, vielleicht um 892, erschließen ließe.

Verl. urk. n° 444ª, Reggio bistum. Ein deperditum Karls d. Gr. von 787—792 ergibt sich aus der rekognition der fälschung MG. DD. Kar. 1, 321 n° 234: Iacob advicem Raduni, die nur in einigen urkk. für italienische empfänger in der genannten zeit nachweisbar ist. Ob dieses verlorene stück mit Verl. urk. n° 444 identisch ist, ist nicht zu entscheiden, da uns über dessen inhalt nichts bekannt ist, vgl. MG. l. c. vorbemerkung.

Verl. urk. n° 614ª. Eine verlorene urkunde (für das frauenkloster Buchau?) Ludwigs d. Fr. von 819 juli 22 unbekannten inhalts, ist benützt für die fälschung auf den namen Ludwigs d. Fr. gleichen datums für Buchau, BM. 695 (674), vgl. meinen aufsatz: Schwäbische Urkundenfälschungen des 10. und 12. Jahrh., Mittheil. des Instituts 21, 55.

Stammtafel.

Stammtafel des karoli

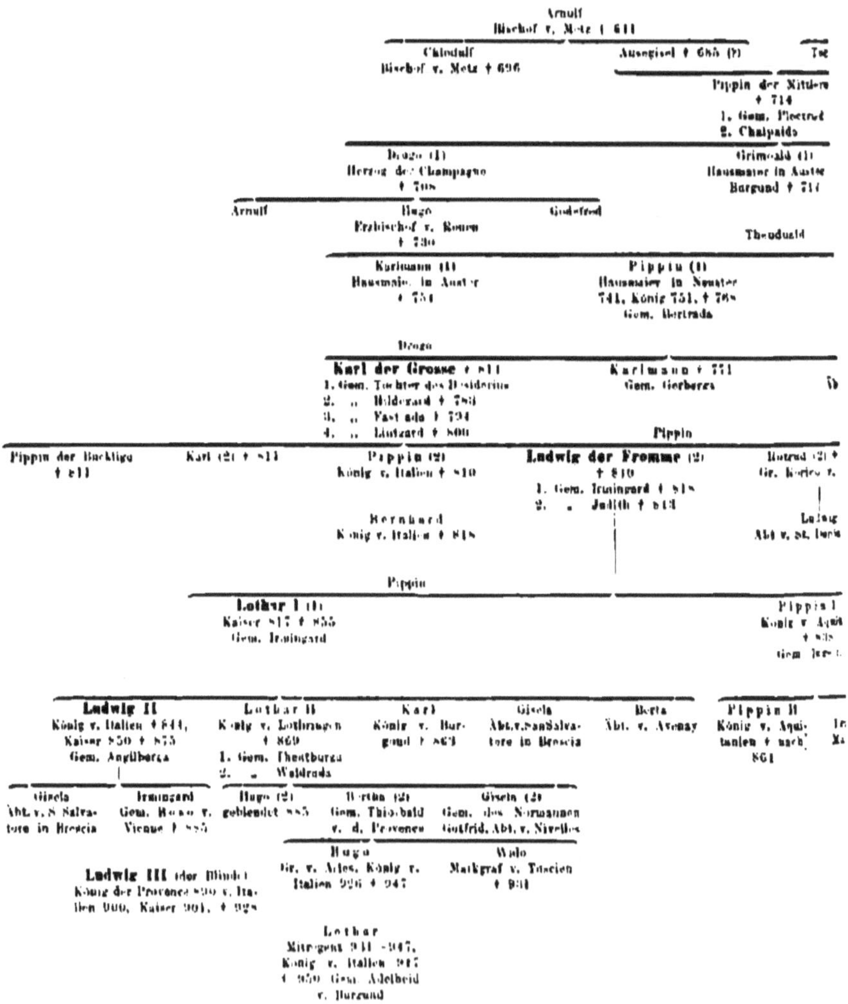

Stammtafel des karolingi

Arnulf
Bischof v. Metz † 641

Chlodulf
Bischof v. Metz † 696

Ansegisel † 685 (?)

Tochter

Pippin der Mittlere
† 714
1. Gem. Plectrud
2. Chalpaida

Drogo (1)
Herzog der Champagne
† 708

Grimoald (1)
Hausmaier in Auster u.
Burgund † 714

Arnulf

Hugo
Erzbischof v. Rouen
† 730

Godefred

Theudoald

Karlmann (1)
Hausmaier in Auster
† 754

Pippin (1)
Hausmaier in Neuster
741, König 751, † 768
Gem. Bertrada

Drogo

Karl der Grosse † 814
1. Gem. Tochter des Desiderius
2. „ Hildegard † 783
3. „ Fastrada † 794
4. „ Luitgard † 800

Karlmann † 771
Gem. Gerberga

Äbt.

Pippin

Pippin der Bucklige
† 811

Karl (2) † 811

Pippin (2)
König v. Italien † 810

Ludwig der Fromme (2)
† 840
1. Gem. Irmingard † 818
2. „ Judith † 843

Rotrud (2) v.
Gr. Rorico v.

Bernhard
König v. Italien † 818

Ludwig
Abt v. St. Denis

Pippin

Lothar I (1)
Kaiser 817 † 855
Gem. Irmingard

Pippin I (
König v. Aquita
† 838
Gem. Ingeltru

Ludwig II
König v. Italien † 844,
Kaiser 850 † 875
Gem. Angilberga

Lothar II
König v. Lothringen
† 869
1. Gem. Theutberga
2. „ Waldrada

Karl
König v. Burgund † 863

Gisela
Äbt. v. San Salvatore in Brescia

Berta
Äbt. v. Avenay

Pippin II
König v. Aquitanien † nach 864

Gisela
Äbt. v. S. Salvatore in Brescia

Irmingard
Gem. Boso v. Vienne † 885

Hugo (2)
geblendet 885

Bertha (2)
Gem. Theobald v. d. Provence

Gisela (2)
Gem. des Normannen Gotfrid, Äbt. v. Nivelles

Ludwig III (der Blinde)
König der Provence 890 v. Italien 900, Kaiser 901, † 928

Hugo
Gr. v. Arles, König v. Italien 926 † 947

Wido
Markgraf v. Toscien
† 931

Lothar
Mitregent 931—947,
König v. Italien 947
† 950 Gem. Adelheid
v. Burgund

www.ingramcontent.com/pod-product-compliance
Lightning Source LLC
Chambersburg PA
CBHW031741230426
43669CB00007B/430
* 9 7 8 3 7 4 3 6 5 6 9 1 8 *